Juliana Mosi

D1918797

erklären	Du stellst deine Kenntnisse, die du durch theoretische Texte, Modelle oder durch andere Materialien erworben hast, mit deinen eigenen Worten so dar, dass die Zusammenhänge deutlich werden und dass ein Ansprechpartner deinen Gedanken problemlos folgen kann. Es gelingt dir bei deiner Darstellung, das Wichtige einer gewonnen Einsicht zu verdeutlichen.
erörtern	Du überlegst zu einer Problemstellung die Vor- und Nachteile, stellst sie einander gegenüber und formulierst ein begründetes Ergebnis in Form einer Stellungnahme zum Problem. (Beispiel: Muss es immer das neueste Handy sein: ja oder nein?)
erläutern	Hier reicherst du deine Erklärung mit Beispielen, Belegen für deine Aussagen und zusätzlichen Informationen an.
erstellen	Du wählst eine Form, zum Beispiel eine Grafik, in der du einen Sachverhalt strukturiert aufzeigst, und verwendest stimmig die dazu erforderlichen Fachbegriffe.
gestalten	Du erstellst ein Produkt zu einer vorgegebenen oder selbst formulierten Problemstellung, das sich auch für eine Ergebnispräsentation verwenden lässt. Das kann zum Beispiel eine Mindmap sein, eine Wirkungskette oder auch eine Computer-Präsentation.
herausarbeiten	Hier sollst du einem vorgegebenen Material Informationen unter einem bestimmten Gesichtspunkt entnehmen und zutreffend wiedergeben. Das machst du zum Beispiel, wenn du einem Text über das Börsengeschehen alle Angaben über Aktienkurse entnimmst (oder auch bestimmte Berechnungen vornimmst).
nennen	Du zählst Sachverhalte wie Merkmale, Gründe, Vor- und Nachteile, Ursachen, Folgen, Chancen oder Gefahren und anderes in knapper Form auf.
recherchieren	Eine Recherche ist die gezielte Suche nach Informationen – häufig mithilfe des Internets. Du gehst dabei von einem bestimmten Lerninteresse und von einem Untersuchungsauftrag aus und suchst nach Materialien, die dein Forschungsinteresse klären. Dabei achtest du im Besonderen auf die Qualität der verwendeten Quellen.
überprüfen	Inhalte, Sachverhalte, Ansichten und Urteile anderer werden dabei auf der Grundlage deiner eigenen Kenntnisse und mithilfe weiterer Materialien auf ihre Richtigkeit und Angemessenheit untersucht und in Form eines begründeten Ergebnisses formuliert.
vergleichen	Du stellst zwei oder mehrere Materialien zu einem Thema einander gegenüber und untersuchst sie, um Gemeinsamkeiten und Unterschiede herauszufinden. Dazu legst du eines oder mehrere Kriterien fest, anhand derer sich der Vergleich durchführen lässt. Beispiel: Vergleiche die beiden Texte im Hinblick auf die darin enthaltenen Wertaussagen und im Hinblick auf die Glaubwürdigkeit der Aussagen.

westermann

TEAM

Wirtschaft
Berufs- und Studienorientierung

Baden-Württemberg

Gymnasium

herausgegeben von:
Wolfgang Mattes

erarbeitet von:
Karin Herzig und
Wolfgang Mattes

westermann GRUPPE

Druck B[1] / Jahr 2019
Alle Drucke der Serie B sind im Unterricht parallel verwendbar.

Illustrationen: Reinhild Kassing, Kassel
Umschlaggestaltung: Gingco.Net, Braunschweig
Fotos: © Markus Mainka – stock.adobe.com (U1)
Druck und Bindung: Westermann Druck GmbH, Braunschweig

ISBN 978-3-14-**023610**-2

Inhaltsverzeichnis

Die Kapitel in diesem Buch sind mit farbigen Balken gekennzeichnet, und zwar je nach der Rolle, die dabei im Zentrum der Betrachtung steht.

grün für Verbraucher
gelb für Berufswähler
orange für Arbeitnehmer
violett für Unternehmer
blau für Wirtschaftsbürger

Verbraucher

1 Wirtschaft im Alltag
Warum ist Wirtschaften so wichtig?

14	1. „Was habe ich mit Wirtschaft zu tun?“	Bedeutung des Wirtschaftens aus persönlicher Sicht beschreiben
16	2. Das Grundproblem des Wirtschaftens: Von allem gibt es immer zu wenig	Knappheit erklären, Wirtschaft und Ökonomie definieren
18	3. Welche Prinzipien helfen bei wirtschaftlichen Entscheidungen?	Minimal- und Maximalprinzip erklären und anwenden
21	4. Welche Bedürfnisse haben Jarosch aus Stuttgart und Kiran aus Neu-Delhi?	Bedürfnisse unterscheiden, ordnen und berücksichtigen
24	5. Wie wird die Kartoffel zu Tiefkühl-Pommes?	Wirtschaftsgüter zuordnen
26	6. Arbeitsteilung in der Wirtschaft: notwendig, aber manchmal schwierig	Arbeitsteilung erklären, anwenden, bewerten
30	Kompetenztest	

2 Jugendliche in der Welt des Konsums
Welchen Einfluss haben wir als Verbraucher?

34	1. Darf Lea das neue Tablet behalten?	Geschäftsfähigkeit erklären – einen Fall mithilfe von Gesetzen lösen
37	2. Gekauft ist gekauft: Ist das immer rechtens?	Fälle zum Verbraucherrecht lösen
44	3. Klug shoppen: Wie kann man das lernen?	Mithilfe einer Nutzwertanalyse eine Kaufentscheidung treffen
48	4. Einkaufswelt Internet: attraktiv oder eher riskant?	Tipps zum Online-Shopping formulieren

50	5. Nachhaltig konsumieren: Muss es stets das neueste Handy-Modell sein?	Tipps zum nachhaltigen Konsum erstellen
54	6. Darf Kleidung so billig sein?	Die Arbeitsbedingungen in der Textilindustrie bewerten
56	7. Wie sollen Verbraucher mit Werbung umgehen?	Werbeversprechen analysieren
62	8. Wie schützt die Politik Verbraucherinnen und Verbraucher?	Die Einführung einer Zuckersteuer bewerten
66	Kompetenztest	

3 Jugendliche und Geld
Wie können wir mit Geld sinnvoll wirtschaften?

70	1. Welche Rolle spielt das Geld?	Funktionen des Geldes beschreiben – Zahlungsarten bewerten
76	2. Wie können Familien mit ihrem Geld wirtschaften?	Haushaltsplan erstellen und vergleichen
81	3. Sparen oder Geld ausgegeben?	Gründe für und gegen Sparen erläutern – Anlageziele bewerten
86	4. Kaufen auf Pump – Was kann daran gefährlich sein?	Ursachen für Verschuldung erläutern
90	5. Wie können wir den Fluss des Geldes in einem Modell darstellen?	Den Wirtschaftskreislauf erläutern
94	6. Was passiert, wenn Staaten zu viele Schulden machen?	Auswirkungen mithilfe des Wirtschaftskreislaufs erklären
96	Kompetenztest	

4 Märkte und Preise
Wie funktioniert der Markt in Praxis und Theorie?

100	1. Wer sorgt für das Warenangebot im Supermarkt?	Die Funktion des Marktes am Beispiel und am Modell erläutern
102	2. Zum Beispiel Himbeeren: Wie entstehen Preise?	Den Einfluss von Angebot und Nachfrage anhand eines Fallbeispiels analysieren
108	3. Preisbildung zwischen Angebot und Nachfrage: Alles nur Theorie?	Modell und Praxis vergleichen, Aussagekraft des Modells bewerten
110	4. Was hat der Staat mit dem Preis eines Döners zu tun?	Die Bedeutung von Steuern für die Preisbildung erläutern
112	5. Die Börse: Beispiel für einen ganz besonderen Markt	Angebot und Nachfrage am Spezialmarkt Börse erläutern

116	6. Wer schützt die Verbraucher, wenn der Markt versagt?	Marktversagen an Beispielen erläutern und Lösungsmöglichkeiten beurteilen
120	Kompetenztest	

Berufswähler

5 Auf dem Weg in die berufliche Zukunft
Wie können wir planvoll vorgehen?

124	1. Warum soll ich mich jetzt schon um meine Berufswahl kümmern?	Den frühen Einstieg in die Berufswegplanung begründen
126	2. Wie plane ich die ersten Schritte?	Berufswahlmappe anlegen, gezielt recherchieren
130	3. Wie verschaffe ich mir Klarheit über meine Erwartungen, Interessen und Fähigkeiten?	Analysen durch Partnerinterviews, Befragungen, Tests
134	4. Worauf kommt es in einem Betriebspraktikum an?	Verhaltensregeln beschreiben, Erfahrungen darstellen
140	5. Welche Wege in den Beruf haben andere gewählt?	Vergleich und Bewertung von Erwerbsbiografien
148	6. Was erwartet die Wirtschaft von den Schulabgängern?	Ein Einstellungsverfahren im Rollenspiel simulieren
152	7. Welche Anforderungen gelten in einem Studium?	Kompetenzen beschreiben und sich selbst befragen
154	Kompetenztest	

6 Der Einstieg in die Arbeitswelt
Welche Anforderungen kommen auf uns zu?

158	1. Wie sieht die Arbeitswelt von morgen aus?	Merkmale des Wandels untersuchen und beurteilen
164	2. Frauenberufe – Männerberufe: Macht diese Unterscheidung noch Sinn?	Veränderungen beschreiben und diskutieren
166	3. Was gehört zu einer erfolgreichen Bewerbung?	Merkmale beschreiben und bewerten
168	4. Worauf kommt es in den unterschiedlichen Bewerbungsverfahren an?	Anforderungen vergleichen und trainieren
176	5. Wie wichtig sind Soft Skills für den Erfolg in der Arbeitswelt?	Die Bedeutung „weicher Kompetenzen“ begründen
178	Kompetenztest	

Arbeitnehmer

7 Die Welt der Arbeitnehmer
Welche Gestaltungsmöglichkeiten und Rechte haben sie?

182	1. Welche Bedeutung hat Arbeit?	Fallorientiert Gemeinsamkeiten und Unterschiede vergleichen
186	2. Welchen Einfluss haben Arbeitnehmerinnen und Arbeitnehmer in Unternehmen?	Mitbestimmungsregelungen auf einen Fall anwenden
192	3. Jugendliche in Unternehmen: Wie wichtig ist der Jugendarbeitsschutz?	Jugendliche in rechtlichen Fragen beraten
196	4. Sollen Angebot und Nachfrage auch für die Löhne auf dem Arbeitsmarkt gelten?	Möglichkeiten der Lohnbildung erläutern
202	5. Wie können unterschiedliche Interessen unter einen Hut gebracht werden?	Einen Tarifkonflikt analysieren – Lösungsmöglichkeiten entwickeln
206	6. Gewerkschaften und Arbeitgeberverbände: eher Partner oder eher Gegner?	Die Rolle der Tarifpartner beurteilen
208	Kompetenztest	

Unternehmer

8 Unternehmen – Motor der Wirtschaft
Wie sind sie aufgebaut? Welche Ziele verfolgen sie?

212	1. Können auch Schüler ein erfolgreiches Unternehmen gründen?	Ideen zur Gründung einer Schülerfirma entwickeln
216	2. Unternehmer werden: chancenreich oder eher riskant?	Eine Selbstbefragung durchführen
219	3. Was haben Uwes Schlemmereck und Apple gemeinsam?	Unternehmensarten unterscheiden – Rechtsformen zuordnen
225	4. Geht es Unternehmen nur ums Geldverdienen?	Unternehmensziele analysieren – Leitbilder vergleichen
230	5. Wie funktionieren Unternehmen?	Aufbau und Abläufe erläutern – eine Betriebserkundung durchführen
236	Kompetenztest	

9 Erfolgsfaktoren unternehmerischen Handelns
Wie stellt man fest, ob ein Unternehmen erfolgreich ist?

240	1. Wie erfolgreich ist die Avanti Catering GmbH?	Das Betriebsergebnis berechnen und grafisch darstellen
246	2. Wenn ein Unternehmen in eine Krise gerät	Ursachen für Zahlungsunfähigkeit charakterisieren und Lösungswege entwickeln
248	3. Sind umweltbewusste Unternehmen erfolgreicher?	Über strengere Auflagen zum Umweltschutz diskutieren
250	4. Ein Konflikt im Betrieb: Profit kontra Qualität – Was hat Vorrang?	Interessen von Stakeholdern analysieren – gesetzliche Regelungen beurteilen
254	5. Wo soll das neue Werk der Klimix AG gebaut werden?	In einem Planspiel eine Standortentscheidung treffen
260	Kompetenztest	

Wirtschaftsbürger

10 Miteinander leben in der sozialen Marktwirtschaft
Was sind ihre Besonderheiten, Leistungen und Herausforderungen?

264	1. Für welche Art von Wirtschaftsordnung entscheidest du dich?	Eine Entscheidung in einem Gedankenexperiment treffen
266	2. Wie lebt es sich in unterschiedlichen Wirtschaftsordnungen?	Drei Wirtschaftsordnungen in Kurzvorträgen vorstellen
273	3. Leben heute in der sozialen Marktwirtschaft: Was heißt denn hier „sozial"?	Die Einbindung in das System der sozialen Sicherung begründen
276	4. Wettbewerb: Kernelement der sozialen Marktwirtschaft	Die Bedeutung der Wettbewerbssicherung begründen und am Beispiel veranschaulichen
278	5. Geht es sozial gerecht zu in der sozialen Marktwirtschaft?	Über soziale Gerechtigkeit und die Höhe der Steuern diskutieren
284	6. Bedeutet Wohlstand, immer reicher zu werden?	Bruttoinlandsprodukt erklären und Wohlstandsfaktoren erörtern
288	Kompetenztest	

11 Wir und die anderen im Zentrum der Wirtschaftspolitik
Bedeutung und Auswirkungen der Wirtschaftspolitik in der sozialen Marktwirtschaft untersuchen und bewerten

292	1. Warum ist Wirtschaftspolitik für uns alle so wichtig?	Die Bedeutung aus Beispielen ermitteln
296	2. Wie hilft die Politik der Wirtschaft am besten?	Angebots- und nachfrageorientierte Wirtschaftspolitik in Wirkungsketten darstellen
300	3. Welche Art von Wirtschaftswachstum können wir uns noch leisten?	Quantitatives, qualitatives und inklusives Wachstum unterscheiden
302	4. Was kann Wirtschaftspolitik gegen drohende Krisen unternehmen?	Konjunkturelle Phasen vergleichen und Handlungsmöglichkeiten prüfen
308	5. Wie soll der Staat mit seinen Einnahmen umgehen?	Kosten und Nutzen für betroffene Akteure bewerten
311	6. Welche Beteiligungsmöglichkeiten haben wir als Wirtschaftsbürger?	Beispiele wirtschaftspolitischer Aktivitäten beurteilen
314	Kompetenztest	

12 Wirtschaftsbeziehungen in Europa und weltweit
Weltweite Handelsbeziehungen analysieren und beurteilen

318	1. Welthandel im Alltag: Was haben wir damit zu tun?	Bedingungen des Welthandels am Beispiel von Jeans beschreiben
322	2. Warum gibt es weltweiten Handel?	Ökonomische Theorien beschreiben, Schaubilder gestalten
326	3. Freihandel kontra Protektionismus	Chancen und Grenzen des Freihandels an Beispielen bewerten
330	4. Welche wirtschaftlichen Vorteile haben wir durch die Europäische Union?	Leistungen ermitteln und aus persönlicher Sicht bewerten
333	5. Welche Bedeutung haben der europäische Binnenmarkt und die Währungsunion?	Die Bedeutung erläutern und darstellen
338	6. Jugendarbeitslosigkeit in Europa: Was kann die EU dagegen tun?	Möglichkeiten der Bekämpfung von Arbeitslosigkeit in der EU analysieren
342	Kompetenztest	

344	Glossar
351	Register
359	Bildquellenverzeichnis

GRUNDWISSEN

17	Wirtschaft
22	Bedürfnisse
38	Kaufvertrag und Verbraucherrechte
52	Nachhaltig konsumieren
57	Werbung
64	Verbraucherpolitik
72	Geld
82	Sparen und Geld anlegen
88	Kredite
101	Angebot, Nachfrage, Preis
113	Börse
161	Veränderungen in der Arbeitswelt
167	Bewerbung
184	Arbeit
204	Tarifautonomie
214	Unternehmensgründung
222	Unternehmensformen
227	Unternehmensziele
232	Organisation von Unternehmen
242	Betriebliches Rechnungswesen
247	Insolvenz
252	Shareholder und Stakeholder
285	Bruttoinlandsprodukt
294	Wirtschaftspolitik
303	Konjunktur
320	Globalisierung
332	Europäische Union

METHODEN

	Nr.	Methode	Thema
27	1	Arbeitsteilige Gruppenarbeit	
36	2	Gesetzestexte lesen und verstehen	Taschengeldparagraf
40	3	Mindmaps entwerfen	Kaufvertrag
46	4	Eine Nutzwertanalyse durchführen	Kaufentscheidung
85	5	Schaubilder analysieren mit der Vier-Fragen-Deutung	Umgang mit Geld
93	6	Mit Modellen arbeiten	Wirtschaftskreislauf
105	7	Das Preis-Mengen-Diagramm	
128	8	Eine Berufswahlmappe führen	Den Berufsweg planen
147	9	Die WebQuest-Methode	Zielgenau online recherchieren
217	10	Expertenbefragung	Chancen und Risiken eines Unternehmens
233	11	Eine Betriebserkundung durchführen	Aufbau und Abläufe in einem Unternehmen
245	12	Schaubilder erstellen	Unternehmenskennzahlen
265	13	Einen Kurzvortrag überzeugend halten	Wirtschaftsordnungen im Vergleich
280	14	Urteilskompetenz trainieren	Soziale Gerechtigkeit
297	15	Eine Wirkungskette erstellen	Wirtschaftspolitik

Liebe Schülerinnen und Schüler!

Dieses Schuljahr beginnt für euch mit dem neuen Fach Wirtschaft/Berufs- und Studienorientierung (WBS). Wahrscheinlich kommt euch vieles noch sehr fremd vor, was mit Wirtschaft zu tun hat. Vielleicht denkt ihr auch, dass es dabei um eher „trockene" und komplizierte Themen geht. Wenn ihr euch ein wenig in das Fach eingearbeitet habt, werdet ihr aber feststellen, wie interessant und wichtig Wirtschaftsthemen sind. Wirtschaft hat nämlich immer direkt mit jedem Einzelnen von uns zu tun. Man kann sogar sagen, dass ein großer Teil unseres Lebens davon abhängt, in welchen wirtschaftlichen Verhältnissen wir leben.

Wir alle haben in unterschiedlichen Rollen mit Wirtschaft zu tun. Wenn ihr zum Beispiel shoppen geht, befindet ihr euch in der Rolle eines Konsumenten. Das ist ein anderes Wort für Verbraucher. Dinge, die man darüber lernen sollte, sind zum Beispiel der Umgang mit Geld, Werbung, Schulden und Krediten. Auch die Frage, welche Rechte man als Verbraucher hat, wenn man nicht zufrieden mit einer Ware ist, kann interessant sein und viele andere Fragen, die mit Preisen, Kosten, Gewinnen und Verlusten zusammenhängen.

Wenn du später eine Berufsausbildung machst, wächst du in die Rolle eines Erwerbstätigen hinein. Da wird es dich wahrscheinlich interessieren, welche Wege in das Arbeitsleben für dich infrage kommen. Nach und nach übernimmst du die Rolle des Berufswählers und später die des Arbeitnehmers oder Unternehmers.

Die Bedeutung des Wirtschaftens geht natürlich weit über das private Leben hinaus. Man braucht nur eine Zeitung aufzuschlagen, um zu sehen, dass Wirtschaftsthemen jeden Tag Schlagzeilen machen. Von besonderem Interesse sind dabei stets Fragen, die mit der Sicherung von Arbeitsplätzen zu tun haben und mit der Gestaltung der Arbeitswelt in der Zukunft. Immer wieder spielen Probleme eine Rolle wie zum Beispiel die gerechte Verteilung der Steuerlast, die Vor- und Nachteile der internationalen Wirtschaftsbeziehungen und vieles andere mehr.

Das alles sind Themen, die man nicht nur den Fachleuten aus der Wirtschaft und den Politikerinnen und Politikern überlassen sollte. Ihr sollt euch euer eigenes Urteil bilden, um mitzureden und mitzumachen. Immer geht es dabei um jeden Einzelnen von euch. Ihr sollt nämlich lernen, die Vorteile wirtschaftlichen Wissens und wirtschaftlicher Kompetenzen für eure eigene Lebensgestaltung zu nutzen.

Wir alle sind im Laufe des Lebens
- **Verbraucherinnen und Verbraucher,**
- **Erwerbstätige (als Berufswähler, Arbeitnehmer oder Unternehmer),**
- **Wirtschaftsbürgerinnen und Wirtschaftsbürger.**

Auf diese Rollen bereiten das neue Fach und dieses Buch vor. Wir wünschen euch, dass ihr viele wichtige Dinge für euer Leben dabei lernt und dass ihr als TEAM in eurer Klasse in guter Gemeinschaft miteinander arbeiten werdet.

Die wiederkehrenden Elemente in diesem Buch

GRUNDWISSEN

Hier informierst du dich über bedeutsame Inhalte des Faches. In den Seiten geht es besonders um die Sach- und Analysekompetenz.

AKTIV LERNEN

Hier hast du die Gelegenheit, Aufgabenstellungen eigenverantwortlich zu bearbeiten – mal allein, oft zu zweit oder in Gruppenarbeit.

METHODE

Hier werden allgemeine und fachliche Methoden erklärt, die für das Verständnis wirtschaftlicher Zusammenhänge und für deine allgemeine Methodenkompetenz von Bedeutung sind.

Zur Diskussion

Wenn dieses Logo auftaucht, werden unterschiedliche Ansichten zu umstrittenen Wirtschaftsthemen angeboten. Die Materialien sollen zur persönlichen Urteilsbildung beitragen.

KOMPETENZTEST

Unter diesem Stichwort findest du immer eine Doppelseite mit Aufgaben am Ende jedes Kapitels. Du kannst so selbst testen, ob du Wichtiges aus dem Kapitel gelernt hast und in neuen Zusammenhängen anwenden kannst. Die Aufgaben können auch zu zweit oder in Gruppen gelöst werden. Ihr könnt auch eine Auswahl treffen, zum Beispiel, indem ihr euch darauf verständigt, drei von sechs Aufgaben eurer Wahl verbindlich zu bearbeiten.

Am Ende des Buches findet ihr ein Glossar, in dem wichtige wirtschaftliche Fachbegriffe erklärt werden.

Die durchnummerierten Arbeitsaufträge zu den Materialien in diesem Buch haben unterschiedliche Funktionen. Wir haben ihnen verschiedene Farben zugeordnet.

1. Für alle zuerst
Bei den grünen Fragen geht es um das Verstehen des zugehörigen Materials. Sie helfen euch dabei, Wichtiges aus dem Inhalt des gelesenen Materials herauszufinden.

2. Im Anschluss daran
Blau sind die Aufträge, bei denen es um das Analysieren von Texten und anderen Materialien geht, also um das genaue Untersuchen nach Plan. Wenn es mehrere davon gibt, könnt ihr auch eine Auswahl treffen oder die Arbeit aufteilen.

3. Zum Abschluss etwas anspruchsvoller
Die roten Aufträge erfordern etwas mehr an eigenem Nachdenken. Es geht dabei um das Beurteilen, Bewerten und das eigene Weiterdenken die wirtschaftlichen Themen betreffend. Diese Aufträge können oft in Partner- oder Gruppenarbeit bearbeitet werden.

Auf den **Aufmacherseiten** zu den einzelnen Kapiteln findet ihr in der Regel drei unterschiedliche Gesprächsimpulse.

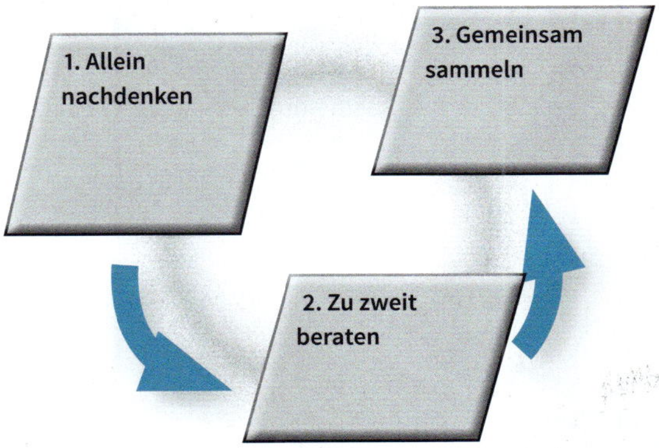

Sie sind so strukturiert, damit ihr euch alle von Beginn aktiv in den Unterricht einbringen könnt und damit ihr sowohl individuell Freude an der Mitarbeit findet als auch gemeinsam als kooperatives, miteinander lernendes Team.

@ SNG-23610-001

Der Band enthält Webcodes, die zu interessanten Internetseiten führen. Dorthin gelangt man, indem man den Webcode in die Suchmaske unter www.westermann.de/webcodes eingibt.

1 Wirtschaft im Alltag

Warum ist Wirtschaften so wichtig?

W wohnen
I investieren
R rechnen
T transportieren
S sparen
C campen
H haushalten
A arbeiten
F finanzieren
T tauschen
E einkaufen
N nachfragen

- Mit welchen der 12 Tätigkeiten hast du oft zu tun? Notiere maximal fünf.
- Welche Verben haben deine Nachbarn notiert? Vergleicht eure Notizen.
- Sammelt gemeinsam die Tätigkeiten, die am häufigsten genannt wurden.

Bei der Arbeit an diesem Kapitel könnt ihr …

- **beschreiben, welche Tätigkeiten tagtäglich mit wirtschaftlichem Handeln zu tun haben,**
- **grundlegende Probleme des Wirtschaftens erkennen und deren Ursachen benennen,**
- **Merkmale klugen Wirtschaftens herausarbeiten und dabei das Minimal- und das Maximalprinzip anwenden,**
- **eigenverantwortlich herausfinden, wie man durch kluges Wirtschaften auf die Bedürfnisse von Jugendlichen reagieren kann.**

Darüber hinaus könnt ihr …

- **Vorteile und Probleme der Arbeitsteilung in der Wirtschaft an konkreten Beispielen untersuchen,**
- **ein gemeinsames Thema in arbeitsteiliger Gruppenarbeit untersuchen.**

1. „Was habe ich mit Wirtschaft zu tun?"

Bedeutung des Wirtschaftens aus persönlicher Sicht beschreiben

A Eine Einstiegsübung

Sieh dich in Ruhe in deinem Klassenraum um. Notiere Einrichtungsgegenstände, die du siehst – Möbel, Medien, andere Sachen. Wo kommen sie her? Wer hat sie hergestellt? Wer gekauft und bezahlt? Überlege dir dazu mögliche Antworten. Tauscht zu zweit eure Überlegungen aus. Sprecht dann gemeinsam darüber, was das alles mit Wirtschaft zu tun hat, was sich in eurem Klassenraum befindet.

B Ein ganz normaler Tag

Schon am frühen Morgen geht es los mit dem Wirtschaften. Fährst du mit einem öffentlichen Verkehrsmittel zur Schule, benutzt du dazu möglicherweise die Monatskarte, die deine Eltern bezahlt haben. Dafür erhältst du eine Dienstleistung. Der Busfahrer fährt dich zur Schule.

Hast du kein Pausenbrot dabei, besuchst du vielleicht schnell noch eine Bäckerei. Du kannst dir hier zwei trockene Semmeln kaufen. Die machen satt und sind vergleichsweise billig, schmecken aber nicht so gut, wie die teureren belegten Semmeln und die Schokoteilchen, die auch im Angebot sind.

Mittags zu Hause können schon mal schlechte Nachrichten zur Sprache kommen, zum Beispiel, dass die Waschmaschine wohl bald den Geist aufgibt. Sollte ein Neukauf unumgänglich sein, muss dafür der Sommerurlaub verkürzt werden oder ganz ausfallen.

Nachmittags bei einem Bummel durch die Innenstadt bleibst du vor den vielen Schaufenstern stehen. So viele Sachen gibt es zu kaufen, mit denen du dir ganz viele Wünsche erfüllen könntest, wenn du nur mehr Geld in der Tasche hättest.

Du hast aber die zehn Euro, die deine Großeltern dir zugesteckt haben. Was tun damit? Du könntest dir jetzt das Sparmenü mit Burger, Pommes und Getränk gönnen. Dann blieben noch knapp vier Euro übrig. Fürs Kino wird es dann allerdings nicht mehr reichen und schon gar nicht für die tollen Lieblingsjeans, für die du ursprünglich die zehn Euro ansparen wolltest.
Du bist nicht so grenzenlos reich, dass du dir alle Wünsche zugleich erfüllen kannst. Allerdings: Kaum jemand ist das, trotz großer Wohlstandsunterschiede. Wir alle müssen abwägen und können nur dann etwas bekommen, wenn wir gleichzeitig auf etwas anderes verzichten. Wirtschaftliche Entscheidungen kosten nicht nur Geld, sie kosten auch Verzicht. Für den Verzicht gibt es in der Sprache der Wirtschaft den Fachbegriff Opportunitätskosten*. Diese Kosten drücken aus, auf welchen Nutzen man verzichtet, wenn man sich für eine von mehreren Möglichkeiten entscheidet.

* Zum Begriff Opportunitätskosten findest du weitere Erklärungen im Glossar dieses Buches.

1. Beschreibe, was eine Busfahrt zur Schule mit Wirtschaft zu tun hat.
2. Was gewinnst du, was verlierst du, wenn du dein Geld statt fürs Kino für den schnellen Imbiss ausgibst oder doch für die neuen Jeans ansparst? Erkläre es.
3. Eltern haben manchmal Schwierigkeiten, ihren kleinen Kindern zu erklären, dass man nicht alles haben kann, was es in einem Supermarkt zu sehen gibt. Kannst du vormachen, wie das geht?

C Fotos erzählen: Wirtschaftshandeln im Alltag

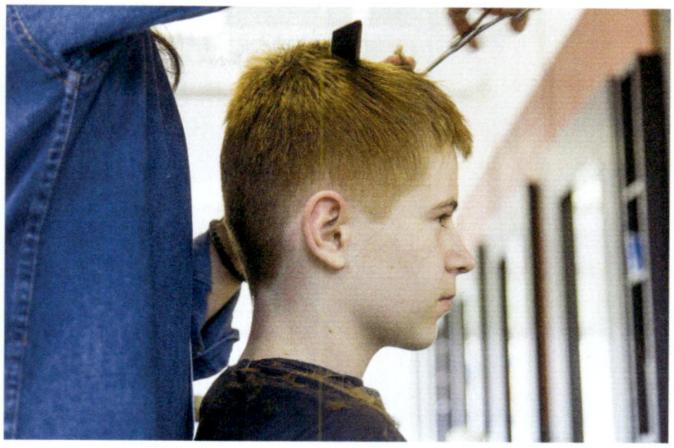

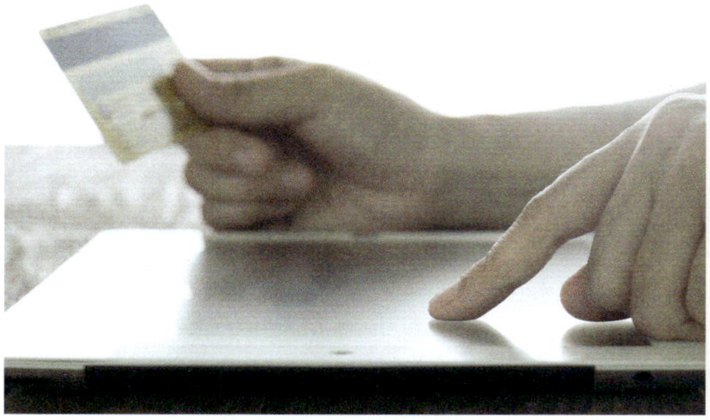

1. Welche wirtschaftlichen Tätigkeiten erkennst du in den Fotos? Beschreibe sie.
2. Denke über deinen Alltag nach: Wie oft am Tag triffst du eine Entscheidung, die etwas mit wirtschaftlichem Handeln zu tun hat? Sammele solche Situationen. (Das geht auch zu zweit.)
3. Wie fällt deine Antwort auf die Überschrift dieser Doppelseite aus? Schreibe dazu einen Text, in dem du darstellst, was du und andere Jugendliche mit Wirtschaft zu tun haben.

2 Das Grundproblem des Wirtschaftens: Von allem gibt es immer zu wenig

Knappheit erklären, Wirtschaft und Ökonomie definieren

A Eine Einstiegsübung

Notiere in einer oder in zwei Minuten alle Wünsche, die dir spontan einfallen.

- Wie wahrscheinlich ist es, dass du alle deine Wünsche in den nächsten Wochen und Monaten erfüllen kannst: sehr wahrscheinlich, eher wahrscheinlich, unwahrscheinlich?

B Der Fall: Ella hat ein Problem

Schwimmen und/oder …

shoppen und/oder …

chillen mit Freunden?

Jede Woche besucht sie einmal den Klarinettenunterricht und dreimal das Baskettballtraining. Als Schülerin muss sie Hausaufgaben machen. Hin und wieder soll sie im Haushalt helfen. Schließlich braucht sie Zeit zum Chillen, zum Chatten, zum Shoppen und um sich mit Freunden zu treffen. Sie würde gerne zusätzlich noch Saxophon lernen, Gesangsstunden nehmen, bei einer Musicalaufführung mitmachen, regelmäßig reiten, schwimmen und öfter ausschlafen.
Ella bräuchte für ihr Wunschprogramm doppelt so viel Zeit, wie sie hat. Auch mehr Geld wäre nötig, denn Reitstunden sind nicht umsonst. Und ein Chauffeur wäre nicht schlecht, der sie schnell zu ihren Terminen bringt. Meistens sind die Wünsche einer Person größer als ihre Fähigkeiten und Mittel, diese zu erfüllen. Knappheit nennen das die Leute, die sich mit Wirtschaft wissenschaftlich befassen.
Meine Tochter hat also genau dieses Knappheitsproblem: Ihr fehlen Zeit und Geld. Sie ist damit ein ganz normaler Mensch. Alle Menschen wollen immer mehr von Irgendetwas: mehr Zeit, mehr Schnitzel, mehr Cola, mehr Autos, mehr Gesundheit, mehr Liebe, mehr Benzin, mehr saubere Luft, mehr Ferien, mehr Tickets für das Champions-League-Finale oder mehr Schokolade. Wie dieses Problem meiner Tochter und all ihrer Mitmenschen am besten gelöst oder zumindest behandelt werden kann, davon handelt die Wirtschaft. Knappheit zwingt dazu, Entscheidungen zu treffen. Wenn Ella das Basketballtraining besucht, dann fehlt ihr die Zeit an anderer Stelle. Wenn sie einmal in der Woche zu H&M geht, spart sie nicht genügend Geld für einen iPod. Jede Entscheidung für irgendetwas kostet. Und das ist schon einer der wichtigsten Gedanken der Wirtschaftswissenschaft – oder der Ökonomie, wie sie auch genannt wird.

(Aus: Winand von Petersdorff: Das Geld reicht nie, Frankfurt, 2013, S. 9 f.)

1. Welches Problem hat Ella? Beschreibe es.
2. Vergleiche die Beschreibung von Ellas Wünschen und Problemen mit deinen eigenen. Worin siehst du Gemeinsamkeiten und Unterschiede?

C Wirtschaft

Grundproblem Knappheit

Mit der Wirtschaft verbringt die überwiegende Mehrheit der Menschen überall auf der Welt einen großen Teil ihrer Lebenszeit. Die Knappheit der Güter ist dabei das Grundproblem allen wirtschaftlichen Handelns. Dieses Problem wird vielen von uns anschaulich bei einem Blick in das eigene Portemonnaie. In der modernen Welt spiegelt sich die Knappheit der Güter in der Knappheit des Geldes.
Allgemein lässt sich Wirtschaften beschreiben als die Summe aller Tätigkeiten, die Menschen aufbringen, um mit ihren knappen (finanziellen) Mitteln die bestmögliche Versorgung mit dem zum Leben wichtigen Gütern zu erreichen.

Wirtschaften am Beispiel Familie

Im Familienleben nimmt die Wirtschaft einen großen Teil des Alltagsgeschehens ein. Jede Familie ist ein kleiner Wirtschaftsbetrieb. Da geht es einmal darum, Geld zu verdienen. Das vorhandene Geld muss eingeteilt werden, damit es bis zum Ende des Monats reicht. Größere Anschaffungen wie die neue Waschmaschine oder die eigene Wohnung müssen geplant werden, damit sie finanzierbar sind. So ist das Wirtschaften in der Familie oft mit Problemen verbunden. Manchmal wird die wirtschaftliche Situation auch zum Streitthema, häufig dann, wenn mehrere Familienmitglieder unterschiedlicher Auffassung darüber sind, wofür die knappen Haushaltsmittel verwendet werden sollen und wie viele Mittel bzw. Geld für bestimmte Sachen ausgegeben werden sollen. Probleme sind ein nahezu unvermeidbarer Bestandteil allen wirtschaftlichen Handelns. Das mag ein Grund dafür sein, dass manche Leute sich nicht mit Wirtschaft beschäftigen wollen. Probleme lassen sich in der Regel aber nicht lösen, indem man sie ignoriert. Klug handelt, wer ein wirtschaftliches Problem eigenverantwortlich zu lösen vermag.

1. Was versteht man ganz allgemein unter Wirtschaft? Notiere eine Definition.
2. Warum ist Knappheit das Grundproblem allen Wirtschaftens? Erläutere die Zusammenhänge.
3. Erkläre am Beispiel einer Familie, warum Wirtschaften zum Streitthema werden kann.
4. Was können deiner Ansicht nach die Gründe dafür sein, dass sich viele Wissenschaftlerinnen und Wissenschaftler mit Fragen und Problemen der Ökonomie beschäftigen? Formuliere deine Vermutungen und stelle sie vor.

Tipp: Wettbewerb: Wem in der Klasse gelingt es, in zwei Minuten möglichst viele Verben zu notieren, die etwas mit wirtschaftlichem Handeln zu tun haben?

Wirtschaft als Wissenschaft

Der Umgang mit Knappheit in Familien, in Staaten und in der Welt ist ein so komplexer Problembereich, dass sich unzählige Wissenschaftlerinnen und Wissenschaftler damit beschäftigen. Dabei geht es zusammengefasst immer wieder um Antworten auf drei grundlegende Fragen:
- Was brauchen wir?
- Wie schafft man es, all das zu erzeugen?
- Wie können die Dinge möglichst wirksam und sozial gerecht verteilt werden?

Die Lehre vom wirtschaftlichen Geschehen nennt man *Ökonomie*. Oft wird Ökonomie auch als gleichbedeutend mit Wirtschaft verwendet. Als Erfinder der Lehre gilt der griechische Philosoph Aristoteles (384 – 322 v. Chr.). Er sprach von „Oikonomia“, was mit „sorgfältiger Haushaltsführung“ übersetzt werden kann. Als Teil vernünftigen Wirtschaftens sah er bereits vor über 2300 Jahren den sorgfältigen Umgang des Menschen mit den Schätzen der Natur an. Das Spannungsverhältnis zwischen wirtschaftlichem Handeln einerseits und dem Schutz der natürlichen Lebensgrundlagen andererseits gehört heute aktueller als jemals zuvor zu den grundlegenden Fragen, auf welche die Wirtschaftswissenschaft und alle in der Praxis am Wirtschaftsleben Beteiligten ebenfalls nach Antworten suchen müssen.

3 Welche Prinzipien helfen bei wirtschaftlichen Entscheidungen?

Minimal- und Maximalprinzip erklären und anwenden

A Eine Einstiegsübung

Welcher der folgenden Grundsätze passt besser zu dir?

1. Mein Ziel für das Ende des Schuljahres steht fest: in allen Fächern mindestens ein Befriedigend. Mal sehen, ob ich das mit möglichst wenig Aufwand schaffe.
2. Ich werde an jedem Wochentag eine Stunde meiner Freizeit zusätzlich für das Lernen opfern. Mal sehen, wie sehr ich meinen Notendurchschnitt so am Ende des Schuljahres verbessern kann.

B Raus aus der Schuldenfalle

Im deutschen Fernsehen gab es eine populäre Sendereihe mit dem Titel „Raus aus der Schuldenfalle“. Hier kamen Menschen zu Wort, denen die Schulden vollkommen über den Kopf gewachsen waren und die sich unfähig zeigten, ihr Problem selbst zu lösen. „Wir merkten gar nicht, wie das passieren konnte!“, sagten sie oft. Von dem privaten Fernsehsender wurde ihnen ein Schuldnerberater zur Seite gestellt, der freundliche Herr Zwegat. Dieser ging das Problem mit kühlem Sachverstand an. Er berechnete die Höhe der Schulden, verschaffte sich Klarheit über die regelmäßigen Einnahmen und half den verzweifelten Menschen bei der Formulierung eines Ziels zur Schuldentilgung. Herr Zwegat verließ sich offensichtlich dabei auf seine Kenntnisse der Prinzipien* klugen wirtschaftlichen Handelns. Er handelte rational, das heißt von seiner Vernunft gesteuert, während die Leute, die er beriet, sich vorwiegend von ihren Gefühlen und ihren spontanen Bedürfnissen und Kaufwünschen hatten leiten lassen.
Jedem Fernsehzuschauer konnte dabei deutlich werden, dass man das Leben besser meistert, wenn man die Grundprinzipien wirtschaftlichen Handelns kennt und mit kühlem Verstand anwenden kann.

* Prinzip – allgemeiner Grundsatz

„Wir merkten gar nicht, wie das passieren konnte.“

C Prinzipien ökonomischen Handelns

Zu den wichtigsten Merkmalen geplanten wirtschaftlichen Handelns gehört Sparsamkeit. Das bedeutet, dass man weder Geld noch Zeit noch Materialien verschwendet, sondern darauf achtet, für diese eine möglichst hohe Gegenleistung zu bekommen. Die Wirtschaftslehre geht in ihren Beschreibungen wirtschaftlichen Verhaltens von der Auffassung aus, dass der Mensch in der Lage ist, rational zu entscheiden, also vernünftig auf der Basis logischen Nachdenkens. Die Lehre unterscheidet dazu zwischen zwei grundlegenden ökonomischen Prinzipien.

Das Minimalprinzip

Einmal angenommen, du möchtest dir einen neuen Fahrradhelm kaufen. Dann kannst du versuchen, den Helm so billig wie möglich zu erwerben. Es ist dabei sinnvoll, vor dem Einkaufen die Preise zu vergleichen, um herauszufinden, wo dein Wunschmodell am preisgünstigsten angeboten wird. Du versuchst also, ein festes Ziel (den Fahrradhelm) mit einem Minimum an Geld zu erreichen.

In diesem Fall handelst du nach dem Minimalprinzip*. Es besagt, dass ein bestimmtes vorgegebenes Ziel mit dem Einsatz möglichst geringer Mittel erreicht werden soll.

Unternehmen wenden das Minimalprinzip an, indem sie zum Beispiel bei der Herstellung einer als Ziel vorgegebenen Menge an Waren versuchen, möglichst wenige Rohstoffe, Arbeitskräfte oder Energie zu verbrauchen.

Das Maximalprinzip

Eine zweite Möglichkeit besteht darin, dass du dir vornimmst, für den Fahrradhelm nicht mehr als sechzig Euro auszugeben. Du versuchst, dafür das bestmögliche Produkt zu bekommen. Wenn du feststellst, dass mehrere Fahrradhelme zu diesem Preis angeboten werden, ist es sinnvoll, das Modell mit der besten Qualität zu wählen. Du versuchst also, mit einem vorgegebenen Betrag möglichst viel Gegenleistung zu bekommen.

In diesem Fall handelst du nach dem Maximalprinzip*. Es besagt, dass mit vorgegebenen Mitteln ein größtmöglicher Nutzen erzielt werden soll. Unternehmen wenden das Maximalprinzip an, wenn sie mit den gegebenen Möglichkeiten an Personal, Maschinen und Rohstoffen versuchen, eine möglichst große Menge an Fertigprodukten zu erzeugen.

* Zu den Begriffen Maximal- und Minimalprinzip findest du weitere Erklärungen im Glossar dieses Buches.

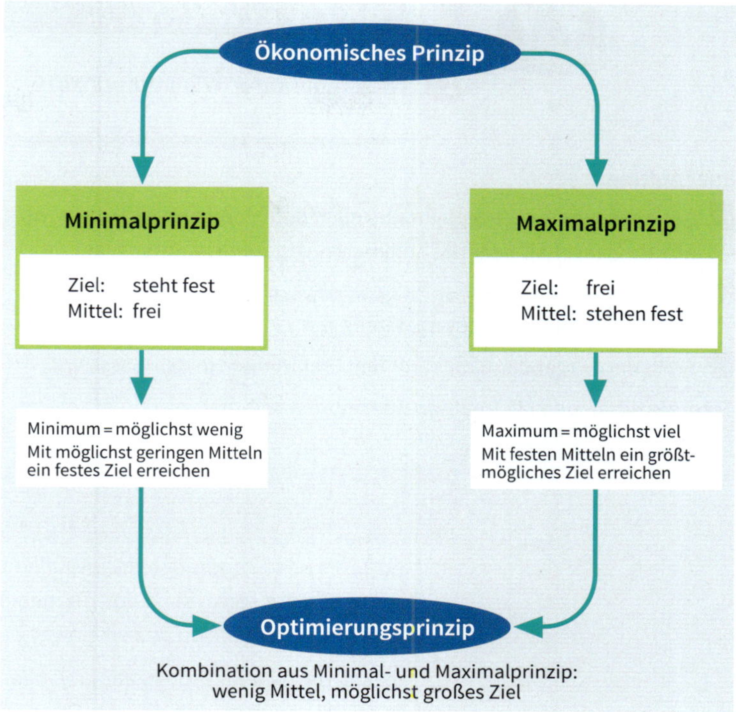

Die Kombination

In der modernen Wirtschaft hat sich herausgestellt, dass beide Prinzipien selten in ihrer Reinform zur Anwendung kommen. Man sucht hier oft nach der bestmöglichen Kombination aus beiden. Das bedeutet: möglichst geringer Mitteleinsatz verbunden mit so großen Zielen wie möglich. Man bezeichnet diese Kombination aus Minimal- und Maximalprinzip auch als **Optimierungsprinzip**.

1. Was unterscheidet das wirtschaftliche Handeln des Schuldnerberaters von dem seiner Klienten (Material B)? Beschreibe die Unterschiede.

2. Erkläre das Minimal- und das Maximalprinzip an jeweils einem Beispiel.

3. Benutze das Schaubild, um ein Publikum über die Wesensmerkmale ökonomischer Prinzipien verständlich und anschaulich zu informieren. Bereite dazu einen Kurzvortrag vor. (Das geht auch zu zweit.)

AKTIV LERNEN

D Maximal- oder Minimalprinzip?

Euer Auftrag:

1. Gehe die acht Beispiele der Reihe nach durch und notiere jeweils, ob hier das Maximal- oder das Minimalprinzip zur Anwendung kommt.
2. Vergleicht eure Ergebnisse zu zweit oder zu dritt und überlegt gemeinsam die passenden Erklärungen.
3. Stellt eure Ergebnisse mitsamt den Erklärungen in der Klasse vor.

Tipp: Maximal- und Minimalprinzip kommen je 4-mal vor.

Was ist Mittel, was ist Ziel?	Minimal ↘	Maximal ↗	Erklärung
1. Eine Tante schenkt dir einen Gutschein über 100 Euro zum Geburtstag. Du sollst dir dafür die neuen Joggingschuhe selbst aussuchen, die du dir seit einiger Zeit wünschst.			
2. Tim hat dir geholfen, dein Zimmer neu zu streichen. Als Dankeschön wirst du ihn zu einer Pizza und einem Getränk einladen. Allerdings bist du ziemlich knapp bei Kasse. Da darf das Restaurant nicht teuer sein.			
3. Am Tag vor einer Klassenarbeit verbleiben dir genau zwei Stunden Zeit zum Lernen. Du möchtest diese Zeitspanne so effektiv wie möglich zur Vorbereitung nutzen, um ein gutes Ergebnis zu erreichen.			
4. Ramon, Auszubildender im dritten Lehrjahr, möchte mit möglichst wenig Aufwand die Abschlussprüfung zum Industriekaufmann irgendwie schaffen.			
5. Im Tank des Autos, das Jil und Mario für ein Wochenende gemietet haben, befinden sich genau 40 Liter Benzin. „Mal sehen, wie weit wir hin und zurück damit kommen", vereinbaren sie gemeinsam vor ihrem Start.			
6. Familie Seifert möchte ihren Sommerurlaub auf Mallorca verbringen. Jetzt suchen Eltern und Kinder in den Ferienkatalogen nach einer möglichst preiswerten Ferienwohnung.			
7. Die Firma Power AG stellt Taschenlampenbatterien her. Für eine Betriebserweiterung plant die Geschäftsleitung eine Investition von 400 000 Euro, um damit die Produktionsmenge an Batterien so weit wie möglich zu vergrößern.			
8. Ein Architekturbüro in Berlin plant den Bau von Studentenapartments, bei denen die Monatsmiete 300 Euro nicht überschreiten darf. Jetzt sitzen die Fachleute zusammen und überlegen, wie groß und wie aufwendig die Apartments sein dürfen, damit sich der Bau auch wirtschaftlich lohnt.			

Die Auflösung findet ihr auf der Seite 31.

4 Welche Bedürfnisse haben Jarosch aus Stuttgart und Kiran aus Neu-Delhi?

Bedürfnisse unterscheiden, ordnen und berücksichtigen

Ein Bedürfnis ist eine Mangelerscheinung. Wer Durst verspürt, dem mangelt es an einem Getränk und er spürt das Bedürfnis, etwas zu trinken. Es gibt mehrere Arten von Bedürfnissen. Für manche ist die Wirtschaft zuständig, für manche nicht. Den Zusammenhang zwischen beiden könnt ihr hier untersuchen.

A Jarosch, Kiran und andere

Beispiel 1: **Jarosch, 14 Jahre**, hat eine Patentante, die er selten sieht, weil die Tante in Ulm wohnt und Jarosch in Stuttgart. Für ein kommendes Wochenende hat die Tante ihren Besuch angekündigt und dazu hat sie ihrem Patenkind per E-Mail etwas sehr Schönes versprochen: „Wenn du Lust hast, nehmen wir beide uns am Samstag Zeit für einen Spaß- und Shoppingspaziergang durch die Fußgängerzone in Stuttgart. Überlege dir schon mal, was du willst und was du brauchst." Klar hat Jarosch Lust dazu und überlegen muss er auch nicht lange.

Beispiel 2: In der Wochenendausgabe einer Zeitung fand sich ein Bericht über die 14-jährige Kiran aus Neu-Delhi in Indien. Kiran wohnt mit zwei jüngeren Geschwistern und ihren Eltern in einer Ein-Zimmer-Wohnung am Rande der 18-Millionen-Stadt. Ihr Vater arbeitet als Gelegenheitsarbeiter und ihre Mutter bessert das knappe Familieneinkommen als Schneiderin auf. Kirans Schule dauert von 8.05 bis 14 Uhr. Von 17 bis 19 Uhr lernt sie mit einer Tutorin, weil sie wirklich gut sein will in der Schule. Zeit für Freunde oder zum Spielen bleibt da kaum. Ihre Leidenschaft ist das Malen. Allerdings fehlt meist das Geld, um Farben, Stifte und Papier zu kaufen. Was sie einmal werden will? „Vielleicht Ärztin oder Ingenieurin", sagt sie, aber sie weiß, dass es schwierig sein wird, diesen Wunsch zu realisieren.

Fußgängerzone in Stuttgart: Geschäfte, Restaurants, Treffpunkte, Museen

Beispiel 3: In den vergangenen Jahren erlebte die Versicherungsbranche* in Deutschland einen Aufschwung. Immer mehr Privatleute schlossen freiwillig zusätzliche Versicherungen ab. Vor allem Diebstahlversicherungen waren heiß begehrt, zum Beispiel für das eigene Handy, den eigenen PC, das neue teure Fahrrad und auch für Wohnungseinrichtungen. Laut Polizeiberichten hatte die Zahl der Wohnungseinbrüche erheblich zugenommen. Firmen, die Sicherungssysteme für Häuser und Wohnungen anbieten, konnten sich über vermehrte Aufträge freuen.

* Branche ist eine Sammelbezeichnung für Wirtschaftsunternehmen, die gleiche oder ähnliche Waren oder Dienstleistungen anbieten.

1. Betrachte das Foto: Welche Bedürfnisse können beim Spaziergang durch eine solche Fußgängerzone entstehen? Nenne mindestens drei.
2. Welche unterschiedlichen Bedürfnisse von Jarosch, Kiran und den Menschen, die Versicherungen abschließen, lassen sich aus den drei Fällen ermitteln?
3. Welche der von euch gefundenen Bedürfnisse lassen sich mit Geld befriedigen, welche nicht? Findet dazu Beispiele und stellt sie in der Klasse vor.

GRUNDWISSEN

B Bedürfnisse

1. Erkläre, worin sich materielle von immateriellen Bedürfnissen unterscheiden, und nenne dafür mehrere Beispiele.

2. Welche unterschiedlichen Bedürfnisse möchten nahezu alle Schülerinnen und Schüler im Verlauf ihrer Schulzeit nach dem Modell der Bedürfnispyramide nach und nach verwirklichen? Erläutere den Prozess anhand des Maslowschen Modells.

3. Kann man mit dem Kauf der Jeans einer bestimmten Marke auch das immaterielle Bedürfnis nach Anerkennung befriedigen? Erörtere diese Frage unter Abwägung dessen, was dafür und was dagegen spricht.

Antriebsmotor der Wirtschaft

Wahrscheinlich hattest du schon oft nach einem anstrengenden Schultag das Gefühl, dass dir etwas fehlt. Du hattest Hunger und es fehlte dir etwas zu essen. Dir war kalt und es fehlte dir die warme Jacke. Solche gefühlten Mangelerscheinungen erzeugen Bedürfnisse. Diese werden zu Auslösern wirtschaftlichen Handelns. Für den Wunsch nach Essen und Trinken gibt es die Lebensmittelindustrie, für den Wunsch nach Kleidung fühlt sich die Modebranche zuständig. Gegenstand der Wirtschaft sind die materiellen Bedürfnisse. Das sind alle, die sich mit Geld befriedigen lassen. Bedürfnisse nach Freundschaft und Zuwendung sind demgegenüber immaterieller Natur. Sie können nicht mit Wirtschaftsgütern befriedigt werden.
Die moderne Wirtschaft hat aber längst erkannt, dass auch immaterielle Bedürfnisse wirtschaftlich bedeutsam sind. „Wenn du diese Jeans kaufst, wirst du Anerkennung finden.“ Eine riesige Werbeindustrie macht sich die immateriellen Bedürfnisse der Menschen zunutze, um ihre Produkte zu verkaufen. Bedürfnisbefriedigung und Bedürfnisweckung sind mittlerweile gleich bedeutsame Ziele wirtschaftlicher Aktivitäten.

Ordnung der Bedürfnisse

Unterschiedliche Bedürfnisse

Menschen haben unterschiedliche Bedürfnisse. Auch variieren sie je nach Alter, Wohnort oder wirtschaftlicher Situation. Der amerikanische Wissenschaftler Abraham Maslow hat das Modell einer Bedürfnispyramide entwickelt, mit dessen Hilfe man unterschiedliche Bedürfnisse ordnen kann. Die unterste Stufe bilden in diesem Modell die *Grundbedürfnisse*. Essen, Trinken, Schlafen gehören dazu. Auf der zweiten Stufe folgen die *Sicherheitsbedürfnisse* und auf der dritten *soziale Bedürfnisse*. Mit Wertschätzung oder Ich-Bedürfnissen (Stufe 4) ist der Wunsch nach Anerkennung durch andere verbunden. Die fünfte und höchste Stufe im Modell bildet das *Bedürfnis nach Selbstverwirklichung*. Dazu gehört, dass man sich ein Leben wünscht, in dem man möglichst alle seine Talente, Interessen und Fähigkeiten zur Entfaltung bringen kann.
Die Wirtschaft kennt noch weitere Bedürfnisse. Man spricht von *Luxusbedürfnissen*, wenn dahinter der Wunsch nach schicken Autos, teurem Schmuck und dergleichen steht, und von *kulturellen Bedürfnissen*, für deren Befriedigung Theater, Filme, Kinos und Bücher angeboten werden. Auch *Gemeinschaftsbedürfnisse* sind wirtschaftlich bedeutsam, weil sie durch die gemeinsame Versorgung aller mit Trinkwasser, Strom und Mobilität zu befriedigen sind.

Bedarf

Bedürfnisse werden zum Bedarf, wenn daraus eine Nachfrage entsteht. In der Sprache der Wirtschaft sagt man zum Beispiel: „Es besteht Bedarf an mehr und besseren E-Bikes.“ Die Nachfrage führt dazu, dass die Wirtschaft zum Bedarf passende Angebote bzw. Produkte entwickelt und zum Kauf anbietet.

C Was können wir tun, um den Bedürfnissen jugendlicher Feriengäste gerecht zu werden?

Stellt euch folgende Situation vor: Ihr seid ein Architekturbüro, das den Auftrag erhalten hat, eine Jugendherberge zu planen und den Bau zu überwachen. In dieser hotelähnlichen Anlage sollen zukünftig Kinder-, Jugendgruppen und Familien mit Kindern ihre Ferien verbringen, und zwar zu erschwinglichen Preisen. Das vorgesehene Grundstück liegt in schöner Natur. Es grenzt an einen Fluss und verfügt über einen kleinen See.

Wie kann ein solcher Gebäudekomplex mitsamt der Außen- und Freizeitanlagen so geplant werden, dass die vielfältigen Bedürfnisse der zukünftigen Feriengäste möglichst optimal berücksichtigt werden?

Zu dieser Frage sollt ihr Ideen und Planungsvorschläge entwickeln.

Euer Auftrag:

1. Bildet Teams. Ihr seid nun ein Architekturbüro und könnt euch einen Firmennamen geben.
2. Erstellt gemeinsam eine Liste der unterschiedlichen Bedürfnisse, welche die zukünftigen Feriengäste voraussichtlich mitbringen werden.
3. Was muss alles vorhanden sein? Plant die Räumlichkeiten und Außenanlagen.
4. Überlegt: Wie lassen sich unterschiedliche Einrichtungen (wie zum Beispiel, Zimmer, Speisesäle, Außenanlagen) so gestalten, dass die Bedürfnisse der unterschiedlichen Gäste verwirklicht werden können?
5. Stellt eure Planungsüberlegungen in der Rolle von Architektinnen und Architekten vor.

Kulturelle Bedürfnisse | Sicherheitsbedürfnisse | Gemeinschaftsbedürfnisse

Soziale Bedürfnisse | Luxusbedürfnisse | Grundbedürfnisse

Das Foto zeigt die am Rhein gelegene Jugendherberge Mannheim International.

5 Wie wird die Kartoffel zu Tiefkühl-Pommes?

Wirtschaftsgüter zuordnen

A Eine Einstiegsübung

Wie stellst du dir den Weg einer Kartoffel bis zu tiefgekühlten Pommes frites vor? Beschreibe die Stationen auf ihrem Weg zum Verbraucher.

B Wirtschaftsgüter

Um unsere Bedürfnisse nach Essen und Trinken, nach Kleidung und einem Dach über dem Kopf befriedigen zu können, brauchen wir Güter. Wir verstehen darunter die Mittel, die erforderlich sind, um Bedürfnisse zu befriedigen. An einem Strand, wie er auf dem Foto zu sehen ist, habt ihr vielleicht das Bedürfnis, eine Sandburg zu bauen. Die Mittel dazu sind Sand und Wasser. Kein Problem: Beides steht im Überfluss zur Verfügung und kostet am Strand nichts. Daher sind Sand und Wasser am Strand *freie Güter*. Die meisten Güter, die wir zum Leben brauchen, kosten allerdings Geld. Das ist schon bei der Schaufel so, die man zum Strandburgenbauen benötigt. Güter, die Geld kosten, werden als *Wirtschaftsgüter* bezeichnet.

Sand, Luft und Wasser kosten am Strand nichts und sind freie Güter; Strandkörbe kosten Geld und sind Wirtschaftsgüter.

Wie kann man Güter einteilen?

Wenn man sich einen Teller gefüllt mit Pommes frites kauft, erwirbt man ein Wirtschaftsgut, für das man bezahlen muss. Um die knusprig frittierten Kartoffelstäbchen herzustellen, muss man Arbeit investieren. Das trifft auf alle Wirtschaftsgüter zu, egal, ob es sich um Nahrungsmittel, T-Shirts oder Fahrräder handelt. Insgesamt bilden die Wirtschaftsgüter eine riesige Gruppe sehr verschiedenartiger Dinge. Daher hat man sie eingeteilt, um sie besser unterscheiden zu können.

Sachgüter

Was braucht man zum Beispiel zur Herstellung von Pommes frites? Natürlich zunächst einmal Kartoffeln, am besten große und längliche. Kartoffeln sind ein Rohstoff. Weil sie Geld kosten, sind sie ein Wirtschaftsgut. Nur wenige Rohstoffe lassen sich im Originalzustand verwenden. Sie werden bearbeitet, um zu einem nützlicheren Gut zu werden. Bei der industriellen Herstellung von Pommes frites werden die Kartoffeln in Waschtrommeln gesäubert, in Dampfschälern geschält, auf Förderbändern getrocknet und in riesigen Fritteusen in Pflanzenfett frittiert. Danach werden sie verpackt, in Kühlhäusern gelagert, später transportiert usw.
Man sieht, man braucht viele Sachen zu ihrer industriellen Herstellung. Alle zusammen werden als *Sachgüter* bezeichnet. Die fertigen Kartoffelstäbchen werden gegessen und sind dann verbraucht. Man bezeichnet solche Güter als Verbrauchsgüter. Häufiger verwendet man den Begriff *Konsumgüter*, welcher das Gleiche bedeutet. Teller und Gabel, die man vielleicht zum Verzehr der

Pommes benutzt, sind *Gebrauchsgüter*. Wir benötigen sie zum täglichen Leben und sie bleiben nach dem Gebrauch vorhanden. Die vielen Maschinen, die zur Herstellung der Pommes frites nötig waren, werden als *Produktionsgüter* bezeichnet.

Dienstleistungen

Wir benötigen auch noch Güter zum Leben, die keine Sachen sind. Zum Beispiel braucht man eine Fahrerin oder einen Fahrer, der die verpackten Pommes frites zu den Verkaufsstellen transportiert. Fahrer werden für ihre Arbeit bezahlt. Daher stellt auch ihre Leistung ein Wirtschaftsgut dar. Alle Güter, die daraus bestehen, dass Menschen anderen Menschen einen Dienst erweisen, werden als *Dienstleistungen* bezeichnet. Dazu gehört die Leistung von Köchen und Kellnern, die Pommes frites in Restaurants servieren, und auch die Leistungen von Friseuren, Ärzten, Lehrern und vielen anderen, die in Dienstleistungsberufen tätig sind.

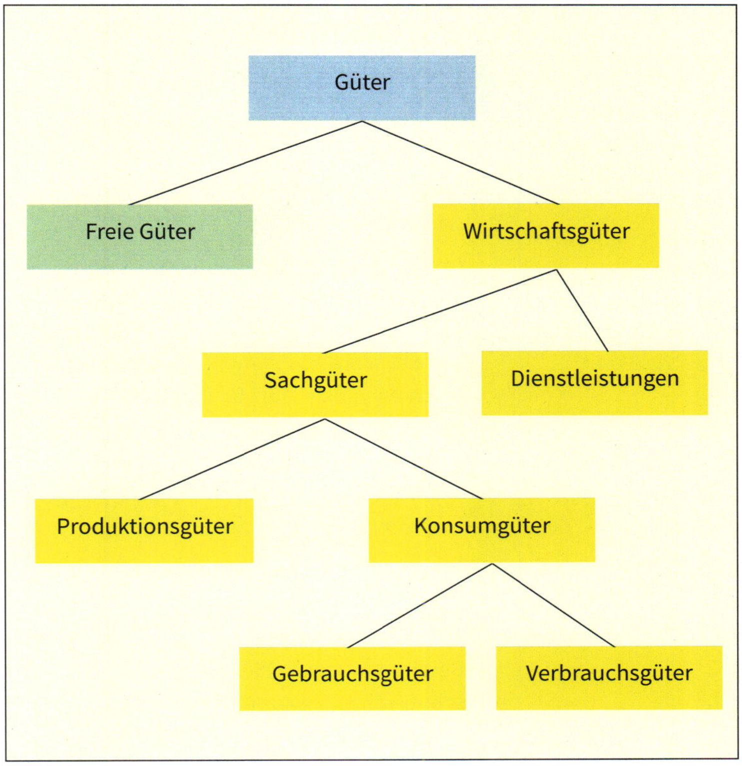

C Welche Arten von Gütern benutzt Julia?

a) Zum Frühstück isst Julia wie jeden Morgen **Müsli**.

b) Danach packt sie ein **Frühstücksbrot** und die für den Tag benötigten Schulbücher in ihre Tasche.

c) Nach Verlassen des Hauses freut sie sich über die Sonne und atmet die **frische Luft** ein. Jetzt ist sie richtig wach.

d) Der **Busfahrer im Schulbus** bringt sie und andere sicher zur Schule.

e) Im Kunstunterricht stellt sie mithilfe eines **Keramikofens** ihre selbst glasierte **Blumenvase** fertig.

f) Um vier Uhr holt sie ihre Mutter ab, die als **Bankkauffrau** in einer Sparkasse arbeitet.

g) Anschließend geht sie zusammen mit ihrer Mutter zum **Friseur** und lässt sich die Haare schneiden.

h) Zu Hause angekommen, benutzen Mutter und Tochter eine **elektrische Küchenmaschine**, um Saft herzustellen.

i) Nach dem Abendessen schalten sie und ihre Eltern noch für eine Stunde den **Fernseher** ein.

Güter	Güterart
a) Müsli	Wirtschaftsgut Sachgut Konsumgut Verbrauchsgut
...	...

1. Welche verschiedenen Güter werden benötigt, um Pommes frites industriell herzustellen? Nenne sie.

2. Vergleiche deine Ergebnisse mit einem Partner und erklärt euch gegenseitig mit eigenen Worten jeden im Schaubild genannten Begriff.

3. Definiere in je einem Satz die Begriffe Wirtschaftsgüter und Dienstleistungen.

4. Welche Güterarten nutzt Julia den Tag über? Stelle sie in einer Tabelle dar.

6 Arbeitsteilung in der Wirtschaft: notwendig, aber manchmal schwierig

Arbeitsteilung erklären, anwenden, bewerten

A Eine Einstiegsübung

In der folgenden Aufzählung sind Berufe, die am Bau eines Hauses beteiligt sind, in der Reihenfolge ihres Auftretens aufgelistet: Architekt, Maurer, Zimmerer, Dachdecker, Anlagemechaniker für Sanitär und Heizung, Elektroniker, Estrichleger, Stuckateur, Fliesenleger, Schreiner, Maler und Lackierer.

- Überlegt zu zweit, wer welche Aufgabe übernimmt.

B Arbeitsteilung und Wohlstand

Bereits vor etwa 250 Jahren beschrieb der schottische Ökonom Adam Smith (1723–1790) die Bedeutung der Arbeitsteilung. Er wählte dazu die Tätigkeit des Nadlers, also des Herstellers von Stecknadeln, und verglich die Einzelproduktion mit arbeitsteiliger Vorgehensweise. In seinem heute noch berühmten Buch „Vom Wohlstand der Nationen" lesen wir dazu:

Aber so, wie die Herstellung von Stecknadeln heute betrieben wird, ist sie nicht nur als Ganzes ein selbstständiges Gewerbe. Sie zerfällt vielmehr in eine Reihe getrennter Arbeitsgänge, die zumeist zur fachlichen Spezialisierung geführt haben. Der eine Arbeiter zieht den Draht, der andere streckt ihn, ein dritter schneidet ihn, ein vierter spitzt ihn zu, ein fünfter schleift das obere Ende, damit der Kopf aufgesetzt werden kann. Auch die Herstellung des Kopfes erfordert zwei oder drei getrennte Arbeitsgänge.

[...] Ich selbst habe eine kleine Manufaktur* dieser Art gesehen, in der nur 10 Leute beschäftigt waren, sodass einige von ihnen zwei oder drei solcher Arbeiten übernehmen mussten. Obwohl sie nun sehr arm und nur recht und schlecht mit dem nötigen Werkzeug ausgerüstet waren, konnten sie zusammen am Tage doch etwa 12 Pfund Stecknadeln anfertigen, wenn sie sich einigermaßen anstrengten. Rechnet man für ein Pfund über 4000 Stecknadeln mittlerer Größe, so waren die 10 Arbeiter imstande, täglich etwa 48000 Nadeln herzustellen, jeder also ungefähr 4800 Stück. Hätten sie indes alle einzeln und unabhängig voneinander gearbeitet, noch dazu ohne besondere Ausbildung, so hätte der Einzelne gewiss nicht einmal 20, vielleicht sogar keine einzige Nadel am Tag zustande gebracht. [...]

(Adam Smith: Der Wohlstand der Nationen, Ausgabe im Anaconda Verlag Köln 2013, S. 9)

* In einer Manufaktur verrichten mehrere Handwerker unterschiedliche Tätigkeiten. Sie galten in der Zeit von Adam Smith als eine relativ neue Betriebsart.

1. Was beschreibt Adam Smith hier? Fasse diese historische Quelle mit eigenen Worten zusammen.

2. Wer hat recht? Nehmt spontan Stellung zu den beiden folgenden Ansichten und tauscht eure Ansichten aus.

„Ohne die von Adam Smith beschriebene Arbeitsteilung kann die wirtschaftliche Versorgung auch heute nicht funktionieren!"

„Aber es macht doch viel mehr Spaß, ein Werkstück, und sei es auch nur eine Stecknadel, von Anfang bis Ende selbst herzustellen!"

Arbeitsteilige Gruppenarbeit

Worum geht es?

Arbeitsteilung gibt es nicht nur in der Wirtschaft. Auch im Unterricht kann sie von Bedeutung sein. Ein Weg dazu ist die Organisation von arbeitsteiliger Gruppenarbeit. Innerhalb eines gemeinsamen Rahmenthemas beschäftigen sich dabei mehrere Gruppen in der Klasse mit unterschiedlichen Teilthemen und Materialien. Alle können so in der Zusammenarbeit mit anderen ein Thema eigenverantwortlich bearbeiten. Nach der Gruppenarbeitsphase informieren sich die Gruppen wechselseitig.
Man lernt dabei, das neu erworbene Wissen im praktischen Tun anzuwenden. Alle in der Klasse profitieren davon, wenn es gelingt, die von den Gruppen erarbeiteten Ergebnisse auch den anderen Gruppen zur Verfügung zu stellen.

5 Regeln für den Ablauf der Gruppenarbeit

1. Alle sind an der Arbeit beteiligt. Niemand wird ausgeschlossen
2. Einzelne Gruppenmitglieder übernehmen spezielle Aufgaben.
   Je ein Mitglied …
   - bittet um Ruhe, falls die Gruppe zu laut wird,
   - teilt die Zeit für die verschiedenen Arbeitsphasen ein und achtet auf deren Einhaltung,
   - übernimmt die Gesprächsleitung in der Phase des Austauschs untereinander.
3. Wenn Plakate, Zeichnungen, Tabellen, Mindmaps oder Folien zu erstellen sind, übernehmen das einzelne Mitglieder. (Solche Arbeiten können außerhalb der Gruppenarbeit vervollständigt werden.)
4. Alle Gruppenmitglieder übernehmen eine Aufgabe in der Vorbereitung und Durchführung der Präsentation. Die Gruppe präsentiert sich als Top-Team.
5. Fällt ein Gruppenmitglied zeitweise aus, springen andere ein und übernehmen dessen Aufgaben.

5 Regeln für den Austausch der Ergebnisse

1. Die Präsentationen beginnen erst, wenn alle Gruppengespräche beendet sind.
2. Die zuhörenden Gruppen wenden sich den Präsentierenden zu und widmen diesen ihre volle Aufmerksamkeit.
3. Sie halten Stift und Papier bereit und machen sich Notizen während des Vortrags.
4. Die Vortragenden verwenden ihre Unterlagen, sprechen aber möglichst frei und halten Blickkontakt zum Publikum.
5. Sie lassen am Ende Rückfragen zu und fordern ein Feedback (= Rückmeldung) zu ihrer Präsentation ein.

Tipp: Feedback-Fragen an die Zuhörenden können sein:
- Was habt ihr gelernt aus unserer Präsentation?
- Wie fandet ihr die Qualität und die Art, wie wir die Arbeiten aufgeteilt haben?
- Was können wir beim nächsten Mal besser machen?

C Fallbeispiele:

Beispiel 1: Arbeitsteilung in einem Luxushotel

Rezeption im Luxushotel: viele Berufe, Wohl der Gäste als gemeinsames Interesse

Die Belgierin Angelique Debruyne ist Hotelmanagerin in einem großen und luxuriösen Touristikhotel in der Schweiz. Mit perfekten Umgangsformen und stets gut gekleidet begegnet sie ihren Gästen. Sie führt Verhandlungen mit Reiseveranstaltern, stellt Personal ein, unterschreibt Verträge. In Deutschland hat sie ein Studium zum *Bachelor im Bereich Management und Hotellerie* absolviert und viele Jahre in Hotels rund um die Welt gearbeitet.
Christine Lasar aus Ulm hat eine Ausbildung zur *Hotelkauffrau* abgeschlossen. Zurzeit arbeitet sie am Empfang. Sie nimmt Reservierungen entgegen, wickelt den Zahlungsverkehr ab und steht den Gästen bei allen Wünschen und Beschwerden zur Verfügung. Eines der drei Hotelrestaurants wird von Herrn Marius geleitet. Er hat ursprünglich einmal den Beruf des *Kaufmanns für Systemgastronomie* gelernt. Hier ist er verantwortlich für den Wareneinkauf, die Vorratshaltung und die Kalkulation der Kosten für den Einkauf.
Die Restaurantküche ist das Reich der österreichischen *Chefköchin* Miriam Studer. Unter ihrer Leitung braten und brutzeln hier zwölf weitere Köche und bieten den verwöhnten Gästen immer wieder Neues. Im direkten Kontakt zu den Gästen im Restaurant steht das Servicepersonal. Eine aus dem großen Team ist die 20-jährige Samirah Barani aus Berlin, die nach einer zweijährigen Ausbildung zur *Fachpraktikerin im Gastgewerbe* diese Stelle in der Schweiz angenommen hat.
In dem Hotelbereich, den die Gäste selten zu sehen bekommen, finden sich weitere Angestellte mit unterschiedlichen Berufen. Ganz wichtig ist zum Beispiel der *Haustechniker* Herr Fuentes aus Portugal. Er ist zur Stelle, wenn ein Gast zum Beispiel mit der Klimaanlage nicht zurechtkommt.

1. Das könnt ihr in der Gruppe tun:
Stellt eine Liste der im Text genannten Personen mit ihren Berufen zusammen und erklärt eurem Publikum deren Aufgaben im Hotel.

2. Nennt die Probleme, die als Folge der Arbeitsteilung aufgetreten sind.

3. Stellt euch Folgendes vor: Ihr seid engagiert worden, um das Hotelpersonal bei der Lösung der Probleme zu beraten. Entwickelt gemeinsam Vorschläge, die zur Verbesserung der Arbeitsorganisation und zu mehr Kundenzufriedenheit führen.

Was auch noch interessant sein kann:
- Recherche: Ein oder zwei Gruppenmitglieder informieren sich genauer über die hier genannten Berufe und stellen deren Ausbildungsgänge und Anforderungen vor.

Probleme der Arbeitsteilung im Hotel: Wie kann man sie lösen?

Chefköchin Studer ist mit der Qualität der vom Systemgastronomen Marius eingekauften Warenlieferungen nicht mehr zufrieden. Fleisch und Gemüse hätten oft nicht die Spitzenqualität, die sie benötige. Herr Marius verweist auf eine Anweisung der Hotelmanagerin Debruyne, beim Wareneinkauf genauer auf die Kosten zu achten. Dies sei der Grund, warum er zum Teil günstigere Anbieter gewählt habe. Der Managerin liegt die Beschwerde eines Gastes vor, an der Rezeption sei seine Klage über den nicht funktionierenden Internetanschluss offensichtlich nicht an die Technik weitergeleitet worden. Einige Fachkräfte im Service – darunter auch Samirah – sind sauer auf die Köche. Sie würden die Bestellungen in falscher Reihenfolge bearbeiten und ließen bei Beschwerden nicht mit sich reden.

Beispiel 2: Arbeitsteilung in einer Schlüsseldienst-Firma

Schlüsseldienst: Schnelle Problemlösungen sind gefragt.

„Tür zugefallen, wir kommen sofort!" Das ist das Motto der Firma Türauf, die sich auf das Öffnen und Installieren von Schlüsselanlagen aller Art spezialisiert hat. Gegründet hat die Firma Xaver Meyerlink, der vom gelernten Schlossermeister zum Unternehmer wurde. Die Betriebsabläufe hat er nach der Art der Tätigkeiten organisiert. *Innerbetriebliche Artteilung* nennt man das. Dem Chef kommt es darauf an, dass alle Mitarbeiter Hand in Hand arbeiten und – vor allem – dass die Abläufe schnell gehen. Kein Kunde will schließlich warten, wenn er vor verschlossener Tür steht.

In der Telefonzentrale arbeiten vier Leute im Schichtdienst rund um die Uhr. Eine davon ist Frau Marek, die im Rollstuhl sitzt und genau weiß, wie man aufgeregte Kunden beruhigt und schnell herausfindet, worin deren Problem besteht. Sie gibt den Auftrag weiter an eines der Monteurteams, die meist aus zwei Leuten bestehen. Eines davon ist auf Häuser spezialisiert, eines besonders auf verlorene Autoschlüssel und eines kann sogar Tresore in Privatwohnungen öffnen.

Schlimm wäre es, wenn die Monteure in der Innenstadt nach Parkplätzen suchen müssten. Deshalb wurde ein Fahrdienst eingerichtet. Der Fahrer liefert die Monteure vor Ort ab, erledigt während des Wartens Schreibarbeiten im Auto und holt die Monteure wieder ab, sobald diese sich melden. Der Fahrer weiß dann schon, wo der nächste Auftrag zu erledigen ist. Ganz wichtig für die Firma ist die ständige Betreuung der Firmenhomepage. Wegen ihrer herausragenden Bedeutung hat der Chef diesen Aufgabenbereich ausgelagert und einer Spezialfirma für IT-Beratung übergeben Er selbst kümmert sich verstärkt um die Kundenberatung, weil er das Geschäftsfeld der Firma um den Einbau von Sicherungsanlagen erweitern will.

Probleme der Arbeitsteilung nach Art der Arbeit: Wie kann man sie lösen?

Es kommt selten vor, aber diesmal beschwert sich ein Kunde telefonisch beim Chef. Der Monteur habe zwar die Tür schnell geöffnet, sei aber unfreundlich gewesen. Der Kunde will seine Kritik ins Internet stellen, hat aber bis jetzt noch nichts unternommen. In der Telefonzentrale wurde eine weitere Mitarbeiterin eingestellt, wobei der Chef Schwierigkeiten hatte, jemanden zu finden, der bereit ist, auch nachts zu arbeiten. Die neue Mitarbeiterin ist freundlich, führt aber gerne längere Gespräche mit den Kunden. Der Chef befürchtet, dass sie aufhört, wenn er sie zur Rede stellt. Einer der Fahrer, der sechzigjährige Herr Mosram, hält nichts von Navis im Auto, weil er überzeugt ist, dass kein Fahrer sich so gut in der großen Stadt auskennt wie er. Seine Fahrten dauern in letzter Zeit oft länger als die anderer Fahrer – für das Firmengeschäft zu lange.

1. Das könnt ihr in der Gruppe tun:
Beschreibt, wie die Arbeitsteilung in dieser Firma funktioniert und worin die unterschiedlichen Aufgaben der Mitarbeiter bestehen.

2. Nennt die Probleme, die bei der betrieblichen Arbeitsteilung auftreten.

3. Stellt euch Folgendes vor: Herr Meyerlink hat euch gebeten, ihn bei der Lösung der aktuellen Probleme zu beraten. Er will Mitarbeiter zu Verhaltensänderungen bewegen, ohne dass diese ihre Arbeitsmotivation verlieren, und vor allem will er seine Kunden behalten. Entwickelt Vorschläge.

Was auch noch interessant sein kann:

- Recherche: Zum Betreiben eines Schlüsseldienstes ist keine besondere Ausbildung vorgeschrieben. Feinmechaniker/innen sind hier allerdings gesucht. Ein Gruppenmitglied kann sich über diesen Ausbildungsberuf informieren und ihn in der Gruppe vorstellen.

Aufgabe 1:

Was ist der zutreffende wirtschaftliche Fachbegriff? Notiere ihn.

Stelle dir vor, du bist Kandidatin oder Kandidat in einer Quizsendung. Die Quizfragen sollst du mit genau passenden Begriffen beantworten. Nach jeder richtigen Antwort darfst du zur nächsten Frage übergehen und die höhere Punktzahl kassieren. Das Ziel: 5 Punkte.

Quizfragen	Punkte
1 Worin besteht das Grundproblem allen wirtschaftlichen Handelns?	●
2 Welches Fremdwort bezeichnet die Lehre vom wirtschaftlichen Geschehen?	●●
3 Maximalprinzip ist eines von zwei wirtschaftlichen Prinzipien. Wie heißt das andere?	●●●
4 Wie nennt man es, wenn aus einem Bedürfnis nach einem Wirtschaftsgut eine Nachfrage entsteht?	●●●●
5 Welcher griechische Philosoph gilt als Erfinder der Wirtschaftslehre?	●●●●●

Aufgabe 2:

Welche Arten von Bedürfnissen löst der Wanderer ein?

Beschreibe, welche unterschiedlichen Bedürfnisarten der Wanderer nach und nach stillt. Benutze dazu die Begriffe aus der Bedürfnispyramide. (Achte darauf, dass sie alle vorkommen.)

Ein Wanderer war den ganzen Tag über in einsamer Natur unterwegs. Abends pausiert er, um am nächsten Tag weiterzuziehen. Zuerst verzehrt er die belegten Brote aus seinem Rucksack und trinkt dazu das mitgebrachte Getränk. Dann baut er sein Zelt auf und entfacht davor ein Feuer, weil ihm zu Ohren kam, es gäbe wieder Wölfe in der Gegend. Zufrieden stellt er fest, dass sein Handy Empfang hat. Er setzt sich vor sein Zelt und telefoniert eine halbe Stunde mit seiner Frau. Dabei erzählt er, dass er 25 Kilometer gewandert ist. Seine Frau sagt, dass er stolz auf seine Leistung sein kann. Abends hört er Musik mit seinem Smartphone und schreibt ein Naturgedicht. „Was für ein erfüllter Urlaubstag!“, denkt er, bevor er einschläft.

Aufgabe 3:

Wie verläuft der Prozess des Wirtschaftens von der Entstehung der Bedürfnisse bis zu ihrer Befriedigung?

Stelle dir eine Gruppe von Jugendlichen vor, die sich noch nicht mit Wirtschaftsfragen beschäftigt haben. Erläutere ihnen den Prozess wirtschaftlichen Handelns mithilfe des Schaubildes. Nutze zur Veranschaulichung ein konkretes Beispiel.

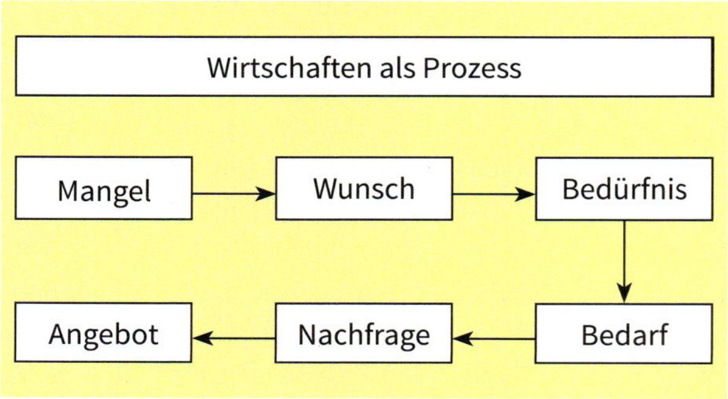

Aufgabe 4:

Was können wir vom Eichhörnchen über Wirtschaft lernen?

Erläutere am Beispiel des Eichhörnchens, was Wirtschaften ist, welches Problem es zu bewältigen gibt und was wir Menschen vom Eichhörnchen über kluges Wirtschaften lernen können.

Eichhörnchen gelten als niedliche Tiere. Im Spätsommer und Herbst können wir sie häufig in Parks beobachten. Für sie ist jetzt der Tisch reich gedeckt, weil es Früchte und Nüsse im Überfluss gibt. Besonders gerne sammeln sie unter großen, alten Bäumen, denn dort finden sie ohne jede Anstrengung, was sie suchen. Sie könnten jetzt jeden Tag damit verbringen, sich den Bauch vollzuschlagen – doch sie entscheiden sich anders. Einen Teil ihres Tagwerks verbringen sie damit, Vorsorge für den Winter zu treffen. Sie sparen sich Nüsse auf und legen sie in verschiedenen Verstecken ab. Wenn im Winter die Nahrung knapp ist, suchen sie diese auf und versorgen sich mit den Nüssen, die sie in der Zeit des Überflusses gespart haben. Weil sie mehrere Verstecke haben, können sie auch überleben, wenn sie eines davon nicht wiederfinden. Die Eichhörnchen leben von den Schätzen der Natur, aber sie schädigen sie nicht.

Aufgabe 5:

Wie soll das neue Sendeformat funktionieren?

Entscheide, begründe deine Entscheidung und erkläre den beiden Redakteuren auch, welches wirtschaftliche Prinzip (minimal oder maximal) deiner Entscheidung zugrunde liegt.

Stelle dir vor, du bist Programmchefin oder -chef eines privaten Fernsehsenders. Ins Programm aufgenommen werden soll eine neue Sendereihe mit dem Titel: „Clever wirtschaften, Schulden vermeiden". Es gibt Probleme mit der Finanzierung. Zwei Redakteure legen dir dazu je einen Vorschlag vor. Wie entscheidest du?

Redakteur 1: Das Ziel muss sein, von der ersten Sendung an drei Millionen Zuschauer zu haben. Nur so können wir durch Werbeeinspielungen so viel Geld einnehmen, dass die Kosten gedeckt sind. Haben wir nach zwei Sendungen dieses Ziel nicht erreicht, setzen wir die Sendung ab.

Redakteur 2: Für Personal- und Produktionskosten brauchen wir die feste Summe von 110 000 Euro pro Sendung. Das ist weniger als wir sonst ausgeben. Lassen Sie uns doch mal abwarten, wie viele Zuschauer und wie viele Werbeeinspielungen wir mit dem festen Mitteleinsatz erreichen.

Auflösung von Seite 20: Maximalprinzip: 1, 3, 5, 7; Minimalprinzip: 2, 4, 6, 8

2 Jugendliche in der Welt des Konsums

Welchen Einfluss haben wir als Verbraucher?

1. Allein nachdenken
Welche Bedeutung hat Einkaufen für Jugendliche?

2. Zu zweit beraten
Wie sehr wird unser Kaufverhalten von der Werbung gesteuert?

3. Gemeinsam sammeln
Beim Kauf welcher Produkte sollte man längere Zeit überlegen, bevor man sich entscheidet?

Bei der Arbeit an diesem Kapitel könnt ihr …

- Fälle zum Verbraucherrecht lösen,
- Kriterien für kluge Einkaufsentscheidungen entwickeln,
- mithilfe einer Nutzwertanalyse eine Kaufentscheidung treffen,
- Familie Gedankenlos beraten, wie sie nachhaltig konsumieren kann,
- Werbetricks aufdecken und Tipps zum Umgang mit Werbung entwickeln.

Eigene Schwerpunkte könnt ihr setzen, indem ihr …

- einen Produkttest durchführt und Bioprodukte mit konventionell hergestellten Waren vergleicht,
- Einkaufsfallen im Internet analysiert,
- die Einführung einer Zuckersteuer auf ungesunde Lebensmittel diskutiert,
- an Beispielen erklärt, warum Verbraucherschutz ein europäisches Thema ist.

1 Darf Lea das neue Tablet behalten?

Geschäftsfähigkeit erklären – einen Fall mithilfe von Gesetzen lösen

Fast alle Kinder und Jugendlichen verfügen über eigenes Geld: Taschengeld, Geldgeschenke oder Geld, das ihnen ihre Eltern für einen bestimmten Zweck geben. Dürfen sie damit machen, was sie wollen – also ohne Einschränkung einkaufen? Darum geht es in dem folgenden Fall.

A Der Fall: Selbst gekauft – und doch nicht meins?

Lea ist an ihrem 14. Geburtstag überglücklich. Sie hat nicht nur tolle Geschenke bekommen, sondern ihre Eltern haben auch noch eine besondere Überraschung für sie parat: „Lea, du bist jetzt schon fast erwachsen, und deshalb haben wir beschlossen, dass du künftig einen Teil deines Geldes selbst verwalten sollst. Neben deinem monatlichen Taschengeld bekommst du jeden Monat von uns 70 Euro. Davon sollst du das Mensaessen bezahlen, wenn du am Nachmittag Unterricht hast, und außerdem kleinere Kleidungsstücke finanzieren. Bei größeren Anschaffungen, wie zum Beispiel Winterstiefeln, unterstützen wir dich natürlich nach wie vor. Was hältst du davon?" „Das ist ja ein tolles Angebot", erwidert Lea. Schon seit Längerem wünscht sie sich sehnlichst ein Tablet, denn mit ihrem alten PC zu Hause kann sie weder die neuesten Spiele spielen noch Filme anschauen. Aus zahlreichen Diskussionen weiß sie, dass ihre Eltern diese Anschaffung für unnötig halten und dagegen sind. „Dann hängst du noch mehr im Internet herum – und außerdem hast du doch einen PC in deinem Zimmer. Das reicht vollkommen aus", gaben sie ihr neulich zu verstehen.

Deshalb fängt sie an, heimlich zu sparen. Sie lässt das Mittagessen in der Mensa ausfallen und kauft nur selten etwas zum Anziehen. So schafft sie es innerhalb kurzer Zeit, von den monatlichen 70 Euro das Geld für ein Tablet anzusparen.

Als ein Discounter ein Tablet zu einem sehr günstigen Preis anbietet, entscheidet sie sich spontan zum Kauf und bezahlt es mit ihren Ersparnissen.

Wenige Tage später entdeckt ihre Mutter zufällig das neue Tablet in ihrem Zimmer und stellt sie nach der Schule zur Rede: „Du wusstest ganz genau, dass wir damit nicht einverstanden sind." „Das Tablet habe ich von meinem eigenen Geld gekauft, das geht euch gar nichts an", erwidert sie trotzig. Ihre Eltern verlangen von ihr, das Tablet beim Händler zurückzugeben.

Muss sie das wirklich?

1. Entscheide spontan: Muss Lea deiner Auffassung nach das Tablet zurückgeben?

B Hintergrund: Wann ist man geschäftsfähig?

Jedes Mal, wenn ihr zum Beispiel eine Brezel beim Bäcker oder eine Kinokarte kauft, schließt ihr ein Rechtsgeschäft ab. Dafür gelten Gesetze, die im Bürgerlichen Gesetzbuch niedergeschrieben sind.
Die Fähigkeit, Rechtsgeschäfte eigenständig abzuschließen, bezeichnet man als Geschäftsfähigkeit. Diese ist nach dem Alter gestaffelt. Kinder unter sieben Jahren sind nicht geschäftsfähig, sie können nicht allein einkaufen. Eine Ausnahme erlaubt jedoch der Gesetzgeber: Wenn sie im Auftrag der Eltern etwas kaufen, zum Beispiel beim Bäcker Brötchen holen gehen, ist das erlaubt. In diesem Fall übermitteln sie lediglich als Bote den Willen der Eltern. Kauft das Kind jedoch auf eigene Faust noch Süßigkeiten, ist der Kauf ungültig.
Minderjährige zwischen sieben und 18 Jahren sind beschränkt geschäftsfähig. Das bedeutet, dass sie beim Abschluss von Verträgen die Zustimmung ihrer Eltern benötigen. Wenn ein Minderjähriger einen Kaufvertrag abschließt, ist dieser bis zur Einwilligung der Eltern (vor dem Kauf) oder Genehmigung (nach dem Kauf) ungültig.
Grundsätzlich dürfen Jugendliche in diesem Alter keinen Alkohol, Zigaretten oder Kinokarten für Filme kaufen, die erst ab 18 Jahren freigegeben sind. Das verbietet das Jugendschutzgesetz. Auch Ratenkäufe sind nicht erlaubt. Dazu zählen zum Beispiel Abonnements und Mobilfunkverträge. Wenn Jugendliche etwas geschenkt bekommen, dürfen sie das Geschenk auch ohne Zustimmung ihrer Eltern annehmen. Hätten beispielsweise die Großeltern Lea ein Tablet geschenkt, so dürfte sie das annehmen, obwohl ihre Eltern gegen den Kauf waren. Eine weitere Ausnahme liegt vor, wenn Jugendliche den Kauf vom Taschengeld finanzieren, das sie von den Eltern zur freien Verfügung erhalten haben.
Unbeschränkt geschäftsfähig sind Volljährige ab dem 18. Geburtstag. Sie dürfen uneingeschränkt Geschäfte machen und Verträge abschließen.

Auszug aus dem Bürgerlichen Gesetzbuch

§ 2 Eintritt der Volljährigkeit
Die Volljährigkeit tritt mit Vollendung des achtzehnten Lebensjahres ein.

§ 106 Beschränkte Geschäftsfähigkeit
Ein Minderjähriger, der das siebente Lebensjahr vollendet hat, ist [...] in der Geschäftsfähigkeit beschränkt.

§ 108 Vertragsabschluss ohne Einwilligung
(1) Schließt der Minderjährige einen Vertrag ohne die erforderliche Einwilligung des gesetzlichen Vertreters, so hängt die Wirksamkeit des Vertrags von der Genehmigung des Vertreters ab.

§ 110 „Taschengeldparagraf“
Ein von dem Minderjährigen ohne Zustimmung des gesetzlichen Vertreters geschlossener Vertrag gilt als von Anfang an wirksam, wenn der Minderjährige die vertragsmäßige Leistung mit Mitteln bewirkt, die ihm zu diesem Zweck oder zu freier Verfügung von dem Vertreter oder mit dessen Zustimmung von einem Dritten überlassen worden sind.

Anwendung der allgemeinen Bestimmungen der Gesetze auf den speziellen Fall Leas:

Im Gesetz	Im Fallbeispiel
Minderjähriger	???
gesetzlicher Vertreter	???
als von Anfang an wirksam	Wirksam ab wann?
vertragsmäßige Leistung	Kauf des Tablets
zu diesem Zweck	Was ist gemeint?
zu freier Verfügung	???
von Dritten	Wer könnte das sein?

2. Definiere den Begriff „Geschäftsfähigkeit".
3. Arbeite heraus, was für 7- bis 18-Jährige erlaubt und was nicht erlaubt ist.
4. Muss Lea das Tablet zurückgeben oder nicht? Begründe deine Antwort mithilfe der gesetzlichen Bestimmungen.
5. Welchen Zweck haben Gesetze zur Geschäftsfähigkeit von Jugendlichen? Haltet ihr sie für sinnvoll? Diskutiert darüber in der Klasse.

Gesetzestexte lesen und verstehen

Thema: Taschengeldparagraf

Worum geht es?

Gesetzestexte sind eine besondere Textart. Auf den ersten Blick wirken sie oft unverständlich. Das liegt daran, dass sie in einer besonderen Sprache verfasst sind: Sie sind sehr allgemein formuliert, sodass sie für eine möglichst große Zahl von Fällen zutreffen. Auch kommen häufig Wörter darin vor, die wir im Alltag nur sehr selten verwenden oder auch in einem ganz anderen Zusammenhang.

Wie macht man das?

1. Du klärst, was du erfahren möchtest.

Wenn man einen Gesetzestext oder einen anderen juristischen Text liest, möchte man in der Regel etwas Spezielles wissen, zum Beispiel: „Darf ich als nicht Volljährige/r einen Vertrag abschließen?" Manchmal möchte man sich auch einen Gesamtüberblick über ein Gesetz verschaffen. Dann fragt man sich, was eigentlich in dem Text geregelt wird: zum Beispiel, „Was steht eigentlich im Jugendarbeitsschutzgesetz über die Rechte jugendlicher Arbeitnehmer?"

Beantworte – je nach Leseauftrag – vor dem Lesen mindestens eine der beiden Fragen:

a) Was möchte ich gerne wissen?

b) Was ist in diesem Gesetz oder Dokument insgesamt geregelt?

2. Du notierst nach dem ersten Lesen, was du schon verstanden hast.

Auch wenn man vielleicht nicht alles beim ersten Lesen versteht, ein wenig versteht man immer. Das solltest du notieren, bevor du weiterarbeitest.

3. Du klärst die Bedeutung der Schlüsselbegriffe.

Beim zweiten Lesen musst du Wort für Wort vorgehen, weil du davon ausgehen kannst, dass in diesen Texten jedes Wort wohlüberlegt wurde, bevor man es verwendet hat. Einzelne Wörter, wie zum Beispiel „Geschäftsfähigkeit", „Minderjähriger" usw., haben eine herausragende Bedeutung. Suche nach solchen Wörtern und kläre ihre Bedeutung. Dabei kann dir das Internet eine gute Hilfe sein. Gib als Suchbegriff das gesuchte Wort und „Definition" ein.

4. Du übersetzt den Text in eine Sprache, die auch andere verstehen können.

Mache es wie bei einem fremdsprachigen Text. Übersetze ihn in eine allgemein verständliche Sprache, am besten laut und gegenüber einer anderen Person: „Ich erkläre dir jetzt, was der Taschengeldparagraf darüber aussagt, ob und unter welchen Bedingungen du dir zum Beispiel ein Tablet kaufen darfst: …"

Wenn du das schaffst, hast du auch einen schwierigen juristischen Text verstanden.

5. Du wendest den Text auf einen Fall an.

Prüfe für jede einzelne Bestimmung, ob sie auf das Fallbeispiel zutrifft. Was sagt das Gesetz über den speziellen Fall aus?

2 Gekauft ist gekauft: Ist das immer rechtens?

Fälle zum Verbraucherrecht lösen

A Drei Fälle:

Sicherlich hast du schon einmal erlebt, dass du einen Kauf am liebsten rückgängig gemacht oder das Produkt umgetauscht hättest. Ob und in welchen Fällen das möglich ist, darum geht es in den drei Fällen. Wähle einen, der dich besonders interessiert.

Fall 1: Kann Tom den Kauf rückgängig machen?

Ganz aufgeregt kommt der 14-jährige Tom nach Hause. „Stellt euch vor, endlich habe ich meine Traumschuhe gefunden. Die habe ich neulich in der Werbung gesehen. Fünf Geschäfte habe ich abgeklappert – und erst im sechsten hatte ich Glück. Ich bin so froh …“ Auch seine Mutter findet die neuen Schuhe sehr schön, obwohl sie mit 99 Euro nicht gerade billig waren. „Die sind ja der Hammer!“, bewundert sein bester Freund die Schuhe. Da mischt sich Canan ein: „Habt ihr gesehen, dass Sport Bredl diese Woche alles um 20 % reduziert hat? Dort hättest du die Schuhe viel billiger bekommen.“ Am liebsten hätte Tom die Schuhe zurückgebracht. Doch geht das?

Fall 2: Muss Valentin den neuen Akku aus eigener Tasche zahlen?

Valentin hat zu Weihnachten das lang ersehnte Smartphone bekommen. „Jetzt können wir uns endlich über Messenger-Dienste Nachrichten schreiben“, erzählt er stolz seinen Freunden. Wenige Wochen später verwandelt sich seine Freude in Wut: „Dieses blöde Handy, vor zwei Stunden habe ich es aufgeladen, nun ist der Akku schon wieder leer.“ „Bist du sicher, dass du alles richtig gemacht hast?“, wirft seine Freundin Sina ein. „Der Akku hat von Anfang an nicht richtig funktioniert. Ich glaube, der ist nicht in Ordnung.“ „Oh, da hast du aber Pech, Weihnachten ist doch jetzt schon drei Monate her. Das hättest du sofort nach dem Kauf reklamieren müssen. Ein neuer Akku wird sicherlich teuer“, meint Sina.

Fall 3: Muss Nora den Koffer behalten?

Seit Wochen freut sich die 15-jährige Nora auf ihren Schüleraustausch in Liverpool. Zwei Wochen vor dem Abflug entdeckt sie, dass ihr alter Koffer fast 8 kg wiegt, sie also kaum noch etwas mitnehmen kann. Da muss ein neuer Koffer her. Zusammen mit ihrer Schwester sucht sie im Internet nach einem passenden Angebot – und beim Ersteigern bei einer Auktion haben sie sogar beim ersten Anlauf Glück. Wenige Tage später nimmt ihre Mutter vom Briefträger ein großes Paket in Empfang. Enttäuscht stellt Nora fest, dass der Koffer viel kleiner als gedacht ist. Sie hatte beim Kauf mehr auf eine schöne Farbe als auf die Größe geachtet. „Der ist ja viel zu klein, den will ich nicht.“ „Ja, das hättest du dir früher überlegen müssen. Wir haben ihn doch extra ersteigert und damit gezeigt, dass wir genau den Koffer wollten. Da ist nichts zu machen“, wendet ihre Schwester ein.

1. Schreibe zu deinem Fall auf, welche Fragen du zu klären hast.
2. Lies dann die entsprechenden Abschnitte des „Grundwissens Kaufvertrag und Verbraucherrechte“ und notiere alles, was für die Lösung deines Falls wichtig ist.
3. Suche dir einen Partner und stellt euch eure Fälle gegenseitig vor. Formuliert gemeinsam eine Lösung und begründet diese.
4. Stellt eure Lösungen in der Klasse vor und beantwortet die Frage in der Überschrift auf dieser Seite.

GRUNDWISSEN

B Kaufvertrag und Verbraucherrechte

1. Wie wird ein Kaufvertrag abgeschlossen? Beschreibe anhand des Schaubilds auf dieser Seite die verschiedenen Möglichkeiten.
2. Welche Rechte haben Kunden, wenn eine Ware beim Kauf Mängel hat? Erläutere sie. Beachte dazu auch das Schaubild auf der folgenden Seite.
3. Erkläre den Unterschied zwischen Gewährleistung und Garantie.
4. Warum tauschen viele Händler einwandfreie Ware um, auch wenn sie dazu gesetzlich nicht verpflichtet sind? Suche nach Erklärungen.
5. Was wäre, wenn es keine Verbraucherrechte gäbe? Erläutere die Folgen.

Abschluss eines Kaufvertrags

Stell dir vor, du siehst in einem Geschäft ein T-Shirt, das dir gefällt. Du fragst die Verkäuferin nach dem Preis. Sie antwortet: „Das T-Shirt kostet 15,80 Euro. Möchtest du es kaufen?“ Du nickst: „Ich nehme es.“ Damit ist ein Kaufvertrag abgeschlossen worden. Die Verkäuferin hat dir zu verstehen gegeben, dass sie das T-Shirt zu dem Preis verkaufen möchte und dir damit ein Angebot gemacht. Du hast der Verkäuferin gegenüber deinen Willen geäußert, dass du das T-Shirt zu dem angebotenen Preis kaufen möchtest.

Wenn die Willenserklärungen des Anbieters und des Käufers übereinstimmen, kommt ein Kaufvertrag zustande. Die meisten Kaufverträge kommen mündlich zustande, größere Käufe werden oft auch schriftlich abgeschlossen. Auch durch sogenanntes schlüssiges Handeln kann ein Kaufvertrag geschlossen werden. Das ist der Fall, wenn ein Kunde zum Beispiel im Supermarkt die Ware auf das Band legt und damit eindeutig zeigt, dass er sie kaufen möchte.

Pflichten aus dem Kaufvertrag

Mit dem Abschluss eines Kaufvertrags gehen beide Partner eine Verpflichtung ein: Der Verkäufer muss die einwandfreie Ware zu dem festgesetzten Preis liefern, der Käufer muss sie abnehmen und sie bezahlen. Verletzen sie die Pflichten aus dem Kaufvertrag, kann man klagen und vor Gericht die Erfüllung des Vertrags erzwingen.

Widerrufsrecht

Man kann einen Kaufvertrag nicht rückgängig machen, zum Beispiel wenn man irgendwo die Ware zu einem günstigeren Preis gesehen hat. Das ist gesetzlich so geregelt.

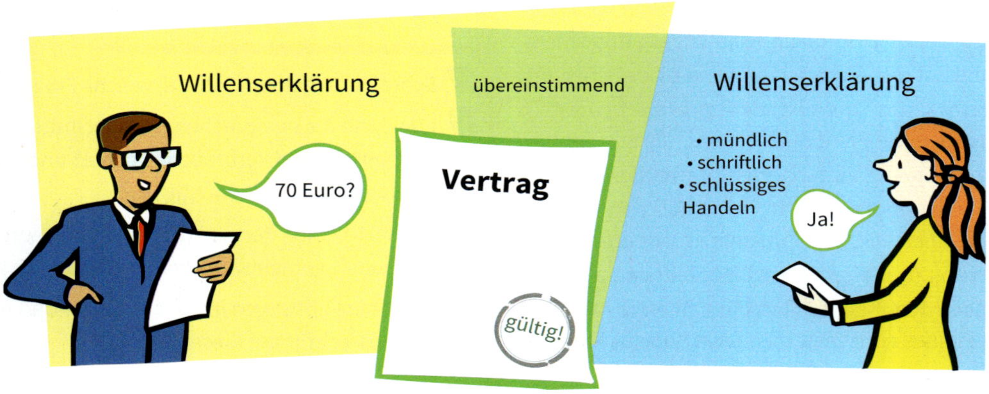

Bei Waren, die man im Internet, im Versandhandel oder von einem Vertreter an der Haustür gekauft hat, hat man jedoch ein Widerrufsrecht. Das bedeutet, dass man den Kauf innerhalb von 14 Tagen rückgängig machen darf. Diese Ware hat man ja nur auf Fotos gesehen und konnte nicht selbst prüfen, ob sie wirklich so ist, wie man sich das vorgestellt hat. Ausgeschlossen sind davon allerdings Lebensmittel, CDs und einige weitere Produkte.

Umtausch

Händler sind gesetzlich nicht verpflichtet, Waren umzutauschen. Viele kommen jedoch ihren Kunden entgegen und werben sogar damit, dass man gekaufte Ware umtauschen kann, wenn sie einem nicht mehr gefällt.

Gewährleistung

Jeder Verkäufer muss die Ware in einwandfreier Qualität liefern. Doch vielleicht stellt ihr erst zu Hause fest, dass etwa bei einer Jeans ein Knopf fehlt oder sich nach der ersten Wäsche die Nähte auflösen. In diesem Fall hat die Ware bereits beim Kauf einen Mangel und ihr könnt beim Händler reklamieren, auch wenn es sich um ein Sonderangebot oder reduzierte Ware handelt. Der Händler ist verpflichtet, den Mangel zu beheben. Er wird dann die Jeans kostenlos reparieren. Falls das nicht möglich ist, kann er euch eine neue aushändigen. Kann der Händler die Jeans weder reparieren noch eine neue liefern – zum Beispiel, weil es das Modell nicht mehr gibt –, könnt ihr einen Preisnachlass aushandeln oder verlangen, dass er euch das Geld zurückgibt. Alle Händler sind verpflichtet, berechtigte Reklamationen bis zu zwei Jahre nach dem Kauf anzuerkennen. Diese Verpflichtung nennt man Gewährleistungspflicht. Sie beträgt bei Neuwaren 24 Monate, bei Gebrauchtwaren 12 Monate.

Garantie

Viele Hersteller bieten Kunden über die gesetzliche Gewährleistung hinaus freiwillige Leistungen – in manchen Fällen gegen einen Aufpreis. Sie garantieren, dass das Produkt innerhalb des Garantiezeitraums einwandfrei funktioniert. Auch Mängel, die erst nach dem Kauf auftreten, werden dann kostenlos repariert oder umgetauscht.

Allgemeine Geschäftsbedingungen

Einzelheiten eines Kaufvertrags, zum Beispiel Lieferfristen, kann der Händler in den Allgemeinen Geschäftsbedingungen regeln. Sie werden oft auch als das „Kleingedruckte" bezeichnet. Auf die Allgemeinen Geschäftsbedingungen und das Widerrufsrecht muss der Händler an gut sichtbarer Stelle im Kaufvertrag hinweisen. Gegen diese Vorschrift wird besonders im Internethandel häufiger verstoßen. Die Allgemeinen Geschäftsbedingungen dürfen nicht gegen Gesetze verstoßen, etwa indem sie die Gewährleistung einschränken.

Ungültige Kaufverträge

Wenn der Händler den Kunden bewusst täuscht, ist der Vertrag von Anfang an ungültig. Das ist zum Beispiel der Fall, wenn er eine kostenlose Lieferung verspricht, dann aber doch Geld dafür verlangt. Oder wenn eine Verkäuferin verspricht, dass ein T-Shirt farbecht ist, und dieses die gesamte Wäsche in der Waschmaschine verfärbt. Von vornherein ungültig ist ein Vertrag auch dann, wenn er gegen Gesetze verstößt, zum Beispiel, wenn ein Händler einem 13-Jährigen Alkohol verkauft.

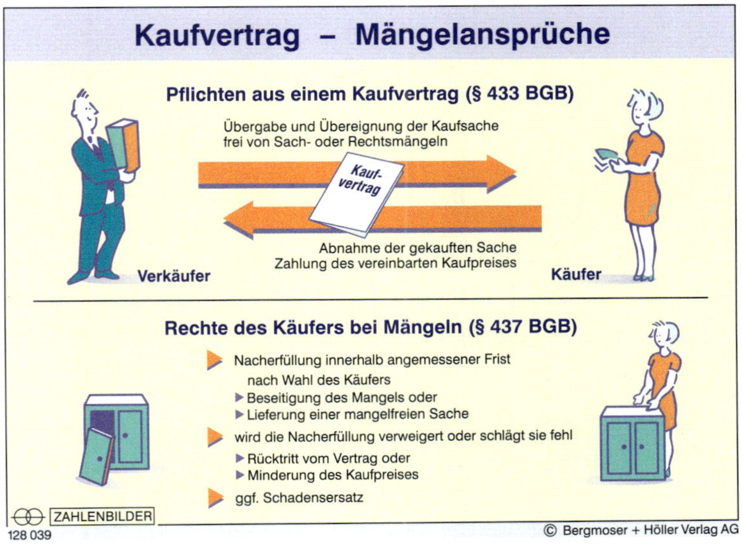

Mindmaps entwerfen

Mindmap: Was ist das?

Eine Mindmap ist eine anschauliche und einprägsame Darstellung von Arbeitsergebnissen. Man setzt das Thema auf die Mitte eines Blattes und ordnet dann die weiteren Ergebnisse drumherum an. Man entwickelt sozusagen eine Landkarte (= Map) aus Gedanken und ermittelten Informationen (= Mind).
Mindmaps eignen sich besonders gut zur Erarbeitung längerer Sachtexte und zur Darstellung einzelner Aspekte eines umfangreichen wirtschaftlichen Themas.

Wie macht man das?

1. Du platzierst das Thema im Zentrum eines Blattes.

Bei der Gestaltung einer Mindmap geht man immer von einem Zentrum aus. Im Zentrum steht das Thema. Man braucht dazu nur ein leeres Blatt und ein Schreibgerät. Hilfreich können einige farbige Stifte sein.

2. Du legst die Hauptstränge an.

Das Anlegen der Hauptstränge ist der wichtigste und der schwierigste Schritt beim Erstellen einer Mindmap. Hier hilft es dir, wenn du den Text, den du umwandeln möchtest, zuvor in Sinnabschnitte untergliederst. Kurze

Thema: Kaufvertrag

Überschriften können als Bezeichnungen für die Hauptstränge verwendet werden.
In dem Text zum Thema Kaufvertrag und Verbraucherrechte bieten sich die Hauptstränge *Pflichten, Verbraucherrechte, freiwillige Leistungen, ungültige Kaufverträge* und *Allgemeine Geschäftsbedingungen* an.

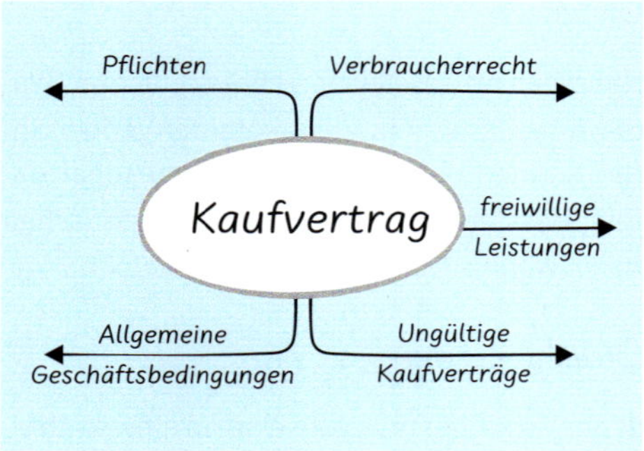

3. Du fügst den Hauptsträngen Nebenstränge hinzu.

Wenn man die Hauptstränge festgelegt hat, beginnt der vorteilhafteste Teil des Mindmappings. Die näheren Informationen zu den Hauptsträngen werden in Form von Nebensträngen angelegt. So wird die Mindmap nach und nach vervollständigt. Dabei ist man nicht an eine Reihenfolge gebunden, sondern kann die Informationen immer dann an den passenden Hauptstrang anbinden, wenn man sie findet.

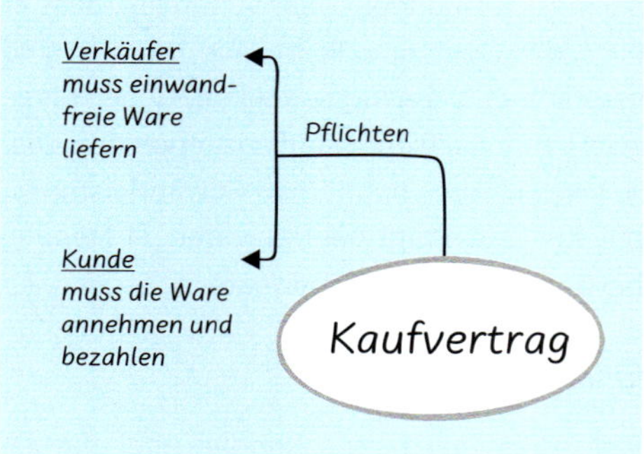

4. Du überarbeitest deinen ersten Entwurf.

Am Ende sollte die Mindmap überarbeitet werden. Sind die Haupt- und Nebenstränge richtig zugeordnet? Sollte noch ein weiterer Strang hinzugefügt werden? Ist die Mindmap übersichtlich, nicht zu voll und nicht zu leer? Oft lohnt es sich, wenn man auf der Basis des ersten Entwurfs eine zweite Fassung erarbeitet. Besonders anschaulich werden Mindmaps, wenn sie mit kleinen Zeichnungen versehen werden.

5. Du verwendest die Mindmap.

Fertige Mindmaps sind zunächst einmal eine gute Merkhilfe. Auch wenn seit der Behandlung des Themas schon einige Zeit vergangen ist, genügt oft ein Blick auf die Mindmap, um sich den Inhalt wieder in Erinnerung zu rufen. Mindmaps können als Visualisierung für Vorträge benutzt werden.
Mithilfe der Stränge kann man einen Vortrag gliedern. Man kann den Vortrag auf mehrere Schülerinnen und Schüler aufteilen und so eine Teampräsentation gestalten, bei der jeder Vortragende einen Hauptstrang der Mindmap vorstellt und mithilfe der Zusatzinformationen erläutert. Wenn ihr das Mindmapping immer wieder mit Texten aus diesem Buch (und aus anderen Schulbüchern) übt, werdet ihr über eine Methode verfügen, die das Lernen und das Speichern von Informationen sehr erleichtern kann.

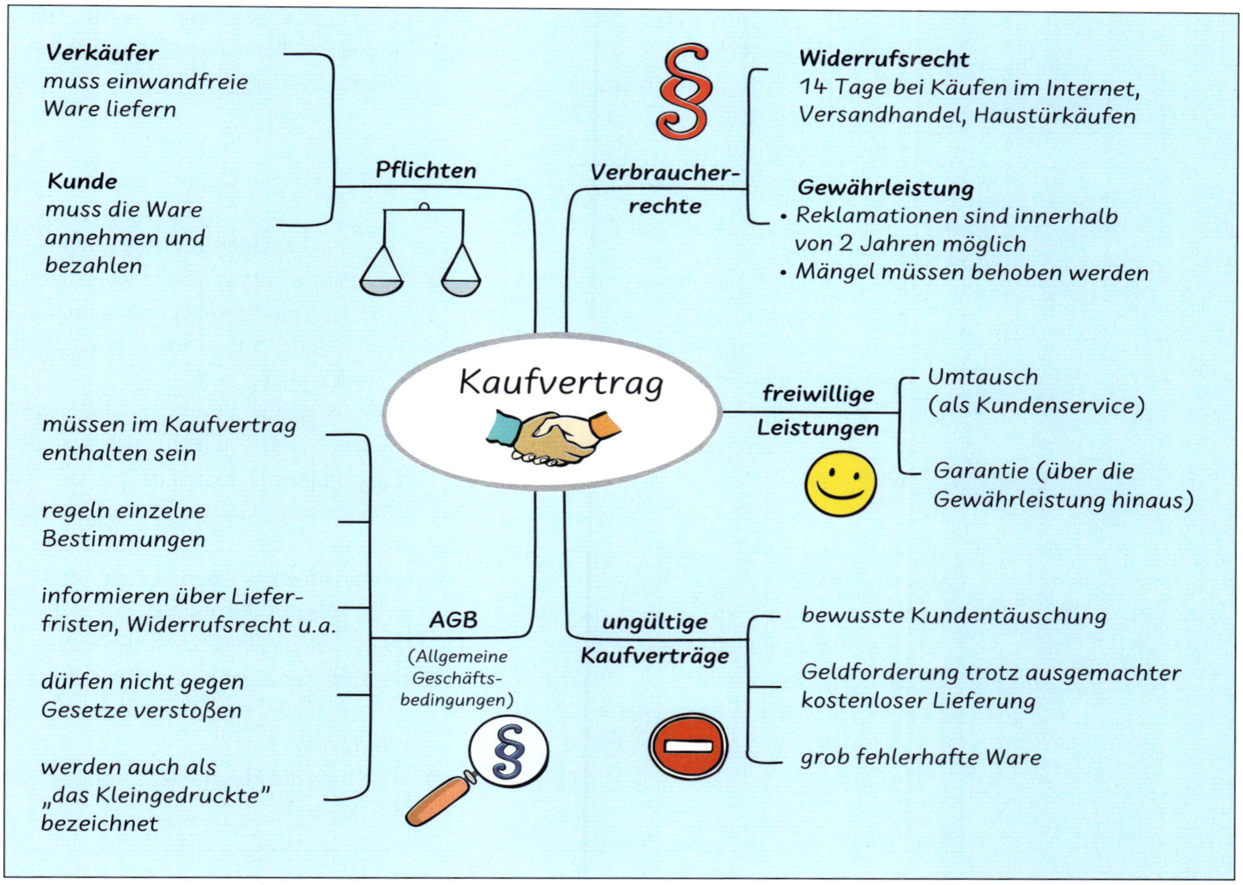

1. Benutzt diese Mindmap, um mit ihrer Hilfe den Text zum Thema „Kaufvertrag und Verbraucherrechte“ auf der Doppelseite zuvor in einem mündlichen Vortrag zusammenzufassen.

AKTIV LERNEN

C Sind wir fit in Verbraucherfragen?

Wie fit ihr in Verbraucherfragen seid, könnt ihr auf dieser Seite testen. Ganz ähnlich wie bei der Führerscheinprüfung sollt ihr hier entscheiden, ob eine, zwei oder alle drei Antworten richtig sind.

Euer Auftrag:

1. Bearbeitet den Test zunächst allein.
2. Vergleicht anschließend eure Ergebnisse zu zweit und stellt die Lösungen der Klasse vor.

Ein Kaufvertrag ist

a) immer gültig, auch wenn er von Minderjährigen abgeschlossen wurde.
b) ungültig, wenn der Händler den Käufer bewusst getäuscht hat.
c) gültig, wenn der Käufer schriftlich, mündlich oder stillschweigend das Angebot angenommen hat.

Die Allgemeinen Geschäftsbedingungen

a) werden auch als das „Kleingedruckte“ bezeichnet.
b) dürfen nicht gegen Gesetze verstoßen.
c) müssen Händler nur vorzeigen, wenn es der Kunde verlangt.

Reklamationen

a) haben zur Folge, dass man sein Geld immer zurückbekommt.
b) sind nicht zulässig, wenn die gekaufte Ware ein Sonderangebot war.
c) müssen Händler bis zu zwei Jahre nach dem Kauf akzeptieren, wenn sie berechtigt sind.

Wenn eine Ware fehlerhaft ist,

a) kann man nichts machen, wenn man sie zum reduzierten Preis gekauft hat.
b) muss man das immer sofort nach dem Kauf reklamieren.
c) muss der Kunde akzeptieren, dass der Händler keine neue Ware liefert, sondern sie zunächst repariert.

Widerrufsrecht

a) bedeutet, dass man den Kauf rückgängig machen kann.
b) gilt nur für das Internet.
c) gilt für eine Frist von 14 Tagen.

Wenn man über das Internet einkauft,

a) ist es Aufgabe des Kunden, zu recherchieren, ob das Angebot etwas kostet.
b) muss der Verkäufer an deutlich sichtbarer Stelle über AGB und Widerrufsrecht informieren.
c) sollte man die AGB immer sorgfältig lesen.

Richtig sind die folgenden Aussagen: Kaufvertrag = b, c – Reklamationen = c – Widerrufsrecht = a, c – Allgemeine Geschäftsbedingungen = a, b – Fehlerhafte Ware = c – Internetkauf = b, c

D Umtauschparadies Deutschland – ein Glücksfall für die Verbraucher?

Besser hätte die Sache für Ikea nicht laufen können. Kaum hatte die schwedische Möbelkette verkündet, dass ihre Kunden Produkte in Zukunft auch noch viele Jahre nach dem Kauf und auch mit deutlichen Gebrauchsspuren zurückgeben könnten, war die Netzgemeinde elektrisiert. Halb staunend, halb begeistert wurde die Kunde von der unbefristeten Garantie verbreitet. „Wohnst du noch oder hast du schon umgetauscht?“ Die Marketingabteilung dürfte es erfreut zur Kenntnis genommen haben.

Was der Möbelhändler als verbesserten Kundenservice preist, ist für Stefan Kolle, Geschäftsführer der Werbeagentur Kolle Rebbe, „eine reine Marketinggeschichte“. Erfahrungen anderer Handelsunternehmen hätten gezeigt, dass nur ein Bruchteil der Kundschaft – Kolle nennt sie „die Fraktion der Erbsenzähler und Pfennigfuchser“ – tatsächlich von solch einem Angebot Gebrauch macht. Das Gros hingegen dürfte genügend Schamgefühl besitzen, kein zehn Jahre altes, durchhängendes Billy-Regal zurück ins Einrichtungshaus zu schleppen und das Geld zurückzuverlangen. Das Fazit des Werbers: Die Kosten halten sich in Grenzen, der Werbeeffekt ist ungleich höher.

[...] Wenn ein Unternehmen so sehr für seine Produkte bürgt, dann werden sie schon gut sein – dieser Eindruck soll sich in den Köpfen der Kunden festsetzen. Bei Ikea erstreckt sich die Geld-zurück-Garantie auf alle Produkte außer Pflanzen, individuell zugeschnittene Waren und den schon reduzierten Produkten aus der „Fundgrube“. Eine Sprecherin in Deutschland räumte jedenfalls freimütig ein, dass man nur mit Einzelfällen rechne. Und selbst die könnten sich fürs Unternehmen lohnen, sagt Werber Kolle. Denn: Wenn die Kunden erst einmal im Laden sind, kaufen sie in der Regel auch ein, und zwar oft mehr als geplant. „Ikea schreibt 50 Euro gut, der Kunde kauft für 200 Euro ein – super.“

Auch die Taschenhersteller Eastpak und Crumpler locken schon seit Jahren mit einer Garantie, die weit über die gesetzlich vorgeschriebene Gewährleistung von zwei Jahren hinausgeht. 30 Jahre ist in beiden Unternehmen Standard – allerdings mit zahlreichen Ausnahmen.

(Aus: loe/cru/geg: Händler ködern Kunden mit lebenslangem Rückgaberecht, in: www.faz.net, 29.08.2014)

Im September 2016 reduzierte Ikea das lebenslange Rückgaberecht auf ein Jahr nach dem Kauf – immer noch deutlich länger als die Konkurrenz. Es begründete den Schritt damit, dass fast 90 % der Kunden ihre Artikel innerhalb der ersten drei Monate zurückgeben.

1. Beschreibe, welche Vorteile sich die Unternehmen von der verlängerten Garantie versprechen.

2. Erörtere die Frage in der Überschrift.

3 Klug shoppen: Wie kann man das lernen?

Mithilfe einer Nutzwertanalyse eine Kaufentscheidung treffen

A Einkaufskriterien

Was ist für dich beim Einkaufen wichtig?	wichtig	weniger wichtig
1. Die Ware ist von guter Qualität.		
2. Die Ware ist nachhaltig produziert.		
3. Das Produkt ist billig.		
4. Ich werde beim Kauf freundlich und gut beraten.		
5. Das Produkt ist besonders bedienungsfreundlich.		
6. Das Produkt ist in meinem Freundeskreis sehr beliebt.		
7. Die Marke ist gerade in Mode.		
8. Das Produkt gefällt mir besonders gut, zum Beispiel wegen seines Designs oder seines Materials.		

Warum ist es wichtig, bewusst einzukaufen?

Im Alltag habt ihr vielleicht nach einem Kauf die Erfahrung gemacht, dass das Produkt nicht hält, was es versprach. Möglicherweise habt ihr euch spontan von einem interessanten Angebot verleiten lassen und es hinterher bereut. Um Fehlkäufe zu vermeiden, ist es wichtig, bewusst einzukaufen und euch bei der Entscheidung an Kriterien zu orientieren, die euch wichtig sind.

Drei Möglichkeiten, klug zu entscheiden:

- das *preiswerteste Produkt* kaufen: Von dieser Möglichkeit muss man Gebrauch machen, wenn man knapp bei Kasse ist. Ansonsten gilt: Nicht immer ist das billigste Produkt die beste Lösung.
- das *qualitativ beste Produkt* kaufen: Wenn mehrere Produkte zum gleichen oder ähnlichen Preis angeboten werden, sollte man sich für das Modell mit der besten Qualität entscheiden. Wer zum günstigen Preis ein Produkt mit der höchstmöglichen Qualität kauft, trifft eine wirtschaftlich kluge Entscheidung,
- *nachhaltig hergestellte Produkte* kaufen: Eine hohe Gegenleistung für euer Geld bekommt ihr auch, wenn ihr Waren aus nachhaltiger Produktion kauft, bei deren Produktion die Natur so gut wie möglich geschont wird. Das könnt ihr unter anderem am Bio-Siegel auf der Verpackung erkennen. Wegen der höheren Herstellungskosten sind die Preise für ökologisch hergestellte Produkte meist etwas höher als für andere Waren.

1. Bewerte anhand der Tabelle, was dir beim Einkaufen wichtig ist.
2. Vergleicht eure Ergebnisse und ermittelt die drei wichtigsten Kriterien.
3. Erkläre, warum es wichtig ist, bewusst einzukaufen.

B Der Fall: Fitnesscomfort, Streetstar oder Easylife – Welches Modell ist die beste Wahl?

„Puh, so schwierig habe ich mir das nicht vorgestellt“, stöhnst du. Du bist mit einem Freund unterwegs und willst ein Paar neue Schuhe kaufen, am liebsten Sneakers. Inzwischen habt ihr bereits mehrere Schuhgeschäfte aufgesucht – ohne Erfolg. Beim letzten Versuch habt ihr mehr Glück: Gleich drei Paar Sneakers kommen infrage. Doch nun hast du die Qual der Wahl: Soll es das Modell Fitnesscomfort, Streetstar oder Easylife sein?
Du kannst dich einfach nicht entscheiden. „Lass uns doch noch einmal ganz genau die Vor- und Nachteile der Schuhe anschauen“, schlägt dein Freund vor.

Das **Modell Fitnesscomfort** ist sehr bequem und hat eine super Passform. Du könntest stundenlang darin laufen. Allerdings findest du das Design nicht ansprechend und die Farbe gefällt dir ebenfalls nicht. Der Schuh ist ziemlich teuer, doch du könntest ihn dir noch gut leisten. Er ist umweltfreundlich hergestellt, das geht aus dem Öko-Label hervor. Und auch die Qualität stimmt: Er ist aus strapazierfähigem Leder und wird bestimmt lange Zeit halten.

Das **Modell Streetstar** passt auch ziemlich gut, doch allerdings drückt es an einer Stelle an der Ferse etwas. Das Design ist umwerfend schön, die kräftigen Farben gefallen dir besonders gut. Kein Wunder, es ist von einer angesagten Marke. Entsprechend hoch ist der Preis, mit Abstand der höchste der Modelle. Du müsstest für den Kauf noch etwas von deinen Ersparnissen dazugeben. Ob das Modell umweltfreundlich hergestellt wurde, lässt sich nicht ermitteln. Vermutlich wurde es entweder in Südosteuropa oder in Asien produziert. Die Qualität scheint ganz ordentlich zu sein, er ist ebenfalls aus Leder. So strapazierfähig wie der Fitnesscomfort ist er jedenfalls nicht.

Das **Modell Easylife** sitzt zwar ganz bequem, doch ist es etwas zu groß. Zwischengrößen gibt es leider nicht. Das Design ist nichts Besonderes, doch hässlich findest du ihn nicht. Dieser Schuh ist mit Abstand der günstigste der drei. Wenn du ihn kaufen würdest, hättest du noch etwas Geld für den Kauf eines T-Shirts übrig. Auf der Rückseite des Schuhs liest du „Made in Indonesia“. Er wurde vermutlich in einer der asiatischen Billiglohn-Fabriken produziert – und ganz sicher nicht umweltfreundlich. Er ist aus Kunstleder und hat eine sehr dünne Sohle.

Als du zusammen mit deinem Freund die Pros und Kontras durchgehst, merkt ihr, dass es euch sehr schwerfällt. Manchmal ist die Zuordnung schwierig, zudem sind dir einige Punkte wichtiger als andere. Das spiegelt sich in der Liste gar nicht wieder. Sollst du einfach deinem Bauchgefühl vertrauen? Du bist unsicher.

1. Für welchen Schuh hättest du dich nach deinem Bauchgefühl entschieden? Begründe deine Wahl.
2. Erkläre, warum eine Pro-Kontra-Liste bei Entscheidungen nicht immer weiterhilft.
3. Erstelle eine Nutzwertanalyse für die drei Modelle. Wie du dabei vorgehen kannst, erfährst du auf der folgenden Seite.
   Tipp: Gehe von folgenden Kriterien aus: Passform, Design, Preis, Nachhaltigkeit, Qualität.

Eine Nutzwertanalyse durchführen

Thema: Kaufentscheidung

Was ist eine Nutzwertanalyse?

Eine Nutzwertanalyse ist ein Verfahren, das Entscheidungen zwischen mehreren und auf den ersten Blick gleichwertig erscheinenden Alternativen ermöglicht. Als Verbraucherinnen und Verbraucher könnt ihr sie einsetzen, um eine sachliche und ökonomisch sinnvolle Kaufentscheidung zu treffen. In Unternehmen wird sie ebenfalls als Entscheidungshilfe verwendet, zum Beispiel bei der Anschaffung neuer Maschinen oder der Einführung neuer Produkte.

Wie geht man dabei vor?

1. Kriterien definieren

Überlege dir zunächst Kriterien, die dir beim Kauf eines Produktes wichtig sind. Das könnten bei einer Winterjacke zum Beispiel der Kälte- und der Nässeschutz, der Preis, das Design, die umweltverträgliche Produktion, das Image der Marke oder auch die Beliebtheit bei euren Freunden, verlängerte Garantie, Service-Hotline, Wiederverkaufswert und vieles mehr sein.

Tipp: Definiert maximal fünf Kriterien, sonst wird die Analyse zu zeitaufwendig.

2. Kriterien gewichten

Sicherlich sind dir einige Kriterien wichtiger als andere. Du kannst das bei der Nutzwertanalyse berücksichtigen, indem du den einzelnen Kriterien Prozentzahlen zuordnest, je nach Wichtigkeit für dich persönlich. Das, was dir am wichtigsten ist, erhält die höchsten Prozentpunkte, was dir am wenigsten wichtig ist, die niedrigsten. Insgesamt müssen alle Kriterien zusammengerechnet 100 % ergeben.

3. Eine Tabelle anlegen

Lege eine Tabelle an, in der du für die einzelnen Alternativen die Gewichtung einträgst. Dabei kannst du dich an dem Beispiel unten orientieren.

4. Punkte vergeben

Vergib nun für jedes Kriterium Punkte: 5 Punkte für sehr gut, 0 Punkte für ungenügend, ähnlich wie Schulnoten. Trage diese in die Tabelle ein. Beispiel: Der Preis für die Jacke A ist ziemlich günstig, deshalb vergibst du 4 Punkte. Die Jacke B ist sehr teuer, deshalb vergibst du nur 1 Punkt.

5. Berechne die gewichteten Punkte

Gewichte nun die Punkte nach dem Prozentsatz, den du den jeweiligen Kriterien zugewiesen hast. Beispiel für den Preis von Jacke A: 4 x 40:100 = 1,6.

		Jacke A		**Jacke B**	
Kriterien	Gewichtung	Punkte	gewichtet	Punkte	gewichtet
Preis	40 %	4	1,6	2	0,8
Design/Schnitt	20 %	5	1,0	2	0,4
Nachhaltigkeit	20 %	0	0,0	5	1,0
Marke/Image	10 %	4	0,4	3	0,3
Qualität	10 %	3	0,3	3	0,3
Summe	100 %	16	3,3	16	2,8

6. Gesamtergebnis ermitteln

Addiere nun die Punkte sowie die gewichteten Punkte. Die Kaufentscheidung fällt auf das Produkt mit der höchsten gewichteten Punktzahl, im Beispiel auf die Jacke A.

C Wo können sich Verbraucher über Qualität und Preise informieren?

Wenn ihr eine Anschaffung plant, habt ihr viele Möglichkeiten, euch vor dem Kauf zu informieren. Welche fallen euch ein? Drei Möglichkeiten sind im Folgenden ausführlicher beschrieben:

1. Die Stiftung Warentest

Sie wurde von der Bundesregierung gegründet, um Bürgerinnen und Bürger neutral und unabhängig zu informieren. Sie testet zahlreiche Produkte und Dienstleistungen. Die Ergebnisse der Tests werden in der Zeitschrift „test" veröffentlicht. In verkürzter Form können die Testberichte auch im Internet abgerufen werden.

Internetadresse:
www.test.de

Internetrecherche

Thema: Vergleich von Informationsmöglichkeiten für Verbraucher
Adressen: Wählt aus jedem Block eine Internetadresse aus.
Untersuchungsfragen:

- Welche Dienstleistungen bietet die Website?
- Wer erbringt die Dienstleistung?
- Was sind die Grundlagen für Bewertungen oder Empfehlungen von Produkten?
- Bewerte das Informationsangebot aus der Sicht der Verbraucher.

verbraucherzentrale Baden-Württemberg

2. Verbraucherzentralen

Sie sind unabhängig und werden überwiegend öffentlich finanziert. Sie informieren und beraten vor allem zu rechtlichen Fragen des privaten Konsum, z. B. Handy-Verträgen, Internetanbietern, Finanzen und Versicherungen, und warnen vor Verbraucherfallen. Viele von ihnen beraten und helfen auch Menschen in finanziellen Schwierigkeiten.
Die (telefonische) Beratung der Verbraucherzentrale ist kostenpflichtig.

Internetadressen:
www.verbraucherzentrale.de
www.verbraucherzentrale-bawue.de

3. Verbraucherportale im Internet

Ciao!

Verbraucherportale sind Online-Plattformen, auf den sich Verbraucher über ihre persönlichen Erfahrungen mit Produkten und Dienstleistungen austauschen und Tipps zum Einkaufen geben. Bei den meisten Verbraucherportalen kann man die Bewertungen kostenlos abrufen, muss sich jedoch registrieren lassen, wenn man selbst einen Beitrag verfassen möchte. Vorsicht! Es kann sein, dass ein Teil der Bewertungen direkt von Unternehmen finanziert werden, die sich von positiven Bewertungen höhere Umsätze erhoffen. Sie stellen den Testern die Produkte kostenlos zur Verfügung oder bezahlen die Verfasser von Testberichten (gekaufte Bewertungen).

Internetadressen:
www.ciao.de
www.yopi.de
www.holidaycheck.de

Was auch noch interessant sein kann:

- selbst ein Produkt testen, zum Beispiel einen Geschmackstest bei Orangensaft durchführen und konventionell hergestellte Bio-Produkte und fair gehandelte Produkte vergleichen

4 Einkaufswelt Internet: attraktiv oder eher riskant?

Tipps zum Online-Shopping formulieren

A Eine Einstiegsübung

Ob Bücher, CDs, Kleidung, Kosmetika oder Möbel – fast alles gibt es im Internet zu kaufen. Rund zwei Drittel aller Deutschen nutzen inzwischen diese Möglichkeit.

- Wie oft kaufen du und deine Familie im Internet ein?
- Welche Erfahrungen habt ihr damit gemacht? Tauscht euch dazu aus.

B Zwei Fälle: Zugreifen oder Hände weg?

1. Kostenlose Spiele

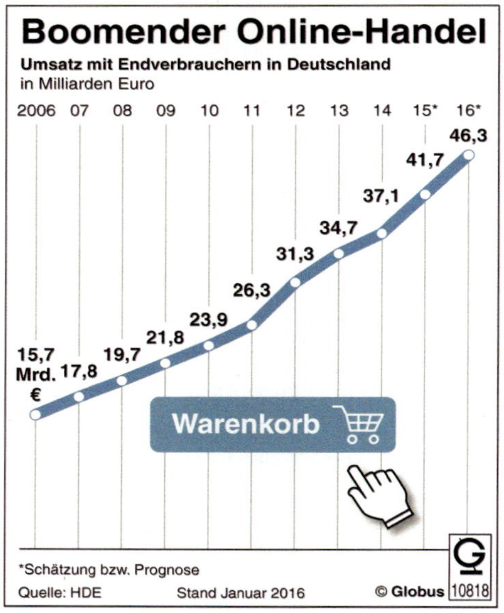

Der 16-jährige Haider hat seit einiger Zeit einen Laptop, auf dem er bereits zahlreiche PC-Spiele installiert hat. Beim Surfen im Internet stößt er auf ein verlockendes Angebot: „100 PC-Spiele gratis für zehn Tage testen." Aus der Beschreibung geht hervor, dass nach Ablauf der zehn Tage automatisch ein Abovertrag beginnt, wenn der Tester nicht ausdrücklich widerspricht. Das monatliche Abo kostet 7,95 Euro.

2. Schnäppchenjagd

Emma ist begeistert. Gerade eben hat sie in einem Internetshop einen Schal entdeckt, der prima zu ihrem neuen Sweatshirt passt. Das Gute daran: Er ist mit 13,95 Euro deutlich günstiger als im Laden. Und wenn die Farbe doch nicht genau passt, kann sie ihn ja immer noch zurückschicken.

C Hintergrundinfo: Online-Shopping

Jugendliche können im Internet einkaufen unter der Voraussetzung, dass ihre Eltern damit einverstanden sind. Aboverträge und Ratenkäufe sind jedoch grundsätzlich nicht erlaubt.

In den letzten Jahren sind die Verbraucherschutzgesetze deutlich verschärft worden. Jeder Anbieter muss auf seiner Website an deutlich sichtbarer Stelle auf das Widerrufsrecht von 14 Tagen hinweisen. Innerhalb dieser Frist kann jeder Kunde die Ware zurückschicken. Seit 2014 haben Kunden grundsätzlich das Porto zu tragen. Viele Händler kommen ihren Kunden jedoch entgegen und übernehmen nach wie vor die Kosten für Rücksendungen.

Im Internet gibt es viele Gratisangebote. Wenn ein Angebot kostenpflichtig ist, muss der Anbieter deutlich darauf hinweisen. Man muss dann einen Button „kostenpflichtig bestellen" drücken. Dennoch gibt es viele schwarze Schafe unter den Verkäufern, die es mit dieser gesetzlichen Verpflichtung nicht so genau nehmen.

Auf jeden Fall ist es empfehlenswert, sich die Website des Anbieters genau anzuschauen und die Allgemeinen Geschäftsbedingungen sorgfältig zu lesen. Misstrauen ist angebracht, wenn sich aus der Website nicht ermitteln lässt, in welchem Land die Firma ihren Sitz hat.

All diese Vorschriften zum Schutz von Verbrauchern wurden von der EU entwickelt und gelten in allen Mitgliedstaaten.

1. Beschreibe, vor welchen Entscheidungen Haider und Emma stehen.
2. Wie sollen sie sich verhalten? Lies dazu die Hintergrundinfo, triff eine Entscheidung und begründe sie.
3. Welche Vor- und Nachteile seht ihr beim Online-Shopping? Sammelt in der Klasse Pro- und Kontra-Argumente und erörtert die Frage in der Überschrift zu diesem Unterkapitel.

AKTIV LERNEN

D Worauf sollte man beim Online-Shopping achten?

	Unser Tipp:
1. Ungläubig starrt Tim auf die Rechnung. 7,95 Euro Versandkosten! Damit hatte er nicht gerechnet, denn er glaubte, mit dem Kauf eines Kopfhörers ein besonders günstiges Schnäppchen gemacht zu haben. In seiner Freude, endlich sein Traummodell gefunden zu haben, hatte er ganz vergessen, die Allgemeinen Geschäftsbedingungen des Anbieters zu lesen.	?
2. Seit Tagen schon bietet Isa bei einer Online-Auktion mit. Die angebotene, hochmodische Handtasche will sie unbedingt haben – und viele andere Interessenten auch. Der anfangs sensationell niedrige Preis hat sich inzwischen verdreifacht. Doch Isa denkt nicht daran, auszusteigen, obwohl der Preis inzwischen ihre finanziellen Mittel weit übersteigt. Sie wird sich wohl bei ihren Freunden Geld leihen müssen.	?
3. Nachdem ihm seine Freunde vom Einkaufen im Internet vorgeschwärmt haben, beschließt Lari, es doch auch einmal zu versuchen. Er will sich eine neue Uhr kaufen und sucht über eine Suchmaschine nach Anbietern. Bereits beim ersten Treffer hat er Glück und findet eine preisgünstige modische Uhr. Ohne zu zögern, bestellt er sie. Tage später entdeckt er per Zufall die gleiche Uhr zu einem wesentlich günstigeren Preis in einem Kaufhaus in der Stadt.	?
4. Seit Tagen schon wartet Felix auf eine Sendung von Zierfischen für sein Aquarium. Er hat diese bei einem ausländischen Anbieter bestellt und auch den Betrag gleich überwiesen. Auf eine Beschwerdemail hat die Firma bislang nicht reagiert. Als er nun bei der Firma anrufen will, entdeckt er auf der Website, dass die Firma lediglich eine ausländische Adresse mit einer Postfachnummer angegeben hat. Da hat er wohl bei seiner Bestellung nicht genau hingeschaut und nicht erkannt, dass es sich hier um eine unseriöse Firma handelt.	?
5. Ganz erstaunt reagiert Svea, als ihr der Postbote ein großes Paket aushändigt. Dabei hatte sie doch nur eine Modekette im Internet bestellt. Was konnte da passiert sein? Leider hat sie die Auftragsbestätigung des Online-Shops nicht gelesen und sofort gelöscht. Ob sie sich wohl bei der Bestellung geirrt hat? Oder der Anbieter? Das kann sie nun nicht mehr nachweisen. Sie hat Glück, denn wegen des Widerrufsrechts kann sie die Ware zurückschicken. Trotzdem ist es lästig und zeitaufwendig, die Sendung zurückzuschicken.	?

Euer Auftrag:

Manch einer erlebt beim Einkauf über das Internet eine böse Überraschung. Die Erfahrungen anderer könnt ihr euch zunutze machen.

1. Formuliert – allein oder zu zweit – zu den fünf Beispielen auf dieser Seite jeweils einen Tipp.
2. Stellt eure Arbeitsergebnisse in der Klasse vor.

5 Nachhaltig konsumieren: Muss es stets das neueste Handy-Modell sein?

Tipps zum nachhaltigen Konsum formulieren

A Was wisst ihr über euer Handy?

Das könnt ihr mithilfe des Vier-Ecken-Spiels herausfinden.

- Markiert die vier Ecken in eurem Klassenzimmer mit den Buchstaben a, b, c, d.
- Eine Schülerin oder ein Schüler liest laut die Frage vor.
- Entscheidet dann spontan, welche Antwort ihr für richtig haltet, und platziert euch an der passenden Ecke im Klassenzimmer.
- Die Lösungen findet ihr auf der letzten Seite dieses Unterkapitels.

1. Wie viele Jugendliche im Alter von 14 – 15 Jahren besitzen ein Smartphone oder ein Handy? (Stand 2017)
   a) 52 Prozent b) 67 Prozent
   c) 92 Prozent d) 98 Prozent

2. Wie oft kaufen sich Deutsche durchschnittlich ein neues Handy?
   a) alle 10 Monate b) alle 2,5 Jahre
   c) alle 18 Monate d) alle 15 Monate

3. Welcher Rohstoff wird bei der Handyproduktion verwendet?
   a) Gold b) Calcium
   c) Glyphosat d) Viskose

4. Als Schlafhandys bezeichnet man kaputte oder noch funktionsfähige Handys, die in Schubladen schlummern. Wie viele Schlafhandys gibt es in Deutschland?
   a) 220 Millionen b) 106 Millionen
   c) 61 Millionen d) 89 Millionen

Jeder Deutsche besitzt rechnerisch 1,5 Handys und nutzt diese nur wenige Jahre – dann haben sie ausgedient.

B Die Folgen der Handyproduktion: Schaden für Umwelt und Menschen

1. Rohstoffgewinnung

In einem Mobiltelefon stecken mehr als 60 verschiedene Stoffe, darunter rund 30 Metalle. Kupfer macht den größten Teil aus, aber auch Edelmetalle sind darunter: Die 1,5 Milliarden Handys, die 2010 weltweit verkauft wurden, enthalten zusammen etwa 14 Tonnen Palladium, 36 Tonnen Gold und 375 Tonnen Silber – wertvolle Rohstoffe, die überwiegend in Schwellen- und Entwicklungsländern wie China, Kongo und Südafrika abgebaut werden.
Sowohl der Bau als auch der Betrieb der Minen sind umweltschädlich. Wälder werden gerodet und viele Tonnen Gestein gesprengt, um an die Metalle zu gelangen. Um Edelmetalle aus Gestein zu lösen, werden giftige Chemikalien verwendet, die in Flüsse und Meere gelangen können. Die Industrieanlagen, in denen die Rohstoffe aufbereitet werden, benötigen natürlich eine Menge Energie. Schließlich verbraucht auch der Transport der gewonnenen Rohstoffe per Schiff und LKW Treibstoff – und damit die knappe Ressource Öl.

(Aus: Rohstoffe und der Lebenszyklus eines Handys, in: http://www.die-rohstoff-expedition.de/die-rohstoff-expedition/lebenszyklus-eines-handys.html, Zugriff: 17.03.2017)

In der demokratischen Republik Kongo finanzieren Milizen mit dem Verkauf von Zinn und Coltan zur Handyproduktion Waffen für den dortigen Bürgerkrieg.

2. Produktion

Markenfirmen beauftragen sogenannte Kontraktfertiger mit der Produktion von elektronischen Geräten wie Smartphones. Ein Großteil der Fertigung erfolgt in China. Die Arbeitsbedingungen für Arbeiterinnen und Arbeiter sind sehr hart. Gearbeitet wird sechs Tage die Woche bis zu 12 Stunden pro Tag. Obwohl in China nur 36 Überstunden im Monat erlaubt sind, müssen manchmal bis zu 80 Überstunden geleistet werden. Die Arbeiterinnen sind unter ständiger Kontrolle von Aufsehern und dürfen während der Arbeit nicht sprechen, auch feste Toiletten- und Pausenzeiten sind nicht ungewöhnlich. Der Lohn ist häufig niedrig und reicht oft nicht für den gesamten Lebensunterhalt.

(Nach: Juliane Kühnrich; Katharina Drees, Die Handy-Connection – Der Weg eines Smartphones, Hg. weed.de, Zugriff: 20.03.2017)

3. Die Entsorgung von Handys

Viele Mobilfunkverträge sind an den Kauf eines neuen Handys gekoppelt. Außerdem können in immer weniger Handys Akkus ausgetauscht werden bzw. die Handys repariert werden, oft bleibt keine andere Möglichkeit, als sie zu entsorgen. Das hat zur Folge, dass weltweit der Elektronikschrott stark wächst. Weltweit sind es Schätzungen zufolge rund 50 Millionen Tonnen im Jahr. In Deutschland sind Hersteller verpflichtet, gebrauchte Geräte zurückzunehmen. Die wertvollen Rohstoffe können in hochmodernen Anlagen recycelt und damit wiederverwendet werden. Doch viele Handys landen nicht auf dem Recyclinghof, sondern schlummern unbeachtet in Schubladen, sog. Schlafhandys – etwa 106 Millionen, wie der Bundesverband Informationswirtschaft, Telekommunikation und Neue Medien schätzt. 876 Tonnen Kupfer, 382 Tonnen Kobalt, 26 Tonnen Silber, 2400 Kilogramm Gold und 800 Kilogramm Palladium ungenutzt in der Schublade.
Ein Teil der ausrangierten Handys wird illegal in Entwicklungsländer verschifft. Dort gibt es keine angemessenen Abfall- und Recyclingsysteme. Unter lebensgefährlichen Bedingungen lösen Arbeiter auf Müllplätzen die wertvollen Metalle durch Verbrennen aus den alten Handys.

(Zusammengestellt nach Materialien des Bundesministeriums für Umwelt, Naturschutz, Bau und Reaktorsicherheit)

1. Bildet Dreiergruppen, bearbeitet arbeitsteilig die Texte und informiert euch gegenseitig.
2. Stellt die Folgen der Handyproduktion übersichtlich in einer Tabelle oder einer Mindmap dar.
3. Welchen Beitrag könnt ihr als Verbraucher für einen nachhaltigeren Umgang mit Handys leisten? Entwickelt Ideen und stellt diese in der Klasse vor.

GRUNDWISSEN

C Nachhaltig konsumieren

1. Definiere den Begriff „Nachhaltigkeit“.
2. Erläutere drei Trends des nachhaltigen Konsumierens.
3. „Ich als einzelner Verbraucher kann sowieso nichts ausrichten, wenn ich nachhaltig konsumiere. Das muss die Politik vorschreiben.“ Beurteile diese Aussage.

Was ist Nachhaltigkeit?

Der Begriff stammt ursprünglich aus der Forstwirtschaft. Er bedeutet, dass man nicht mehr Bäume schlagen darf, als wieder nachwachsen können. So sollen die natürlichen Lebensgrundlagen auch für kommende Generationen erhalten werden. Übertragen auf die Welt des Konsums heißt das, dass wir uns beim Einkauf und Konsum von Produkten so verhalten sollen, dass die Umwelt möglichst geschont wird.

Nachhaltiger Konsum – zum Beispiel Lebensmittel

Wenn man Waren mit dem Bio-Siegel kauft, sind diese besonders umweltschonend hergestellt. Damit Lebensmittel das staatliche Bio-Siegel tragen können, müssen sie unter strengen Bedingungen hergestellt werden: So sind nur ganz bestimmte Dünger und Futtermittel erlaubt, die der Natur nicht schaden. Bei der Tierhaltung wird Wert auf eine artgerechte Haltung gelegt, die Tiere haben wesentlich mehr Auslauf.

Umweltbewusst verhält man sich auch, wenn man Produkte aus der näheren Umgebung kauft. Wenn Obst und Gemüse über viele Hundert Kilometer transportiert werden, wird die Luft verschmutzt und viel Energie benötigt. Häufig kommt das Obst und Gemüse in Supermärkten aus Südeuropa. Dort müssen die Anbauflächen trotz starker Wasserknappheit ständig bewässert werden – nur damit wir zu jeder Zeit Tomaten, Erdbeeren und anderes auf dem Tisch haben. Ein kluger Verbraucher kauft deshalb überwiegend Obst und Gemüse ein, das gerade Saison hat. Auch wer seinen Fleischkonsum reduziert, leistet einen Beitrag zur Nachhaltigkeit. Um ein Kilo Rindfleisch zu produzieren, braucht man circa 15 000 Liter Wasser. Bis zur Schlachtung frisst ein Rind 1 300 kg Getreide und 7 200 kg Heu. Zudem produzieren Rinder große Mengen des klimaschädlichen Methans, etwa das 80-Fache von dem, was bei der Produktion von Gemüse entsteht.

Weg von der Wegwerfkultur!

Wenn uns ein Kleidungsstück nicht mehr gefällt – weg damit! In den Müll oder zum Recycling. So verschwendet man Rohstoffe und Energie zur Herstellung der Kleidung Nachhaltig verhält sich, wer seine Kleidung. möglichst lange trägt und sich mit weniger Kleidung begnügt. Auch Lebensmittel landen im großen Stil in der Tonne: durchschnittlich 82 kg pro Person, am häufigsten Obst, Gemüse und Backwaren. Deshalb sollte man gut planen, was man einkauft. Lebensmittel, die das Mindesthaltbarkeitsdatum geringfügig überschreiten, sind noch gut verwendbar. Es gibt lediglich an, bis zu welchem Datum der Hersteller für die Qualität des Lebensmittels garantiert.

Nachhaltige Trends: teilen, tauschen, reparieren

Warum immer gleich kaufen? Viele Geräte zum Beispiel braucht man vielleicht nur einmal im Jahr. Nachhaltiger ist es, solche Geräte gemeinsam mit anderen zu nutzen. Mit dem Fachbegriff bezeichnet man das als „Sharing-Ökonomie“.

Wer zum Beispiel seine Kleidung nicht mehr mag, kann sie gegen andere tauschen, zum Beispiel auf Kleidertauschbörsen im Internet oder vor Ort.

In vielen Gemeinden gibt es inzwischen Repair-Cafés. Dort reparieren Ehrenamtliche elektrische Geräte, die nicht mehr funktionieren, und fast alle Haushaltsgegenstände. So retten sie sie vor dem Müll.

D Wie kann Familie Gedankenlos nachhaltiger konsumieren?

Familie Gedankenlos hat sich fest vorgenommen, in ihrem Alltag mehr auf Umweltfreundlichkeit zu achten – doch von nachhaltigem Konsum ist sie noch weit entfernt. Ihr könnt sie beraten. Im folgenden Text findet ihr acht Verhaltensweisen, die sich nicht mit dem Nachhaltigkeitsprinzip vertragen.

Euer Auftrag:

1. Arbeite aus dem Text mindestens fünf umweltschädlichen Verhaltensweisen heraus.
2. Erkläre, warum dieses Verhalten nicht nachhaltig ist, und formuliere für jede Situation einen Tipp.
3. Vergleiche dein Ergebnis mit einem Partner und stellt diese in der Klasse vor.

Ein Tag im Leben der Familie Gedankenlos

„Ist das wieder eine Hektik heute Morgen", stöhnt Gabi Gedankenlos entnervt. „Wenn Benni sich nicht beeilt, verpassen wir noch den Zug", mault die 14-jährige Kiki. „Schon zu spät – der Zug ist weg", erwidert Benni. Kurzentschlossen greift Frau Gedankenlos zu ihrem Autoschlüssel: „Dann fahr ich euch eben."
Zu Hause inspiziert Gabi Gedankenlos zunächst einmal gründlich den Kühlschrank, denn sie will noch einkaufen, bevor ihre Arbeit beginnt. Sie findet zwei Lieblingsjoghurts ihrer Kinder, bei denen das Mindesthaltbarkeitsdatum bereits abgelaufen ist. In den Müll damit! Sie kann ja gleich neue kaufen. Beim weiteren Stöbern entdeckt sie noch drei Kohlrabis. Besonders appetitlich sehen die auch nicht mehr aus, am besten entsorge ich die gleich mit, entscheidet sie nach kurzem Nachdenken.

Im Supermarkt angekommen, steuert sie gleich die Obst- und Gemüseabteilung an. „Ah, wunderschöne Erdbeeren aus Spanien und dazu der erste Spargel aus Ägypten – obwohl es erst Anfang März ist", freut sie sich und packt diese gleich in ihren Wagen. Da sie ihren Einkaufskorb vergessen hat, kauft sie eine Tüte für 10 Cent, kostet ja fast nichts. Anschließend fährt sie noch kurz bei einem Discounter vorbei, wo sie Hähnchenschenkel zu einem superbilligen Preis kauft. Sie muss beim Fleisch aufs Geld achten, schließlich wollen ihre beiden Männer jeden Tag ein Stück Fleisch auf dem Tisch haben. „Ein ordentlicher Mann braucht was Richtiges auf dem Teller", sagt ihr Mann immer. Bereits am Vorabend hat sie einen riesigen Kleidersack im Auto verstaut. Das muss in den Altkleidercontainer. Gleich nach der Arbeit will sie den Sack entsorgen. Die meisten Sachen sind kaum getragen, denn Kiki und Benni wollen sich natürlich immer nach der neuesten Mode kleiden. Wenigstens waren die T-Shirts und Hosen richtig billig. Da ist es dann egal, wenn sie alle paar Monate neue Kleider kaufen.
Abends kommt ihr Mann nach Hause und strahlt über das ganze Gesicht. „Schau mal, was ich gekauft habe", verkündet er stolz. „Eine Schleifmaschine! Das war ein tolles Sonderangebot." „Du brauchst die doch höchstens einmal im Jahr", wirft Gabi Gedankenlos ein. „Ist doch total praktisch, wenn man so was im Haus hat, das musst du doch zugeben", entgegnet er.

Lösung S. 52: 1c, 2c, 3a, 4b

6 Darf Kleidung so billig sein?

Die Arbeitsbedingungen in der Textilindustrie bewerten

A Problemfall Textilindustrie: Werden Arbeiterinnen und Arbeiter in Entwicklungsländern ausgebeutet?

Zahllose Frauen und Männer arbeiten in den asiatischen Textilfabriken zu Billiglöhnen unter teils menschenunwürdigen Arbeitsbedingungen, wie hier bei der Schuhproduktion für Nike in Vietnam.

Kleidung und Schuhe werden heute fast ausschließlich in Entwicklungsländern produziert, vor allem in China, Bangladesch und Indien. Der folgende Text schildert die Lebens- und Arbeitsbedingungen einer Familie in Bangladesch. Welche Gefühle löst er in dir aus?

Am Anfang ist das nur Lärm, ohrenbetäubender, nie endender, jedes Gespräch abwürgender Nähmaschinenlärm. Die Frauen schauen kurz auf, kurz nur, dann sind sie wieder bei der Naht, die ihnen zugeteilt wurde, Außennaht, Innennaht, Reißverschlussnaht, Hosentaschennaht, 50, 70, 100 Mal die Stunde. Jede Frau eine Nähmaschine, eine Frau vor der anderen, jede schmeißt ihr Bündel zur nächsten, bis ganz vorne in der ersten Reihe eine fertige Hose liegt, senfgelb, bordeauxrot, lavendelfarben. Je nachdem, was die Mädchen in den fremden Ländern gerade cool finden.

Wichtig ist, dass es schnell geht. [...]

Nichts spült so viel Geld nach Bangladesch wie die Textilindustrie [...] Und nichts hat so viel Leid gebracht. [...]

In den Slums von Mirpur, am Rand von Dhaka, leben Zehntausende, die in den Textilfabriken rundum arbeiten. In ihren Holzhütten, die auf wackeligen Stelzen über brackigem Wasser stehen, leben Familien auf zehn Quadratmetern.

Die Kinder hocken auf dem Holzbett, in dem sie alle zusammen schlafen. Die drei Kinder arbeiten wie 3,5 Millionen Menschen in diesem Land in der Textilbranche. Der Sohn ist 17, er arbeitet jeden Tag elf Stunden für 4100 Taka, 39 Euro im Monat. Die ältere Tochter verdient ein bisschen mehr. Und die Kleine ist zwölf, sie arbeitet seit acht Monaten. „Es gibt viele bei uns, die kleiner sind als ich. In meiner Fabrik sind nur fünf Erwachsene." Sie schaut raus aus dem finsteren Zimmer, auf die wackeligen Plumpsklos, ein paar Meter entfernt. Alles hier fällt ins Wasser unter ihren Hütten. Gleich hinter dem Kino ist ihre Fabrik. An den kleinmaschigen Gittern vor den Fenstern hängt zentimeterdick der Staub. Sie hört bei der Arbeit die Lieder aus dem Kino nebenan, manchmal, wenn die Geräte stillstehen. Sie ist zwölf Jahre alt, arbeitet von sechs Uhr morgens oft bis spät in die Nacht. Sie sagt, es ist eine gute Fabrik. Warum? „Weil sie die Mädchen mit der Hand schlagen, nur die Jungs mit dem Stock."

(Nach: Karin Steinberger, Streng und gnadenlos, in: Süddeutsche Zeitung, 11./12. Mai 2013)

1. Beschreibe die Lebens- und Arbeitsbedingungen der Textilarbeiterfamilien in Bangladesch.

B Wie können die Bedingungen für die Beschäftigten in der Textilindustrie verbessert werden? – Drei Vorschläge

1. Fair und nachhaltig hergestellte Kleidung kaufen

Ein T-Shirt für fünf Euro – angeblich die magische Preisschwelle bei Billigketten – kann genauso wenig fair und nachhaltig sein wie Schweinesteaks im Fünferpack bei Lidl für drei Euro. [...] Wer also mit gutem Gewissen Kleidung kaufen will, dem bleibt nicht erspart, sich mit ihrer Herstellung auseinanderzusetzen. Es gibt immer mehr Modemarken, die sich auf nachhaltig und fair hergestellte Klamotten spezialisieren.

(Nach: Jutta Maier, Kleidung darf nicht billig sein, in: www.fr-online.de; 21.9.2012, Zugriff: 18.08.2016)

2. Nationale Schutzgesetze

Alle Unternehmen wollen immer billiger produzieren und einen immer höheren Gewinn erzielen. Hier müssen die nationalen Regierungen Gesetze zum Schutz der Arbeiterinnen und Arbeiter vorlegen. Es ist höchste Zeit, dass Unternehmen für Verstöße gegen die Arbeits- und Menschenrechte bei den Zulieferern haftbar gemacht werden.

(Nach: Frauke Banse: Kampagne für saubere Kleidung, in: Brigitte 18/2013, S. 123)

3. Höhere Löhne für Textilarbeiterinnen und -arbeiter

Die Löhne in Bangladesch reichen für ein menschenwürdiges Leben nicht aus. Die Gewerkschaft ver.di hat ausgerechnet, dass ein T-Shirt oder eine Bluse nur 12 Cent mehr kosten würde, wenn jede Näherin im Monat 50 Euro mehr erhalten würde.

C Zur Diskussion: Sind wir als Verbraucher für die Zustände in asiatischen Fabriken mitverantwortlich?

Pro: Wir müssen uns für bessere Bedingungen einsetzen!

Jeder, der sich ein T-Shirt für fünf Euro kauft, weiß inzwischen, wie es hergestellt wird. Wenn wir solche Zustände dulden, sind wir mitverantwortlich. Die meisten von uns könnten sehr wohl mehr Geld für ein T-Shirt ausgeben, doch wir sind nicht bereit, Kleidung angemessen zu bezahlen. Wir müssen Druck auf Unternehmen ausüben, damit sie bessere Arbeitsbedingungen schaffen. Nur wenn wir Verbraucher das immer wieder fordern, wird sich etwas ändern.

Kontra: Darum können wir uns nicht kümmern!

Es ist zwar bedauerlich, was in Asien geschieht, doch das geht uns als Verbraucher nichts an. Es ist Aufgabe der Unternehmen und der Politik, für menschenwürdige Arbeitsbedingungen zu sorgen. Die Unternehmen sollen den Arbeiterinnen höhere Löhne zahlen – dann verdienen sie eben weniger. Die Menschen, die in Deutschland T-Shirts für fünf Euro kaufen, haben oft auch sehr wenig Geld.

1. Was ist der Inhalt der drei Vorschläge? Fasse in eigenen Worten zusammen.
2. Welche Forderungen an Verbraucher, Unternehmen und Regierungen ergeben sich aus den drei Vorschlägen?
3. Formuliere einen eigenen Standpunkt zu der Diskussion um die Verantwortung von Verbrauchern und begründe ihn. Diskutiert anschließend in der Klasse darüber.

Was auch noch interessant sein könnte:

- über die Arbeit von clean clothes recherchieren und eine Aktion in der Klasse vorstellen (www.saubere-kleidung.de). Die weltweite Kampagne setzt sich für angemessene Löhne und bessere Arbeitsbedingungen in der Textilindustrie ein.

7 Wie sollen Verbraucher mit Werbung umgehen?

Werbeversprechen analysieren

A Werbe-Bingo

Für die folgende Übung solltet ihr die Nummern der Kästchen in euer Heft übertragen.

- Geht nun im Raum umher und sucht eine Person, auf die die Aussage in einem Kästchen zutreffen könnte. Wenn das der Fall ist, unterschreibt diese bei der jeweiligen Nummer.
- Wenn drei Kästchen waagrecht oder senkrecht in einer Reihe unterschrieben sind, ruft ihr laut „Bingo!".
- Das Spiel ist beendet, wenn drei Personen „Bingo!" gerufen haben.

Finde eine Person, die ...

1. ... dir drei Werbesprüche aufsagen kann.	2. ... sagt, er/sie lasse sich von Werbung nicht beeinflussen.	3. ... eine Werbeszene aus Film, Fernsehen oder Internet nacherzählen kann.
4. ... heute bereits mehr als einer Werbung begegnet ist.	5. ... einen Prominenten nennen kann, der in der Werbung auftaucht.	6. ... einen Beruf in der Werbebranche nennen kann.
7. ... gerne Werbung anschaut.	8. ... einen Werbetrick beschreiben kann.	9. ... schon einmal etwas wegen der tollen Werbung gekauft hat.

1. Welche Bedeutung hat Werbung in eurem Alltag? Tauscht euch dazu in eurer Klasse aus.

Was auch noch interessant sein kann:

- einen Test „Welcher Werbetyp bist du?" absolvieren (http://www.unterrichtshilfe-finanzkompetenz.de/schueler/Style-Test.pdf) und die Ergebnisse vergleichen

B Werbung

Was ist Werbung?

Als Werbung bezeichnet man alle Maßnahmen, die den Verkauf eines Produkts steigern. Werbung hat gleich mehrere Aufgaben:

- *Bekanntmachungsfunktion:* Sie macht Produkte und Dienstleistungen bekannt.
- *Informationsfunktion:* Sie informiert über Eigenschaften, Verwendung und Preise der beworbenen Produkte.
- *Beeinflussungsfunktion:* Sie spricht gezielt Bedürfnisse und Sehnsüchte von Verbrauchern an und versucht, über solche Gefühle den Wunsch zu wecken, das Produkt zu kaufen.
- *Erinnerungsfunktion:* Durch häufige Wiederholung der Werbebotschaften prägt sich das Produkt beim Verbraucher ein und er verknüpft im Kopf die Botschaften mit dem Produkt.

Arten von Werbung

Bei Werbung denkt man sicherlich zuerst an Anzeigen in Zeitungen, Zeitschriften, Anzeigenblättern und im Internet, aber auch an Werbespots im Radio, Fernsehen und im Kino und in sozialen Netzwerken.

Immer wichtiger werden jedoch auch andere Formen der Werbung. Beim Sponsoring unterstützt ein Unternehmen mit einem Geldbetrag Sport-Teams, Ausstellungen, Schulen oder andere Einrichtungen. Wenn dann darüber in den Zeitungen oder im Fernsehen berichtet wird, haben die Unternehmen ein positives Image bei den Verbrauchern.

Beim Product-Placement werden in beliebten Fernsehsendungen oder zunehmend auch in YouTube-Filmen und Blogs Produkte eines Unternehmens so geschickt eingebaut, dass der Zuschauer meist gar nicht merkt, dass es sich um Werbung handelt. So trinkt zum Beispiel der Hauptdarsteller einer beliebten Serie immer wieder ein Erfrischungsgetränk einer bestimmten Marke. Die Folge ist, dass die Zuschauer natürlich dasselbe Produkt wie die Darsteller kaufen werden – und manchmal ist ihnen gar nicht bewusst, warum sie das tun.

1. Welche Aufgaben hat Werbung? Beschreibe sie.
2. Begründe, warum Product-Placement als besonders wirkungsvoll gerade bei jugendlichen Zuschauern gilt.
3. Einmal angenommen, eine Limonadenfabrik hat sich bereit erklärt, euer nächstes Sportfest zu sponsern, indem es alle Getränke aus seinem Sortiment bereitstellt und auch Preise stiftet. Beurteile dieses Angebot aus Sicht der Eltern und des Direktors.

Die Methoden der Werbemacher

Werbung knüpft in geschickter Weise an vorhandene Bedürfnisse zum Beispiel nach Sicherheit, Anerkennung oder Abenteuer an und verspricht, dass diese beim Kauf eines Produkts befriedigt werden. Wer möchte nicht reich, gutaussehend und beliebt sein oder ein abenteuerliches Leben führen? Die Botschaft, die die Werbung vermittelt, ist einfach: Wenn du dieses Produkt kaufst, erfüllen sich alle deine Wünsche.

Um dieses Ziel zu erreichen, bedienen sich die Werbemacher vieler Tricks. So sind zum Beispiel fast alle Menschen in Werbespots jung, braungebrannt, fröhlich, haben wunderschönes Haar und eine makellose Haut. Kurz: Es sind Idealmenschen, denen wir mit dem Kauf des Produktes ähneln wollen.

Gerne wird auch mit Stars geworben. Fans empfinden ihre Stars als Vorbilder und wollen ihnen in jeder Hinsicht nacheifern, also auch zum Beispiel das gleiche Haarshampoo wie sie benutzen. Stars wollen mit Werbung natürlich vor allem Geld verdienen – und es ist eher unwahrscheinlich, dass sie privat tatsächlich das Haarshampoo benutzen, für das sie geworben haben.

Die meisten Menschen lassen sich – wie die Hirnforschung zeigte – unbewusst von der Werbung steuern. Sie selbst begründen Kaufentscheidungen eher mit Vernunftgründen.

@ SNG-23610-001

Quarks & Co: Werbung – die intelligente Verführung (Reportage des WDR)

C Werbetricks auf der Spur: Wie kann man sie enttarnen?

In der Lebensmittelindustrie ist der Wettbewerb um die Gunst der Kunden besonders hart. Deshalb nutzen Konzerne jede Möglichkeit, Verbraucher zum Kauf ihrer Produkte zu verleiten – oft auch mit irreführenden Tricks. Zwei Beispiele findet ihr auf dieser Doppelseite und dazu die notwendigen Hintergrundinformationen. Anschließend könnt ihr selbst Werbeversprechen analysieren.

Beispiel 1: Bekannte Sportler als Zugpferde für Ungesundes

Was haben diese Personen gemeinsam: Thomas Müller, Maria Riesch, Bastian Schweinsteiger, René Adler, Gerd Müller und die Huberbuam? Richtig. Alle lassen sich von der Lebensmittelindustrie vor den Karren spannen. Mit sportlichen Werbefiguren lassen sich Kartoffelchips, Wurst, zuckrige Milchgetränke und andere Süßigkeiten offenbar besser verkaufen. Denn als Sympathieträger genießen sie besonders bei Kindern und Jugendlichen großes Vertrauen. Doch als Maskottchen für ganz und gar nicht ausgewogene Lebensmittel werden sie dieser Verantwortung nicht gerecht. Sie kurbeln im Auftrag der Konzerne die Verkaufszahlen für deren Produkte an.
Gerade Kindern wird so von ihren größten Helden vermittelt, dass Schokolade, Chips und Wurst besonders begehrenswert sind und gut zu einem sportlichen Lebensstil passen. Dabei essen die meisten deutschen Kinder schon zu viele Süßigkeiten und zu viel Fleisch, aber zu wenig Obst und Gemüse.

Schokoaufstrich: bei Kindern beliebt, von Sportlern empfohlen – aber gesund?

Beispiel 2: Rechentricks

Lebensmittelhersteller werben auf Verpackungen gern mit Zahlen. Die wirken besonders seriös und deshalb verkaufsfördernd. Dabei hat die Lebensmittelindustrie unterschiedlichste Rechentricks entwickelt, um ihre Produkte in ein besseres Licht zu rücken. Die Tricks lassen sich oft erst nach einem genauen Blick in die Zutatenliste und einigen Rechenschritten enträtseln. Das Entziffern von Zutaten und Nährwerten kann dabei schon mal zum Mathematik-Test werden.

Aus 75 % werden 1,875 % und 1 + 1 = 3?

Ein besonders beliebter Trick: Man picke die eine hochwertige Zutat eines Produkts heraus und lasse es auf dem Etikett so aussehen, als ob diese Zutat in extra großen Mengen in dem Produkt enthalten ist. Beim genauen Nachrechnen entpuppen sich derartige Versprechen oft als Mogelpackung. Haribo-Fruchtgummi zum Beispiel wirbt mit dem Versprechen: „35 % Frucht in der Füllung". Die Füllung macht aber gerade einmal 12,3 % des Fruchtgummis aus. Somit befindet sich also nur 4,3 % Fruchtanteil im Gesamtprodukt.

(Text und Foto aus: www.foodwatch.de, Zugriff: 17.03.2017)

D Hintergrund: Wie glaubwürdig sind Werbeversprechen?

Lecker soll unsere Nahrung sein und natürlich gesund, darauf legen vor allem Mütter Wert. Darauf zielt auch die Werbung und preist viele Produkte als „ideale Begleiter für Schule und Freizeit“. Die Werbung für Kinderjoghurt, Müslis oder Frühstücksflocken für Kinder, Kindergetränke oder auch Süßigkeiten wie Schokolade für Kinder versprechen in der Werbung, besonders viel Milch und dadurch viel Calcium oder viele Vitamine zu enthalten. Sehr oft sind solche Produkte noch dazu schön bunt verpackt oder es stecken kleine Geschenke wie Gutscheine oder Spielzeug mit drin, um zum Kauf zu verführen. Hast du nicht auch Lust, das Müsli nur wegen des Geschenks in den Einkaufswagen zu packen?

Augen auf! Die Wahrheit steht auf der Rückseite!

Wer wissen will, was wirklich drin ist, muss auf der Rückseite der Verpackung schauen: Dort steht die Zutatenliste. Meist ist sie nur in recht kleinen Buchstaben gedruckt.

Aber: Die Zutaten sind der Menge nach geordnet. Was ganz am Anfang steht, davon ist am meisten drin. Wenn die Zutatenliste mit Zucker oder Fett beginnt: Hände weg! Wenn ein Bild einer Frucht groß auf der Verpackung abgebildet ist und man diese Frucht in der Zutatenliste vergebens sucht oder erst ganz hinten findet, findet man sie auch im Produkt wahrscheinlich nur unter dem Mikroskop. Und von Lebensmitteln, in denen jede Menge Aromen, Süßstoffe, Farbstoffe, Konservierungs- und weitere Zusatzstoffe stecken, lässt man am besten ganz die Finger.

(Nach: Simone Wichert, Werbelügen, dreist, dreister, am dreistesten, 07.05.2010, in: www.br-online.de; Klaro, Kindernachrichten, Zugriff: 22.01.2014)

Wir untersuchen Werbeversprechen

Entscheidet euch für eine der beiden Möglichkeiten:

Erkundung im Supermarkt

- Sucht in einem Supermarkt euer Lieblingsprodukt aus.
- Betrachtet zunächst die Verpackung: Welchen Eindruck erwecken die Fotos bei euch? Welche Bedürfnisse werden angesprochen? Welche Slogans und Werbeaussagen sind dort platziert?
- Untersucht dann die Zutatenliste: Welche Zutaten werden zuerst genannt? Stimmen Eindruck auf der Verpackung und Reihenfolge in der Zutatenliste überein?
- Fasst eure Ergebnisse in einem Kurzvortrag zusammen und präsentiert sie in der Klasse.

Werbeanzeigen analysieren

Wähle eine Werbeanzeige im Internet oder einer Zeitschrift aus, die besonders Jugendliche ansprechen soll. Schau sie dir genau an – auch Einzelheiten sind wichtig – und bearbeite folgende Fragen:

1. Wie wirkt diese Anzeige auf dich? Beschreibe deinen ersten Eindruck.
2. Was versprechen diese Anzeigen Jugendlichen direkt oder indirekt? Welche Hoffnungen wecken sie?
3. Welche Mittel (Sprache, angesprochene Gefühle, Produktinformationen, Fotomotive, Werbetricks) wurden eingesetzt, um speziell Jugendliche anzusprechen?

1. Welche Tricks wenden Hersteller in den beiden Beispielen an? Beschreibe sie.
2. „Die Wahrheit steht auf der Rückseite!“ Erläutere, was mit dieser Aussage gemeint ist.
3. Verbraucherschutzorganisationen wie Foodwatch fordern ein grundsätzliches Werbeverbot für Kinderlebensmittel. Erörtere pro und kontra.
4. Wie sollten Verbraucher mit Werbung für Lebensmittel umgehen? Sammelt Tipps in der Klasse.

E Zur Diskussion: Muss es immer die Marke sein?

Werbung für bekannte Marken prägt das Gesicht von Großstädten

Branding und Markenwerbung

Zu einer Marke gehören Name, Logo, Slogan und ein besonderes Produkt- und Verpackungsdesign. Marken versehen die Produkte (Waren) mit Werten, Gefühlen und Sehnsüchten. Die Gestaltung einer Marke, das sogenannte Branding (von englisch to brand = mit einem Brandzeichen versehen) entwickelt ein unverwechselbares Image. Mit großem Aufwand „brennt" die Markenwerbung diese „Vorstellungsbilder" in die Köpfe der Konsumenten „ein". So beträgt der Anteil von Markennamen im Wortschatz eines zweijährigen Kindes durchschnittlich 10 Prozent.

(Aus: Wirtschaft für Einsteiger, Hg. Bundeszentrale für politische Bildung, 2011, S. 15, verf. von Bruno Zandonella)

Das Beispiel „7 for all Mankind"

Bei der Marke bezahlt man das Gefühl immer mit. Deswegen können Markenwaren ein bisschen teurer sein. Wenn man Glück hat, kann man bei Aldi Jeans ohne bekannten Namen für 12 Euro kaufen. Hosen der Marke Diesel kosten zehnmal so viel. Aber die teuersten kosten 100-mal so viel: Jeans der Edelmarke „7 for all Mankind". Die Hose hebt den Po, warben die Erfinder. Und sie macht lange Beine. Deshalb haben Hollywood-Stars wie Nicole Kidman, Cameron Diaz und Gwyneth Paltrow die Hose gekauft. Weil Stars oft fotografiert werden, landete die Hose in Illustrierten. Bald wollten viele Frauen „7 for all Mankind" tragen. Jeder spielt in der Hose ein bisschen Hollywood. Dafür geben Kunden Geld aus. [...] Inzwischen ist die Welt weitergezogen. Die Edeljeans sind viel billiger geworden. Die Marke ist verblasst.

(Aus: Winand von Petersdorff-Campen: Das Geld reicht nie, Frankfurter Societätsverlag, Frankfurt 2013, S. 151 ff.)

Markenkleidung oder No Name?

Markenkleidung hat bei Jugendlichen ein cooleres Image. Wer eine angesagte Marke trägt, gehört einfach dazu – und kann mitreden. Außerdem haben zum Beispiel Markenjeans einfach einen besseren Schnitt und ein besseres Design. Da zahle ich gerne einen höheren Preis und habe dafür einfach weniger Klamotten.

Bei Markenkleidung zahlt man die aufwendige Werbung immer mit. Dazu habe ich keine Lust. Oft werden No-Name-Produkte von Markenherstellern produziert und tragen nur nicht das Label. Sie sind qualitativ nicht schlechter. Mir ist es egal, welches Logo auf meiner Jeans steht.

1. Beschreibe, was man unter Branding versteht.
2. Markenkleidung oder No name? Arbeite die Argumente aus den Texten in den Sprechblasen heraus und ergänze sie durch weitere Argumente.
3. Beurteile die Frage in der Überschrift und stelle dein Ergebnis in der Klasse vor.

AKTIV LERNEN

F Ist Werbung sinnvoll oder gefährlich?

Bei der Beurteilung von Werbung gehen die Meinungen stark auseinander. Die einen halten sie für unverzichtbar und sehen darin einen Motor des wirtschaftlichen Fortschritts. Andere hätten am liebsten, sie würde entweder ganz verschwinden oder müsste zumindest stark eingeschränkt werden. Hier könnt ihr euch mit Pro- und Kontra-Argumenten auseinandersetzen und euer eigenes Urteil bilden.

Euer Auftrag:

1. Lege eine Pro-und-Kontra-Tabelle an und ordne die Argumente 1 bis 12 stichwortartig zu.
2. Prüft gemeinsam die Bedeutung einzelner Argumente. Welche haltet ihr für besonders schwerwiegend?
3. Entwickelt Vorschläge, die dazu geeignet sind, die Gefahren der Werbung auszuschließen.
4. Formuliert abschließend euer persönliches Urteil zum Thema dieser Seite und stellt es zur Diskussion.

1. Werbung verführt die Menschen dazu, unnötige Dinge zu kaufen, die sie gar nicht brauchen.

2. Werbung ist ein wichtiger Wirtschaftsfaktor. Allein in Deutschland werden jährlich nahezu 30 Milliarden Euro in der Werbeindustrie umgesetzt.

3. Werbung informiert nicht, sondern verschleiert oft die Wahrheit.

4. Ohne Werbung gäbe es kein YouTube, kein privates Fernsehen und keine beim Publikum beliebten Zeitungen und Zeitschriften.

5. Durch Werbung wird die Gesundheit von Kindern und Jugendlichen gefährdet, weil sie Produkte als gesund darstellt, die aber oft eher krank machen und zu Übergewicht führen.

6. Werbung sorgt dafür, dass unsere Welt bunt ist. Ohne Werbung sähen die Zentren der Städte langweiliger aus.

7. Werbung ist umweltschädigend. Für Flyer und Prospekte werden allein in Deutschland jährlich 2,7 Millionen Bäume gefällt. Das meiste davon landet im Müll, verdreckt Straßen und belastet Böden und Wasser.

8. Die Werbeindustrie hat zum Ziel, Macht über die Gefühle, das Denken und das Handeln der Menschen zu gewinnen. Wir leben in einer Art Werbe-Diktatur, welche die Selbstbestimmung der Menschen einschränkt.

9. Viele Werbefilme sind künstlerisch wertvoll und es macht einfach Spaß, sie anzuschauen.

10. Werbung sorgt für mehr Wettbewerb und dieser nützt den Kunden, weil dadurch qualitativ gute und preiswerte Produkte erzeugt werden.

11. Ohne Werbung würde man viele Produkte gar nicht kennen und es hätten auch viele neue Unternehmen keine Chance.

12. Werbung zeigt immer nur schöne Menschen und die schönen Seiten des Lebens. Das führt dazu, dass die Menschen mit ihrem Aussehen und ihrem eigenen Leben unzufrieden werden.

8 Wie schützt die Politik Verbraucherinnen und Verbraucher?

Die Einführung einer Zuckersteuer bewerten

A Eine Schätzfrage

Wie viele Stücke Würfelzucker enthält ein 0,2 l Glas Cola?
a) 3 Stück b) 7 Stück c) 11 Stück?

Die richtige Lösung findet ihr in dem folgenden Text.

B Soll in Deutschland eine Zuckersteuer eingeführt werden?

Die Weltgesundheitsorganisation WHO appelliert an die Regierungen, zuckerhaltige Getränke mit einer Sondersteuer von mindestens 20 Prozent des Verkaufspreises zu belegen. Damit sollen Zahnprobleme, Diabetes und weitere mit Übergewicht verbundene Krankheiten reduziert werden. [...] Ein 0,2-Liter-Glas Limo oder Cola enthält um die 20 Gramm Zucker, das sind etwa sieben Stück Würfelzucker. Mit dieser Menge hat man schon fast ausgeschöpft, was die WHO als Idealvorstellung vorgibt: Sie empfiehlt, möglichst nur 25 Gramm Zucker pro Tag zu verzehren. Keinesfalls sollten es mehr als 50 Gramm sein.

Streit um die Zuckersteuer: Wer hat die besseren Argumente?

Allerdings enthalten nicht nur Softdrinks große Mengen Zucker. Viele Säfte erreichen ähnliche Werte, Fruchtnektare und Smoothies noch deutlich höhere. Dabei sind Getränke bei Weitem nicht das Süßeste auf dem Markt. Gefüllte Schokolade kann fast zur Hälfte aus Zucker bestehen. Auch viele herzhafte Speisen weisen erstaunlich viel Zucker auf.

Frankreich, Ungarn, Finnland und Mexiko haben Sondersteuern auf süße Produkte eingeführt. Großbritannien plant diesen Schritt.

Die Auswirkungen sind bislang nicht umfangreich untersucht, die Erkenntnisse eher dürftig: Ein Jahr nach Einführung der Abgabe hatten bis zu 32 Prozent der Ungarn den Konsum der besteuerten Getränke reduziert. Wir wissen noch nicht, was die Menschen anstelle der Sodas trinken, räumte die WHO im Frühjahr ein. Zudem gibt es keinen Beweis dafür, dass das eigentliche Ziel der Steuer – Übergewicht und Diabetes zu reduzieren – erreicht wurde.

Wen beträfe die Getränkesteuer vor allem?

Wahrscheinlich träfe sie die Richtigen. Süßgetränke sind vor allem bei Menschen beliebt, die wenig Geld haben und damit am ehesten von höheren Preisen abgeschreckt werden: Kinder, Jugendliche und einkommensschwache Erwachsene sind deren größte Fans. Das ist auch in Deutschland so. [...] Mehrere Ärzteverbände fordern schon länger eine Zuckersteuer. In der Bevölkerung ist dagegen bisher keine große Zustimmung zu erkennen. Einer aktuellen Umfrage zufolge lehnen 49 Prozent eine Steuer auf stark gezuckerte Getränke komplett ab. 44 Prozent wären tendenziell dafür. Bundeslandwirtschaftsminister Christian Schmidt (CSU) hat eine solche Steuer bisher immer strikt von sich gewiesen. Er erklärte, Deutschland habe bis 1993 eine Zuckersteuer gehabt – „und es hat sich nichts geändert“.

(Aus: Berit Uhlmann: Was würde eine Zuckersteuer bewirken? In: Süddeutsche Zeitung, 18.10.2016)

C Pro und kontra Zuckersteuer

Pro: Ein Schubs in die richtige Richtung

Es geht nicht darum, zucker- und fetthaltige Lebensmittel zu verbieten. Schokoriegel, Chips, Sahnetorte, Eis, all das gäbe es auch weiterhin zu kaufen. Eine solche Steuer würde lediglich bewirken, dass zuckerhaltige Lebensmittel etwas teurer werden. Man nennt so etwas einen Nudge, einen Schubs in die richtige Richtung. Einen Anreiz, der ein erwünschtes Verhalten begünstigt. Für die Steuer auf Zucker spricht einiges: nämlich, dass sie schlicht verhindern soll, dass Menschen krank werden und früh sterben. An Diabetes zum Beispiel, an Herzinfarkten, an Schlaganfällen oder an Krebs. Weltweit gibt es inzwischen mehr übergewichtige als untergewichtige Menschen.

Wer dieses Problem in den Griff bekommen will, muss die Wahl stark zuckerhaltiger Lebensmittel weniger attraktiv machen. Den Preis über eine Steuer anzuheben könnte ein Mittel dazu sein. Senkt man zugleich den Steuersatz für Grundnahrungsmittel, wäre dies auch nicht unsozial.

(Aus: Marlene Halser: Streit über die Schoko-Steuer, in: www.fluter.de, 27.04.2016)

Kontra: Bevormundendes No-Go

Die Politik soll mir vorschreiben, wie ich mich zu ernähren habe? Never! Eine Strafsteuer auf vermeintlich ungesunde Lebensmittel schränkt mich in meiner persönlichen Freiheit ein und das ist einfach ein No-Go. Das ist übrigens auch die offizielle Position des zuständigen Ministeriums. Zucker kann uns tatsächlich krank machen. Über viele Details streitet die Forschung allerdings auch in diesem Fall noch. Überhaupt: Wer legt denn fest, was gesund ist und was nicht? Schließlich werden und wurden nicht wenige Nahrungsmittel zu Unrecht verteufelt – freilich sehr zur Freude der Lebensmittelindustrie, die uns dann schon mal teure Lightprodukte als bessere Alternative zum Original verkauft oder von Natur aus Glutenfreies besonders groß als glutenfrei labelt. Es ist also kompliziert. Dabei ist Essen etwas Schönes, es geht doch auch immer um Genuss. Viel besser als eine Strafsteuer fände ich deshalb mehr Aufklärung, am besten schon in der Grundschule, auch über die unterschiedlichen Auffassungen, was gesund ist.

(Aus: Lukas Wohner, Streit über die Schoko-Steuer, in: www.fluter.de, 27.04.2016)

1. Warum wird in Deutschland über die Einführung einer Zuckersteuer diskutiert? Beschreibe Ziele und Gründe für eine solche Steuer (Text B).
2. Überprüfe die mögliche Wirksamkeit einer solchen Steuer anhand der bisherigen Erfahrungen in Deutschland und anderen Ländern.
3. Beurteile die Zuckersteuer unter den Kriterien Zuständigkeit des Staates, Schutz der Verbraucher vor Gefahren, Wirksamkeit der Maßnahme.

GRUNDWISSEN

D Verbraucherpolitik

1. Beschreibe, was man unter Verbraucherpolitik versteht und welche Ziele sie verfolgt.
2. Erläutere an Beispielen drei Bereiche der Verbraucherpolitik.
3. Manche Europa-Skeptiker kritisieren, dass sich die EU in zu viele Themen des Alltagslebens einmischt. Wie beurteilst du unter diesem Gesichtspunkt den europäischen Verbraucherschutz: überflüssig, ganz nützlich oder unbedingt notwendig?

Lebensmittelkontrolleure untersuchen regelmäßig Stichproben verderblicher Lebensmittel auf ihre Frische.

Ziele

Nicht immer haben Verbraucherinnen und Verbraucher die notwendigen Kenntnisse und Erfahrungen, um zu erkennen, wann Produkte oder Dienstleistungen Gefahren für sie bergen oder sie getäuscht werden. Sie sind gegenüber Herstellern und Dienstleistern deshalb grundsätzlich benachteiligt, weil sie über weniger Informationen als diese verfügen. Das bezeichnet man als Informationsasymmetrie. Diesen Nachteil will der Gesetzgeber ausgleichen. Als Verbraucherpolitik bezeichnet man zusammenfassend alle Maßnahmen, die Verbraucher vor Gefährdungen ihrer Sicherheit und Gesundheit sowie auch vor Täuschungen schützen.

Staatliche Schutzmaßnahmen

Dazu hat der Gesetzgeber eine Fülle von gesetzlichen Regelungen erlassen, die dazu dienen,

- **Verbraucherinnen und Verbraucher zu informieren.** So müssen zum Beispiel auf Lebensmittelverpackungen Inhaltsstoffe, Kalorienzahl und Mindesthaltbarkeit angegeben werden. Auch Textilien müssen gekennzeichnet werden. Bei Kreditverträgen und Finanzanlagen schreibt der Gesetzgeber vor, dass vor dem Abschluss Kunden ausführlich beraten werden müssen und diese Beratung schriftlich dokumentiert werden muss.
- die **Gesundheit zu schützen**, indem zum Beispiel Arzneimittel zugelassen werden müssen. Lebensmittelkontrolleure überwachen gastronomische Betriebe und sorgen dafür, dass Hygienevorschriften eingehalten werden und den Kunden nur einwandfreie Gerichte serviert werden.
- die **Sicherheit zu gewährleisten**. Elektrische Geräte müssen bestimmte Sicherheitsstandards erfüllen, bevor sie in Deutschland verkauft werden dürfen. Aber auch bei Kinderspielzeug gibt es Vorschriften für die Produzenten.

Trotz zahlreicher gesetzlicher Regelungen gelingt es jedoch nicht immer, Verbraucher ausreichend zu schützen. Gerade bei Lebensmitteln gab es in den vergangenen Jahren immer wieder Skandale, bei denen Produzenten Verbraucher bewusst getäuscht haben.

Europäischer Verbraucherschutz

Viele Gesetze in Deutschland gehen auf europäische Regelungen zurück. Dabei hat die europäische Gesetzgebung Vorrang vor der nationalen Gesetzgebung. Das bedeutet, dass die europäischen Regelungen für die über 500 Millionen Verbraucher in Europa ohne Abstriche gelten und sich die Gesetzgeber stets nach den europäischen Verordnungen und Gesetzen richten müssen.
Wer als Verbraucher Probleme mit einem Unternehmen im EU-Ausland hat, kann sich an das Europäische Verbraucherzentrum in Kehl wenden. Dieses berät kostenlos und schlichtet Streitigkeiten, etwa wenn es um Gewährleistung bei Produkten geht.

E Was sagen Schaubilder zum Thema Verbraucherschutz?

1

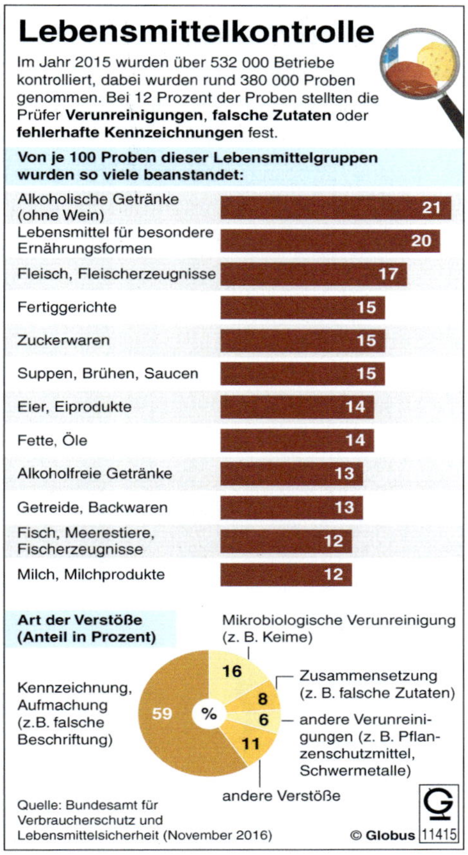

2

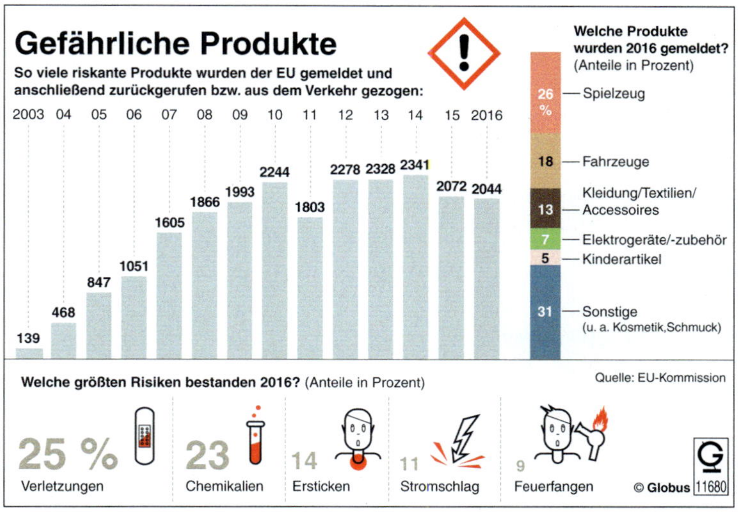

3

Neue Lebensmittel-Kennzeichnung

Für Lebensmittel gelten ab dem 13.12. neue, EU-weite Kennzeichnungs-Vorschriften:

Neu (Auswahl):	**Verbraucherschützer kritisieren:**
Schriftgröße auf Verpackungen mindestens 1,2 mm, auf kleinen Packungen 0,9 mm	viel zu klein und unleserlich
14 wichtige **Auslöser** für **Allergien** müssen in der Zutatenliste hervorgehoben werden	offen ist, wie das bei unverpackten Lebensmitteln geschehen soll
Kalorien- und **Nährwertangaben** in einer Tabelle, auf 100 g oder ml bezogen*	die verbraucherfreundliche „Ampel"-Bewertung fehlt
Bei **Imitaten** wie „Analogkäse" muss der Ersatzstoff groß auf der Vorderseite der Verpackung stehen	weiter schwierig zu erkennen

dpa•22008

*ab Ende 2016 verpflichtend

3 x richtig – 3 x falsch

1. Kalorienangaben müssen auf Verpackungen von Lebensmitteln auf 100 g oder ml bezogen sein.
2. Am seltensten beanstandeten Lebensmittelkontrolleure Milch- und Fischprodukte.
3. Bei jeder dritten Probe stellten Lebensmittelkontrolleure eine fehlerhafte Kennzeichnung fest.
4. Die Schriftgröße auf Verpackungen muss bei Lebensmitteln mindestens 1,2 cm betragen.
5. Das größte Risiko bei gefährlichen Produkten besteht darin, einen Stromschlag zu erhalten.
6. Die Zahl der gemeldeten gefährlichen Produkte ist 2016 gegenüber dem Vorjahr leicht gestiegen.

1. Wähle ein Schaubild und interpretiere es mithilfe der Vier-Fragen-Deutung. Hinweise zur Methode findest du auf Seite 85.

2. Suche dir zwei Partner, die die anderen Schaubilder interpretiert haben, und stellt euch eure Ergebnisse vor.

3. Ordnet gemeinsam die Aussagen im Kasten in richtig und falsch.

Aufgabe 1:

Übertrage den Lückentext in dein Heft und füge die fehlenden Begriffe sinngemäß ein.

Wann ist man geschäftsfähig?

Jugendliche werden am 18. Geburtstag §§§. Wenn sie älter als §§§ sind und jünger als §§§ sind, sind sie §§§. Das bedeutet für sie, dass sie beim Abschluss von Kaufverträgen §§§ brauchen. Wenn die §§§ dem Vertrag, den der Minderjährige schließen möchten, zustimmen, ist dieser beim Abschluss §§§. Sind die Eltern dagegen nicht einverstanden, ist der Vertrag §§§. Eine Ausnahme bildet der §§§ in §§§ des Bürgerlichen Gesetzbuches. Er besagt, dass Kaufverträge von Anfang an wirksam sind, wenn der Minderjährige sie vom §§§ bezahlt oder mit Mitteln finanziert, die ihm von den Eltern zu diesem Zweck oder mit deren Zustimmung von einem Dritten überlassen werden.

Aufgabe 2:

Gekauft ist gekauft?

Prüfe in den folgenden Fällen, ob der Kaufvertrag jeweils gültig ist, und erläutere, welche Rechte der Käufer bzw. der Verkäufer hat.

Beispiel	Kaufvertrag gültig?	Rechte des Verbrauchers/Käufers
1. Carmen möchte bei der SMV ein T-Shirt mit dem aufgedruckten Schulwappen kaufen. Da gerade keine T-Shirts vorrätig sind, lässt sie sich ein T-Shirt reservieren und bezahlt gleich 13 € dafür. Als die nächste Lieferung eintrifft, beschließt die SMV wegen der unerwartet großen Nachfrage, den Preis auf 15 € zu erhöhen. Carmen weigert sich, den Aufpreis von 2 € zu zahlen.	?	
2. Tim verkauft Alexej seine Kopfhörer, weil er zum Geburtstag von seinen Eltern neue geschenkt bekommen hat. Dabei verschweigt er ihm, dass auf dem linken Hörer ein permanentes Rauschen zu hören ist. Das schmälert den Hörgenuss erheblich. Alexej verlangt von ihm, den Kopfhörer zurückzunehmen und ihm das Geld zu erstatten.		?
3. Die 20-jährige Kaja erfüllt sich einen großen Traum und kauft für 4 500 Euro ein gebrauchtes Auto. Schon wenige Tage später bereut sie, dass sie für das Auto so viel Geld ausgegeben hat. Am liebsten würde sie den Kauf rückgängig machen.	?	

Aufgabe 3:

Deine Entscheidung!

Triff in den folgenden Situationen eine Entscheidung und begründe sie.

Einmal angenommen, du sollst im Supermarkt einkaufen … Auf deinem Einkaufszettel stehen unter anderem Kartoffeln. Du hast die Wahl: Entweder kaufst du Bio-Kartoffeln, die aus Ägypten kommen, oder Kartoffeln aus Baden-Württemberg. Deine Entscheidung? Noch eine Gurke: Du kannst zwischen den sehr günstigen aus Spanien und den deutlich teureren aus Deutschland wählen. Deine Entscheidung?

Beim Regal mit den Milchprodukten greifst du gleich zu deinem Lieblingsjoghurt – ganz schön teuer. Da entdeckst du am Rand noch einen kleinen Karton, der reduzierte Joghurts derselben Marke enthält. Doch wird das Mindesthaltbarkeitsdatum in Kürze ablaufen. Deine Entscheidung?

Aufgabe 4:

Hände weg oder zugreifen?

Bewerte die Seriosität des Anbieters. Erkläre, unter welchen Voraussetzungen ein Anbieter vertrauenswürdig ist.

Einmal angenommen … Dein Opa hat seit Neuestem ein Tablet, mit dem er begeistert im Internet surft. Er möchte seiner Frau ein neues Parfüm schenken und ist sich nicht sicher, wo er kaufen soll. Interessiert bleibt er bei XXL Parfüm hängen: Der Online-Shop bietet Markenparfüms zum halben Preis an. Allerdings verlangt er Vorauskasse. Seinen Sitz hat das Unternehmen auf einer karibischen Insel. Auch ein Hinweis auf die Allgemeinen Geschäftsbedingungen fehlt.

Aufgabe 5:

Welche Sporttasche soll es sein?

Einmal angenommen, du möchtest dir eine neue Sporttasche kaufen. Du hast drei Modelle zur Auswahl. Erstelle eine Nutzwertanalyse und entscheide dich für ein Modell. Wichtige Kriterien sind für dich Preis, Marke, Design/Farbe, Platzangebot.

Modell 1: Preis 29,99 €, beliebte Marke mit coolem Image, modisches Design/tolle Farbe, Platzangebot groß, Extra-Fächer für Kleinutensilien

Modell 2: Preis 21,99 € (reduziert, Auslaufmodell), beliebte Marke, Design ganz ok, Farbe entspricht nicht deinen Vorstellungen, Platzangebot großzügig, mehrere Extra-Fächer

Modell 3: 11,99 €, Discounter (no name), Design nicht sehr ansprechend (wirkt etwas billig), Farbe in Ordnung, Platzangebot zufriedenstellend, keine Extra-Fächer

Aufgabe 6:

Soll in Deutschland eine Lebensmittel-Ampel eingeführt werden?

a) Recherchiere im Internet weitere Informationen zur Ampelkennzeichnung von Lebensmitteln.
b) Verfasse in den sozialen Medien einen Kommentar, in dem du den Vorschlag der Verbraucherzentrale bewertest.
c) Begründe, warum die Lebensmittelkennzeichnung ein Thema für die staatliche bzw. EU-Verbraucherpolitik ist.

Verbraucherzentralen und Verbraucherverbände fordern seit Längerem die Einführung einer Lebensmittelampel zur Kennzeichnung der Nährwerte von Lebensmitteln. Mit diesem Vorschlag befasst sich auch eine Verbrauchersendung im Fernsehen. Die Moderatorin fordert die Zuschauer auf, auf der Website des Senders ihren Standpunkt zu dem Thema darzulegen.

Seit Dezember 2016 muss EU-weit auf fast allen Lebensmittelverpackungen eine Nährwerttabelle mit Angaben zu den Kalorien, dem Fett- und Zuckergehalt platziert werden. Verbraucherverbände halten diese Tabelle für unübersichtlich und wenig hilfreich beim Einkauf.

3 Jugendliche und Geld

Wie können wir mit Geld sinnvoll wirtschaften?

1. Allein nachdenken

Einmal angenommen, du hast wie der Junge auf dem Foto ein Sparschwein vor dir: Welche Gründe für das Sparen fallen dir ein?

2. Zu zweit beraten

Welche Bedeutung hat Geld in eurem Leben, eine große oder eine eher geringe?

3. Gemeinsam sammeln

Manche sagen, Geld macht nicht glücklich. Was meint ihr?

Bei der Arbeit an diesem Kapitel könnt ihr …

- beschreiben, warum die Menschen das Geld erfunden haben,
- erörtern, ob Serineh ein Girokonto eröffnen soll,
- selbst einen Haushaltsplan entwickeln und zwei Haushaltspläne vergleichen,
- Gründe für und gegen das Sparen diskutieren,
- an einem Fall Gründe für Überschuldung untersuchen,
- den Fluss des Geldes im Wirtschaftskreislauf darstellen.

Eigene Schwerpunkte könnt ihr setzen, indem ihr …

- eine Befragung zum Thema Taschengeld durchführt,
- für euch selbst einen Taschengeldplan erstellt,
- Johanna bei der Anlage ihres Geldes beratet.

1 Welche Rolle spielt das Geld?

Funktionen des Geldes beschreiben – Zahlungsarten bewerten

A Eine Einstiegsübung

Rebecca kann sehr gut zeichnen und hat zum Spaß einen 10-Euro-Schein gezeichnet, der einem echten täuschend ähnlich ist. Nachdenklich fragt sie sich: „Warum ist dieses Papier nichts wert und der echte Schein so viel?" Überlege dir den Grund.

B Der Fall: Soll Carlo seine neuen Kopfhörer gegen Pizza tauschen?

Carlo und Paul haben zwei Stunden Fußballtraining hinter sich. Beide spielen im gleichen Verein, kennen sich aber bisher privat noch kaum. Als sie gemeinsam durch die Stadt nach Hause gehen, merken die beiden Hobbyfußballer, wie hungrig und durstig sie nach dem anstrengenden Training sind. Carlo sagt: „Wir kommen gleich an einem Restaurant vorbei, wo die Pizza klasse schmeckt. Sollen wir da reingehen und uns eine große Pizza und was zu trinken bestellen? Ich habe Geld dabei." „Ich leider nicht", antwortet Paul und dabei würde er so gerne Pizza essen gehen. „Ich kann dir bis morgen was leihen", schlägt Carlo vor. Traurig winkt Paul ab: „Nächste Woche kriege ich erst wieder neues Taschengeld." Dabei denkt er insgeheim: „Eine große Pizza genießen und das noch schön im italienischen Restaurant – was für ein Traum!"
Plötzlich kommt ihm eine Idee: „Du, Carlo, ich habe völlig neue Kopfhörer geschenkt bekommen. Die überlasse ich dir, wenn du mich dafür ins Restaurant einlädst!" Verblüfft schaut Carlo ihn an. „Neue Kopfhörer gegen eine Pizza samt Getränk im Restaurant: Ist denn beides gleich viel wert?"
Ist das ein kluger Tausch, den Paul vorschlägt?

1. Paul und Carlo haben beide Appetit auf Pizza. Beschreibe, auf welchem Weg sie sich diesen Wunsch erfüllen möchten.
2. Was würdest du an Carlos Stelle Paul antworten?

C Warum Tauschen schwierig ist

Gäbe es kein Geld, würde meine Friseurin mir die Haare schneiden, wenn ich ihr dafür etwas gäbe, das in ihren Augen genau einen Haarschnitt wert ist. Ich könnte dafür abends vielleicht den Salon ausfegen. Andererseits kann ich besser schreiben als fegen. Ich könnte ihr Wurst mitbringen von meinen Eltern, die Landwirte sind. Das könnte klappen. Aber in meiner Stammkneipe könnte ich nicht mit Wurstdosen bezahlen, in Supermärkten sowieso nicht. Tauschen ist aus mehreren Gründen schwierig. Wenn jemand etwas hat, was ich haben will, dann bekomme ich es nur, wenn zwei Bedingungen erfüllt sind. Er will mein Wunschobjekt verkaufen und er will haben, was ich ihm zum Tausch anbiete. Dazu kommt noch ein Problem: Beide Wunschobjekte müssen in den Augen beider Betrachter gleich viel wert sein.

Wenn jemand eine Jeans anbietet und auf mein Fahrrad scharf ist, welches ich gerade loswerden will, dann ist nur der erste Schritt getan. Mir könnte dann der Gedanke kommen, dass seine Jeans nur 30 Prozent Fahrrad wert ist. Was nun? Fahrräder kann man nicht zerteilen.

Wenn ich dagegen mit Geld statt mit einem Fahrrad bezahle, habe ich beide Probleme nicht. Der Jeanshändler nimmt das Geld gerne, weil er es selber überall einsetzen kann. Außerdem ist das Geld auch in kleine Einheiten teilbar, ohne dass es an Wert verliert.

Experten sagen, Geld ist nützlich als Recheneinheit und als Tauschmittel. Und es gibt noch etwas Nützliches am Geld: Es verdirbt nicht, nutzt sich nicht ab. Zumindest meistens ist das so. Selbst ein abgegriffener, bekleckerter, eingerissener 10-Euro-Schein ist genauso viel wert wie ein nagelneuer 10-Euro-Schein. Dazu sagen die Fachleute, Geld dient als Wertaufbewahrungsmittel. Damit das Geld funktioniert, müssen die Menschen ihm Vertrauen schenken. Sie müssen an den Wert glauben und daran, dass es auch für andere wertvoll ist. Ohne Vertrauen in den Wert würde ich meine Sachen nicht gegen Geld abgeben.

Theoretisch kann alles zu Geld erklärt werden: Kugelschreiber, Ansichtskarten oder irgendetwas anderes. Die Hauptsache ist das Vertrauen. Der Glauben an den Wert verschwindet schnell, wenn jeder das „Geld" ohne Aufwand herstellen kann und darf.

(Nach: Winand von Petersdorff, Das Geld reicht nie, FAZ-Institut für Management-, Markt- und Medieninformationen GmbH, Frankfurt 2013)

Warum in Kiriwina Bananenblattgeld an Wert verliert

Auf der tropischen Insel Kiriwina im Pazifik konnte man bis vor kurzer Zeit fast alles mit Doba, dem Geld aus Bananenblättern, bezahlen. Das stellten die Frauen selbst her. Sie trockneten dazu Bananenblätter und ritzten auf die Blätter Muster. Das erforderte viel Zeit und auch handwerkliches Geschick, sie konnten deshalb stets nur eine begrenzte Menge herstellen. Fünf Bündel Doba-Blätter hatten lange Zeit den Gegenwert von fünf Betelnüssen. Betelnüsse kaut man zur Entspannung, ihre Wirkung ist ähnlich wie Alkohol. Vor einigen Jahren kam ein schlauer Kopf auf die Idee, eine Doba-Maschine zu erfinden. Seit die Frauen das Bananengeld mithilfe der Maschine herstellen, bekommt man für fünf Bündel Doba nur noch drei Betelnüsse.

Kiriwina war lange Zeit sehr abgeschieden, seit einigen Jahren kommen jedoch immer mehr Händler aus den Nachbarinseln und wollen ihre Produkte verkaufen. Besonders Reis ist bei den Einwohnern neuerdings beliebt – und dafür akzeptieren die Händler kein Doba, sondern nur Geld in der Währung von Papua-Neuguinea.

1. Beschreibe, warum Tauschgeschäfte im Alltag schwierig sind.
2. Geld ist aus mehreren Gründen nützlich. Erläutere drei besonders wichtige Aufgaben von Geld.
3. Erkläre, warum die Erfindung der Doba-Maschine in Kiriwina den Wert des Geldes verändert hat.

GRUNDWISSEN

D Geld

1. Warum darf Geld nur in begrenzter Menge vorhanden sein? Erkläre es.
2. Erläutere, welche Vorteile der Euro gegenüber den ehemaligen Währungen in Europa hat.
3. Frau Maier bewahrt ihr Geld in einem Sparstrumpf auf. Sie hat Angst, es auf ein Sparkonto einzuzahlen, weil sie glaubt, es sei dort unsichtbar und nicht mehr vorhanden. Überzeuge sie davon, dass ihre Angst übertrieben ist.

Warum Geldscheine wertvoll sind

Wenn ihr in eure Geldbörse schaut, dann seht ihr darin Münzen und vielleicht auch Scheine. Wie aber ist es möglich, dass kleine Papierscheine zehn, zwanzig oder gar hundert Euro wert sein können? Geldscheine an sich sind natürlich fast gar nichts wert. Sie stehen nur als Zeichen für einen Wert. Die Menschen haben sich darauf verständigt, dass ein Schein über zehn Euro eben diesem Wert entspricht. Damit Geld seinen Wert behält, darf es nur in begrenzter Menge vorhanden sein, es muss also stets knapp sein. Über die Geldmenge und den Wert des Geldes wacht bei uns die Europäische Zentralbank. Nur die Europäische Zentralbank und Regierungen haben das Recht, Geld zu drucken.

Der Euro – die gemeinsame europäische Währung

Das Geld, das in einem bestimmten Land oder in mehreren Ländern von allen benutzt wird, nennt man Währung. In Europa haben viele Staaten eine gemeinsame Währung – den Euro. Damit kann man in diesen Ländern bezahlen.

Bis zum Jahr 2002 hatten diese Länder jeweils eine eigene Währung, zum Beispiel Frankreich den Franc, Italien die Lira, Deutschland die D-Mark. Vorteil der europäischen Währung ist, dass man heute an den Grenzen nicht mehr sein Geld in eine andere Währung umtauschen muss. Auch die Unternehmen können viel einfacher Geschäfte machen. In einem Euro-Land sieht man auch sofort, was die angebotenen Waren kosten. Früher musste man erst umrechnen, bevor man den Wert vergleichen konnte.

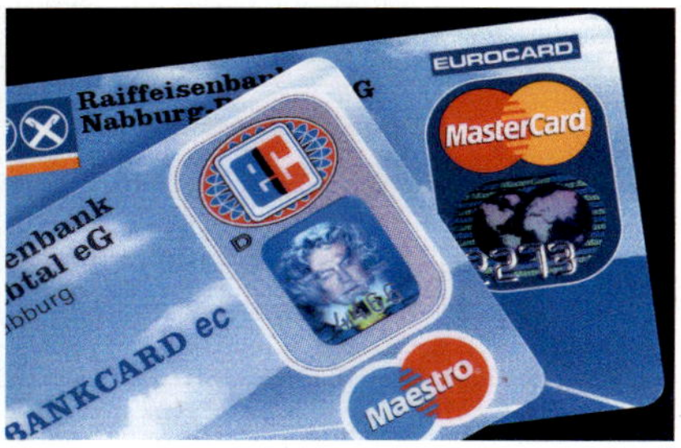

Bargeld – Buchgeld

Wenn du dir ein neues Schulheft kaufst, bezahlst du an der Kasse wahrscheinlich direkt mit Münzen oder einem Schein. Diese Art der Bezahlung nennt man Barzahlung. Neben dem Bargeld gibt es aber auch unsichtbares Geld, das man nicht anfassen kann. Es entsteht, wenn du Geld auf ein Sparbuch oder ein Konto einbezahlst. Weil die Bank den Betrag in ihren Büchern verbucht, also notiert, heißt dieses Geld Buchgeld. Wenn du es wieder von deinem Sparbuch abhebst, wird es wieder zu Bargeld.

Bargeldlos bezahlen

Heute werden größere Beträge nur noch selten bar bezahlt. Zum Beispiel bekommen deine Eltern ihr Gehalt vom Arbeitgeber auf ihr Konto überwiesen. Immer mehr Menschen bezahlen inzwischen auch ihre täglichen Einkäufe bargeldlos, indem sie an der Kasse ihre Bankkarte oder Kreditkarte benutzen.

2014 wurde der bargeldlose Zahlungsverkehr in Europa vereinheitlicht. Mit der Einführung des SEPA-Verfahrens (Single Euro Payments Area) bekamen alle Bankkunden im Euro-Raum eine neue Bankkontonummer, mit der sie in den Euroländern den bargeldlosen Zahlungsverkehr abwickeln können. Es macht nun keinen Unterschied mehr, ob man im Inland oder ins Euro-Ausland überweist.

AKTIV LERNEN

E Das Geldquiz

Mit dem Quiz auf dieser Seite könnt ihr testen, ob ihr euch wichtige Informationen aus diesem Unterkapitel über das Geld richtig gemerkt habt. Das Quiz ist gelöst, wenn sich aus den aneinandergefügten Lösungsbuchstaben ein Begriff aus der Geldwirtschaft ergibt.

Euer Auftrag:

1. Löst das Quiz allein oder zu zweit.
2. Meldet euch, sobald ihr das Lösungswort gefunden habt.
3. Notiert die richtigen Antworten als kurze Merksätze in eurem Heft.

Beispielkarte:

Als Währung bezeichnet man …

A Geld, das die Regierung gespart hat.
B Geld, das auf den Bankkonten liegt.
C das Geld, das alle Menschen in einem oder mehreren Ländern benutzen.
D Geld, das bargeldlos überwiesen wird.

Lösung C, Merksatz:
Als Währung bezeichnet man das Geld, das alle Menschen in einem oder mehreren Ländern benutzen.

1. Das Geld wurde erfunden, …

A weil man sich viele Wünsche erfüllen wollte.
B weil die Menschen ein einfaches Tauschmittel benötigten.
C weil viele Menschen reich geworden waren.
D weil Eltern ihren Kindern etwas Wertvolles vererben wollen.

2. Das Recht, Geld zu drucken, hat/haben …

A nur die Regierungen und die Europäische Zentralbank.
B alle Banken.
C das Finanzministerium in Berlin.
D der Deutsche Bundestag.

3. Der Euro hat den Vorteil, …

R dass man an den Grenzen der Euroländer kein Geld tauschen muss.
S dass er mehr wert ist als frühere Währungen.
T dass man damit in allen europäischen Ländern bezahlen kann.
U dass man einfacher Geld ins Ausland überweisen kann.

4. Als „unsichtbares Geld" bezeichnet man …

E Geld in einem Sparschwein.
F Münzen in der Geldbörse.
G Buchgeld.
H verlorenes Geld.

5. Unter Bargeld versteht man …

E alle als Zahlungsmittel gültigen Münzen und Geldscheine.
F alles Geld, das es in einem Land gibt.
C Geld, das man beim Einkaufen dabeihat.
H die Summe aller Löhne und Gehälter.

6. Handel mit Geld ist einfacher als Tauschhandel, weil …

I man weniger ausgeben muss.
J man damit mehr verdient.
K man so mehr einkaufen kann.
L man den Warenwert besser vergleichen kann.

7. Von den folgenden Produkten hat den höchsten Wert …

B ein Kilogramm Salz.
C ein Kilogramm Mehl.
D ein Kilogramm Schokolade.
E ein Kilogramm Zucker.

Das Lösungswort lautet:

? ? ? ? ? ? ?

F Der Fall: Soll Serineh ein Girokonto eröffnen?

Zum Schüleraustausch nach Italien

Noch eine Woche – dann geht's los. Die 15-jährige Serineh lernt seit zwei Jahren Italienisch und kann es kaum erwarten, in Italien ihre Sprachkenntnisse zu erproben. Gemeinsam mit ihrer Klasse nimmt sie an einem Schüleraustausch mit der italienischen Partnerschule in Florenz teil. Auf ihrem Sparbuch hat sie 250 Euro gespart von Geldgeschenken und dem Geld, das sie sich durchs Austragen der Rathausrundschau verdient hat. Von einem Teil des Geldes will sie sich Souvenirs kaufen, ein paar Extras gönnen und vielleicht etwas zum Anziehen. Nun überlegt sie: Soll sie das Geld von ihrem Sparbuch abheben und bar nach Italien mitnehmen? Da Italien zur Eurozone gehört, braucht sie kein Geld umtauschen. Oder soll sie eher bei einer Bank ein Girokonto eröffnen und dann in Italien mit Karte zahlen? Bevor sie sich entscheidet, hat sie noch einige wichtige Fragen zum Girokonto* zu klären.

* Zum Begriff Girokonto findest du weitere Erklärungen im Glossar dieses Buches.

Hintergrundinfo: Girokonto

Um bargeldlos bezahlen zu können, benötigt man ein Girokonto. „Giro" kommt aus dem Italienischen und bedeutet „Kreis". In den letzten Jahren hat der bargeldlose Zahlungsverkehr stark zugenommen. Rund 85% der Jugendlichen zwischen 14 und 24 Jahren haben ein eigenes Girokonto.

Eröffnung eines Kontos

Bis zum Alter von 18 Jahren benötigen Jugendliche die schriftliche Zustimmung ihrer Eltern, da sie beschränkt geschäftsfähig sind. Erst wenn sie volljährig sind, können sie ohne Mitwirkung der Eltern ein Girokonto eröffnen und führen.

Bargeldlos = kostenlos?

Bei den meisten Banken ist ein Konto für Schüler, Auszubildende und Studenten kostenlos. In späteren Jahren können für die Führung eines Kontos erhebliche Kosten anfallen, die von Bank und Bank verschieden sind.

Mit der Eröffnung eines Girokontos bekommt jeder eine geheime PIN-Nummer zugeteilt sowie die Bankkarte, die Girocard (früher ec-Karte genannt), ausgehändigt. Beide zusammen sind sozusagen der Schlüssel zum Girokonto: Wenn man Geld abheben möchte, kann man dies an einem Bankautomaten tun, indem man die Girocard einschiebt sowie die PIN-Nummer eingibt. Bei der eigenen Bank ist das meist kostenlos, an Automaten fremder Banken können auch in allen Euro-Ländern erhebliche Gebühren anfallen (bis zu 10 Euro pro Abhebung). Mit der *Girocard* kann man weltweit in vielen Geschäften, an Tankstellen, in Supermärkten und Restaurants bezahlen. In Euroländern fallen keine Gebühren dafür an, außerhalb dieser Länder werden Gebühren von bis zu 2% der Summe fällig. Seit einiger Zeit kann man in bestimmten Läden auch mit dem Handy bezahlen – der Betrag wird dann automatisch vom Konto abgebucht.

Wenn man die Girocard verliert oder sie gestohlen wird, hat man die Möglichkeit, das Konto telefonisch sperren zu lassen. Dann hat niemand mehr Zugriff auf das Konto.

Was der Kontoauszug verrät

Wie viel Geld aktuell auf einem Konto ist, erfährt man aus dem Kontoauszug. Darin sind alle Zahlungseingänge (*Haben*) und Abbuchungen (*Soll*) von dem Konto dargestellt. Die Differenz aus beidem ist der aktuelle Kontostand, Saldo genannt. Den Kontoauszug kann man entweder am Bankautomaten ausdrucken oder online einsehen. Jugendliche dürfen nur so viel Geld abheben, wie auf ihrem Konto liegt. Sie können ihr Konto nicht überziehen. Diese Maßnahme soll sie vor Verschuldung schützen.

Weitere Zahlungsmöglichkeiten mit dem Girokonto

Bereits einige Wochen vor der Reise haben Serinehs Eltern die Fahrtkosten und die Kosten für Ausflüge auf das Konto des Reiseunternehmens überwiesen. Eine *Überweisung* bewirkt, dass das Geld von dem Konto der Eltern abgebucht wird und dem Konto des Empfängers gutgeschrieben wird. Künftig könnten ihre Eltern auch ihr monatliches Taschengeld auf ihr Girokonto überweisen. Sie selbst kann ebenfalls Überweisungen durchführen – das geht online oder am Bankschalter.

Wenn regelmäßige Zahlungen anfallen, kann man der Bank einen *Dauerauftrag* erteilen. Die Bank überweist dann jeweils zu einem bestimmten Termin den erforderlichen Betrag. Wenn die Beträge von Monat zu Monat schwanken, zum Beispiel Handyrechnungen, kann man die Rechnung auch per *Lastschriftverfahren* bezahlen. Dazu muss man zum Beispiel dem Mobilfunkanbieter eine Erlaubnis mit einer Einzugsermächtigung erteilen. Er kann dem Betrag vom Konto des Inhabers abbuchen lassen. Das ist allerdings nur möglich, wenn man volljährig ist.

Beispiel für eine Überweisung

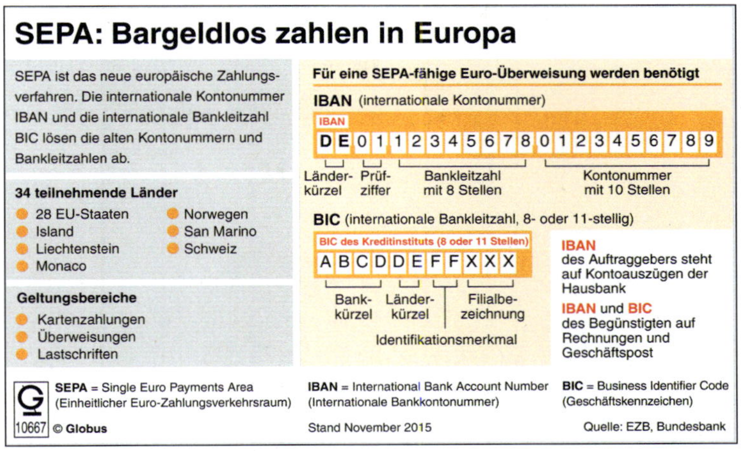

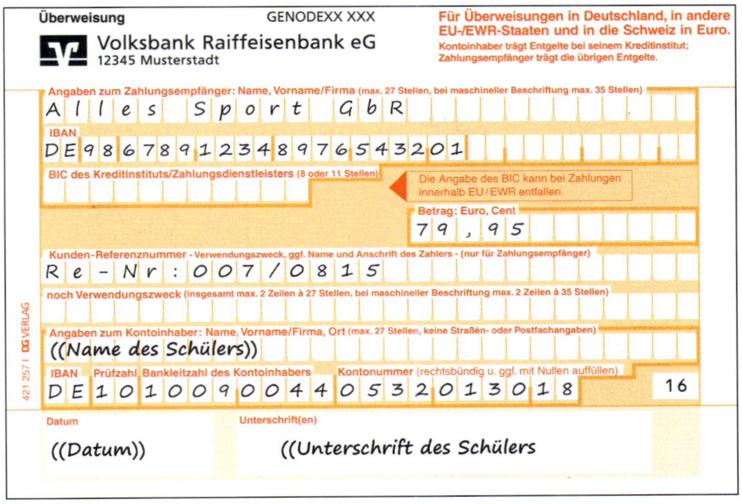
Überweisung
GENODEXX XXX
Volksbank Raiffeisenbank eG
12345 Musterstadt
Für Überweisungen in Deutschland, in andere EU-/EWR-Staaten und in die Schweiz in Euro.
Kontoinhaber trägt Entgelte bei seinem Kreditinstitut; Zahlungsempfänger trägt die übrigen Entgelte.
Angaben zum Zahlungsempfänger: Name, Vorname/Firma (max. 27 Stellen, bei maschineller Beschriftung max. 35 Stellen)
Alles Sport GbR
IBAN
DE98678912348976543201
BIC des Kreditinstituts/Zahlungsdienstleisters (8 oder 11 Stellen)
Die Angabe des BIC kann bei Zahlungen innerhalb EU/EWR entfallen.
Betrag: Euro, Cent
79,95
Kunden-Referenznummer - Verwendungszweck, ggf. Name und Anschrift des Zahlers - (nur für Zahlungsempfänger)
Re-Nr: 007/0815
noch Verwendungszweck (insgesamt max. 2 Zeilen à 27 Stellen, bei maschineller Beschriftung max. 2 Zeilen à 35 Stellen)
Angaben zum Kontoinhaber: Name, Vorname/Firma, Ort (max. 27 Stellen, keine Straßen- oder Postfachangaben)
((Name des Schülers))
IBAN Prüfzahl Bankleitzahl des Kontoinhabers Kontonummer (rechtsbündig u. ggf. mit Nullen auffüllen)
DE10100900440532013018
16
Datum
((Datum))
Unterschrift(en)
((Unterschrift des Schülers
421 257 I DG VERLAG

1. Beschreibe, welche Alternativen Serineh beim Bezahlen in Italien hat.

2. Definiere die in der Hintergrundinfo kursiv gesetzten Begriffe.

3. Suche dir einen Partner, beantwortet arbeitsteilig die Fragen Serinehs und informiert euch gegenseitig über eure Ergebnisse.

4. Bar oder mit Karte: Wie soll Serineh in Italien bezahlen? Erörtert Vor- und Nachteile der jeweiligen Lösung und formuliert eine begründete Empfehlung.

5. In einigen skandinavischen Ländern kann man in Läden, Restaurants und Tankstellen nur noch mit Karte bezahlen. Einige Wissenschaftler fordern, auch in Deutschland das Bargeld abzuschaffen. Beurteile den Vorschlag.

2 Wie können Familien mit ihrem Geld wirtschaften?

Haushaltspläne erstellen und vergleichen

A Der Fall: Wie setzt sich das Einkommen von Familie Steinke zusammen?

Familie Steinke sitzt am Samstagabend gemütlich beim Abendessen. Alle genießen es, endlich einmal Zeit füreinander zu haben. Beide Eltern sind berufstätig. Herr Steinke ist bei einer großen Versicherung angestellt, Frau Steinke arbeitet in Teilzeit als Erzieherin in einem Kindergarten. Nachdem sie schon eine Weile über ihre Erlebnisse der vergangenen Woche geredet haben, schaltet sich Noah in das Gespräch ein.

Noah: Du Papa, was verdient ihr beiden eigentlich?
Vater: Nanu? Wie kommst du denn darauf? Willst du etwa eine Taschengelderhöhung?
Paula: Nein, das ist nicht der Grund. Es interessiert mich eben.
Vater: Also, ich bekomme im Monat 3700 Euro und Mama verdient 1450 Euro.
Noah: So viel? Dann sind wir ja richtig reich!
Vater: Das sieht nur auf den ersten Blick so aus. Wir sind weder reich noch arm, sondern wir liegen etwas über dem Durchschnitt. Das ist unser Brutto-Gehalt.
Paula: Was ist denn Brutto-Gehalt?
Mutter: Das Brutto-Gehalt ist unser Gesamtverdienst, das bekommen wir allerdings nicht ausbezahlt. Davon gehen noch eine Menge Abzüge weg. Was nach allen Abzügen übrig bleibt, ist unser Netto-Gehalt.
Noah: Welche Abzüge denn?
Vater: Wir müssen zum Beispiel Steuern an den Staat bezahlen. Das sind Abgaben, die der Staat braucht, um seine Aufgaben zu erledigen. So braucht er zum Beispiel Geld, um Schulen zu unterhalten, Lehrer zu bezahlen oder um Straßen zu bauen.
Paula: Und wie viel ist das?
Vater: Das habe ich jetzt nicht im Kopf. Lass mich mal nachschauen …
Wenig später kommt der Vater mit den Lohnabrechnungen zurück.
Vater: Also, Mama und ich bezahlen zusammen 582 Euro Steuern, dazu kommt noch

die Kirchensteuer. In Baden-Württemberg begträgt sie 8 % der Einkommensteuer, also in unserem Fall 46 Euro. Die Kirchensteuer erhält aber nicht der Staat, sondern das Geld wird gleich an die Kirchen weitergeleitet, die damit ihre Ausgaben bezahlen.

Paula: Na ja, trotz der Steuern haben wir doch noch sehr viel Geld übrig

Mutter: Halt, das war noch nicht alles. Wir zahlen auch jeden Monat Geld in die Krankenversicherung ein. Von unserem Krankenkassenbeitrag zahlen die Kassen dann Arztrechnungen, Medikamente oder eine Behandlung im Krankenhaus. Wie hoch ist unser Krankenkassenbeitrag, Johannes?

Vater: Pro Monat beträgt er 375 Euro.

Mutter: Wir sind auch versichert, wenn wir im Alter einmal so krank werden, dass wir nicht mehr für uns selbst sorgen können. Diese Versicherung heißt Pflegeversicherung.

Vater: Dafür zahlen wir 65 Euro.

Mutter: Ach, das hätte ich fast vergessen. Damit wir später im Alter einmal genug Geld zum Leben haben, zahlen wir jeden Monat 481 Euro in die Rentenversicherung. Wenn wir dann nicht mehr arbeiten können, bekommen wir trotzdem jeden Monat Geld, das ist die Rente.

Paula: Oma bekommt ja auch eine Rente, das hat sie mir einmal erzählt.

Mutter: Ganz genau. Johannes, haben wir jetzt alle Abzüge?

Vater: Es fehlt noch die Arbeitslosenversicherung. Die beträgt insgesamt 77 Euro. Damit sind wir versichert, wenn einer von uns beiden vielleicht einmal arbeitslos wird. In einem solchen Fall bekommen wir wenigstens einen Teil unseres früheren Gehaltes überwiesen.

Mutter: Alle diese Versicherungen heißen zusammen Sozialversicherungen. Dieses Geld sehen wir gar nicht auf dem Konto, sondern es wird gleich von unserem Brutto-Lohn an die Kassen überwiesen. Die Arbeitgeber, also unsere Betriebe, zahlen dann noch einmal fast genauso viel Sozialversicherungsabgaben für uns. Das ist gesetzlich so geregelt.

Paula: Ganz schön kompliziert.

Noah: Und was haben wir dann im Monat für uns noch übrig?

Vater: Unser verfügbares Einkommen könnt ihr euch doch ganz leicht selbst ausrechnen. Zusätzlich zu unserem Netto-Gehalt bekommen wir übrigens vom Staat noch das Kindergeld – für jeden von euch 192 Euro im Monat.

Brutto-Gehalt	**5 150 Euro**
– Steuern	???
– Kirchensteuer	???
– Krankenversicherung	???
– Pflegeversicherung	???
– Rentenversicherung	???
– Arbeitslosenversicherung	???
Netto-Gehalt	???
+ Kindergeld	???
Verfügbares Einkommen	???

1. Erkläre die Begriffe Brutto-Gehalt, Netto-Gehalt und verfügbares Einkommen.
2. Wie hoch ist das Netto-Gehalt von Frau und Herrn Steinke? Errechne den Betrag und vergleiche dein Ergebnis mit einem Partner.
3. Viele Menschen in Deutschland beschweren sich über die ihrer Meinung nach zu hohen Abgaben. Was würde passieren, wenn niemand mehr Abgaben zahlen müsste? Erläutert mehrere Folgen.

B Einnahmen und Ausgaben im Blick: Wie kann ein Haushaltsplan helfen?

Wozu dient ein Haushaltsplan?

Vielleicht ist es dir auch schon einmal so ergangen. Du warst mit Freunden unterwegs und hast dir spontan einiges gegönnt: ein Eis, einen Burger und ein paar Kleinigkeiten gekauft – ruckzuck war dein Portemonnaie leer. Du hast fast dein ganzes Taschengeld ausgegeben. Ganz ähnlich kann es auch Familien ergehen. Hier prallen zudem oft ganz unterschiedliche Wünsche aufeinander: Die Kinder wollen einen Freizeitpark besuchen, die Mutter zieht einen Besuch im Restaurant vor, der Vater will vielleicht ein Konzert seiner Lieblingsband sehen.

Da nicht alle Wünsche gleichzeitig erfüllt werden können, müssen Familien gut planen und dann entscheiden, wofür sie ihr Geld ausgeben möchten. Für die Erfüllung besonderer Wünsche und für größere Anschaffungen müssen sie den Betrag manchmal über längere Zeit ansparen.

Eine gute Hilfe bei der Planung ist ein Haushaltsplan, in dem man Einnahmen und geplante Ausgaben genau erfasst und einander gegenüberstellt. In einem Haushaltsbuch, das man auch elektronisch führen kann, trägt man sorgfältig alle Ausgaben ein, damit man einen Überblick hat, ob man im Plan liegt. Am Ende des Monats kann man dann ermitteln, wofür man sein Geld ausgegeben hat.

Da Familien sehr unterschiedliche Einkommen haben und auch in jeder Familie die Wünsche und Interessen verschieden sind, wird jeder Haushaltsplan anders aussehen. Bestimmte Ausgabenarten fallen jedoch in jeder Familie an.

@ SNG-23610-002

Taschengeldplaner: Mithilfe dieser Website könnt ihr euch einen Taschengeldplan erstellen.

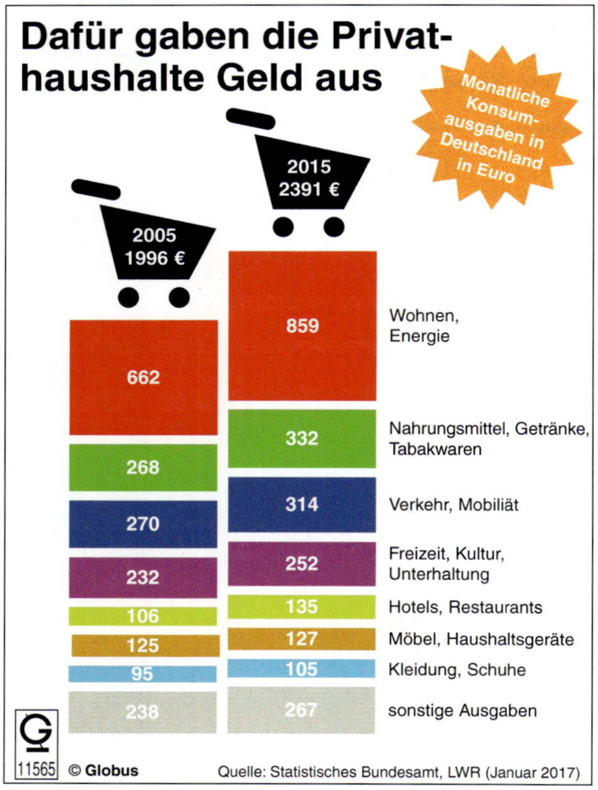

In dem Schaubild sind alle Privathaushalte erfasst, sowohl Großfamilien als auch Ein-Personen-Haushalte. In circa 40 % der Haushalte lebt nur eine Person.

Wie kann man einen Haushaltsplan erstellen?

1. Einnahmen erfassen

Zu den regelmäßigen Einnahmen zählen zum Beispiel Löhne, Kindergeld, Einkünfte aus Zinsen.

2. Feste Ausgaben erfassen

Sie fallen jeden Monat in gleicher Höhe an. Dazu zählen Miete, Strom, Wasser, Heizung, Monatskarten für öffentliche Verkehrsmittel, Versicherungen, Kosten für Musikunterricht, Beiträge für Sportvereine.

3. Variable Ausgaben planen

Diese Ausgaben können monatlich schwanken. Dazu zählen zum Beispiel die Kosten für Nahrungsmittel und Getränke, für Kleidung und Schuhe, für Freizeit und Autos. Man legt für jeden Posten fest, was man dafür ausgeben möchte. Anhand des Haushaltsbuchs kann man kontrollieren, ob man den Plan eingehalten hat und ob die Planungen eventuell korrigiert werden müssen. Wenn man in einem Monat mehr als geplant ausgegeben hat, sollte man im nächsten Monat bei diesem Posten sparen.

Beispiel 1: Familie Miklos – zwei Erwachsene, zwei Kinder

In der Familie Miklos leben Stefan und seine Frau Jelena sowie der 14-jährige Andreas und die 12-jährige Alma. Stefan arbeitet bei einer großen Software-Firma, Jelena in Teilzeit als Grundschullehrerin. Beide benötigen für die Fahrt zum Arbeitsplatz ein Auto. Einschließlich Kindergeld hat die Familie im Monat 4430 Euro zur Verfügung. Vor sechs Jahren haben sie ein Reihenhaus gekauft, das sie nun in monatlichen Raten abbezahlen.

Haushaltsplan von Familie Miklos für einen Monat	
Rate für das Haus, mit Nebenkosten	1600 €
Telefon, Internet, Fernsehen	80 €
Nahrung, Getränke	600 €
Versicherungen	120 €
Taschengeld	60 €
Auto	300 €
Monatskarten (Bus)	80 €
Kleidung, Schuhe	200 €
Haushaltsgeräte, Möbel, Reparaturen	150 €
Körperpflege, Friseur	150 €
Geschenke	120 €
Musikunterricht	120 €
Freizeit, Restaurant Sport	350 €
Sparen (Urlaub, Sonstiges)	500 €

Beispiel 2: Familie Kiefer – eine Erwachsene und ein Kind

Eva Kiefer lebt als Alleinerziehende mit ihrer 14-jährigen Tochter Saskia zusammen. Sie arbeitet Teilzeit in einer Bank und verdient dort 1550 Euro netto. Zusammen mit dem Geld, das Saskias Vater für ihren Unterhalt zahlt, und dem Kindergeld stehen der Familie im Monat 2345 Euro zur Verfügung.

Haushaltsplan von Familie Kiefer für einen Monat	
Miete mit Nebenkosten	750 €
Telefon, Internet, Fernsehen	60 €
Versicherungen	100 €
Taschengeld	25 €
Nahrung, Getränke	320 €
Mensa (Saskia)	50 €
Monatskarten (Bus)	40 €
Auto	130 €
Kleidung, Schuhe	120 €
Haushaltsgeräte, Möbel, Reparaturen	80 €
Körperpflege, Friseur	60 €
Geschenke	80 €
Musikunterricht	60 €
Freizeit, Sport, Restaurant	140 €
Sparen (Urlaub, Sonstiges)	220 €

1. Beschreibe, wie man einen Haushaltsplan erstellt.
2. Berechne in den beiden Beispielen die festen und variablen Kosten.
3. Vergleiche in den Haushaltsplänen und dem Schaubild die Kosten für Wohnen, Nahrung und Getränke sowie Verkehr. Begründe die Unterschiede.
4. Bei den Familien Miklos und Kiefer ist der Herd kaputtgegangen. Sie brauchen dringend einen neuen, der ungefähr 600 Euro kostet. Wie können sie diesen finanzieren? Formuliere für jede Familie einen Vorschlag und begründe ihn.

Was auch noch interessant sein kann:

- einen Taschengeldplan erstellen

AKTIV LERNEN

C Wie können wir ein junges Paar bei der Haushaltsplanung beraten?

Euer Auftrag:

1. Erstelle einen Haushaltsplan, in dem genau aufgelistet ist, was das Paar maximal für jeden Posten ausgeben darf. Das Konto soll am Monatsende ein leichtes Plus aufweisen, zudem will das Paar 150 Euro für ungeplante Ausgaben als Rücklage einplanen.
2. Suche dir einen Partner und vergleicht eure Ergebnisse. Überprüft, ob ihr die Vorgaben eingehalten habt und eure Planungen realistisch sind. Stellt dann eure Ergebnisse in der Klasse vor.

Alles wäre so schön – wenn nur die Geldsorgen nicht wären. Kann das Paar sie mit besserer Planung beheben?

Merja und Sebastian sind beide 26 Jahre alt und wohnen seit einigen Monaten zusammen. Das junge Paar genießt es, von den Eltern unabhängig zu sein und sich ein gemeinsames Leben aufzubauen. Doch leider gibt es immer wieder Streit um das Geld. Beide werfen sich gegenseitig vor, zu viel Geld auszugeben und nicht wirtschaften zu können. Obwohl sie ein gutes Gehalt haben, weist ihr gemeinsames Konto am Monatsende regelmäßig ein dickes Minus auf. Deshalb beschließen sie, einen Haushaltsplan zu erstellen, an den sich beide strikt halten wollen. Ihr sollt sie dabei beraten. Ihre Ausgaben im letzten Monat haben sie als Vorbereitung bereits aufgelistet. Ihr verfügbares Einkommen beträgt 3 000 Euro.

Ausgaben im vergangenen Monat		Im Haushaltsplan
Miete mit Nebenkosten (Heizung, Wasser, Strom)	800 Euro	???
Versicherungen	200 Euro	???
Auto (Leasing-Gebühren, Benzin)	300 Euro	???
Fahrkarten (Straßenbahn)	120 Euro	???
Lebensmittel und Getränke	500 Euro	???
Kleidung	300 Euro	???
Körperpflege, Friseur	200 Euro	???
Fernsehen, Handy, Internet	80 Euro	???
Freizeit (Ausgehen, Ausflüge u. a.)	200 Euro	???
Restaurantbesuche	150 Euro	???
Fitness-Studio	80 Euro	???
Sonstiges (Geschenke, Urlaub u. a.)	300 Euro	???
Gesamt	3 230 Euro	???
Im Minus mit	230 Euro	

@ SNG-23610-003

Hier findet ihr Informationen zu den durchschnittlichen Ausgaben eines Zwei-Personen-Haushalts.

3 Sparen oder Geld ausgeben?

Gründe für und gegen Sparen erläutern – Anlageziele bewerten

A Der Fall: Konsumfan oder Sparfuchs?

Einmal im Jahr kommen alle Verwandten der Familie Meilves zum großen Familientreffen zusammen. Staunend versammeln sich alle auf der Straße. Gerade führt der 32-jährige Jens stolz seine neueste Errungenschaft vor: ein nagelneues, schickes Auto. „Wie kannst du dir nur so etwas Teures leisten?“, wundern sich die Verwandten. Ganz schnell ist man in der Runde beim Thema Sparen. Und natürlich gehen die Meinungen weit auseinander.

Jens (32 Jahre): Für mein neues Auto habe ich hart gespart, und zwar mehrere Jahre lang jeden Monat einen festen Betrag. Deshalb konnte ich mir zum Beispiel keinen Urlaub leisten und habe auch auf manches andere verzichtet. Ich finde, wenn man sich etwas Besonderes kaufen möchte, dann lohnt es sich, darauf zu sparen und sich einzuschränken.

Maja (19 Jahre): Das sehe ich ganz anders. Ich lebe jetzt und wenn meine Freunde was Tolles unternehmen, will ich mit dabei sein. Das kostet eben Geld. Ich gebe mein Geld restlos aus. Sparen kann ich auch noch später.

Thorsten (42 Jahre): So dachte ich früher auch. Doch als uns dann in einem Monat sowohl die Waschmaschine als auch der Kühlschrank kaputtgingen, hatten wir nichts auf der hohen Kante. Ich musste mir von Freunden Geld leihen. Das passiert mir nie wieder. Seitdem habe ich immer einen Notgroschen von mindestens einem Monatsgehalt angespart.

Ursula (84 Jahre): Ich bin so froh, dass ich in jungen Jahren schon für mein Alter gespart habe. Deshalb kann ich heute gut leben und mir auch noch eine schöne Reise im Jahr leisten – im Gegensatz zu vielen Freundinnen.

Erik (14 Jahre): Mein Taschengeld ist so knapp bemessen, dass ich davon nichts sparen will. Außerdem lohnt sich das auch gar nicht – im Moment bekomme ich bei der Bank fast keine Zinsen. Da gebe ich mein Geld lieber aus.

Anna (16 Jahre): Das Geld von meinem Ferienjob habe ich restlos ausgegeben. Ich finde, junge Leute haben noch keine Familie und müssen deshalb auch nichts sparen. Wenn alle nur sparen, können die Geschäfte, Kinos und Restaurants in unserer Stadt dichtmachen. Die leben nämlich davon, dass Leute ihr Geld ausgeben.

1. Welche Ansichten zum Thema Sparen vertreten die einzelnen Familienmitglieder? Fasse sie zusammen.
2. Stelle die Gründe für und gegen das Sparen in einer Tabelle gegenüber.
3. Ordne sie nach Wichtigkeit und vergleiche dein Ergebnis mit einem Partner.
4. Welche der in dem Fall genannten Ansichten entsprechen am ehesten deiner Einstellung zum Sparen? Begründe dein Urteil.

GRUNDWISSEN

B Sparen und Geld anlegen

1. Beschreibe, aus welchen Motiven Deutsche sparen. Beachte dazu auch das Schaubild.
2. Erkläre an einem Beispiel, warum das Dreieck der Vermögensanlage „magisch" genannt wird.
3. Sparbücher gelten als wenig rentable Geldanlage, weil sie nur sehr geringe Zinsen bringen. Dennoch besitzen mehr als die Hälfte der Deutschen ein Sparbuch. Begründe diese Vorliebe anhand des magischen Vermögensdreiecks.

Sparmotive

Rund 10 % des verfügbaren Einkommens sparen Deutsche. Sie tun dies aus unterschiedlichen Gründen:

- Für *Konsumzwecke*: Man will sich mit dem Ersparten eine teure Anschaffung oder eine Urlaubsreise finanzieren.
- Als *Notgroschen*: Für unerwartete Ausgaben will man eine Reserve bilden, auf die man in Notsituationen zurückgreifen kann.
- Fürs *Alter*: Man will vorsorgen, damit man sich auch im Alter ein angenehmes Leben leisten kann. Allein von der Rente können viele Menschen im Alter nicht leben. Deshalb ist es notwendig, schon in jungen Jahren finanziell vorzusorgen.

Formen der Geldanlage

Bankeinlagen sind die beliebteste Form der Geldanlage. Auf Sparbücher kann man flexibel einzahlen und jederzeit auf die Ersparnisse zugreifen, erhält jedoch aktuell sehr niedrige Zinsen. Höher sind die Zinsen, wenn man Geld für längere Zeit bei der Bank fest anlegt (sogenanntes Festgeld). Je länger der Zeitraum ist, desto höher sind die Zinsen. Vor Ablauf des festgelegten Termins kommt man allerdings nur gegen die Zahlung eines Strafzinses an sein Geld. Beim Prämiensparen legt man monatlich eine feste Summe an. Je länger die Laufzeit des Vertrags ist, desto höher sind die jährlichen Prämien.

In *Versicherungen* zahlt man meist monatlich einen bestimmten Betrag ein und bekommt am Ende der vereinbarten Laufzeit das angesparte Geld plus Zinsen zurückgezahlt. Bausparversicherungen schließt man zum Beispiel ab, um den Kauf einer Wohnung oder eines Hauses zu finanzieren. Wenn man einen Teil des Betrags angespart hat, bekommt man die vereinbarte Summe als Darlehen. Bausparen wird zudem staatlich gefördert.

Wertpapiere: Wer Aktien kauft, erwirbt damit einen Anteil an einem Unternehmen. Wenn Unternehmen hohe Gewinne machen, kann man mit Aktien hohe Erträge erzielen. Bei Verlusten besteht jedoch auch das Risiko, sein gesamtes Geld zu verlieren. Weniger riskant sind Fonds, bei denen man Aktien von vielen Unternehmen erwirbt, oder andere Wertpapiere.

Das magische Dreieck der Vermögensanlage

Für jede Art der Geldanlage gilt das magische Dreieck der Vermögensanlage. Es wird deshalb magisch genannt, weil alle drei Ziele niemals gleichzeitig erreicht werden können. Sparerinnen und Sparer müssen entscheiden, welche Ziele ihnen bei einer Anlage am wichtigsten sind:

Rendite: Wer spart, möchte natürlich, dass sich sein Geld bei einer Anlage vermehrt.

Sicherheit: Das angelegte Geld sollte sicher sein. Bankeinlagen bei einer Bank sind zum Beispiel sehr sicher, während Aktien als eher unsichere Geldanlage gelten.

Liquidität: Hier geht es um die Frage, wie schnell das Geld verfügbar ist, wenn man es kurzfristig benötigt.

Das klassische Dreieck der Vermögensanlage wird seit einiger Zeit durch ein viertes Ziel erweitert, und zwar durch den Aspekt „Nachhaltigkeit". So kann man beim Kauf von Aktien besonders darauf achten, bevorzugt Aktien zu erwerben, die Nachhaltigkeit und Umweltschutz fördern, zum Beispiel den Bau von Windkraftanlagen.

C Wie soll Johannas Geld angelegt werden?

Die 13-jährige Johanna hat von ihrer Großmutter nach deren Tod 10 000 Euro geerbt. Da sie noch nicht volljährig ist, müssen ihre Eltern das Geld für sie anlegen. Doch wollen sie natürlich ihre Tochter in die Entscheidung miteinbeziehen. In den letzten Wochen haben sie sich bei mehreren Banken beraten lassen und auch im Internet recherchiert. Vier Möglichkeiten haben sie ins Auge gefasst, die im Folgenden in vereinfachter Form dargestellt sind.

Euer Auftrag:

1. Bewerte die Anlageziele für jede der vier Varianten.
2. Vergleiche dein Ergebnis mit einem Partner und stellt es in der Klasse vor.
3. Für welche Anlageform würdest du dich an Johannas Stelle entscheiden? Begründe dein Urteil mit den Anlagezielen.

Variante 1: Sparbuch

Eine Bank hat einen jährlichen Zins von 0,2 % für ein Sparbuch angeboten. Monatlich kann sie bis zu 2 000 Euro abheben. Das Geld ist sicher angelegt, da Bankeinlagen bis zu 100 000 Euro gesetzlich abgesichert sind.

Sicherheit: ???
Rentabilität: ???
Liquidität: ???
Nachhaltigkeit: ???

Variante 2: Festgeld

Wenn Johannas Geld für fünf Jahre fest bei der Bank angelegt wird, bietet die Bank einen Zinssatz von jährlich 1,5 %. Während dieser fünf Jahre kann sie nur mit finanziellen Verlusten an ihr Geld kommen. Das Geld ist gesetzlich abgesichert.

Sicherheit: ???
Rentabilität: ???
Liquidität: ???
Nachhaltigkeit: ???

Variante 3: Aktien

Hier kommen Aktien eines baden-württembergischen Maschinenbau-Unternehmens infrage. Der Wert der Aktien ist in den vergangenen drei Jahren jährlich um 5 % gestiegen, weil das Unternehmen erfolgreich war. Doch niemand kann sicher voraussagen, wie sich die Lage in den kommenden fünf Jahren entwickeln wird. Aktien kann man zwar immer verkaufen, doch kann ihr Wert auch stark sinken und man muss damit rechnen, dass ein Teil oder im schlimmsten Fall sogar das ganze angelegte Geld weg ist.

Sicherheit: ???
Rentabilität: ???
Liquidität: ???
Nachhaltigkeit: ???

Variante 4: Aktienfonds

In dem Fonds sind Anteile vieler Unternehmen aus mehreren Wirtschaftszweigen vertreten. Dadurch verringert sich das Risiko eines finanziellen Verlustes, wenn es einem Unternehmen schlecht geht. Für die Verwaltung des Fonds muss man Gebühren bezahlen. Der Wert des Fonds hat sich in den letzten drei Jahren um 3 % jährlich gesteigert. In einer Wirtschaftskrise kann der Wert deutlich sinken. Einen Fonds kann man kündigen, bekommt allerdings nur das, was die Aktien aktuell wert sind.

Sicherheit: ???
Rentabilität: ???
Liquidität: ???
Nachhaltigkeit: ???

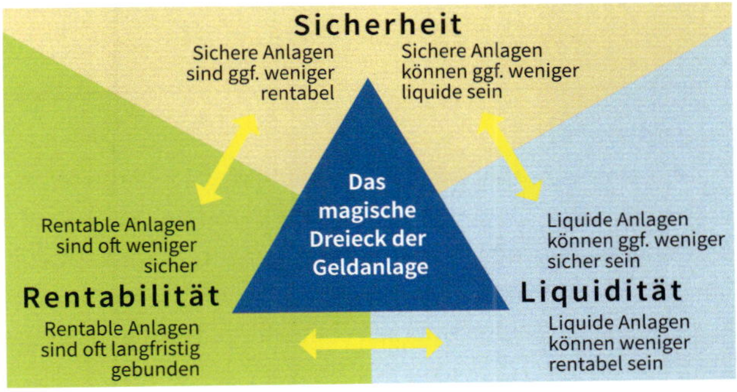

D Zum Vergleich: ein Blick in die Statistik

1

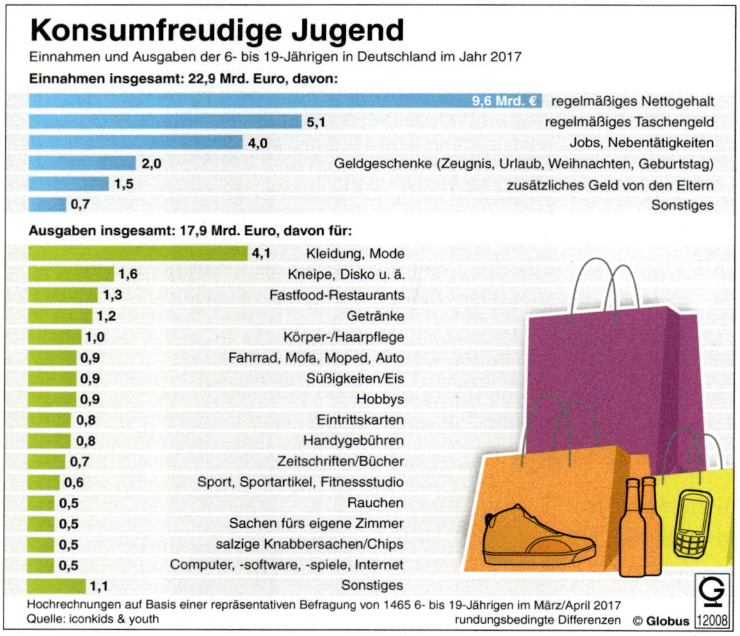

2

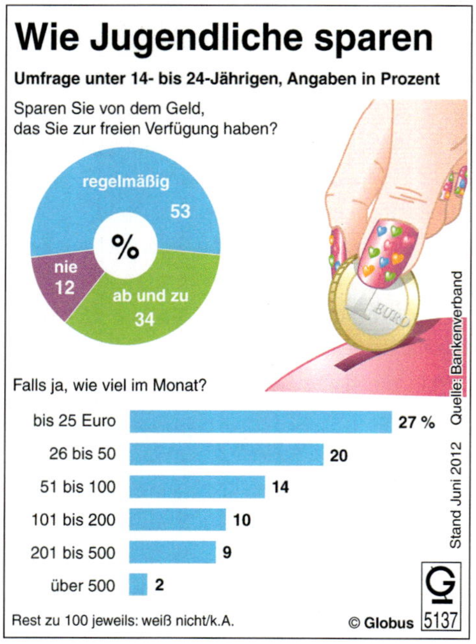

3

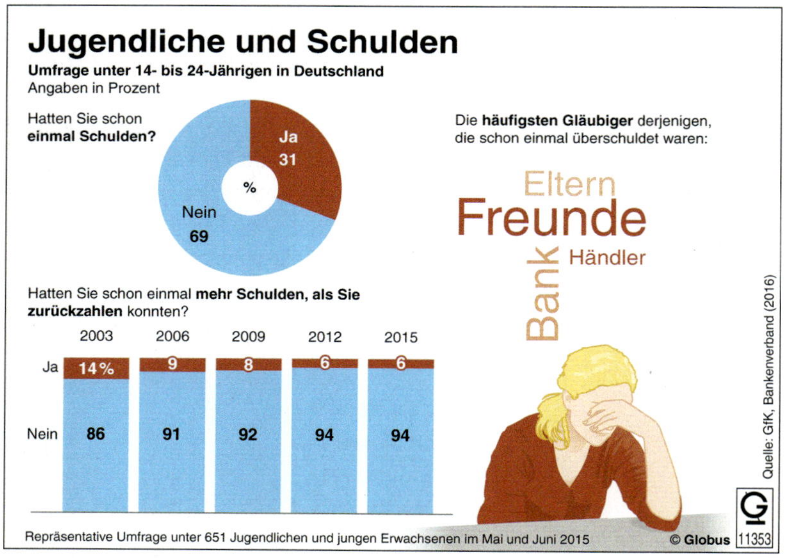

So könnt ihr vorgehen:

Möglichkeit A: Jeder in der Klasse wählt ein Schaubild aus, bearbeitet es schriftlich und stellt sein Ergebnis vor. Hinweise dazu findet ihr auf der Seite 85, Methode „Schaubilder analysieren“.

Möglichkeit B: Ihr bildet Dreiergruppen und teilt zunächst die Schaubilder auf. Jeder beantwortet allein die Fragen. Dann stellen alle in der Gruppe der Reihe nach ihr Ergebnis vor. Gemeinsam erarbeitet ihr, was man sich aus den Schaubildern merken sollte. Ihr präsentiert und besprecht die Ergebnisse in der Klasse.

Schaubilder analysieren mit der Vier-Fragen-Deutung

Welche Bedeutung haben Schaubilder?

Schaubilder liefern uns wichtige Zahlen, die man kennen sollte, wenn man über ein Thema informiert sein will. Sie sind in einer eigenen Sprache verfasst. Nur so gelingt es, sehr komplizierte Sachverhalte auf kleinstem Raum darzustellen. Wer ein Schaubild verstehen will, muss genau hinschauen und auch auf Einzelheiten sorgfältig achten.
Schaubilder begegnen uns überall in Schulbüchern, Zeitungen, Zeitschriften, auch im Fernsehen und im Internet. Wer sie richtig lesen kann, kann sich schnell über wichtige aktuelle Erscheinungen informieren und sich eine Meinung bilden.

Wie analysiert man Schaubilder?

Zur Interpretation von Schaubildern schlagen wir euch die „Vier-Fragen-Deutung" vor, die ihr auf jedes Schaubild anwenden könnt.

1. Wovon handelt das Schaubild?

Wandert mit euren Augen über das Schaubild und findet heraus, welches Thema es behandelt. Eventuell müsst ihr unbekannte Begriffe mithilfe eines Lexikons erklären.

2. Welche Bedeutung haben die Zahlen?

Achtet genau darauf, ob es sich bei den Zahlen um Prozentangaben, absolute Zahlen oder um Mengen- oder Größenangaben handelt.

3. Welche Informationen will ich mir langfristig merken?

Schaubilder enthalten sehr viele Informationen. Entnehmt dem Schaubild eine oder zwei Informationen, die ihr für besonders wichtig haltet.

4. Warum ist das Schaubild gemacht worden?

Versucht herauszufinden, warum das Schaubild gemacht wurde. Will es uns informieren, will es uns zu Veränderungen aufrufen, will es unsere Meinung in eine bestimmte Richtung lenken?

Thema: Umgang mit Geld

Beispiel

1. Das Schaubild stellt dar, wo junge Erwachsene Schulden haben. Begriffsklärung: Gläubiger = Unternehmen, bei dem junge Menschen verschuldet sind; Inkasso-Unternehmen treiben Schulden im Auftrag der Gläubiger ein.
2. Grundlage ist eine Befragung von 560 Inkasso-Unternehmen von 2015. Befragt wurden 18- bis 24-Jährige. Die Angaben sind in Prozent. Offenbar waren Mehrfachnennungen möglich.
3. Die wichtigste Information ist, dass sich junge Menschen mit Abstand am häufigsten bei Telekommunikationsunternehmen und Online-Händlern verschulden.
4. Das Schaubild will in erster Linie informieren, aber auch zum Nachdenken anregen. Warum sind gerade Telekommunikationsunternehmen die größten Gläubiger? Gehen junge Menschen immer noch zu sorglos mit den Kosten für Handys und Online-Angeboten um?

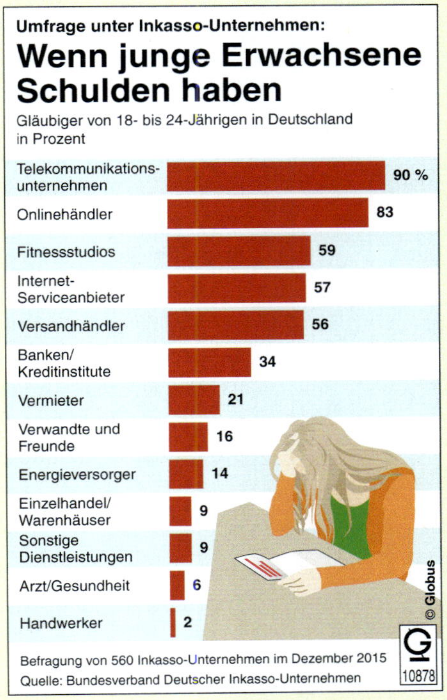

4 Kaufen auf Pump – Was kann daran gefährlich sein?

Ursachen für Verschuldung erläutern

A Der Fall: Vom Traumjob in die Schuldenkrise

Der folgende Text schildert die Geschichte einer jungen Frau, die mit Geld nicht wirtschaften konnte. Wie konnte es passieren, dass sie so viele Schulden anhäufte?

Der Traumjob

Franziska ist 19 Jahre alt. Sie ist sportlich, handwerklich begabt und reiten kann sie, seit sie acht ist. Nach ihrer Ausbildung zur Pferdewirtin bekam sie eine Stelle auf dem Reiterhof eines kleinen Familienhotels.
Das erste Gehalt ist ein großartiges Gefühl für Franziska. Doch wie viel von ihren 950 € bleiben ihr eigentlich zum Leben? Allein 300 € gehen ja schon für Miete und Nebenkosten weg. Dazu kommen Strom, Internet, Handy ... Außerdem hat sie sich für die neue Wohnung auf Ratenzahlung eine neue Schlafcouch gegönnt. Die monatliche Rate ist 50 €. Franziska schätzt, dass ihr nach Abzug der regelmäßigen Festkosten noch 450 € pro Monat für den Rest des Lebens bleiben.

Die Schulden häufen sich

Eine Zeit lang sieht es so aus, als würde Franziska mit dem Geld auskommen. Doch irgendwann ist sie pleite. Und das, obwohl der Monat noch gar nicht rum ist. Sie nimmt sich vor, nächsten Monat besser auf ihre Ausgaben zu achten. Warum findet sie die schicksten Klamotten ausgerechnet alle in diesem Monat? Eigentlich kostet das mehr als die 60 €, die sie für Bekleidung eingeplant hat. Und die Karte für das Musikfestival am Wochenende kostet 55 €, aber schließlich fahren alle ihre Freunde hin. Und für das angesagte Smartphone braucht sie nur 30 € Zuzahlung. Am Ende des Monats ist Franziskas Konto plötzlich 150 € im Minus. Das Minus wird von Monat zu Monat größer, bis sie schließlich mit ihrem Gehalt am Monatsanfang kaum noch über null kommt.
Doch was als Nächstes passiert, macht alles noch schlimmer. Sie hat schon gemerkt, dass in den letzten Monaten immer weniger Gäste im Hotel waren. Die Kündigung ist wie ein Schlag in den Bauch. Franziska hat fast 1200 € Schulden auf der Bank und bekommt nur noch einmal 950 €.
[Inzwischen sammeln sich überfällige Rechnungen in ihrer Wohnung, Franziska öffnet sie nicht einmal mehr.]

1. Verfasse zu jedem Foto einen erklärenden Text als Bildunterschrift.
2. Hatte Franziska nur Pech oder war sie an ihren Schulden selbst schuld? Begründe deine Ansicht.

Bei der Schuldnerberatung

Als sie sich heulend am Telefon einer Freundin anvertraut, bekommt sie von dieser einen Tipp: die Schuldnerberatung. Schon am nächsten Tag sitzt Franziska im Büro der Verbraucherzentrale. Gemeinsam bringen sie erst mal Ordnung in ihre Unterlagen und erstellen einen Finanzplan, mit dem Franziska ihre Ausgaben in den Griff bekommt. Sie ist fest entschlossen, aus ihren Fehlern zu lernen: „Vor mir liegt ein harter Weg, bis die Schulden weg sind. Aber ich hab' gelernt, dass man sich seinen Problemen stellen muss ..."

(Aus: Vom Traumjob in die Schuldenkrise © Verbraucherzentrale NRW, Mintropstr. 27, 40215 Düsseldorf; Text: Michael Schneiberg, Fotos: Ben Isselstein)

B Warum verschulden sich Jugendliche?

Mehr als 1,69 Millionen junge Leute unter 30 waren der Wirtschaftsauskunftei Creditreform zufolge 2015 hoch verschuldet. [...] Mittlerweile ist fast ein Drittel aller Schuldner jünger als 30 Jahre. Besonders bei den 18- bis 20-Jährigen, die erstmals Verträge abschließen dürfen, locken Handys, Fitnessstudio-Abos und der schnelle Kauf im Internet. Die Jugendlichen leisten sich zu viel – neue Jeans, Schuhe, ausufernde Partys, ein Smartphone. Die meisten Schulden haben die Menschen unter 25 Jahren bei Mobilfunkanbietern, Online- und Versandhändlern sowie Fitnessstudios. Später haut der Bankkredit für das erste Auto rein.
Doch die Verlockungen des Teenager-Lebens sind nicht der einzige Grund für die Pleite. „Leider imitieren [= nachmachen] die Jugendlichen das Verhalten ihrer Eltern", hat Stephanie Schmid vom Münchner Jugendverschuldungsprojekt „Schulschwein" beobachtet. Leben die Eltern den Konsum auf Pump vor, wird Schuldenmachen für die Kinder normal. Schon lange bevor sie selbst Verträge abschließen dürften, machten diese Jugendlichen bei Verwandten und Freunden Schulden, betont Schmid. „In diesem Alter haben sich bereits viele Verhaltensweisen eingeschliffen." Vorbeugung muss schon in der Grundschule ansetzen, wo der Gruppenzwang das erste Mal zuschlägt. Denn schon im Grundschulalter gilt: Wer cool sein will, braucht das neueste Spielzeug und die richtigen Turnschuhe.
Wichtig sei, dass Kinder gerade in diesem Alter lernten, auch mal pleite zu sein, wenn sie alles Geld für Süßigkeiten ausgegeben hätten. Und dass sie sich dann nichts borgen dürfen.

(Aktualisiert nach: Theresa Münch (dpa): Wie Jugendliche Schulden machen, in: http://www.ntv.de/wirtschaft/Wie-Jugendliche-Schulden-machen-article10642936.html, Zugriff: 30.04.2017)

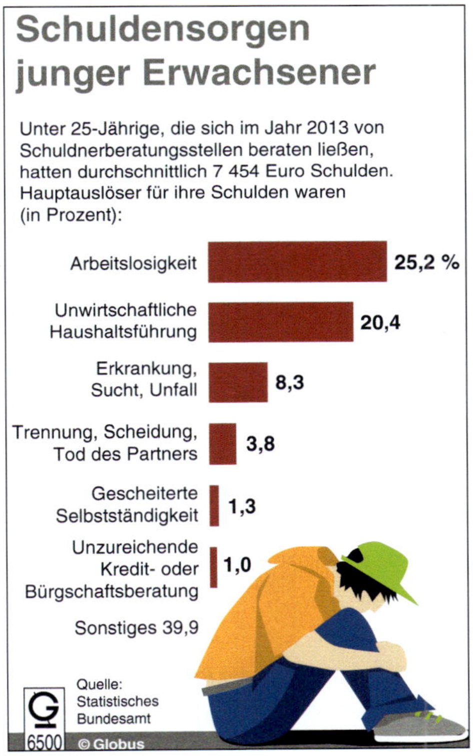

3. Prüfe anhand von Text und Grafik, welche Gründe für Verschuldung in Franziskas Fall zutreffen.

4. Was kann Franziska aus ihren Fehlern lernen? Sammelt in der Klasse Tipps zum klugen Umgang mit Geld.

Was auch noch interessant sein kann:

- eine Fortsetzung zu Franziskas Geschichte schreiben, in der sie lernt, gut mit ihrem Geld auszukommen
- im Internet den „Kleinen Finanz-Führerschein" machen: www.schuldnerhilfe.de/finanzfuehrerschein/training.php

GRUNDWISSEN

C Kredite

1. Beschreibe, welche Arten von Krediten es gibt.
2. Wann kann ein Kredit problematisch werden? Erkläre es.
3. Ein Fahrradhändler bietet in der Zeitung für ein Mountainbike im Wert von 599 Euro Ratenkauf an. Die Laufzeit des Ratenkredits beträgt 24 Monate, die monatliche Rate 28 Euro. Ein Schnäppchen oder eher nicht? Begründe deine Antwort.

Was ist ein Kredit?*

Wenn man sich etwas kaufen möchte und das Geld dafür nicht reicht, hat man zwei Möglichkeiten: Entweder man spart so lange, bis man die Summe zusammenhat, oder man leiht sich das Geld – entweder bei Verwandten und Freunden oder bei einer Bank. Geliehenes Geld bezeichnet man als Kredit.

Wer einen Kredit bei der Bank aufnehmen will, muss mindestens 18 Jahre alt sein. Für den Kredit verlangt die Bank Zinsen, diese können oft erheblich sein. Das bedeutet, dass man für einen Kredit immer deutlich mehr Geld zurückzahlen muss, als man geliehen hat.

Sinnvoll ist ein Kredit, wenn man damit eine große Anschaffung wie ein Haus finanzieren will. Voraussetzung ist, dass man das Geld für die Rückzahlung aufbringen kann.

Kreditarten

Eine häufige Form ist der *Ratenkredit*, ein Darlehen, das in festen monatlichen oder jährlichen Beträgen zurückgezahlt wird. Er eignet sich auch für größere Anschaffungen. Zusätzlich zu den Zinsen kommt noch eine Bearbeitungsgebühr. Je schneller man einen Kredit tilgen kann, das heißt zurückzahlen, desto niedriger sind die Kosten des Kredits. Weil die Zinsen von Bank zu Bank unterschiedlich sind, lohnt es sich, die Preise zu vergleichen.

Viele Handelsketten bieten ihren Kunden Ratenkäufe an. Sie können Waren, die sie nicht sofort bezahlen können, in monatlichen Raten abbezahlen. Doch hier gilt: Ratenkäufe verteuern wegen der Zinsen den Preis einer Ware erheblich.

Daneben gibt es noch andere Kreditarten, zum Beispiel den *Dispositionskredit*. Dabei bekommt man von seiner Bank das Recht, sein Konto zu überziehen, also mehr Geld abzuheben, als auf dem Konto ist. Diesen Kredit kann man nutzen, wann immer man möchte. Allerdings sind die Zinsen dafür sehr hoch.

Mit *Kreditkarten* kann man bargeldlos bezahlen. Das Besondere daran ist, dass man den Betrag erst am Monatsende bezahlen muss. Die Bank verlangt dafür auch keine Zinsen. Mit einigen Kreditkarten kann man inzwischen sogar richtige Kredite aufnehmen. Minderjährige bekommen nur in Sonderfällen eine Kreditkarte.

Was passiert, wenn man Kredite nicht mehr zurückzahlen kann?

Gerade Menschen, die sich im Umgang mit Geld schwertun, verlieren schnell den Überblick über ihre Finanzen, besonders wenn sie mehrere Kredite gleichzeitig zurückzahlen müssen. Wenn dann noch Schicksalsschläge wie Krankheit, Scheidung oder Arbeitslosigkeit hinzukommen, wachsen ihnen die Schulden über den Kopf.

In solchen Fällen kann eine Schuldnerberatung helfen. Gemeinsam mit dem Berater wird ein Zahlungsplan aufgestellt, die Schuldner bekommen auch viele Tipps, wie sie mit ihrem Geld wirtschaften können.

In manchen Fällen sind die Schulden allerdings so hoch, dass sie der Schuldner kaum jemals zurückzahlen kann. Dann kann man unter bestimmten Bedingungen eine Privatinsolvenz beantragen, d.h., man erklärt, dass man zahlungsunfähig ist. Das bedeutet, dass man über einige Jahre hinweg nur das Lebensnotwendige von seinem Einkommen behalten darf und alles weitere Geld zur Rückzahlung der Schulden verwendet. Danach ist man dann schuldenfrei.

* Zum Begriff „Kredit" findest du weitere Informationen im Glossar.

AKTIV LERNEN

D Was empfehlen wir beim Sparen, Geldausgeben und Kaufen auf Pump?

Geldprobleme hat fast jeder einmal. In solchen Situationen sind gute Tipps zum richtigen Umgang mit Geld gefragt. TEAM hat sich bei Schülerinnen und Schülern umgehört.

Euer Auftrag:

1. Lest in Einzelarbeit die Vorschläge und nehmt eine erste Bewertung vor.
2. Tauscht euch zu zweit aus und einigt euch, ob der Vorschlag empfehlenswert ist oder nicht.
3. Einigt euch auf einen Vorschlag, der euer Favorit ist. Stellt ihn der Klasse vor und begründet eure Auswahl.

	empfehlenswert	nicht empfehlenswert
1. „Weil ich genau weiß, dass mein Handy für mich der große Verführer ist, habe ich eine monatliche Summe festgelegt, die ich dafür ausgebe. Wenn ich den Betrag überschritten habe, gebe ich das Handy meiner Mutter zur Aufbewahrung!“		
2. „Ich spare fast mein ganzes Taschengeld, denn ich möchte so früh wie möglich den Führerschein machen. Wenn meine Freunde zum Kino oder Eisessen gehen, bleibe ich eben zu Hause. Das macht mir nichts aus.“	?	
3. „Wenn ich mir etwas Größeres kaufen möchte, dann spare ich einfach einige Zeit darauf, Schulden mache ich deswegen nicht.“		?
4. „Wenn ich mit meinem Taschengeld mal wieder nicht auskomme, jammere ich meiner Mutter so lange etwas vor, bis sie sich erweichen lässt und einen Geldschein zückt.“		
5. „Ich habe mir ausgerechnet, wie viel ich ungefähr in der Woche ausgeben kann. Wenn ich in einer Woche einmal mehr ausgebe, versuche ich, es in der nächsten einzusparen.“	?	
6. „Ich wünsche mir zu Weihnachten und zum Geburtstag immer Geld. Damit kann ich mir öfter mal eine Extra-Ausgabe leisten.“		?
7. „Ich benutze meine Girocard nicht und bezahle grundsätzlich bar.“		
8. „Ich leihe mir häufig Geld bei meinen Großeltern. Manchmal vergessen sie, dass ich noch Schulden habe, dann brauche ich nichts zurückzuzahlen.“	?	
9. „Am Anfang eines Monats gebe ich gern viel Geld aus. Da kann es schon passieren, dass ich in der zweiten Hälfte kein Geld mehr habe. Dann warte ich eben mit meinen Einkäufen bis zum Ersten.“		
10. „Ich schaue bei verlockenden Angeboten genau hin: Was sind die Folgekosten? Welche Leistungen sind im Preis enthalten?“		

5 Wie können wir den Fluss des Geldes in einem Modell darstellen?

Den Wirtschaftskreislauf erläutern

Taler, Taler, du musst wandern ... so beginnt ein bekanntes Kinderlied. Und sicherlich hast du auch schon beobachtet, dass das Geld aus deiner Geldbörse immer wieder in andere Hände gelangt, etwa wenn du etwas einkaufst und dafür als Gegenleistung eine Ware bekommst. Solche Tauschgeschäfte finden in Deutschland Tag für Tag millionenfach statt – und immer wandert das Geld. Den Fluss des Geldes kann man anschaulich in einem Kreislauf-Modell darstellen. Ein solches Modell gibt stets nur einen Ausschnitt der Wirklichkeit wieder: Man konzentriert sich auf die Dinge, die man darstellen will, und blendet alles andere aus. Das folgende Modell gibt die Beziehungen zwischen Haushalten und Unternehmen wieder. Man bezeichnet es auch als **einfachen Wirtschaftskreislauf**.

A Der Fall: Was hat Anja Meister mit Unternehmen zu tun?

Anja ist 25 Jahre alt und lebt allein in Mannheim. Neben ihr wohnt eine Familie mit zwei Kindern, unter ihr ein älteres Paar. So unterschiedlich die Haushalte und ihre Mitglieder auch sein mögen, im Modell werden alle zusammenfassend als **private Haushalte** bezeichnet und bilden im Kreislaufmodell eine wirtschaftliche Einheit, die **Sektor** genannt wird.

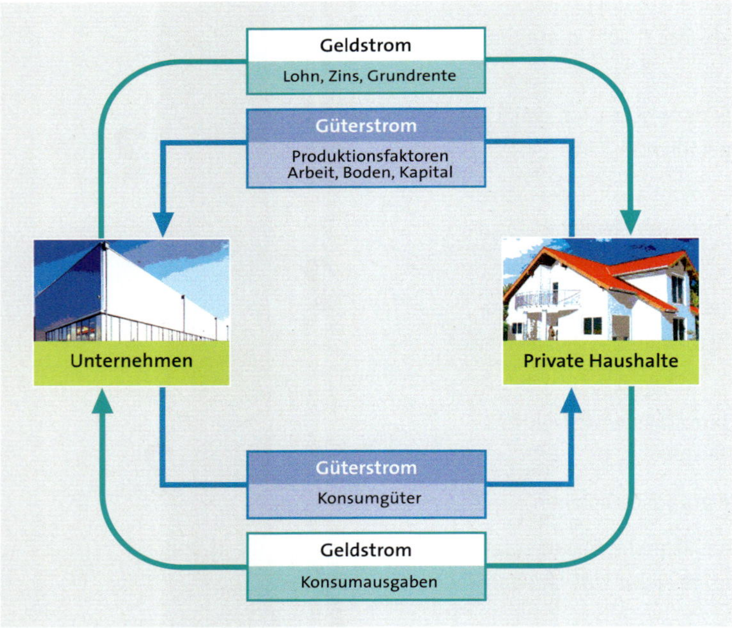

Anja arbeitet bei einem **Unternehmen**: 5 Tage die Woche, insgesamt 40 Stunden stellt sie dem Unternehmen ihre Arbeitskraft zur Verfügung. Dafür bezahlt ihr das Unternehmen Lohn. Von ihrem Lohn kauft sie Waren, die sie zum Leben braucht oder haben möchte. Man bezeichnet sie als **Konsumgüter**. Der Begriff kommt aus dem Lateinischen und heißt übersetzt „Verbrauchsgüter".

Die **Unternehmen** produzieren Waren und bekommen dafür von den privaten Haushalten Geld. Es gibt auch Unternehmen, die nichts herstellen, sondern Dienstleistungen anbieten, zum Beispiel Friseure oder Restaurants. Alle Unternehmen zusammen bilden eine weitere Wirtschaftseinheit.

Außerdem hat Anja ein Grundstück in ihrem Heimatdorf geerbt, das sie an einen Bäcker verpachtet hat. Sie hat vor einiger Zeit über ihre Bank auch Unternehmen Geld für neue Maschinen geliehen und bekommt dafür Zinsen. Neben ihrer Arbeitskraft stellt sie Unternehmen Boden (Grundstück) und Kapital (als Geld) zur Verfügung. Arbeit, Boden und Kapital bezeichnet man zusammenfassend als **Produktionsfaktoren**.

1. In dem Text sind einige Begriffe fett gedruckt. Erkläre sie.
2. Erläutere das Schaubild und beziehe dich dabei auf das Beispiel von Anja Meister.
3. Das Schaubild geht davon aus, dass Haushalte ihr gesamtes Geld für Konsumgüter und Dienstleistungen ausgeben. Das ist aber in Wirklichkeit nicht so. Erkläre, warum.

B Geld- und Güterströme im Alltag: Wie passen sie in den Wirtschaftskreislauf?

Wie bei Anja Meister gibt es jeden Tag vielfältige wirtschaftliche Beziehungen zwischen privaten Haushalten und Unternehmen, auch innerhalb der Sektoren. Lest die folgenden Beispiele und ordnet sie ein.

1 Raphael trägt in seiner Freizeit Zeitungen aus und bekommt dafür 10 Euro in der Woche.

2 Annalena kauft von ihrem Taschengeld für 3,50 Euro eine Zeitschrift.

3 Die Ortex AG kauft für 25 000 Euro eine neue Verpackungsmaschine.

4 Hakan hat einen neuen Job bei einer Versicherung. Er verdient 2 100 Euro.

5 Samira möchte über eine Internetauktion ihren Lederrucksack an einen privaten Käufer verkaufen. Dafür bezahlt sie eine Vermittlungsgebühr.

6 Paul erledigt jede Woche für seine Großeltern die Einkäufe. Dafür bekommt er fünf Euro.

7 Familie Müller hat in einem Reisebüro einen Urlaub für 2 700 Euro gebucht.

8 Gregor hat eine Wohnung in seinem Haus an ein Architekturbüro vermietet. Dafür bekommt er 600 Euro Miete.

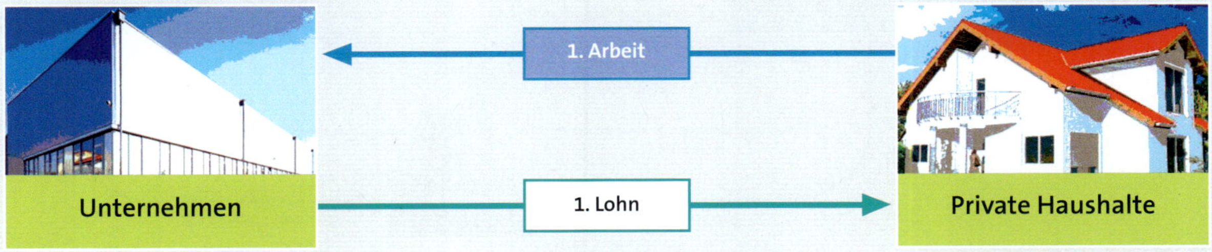

1. Trage für jedes Beispiel die fehlenden Begriffe ein:
Geld fließt von … zu …
Güter oder Dienstleistungen fließen von … zu …

2. Wähle vier Beispiele aus und stelle die jeweiligen Geld- und Güterströme im Wirtschaftskreislauf mit Pfeilen dar.

C Banken und Staat als zusätzliche Akteure: der erweiterte Wirtschaftskreislauf

Sektor: Banken

Banken sind Unternehmen, die mit Geld handeln. Zu ihnen fließt Geld von privaten Haushalten, die ihre Ersparnisse anlegen, und von Unternehmen, die Rücklagen für spätere Geschäfte bilden wollen. Als Gegenleistung zahlen Banken den Geldanlegern Zinsen.
Die Einlagen von privaten Haushalten und Unternehmen verwenden sie, um z. B. Kredite zu verkaufen und das Geld zu vermehren. Damit fließt Geld in Form von Krediten zurück an private Haushalte und Unternehmen. Für Kredite verlangen sie von Kunden höhere Zinsen als für die Anlage von Geld. Die Differenz zwischen den Zinsen von Einlagen und den Zinsen für Kredite sowie die Erlöse aus weiteren Geldgeschäften machen den Gewinn der Banken aus.

Sektor: Staat

Von Unternehmen und privaten Haushalten nimmt der Staat Steuern und Sozialabgaben ein. Diese fließen als Ausgaben wieder in den Wirtschaftskreislauf zurück: Der Staat erteilt Unternehmen Aufträge, etwa für den Bau von Straßen, und kauft Waren und Dienstleistungen bei ihnen ein. Er unterstützt Unternehmen finanziell durch Subventionen. Das sind staatliche Leistungen, für die der Staat keine Gegenleistung verlangt. Gründe für solche Leistungen sind zum Beispiel der Erhalt von Arbeitsplätzen oder die Förderung technischer Neuerungen, zum Beispiel erneuerbarer Energien.
Den größten Anteil an den Staatsausgaben haben die Kosten für Sozialausgaben, die an private Haushalte fließen. Das sind zum Beispiel Kindergeld, Wohngeld oder Sozialhilfe. Weil der Staat keine Gegenleistung für die Zahlungen erhält, bezeichnet man diese Zahlungen als Transferleistungen. Der Begriff leitet sich von transferieren (lateinisch) ab und bedeutet „übertragen".

Modell des erweiterten Wirtschaftskreislaufs

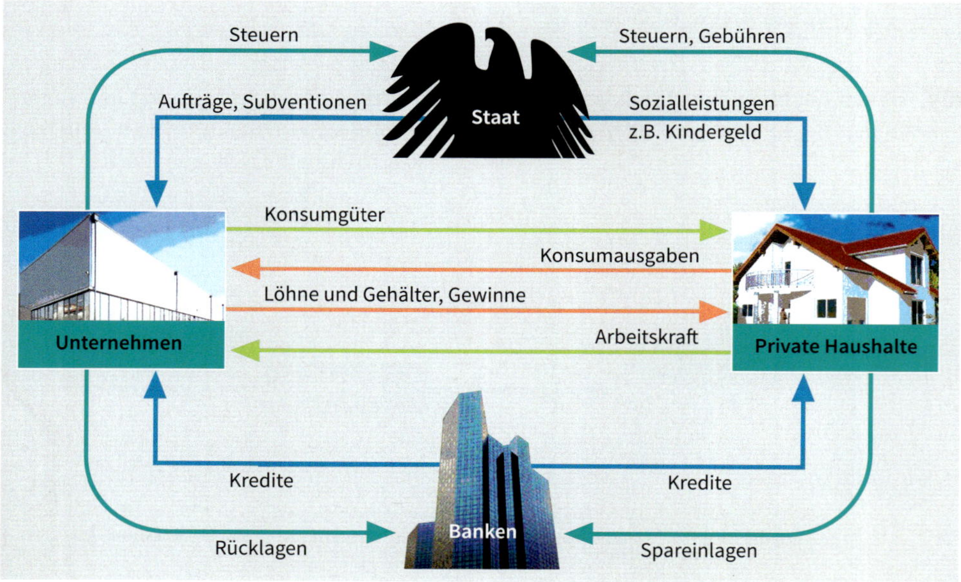

1. Beschreibe anhand des Schaubilds die Rolle der Banken und des Staates im erweiterten Wirtschaftskreislauf.
2. Wie können Verbraucher (private Haushalte) in folgenden Situationen reagieren? Analysiere die Auswirkungen mithilfe des Wirtschaftskreislaufs.
   a) Der Staat erhöht die Einkommensteuer.
   b) Ein Energieunternehmen erhöht die Preise.

Mit Modellen arbeiten

Thema: Wirtschaftskreislauf

Wozu dienen Modelle?

Modelle kennt ihr bereits aus anderen Unterrichtsfächern, zum Beispiel aus der Biologie oder aus Geografie. Die Geografie bedient sich der Karten, um Räume darzustellen. So sind zum Beispiel in topografischen Karten die Höhenlinien eingezeichnet, um das Relief einer Landschaft sichtbar zu machen. Auf Straßenkarten sind alle Straßen verzeichnet, dafür fehlen die Höhenlinien.

Karten zeigen bereits ein typisches Merkmal aller Modelle: Sie bilden die Wirklichkeit niemals komplett ab, sondern stellen stets einen Ausschnitt der Wirklichkeit in vereinfachter Form dar. Jedem Modell liegt also eine Entscheidung zugrunde, welche Merkmale der Realität man abbilden will – alle anderen Einzelheiten blendet man aus.

Das Arbeiten mit Modellen ist eine sehr wichtige Methode der Wirtschaftswissenschaften. Man verwendet Modelle, um Zusammenhänge und Abläufe besser zu verstehen.

Möglichkeiten und Grenzen eines Modells

Im Wirtschaftskreislauf werden Tauschprozesse vereinfacht dargestellt. Mithilfe des Modells kann man erklären, welche Sektoren am Wirtschaftsgeschehen beteiligt sind, in welcher Beziehung sie beim Tausch von Gütern und Geld zueinander stehen und wie sich die Tauschprozesse bei wirtschaftlich bedeutsamen Ereignissen verändern.

Der Wirtschaftskreislauf zeigt ausschließlich die Geld- und Güterströme. Man kann damit nicht beschreiben, welche Größenordnung die Ströme haben und wie sie sich in den letzten Jahren entwickelt haben.

Der Wirtschaftskreislauf kann jedoch helfen, die Auswirkungen wirtschaftlicher Ereignisse zu verstehen und zu erklären. Wenn man zum Beispiel in der Zeitung liest, dass ein großes Unternehmen in der Region ein neues Werk eröffnet und damit viele neue Arbeitsplätze schafft, kann man die Auswirkungen auf die anderen Sektoren besser erkennen, als wenn man den Wirtschaftskreislauf nicht kennt.

Mit einem Modell erklären – wie geht man vor?

- Wähle einen Ausgangspunkt, von dem aus du starten willst. Wenn du zum Beispiel erklären willst, welche Folgen die Erhöhung des Kindergeldes haben kann, beginnst du am besten beim Staat. Wenn du erklären willst, welche Folgen eine Zinserhöhung haben kann, dann startest du bei den Banken.
- Veranschauliche deinen Zuhörern stets, an welcher Stelle des Modells du dich gerade befindest, zum Beispiel mit einem Stab oder Laserpointer.
- Weil das Modell nie die komplette Wirklichkeit abbildet, können auch Ökonomen nicht sicher voraussagen, wie die tatsächlichen Auswirkungen eines wirtschaftlichen Ereignisses sein werden. Betone deshalb stets, dass es sich um eine mögliche Folge handelt.

6 Was passiert, wenn Staaten zu viele Schulden machen?

Auswirkungen mithilfe des Wirtschaftskreislaufs erklären

A Das Beispiel Griechenland – der Weg in die Schuldenkrise

Schon 2009 wussten Eingeweihte, dass da was nicht stimmt. Im Oktober hatte die Parlamentswahl stattgefunden und die neue Regierung stellte fest: Das Land macht viel mehr Schulden als versprochen. 2009 war das, was Griechenland durch Steuern einnahm, um ungefähr 12 Prozent niedriger als das, was Griechenland ausgab.

Wenn ein Land mehr Geld ausgibt, als es einnimmt, dann muss es Schulden machen. 2009 begannen Banken, zu sagen, sie wollten mehr Zinsen für die Kredite als früher. Sie fingen offenbar an, Griechenland zu misstrauen. Genauer: Sie bekamen Zweifel, ob die Griechen das Geld zurückzahlen würden. Die Probleme schaukelten sich schnell nach oben. Weil die Geldgeber nicht mehr bereit waren, den Griechen zum alten niedrigen Zins Geld zu leihen, wusste die Regierung in Athen bald nicht mehr, wo sie frisches Geld hernehmen konnte. Dabei hatte sie doch laufende Ausgaben: die Gehälter für Beamte, Renten, das Militär und so weiter.

Wie konnte es nur so weit kommen? Der Wirtschaft ging es schon lange nicht sehr gut. Aber jenseits dessen gibt es Gründe, die mit der gemeinsamen europäischen Währung zusammenhingen. In den ersten Jahren als Euroland musste Griechenland sehr wenig Zinsen für seine Kredite bezahlen. Die Geldgeber trauten dem Land, weil es zuletzt bessere Zahlen vorgelegt hatte: weniger neue Schulden zum Beispiel.

Das hatten die anderen EU-Länder zur Bedingung gemacht. Wer beim Euro mitmachen will, darf nicht zu viele Schulden haben, nicht zu viele neue Schulden machen und nicht zu viel Inflation aufweisen. Die griechische Regierung, aber auch Privatleute und Unternehmen kamen plötzlich günstig an Kredite.

Und was haben die Griechen mit dem günstigen Geld gemacht? Die Regierung hat zum Beispiel viele neue Beamte eingestellt, obwohl das Land schon viele hat. Die Wirtschaft musste sich auch nicht mehr so anstrengen, weil die Kreditzinsen so niedrig waren. So wirtschaftete das Land vor sich hin. Das ging so lange weiter, bis auf einmal die Geldgeber mehr Zinsen verlangten. Das Gefährliche war: Nun würden die Zinsen für Kredite an die Regierung immer weiter steigen. Für die Regierung würde es immer schwerer, zu sparen. Ein Teufelskreis. [...] Damit Griechenland nicht abrutscht, helfen die anderen EU-Staaten mit Krediten und anderen Finanzspritzen. Griechenland will im Gegenzug ganz hart sparen.

(Nach: Winand von Petersdorff: Das Geld reicht nie, Frankfurt 2013, S. 114 ff.)

Bei der Bevölkerung sind die Sparmaßnahmen sehr unbeliebt. Hier demonstrieren griechische Lehrer gegen die Kürzung ihrer Gehälter und Einsparungen in der Bildung.

B Welche Folgen hat die Schuldenkrise?

Seit dem Ausbruch der Staatsschuldenkrise verabschiedete das Parlament in Athen zahlreiche Reformen. Die Folgen bekam die Bevölkerung unmittelbar zu spüren. Mehrmals senkte die Regierung etwa die Renten, durchschnittlich um 45 Prozent. Im öffentlichen Sektor [= Staat] sank die Beschäftigung um rund 20 Prozent. Die, die bleiben durften, mussten deutliche Kürzungen bei ihren Gehältern hinnehmen. Auch der Mindestlohn sank.

Gleichzeitig stiegen die Steuern. So wurde etwa die Mehrwertsteuer mehrmals angehoben, eine neue Immobiliensteuer eingeführt und auch die Unternehmenssteuer erhöht.

Die Folgen des Sparkurses waren und sind für die griechische Bevölkerung dramatisch. So ging das durchschnittliche Haushaltseinkommen um rund 23 Prozent zurück. Während das Haushaltseinkommen der oberen zehn Prozent um 17 Prozent sank, ging es für das ärmste Zehntel der Bevölkerung sogar um 86 Prozent zurück. Die medizinische Versorgung ist mittlerweile in einem dramatischen Zustand. Mehr als ein Drittel der Bevölkerung hat keine Krankenversicherung mehr, die Zuzahlung von 25 Prozent zu Medikamenten können sich viele nicht mehr leisten.

Stark angestiegen ist die Arbeitslosigkeit. Sie liegt heute noch bei etwa 25 Prozent und wird laut Bundesfinanzministerium auch in den kommenden Jahren nur wenig sinken. Unter den jungen Menschen bis 25 Jahren ist sogar jeder Zweite arbeitslos. [...]

Die harte Sparpolitik treibt seit Jahren zahlreiche Demonstranten auf die Straßen. Mehrfach wurde das Land von Generalstreiks lahmgelegt. Der breite Widerstand erschwert es der Regierung, Reformen durchzusetzen.

(Nach: Julian Heißler, Welche Folgen hat die Dauerkrise? In: www.tagesschau.de/wirtschaft/griechenland-krise-faq-101.html, Zugriff: 30.04.2017)

Ereignis	Auswirkungen			
	Private Haushalte	**Unternehmen**	**Banken**	**Staat**
1. Beispiel Senkung der Renten um 45 %	• Rentner haben weniger Geld für Konsum • sie können weniger sparen	• verkaufen weniger Waren • Einnahmen sinken, weniger Geld für Investitionen • Arbeitsplätze werden abgebaut	• Spareinlagen sinken • können weniger Kredite an Unternehmen und Privatleute gewähren • Kredite können nicht zurückgezahlt werden	• Steuereinnahmen sinken • Staat hat weniger Geld für Investitionen und Transferleistungen
2. Beispiel				
3. Beispiel				

1. Wie kam es zur Schuldenkrise in Griechenland? Beschreibe die Gründe.
2. Arbeite aus Text B die Auswirkungen der Krise auf die Bevölkerung heraus.
3. Wähle zwei Beispiele aus und beschreibe die Folgen der Reformen. Orientiere dich dabei an dem Beispiel in der Tabelle.
4. Suche dir einen Partner und vergleicht die Ergebnisse. Bereitet zusammen eine Präsentation vor, in der ihr die Auswirkungen der Krise am Modell des erweiterten Wirtschaftskreislaufs erklärt. Hinweise zum Vorgehen findet ihr auf Seite 93.

Aufgabe 1:

Welche Aufgaben hat Geld?

Entscheide, welche Aufgabe Geld bei den folgenden Beispielen hat: Recheneinheit, Tauschmittel oder Wertaufbewahrungsmittel?

Beispiel	Aufgabe
1. Andi zahlt jeden Monat 50 Euro auf sein Sparbuch ein.	???
2. Lilly ist glücklich: Schon lange wünscht sie sich ein Mountainbike. Heute hat sie sich diesen Wunsch für 550 Euro erfüllt.	???
3. Luis will seinem besten Freund eine Sporttasche überlassen. Im Gegenzug will ihm Tim einen fast neuen Tennisschläger geben. Nach einiger Diskussion einigen sie sich, dass die Sporttasche 20 Euro wert ist, der Tennisschläger 80 Euro. Tim bekommt also von Luis noch 60 Euro.	???

Aufgabe 2:

Was sollte man über ein Girokonto wissen?

Auf dem Webportal „gutefrage.net" haben einige Jugendliche folgende Fragen eingestellt. Formuliere eine Antwort.

1. Muss ich meine Eltern fragen, wenn ich ein Konto eröffnen will?
2. Kann ich mit einem Girokonto meinen Jahresbeitrag für den Sportclub bargeldlos bezahlen?
3. Wie behalte ich den Überblick über meine Einnahmen und Ausgaben?

Aufgabe 3:

Wie kann sich Vivian den Besuch eines Freizeitparks leisten?

Vivian erstellt seit März zu Beginn des Monats einen Taschengeldplan. Zusammen mit ihrem Freund Valentin möchte sie in den Sommerferien einen Freizeitpark besuchen. Dort kostet der Eintritt 38 Euro. Für Getränke und Verpflegung rechnet sie mit 12 Euro. 20 Euro hat sie seit März bereits gespart, im Juni und Juli muss sie den Rest des Betrags zusammenbekommen.

Formuliere einen Vorschlag, wie sie im Juni und Juli den Betrag von 30 Euro zusammensparen kann. Du kannst auch ein oder zwei Punkte auf der Liste streichen.

Taschengeldplan Mai

Einnahmen:	
Taschengeld	25 Euro
Babysitting	10 Euro
Ausgaben:	
Kino	7 Euro
Süßigkeiten, Fastfood	10 Euro
Schwimmbad (2 Karten)	4 Euro
Geschenke	5 Euro
Kosmetika	4 Euro
Sparen	5 Euro

Taschengeldplan Juni/Juli

Einnahmen	
Taschengeld	25 Euro
Babysitting	10 Euro
Ausgaben:	
Kino	??
Süßigkeiten/Fastfood	??
Schwimmbad	??
Geschenke	??
Kosmetika	??
Sparen	??

Aufgabe 4:

Wie soll Tarik den Monatsbeitrag für sein Fitness-Studio bezahlen?

Tarik hat nach dem Studium seinen ersten Job in einer großen Versicherung angetreten. Er rechnet damit, in den nächsten Monaten viele Stunden sitzend im Büro zu verbringen. Deshalb meldet er sich gleich in einem angesagten Fitness-Studio an. Den Monatsbeitrag kann er sich mit seinem Gehalt locker leisten. Doch wie soll er diesen bezahlen? Infrage kommen gleich mehrere Möglichkeiten.

a) Erkläre Tarik, welche Möglichkeiten er hat.
b) Welche Variante empfiehlst du? Begründe dein Urteil.

Aufgabe 5:

Soll Paula Meerbusch Aktien der Dynamic AG kaufen?

Fasziniert liest Paula im Wirtschaftsteil der Zeitung, dass die Aktien der Dynamic AG im letzten Jahr über 10 % an Wert gewonnen haben. Sie spart seit Längerem auf eine Urlaubsreise nach Südamerika. 2 000 Euro hat sie inzwischen schon gespart. Sie überlegt: Wenn ich das Geld jetzt in Aktien anlegen würde, dann könnte ich möglicherweise schon im nächsten Jahr den lang ersehnten Urlaub antreten. Eine gute Idee?

a) Bewerte den Kauf der Aktien unter den Aspekten Sicherheit, Liquidität, Rendite.
b) Erläutere, welche anderen Anlagemöglichkeiten Paula hat.
c) Würdest du an Paulas Stelle die Aktien der Dynamic AG kaufen? Begründe deine Entscheidung mit den Anlagezielen. Beachte zudem das Sparziel von Paula.

Aufgabe 6:

Wirtschaftskreislauf: Die Folgen von Ereignissen beschreiben

In der Zeitung findest du folgende Schlagzeilen. Wähle zwei aus und beschreibe mithilfe des erweiterten Wirtschaftskreislaufs, wie sich die Ereignisse auf die verschiedenen Sektoren auswirken.

Griechenland erneut in Finanznöten
Der Staat war zum wiederholten Mal gezwungen, die Renten zu kürzen, um die Bedingungen der internationalen Geldgeber zu erfüllen.

Mixmarkt zahlungsunfähig
Der Handelskonzern Mixmarkt schließt zum Monatsende. Damit verlieren die über 1 000 Beschäftigten in Mosbach ihre Arbeit.

Senkung der Einkommensteuer geplant
Die Regierung hat beschlossen, im kommenden Jahr die Lohnsteuern für niedrige Einkommen deutlich zu senken.

Die Zinsen steigen
Die großen Banken haben Anfang dieser Woche verkündet, die Zinsen für Guthaben um 1 % anzuheben.

4 Märkte und Preise

Wie funktioniert der Markt in Praxis und Theorie?

1. Allein nachdenken
Was mag im Kopf der Kundin und der Verkäuferin in der auf dem Foto gezeigten Situation vorgehen?

2. Zu zweit beraten
Führt zu zweit ein Gespräch, wie es sich in der Situation auf dem Wochenmarkt zwischen Kundin und Verkäuferin abspielen könnte.

3. Gemeinsam sammeln
Was interessiert die Kunden im Allgemeinen und was die Anbieter, wenn beide auf einem Markt zusammentreffen?

Im Verlauf dieses Kapitel könnt ihr …

- erklären, warum gerade dann eine Ware da ist, wenn wir sie brauchen,
- am Beispiel untersuchen, welche Faktoren Angebot und Nachfrage nach Wirtschaftsgütern beeinflussen,
- anhand eines Modells den Prozess der Preisbildung am Markt erläutern,
- Besonderheiten spezieller Märkte am Beispiel des Börsengeschehens analysieren,
- Folgen eines Marktversagens beschreiben und herausfinden, wie der Staat die Verbraucher schützt.

Eigene Schwerpunkte könnt ihr setzen, indem ihr …

- Preise in der Rolle von Bio-Landwirten gestaltet und auf die Konkurrenz reagiert,
- entscheidet, von welchem Unternehmen ihr für 1 000 Euro Aktien kaufen würdet,
- erläutert, wie der Staat beim Kauf eines Döners mitverdient.

1 Wer sorgt für das Warenangebot im Supermarkt?

Die Funktion des Marktes am Beispiel und am Modell erläutern

A Der Fall: Hunger, Durst und kranke Füße auf einer Klassenwanderung

Stellt euch folgende Situation vor:

Ihr befindet euch auf einer Klassenwanderung im Schwarzwald. Auf und ab schlängelt sich der Weg. Einige genießen begeistert die Natur, andere meckern, weil sie die Wanderung als anstrengend empfinden. Ihr alle schwitzt und habt Lust auf kalte Getränke, Süßigkeiten und vieles mehr. Endlich: Nach einem Abstieg erreicht ihr ein Dorf und seht auch schon das Leuchtzeichen eines Supermarktes in der Hauptstraße. „Ich hol mir 'ne Limo!", ruft Marek. „Ich brauch jetzt 'nen Schokoriegel!", seufzt Cosima. Am Supermarkt angekommen stürmen fast alle von euch hinein. Und tatsächlich: Cosima findet genau den Schokoriegel mit Haselnüssen, auf den sie Lust hat. Marek greift gleich zwei Flaschen Limo aus dem Kühlregal. Jil entdeckt das Biogetränk ihrer Lieblingsmarke.

Ben hat sich in seinen neuen Schuhen eine Blase an der Ferse gelaufen. Er sieht sich nach einer Apotheke in der Hauptstraße um, findet sie unweit des Supermarktes und die freundliche Apothekerin verkauft ihm die Pflaster, die seinen Füßen helfen.

Jeder von euch findet exakt zum Zeitpunkt, an dem er ein Produkt seiner Wahl kaufen möchte, genau das, was gesucht wird. Und nicht nur das! Eine schier unbegrenzte Menge gibt es von allem und dazu eine Riesenauswahl: 12 Sorten Schokoriegel, 10 verschiedene Limonaden und in der Apotheke sogar 15 verschiedene Pflastersorten für Bens geschundene Füße.

„Aber das mit dem großen Warenangebot ist doch selbstverständlich", denkt womöglich manch einer. Ist es das wirklich? Über achtzig Millionen Menschen leben in Deutschland. Sie alle haben unterschiedliche Wünsche und Bedürfnisse beim Betreten eines Supermarktes. Die einen wollen koffeinfreien Kaffee, andere laktosefreie Milch. Manche, die es sich leisten können, schauen nach den teuren Marken. Andere, bei denen das Geld besonders knapp ist, suchen nach „Prima und preiswert". Und das Tolle: Alle finden (fast) alles, was sie suchen. Wer sorgt dafür, dass alles das im Angebot ist, was die vielen Käufer sich wünschen? „Die Supermarktbetreiber", könnte man sagen. Die Ökonomie formuliert die Antwort anders: Es ist der Markt, der für das Warenangebot sorgt.

Supermarkt: Alle finden (fast) alles.

1. Warum empfindet die Wandergruppe den Supermarkt im Dorf als „super Markt"? Erkläre die Zusammenhänge.

2. Die Regale in den Supermärkten sind voll. Trotzdem gilt Knappheit als Grundproblem des Wirtschaftens. Wie lässt sich begründen, dass dieses Grundproblem zutrifft?

3. Die Aussage, der Markt sorge für das Warenangebot im Supermarkt, mag in der Kürze für manche Menschen unverständlich sein. Versuche, diese knappe Formulierung ausführlicher zu erläutern.

Was auch noch interessant sein kann:

- Praxischeck: Suche dir bei einem Supermarktbesuch eine Produktart aus (Limonaden, Konfitüren etc.) und ermittele die Zahl der Angebote und die Preisspanne zwischen dem billigsten und dem teuersten Produkt. Stelle das Ergebnis deiner Recherche vor.

B Angebot, Nachfrage und Preise

Angebot und Nachfrage

Viele Käufer haben eine genaue Zielvorstellung von dem, was sie auf dem Markt kaufen möchten. Sie bilden damit die Nachfrage. Nachfrage entsteht durch einen Kaufwunsch und die Bereitschaft, dafür Geld auszugeben – und zwar so wenig wie möglich.

Alle Markthändler, die gleiche oder vergleichbare Produkte anbieten, bilden zusammengenommen das Angebot. Das Ziel der Angebotsseite besteht immer darin, mit ihren Produkten einen möglichst hohen Gewinn zu erzielen. Anbieter und Nachfrager haben also unterschiedliche Interessen.

Bei jedem Einkauf und Verkauf muss also ein Interessenausgleich stattfinden. Dieser erfolgt über den Preis. Der Preis hat die Funktion, das Verhältnis zwischen Angebot und Nachfrage auszugleichen. Preise entscheiden darüber, in welcher Menge die Wirtschaftsgüter hergestellt und verkauft werden und welche Gruppen in der Bevölkerung sich den Kauf leisten können.

Konkurrenz

Die Preisregulierung über Angebot und Nachfrage funktioniert nur, wenn es mehrere Anbieter für gleiche und ähnliche Produkte gibt, die miteinander über die Preise um die Kunden konkurrieren. Sie befinden sich dann in einem Wettbewerb. Dieser ist für das Funktionieren des Marktgeschehens elementar wichtig. Konkurrenz sorgt für sinkende Preise. Ein Unternehmen, das ein ähnliches Produkt wie ein anderes im Angebot hat, kann seine Einnahmen steigern, wenn es mit seinem Preis unterhalb des Preises der Konkurrenz bleibt. Darüber hinaus treibt Konkurrenz die Unternehmen dazu an, neue Produkte von besserer Qualität zu entwickeln. Gäbe es keine Konkurrenz und nur einen Anbieter, so hätte dieser ein Monopol (das heißt Alleinverkauf) und er könnte die Preise für eine Ware nach Belieben nach oben treiben – und das, sogar ohne sich die Mühe zu machen, das angebotene Produkt qualitativ zu verbessern.

1. Beschreibe, was man unter Angebot und Nachfrage versteht und wodurch sie sich unterscheiden.
2. Warum ist Konkurrenz eine Voraussetzung für maßvolle Preise und bessere Produkte? Erkläre den Zusammenhang.
3. Erläutere anhand der Zeichnung, wie der Preis zu einem Interessenausgleich zwischen Anbietern und Nachfragern führt.
4. Angenommen, ein Imbissstand auf dem Wochenmarkt bietet ein Mittagessen für 5 Euro an. Der Betreiber weiß nicht, ob sich mit diesem Preis ein Gewinn erzielen lässt. Erkläre ihm, wie sich das durch Preiskalkulation herausfinden lässt.

Preiskalkulation

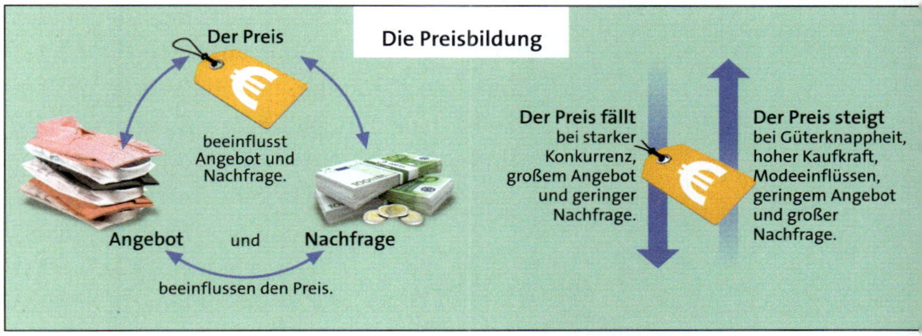

Zur Preisgestaltung in einem Unternehmen gehört die Preiskalkulation (= Berechnung). Dazu sind die Kosten zu errechnen, die bei der Produktion und dem Vertrieb der Produkte anfallen. Material- und Lohnkosten gehören dazu und auch die Kosten für die Maschinen und andere Produktionsmittel, die das Unternehmen zur Erzeugung der Waren einsetzen muss. Bei der Einführung neuer Produkte spielen die Kosten für Werbemaßnahmen oft eine bedeutende Rolle. Aus der Summe dieser Kosten ergibt sich – umgerechnet auf das einzelne Produkt – der Erzeugerpreis. Um einen Gewinn zu erzielen, müssen die Hersteller den Erzeugerpreis um eine Summe erhöhen. Erzeugerpreis plus Gewinnspanne bilden dann den Marktpreis für ein Produkt. Bei der Preiskalkulation für eine Ware oder eine Dienstleistung muss ein Unternehmen insgesamt drei Faktoren berücksichtigen, um am Markt erfolgreich zu sein: die zu erwartende Nachfrage, die Konkurrenzsituation und die Höhe des Erzeugerpreises.

2 Zum Beispiel Himbeeren: Wie entstehen Preise?

Den Einfluss von Angebot und Nachfrage anhand eines Fallbeispiels analysieren

A Der Fall: Marit und Mats auf dem Wochenmarkt

Die Geschwister Marit und Mats haben ihren Eltern versprochen, für das gemeinsame Essen am Wochenende ein leckeres Dessert zuzubereiten. Vanilleeis mit Himbeersoße soll es geben. Das Eis haben die beiden schon im Supermarkt gekauft, die 500-Gramm-Packung für 2,89 Euro. Es ist Spätsommer und da müsste es frische Himbeeren auf dem Samstagsmarkt geben. Am späten Vormittag schlendern die beiden über den Markt und entdecken zunächst nur einen Händler, der Himbeeren im Angebot hat, die 250-Gramm-Schale für 3,50 Euro. „Viel zu teuer!“, meint Marit, „da kaufen wir besser Tiefkühlware. Himbeeren gibt's im Supermarkt schon für 1,79.“ „Aber die schmecken nicht so gut wie diese frischen“, meint Mats und fügt hinzu: „Blöd, dass es nur einen Händler gibt. Lass uns mal weitersuchen.“ Und tatsächlich, als sie sich die Mühe machen, an allen Marktständen entlangzugehen, sehen sie, dass es doch mehrere Händler gibt, die Himbeeren im Angebot haben. Diese bieten die 250-Gramm-Schale für 3,00 Euro an. „Die sehen genauso schön aus wie die für 3,50 Euro“, bemerkt Mats und Marit fällt auf, dass mehrere Leute kaufen. Noch können die beiden sich nicht zum Kauf entschließen und so nähert sich die Marktöffnungszeit allmählich dem Ende. Da hören sie schon von Weitem einen Händler rufen: „Frische Himbeeren, liebe Leute, die Schale sensationell für einen Euro!“ „Das ist doch der, der ursprünglich 3,50 Euro verlangt hat“, staunt Marit und rennt so schnell wie möglich zu diesem Stand. Fünf Schalen sind noch im Angebot. Marit greift sofort zu und kauft eine Schale schöner Himbeeren für einen Euro. „Super Schnäppchen“, strahlt sie. Mats kann es sich nicht verkneifen und fragt beim Händler nach: „Warum waren die Himbeeren vorhin noch so teuer?“ „Teuer ist Ansichtssache, mein Lieber“, wird er belehrt: „Ich muss schließlich von dem leben können, was ich verkaufe. Bei einem Euro habt ihr Glück, weil jetzt die letzte Ware raus muss. Dieser Preis deckt aber gerade mal meine Produktionskosten.“

Rezept für Himbeersoße

200 gr. Himbeeren
50 gr. Puderzucker
Saft einer halben Zitrone

Gewaschene Früchte mit dem Saft der Zitrone in einen Topf geben und erhitzen, Puderzucker hinzufügen, die Masse 5 Minuten köcheln lassen, dabei umrühren, durch ein Sieb passieren, heiß verwenden

Tipp: Der Fall kann auch in Partnerarbeit analysiert werden.

1. Was ist passiert? Fasse das Beispiel mit eigenen Worten zusammen.
2. Welche Besonderheiten im Verhalten der Käufer Marit und Mats und des Händlers fallen dir auf? Beschreibe sie.
3. Welche allgemeinen Erkenntnisse über die Preisbildung für die angebotenen Waren auf einem Wochenmarkt kannst du dem Fall entnehmen?
4. Beurteile die Vorgehensweise a) der Käufer Marit und Mats und b) des Verkäufers.

Was auch noch interessant sein kann:

- die Kosten für Vanilleeis mit Himbeeren für vier Personen ermitteln (und das Dessert selbst herstellen)

B Märkte: Viele Unterschiede und im Prinzip alle gleich

Beim Stichwort Markt denkt man an einen Supermarkt, Wochenmarkt und vielleicht auch an die Apotheke an der Ecke, die ein Markt für pharmazeutische Produkte ist. Ursprünglich waren Märkte immer konkrete Orte, auf denen sich Händler einfanden, um ihre mitgebrachten Waren anzubieten, und Kunden, die diese kaufen wollten. Im Mittelalter war mit einer Stadtgründung das Marktrecht verbunden und die Städte verpflichteten sich, einen Marktplatz einzurichten. Den Marktplatz finden wir noch heute im Zentrum fast jeder Stadt.

Verschiedene Arten

Heute muss ein Markt kein konkreter Ort mehr sein. Das Marktgeschehen spielt sich vielfach online ab und die Märkte existieren nur noch in der virtuellen Welt der Computer. Computer ermöglichen weltweiten Handel, wobei Käufer und Verkäufer Tausende von Kilometern voneinander entfernt sein können.

Es gibt viele verschiedene Arten von Märkten: den Spielzeugmarkt, den Automarkt, Märkte für Aktien, Konzerttickets, Versicherungen, Maschinen und anderes mehr. Ordnen lassen sie sich nach Dienstleistungs-, Sachgüter und Kapitalmärkten. Mit dem Oberbegriff Faktormärkte werden Märkte bezeichnet, in denen es um den Handel mit Rohstoffen und Produktionsgütern geht.

Gleiches Muster überall

Trotz der Unterschiedlichkeit funktionieren alle Märkte nach dem gleichen Muster und das ermöglicht uns, das Marktgeschehen allgemein zu betrachten und dafür allgemeine Begriffe zu verwenden. In allen Märkten gibt es die Angebots- und die Nachfrageseite. Die Angebotsseite versucht, das zu verkaufen, was die Nachfrageseite wünscht. Der Preis der Waren ist dazwischen das ausgleichende Instrument. Jedes Zusammentreffen von Angebot und Nachfrage wird in der Sprache der Wirtschaft als Markt bezeichnet. Unsere Wirtschaftsordnung wird als Marktwirtschaft bezeichnet, weil am Markt über den Verkauf von Waren und Dienstleistungen entschieden wird. Es gibt keine lenkende Hand, die sich zentral um die Versorgung der Bevölkerung kümmert. In der Marktwirtschaft ist der Markt das ausgleichende Instrument.

C Der Markt im Modell

1. Warum waren Märkte in früheren Zeiten immer konkrete Orte und sind es heute sehr oft nicht mehr? Erkläre die Veränderungen.
2. Was versteht man in der Sprache der Wirtschaft unter Markt und unter Marktwirtschaft? Formuliere zwei Definitionen.
3. Erläutere das Geschehen auf dem Wochenmarkt im Material A mithilfe der grafischen Darstellung des Marktgeschehens. (Verwende dabei für die konkreten Personen die allgemeinen Begrifflichkeiten im Modell.)

D Wie können wir die Preisbildung am Markt mithilfe eines Modells erklären?

Am Beispiel von Marit und Mats auf dem Wochenmarkt konntet ihr die Preisbildung an einem einzelnen Beispiel untersuchen. Dieser Einzelfall weist viele Merkmale auf, die immer wieder bei einem Kauf zutreffen. Wenn sich das Zustandekommen eines Kaufs regelmäßig in ähnlicher Weise wiederholt, ergibt sich daraus die Chance, den Prozess der Preisbildung am Markt in Form eines Modells darzustellen. Das Modell kann verdeutlichen, dass etwas, was wirtschaftlich geschieht, nicht nur in diesem speziellen Fall so ist, sondern auch im Allgemeinen.

Die Nachfragekurve

Die Abhängigkeit der Nachfrage vom Preis soll in einem ersten Schritt am Beispiel des Kaufs von Himbeeren grafisch dargestellt werden. Wir verwenden dazu ein Koordinatensystem, in dem die vertikale (= senkrechte) Achse den Preis zeigt und die horizontale (= waagerechte) Achse die Nachfrage (= in unserem Beispiel die Zahl der Käufer). Die Grafik ist noch unvollständig und soll von euch vervollständigt werden.

Bei der Darstellung des Verlaufs der Nachfrage gehen wir von folgenden Grundannahmen aus:

- Es herrscht Konkurrenz, weil es mehrere Anbieter auf dem Markt gibt.
- Alle angebotenen Himbeeren sind von gleich guter Qualität.

Vorlage für eine Nachfragekurve zum Verkauf von Himbeeren

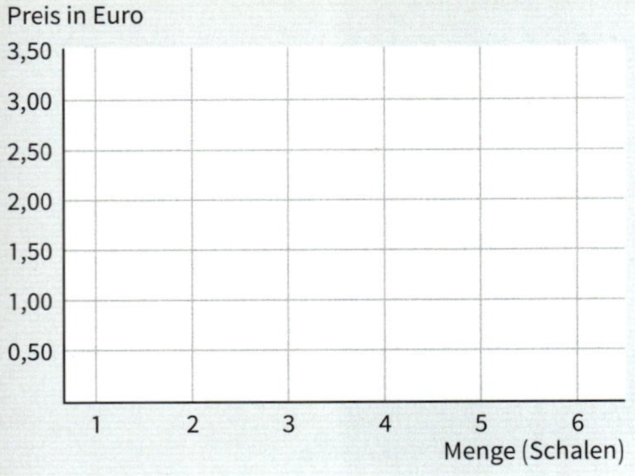

Übertrage die Zeichnung auf dieser Seite auf ein Blatt oder in dein Heft.

1. Markiere in deiner Zeichnung jede Kaufentscheidung mithilfe eines Punktes an der passenden Stelle. (Beachte, dass ein Käufer der 3,50 Euro ausgibt, die gleichen Himbeeren auch für einen billigeren Preis kaufen würde.)

2. Verbinde die einzelnen Punkte.

3. Welche allgemeine Aussage über die Abhängigkeit der Menge der Nachfrage vom Preis kannst du deiner Grafik entnehmen? Formuliere sie in der Form eines Merksatzes und stelle diesen vor.

Herr Becker ist Koch in einem preisgekrönten Restaurant. Er braucht Topware und ist als einziger Kunde bereit, 3,50 für die Schale Himbeeren zu bezahlen.

Für Frau Taler darf der Preis für frische Himbeeren nicht wesentlich höher sein als für Tiefkühlware. 2,00 Euro ist im Vergleich das Maximum, was sie ausgeben wird.

Tarik hat schon viel eingekauft und findet noch genau 1,50 Euro in seiner Tasche. Sollte dafür eine Schale Himbeeren drin sein, greift er zu.

Frau Huen geht mit dem festen Vorsatz zum Markt, maximal 3,00 Euro für eine Schale Himbeeren zu zahlen. Bei diesem Preis überlegt sie nicht mehr lange und kauft.

Für ein Dessert aus Vanilleeis und Himbeersoße hat Rebecca insgesamt 5,00 Euro einkalkuliert. Die 250 Gramm benötigten Himbeeren dürfen höchstens 2,50 Euro kosten.

Marit und Mats haben bis zum Schluss gewartet, an dem der Händler die Himbeeren zum Erzeugerpreis von 1,00 Euro loswerden will. Sie freuen sich über ihr „Schnäppchen“.

Das Preis-Mengen-Diagramm

In der Grafik, die nur die Entwicklung der Nachfrage in Abhängigkeit vom Preis zeigt, sehen wir, dass die Nachfragekurve nach unten geneigt ist, weil bei sinkenden Preisen mehr verkauft wird.

Daraus folgt Regel 1: Je geringer der Preis, desto höher die Nachfrage.

Weitere Zusammenhänge liefert eine grafische Darstellung, in der man der Nachfragekurve eine Angebotskurve hinzufügt. Die Angebotskurve verdeutlicht, wie sich das Angebot bei steigendem Preis entwickelt. Man spricht dann vom „Preis-Mengen-Diagramm". Man sieht: Die Angebotskurve geht nach oben, weil bei höheren Preisen mehr angeboten wird.

Daraus folgt Regel 2: Je höher der Preis, desto höher das Angebot.

Entwickeln sich die Preise immer weiter nach oben, vergrößern natürlich die Anbieter die Angebotsmenge. Sie können ja nun immer höhere Gewinne erwirtschaften. Allmählich entwickelt sich so ein **Angebotsüberhang**. Das Angebot übersteigt nun die Menge der Nachfrage. Die Preisentwicklung nimmt eine andere Richtung.

Daraus folgt Regel 3: Ist das Angebot größer als die Nachfrage, sinkt wiederum der Preis.

Interessant ist der Punkt, an dem die Nachfrage- und die Angebotskurve sich kreuzen. Dieser Punkt kennzeichnet den **Gleichgewichtspreis** (G). Ein Gleichgewichtspreis ist erreicht, wenn die zum Kauf angebotene Warenmenge vollständig abgesetzt werden kann, weil sie genau der Menge der Nachfrage entspricht.
Sinkt der Preis tiefer als der Gleichgewichtspreis, kommt es zu einem **Nachfrageüberhang**. Man will mehr kaufen, als das Angebot hergibt.

Daraus folgt Regel 4: Ist die Nachfrage größer als das Angebot, steigt wiederum der Preis.

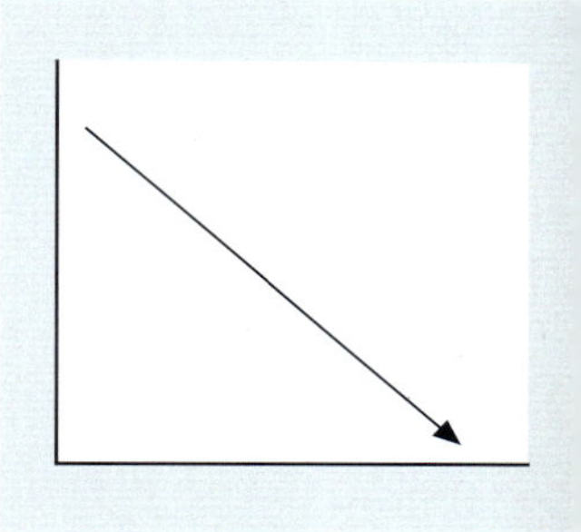

Was lehrt uns die grafische Darstellung?

Das Preis-Mengen-Diagramm verdeutlicht uns nicht nur, wie sich Preise auf dem Wochenmarkt bilden. Es lässt sich auf alle Märkte anwenden. Das Zusammenspiel von Angebot und Nachfrage liefert uns den Schlüssel zum Verständnis der Marktwirtschaft. Man braucht hier keine Behörde, die Preise bestimmt. Sie pendeln sich wie von selbst ein. Das Wirtschaftsgeschehen ist dabei dauernd in Bewegung. Sowohl das Angebot an Gütern als auch die Nachfrage nach ihnen ändern sich ständig. Man sollte lernen, das Wechselspiel von Angebot und Nachfrage genau zu beobachten, um sich als Marktteilnehmer zum eigenen Vorteil verhalten zu können. Allerdings ist die Aussagekraft eines Modells immer begrenzt. Es gilt nur unter bestimmten Voraussetzungen. Von denen wird auf der folgenden Seite die Rede sein.

Preis-Mengen-Diagramm zu Angebot und Nachfrage

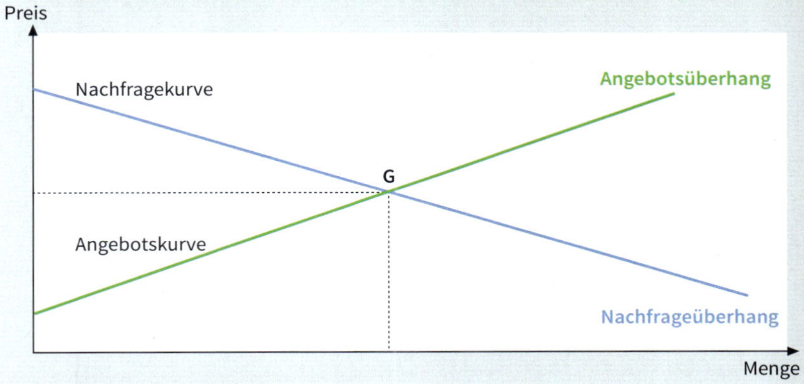

1. Erläutere das Preis-Mengen-Diagramm, indem du a) verdeutlichst, warum die Nachfrage- und Angebotskurve in unterschiedliche Richtungen verlaufen, und b) die Bedeutung des Gleichgewichtspreises sowie des Angebots- und Nachfrageüberhangs veranschaulichst.

2. Begründe, warum das Preis-Mengen-Diagramm der Schlüssel zum Verständnis der Marktwirtschaft ist.

3. Finde ein eigenes Wirtschaftsgut, an dessen Beispiel du die vier Regeln zur Preisbildung deutlich machen kannst.

E Was passiert, wenn ...?

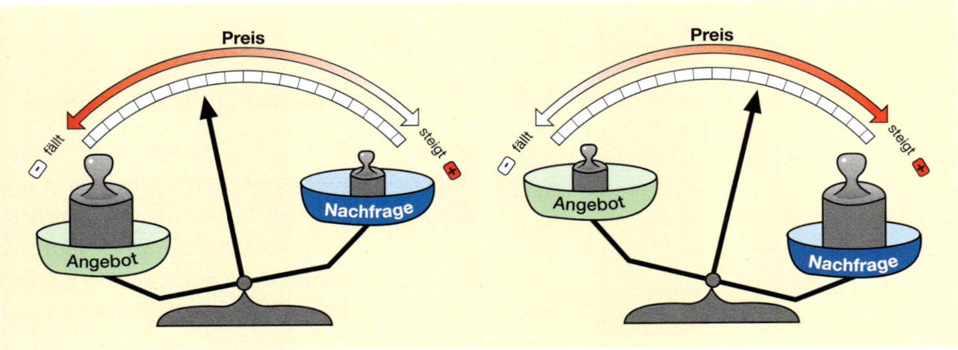

Vor einigen Jahren gab es in China einen Skandal wegen Verunreinigungen in Trockenmilchprodukten für Säuglinge. Daraufhin sanken in Deutschland die Preise für alle Arten von Milcherzeugnissen. Warum?
Die sinkende Nachfrage in China bremste die Ausfuhr deutscher Milchprodukte in dieses große Land. Das wiederum führte in Deutschland zu einem Überangebot an Milch und in der Folge zu sinkenden Preisen.
Märkte können von den unterschiedlichsten Ereignissen beeinflusst werden, von Rekord- oder Missernten, von neuen Moden, veränderten Essgewohnheiten, natürlich auch von der Werbung und von vielem anderen mehr. Ihr könnt das selbst anhand der Schlagzeilen aus Zeitungen untersuchen.

Tomaten aus Rekordernten in Südeuropa überschwemmen den deutschen Markt

Europäische Union begrenzt mit stren-geren Fischfangquoten die Fangmenge in europäischen Gewässern

Mieterschutzverein klagt über zu geringe Menge an bezahlbarem Wohnraum in den Städten

Ketchup, Fischstäbchen, Mietpreise

1. Welche Voraussetzungen müssen erfüllt sein, damit der Marktmechanismus in der Praxis so wie im Modell funktioniert? Beschreibe sie.
2. Welche Auswirkungen können die in den Zeitungsschlagzeilen geschilderten Ereignisse auf das Angebot, die Nachfrage und die Preise der dargestellten Produkte haben (Ketchup, Fischstäbchen, Wohnungsmieten)? Erläutere sie mithilfe der Zeichnung. (Das geht auch zu zweit.)
3. Warum gelten das Polypol als die beste Marktform und das Monopol als die schlechteste? Erkläre die Begriffe und stelle die Begründungen vor.

F Voraussetzungen für das Funktionieren der Preisbildung

Das wie von unsichtbarer Hand gesteuerte Einpendeln der Preise im Wechselspiel zwischen Angebot und Nachfrage wird in der Sprache der Wirtschaft als **Markt-Preis-Mechanismus** bezeichnet.
Dieser Markt-Preis-Mechanismus ist eine modellhafte Vorstellung. Vorausgesetzt wird, dass es viele Anbieter gibt und viele Nachfrager. Diese Marktform nennt man **Polypol**. Das heißt „Verkauf durch viele". Konkret bedeutet das, es gibt viele Produzenten, die gleiche oder weitgehend ähnliche Produkte anbieten und miteinander in Konkurrenz stehen; also viele Anbieter für Ketchup, Schokolade, Fischstäbchen usw. Die Konkurrenzsituation und der Wettbewerb zwischen den Produzenten zwingen die Anbieter zu ständigen Preisanpassungen. Das **Polypol** gilt allgemein als die am besten geeignete Marktform, weil es den Kunden eine große Auswahl ermöglicht.
Eine andere Marktform ist das **Monopol**, bei dem es nur einen Anbieter gibt. Hier gerät der Markt-Preis-Mechanismus außer Kraft, weil hier der einzige Anbieter den Preis einseitig festsetzen kann. Monopole gelten allgemein als die schlechteste Marktform.

G Perspektivwechsel: Wir als Bio-Landwirte auf dem Wochenmarkt: Wie gestalten wir den Preis?

Stellt euch folgende Situation vor:
Ihr seid eine Produktionsgemeinschaft biologisch produzierender Landwirte. Ihr habt 100 Salatgurken geerntet, die ihr auf dem Wochenmarkt im Angebot habt. Eure Gurken habt ihr ohne jeden Zusatz von Chemie gezüchtet. Als ihr über den Markt schlendert, stellt ihr fest, dass mehrere Anbieter Salatgurken aus fremden Herkunftsländern für 50 Cent anbieten. 50 Cent kostet euch schon die Erzeugung einer einzelnen Gurke. Mit den Billiggurken aus landwirtschaftlicher Massenproduktion werdet ihr mit eurem hochwertigen Produkt nicht konkurrieren können. Von einem anderen Bio-Bauern erfahrt ihr, dass dieser seine Bio-Gurken für 1,80 angeboten hat und daraufhin auf seiner Ware sitzen geblieben ist. Natürlich soll euch das nicht passieren. Ihr wollt einen Gewinn erzielen und möglichst alle Gurken verkaufen. Eure Hoffnung ist, dass die Kunden vom industriellen Produkt auf eure Bio-Gurken umsteigen.
Mit welchem Preis werdet ihr eure Biogurken auszeichnen?

Die Besprechung eurer Teamarbeit findet in zwei Runden statt:

Erste Runde: Alle Teams stellen in der Klasse ihren geplanten Einstiegspreis vor.

Nachdem die Preise aller Anbieter bekannt sind, setzt ihr euch erneut in den Teams zusammen und beratet:

- Werden wir unseren Preis aufgrund der Marktsituation verändern? Wenn ja, wie?
- Welche weiteren Möglichkeiten zusätzlich zu unserer Preisgestaltung haben wir, um die Nachfrage nach unserem Bio-Produkt zu steigern? Sammelt dazu möglichst viele Ideen.

So könnt ihr vorgehen:

1. Bildet Dreier- oder Vierergruppen. Jede Gruppe ist ein Team von Bio-Landwirten. Für alle gelten die gleichen Vorgaben. Ihr befindet euch also in einer Konkurrenzsituation. Kein Team kann wissen, wie die anderen Teams am Beginn des Marktes den Preis für die einzelne Gurke auszeichnen werden.
2. Errechnet und notiert: Wie hoch sind eure Gesamt-Erzeugerkosten?
3. Für welchen Mindestpreis könnt ihr eine einzelne Gurke verkaufen, ohne einen Verlust zu erleiden?*
4. Wie hoch müsste der Preis sein, wenn für jeden von euch beim Verkauf aller Gurken 20 Euro Gewinn übrig blieben?
5. Legt nun den Preis fest, von dem ihr annehmt, dass es der Gleichgewichtspreis sein wird, zu dem ihr alle Gurken verkaufen werdet.
5. Erstellt eine Zeichnung, in der ihr den erwarteten Gleichgewichtspreis veranschaulicht.

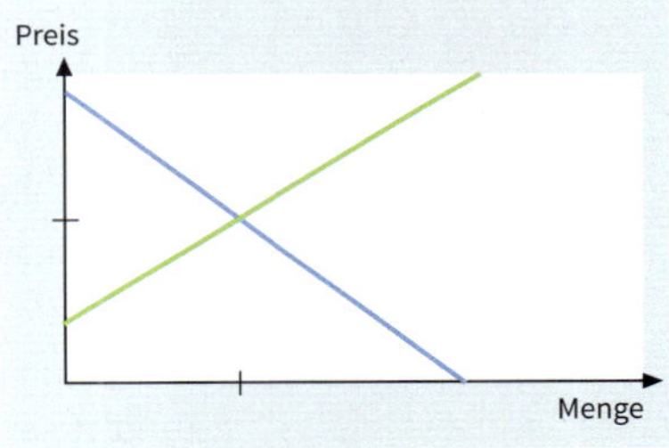

* Der Punkt, an dem die Einnahmen für den Verkauf einer Ware gleich hoch wie die Kosten sind, wird in der Wirtschaft als Nutzungsschwelle oder „break-even-point“ bezeichnet.

Zweite Runde: Alle Teams stellen erneut ihre der Marktsituation angepassten Preise und ihre weiteren Ideen zur Ankurbelung der Nachfrage vor.

3 Preisbildung zwischen Angebot und Nachfrage: Alles nur Theorie?

Modell und Praxis vergleichen, Aussagekraft des Modells bewerten

Die Theorie von der Preisbildung am Markt geht von der Annahme aus, dass der Preis der entscheidende Grund ist, der die Nachfrage steuert. Hier könnt ihr Theorie und Wirklichkeit miteinander vergleichen und herausfinden, was die Modellvorstellung von der Preisbildung erklärt und was nicht.

A Eine Einstiegsübung über Wollmützen

Stell dir vor, du machst auf einer Reise in eine fremde Stadt gerade einen Bummel durch die Fußgängerzone. Es ist Winter und schrecklich kalt. Alle anderen jungen Leute tragen Wollmützen. Nur du hast deine vergessen und nun eiskalte Ohren. Weil du frierst, entschließt du dich, eine Mütze zu kaufen. Schließlich befinden sich 50 Euro in deiner Reisekasse. Es gibt wahrscheinlich mindestens zehn Geschäfte in der Innenstadt, die Mützen im Angebot haben. Es gibt sie schon für 3,00 Euro, aber auch für 5, 10, 15 und sogar für 20 Euro – und natürlich gibt es sie in allen Farben, mit und ohne Bommel, modisch oder praktisch usw. Du kannst zunächst vergleichen oder ganz schnell zugreifen, du kannst zwischen dem billigsten und dem teuersten Angebot wählen.
Nach welchen Kriterien triffst du in dieser Situation deine Kaufentscheidung?

B Ergebnisse einer Schülerbefragung

Wir sprachen mit Schülerinnen und Schülern einer neunten Klasse über die Frage: Welche Rolle spielt für dich beim Einkaufen der Preis? Hier eine Auswahl der Antworten.

„Wenn ich zum Beispiel Lebensmittel einkaufe, informiere ich mich meist über den Preis und vergleiche auch des Öfteren. Wenn es jedoch ein Produkt ist, was ich unbedingt haben möchte, dann ist mir der Preis egal.“ Elias, 14 Jahre

„Ich warte manchmal eine Zeit lang ab, bis der Preis etwas gesunken ist.“ Fatma, 15 Jahre

Klar, ich achte immer auf den Preis. Mein Taschengeld ist sehr knapp. Da muss ich mir genau überlegen, wofür ich mein Geld ausgebe. Ich weiß, wo der Döner am billigsten ist, und da gehe ich hin, wenn ich Lust drauf habe.“ Hamit, 15 Jahre

„Ich entscheide beim Einkauf fast immer spontan. Der Preis ist mir egal. Wenn mir etwas gefällt, kaufe ich es.“ Jenna, 14 Jahre

Wie bewertest du die folgenden Einflussfaktoren?
10 = sehr hoher Einfluss; 1 = sehr geringer Einfluss

	10, 9, 8, 7, … 3, 2, 1
1. Preis	
2. Spontane Lust	
3. Höhe meines Taschengeldes	
4. Einfluss von Freunden	
5. Aktuelle Werbung	
6.Sonderangebote	
7. Verpackung, Präsentation	

1. Wie fällt deine Antwort auf die den Schülern gestellte Frage aus? Formuliere und tausche dich mit anderen darüber aus.

2. Einigt euch jeweils auf ein Produkt, zum Beispiel Döner, Schulhefte, T-Shirt, Sportschuhe. Geht dann jeweils den Fragebogen durch und verteilt in Einzelarbeit die Punkte von 1 bis 10. Sprecht dann in Gruppen und der Klasse darüber, welche Rolle der Preis und die anderen Einflussfaktoren jeweils spielen.

Was auch noch interessant sein kann:
- die Frage Schülern aus anderen Klassen vorlegen, Eltern, Freunde und andere Erwachsene befragen

C Herr Nützlich – der wirtschaftliche Idealbürger

„Mein Name ist Anton Nützlich. Ich bin der idealtypische Wirtschaftsbürger. Daher habe ich Modell gestanden bei der Vorstellung der Ökonomen, wonach der Preis hauptsächlich ausschlaggebend für den Kauf einer Ware ist. Bevor ich mich zum Kauf entschließe, studiere ich den Markt und vergleiche die Produkte und deren Preise. Das mache ich immer so, egal, ob ich Lebensmittel einkaufe oder ein Hemd oder ein Auto. Ich lasse mich bei allen Kaufentscheidungen vom Verstand leiten. Dabei handele ich nach dem Maximalprinzip, denn ich will mit meinem Geld stets den für mich maximalen Nutzen erzielen. Wenn ich umfassend über die Marktsituation informiert bin, greife ich zu. Ich kaufe natürlich keine schlechte Ware. Für Bio-Produkte gebe ich sogar etwas mehr Geld aus. Der zusätzliche Nutzen ist dann mein gutes Gewissen. Ich wähle aber unter allen Produkten, die meine strengen Qualitätsanforderungen erfüllen, immer das preisgünstigste Angebot."

D Modell und Wirklichkeit

Du wirst es gemerkt haben: Herr Nützlich ist keine real existierende Person. Er ist eine theoretische Konstruktion. Im Modell des Marktgeschehens geht man davon aus, dass dem Kaufen und Verkaufen stets vom Verstand geleitete, also rationale Entscheidungen zugrunde liegen. Der Mensch, der dieser Vorstellung entspricht, wird als **Homo Oeconomicus** bezeichnet. Als Käufer verfolgt er das Ziel, mit wenig Geld einen möglichst hohen Nutzen zu erzielen. Als Verkäufer möchte er mit geringem Kosteneinsatz möglichst hohen Gewinn erwirtschaften. Sein Handeln wird also stets vom ökonomischen Prinzip geleitet.

Die Modellvorstellung des kühl und klug abwägenden Wirtschaftsbürgers entspricht in vielem nicht der Wirklichkeit. Die Menschen handeln in Wirtschaftsfragen nicht immer verstandesgemäß und berechnend. Sie kaufen oft spontan ein und achten dabei wenig auf den Preis. Oft lassen sie sich auch von der Werbung verführen und treffen mit Freude sogar unvernünftige Entscheidungen. Geschmack, Moden und Gefühle sind auf der persönlichen Wertskala manchmal höher angesiedelt als klar definierte wirtschaftliche Kriterien.

Chancen und Grenzen

Wenn die Wirklichkeit nicht in allen Punkten einer modellhaften Vorstellung entspricht, könnte man zum Schluss kommen, das Modell sei wertlos.

Das wäre aber ein großer Irrtum bezüglich des Modells der Preisbildung am Markt. In der Welt unserer Wirtschaft werden nahezu alle Kaufentscheidungen über Märkte abgewickelt. Die Tatsache, dass sich Preise in der Regel im Zusammenspiel von Angebot und Nachfrage quasi automatisch einpendeln, liefert uns die Grundlage zum Verständnis der Marktwirtschaft. Nur so können wir verstehen, warum Preise ständig in Bewegung sind und warum es in der Regel keiner staatlichen Behörde bedarf, die Preise festsetzt. Das Modell erklärt nicht alles, trägt aber dazu bei, Klarheit über das wirtschaftliche Geschehen zu gewinnen. Auch kann es nicht schaden, sich am Modell des rational handelnden Wirtschaftsbürgers bei zukünftigen Kaufentscheidungen zu orientieren.

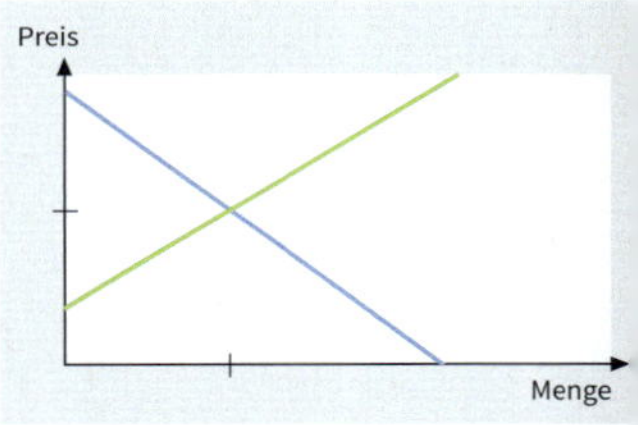

@ SNG-23610-004

Hier findet ihr ein Video, das den Homo Oeconomicus anschaulich erklärt.

3. Von welchen Überlegungen lässt sich der idealtypische Wirtschaftsbürger bei seinen Kaufentscheidungen leiten? Nenne mindestens drei.

4. Was erklärt uns die modellhafte Vorstellung von der Preisbildung am Markt, was erklärt es uns nicht? Stelle die Chancen und Grenzen einander gegenüber.

5. Wie hilfreich ist für dich und deine zukünftigen Kaufentscheidungen die modellhafte Vorstellung vom rational handelnden Wirtschaftsbürger? Erörtere die Vor- und Nachteile.

4 Was hat der Staat mit dem Preis eines Döners zu tun?

Die Bedeutung von Steuern für die Preisbildung erläutern

A Ein Kassenzettel

Den abgedruckten Kassenzettel erhielt ein Autor von TEAM Wirtschaft auf seiner Fahrt zu einem Autorentreffen.

- Sieh dir den Zettel genau an und finde heraus, wie sich der Preis von 7,10 Euro zusammensetzt.

B Der Staat kassiert mit

Bisher hast du gelernt, dass der Verkaufspreis einer Ware sich im Zusammenspiel zwischen Angebot und Nachfrage einpendelt. Der Verkäufer kalkuliert, indem er seinen Erzeugerpreis zugrunde legt und auf diesen eine Summe draufpackt, mit der er einen Gewinn erzielen will. Der Kunde reagiert auf das Preisangebot, entweder indem er es akzeptiert oder als zu teuer ablehnt. So pendelt sich der Marktpreis ein.

Schaust du dir einen Rechnungsbeleg genauer an, wirst du feststellen, dass das noch nicht alles ist. Unterhalb der zu zahlenden Summe weist der Beleg aus, wie sich der Preis insgesamt zusammensetzt. Du siehst: Der Staat kassiert mit. Immer, wenn du einen Döner kaufst oder den Friseur bezahlst, ist der Staat dabei und verlangt seinen Anteil. Der Name der Steuer, die beim Handel mit Waren und Dienstleistungen fällig wird, ist **Umsatzsteuer**. Oft wird sie auch **Mehrwertsteuer** genannt.

RECHNUNG
Nr.: 1634480 23.01.2017 13:24
Seite: 1
Tisch: D-Verkauf
1 Curry "Betz" 2,80 2,80
1 Pommes klei 1,80 1,80
1 Mineralwasser 0,5 l 2,50 2,50
Summe: 7,10€
Bargeld 7,10€

	Netto	Steuer	Brutto
incl. 19% Mwst:	2,10€	0,40€	2,50€
incl. 7% Mwst:	4,30€	0,30€	4,60€

Steuernr.:

Zum Wesen von Steuern gehört, dass sie nicht frei verhandelbar sind. Ihre Höhe ist gesetzlich geregelt. Der Anbieter muss sie seinem Preis hinzufügen. Der Kunde muss sie bezahlen. Die Höhe der Umsatzsteuer beträgt in Deutschland zurzeit (2018) 19 Prozent. Bietet ein Verkäufer eine Ware zu 100 Euro an, fügt er 19 Prozent hinzu, sodass sie den Käufer 119 Euro kostet. Diese 19 Euro des „Mehrwertes" führt der Verkäufer an das Finanzamt ab. Der Preis brutto ist die Summe aus Preis netto plus Steuer.

Mal niedrige, mal höhere Steuer auf einen Döner

Manchmal – und jetzt beginnt es, etwas kompliziert zu werden – muss er allerdings nur sieben Prozent an das Finanzamt überweisen. Für eine Reihe von Gütern gilt nämlich ein ermäßigter Steuersatz von sieben Prozent. Unter anderem gehören Lebensmittel dazu. Dies führt in der Praxis zu einigen Merkwürdigkeiten: Kaufst du dir zum Beispiel einen Döner an einem Imbissstand und nimmst ihn mit, gilt er rechtlich als Lebensmittel und es wird der ermäßigte Steuersatz fällig. Verzehrst du deinen Döner an einem gemütlichen Tisch, den der Standbetreiber seinen Kunden anbietet, zahlst du den vollen Satz von 19 Prozent, weil für Restaurantverkäufe der volle Umsatzsteuersatz gilt.

1. Erkläre am Beispiel des Rechnungszettels, wie sich der Endpreis von 7,10 Euro zusammensetzt.
2. Beschreibe, wodurch sich Netto- und Bruttopreise unterscheiden.
3. Wie kommt es, dass der gleiche Döner beim gleichen Anbieter zu unterschiedlichen Preisen angeboten werden kann? Erläutere es jemandem, der nichts darüber weiß.

Was auch noch interessant sein kann:

- Kassenzettel studieren: Achte bei deinen nächsten Einkäufen auf die Zusammensetzung des Rechnungsbetrages.

C Die Bedeutung von Steuern für die Preisbildung am Markt

Steuern – ganz allgemein

Wo nimmt der Staat das Geld her, das er zur Erfüllung seiner Aufgaben braucht, zum Beispiel für den Bau der Straße, an der sich ein Imbissstand befindet, oder für die Straßenbeleuchtung oder für all das andere, was wir tagtäglich an öffentlichen Leistungen in Anspruch nehmen? Ganz einfach: Er kassiert Steuern. Steuern sind Abgaben der Bürger an den Staat, welcher diese zur Erfüllung all der Aufgaben erhebt, die einzelne Menschen nicht leisten können. Steuern müssen bezahlt werden, ohne dass man dafür eine direkte Gegenleistung beanspruchen kann. Der Staat und seine gewählten Vertretungen entscheiden, was mit den Steuern geschieht.

Die Umsatzsteuer

Die Umsatzsteuer (auch Mehrwertsteuer genannt) ist die wichtigste Steuer im Land, weil sie dem Staat die höchsten Einnahmen beschert. 2018 waren das zum Beispiel knapp 230 Milliarden Euro. Den zweiten und den dritten Platz belegen die Lohnsteuer und die Einkommenssteuer. Im Unterschied zur Lohnsteuer, die vom Lohn eines Arbeitnehmers direkt an das Finanzamt fließt, zählt die Umsatzsteuer zu den *indirekten Steuern*. Sie ist ein Bestandteil des Kaufpreises und man zahlt sie als Käufer, obwohl der Verkäufer sie an das Finanzamt abzuführen hat. Das Umsatzsteuergesetz kennt mehrere Steuersätze, den allgemeinen Steuersatz von 19 Prozent und den ermäßigten Satz von 7 Prozent. Der ermäßigte Steuersatz gilt für Lebensmittel, Bücher, Zeitungen und Kunstgegenstände und – seit 2011 – auch für Hotelübernachtungen. Alle Menschen sollen sich Lebensmittel leisten können, alle sollen Zugriff auf Bücher, Zeitungen und Kunst haben. Soziale Gerechtigkeit ist der Wert, der die Begründung für die unterschiedlichen Umsatzsteuersätze liefert.

Aus diesem Grund sind auch mehrere zu bezahlende Leistungen völlig von der Umsatzsteuer befreit. Heilbehandlungen von Ärzten gehören dazu und Leistungen für die Betreuung und Pflege hilfsbedürftiger Personen.

Weitere Einwirkungen des Staates auf die Preisbildung

Alkopop-Getränke sind bei jungen Leuten beliebt, aber ungesund. Das sind alkoholhaltige Süßgetränke mit einem Alkoholgehalt zwischen 1,2 und 10 Prozent. Bei ihrem Kauf wird zusätzlich zur Umsatzsteuer die *Alkopopsteuer* fällig. Der Staat hat sie eingeführt, um die Preise künstlich zu verteuern und die Nachfrage zu senken. Der staatliche Auftrag, die Gesundheit der Menschen zu schützen, ist hier der Wert, der den Eingriff auf die Preisbildung rechtfertigt. Das Gleiche gilt für die Tabaksteuer.

Manche Leute finden es ärgerlich, Steuern zahlen zu müssen. Wer gibt schon gerne Geld ohne Gegenleistung aus? Man kann es aber auch so sehen: Wir zahlen Geld in eine Gemeinschaftskasse, damit wir die Aufgaben bewältigen können, zu denen wir allein nicht in der Lage sind.

Preisbildung netto und brutto

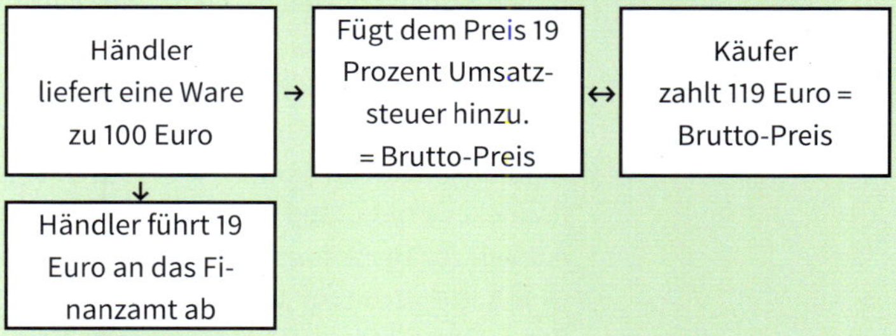

1. Was sind Steuern und warum gibt es sie? Erkläre den Zusammenhang.
2. Warum handelt es sich bei der Umsatzsteuer um eine indirekte Steuer? Begründe es anhand des Schaubildes.
3. Erläutere die Umsatzsteuer, indem du ihre Bedeutung für den Staat vorstellst, ihre Auswirkungen auf den Preis und die Begründungen für die Unterschiedlichkeit.
4. Stelle weitere Steuerarten und deren Begründung vor, mit denen der Staat auf die Preisbildung einwirkt.

5 Die Börse: Beispiel für einen ganz besonderen Markt

Angebot und Nachfrage am Spezialmarkt Börse erläutern

A Die Börsennachricht des Tages

Guten Abend, meine Damen und Herrn! Die Stimmung an der Frankfurter Börse hat sich zu Beginn dieser Woche deutlich aufgehellt. Ein Grund dafür mag der soeben veröffentlichte Frühjahrsbericht des Deutschen Instituts für Wirtschaft sein, welcher der Mehrheit der Unternehmen eine günstige Gewinnentwicklung für das laufende Geschäftsjahr voraussagt. Auf längere Frist kann der DAX die 20 000-Marke durchaus knacken. Diese positive Kursentwicklung lässt viele Aktionäre auf steigende Renditen und Dividenden hoffen.

- Was kannst du dieser Nachricht über das, was an der Börse geschieht, entnehmen? Notiert eure Gedanken und beratet zu zweit.

B Der Fall: Emilian will Aktien kaufen

1500 Euro hat der Student Emilian mit Jobs in den Semesterferien verdient und sich entschlossen, 1000 davon anzulegen – und zwar in Aktien. Er will damit den Grundstein legen für seine sichere finanzielle Zukunft. Emilian weiß, dass Aktien an der Börse gehandelt werden, und auch, dass man nicht einfach zur Börse hingehen und sagen kann: „Ich hätte gerne für tausend Euro Aktien!" Sein Weg führt zu einer Sparkasse. Er hat dort einen Termin mit Bankkauffrau Sommer. „Wie geht das mit dem Aktienkauf?" fragt er sie als Erstes. „Um Aktien zu kaufen, müssen Sie ein Depotkonto eröffnen, am besten hier bei uns. Es geht auch online", erklärt Frau Sommer: „Dieses Depot dient zur Aufbewahrung von Aktien. Damit ausgestattet, beauftragen wir als Bank einen unserer an der Börse zugelassenen Händler, die von Ihnen gewünschten Aktien zu kaufen. Für die Verwaltung Ihres Depotkontos berechnen wir eine Gebühr. „Das kostet ja Geld", denkt Emilian und fragt nach: „ Wie kann ich es schaffen, durch Aktienkäufe mein Geld zu vermehren?

„Indem Sie Aktien mit hoher Rendite erwerben und möglichst von Unternehmen, die ihren Aktionären jährliche Dividenden auszahlen."

„Rendite und Dividende – Was bedeutet das konkret?"

„Würden Sie zum Beispiel zu einem späteren Zeitpunkt Ihr Aktienpaket von 1000 Euro zu 1100 Euro verkaufen, hätten Sie eine Rendite von 10 Prozent erwirtschaftet. Eine Rendite ist der prozentuale Gewinn am Wert einer Aktie. Die Dividende ist ein Anteil am Gewinn eines Unternehmens. Erfolgreiche Unternehmen zahlen sie in jährlichen Abständen an ihre Aktionäre aus."

„Ich möchte nur Aktien erfolgreicher Unternehmen mit hoher Gewinngarantie kaufen", betont Emilian.

„Das möchten alle, aber eine Gewinngarantie gibt es am Aktienmarkt nicht", winkt Frau Sommer ab. Aktienpreise können stündlich steigen und fallen. So was nennt man Kursschwankungen. Man geht also immer ein Risiko ein. Das Angebot ist riesig. Man sollte den Markt studieren, um zu wissen, auf welche Aktienanbieter man setzt. Wir beraten Sie natürlich gerne dabei", erklärt Frau Sommer lächelnd. „Vielen Dank dafür", meint Emilian nun, „ich denke, ich mach mich erst mal weiter schlau."

1. Wie geht man vor beim Kauf von Aktien? Beschreibe es am Beispiel von Emilian.
2. Was unterscheidet aus der Sicht des Käufers den Erwerb von Aktien vom Kauf von Obst und Gemüse auf dem Wochenmarkt? Erkläre die Unterschiede, die in diesem Gespräch deutlich werden. Benutze dabei die Fachbegriffe Rendite und Dividende.
3. Versetze dich in Rolle von Emilian: Was würdest du an seiner Stelle tun, bevor du dich zum Aktienkauf entschließt?

C Börse

Markt für Wertpapiere

Eine Börse ist ein regelmäßig stattfindender Markt, an dem mit Wertpapieren gehandelt wird. Zu den bekanntesten Wertpapieren zählen die Aktien. Eine *Aktie* ist ein Dokument, mit dessen Kauf der Anleger einen Anteil an einem Unternehmen erwirbt.
Durch den Handel mit Aktien haben Unternehmen die Möglichkeit, an größere Mengen von Geld zu kommen, das sie für Investitionen benötigen. Voraussetzung für die Zulassung an der Börse ist, dass ein Unternehmen eine Aktiengesellschaft ist. Eine Besonderheit an den Börsen besteht darin, dass hier Käufer und Verkäufer sich nicht direkt begegnen. Sie werden durch Börsenmakler vertreten (englisch „Broker" genannt). Diese handeln im Auftrag ihrer Kunden und sind speziell für die Abwicklung von Börsengeschäften ausgebildet. Börsen stehen wegen ihrer großen Bedeutung für die Wirtschaft unter staatlicher Aufsicht. Das Börsengesetz regelt ihre Organisation.

Preisbildung am Aktienmarkt

Preise bilden sich an der Börse in einem dauernden Aufeinandertreffen von Angebot und Nachfrage. Im Sekundentakt werden hier Aktien ge- und verkauft und ständig ändern sich die Preise. In früheren Zeiten ging es deshalb stets laut an den Börsen zu. Mittlerweile ist es still geworden und man hört höchstens noch das Klappern der Computertastaturen.
Bei den Preisen für Aktien unterscheidet man zwischen dem *Nennwert* und dem *Kurswert*. Der Nennwert ist der Wert einer Aktie zum Zeitpunkt ihrer Einführung. In der Praxis des Kaufens und Verkaufens spielt er keine Rolle. Hier ist immer der aktuelle Kurswert maßgeblich. Das ist der Wert, der jeweils aktuell für eine Aktie am Markt erzielt werden kann. Er ist ständig in Bewegung, je nachdem, wie groß Nachfrage und Angebot gerade sind. Eine gut sichtbare Kurve zeigt die allgemeine Kursentwicklung. Alle Anleger spekulieren auf eine Wertsteigerung ihrer Aktien. Der prozentuale Anstieg gegenüber dem Kaufpreis ist die erhoffte *Rendite*. Rendite ist immer das, was man bei einer Geldanlage verdient. Da sie mit ihren Aktien auch einen Anteil am Wert der Firma erworben haben, hoffen die Anleger auch auf eine Dividende. Das ist der Anteil am Gewinn, den die Firma ihren Aktionären auszahlt.

1. Notiere während des Lesens die *kursiv* gedruckten Begriffe und füge ihnen im Anschluss daran Definitionen in jeweils einem Satz hinzu.
2. Erläutere den Prozess der Preisbildung am Aktienmarkt im Zusammenspiel zwischen Angebot und Nachfrage.
3. Versetze dich in die Situation eines Käufers von Aktien: Was ist aus dieser Sicht das Spannende am Börsenmarkt? Charakterisiere es.

Blick in das Innere der Frankfurter Börse. Weitere Börsen in Deutschland gibt es in Berlin, Düsseldorf, Hamburg, Hannover, München und Stuttgart.

@ SNG-23610-005

Hier findet ihr ein von der Börse in Stuttgart herausgegebenes Lernspiel zum Thema Börse.

Devisen und Güter

Neben dem Handel mit Wertpapieren wird an den Börsen auch mit Währungen gehandelt. Man kann an der Börse zum Beispiel mit Euros Dollar kaufen mit dem Ziel, durch Währungsschwankungen einen Gewinn zu erzielen. Der Handel mit ausländischen Währungen wird als Devisenhandel bezeichnet.
Auch Güter werden an der Börse gehandelt, zum Beispiel Gold, Öl, Zucker, Kakao. Alle an der Börse gehandelten Produkte müssen klar definiert und untereinander vergleichbar sein. Das ist wichtig, weil die Käufer die Ware weder sehen, noch mit nach Hause nehmen können und trotzdem genau wissen wollen, worum es sich handelt.

D Warum wird die Börse vom Bullen und Bären bewacht?

Vor der Börse in Frankfurt stehen die Skulpturen eines Bullen und eines Bären. Beide Tiere sind Symbole für positive und negative Kursentwicklungen an der Börse. Der stolze Bulle mit den prächtigen Hörnern steht für eine längerfristige Aufwärtstendenz der Kurse. Diese wird in der Fachsprache *Hausse* genannt. Der Stier stößt mit seinen Hörnern nach oben. Der Bär mit gesenktem Schädel steht für die längerfristige Abwärtstendenz. Wenn die Kurse nach unten stürzen, spricht man von einer *Baisse* an der Börse.

In der Phase der Hausse kann man Wertpapiere verkaufen und Gewinne erzielen. In der Phase der Baisse gehen die Preise für Wertpapiere auf breiter Front zurück. Man kann nun Wertpapiere vergleichsweise billig kaufen und auf Kursanstiege hoffen.

Noch ein Börsentier, der Dax

Um die Entwicklung der Kurse besser verfolgen zu können, wurden sogenannte Indizes eingeführt. Ein Index ist eine Kennziffer, die einen aktuellen Wert angibt. Der Dax mit x ist also kein Tier, sondern der deutsche Aktienindex. Er zeigt die durchschnittliche Wertentwicklung der 30 größten und umsatzstärksten deutschen Unternehmen an. Dieser Aktienkorb Dax startete 1988 mit dem Wert 1000. Liegt er aktuell bei 12 000 oder mehr oder weniger Punkten, so zeigen die Zahl und der Kurvenverlauf dahin an, wie sich die Aktienwerte entwickelt haben und was der aktuelle Stand ist. Man sieht an der Dax-Kurve sofort, ob es an der Börse aufwärts- oder abwärtsgeht. Ein weiterer wichtiger deutscher Aktienindex ist der neuere TecDax, der die Entwicklung der 30 wichtigsten technischen Unternehmen in Deutschland zeigt.

In den Nachrichten ist außerdem oft auch vom DOW Jones die Rede. Das ist der amerikanische Aktienindex. Die Entwicklung an der Börse in New York und an anderen wichtigen Finanzplätzen auf der Welt hat immer auch Auswirkungen auf die Dax-Kurve, da die Wirtschaftsmärkte weltweit verflochten sind.

1. Hausse, Baisse und Aktienindex: Erkläre, was diese Fachbegriffe mit den Entwicklungen an der Börse zu tun haben.
2. Was kann der Grund dafür sein, dass die Börsenmaklerin auf dem Foto so interessiert auf den Verlauf der DAX-Kurve an der Frankfurter Börse schaut? Ermittele mögliche Gründe dafür aus dem Text.
3. Sieh dir noch einmal die Börsennachricht am Beginn dieses Unterkapitels an (Material A). Erläutere mit deinem neuen Wissen nun deren Inhalt so präzise wie möglich.

E Von welchem Unternehmen werdet ihr Aktien kaufen?

Hier könnt ihr selbst Kapital investieren und über den Kauf von Aktien entscheiden. Stellt euch vor, ihr habt ein Kapital von 1000 Euro zur Verfügung. In die nähere Auswahl für eure Investitionen haben es vier Unternehmen geschafft. Ihr könnt Aktien von einem Unternehmen kaufen, von zweien, dreien oder allen vieren.

Euer Auftrag:

1. Ermittelt der Reihe nach für jede der vier Firmen die möglichen Zukunftschancen und -risiken.
2. Beratet gemeinsam, bei welchen der Unternehmen eurer Ansicht nach Chancen auf hohe Renditen und Dividenden bestehen.
3. Entscheidet, indem ihr eure 1000 Euro investiert.
4. Begründet eure Entscheidung in der Klasse und vergleicht sie mit anderen.

Die Sonnenenergie AG

stellt Solarstromanlagen zur Umwandlung von Sonnenergie in elektrische Energie her und hat 180 Mitarbeiter. Bisher hat das Unternehmen seine Produkte nur im deutschsprachigen Raum vertrieben. Dort haben die Stromanlagen bei den Kunden einen ausgezeichneten Ruf. In Zukunft will die Firma weltweit expandieren. Man verspricht sich gute Marktchancen in den sonnenreichen Ländern im Süden. Um das zu schaffen, wird die Firmenleitung kräftig in die Erweiterung der Produktion investieren müssen. Auch ist mit hoher Konkurrenz von Herstellern aus China und anderen asiatischen Ländern zu rechnen, deren Produkte meist preisgünstiger sind.

Kursverlauf der Aktie in den letzten sechs Monaten: leicht ansteigend von 23 auf aktuell 25 Euro.

Die Runquick AG

ist aus einer ehemaligen Schuhfabrik hervorgegangen, deren Produkte sich im hart umkämpften Modeschuhmarkt nicht mehr behaupten konnten. Das Unternehmen tritt nun mit neuem Namen auf und konzentriert sich auf den Verkauf von Sportschuhen. Ihre neue Sportschuhkollektion hat bereits kurz nach ihrer Einführung außergewöhnlich gut bei mehreren Warentests abgeschnitten. Die Schuhe sind technologisch besonders belastungsschonend und optisch ansprechend. Zielgruppe sind Menschen, die bereit sind, für einen Top-Schuh etwas mehr auszugeben. Mit ihren 150 Mitarbeitern ist die AG ziemlich klein im Vergleich zu den großen Sportartikelherstellern.

Die Aktie startet an der Börse mit einem Nennwert von 5,00 Euro.

Die Feelfreeonwater AG

ist ein Unternehmen, das bereits seit 25 Jahren alles anbietet, was man zum Surfen braucht, Surfbretter, Anzüge, Transportmittel etc. Das Unternehmen verkauft weltweit, hat Zweigniederlassungen in mehreren Ländern und insgesamt über 2500 Beschäftigte. Vor einem Jahre geriet die Firma in eine Krise. Der Grund waren zwei schwere Sportunfälle, zu denen es mit Surfbrettern der Firma gekommen war. Neu im Angebot sind nun Produkte für das Kite-Surfen, wobei der Surfer von einem Lenkdrachen (engl. Kite) gezogen wird. Die Sicherheitsvorkehrungen wurden deutlich verbessert.

Kursverlauf der Aktie im vergangenen Jahr: fallend von 32 auf aktuell 20 Euro.

Die Dreamland AG

Diese AG wurde neu von einer Gruppe von Investoren gegründet, die zusammen eine Million Euro als Gründungskapital investiert haben. Die AG plant den Bau und die Betreibung von Freizeitparks in ganz Europa. Den Firmengründern ist bekannt, dass es bereits zahlreiche Freizeitparks gibt, von denen einige um das wirtschaftliche Überleben kämpfen. Dreamland wirbt mit einem besonders familienfreundlichen Konzept. Familien zahlen hier einen Pauschalpreis und können dann alle Angebote, Getränke und Speisen inklusive, in Anspruch nehmen. Dreamland startet neu an der Börse und bietet zunächst 100 000 Aktien an.

Der Nennwert der Aktie beim Börsenstart beträgt 10 Euro.

6 Wer schützt die Verbraucher, wenn der Markt versagt?

Marktversagen an Beispielen erläutern und Lösungsmöglichkeiten beurteilen

Das Marktgeschehen funktioniert, solange es viele Anbieter gibt, die sich in einer Konkurrenzsituation befinden und miteinander in einem Wettbewerb stehen. Wahrscheinlich hast du es auch selbst schon einmal erlebt, Konkurrenz ist nicht immer schön und Wettbewerb kann auf Dauer sehr anstrengend sein. So ist es auch in der Wirtschaft. Weil das so ist, neigen Unternehmen dazu, den lästigen Wettbewerb zu verhindern oder keine Konkurrenz zuzulassen. In beiden Fällen kann es dann zu einem sogenannten Marktversagen kommen. Auch negative äußere Einflüsse können das Marktgeschehen beeinträchtigen. Hier findet ihr für jede dieser Möglichkeiten je ein Beispiel.

A Fallbeispiele:

Beispiel 1: Das verbotene Schokoladenkartell

Schokoladenhersteller haben von Kunden über einen Zeitraum von mehr als fünf Jahren hinweg überhöhte Preise verlangt. Das Bundeskartellamt hat deswegen im Jahr 2013 Bußgelder von rund 60 Millionen Euro gegen insgesamt 11 Unternehmen der Süßwarenindustrie verhängt. Die Wettbewerbshüter beschuldigen die Unternehmen und ihre verantwortlichen Vertriebsleiter, dass sie Verkaufspreise für Tafelschokolade und Schokoriegel untereinander abgesprochen oder sich zumindest gegenseitig über den Stand der Preisverhandlungen mit dem Einzelhandel informiert hätten.

Die drei Fälle können arbeitsteilig in Dreiergruppen bearbeitet werden. Jedes Gruppenmitglied liest einen der Fälle, bearbeitet dazu die Arbeitsaufträge 1, 2 und 3 und stellt sein Ergebnis den übrigen Gruppenmitgliedern vor.

Hintergrund

Heimliche Preisabsprachen zwischen verschiedenen Unternehmen des gleichen Wirtschaftszweiges sind in Deutschland gesetzlich verboten. Grundlage dafür ist das Gesetz gegen Wettbewerbsbeschränkungen (GWG). Im Paragrafen eins dieses Gesetzes steht, dass Vereinbarungen zwischen Unternehmen verboten sind, die den Wettbewerb einschränken. Solche verbotenen heimlichen Preisabsprachen werden als Kartelle bezeichnet. Deshalb wird das Gesetz oft auch „Kartellgesetz" genannt. Das Bundeskartellamt mit Sitz in Bonn hat die Aufgabe, die Unternehmen zu überwachen, um heimliche Preisabsprachen zu verhindern. Bei Verstößen gegen das Kartellgesetz kann es hohe Bußgelder verhängen.

Beispiel 2: Das Monopol der Deutschen Bahn

Mehr als 75 Jahre lang war die Deutsche Bundesbahn im innerdeutschen Schienenfernverkehr der einzige Anbieter. Wer von Stuttgart nach Hamburg mit dem Zug reisen wollte, musste den Ticketpreis der Bahn akzeptieren. Eine andere Möglichkeit, das Ziel mit dem Zug zu erreichen, gab es nicht. Damit hatte die Bahn ein sogenanntes Angebotsmonopol. Das ist eine Marktform, bei der es nur einen Anbieter, aber viele Nachfrager gibt. Ursprünglich hatte der Staat das

Bahnmonopol ganz bewusst eingeführt, um die flächendeckende Versorgung zu garantieren. Die Bahn sollte möglichst überall hinfahren und nicht nur dahin, wo es sich wirtschaftlich lohnt. Seit 2014 ist ein Gesetz in Kraft, welches das hundertprozentige Monopol der Bahn beendet.

Hintergrund

Das neu gefasste Personenbeförderungsgesetz erlaubt es auch privaten Anbietern, das Schienennetz der Bahn zu benutzen. Vor allem dürfen seitdem Fernbusse überall in Deutschland unterwegs sein, was vor der Gesetzesänderung verboten war.
Die Fernbusregelung hat rasch zu einer echten Konkurrenz für die Bahn geführt. 2015 nutzten 23 Millionen Fahrgäste diese neue Möglichkeit, vor allem wegen der vergleichsweise günstigen Preise. Bei der Bahn führte die Beendigung des Angebotsmonopols zu einem Umdenken. Es gibt seitdem eine Vielzahl von Sonderangeboten für Bahnreisende.

Beispiel 3: Vorteile erwirtschaften durch Schädigung anderer

Für einen Industriebetrieb, der zum Beispiel Waschmittel oder andere chemische Produkte herstellt, verursacht die Reinigung des in der Produktion entstehenden verschmutzten Wassers und der mit Schadstoffen belasteten Luft hohe Kosten. Eingerechnet in den Verkaufspreis verteuern diese Kosten die angebotenen Produkte. Das wiederum kann zu einer sinkenden Nachfrage führen und schmälert so den Unternehmensgewinn.
Um diesem Nachteil zu entgehen, gab es in der Vergangenheit wiederholt Fälle, bei denen Betriebe ihr vergiftetes Abwasser ungereinigt in den nächstgelegenen Fluss einleiteten. Sie taten das in der Absicht, Kosten zu sparen. Allerdings waren die Kosten trotzdem da. Sie wurden sogar viel größer. Es starben auch die Fische im Fluss und möglicherweise wurde einer in der Nähe gelegenen Fischzuchtanlage die Existenzgrundlage entzogen. Die Verursacher der Kosten kümmerte das nicht. Sie gingen davon aus, dass andere sie übernehmen.

In solchen Fällen spricht man in der Sprache der Wirtschaft von einem *negativen externen Effekt*. Das bedeutet, dass derjenige, der die Kosten verursacht, sich nicht selbst damit belastet, sondern anderen die Begleichung zumutet. Auf die Geschädigten kommt extern (= von außen) etwas Negatives zu, für das sie selbst nichts können.
Negative externe Effekte gelten als eine besonders schlimme Form des Marktversagens, weil sich hier einer der Akteure eine vorteilhafte Marktposition zulasten anderer verschafft.

Hintergrund

Bis weit in die Hälfte des letzten Jahrhunderts hinein waren Umweltschädigungen auf Kosten anderer übliche Praxis. Flüsse wie die Ruhr, der Main und der Rhein galten als nahezu biologisch tot. Nach und nach hat die Politik die Problematik negativer externer Effekte bezüglich der Kosten für die gesamte Gesellschaft erkannt. Es wurden strenge Umweltgesetze zum Schutz des Wassers, des Boden und der Luft eingeführt. Wer gegen sie verstößt, macht sich der Umweltkriminalität schuldig und muss mit Strafen rechnen. Dass die Kosten von Umweltbelastungen bei der Produktion von Gütern in die Marktpreise eingerechnet werden müssen, gilt weiterhin als unerreichtes Ziel.

Sauberes Wasser – wichtigstes Lebensmittel für alle

1. Stelle das von dir bearbeitete Fallbeispiel und die Hintergründe dazu mit deinen eigenen Worten vor.
2. Erkläre, worin in diesem Fall die wirtschaftliche Problematik besteht.
3. Beschreibe, was unternommen wurde, um gegen die Einschränkung des Marktgeschehens vorzugehen und die Verbraucher zu schützen.
4. Tauscht euch in der Gruppe darüber aus, was die Wesensmerkmale und die Nachteile von Kartellen, Monopolen und negativen externen Markteinflüssen sind.
5. Wie beurteilt ihr die drei geschilderten Fälle hinsichtlich ihrer Auswirkungen auf die unterschiedlichen Marktteilnehmer und auf eure Vorstellung von Fairness im wirtschaftlichen Verhalten? Entwickelt dazu eine gemeinsame Stellungnahme und stellt sie vor.

B Bei welcher Marktform haben die Verbraucher die größte Macht?

Verbraucher üben Macht aus, indem sie durch ihr Kaufverhalten die Menge und Qualität der angebotenen Produkte beeinflussen. Auch die Preisbildung hängt von ihren Kaufentscheidungen ab. Eine wichtige Rolle spielt bei diesen Einflüssen die jeweilige Marktform. Nach der Anzahl der Anbieter lassen sich grundsätzlich drei verschiedene Marktformen unterscheiden. Hier könnt ihr die Macht des Verbrauchers für jede der drei Marktformen ermitteln.

Tipp: Arbeitsteilige Vorgehensweise und Lösung der Arbeitsaufträge in Gruppen

1. Das Polypol

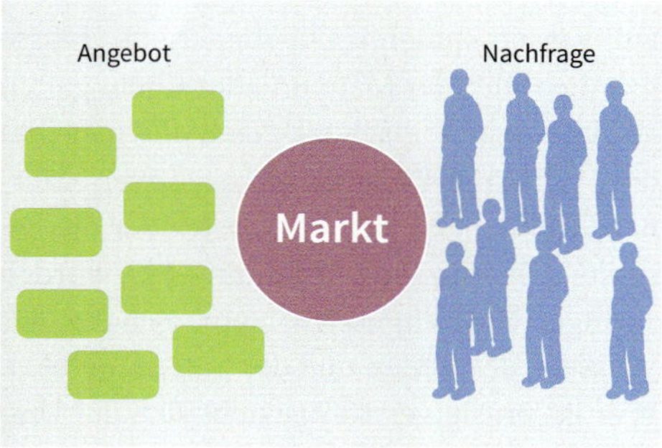

ist die Marktform, bei der viele Anbieter, die gleiche und ähnliche Produkte herstellen, auf viele Nachfrager treffen. Die Anbieter befinden sich hier in einem Wettbewerb um die Gunst der Kunden. Gibt es zum Beispiel mehr als zehn oder zwanzig Hersteller für Butter, so kann ein Anbieter nicht 5,00 Euro für ein 250-Gramm-Paket verlangen, wenn der Durchschnittspreis bei 2,00 Euro liegt. Die Kunden würden in diesem Fall ein Produkt der billigeren Konkurrenten vorziehen.

Die Angebotseite hat im Polypol nur wenige Möglichkeiten, den Prozess der Preisbildung am Markt zu steuern. Sie kann es mit besonderen Werbemaßnahmen versuchen, zum Beispiel durch die Botschaft, dass die angebotene Butter aus der Milch besonders glücklicher Kühe stammt. Letztlich entscheiden hier aber die Verbraucher. Indirekt zwingen sie damit die Angebotseite auch, ihre Produkte ständig zu verbessern, um sich gegenüber der Konkurrenz behaupten zu können.

Die Vielzahl gleicher oder ähnlicher Produkte im Polypol kann für die Verbraucher aber auch zum Problem werden, weil der Markt unübersichtlich ist, weil das Vergleichen vieler ähnlicher Produkte viel Zeit in Anspruch nimmt und weil die Kunden oft nicht sicher sein können, welches Produkt qualitativ das beste ist.

2. Das Oligopol

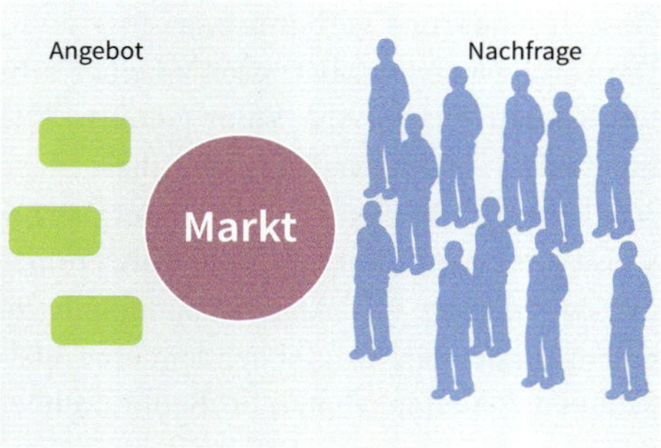

Der Begriff aus dem Griechischen bedeutet „Handel weniger". Im Oligopol wird der Markt von mindestens zwei oder einigen wenigen Anbietern beherrscht, denen viele Nachfrager gegenüberstehen. Es handelt sich meist um sehr große Unternehmen. Der Einfluss des Verbrauchers auf das Marktgeschehen kann beim Oligopol unterschiedlich sein, je nachdem, um welchen Wirtschaftszweig es sich handelt.

Der Kraftstoffhandel gilt als ein Musterbeispiel für ein Oligopol. Hier teilen fünf große Anbieter den Markt weitgehend unter sich auf: Aral, Esso, Shell, Jet und Total. Marktbeobachter stellen regelmäßig fest, dass es von Anbieter zu Anbieter kaum Preisunterschiede gibt. Erhöht eines dieser Unternehmen den Preis für Benzin oder Diesel, ziehen die anderen in der Regel kurze Zeit später nach. Der Verbraucher hat so weder einen Einfluss auf die Preisgestaltung noch auf die Qualität der Produkte. Kraftstoffe aus gleicher Produktion können sogar an die Tankstellen der unterschiedlichen Anbieter gelangen. In Oligopolen besteht gene-

rell die Gefahr, dass es zwischen den wenigen Anbietern zu geheimen Preisabsprachen kommt. Wegen der Größe der Unternehmen sind diese verbotenen Kartelle oft nur schwer nachweisbar.
Der Spielkonsolenmarkt ist demgegenüber ein Oligopol, in dem ein harter Wettbewerb und Preiskampf unter den wenigen Anbietern herrscht. Nintendo, Sony und Microsoft kommen ständig mit neuen Produkten auf den Markt und versuchen dabei, die Konkurrenz in der Preisgestaltung zu unterbieten. Verbraucher haben hier den Vorteil, sich relativ schnell informieren und vergleichen zu können. Auch zwingen sie durch ihre Wahlmöglichkeit die Hersteller dazu, immer attraktivere, innovativere und benutzerfreundlichere Angebote zu entwickeln. Nachteilig kann sein, dass Kunden ständig zum Kauf des jeweils neuesten Produktes verführt werden und dass ihnen so das Geld für Anschaffungen fehlt, die lebenswichtiger sind als Spielkonsolen.

3. Das Monopol

ist die Marktform, bei der es nur einen einzigen Anbieter für ein Produkt auf dem Markt gibt und viele Nachfrager, die das Produkt kaufen wollen. Der Anbieter hat in diesem Fall eine marktbeherrschende Stellung. Er kann die Menge, die Qualität und den Preis einseitig bestimmen. Da es keine Konkurrenz gibt, braucht sich der Monopolist nicht um eine Verbesserung seines Produktes zu kümmern. Er darf den Preis nur nicht so hoch ansetzen, dass die Kunden sich verärgert abwenden und lieber ganz verzichten. Die Verbraucher sind größtenteils machtlos gegenüber den Interessen des Anbieters. Daher gelten Monopole als unerwünschte Marktform und der Staat sieht es als seine Aufgabe an, Monopolbildungen zu verhindern. In Deutschland ist dafür das Bundeskartellamt zuständig. Es soll den Wettbewerb sichern und dafür sorgen, dass Zusammenschlüsse von Unternehmen nicht zu monopolartigen Marktsituationen führen. Monopole können entstehen, wenn ein Unternehmen eine Dienstleistung oder ein Wirtschaftsgut anbietet, das sonst niemand im Angebot hat. So hatte die Firma Microsoft über Jahre hinweg eine Monopolstellung, weil das von ihr entwickelte Betriebssystem Windows als konkurrenzloses Produkt in nahezu allen PCs weltweit quasi automatisch installiert wurde. Mehrere Gerichtsprozesse waren nötig, um dieses Monopol zu beenden. Der einzige Vorteil für die Verbraucher besteht in einer gewissen Bequemlichkeit, weil man sich über die Produktwahl keine Gedanken zu machen braucht. Dieser scheinbare Vorteil wird allerdings mit dem Preis völliger Machtlosigkeit erkauft.

1. Erkläre in einem Satz, was mit der Marktmacht des Verbrauchers gemeint ist.

2. Lege eine Tabelle an und fülle sie aus. (Das geht auch gemeinsam.)

	Polypol	Oligopol	Monopol
Definition			
Beispiel			
Vorteile für die Verbraucher			
Nachteile für die Verbraucher			

3. Entscheidet, welche Begriffe zu welcher Marktform gehören, und begründet, warum das so ist: Marktbeherrschung, bestmöglicher Preis für die Kunden, bestmöglicher Preis für den Anbieter, wenige Anbieter, harter Preiskampf, Kartellbildung leicht möglich, Markt-Preis-Mechanismus funktioniert gut, kein Wettbewerb, viele Konkurrenten.

Aufgabe 1:

Das Marktgeschehen am Beispiel erklären

Nimm ein Wirtschaftsgut deiner Wahl: Erdbeeren, Apfelsaft, Fahrrad oder was immer du willst. Gehe von der Situation einer steigenden Nachfrage aus (1). Erkläre dann den Ablauf des Marktgeschehens anhand der Zeichnung.
Fasse am Ende zusammen, warum Märkte und Preise immer in Bewegung sind.

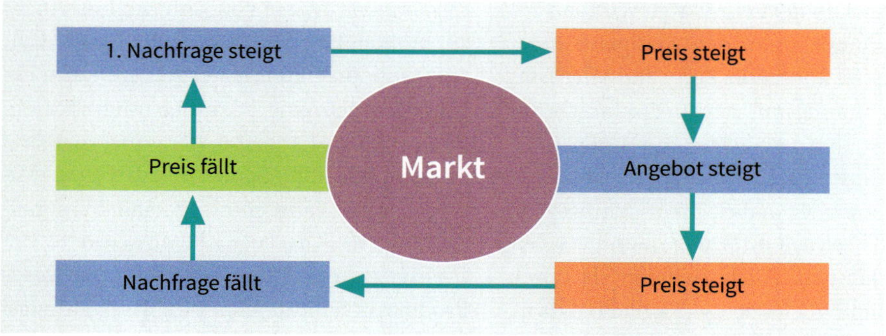

Aufgabe 2:

Preisentwicklung bei Apfelsaft: Wie zeigen sich die folgenden Ereignisse im Preis-Mengen-Diagramm?

a) September: Apfelsaftproduzent Naturfrisch kauft von heimischen Erzeugern Äpfel auf und produziert daraus 1 000 Liter pro Monat, die er insgesamt in Ein-Liter-Pfandflaschen in seinem Bio-Markt verkauft.

b) Oktober: In der örtlichen Zeitung erscheint ein viel beachteter Artikel, in dem es um einen Vergleich von Apfel- und Orangensaft geht. Darin wird nachgewiesen, dass Apfelsaft aufgrund des geringeren Säuregehalts gesundheitsfördernder als Orangensaft ist und dass die Saftproduktion aus heimischen Äpfeln besonders umweltfreundlich ist.

c) November: Naturfrisch ist begeistert von der Marktentwicklung. Da die Firmenleitung bereits die gesamte Produktion der heimischen Landwirte aufgekauft hat, ordert die Firma nun Äpfel aus Spanien und Neuseeland im großen Stil und weitet die Produktion auf 3 000 Liter für das Monatsangebot im Dezember aus.

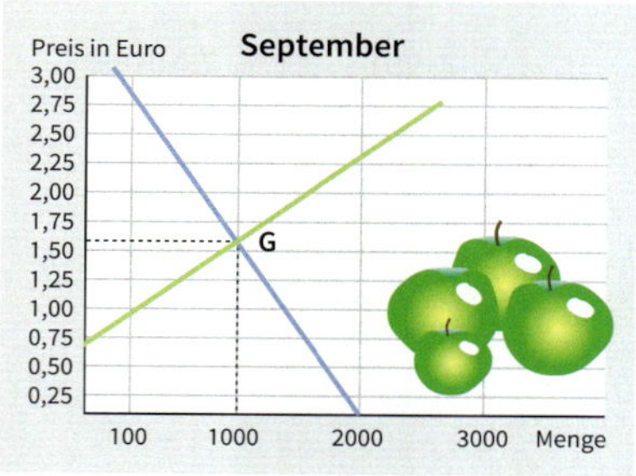

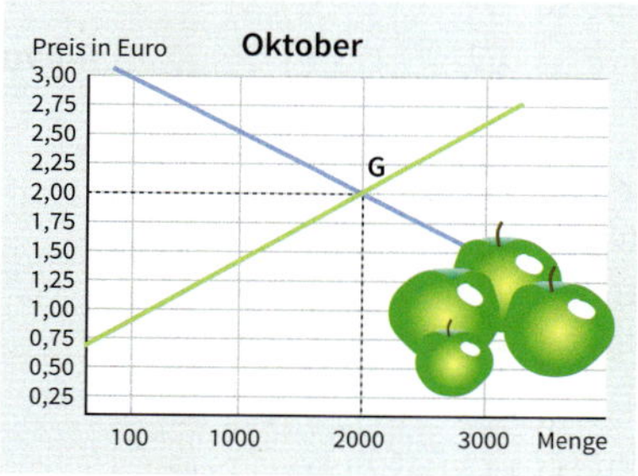

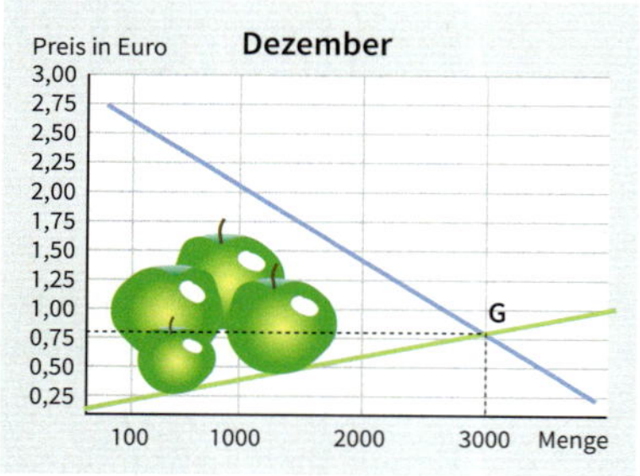

Beantworte die folgenden Fragen anhand der drei Preis-Mengen-Diagramme:

1. Welche Erklärung liefern die äußeren Ereignisse für die unterschiedlichen Entwicklungen im Gleichgewichtspreis (G)?
2. Wie hoch war der Gesamtumsatz von Naturfrisch im Apfelsaftgeschäft in den drei dargestellten Monaten?
3. Warum geht die Gewinnerwartung der Firma gegen Jahresende nicht mehr auf?

Aufgabe 3:

Wie teuer verkaufen wir die Plätzchen?

Gemeinsam hast du zusammen mit einigen Klassenkameraden Plätzchen gebacken, die an einem Tag der offenen Tür in der Schule verkauft werden sollen. Der Gewinn aus dem Verkauf soll für Lernmaterialien verwendet werden, mit dem Schulklassen in einer Partnerschule in Afrika versorgt werden können. Ein solches Komplettpaket mit Materialien für 40 Kinder kostet bei UNICEF 30,00 Euro.
Die fertigen Plätzchen habt ihr in Tüten à 100 Gramm verpackt. 50 Tüten Plätzchen stehen nun insgesamt zum Verkauf.

- Wie hoch muss der Verkaufspreis pro Tüte Gebäck sein, damit beim Verkauf aller 50 Tüten ein Gewinn von a) 30 Euro, b) 60 Euro, c) 90 entsteht?

Kosten	Mehl	3,00 Euro	Marzipan	3,00
für 50 Tüten	Butter	4,00	Sonstiges	2,00
Gebäck	Eier	2,70	Preis für 50 Tüten	3,00
à 100 Gramm:	Schokoglasur	2,30		

Aufgabe 4:

Test verkehrt

Bei der folgenden Darstellung eines Testergebnisses über das Börsengeschehen wurden „versehentlich“ nur die Antworten notiert. Leider fehlen die dazu passenden Fragen.
Wie lauten sie?

?	1.	Das ist ein Dokument, mit dessen Kauf ein Anleger einen Anteil an einem Unternehmen erwirbt.
?	2.	Das ist die Bezeichnung für den prozentualen Gewinn, der beim Kauf von Wertpapieren erzielt werden kann.
?	3.	Sie wird als Anteil vom Gewinn von Unternehmen an deren Aktionäre ausgezahlt.
?	4.	So bezeichnet man einen allgemeinen Aufwärtstrend am Aktienmarkt.
?	5.	Die Abkürzung steht für den deutschen Aktienindex, dessen Verlauf in einer Kurve dargestellt wird.

Aufgabe 5:

Schwerpunkt bewerten

Verfasse eine Bewertung dieses Falles, in der du auf folgende Fragen eingehst:

- Wie ist die Situation rechtlich zu bewerten: erlaubt oder verboten?
- Wie schwer wiegt der Schaden, der hier entsteht?
- Was bedeutet das für den Grundsatz der Marktwirtschaft, wonach sich Preise im Wechselspiel zwischen Angebot und Nachfrage bilden?

Ein Gespräch im Hinterzimmer
Stell dir folgende Situation vor: Im Dorf Schongau gibt es zurzeit noch drei Bäckereien. Sie gehören den Bäckermeistern Herrn Schwarz und Herrn Grob und die dritte der Meisterin Frau Duft. Herr Schwarz hat seine beiden Konkurrenten nach einem Dorffest ins Hinterzimmer des Bürgerhauses im Dorf geladen. Im Gespräch beklagen alle drei die wirtschaftlich angespannte Situation. „Mal unter uns“, sagt Herr Schwarz leise, „wir sind doch dumm, dass wir uns mit unseren Brötchenpreisen Konkurrenz machen. Man könnte sich doch darauf einigen, dass keiner von uns sie für weniger als 30 Cent anbietet.“ „Das müsste natürlich unter uns bleiben“, fügt Herr Grob an. „Wir liefern ja auch Top-Qualität!“, sagt entschuldigend Frau Duft.

5 Auf dem Weg in die berufliche Zukunft

Wie können wir planvoll vorgehen?

1. Allein nachdenken

Welchen Beruf kannst du dir jetzt schon für dein späteres Leben vorstellen?

2. Zu zweit beraten

Das Foto entstand auf einer Bildungsmesse für Schülerinnen und Schüler: Überlegt euch zwei oder mehr Fragen, die euch als Besucher einer solchen Veranstaltung interessieren würden.

3. Gemeinsam sammeln

Sammelt in der Klasse in einem Brainstorming alle Berufe, die euch spontan einfallen. Beendet die Übung erst, nachdem ihr eine zuvor vereinbarte Mindestanzahl erreicht habt.

Bei der Arbeit an diesem Kapitel könnt ihr …

- eigene Wünsche, Interessen und Fähigkeiten im Hinblick auf die Berufswahl analysieren,
- eine Strategie zur sinnvollen Planung eures weiteren Ausbildungsweges entwickeln,
- unterschiedliche Ausbildungswege in das Berufsleben beschreiben,
- Anforderungen und Erwartungen erarbeiten, auf die es in einem Praktikum ankommt,
- Gründe für eine praktische Berufsausbildung und für ein Studium einander gegenüberstellen und individuell entscheiden, was für euch ein geeigneter Weg sein kann.

Eigene Schwerpunkte könnt ihr setzen, indem ihr …

- euer persönliches Portfolio anlegt, das euch von jetzt an bei der Berufswegplanung begleiten wird,
- anhand ausgewählter Internetadressen weiter zum Thema Berufswahl recherchiert,
- in einem Rollenspiel gemeinsam beratet, welchen Azubi ihr in einer Firma einstellen würdet.

1 Warum soll ich mich jetzt schon um meine Berufswahl kümmern?

Den frühen Einstieg in die Berufswegplanung begründen

A Eine Einstiegsübung zum Thema berufliche Zukunft

Eine Zeichnerin hat sich vom Stichwort Berufswegplanung zu dem Bild auf dieser Seite anregen lassen. Ihr könnt das Bild nutzen, um über eure eigene Berufswahl nachzudenken.

- Welche Gedanken zu deiner eigenen Berufswahl löst das Bild in dir aus?

B So früh wie möglich planen

Mechthild Oechsle, Soziologieprofessorin an der Universität Bielefeld, hat für eine Studie Schülerinnen und Schüler im Prozess der Berufsfindung begleitet. Sie rät allen, die Entscheidung frühzeitig vorzubereiten. In dem folgenden Text gibt es weitere Ratschläge und Tipps.

Oechsle rät Schülern dazu, sich so früh wie möglich mit dem Thema Zukunftsplanung auseinanderzusetzen. „Bereits zwei Jahre vor dem Schulabschluss sollte man sich die entscheidenden Fragen stellen: Wer bin ich? Was kann ich? Was will ich werden?“ Am Anfang sollte eine Selbsterforschung stehen. Die eigenen Stärken, Schwächen und Interessen könne man beim Ausfüllen eines Tests beantworten. Wer gut rechnen kann, am Umgang mit Menschen und einer planbaren Karriere interessiert ist, für den könnte eine Banklehre infrage kommen. Allerdings nur mit dem entsprechenden Schulabschluss. „Man sollte die Perspektiven realistisch sehen“, warnt Oechsle.

„Mit einem Hauptschulabschluss wird man kaum eine Banklehre finden, mit schlechten Mathenoten auch nicht.“ Gespräche mit Eltern, Lehrern und Freunden helfen bei der Selbsteinschätzung. Ältere Bekannte zu befragen lohne sich besonders, so Oechsle. […]

Das Thema Berufswahl sollte man angehen wie ein Projekt, „etappenweise und mit Geduld“, sagt Jan Bohlken. Der Gründer des privaten Profiling Instituts in Düsseldorf berät Jugendliche bei der Suche nach ihrem Traumberuf – und setzt dabei auf das Lustprinzip: „Nur wenn man etwas gerne tut, ist man gut. Und wer gut ist, kommt auch voran.“ Durch Praktika während der Schulzeit oder einen Schnuppertag im Büro der Eltern können Schüler erste Praxisluft schnuppern. Die Frage, die sie sich dann stellen müssen, lautet: „Womit kann ich mir vorstellen, eine längere Zeit zu verbringen?“

(Aus: Berufswahl so früh wie möglich planen, Autorenkürzel dpa/tmn, Bielefeld 24.11.2010, in: www.news.de; Zugriff: 10.06.2017)

1. Was sind die grundlegenden Fragen, die du dir frühzeitig stellen solltest? Notiere sie, damit du sie bei deiner Berufswegplanung im Auge behalten kannst.
2. Welche der im Text genannten Tipps hältst du für wichtig und hilfreich? Nenne sie und erkläre, warum.

C Keine Lust auf Berufswahl?

Gehörst du auch zu den Jugendlichen, die noch überhaupt keine Lust verspüren, sich jetzt schon mit der späteren Berufswahl zu beschäftigen? „Es ist doch noch so viel Zeit bis dahin", denkst du vielleicht. Allerdings: Schon am Anfang der zehnten Klasse steht eine wichtige Entscheidung an: Möchtest du weiter auf das Gymnasium gehen, um das Abitur zu machen? Oder ist vielleicht eine praktische Berufsausbildung nach dem mittleren Schulabschluss für dich der richtige Weg?
Untersuchungen haben ergeben, dass Fehlplanungen am ehesten vermieden werden können, indem man früh mit der Planung beginnt. Man verschafft sich damit einen optimistischen Blick in die eigene Zukunft und kann sogar Spaß im Nachdenken über sich selbst und in Gesprächen mit anderen haben. Warum gerade jetzt der richtige Zeitpunkt ist, um mit der Planung zu beginnen, erklärt der folgende Textauszug.

„Ich bin doch noch zu jung!"

Du willst deinen Platz in der Welt finden, willst herausfinden, welche Art von Leben du dir wünschst und wie du deinen Lebensunterhalt auf einigermaßen vergnügliche Art und Weise verdienen kannst. Die meisten Halbwüchsigen wünschen sich, als Erwachsene ein erfülltes und fröhliches Leben zu führen – was nur schwer möglich ist, wenn man seinen Beruf hasst. Da du ein faszinierendes und vielschichtiges Wesen bist, kann es eine Weile dauern, bis du dich selbst kennengelernt und die Informationen über dich selbst und die Arbeitswelt zusammengetragen hast. Untersucht man die Frage, wie erfolgreich junge Erwachsene den Übergang von der Schule zum Berufsleben meisterten, stellt man überraschender Weise fest, dass etwa zehn Jahre vonnöten sind, um von vollkommener Ahnungslosigkeit zu einem detaillierten Plan oder gar zu einem Anstellungsverhältnis zu gelangen. Wenn du also an deinem 25. Geburtstag deinen persönlichen und beruflichen Erfolg feiern willst, dann solltest du etwa mit 15 Jahren

beginnen, deine diesbezüglichen Neigungen und Wünsche auszuloten.
Warum mit 15? Es gibt viele Gründe, aber der überzeugendste ist, dass du jetzt noch genug Zeit hast, um dich über eine Vielzahl von Berufen zu informieren, sie abzuklopfen, zu verwerfen, noch ein paar ausfindig zu machen, um schließlich ein paar Optionen herauszufiltern, die dich wirklich interessieren.
„Aber ich bin doch erst 14 (oder 15, 16, 17, 18)", wirst du vielleicht denken. „Ich bin noch zu jung, um mir Gedanken über meine berufliche Lebensplanung zu machen!" Da sind wir vollkommen anderer Meinung. [...] Wir finden, dass gerade die Jugendjahre hervorragend geeignet sind, um über die berufliche Lebensplanung Klarheit zu gewinnen. Für viele ist die Schulzeit die einzige Zeit, in der sie genug Zeit haben, um sämtliche Jobs zu überprüfen, die ihren Interessen entgegenkommen.

(Aus: Richard Nelson Bolles u. a.: Was ist dein Ding? Einfach deinen Traumjob finden – Durchstarten zum Traumjob für Teenager, Campus-Verlag Frankfurt/New York 2013, S. 10 f. und S. 15 f.)

1. Was würde der Autor dieses Textes wohl zu den beiden Jugendlichen sagen, wenn es zu dritt zu einem Gespräch käme? Formuliere die Antwort aus seiner Perspektive.
2. Was möchtest du beruflich und privat erreicht haben, wenn du 30 Jahre alt sein wirst? Notiere deine Gedanken dazu und tausche dich mit einem Partner darüber aus.
3. „Wer mit 30 beruflich zufrieden sein will, sollte mit 15 anfangen, über seinen Weg in die Zukunft nachzudenken." Bewerte diese These aus deiner persönlichen Sicht.

2 Wie plane ich die ersten Schritte?

Berufswahlmappe anlegen, gezielt recherchieren

A Eine Strategie für Einsteiger

Wer unvorbereitet im Internet zum Thema Berufswahl recherchiert, kann leicht verzweifeln! Eine schier unüberschaubare Zahl von Links, voll gespickt mit Informationen, steht zur Verfügung. Alle bieten Hilfen an: der Bund, das Land, auch viele private Adressen.
Leicht klickt man sich von Link zu Link. Am Ende raucht der Kopf und man verliert im Dschungel der Informationen völlig die Orientierung. Dem wollen wir hier entgegenwirken. Wir empfehlen euch ein planvolles Vorgehen Schritt für Schritt.
Tipp: Noch heute mit dem ersten Schritt beginnen!

1. Schritt: BOGY-Kompass besorgen und die ersten 12 Seiten lesen

BOGY steht für Berufs- und Studienorientierung am Gymnasium. Kompass bedeutet, dass dieses Heft dir den Weg zum Ziel aufzeigt – und zwar nach Schritten geordnet. Es wurde speziell für den Unterricht in Gymnasien in Baden-Württemberg entwickelt. Der Kompass soll dich bis zum Abitur begleiten. Lies zunächst die ersten zwölf der nahezu 60 Seiten, um dir einen Überblick zu verschaffen. Alle Unterlagen findest du auch im Internet unter www.schule-bw.de.

5 Fragen, die du Leuten mit interessanten Berufen stellen kannst:

1. Wie sieht bei Ihnen ein normaler Arbeitstag aus?
2. Welche Ausbildung haben Sie durchlaufen, um das zu werden, was Sie sind?
3. Worin sehen Sie die besonderen Anforderungen in Ihrer Tätigkeit?
4. Was ist für Sie das Positivste an Ihrem Beruf?
5. Welchen Tipp haben Sie für Jugendliche, die am Anfang ihrer Berufswegplanung stehen?

1. Notiere die Zahlen 1 bis 7 untereinander und fasse dazu die Tipps aus dieser Doppelseite zusammen, die du in deinem weiteren Vorgehen beachten wirst.

2. Vergleicht eure Ergebnisse in Partnerarbeit und ermittelt die Gemeinsamkeiten.

Was auch noch interessant sein kann:

- Bücher zur Berufswahl individuell lesen und in der Klasse vorstellen und besprechen

2. Schritt: Mappe besorgen, Portfolio anlegen

Du benötigst ab sofort eine Mappe, in der du von nun an alles sammelst, was du für deine persönliche Berufswegplanung als wichtig empfindest. Eine solche Sammlung von Informationen bezeichnet man als Portfolio. Der Begriff setzt sich aus den lateinischen Wörtern *folion* (= Blatt) und *portare* (= tragen) zusammen. Ursprünglich verstand man darunter eine Mappe von Arbeiten, mit der sich Künstler um Aufträge bewarben. Du bist jetzt der „Künstler" deines eigenen Portfolios. Wie man dabei vorgeht, erfährst du auf den folgenden Seiten.

7. Schritt: Ziele für deinen weiteren schulischen Weg festlegen

Noch immer gilt: Gute Leistungen in der Schule sind ein Türöffner auf dem Weg in die berufliche Zukunft. Daran kannst du ab sofort arbeiten.
Setze dir für bestimmte Fächer ein ganz konkretes Punkte- oder Notenziel bis zum Ende des Schuljahres. Verbesserungen um eine Note nach oben können schon sehr wichtig sein. Überlege jetzt auch, ob du wirklich Abitur machen willst oder ob vielleicht eine praktische Berufsausbildung nach einem guten mittleren Schulabschluss für dich der bessere Weg in die Zukunft sein kann.

3. Schritt: Selbsterforschung starten: Nachdenken und gezielt recherchieren über eigene Interessen und Talente

Beschäftige dich ab jetzt mit den Fragen: Wo liegen meine Erwartungen, Interessen, Fähigkeiten? Welche beruflichen Tätigkeiten kann ich mir für meine Zukunft vorstellen? Frage andere, wie sie deine Stärken und Talente einschätzen. Im Unterricht könnt ihr mit Partnerinterviews beginnen. Führe jetzt den Interessentest samt Auswertung in deinem Bogy-Kompass durch. Spielerisch kannst du auch die BIZ App nutzen, um deinen beruflichen Interessen auf die Spur zu kommen. Für deine ersten Recherchen im Internet zu diesen Fragen reicht ein Link der Bundesagentur für Arbeit völlig aus: www.planet-beruf.de

4. Schritt: Praktikumsplatz mit Sorgfalt auswählen

Im Rahmen der Berufs- und Studienorientierung ist eine Berufserkundung in Form eines Praktikums vorgesehen. (Die Dauer kann in die Ferienzeit hinein verlängert werden.) Schülerinnen und Schüler, die irgendeinen Erkundungsplatz aus Verlegenheit wählen, sind hinterher oft enttäuscht. Suche also nach einem Praktikumsplatz, der zu deinen Interessen passt. Überlege dir zum Beispiel, ob du einen sozialen, einen kaufmännischen, einen handwerklichen oder einen medizinischen Beruf erkunden möchtest. Sehr hilfreich kann es sein, weitere freiwillige Praktika in den Ferien einzuplanen. Infos zur Wahl des Praktikumsplatzes findest du in deinem Bogy-Kompass.

5. Schritt: Mindestens 10, besser 20 Berufe kennenlernen und im Portfolio dokumentieren

Nimm dir vor, im Lauf des nächsten Halbjahres möglichst viele interessante Berufe näher kennenzulernen. Bleibe am Ball, wann immer du jemandem begegnest, der deiner Meinung nach einen interessanten Beruf ausübt. Benutze für deine Recherchen auch die neueste Ausgabe von „Beruf aktuell“. Expertinnen und Experten sind der Ansicht, dass es für jeden Schulabgänger bis zu 20 geeignete Berufe gibt. Das Problem ist, dass viele davon nur wenigen bekannt sind. Dokumentiere deine Auswahl in deiner Berufswahlmappe. Für Interviews von erwerbstätigen Personen bieten wir fünf Fragen an, die ein Leitfaden für deine Gespräche sein können.

6. Schritt: Ein Buch oder Heft zur Berufswahl systematisch durcharbeiten

Im Buchhandel werden zahlreiche Ratgeber für die Berufswahl angeboten, die speziell für deine Altersgruppe konzipiert sind. Es lohnt sich, eines dieser Bücher systematisch durchzuarbeiten. (Im Unterschied zu den Internetrecherchen umgeht man beim Lesen eines Buches die Gefahr, sich von Link zu Link zu klicken und den Faden zu verlieren.)

Eine Berufswahlmappe führen

Berufswahlmappe: wozu?

Manche Idee oder Information zur Berufswahl, die dir aktuell wichtig erscheint, wirst du vielleicht wieder vergessen haben, wenn die Entscheidung in der Zukunft tatsächlich ansteht. Damit das nicht passiert, solltest du für deine Berufswegplanung von nun an eine spezielle Mappe anlegen, in der du alles festhältst, was du im Rahmen deines Weges in deine berufliche Zukunft erfährst und unternimmst. Wenn du diese Mappe bis zum Ende deiner Schulzeit kontinuierlich führst und immer wieder vervollständigst, verfügst du über eine hervorragende Entscheidungshilfe auf dem Weg zu einer Ausbildung, einem Studium und einem Beruf, der zu dir passt. Die Mappe kannst du mitnehmen, wenn du einen Gesprächstermin mit der Berufsberatung hast.

Wie erstellt man eine Berufswahlmappe?

Organisiere einen dicken Ordner, den du bis zu deinem Schulabschluss führen wirst. Richte zusätzlich einen Ordner mit Unterdateien im PC ein. Deine Materialien kannst du im Computer anschaulich gestalten, bevor du sie ausdruckst und in deine Mappe einordnest.
Weitere Hinweise und Hilfen findest du in deinem **Bogy-Kompass**. Platziere den Ordner gut sichtbar an deinem Arbeitsplatz zu Hause, damit du ihn immer im Blick hast.
In deiner Mappe kannst du auch alles dokumentieren, was mit der Vorbereitung, Durchführung und Nachbereitung deiner Praktika zu tun hat.
Sollte dir ein Praktikumsheft zur Verfügung gestellt werden, kannst du dieses in deine Berufswahlmappe einordnen. Bei der Vorstellung des Betriebes, in dem du ein Praktikum absolviert hast, musst du darauf achten, nur solche Informationen zu verwenden, die nicht der Schweigepflicht unterliegen.

Thema: Den Berufsweg planen

Führe deine Mappe so, dass du stolz auf das Ergebnis sein kannst: sorgfältig, übersichtlich, informativ.

PC-Dateien als Basis für meine Berufswahlmappe

Die folgenden Gliederungspunkte kannst du als Dateien unter dem Oberbegriff Berufswahlmappe im PC anlegen. Fertig bearbeitete Seiten druckst du dann für deine Mappe aus.

- Interessen, Fähigkeiten, Talente, Testergebnisse
  Was ich gut kann, gerne mache und was mich nicht interessiert
- Zielvorstellungen und Wünsche
  Wie ich mir mein berufliches Leben in der Zukunft vorstelle
- Liste von Berufen, die für mich infrage kommen
  Berufe, über die ich mich informiert habe, Hitliste meiner Favoriten
- Bisherige Aktivitäten
  Was ich bis jetzt unternommen habe
- To-do-Liste
  Was ich in nächster Zukunft unternehmen werde
- Praktika
  Alle meine Praktikumsberichte und Erfahrungen
- Materialpool
  Interessantes, Hilfreiches, Downloads, die ich weiter benutzen werde

B Was nehme ich mir konkret vor? Ein Vorschlag zum Einstieg in die Portfolioarbeit

Mithilfe dieser Seite kannst du Schritte für deine weitere Vorgehensweise überlegen. Empfohlen wird, dabei möglichst konkret vorzugehen. So ist die Wahrscheinlichkeit am größten, dass deine Vorhaben auch tatsächlich verwirklicht werden. Die Liste deiner Vorhaben kann eines der ersten Dokumente in deiner Berufswahlmappe sein. So kannst du immer wieder kontrollieren, was du bereits realisiert hast.

Euer Auftrag:

1. Gehe die Liste allein durch. Entscheide dich bei allen 15 Vorschlägen für eine der vier vorgegebenen Möglichkeiten. (Notiere dazu a – d und füge die Ziffern hinzu.)
2. Notiere in ganzen Sätzen, was du als Erstes, Zweites und als Drittes unternehmen wirst: „Ich werde …“
3. Tauscht euch zu zweit oder zu dritt über eure Vorhaben aus. (Im Gespräch könnt ihr möglicherweise eure Favoriten überarbeiten.)
4. Stellt einzelne Entscheidungen in der Klasse vor und überlegt gemeinsam, wie man dabei vorgehen kann.

Ich werde … **Das erledige ich a) innerhalb einer Woche, b) innerhalb eines Monats, c) innerhalb des nächsten halben Jahres. d) Das werde ich wohl gar nicht machen.**

1. mindestens vier Tätigkeiten herausfinden und notieren, die mich wirklich interessieren und die für die Berufswahl von Bedeutung sein können.
2. über meine Stärken nachdenken und mindestens drei aufschreiben.
3. Mehrere Personen in meinem Verwandten- und Bekanntenkreis über ihre Berufe befragen und die Interviews in meinem Portfolio dokumentieren.
4. je einen akademischen, sozialen, handwerklichen, kaufmännischen und informationstechnischen oder verwaltungstechnischen Beruf mithilfe von „Beruf aktuell“ und andere Quellen recherchieren und dabei die dokumentieren, die mich am stärksten interessieren.
5. eine verkehrsmäßig erreichbare Berufsmesse besuchen und meine Erfahrungen dabei in meinem Portfolio festhalten.
6. eine PowerPoint-Präsentation über mich erstellen mit Folien zu den Themen: meine Hobbys, meine Interessen, meine Wünsche, meine Traumberufe, meine Gehaltsvorstellungen.
7. die Homepage eines Unternehmens in meiner Umgebung sichten und das Unternehmen anhand von mir selbst gewählten Kriterien in der Klasse vorstellen.
8. ein Buch aus dem Themenbereich *Ratgeber für Auszubildende und Studierende* kaufen oder mir schenken lassen, es lesen und vorstellen.
9. mehrere Artikel aus dem Wirtschaftsteil einer Tageszeitung lesen und erst zur Seite legen, wenn ich alle Fremdwörter und Fachbegriffe geklärt habe und den Artikel mit eigenen Worten zusammenfassen kann.
10. das nächstgelegene Berufsinformationszentrum (BIZ) besuchen und mich dort gezielt über zuvor ausgewählte Berufe informieren.
11. ein freiwilliges Tages- oder Schnupperpraktikum in einem Unternehmen oder einer anderen Organisation durchführen und auswerten (zusätzlich zu den schulischen Pflichtpraktika).
12. eine Arbeit über einen längeren Zeitraum in meiner Freizeit übernehmen, die das Jugendarbeitsschutzgesetz Minderjährigen erlaubt (Babysitten, Zeitungen austragen, bezahlte Hilfe bei Gärtner- oder landwirtschaftlicher Arbeit, ehrenamtliche Mitarbeit im Verein oder einer Jugendorganisation).

3 Wie verschaffe ich mir Klarheit über meine Erwartungen, Interessen und Fähigkeiten?

Analysen durch Partnerinterviews, Befragungen, Tests

A Eine Einstiegsübung mit Fotos

Die Fotos auf dieser Seite zeigen Menschen in sechs verschiedenen Berufen: 1 IT-Systemelektroniker, 2 Forstwirt, 3 Bürokauffrau/Bürokaufmann, 4 Richterin, 5 Architekten, 6 Mechatroniker.

- Angenommen, du hättest nur die Wahl zwischen diesen sechs Berufen und musst den auswählen, der deinen Interessen am nächsten kommt: Welcher würde es sein?

1. Begründe deine spontane Wahl in einem oder wenigen Sätzen. Tauscht euch in Partnerschaften darüber aus.
2. Analysiert zu zweit die Fotos anhand folgender Kriterien: Tätigkeiten, die sich den Fotos entnehmen lassen; Interessen und Fähigkeiten, die man für diese Berufe mitbringen sollte; erkennbare Anforderungen.

B „Was interessiert dich, was mich?“ Wir führen Partnerinterviews

Gespräche sind eine gute Möglichkeit, den eigenen Interessen auf die Spur zu kommen. Durch die Aufforderung, die eigenen Interessen und Wünsche zu artikulieren, macht man sich vieles bewusst, was man bisher nicht klar vor Augen hatte. Man erfährt auch, wofür die Gesprächspartner sich interessieren, kann deren Vorstellungen mit den eigenen vergleichen und kommt so möglicherweise auch zu neuen Erkenntnissen über sich selbst.

Aus diesem Grund empfehlen wir die Durchführung von Partnerinterviews. Bei dieser Übung übernimmt jede und jeder von euch einmal die Rolle des Fragestellers und einmal die Rolle des Befragten. Im Anschluss daran können Gruppen gebildet werden, in denen der Reihe nach die Interviewer die interviewten Personen vorstellen.

Interviews werden gemacht, um nachher darüber berichten zu können. Man darf nur Äußerungen weitergeben, für die es ein Einverständnis des Interviewten gibt.

Mögliche Interviewfragen – 5 aus 10

Damit nicht alle Interviews gleich ablaufen, solltet ihr aus dem Fragenkatalog die fünf aussuchen, die euch besonders interessieren, und eurer Partnerin/eurem Partner stellen. Natürlich könnt ihr auch eigene Fragen hinzufügen.

1. Welche Schulfächer interessieren dich besonders?
2. Was unternimmst du gerne in deiner Freizeit?
3. Über welche Themen kannst du lange reden?
4. Welche Websites kontaktierst du besonders häufig?
5. Was hat schon als Kind deine Neugier geweckt?
6. Wofür fällt es dir leicht, Geld auszugeben?
7. Worüber kannst du dir vorstellen, einen Artikel für die Schülerzeitung zu schreiben?
8. Für welche Ziele bis du bereit, dich anzustrengen und hart zu arbeiten?
9. Was möchtest du erreicht haben, wenn du 30 Jahre alt sein wirst?
10. Welche Berufe, die du bisher kennengelernt hast, haben dich spontan besonders interessiert?

3. Gib deiner Interviewpartnerin bzw. deinem Interviewpartner nach der Übung ein Feedback (= Rückmeldung) anhand von Äußerungen wie:
„Meiner Ansicht nach liegen deine Interessen in folgenden Bereichen: …“
„Folgende berufliche Tätigkeiten passen meiner Ansicht nach gut zu dir: …“

4. Welche deiner persönlichen Interessen und beruflichen Wünsche sind im Verlauf dieser Übung deutlich geworden? Fasse die Ergebnisse deiner Befragung unter diesen Aspekten in deiner Berufswahlmappe zusammen.

C Welche Erwartungen hast du an deinen zukünftigen Beruf?

Die Industrie- und Handelskammern in Baden-Württemberg wollten in Erfahrung bringen, welche Erwartungen die Schulabgänger im Bundesland an ihren zukünftigen Beruf haben. Sie gaben dazu eine Studie in Auftrag, bei der mehr als 1 000 Jugendliche in Baden-Württemberg zu ihren Erwartungen befragt wurden. Den Befragten wurden 13 Kriterien vorgelegt, von denen sie die für sie fünf wichtigsten aussuchen sollten. Veröffentlicht wurden die Ergebnisse 2016.

Untersuchungsfrage: „Was ist für dich bei der Berufswahl am wichtigsten?“ Bitte wähle die fünf für dich wichtigsten Aussagen aus. Der Beruf muss …
1. meinen Neigungen und Fähigkeiten entsprechen.
2. in der Gesellschaft angesehen sein.
3. krisensicher sein.
4. gute Karrierechancen eröffnen
5. mir Spaß machen.
6. mir die Möglichkeit garantieren, mich fachlich weiterzuentwickeln.
7. meinen Eltern gefallen.
8. sich gut mit Privatleben und Familie vereinbaren lassen.
9. mir die Möglichkeit bieten, mich selbst verwirklichen zu können.
10. es mir ermöglichen, auf der ganzen Welt Arbeit zu finden.
11. ein hohes Einkommen garantieren.
12. mir ermöglichen, viel zu reisen und die Welt zu sehen.
13. in meinem Freundeskreis gut angesehen sein.

Quelle: SINUS-Institut für die 12 IHK in Baden-Württemberg, www.sinus-akademie.de

Ergebnisse der Befragung in Baden-Württemberg: 1. Spaß machen (85 %), 2. Neigungen und Fähigkeiten (65 %), 3. Vereinbarkeit mit Privatleben (58 %), 4. Hohes Einkommen (51 %), 5. Selbstverwirklichung (48 %), 6. Karrierechancen (47 %), 7. Möglichkeit fachlicher Weiterbildung (40 %), 8. Krisensicherheit (36 %), 9. Arbeit weltweit finden (15 %), 10. Reisen, die Welt sehen (11 %), 11. Ansehen in der Gesellschaft (13 %), 12. Ansehen im Freundeskreis (13 %), 13. Eltern gefallen (12 %)

Euer Auftrag:

1. Wähle die für dich fünf wichtigsten Kriterien aus. (Dokumentiere sie in deinem Portfolio.)
2. Vergleiche dein persönliches Ergebnis mit der Rangfolge, welche die Studie erbracht hat im Hinblick auf Übereinstimmungen und Abweichungen. Beschreibe die Besonderheiten deiner Erwartungen.
3. Bildet Partnerschaften oder Gruppen und vergleicht eure Ergebnisse.
4. Sprecht gemeinsam über das Kriterium „Spaß am Beruf“. Was bedeutet es konkret für euch? Entwickelt Kriterien, mit denen sich erläutern lässt, was Spaß am Beruf bedeutet.
5. Stellt eure Überlegungen dazu in der Klasse vor und ermittelt das Klassenergebnis eurer 5 wichtigsten Erwartungen.

D Gemeinsam reden über den BOGY-Interessentest

Zur Selbsterforschung der Interessen und Fähigkeiten steht euch im Internet eine Reihe von Tests zur Verfügung. Von besonderer Bedeutung ist dabei für Gymnasiasten in Baden-Württemberg der Interessentest zum persönlichen Profit innerhalb des BOGY-KOMPASS-Programms.

Anhand von acht Berufsfeldern könnt ihr damit persönliche Interessen ermitteln, auswerten und ihnen geeignete Berufe zuordnen. Für die Durchführung des Tests solltet ihr euch außerhalb des Unterrichts Zeit nehmen.

Die folgende Übung könnt ihr durchführen, nachdem ihr den Test bearbeitet habt.

Die 8 Interessenfelder

1. Interesse am Umgang mit Dingen
2. Interesse am Umgang mit Menschen
3. Interesse an Wissenschaft und Forschung
4. Interesse am Ordnen und Verwalten
5. Interesse an kreativen Tätigkeiten
6. Interesse an sozialen Aufgaben
7. Interesse am Umgang mit Technik
8. Interesse an Literatur, Kultur und Medien

Der vollständige Test befindet sich im BOGY-Kompass – Dein Begleiter bis zum Abitur, Bundesagentur für Arbeit. Download unter: www.schule-bw.de

❶ In welchen drei der acht Interessenfelder habe ich die meisten Kreuze gemacht?

❷ Welche Berufe habe ich in dem Testergebnissen gefunden, die schon jetzt zu mir passen könnten?

❸ Sehe ich mich in meinem späteren Leben eher als Akademiker oder Handwerker, Techniker oder als Verwaltungs- oder Computerspezialist, Mediengestalter, kreativer Künstler, Helfender, Lehrender, Kundenberater oder auch in der Forschung und der Wissenschaft?

❹ Was möchte ich beruflich und privat erreicht haben, wenn ich zwischen 35 und 40 Jahren alt sein werde?

❺ Wie stelle ich mir einen optimal angenehmen Arbeitstag im Jahr 2040 vor?

1. Formuliere deine Antworten zu den Fragen zunächst in Einzelarbeit.
2. Suche dir eine/einen Gesprächspartnerin oder -partner, mit dem du dich über deine Überlegungen austauschst.
3. Erbitte ein Feedback zur Frage, wie dein Lernpartner deine Interessen einschätzt.
4. Bildet erweiterte Gruppen, in denen ihr über eure beruflichen Interessen sprecht.
5. Bewertet gemeinsam die Qualität des Bogy-Interessentests. (Wie hilfreich ist er im Hinblick auf die Planung der beruflichen Zukunft? Was leistet er, was nicht? Wie kann der Test optimiert werden?)

(Protokolliere deine Antworten und die Ergebnisse der Gespräche in deiner Berufswahlmappe.)

4 Worauf kommt es in einem Betriebspraktikum an?

Verhaltensregeln beschreiben, Erfahrungen darstellen

Praktikum heißt Praxis testen. Du wirst – vielleicht zum ersten Mal – für längere Zeit die Arbeitswelt erleben. Viel Neues kommt da auf dich zu: Achtstundentag, ungewohnte Pausenzeiten, viele neue Gesichter und Tätigkeiten, die du bisher noch nie beobachten konntest und selbst noch nie gemacht hast.
Im Praktikum sollst du Erfahrungen sammeln, die dir deine spätere Berufswahl erleichtern. Vielleicht findest du heraus, dass du genau in dem Berufsfeld gelandet bist, in dem du deine Zukunft siehst. Vielleicht entdeckst du aber auch, dass ein Beruf, der dir zuvor als Wunschberuf erschien, nun doch nicht zu dir passt. In beiden Fällen können die Erfahrungen wichtig sein.
Ob dein Praktikum sein Ziel und deine Erwartungen erfüllt, hängt von der Vorbereitung ab, von deinem Verhalten während des Praktikums und der Auswertung deiner Erfahrungen.

A Richtig oder falsch?

Das könnt ihr für die Fälle auf dieser Seite gut zu zweit überlegen.

1. Lena ist seit einer Woche Praktikantin in der Spedition Interfracht und hat bereits einen guten Kontakt zu einigen Kolleginnen. Bei einem Mittagessen in der Betriebskantine erfährt sie, dass diese Kolleginnen sich Sorgen um ihre Arbeitsplätze machen. Abends ruft Lena mehrere ihrer Freundinnen an. Allen sagt sie: „Weiß du schon das Neueste? Die Firma Interfracht steht kurz vor der Pleite."

2. Paul macht sein Praktikum in einem Autohaus. Weil er die Arbeit als anstrengend empfindet, verlängert er seine Frühstückspause um zehn Minuten. Als ein Azubi im dritten Lehrjahr ihn ermahnt, in Zukunft die Zeiten einzuhalten, sagt Paul zu ihm: „Diese Arbeit ist überhaupt nichts für mich und du als Azubi hast mir gar nichts vorzuschreiben."

3. Emilian macht ein Praktikum im Bürgeramt der Stadtverwaltung. Beim Einstellungsgespräch hat er gesagt, dass er sich gut mit Computern auskennt. Als ein Mitarbeiter ihn bittet, ein elektronisches Formular am PC auszufüllen, versteht Emilian auf Anhieb nicht, was er machen soll. Obwohl es ihm peinlich ist, fragt er nach: „Könnten Sie mir bitte noch einmal zeigen, wie das gemacht werden muss?

4. Am ersten Tag in der Großgärtnerei ist Büşra froh, dass eine nette Kollegin sie eine Stunde lang durch den Betrieb führt. Büşra sieht, dass alle Mitarbeiter damit beschäftigt sind, kleine Setzlinge einzutopfen. „Entschuldige, Büşra", sagt die Mitarbeiterin, „ich muss jetzt an die Arbeit. Eine Lieferung steht an und wir haben heute alle hier eine Menge zu tun." Büşra steht nicht lange rum. Freundlich fragt sie: „Sagen Sie mir bitte, was ich tun kann. Ich möchte gerne helfen."

1. Welches Verhalten von Lena, Paul, Emilian und Büşra würdest du in einem Feedback a) lobend verstärken und b) als unangemessen kritisieren? Wie lassen sich deine Bewertungen begründen?
2. Welche Erfahrungen über das Verhaften im Praktikum kannst du für dich aus den vier Fällen ableiten? Beschreibe sie.

Was auch noch interessant sein kann:

- Rollenspiel: Feedbackgespräche zu den Fällen könnt ihr als gespielte Dialoge zu zweit vorbereiten.

B Verhaltensregeln und Erwartungen der Betriebe

Benehmen

Betriebe bieten freiwillig Praktikumsplätze an. Verhalte dich so, dass der Betrieb immer wieder erneut bereit sein wird, Praktikanten anzunehmen.

Regeln

In jedem Betrieb gibt es eine Betriebsordnung mit verbindlichen Regeln für Arbeitsbeginn und Ende, für die Pausenzeiten und anderes mehr. Über den Sinn dieser Regeln kann nicht diskutiert werden. Du musst sie kennen und einhalten.

Engagement

Betriebe beschweren sich, wenn Praktikanten keinerlei Initiative ergreifen, und schätzen es sehr, wenn diese von sich aus erkennen, wo sie mithelfen oder mitanpacken können.

Kritik

Wer Neues anfängt, muss damit rechnen, Fehler zu machen. Reagiere nicht unwirsch auf Kritik, sondern zeige, dass du bereit bist, aus deinen Fehlern zu lernen. (Sprich mit deinem Lehrer oder einem betreuenden Mitarbeiter, wenn du dich wiederholt unfair behandelt fühlst.)

Nachfragen

Wenn man einen Arbeitsauftrag nicht verstanden hat, sollte man nachfragen. Das ist in jedem Fall besser, als mit negativen Folgen fehlerhaft zu arbeiten.

Diskretion

Betriebsinterne Vorgänge dürfen nicht nach außen getragen werden. Auch als Praktikant gilt für dich der Grundsatz absoluter Verschwiegenheit.

Handeln auf eigene Faust

Benutze keine Maschinen oder Werkzeuge, bevor man dich dazu aufgefordert und sie dir erklärt hat.

In der Arbeitswelt gibt es eine Reihe von Erwartungen, die in allen Betrieben, egal ob groß oder klein, für eine positive Bewertung der Mitarbeiterinnen und Mitarbeit herangezogen werden. Sie gelten auch für Praktikanten. Überlege:

A Diese Erwartung werde ich sicher erfüllen können.

B Daran muss ich noch arbeiten.

C Hier bin ich mir nicht sicher und muss Eltern oder gute Freunde fragen

	A	B	C
1. Pünktlichkeit			
2. Zuverlässigkeit			
3. Belastbarkeit			
4. Lernbereitschaft			
5. Aufmerksamkeit			
6. Kontaktfähigkeit			
7. Kritikfähigkeit			
8 Sorgfalt			
9. Sauberkeit			
10. Höflichkeit			
11. Selbstständigkeit			
12. Teamfähigkeit			
13. Fleiß			

1. Notiere die Erwartungen, die du gut erfüllst, und die, an denen du noch arbeiten solltest. Setze dich mit einer Freundin, einem Freund zusammen und höre dir an, wie eine andere Person dich einschätzt.

Tipp: www.take!care.nrw.de: Auf dieser Internetseite des nordrhein-westfälischen Ministeriums für Arbeit und Soziales erfahrt ihr unter anderem, welche Arbeiten im Praktikum erlaubt sind und welche nicht.

Weitere Informationen für Schülerinnen und Schüler findest du auch unter www.handwerkspower.de.

C Wie finde ich in eigener Regie eine passende Praktikumsstelle?

Die Suche nach einem Praktikumsplatz solltest du nicht dem Zufall überlassen. Auch solltest du nicht einfach das erstbeste Angebot wahrnehmen, nur damit du für die Praktikumsdauer versorgt bist. Besser ist es, die Suche gezielt anzugehen, auch dann, wenn du noch nicht genau weißt, welche berufliche Richtung du nach dem Schulabschluss einmal einschlagen möchtest. Wichtig ist, dass du die Sache so weit wie möglich selbst in die Hand nimmst und dich nicht darauf verlässt, dass Eltern oder Lehrer es schon für dich richten werden. Schließlich ist Eigeninitiative schon Bestandteil deiner persönlichen Qualifikation. In einem ersten Schritt kannst du darüber nachdenken, was auf gar keinen Fall für dich infrage kommt. Wer sich die Hände nicht gerne schmutzig macht, sollte nicht in eine Gärtnerei oder eine Kfz-Werkstatt gehen, und wer Küchendämpfe nicht vertragen kann, sollte sich nicht als Koch oder Köchin versuchen. Bei der Suche kommt es auf Zielgenauigkeit und eine gute Strategie an. Die folgende Checkliste soll dir dabei eine Hilfe sein.

1. Schritt: Welche Art von Praktikumsstelle kommt infrage?

Finde heraus, welche Art von Betrieb deinen Interessen am ehesten entspricht.

Betriebsart	Beispiele
Handwerksbetrieb	Tischler, Heizungsbauer, Kfz-Werkstatt, Uhrmacher
Handelsbetrieb	Kaufhäuser, Fachgeschäfte für Elektroartikel, Computertechnologie, Autobranche, Speditionsunternehmen
Dienstleister	Arzt- oder Rechtsanwaltspraxis, Bank, Versicherung, Hotel, Fitness, Energielieferanten, IT-Unternehmen, Post, Bahn, kommunale Verkehrsunternehmen
Produktionsbetrieb	Landwirtschaft, Hersteller diverser Güter (Fenster, Türen, Möbel, Elektroartikel, Fahrzeuge)
Verwaltung, öffentliche und private Einrichtungen	Kommunale Verwaltung, Stadtwerke, soziale Hilfsdienste, Einrichtungen für Senioren, Krankenhäuser, Kitas

2. Schritt: Betriebe in der eigenen Umgebung finden

Nachdem du herausgefunden hast, welche Betriebsart oder welche Betriebsarten für dich infrage kommen, solltest du mit der Recherche beginnen. Denke daran, dass der Betrieb nicht zu weit von deiner Schule und deinem Wohnort entfernt sein sollte. So kannst du vorgehen:

- Du fragst Eltern, Verwandte und Bekannte, wenn du weißt, welche Betriebsart dich interessiert.
- Du suchst in den Gelben Seiten des Telefonbuches nach geeigneten Adressen.
- Du recherchierst im Internet, indem du die Betriebsart als Suchbegriff eingibst und den gewünschten Betriebsort.
- Unter www.praktikum.info.de findest du Praktikumsangebote für deine Region. Weitere Angebote kannst du mithilfe der Industrie- und Handelskammern und der Handwerkskammern finden (www.ihk.de; www.handwerk.de).

Erstelle allein oder erstellt gemeinsam eine Liste von Betrieben, die infrage kommen. Stellt weitere Informationen darüber zusammen. Dabei helfen euch die Internetauftritte. Vielleicht könnt ihr euch auch vor Ort über den Betrieb informieren.

3. Schritt: Kontakt aufnehmen

Nach den Vorbereitungsarbeiten beginnt nun die konkrete Suche nach einem Praktikumsbetrieb. Der erste Kontakt geschieht meist telefonisch. Auf das Telefongespräch sollte man sich vorbereiten, weil es schon bei diesem ersten Kontakt darauf ankommt, einen möglichst guten Eindruck zu hinterlassen.
Ihr könnt auch zu den ausgewählten Betrieben hingehen, aber auch dann solltet ihr euch zuvor telefonisch anmelden, euer Anliegen vortragen und um einen Termin bitten. Auf jeden Fall solltet ihr bereits über den Betrieb informiert sein, bevor ihr Kontakt aufnehmt. Um welche Art von Betrieb handelt es sich? Was geschieht dort? Wie lange gibt es ihn schon? Wie viele Menschen sind dort beschäftigt?

4. Schritt: Bewerbungsunterlagen zusammenstellen

Größere Betriebe erwarten häufig schriftliche Bewerbungen. Das ist besonders der Fall, wenn sich viele Praktikantinnen und Praktikanten bewerben und der Betrieb eine Auswahl treffen möchte. Zu eurem Bewerbungsschreiben gehören:

- ein Anschreiben. Darin teilt ihr mit, warum gerade dieser Betrieb ganz oben auf eurer Wunschliste für euer Praktikum steht,
- ein tabellarischer Lebenslauf,
- ein freundliches und aktuelles Foto im Format eines Passfotos,
- eine Kopie des letzten Zeugnisses.

Hilfen für deine schriftliche Bewerbung findest du unter:
www.planet-beruf.de
www.arbeitsagentur.de

5. Schritt: Der erste Tag im Praktikum

Nun stelle dir vor, die Suche war erfolgreich und der erste Tag im Praktikums steht an. Du wirst wahrscheinlich ein wenig aufgeregt sein. Das ist gar nicht schlimm, denn du zeigst damit, dass du die Sache wichtig nimmst, die jetzt auf dich zukommt. Bereite dich gedanklich vor. So vermeidest du unnötige Fehler und machst schon von Beginn an einen guten Eindruck.

Die Kleidung: Als Schüler, der nur für kurze Zeit zum Betrieb gehört, gilt für dich keine besondere Kleiderordnung. Achte darauf, dass du gepflegt aussiehst. Versuche nicht, übertrieben cool, lässig oder schrill auszusehen.

Die Begrüßung: Sprich deinen Vor- und Nachnamen deutlich aus, schaue deine Gesprächspartner an, gib einen festen Händedruck, versuche, deutlich zu machen, dass du dich auf das Praktikum freust.

Die Einweisung in die Arbeit: Gehe höflich auf die Kolleginnen und Kollegen zu, höre gut zu, wenn man dir etwas erklärt, stelle Fragen, damit man sieht, dass du interessiert bist.

Weitere Hilfen zur Praktikumssuche findest du in deinem BOGY-Kompass, S. 27 f.

1. Schreibe dir aus dieser Checkliste alle Informationen heraus, die dir für dich ganz persönlich als wichtig erscheinen.

2. Setzt euch zu zweit oder zu dritt zusammen und recherchiert mithilfe des Internets über Betriebe vor Ort.

Was auch noch interessant sein kann:

- ausgewählte Firmen mithilfe von Plakaten vorstellen (Diese sollten Angaben über die in Schritt 3 formulierten Fragen enthalten.)

AKTIV LERNEN

D Praxistraining: Wie präsentiere ich mich angemessen am Telefon?

Euer Auftrag:
Bildet Dreiergruppen. Abwechselnd übernehmt ihr dann die Rolle der Bewerberin bzw. des Bewerbers und die Rolle des Ansprechpartners in der Firma. Der Dritte in der Runde hört sich das Gespräch an und gibt dem Praktikumsbewerber am Ende ein Feedback zu seinem Verhalten am Telefon. Wählt einen der Betriebe aus, über den ihr euch im Vorfeld informiert habt.

Wenn du dich auf der Suche nach einem Praktikumsplatz mit einer Firma in Verbindung setzt, solltest du gut vorbereitet sein und am Telefon angemessen auf alle Nachfragen reagieren können. Damit das gelingt, könnt ihr hier das richtige Telefonieren in dieser Angelegenheit üben.

4 Dinge, die in der Vorbereitung zu klären sind

Du solltest
1. den genauen Termin für das Praktikum im Kopf haben,
2. so gut es geht über die Firma informiert sein,
3. Gründe angeben können, warum du dich bei dieser Firma um ein Praktikum bewirbst,
4. sagen können, für welchen späteren Ausbildungsberuf du dich interessierst.

Unbedingt beachten: Blatt und Stift zurechtlegen!

8 Fragen, mit denen du im Verlauf des Gesprächs rechnen musst

1. Wie kommst du ausgerechnet auf unsere Firma?
2. Was weißt du denn schon über uns?
3. Was möchtest du später einmal werden?
4. Mit den letzten Praktikanten haben wir leider keine guten Erfahrungen gemacht. Deshalb möchten wir eigentlich keine Praktikanten mehr nehmen.
5. Wer betreut dich während der Praktikumszeit?
6. Der Name deiner Schule sagt mir nichts. Warum heißt die Schule so?
7. Bei uns wollen immer viele Leute ein Praktikum machen. Warum sollten wir dich nehmen?
8. Was möchtest du noch über unsere Firma wissen?

Wie sollte man das Telefongespräch beginnen?

Guten Tag, mein Name ist … Ich bin Schülerin/Schüler des Pestalozzi-Gymnaiums. Ich möchte mich gerne über die Möglichkeiten eines zweiwöchigen Praktikums in Ihrer Firma informieren. Können Sie mich mit jemandem verbinden, der dafür zuständig ist? (Wenn du mit der zuständigen Person verbunden wirst, musst du vielleicht deine Anfangssätze noch einmal wiederholen.)

Am Ende eines solchen Telefongespräches sollte man eine Gesprächsnotiz anfertigen mit Gesprächsdatum, Name des Ansprechpartners, Gesprächsinhalt, weiteres Vorgehen.

E Wie werte ich meine Erfahrungen aus?

Tägliche Eindrücke und Erfahrungen gehen schnell verloren, wenn man sie nicht so festhält, dass man später auf sie zurückgreifen kann. Deine Praktikumsdokumentation und dein Bericht sollen dir helfen, deine Praktikumserfahrungen für die Planung deines weiteren Berufsweges möglichst gewinnbringend zu nutzen.

Dokumentation
↓
Praktikumsbericht

Die Dokumentation

Im Verlauf des Praktikums wirst du darin deine Tagesberichte abheften. Du kannst sammeln, was der Betrieb dir an Informationen zur Verfügung stellt, Beispiele deiner eigenen Tätigkeiten, Zeichnungen, Werbeprospekte etc. Wenn du Fotos zur Dokumentation machen möchtest, musst du erst die Erlaubnis der Firmen- oder Einrichtungsleitung einholen. Achte auch auf den Datenschutz und verwende keine vertraulichen Informationen über Mitarbeiter und Betriebsinterna.
Beginne mit deiner Dokumentation vor dem ersten Praktikumstag. Füge deinem Portfolio ein Blatt zum Thema Erwartungen bei. Die folgenden Fragen solltest du vor Praktikumsbeginn für dich beantworten:

Vorbereitende Fragen
1. Was weiß ich bereits über meine Praktikumsstelle?
2. Warum habe ich mich für diesen Platz entschieden?
3. Wie lauten die beiden wichtigsten Ziele für mein Praktikum?
4. Was werde ich tun, um mich den Menschen von meiner positiven Seite zu zeigen?

Nimm dir während des Praktikums täglich 20 Minuten oder eine halbe Stunde Zeit, um deine Eindrücke zu notieren.

Tagesbericht
- Tagesverlauf in Stichworten:
- Meine Tätigkeiten:
- Neue Erkenntnisse, Erfahrungen:
- Überraschendes, Bemerkenswertes:
- Meine Stimmungslage heute:

Der Praktikumsbericht

Deine Dokumentation wird dir als Vorlage für deinen Praktikumsbericht dienen.* Auch wenn dieser Bericht benotet wird, denke daran, dass er in erster Linie für dich selbst von Wert sein wird. Je sorgfältiger du daran arbeitest, desto größer wird der Nutzen für dich sein.
Für die Auswertung sind folgende Fragen von besonderer Bedeutung:

Auswertungsfragen
1. Wie sehr hat mir das Praktikum gefallen?
2. Wie sehr hat es meine Erwartungen erfüllt?
3. Was habe ich an Neuem über Berufe und Arbeitswelt erfahren?
4. Wie bewerte ich das Praktikum für meine weitere Berufswegplanung?
5. Wie gehe ich jetzt weiter vor?

Praktikumsberichte können auch als PC-Präsentation in Folienform verfasst und so einem Publikum zugänglich gemacht werden. Dabei ist wichtig, dass die Präsentation klar strukturiert gestaltet ist.

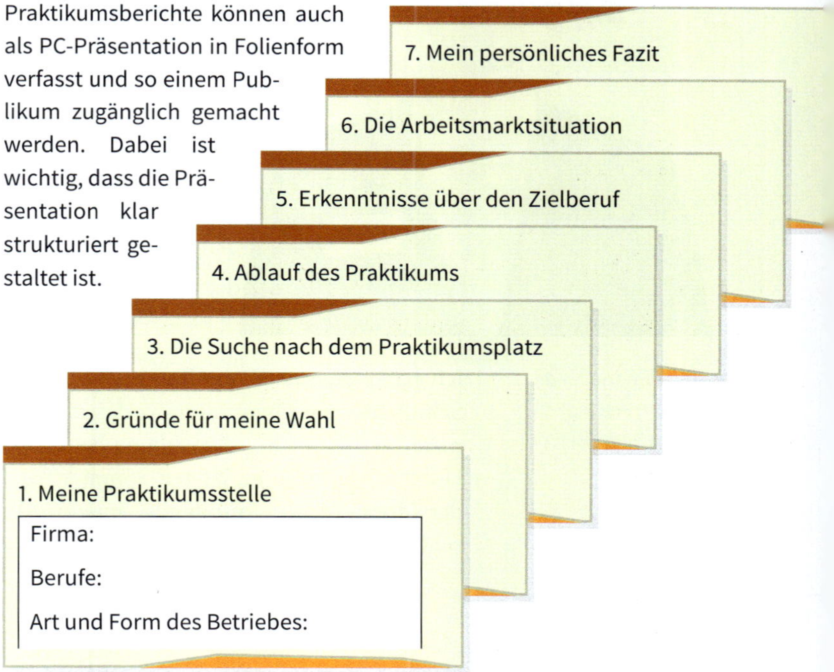

*Dein BOGY-Kompass behandelt das Praktikum ab Seite 26. Die Foliengliederung folgt den verbindlichen Vorgaben zum Berichtsinhalt.

1. Notiere aus dieser Seite alle Hinweise, die du als hilfreich für deine Praktikumsdarstellung und -auswertung empfindest.

5 Welche Wege in den Beruf haben andere gewählt?

Vergleich und Bewertung von Erwerbsbiografien

Abitur, Studium, Beruf: So stellen sich viele Gymnasiasten den Weg in ihre berufliche Zukunft vor. Dass es auch andere Wege gibt, zeigen die vier Beispiele auf den folgenden Seiten. Sie sollen euch Anregung sein, über den von euch favorisierten Weg nachzudenken.

Tipp: Die vier Beispiele können arbeitsteilig bearbeitet werden.

A Vier junge Leute und ihr Weg in den Beruf

1. Simon Waidner, Hotelkaufmann nach mittlerem Schulabschluss

Hotelkaufmann an der Rezeption; Freundlichkeit beim Begrüßen der Gäste

Ich habe nach dem Abschluss des zehnten Schuljahres das Gymnasium verlassen nach meiner erfolgreichen Bewerbung bei einem Hotel in Ulm und im letzten Sommer nach der dreijährigen Ausbildung meine Abschlussprüfung gemacht. Ins Hotelfach wollte ich eigentlich schon immer. Die vornehme Atmosphäre in guten Hotels gefiel mir schon als Kind. Allerdings stand für mich zunächst das Abitur auf dem Programm. Den Ausschlag für das Verlassen der Schule nach dem mittleren Schulabschluss gab ein zehntägiges Berufspraktikum in einem Vier-Sterne-Hotel. Der Umgang mit den Gästen und dem Personalteam machten mir so großen Spaß, dass ich überzeugt war, den für mich passenden Beruf gefunden zu haben. Auch das Hotelmanagement bescheinigte mir, dass meine offene und freundliche Art gut bei den anspruchsvollen Gästen ankommt.

Im Lauf meiner Ausbildung habe ich an der Rezeption gearbeitet, in der Küche und im Service in den Gasträumen. Viel Neues habe ich in den Büros der Verwaltung erfahren, wo man zum Beispiel lernt, Wareneinkäufe zu organisieren und Preise zu kalkulieren.

Meine Abschlussprüfung bestand aus einem praktischen und theoretischen Teil. Im theoretischen Teil wurden unter anderem Deutsch, Wirtschaftskunde, Rechnen, Warenwirtschaft und „Gastorientiertes Handeln und Betreuen“ geprüft. Im praktischen Teil musste einem Gast die Speisenfolge eines Menüs erläutert werden. Die unregelmäßigen Arbeitszeiten im Gastgewerbe sind für mich kein Problem. Während andere arbeiten, habe ich eben frei.

Gymnasium mit mittlerem Schulabschluss
↓
Dreijährige Ausbildung im dualen System
↓
Berufstätigkeit
Weiterbildungsmöglichkeiten: z. B. Fachhochschulreife, Studium Hotelmanagement

So könnt ihr vorgehen:

1. Bildet Vierergruppen und teilt die Fallbeispiele untereinander auf.
2. Stellt euch die Fälle gegenseitig in mündlicher Zusammenfassung vor.
3. Bearbeitet gemeinsam die Arbeitsaufträge am Ende dieses Unterkapitels.

Simons Ausbildungsvergütung lag im ersten Lehrjahr bei rund 600 Euro, im zweiten bei 700 und im dritten Ausbildungsjahr bei 850 Euro. Zukunftssorgen brauchen sich Hotelfachleute kaum zu machen. Überall auf der Welt wird gut ausgebildetes, freundliches und flexibles Personal gesucht, das mit Gästen aus vielen Ländern und Kulturen wertschätzend umgehen kann.
Simon wurde nach der Ausbildung in ein unbefristetes Arbeitsverhältnis übernommen. Sein Einstiegsgehalt lag bei 2 000 Euro brutto. Später möchte er in ausländischen Hotels weitere Erfahrungen sammeln und möglichst einmal bis zum Hotelmanager aufsteigen.

(Nach Recherchen des Autors, Name geändert)

2. Kevin Baltrocco, Praktische Berufsausbildung nach dem Abitur

Kevin Baltrocco steht gerne hinter der Theke. Schon nach dem Abitur hat der heute 24-Jährige in einer Bar gejobbt, die Arbeitszeiten fand er allerdings nicht optimal. „Als ich nach einem Ausbildungsplatz gesucht habe, bin ich auf die Systemgastronomie gestoßen", sagt er. Bei Vapiano, einer Restaurantkette, in der italienisch gekocht wird, hat er schließlich seine Ausbildung aufgenommen. Nicht nur um die Zubereitung der Speisen muss er sich kümmern. Wie sein Ausbilder Tom Lichtenstein erklärt, geht es auch viel um Organisation und Abläufe.
„Schon in der Ausbildung werden die angehenden Systemgastronomen an die Managementebene herangebracht", so Lichtenstein. Damit soll vor allem das Verantwortungsbewusstsein geschult werden. „Die Ausbildung zum Fachmann für Systemgastronomie ist kaufmännisch, mit teilweise gastronomischen Lerninhalten", sagt Tanja Hoffmann-Bucci, Ausbilderin bei einer der größten globalen Fast-Food-Ketten. Um betriebswirtschaftliche Zusammenhänge im Restaurant geht es ebenso wie um die Bereiche Mitarbeiterführung und Marketing. […]

Abitur
↓
Dreijährige Ausbildung im dualen System
↓
Berufstätigkeit

Weiterbildungsmöglichkeiten:
Universitätsstudium (Selbstständigkeit)

Die meisten Betriebe, die zum Systemgastronom ausbilden, erwarten von ihren Bewerbern Mittlere Reife oder Abitur. Zwar schaue man auch auf die Mathematiknote, doch wie Lichtenstein erklärt, sei etwas anderes wichtiger: Die Arbeit mit Menschen und die Personalführung, dazu kaufmännisches Denken und Organisieren.
Fachleute für Systemgastronomie setzen ein standardisiertes, zentral gesteuertes Gastronomiekonzept in allen Bereichen eines Restaurants um. Die Ausbildung dauert drei Jahre, die Ausbildungsvergütung beläuft sich nach Angaben der Bundesagentur für Arbeit zwischen 710 und 900 Euro brutto im Monat, je nach Ausbildungsjahr. Das spätere Einstiegsgehalt wird mit 2 360 Euro brutto monatlich beziffert. Weitere Infos gibt es im Internet unter www.bundesverband-systemgastronomie.de.

(Aus: Verena Wolff, Zwischen Küche und Büro, in: Trierischer Volksfreund vom 27./28.05.2017, S. 49, gekürzt)

Kevin Baltrocco wird Fachkraft für Systemgastronomie

3. Sandrine Lassara, Abitur, praktische Berufsausbildung plus Studium

Sandrine Lassara schildert die Vorteile von Ausbildung und anschließenden Studium

Abitur
↓
Praktische Berufsausbildung zur Verlagskauffrau
↓
Hochschulstudium Medienwissenschaften plus BWL
↓
ein Jahr Berufstätigkeit
↓
Fernsehredakteurin und Aufstieg in die Redaktionsleitung

„Nach meinem Abitur habe ich mich zunächst für eine praktische Ausbildung entschieden. Das lag auch daran, dass es mir damals schwerfiel, mich für ein bestimmtes Studium zu entscheiden. Ich bewarb mich auf die Anzeige eines wissenschaftlichen Buch- und Zeitschriftenverlages und bekam den Ausbildungsplatz zur Verlagskauffrau. Die Ausbildung dauerte zweieinhalb Jahre. Meine Firmenleitung legte Wert darauf, dass ich gute Leistungen in der Berufsschule bringe und einen guten Abschluss vorzeigen konnte.

Nach der Prüfung blieb ich noch für knapp ein Jahr im Verlag und entschied mich dann für ein Studium der Medienwissenschaften und Betriebswirtschaftslehre. Im Studium galten plötzlich ganz andere Anforderungen als in der kollegialen Atmosphäre meines Betriebes. Man ist zunächst auf sich allein gestellt, muss sich immer wieder selbst motivieren und zum Lernen zwingen. So fiel mir das erste Semester an der Uni nicht leicht. In meiner abgeschlossenen Berufsausbildung sah ich aber auch einen großen Vorteil. Mit 23 Jahren war ich ein bisschen älter und damit lebenserfahrener als viele andere Studienanfänger. Überhaupt habe ich es nie bereut, einen Ausbildungsberuf erlernt zu haben. Ich wusste so schon früh, worauf es im Arbeitsleben ankommt. In den Semesterferien machte ich mehrere Praktika bei Fernsehproduktionsfirmen. Die Praktika waren sicherlich ein Grund dafür, dass ich nach meinem Studienabschluss ein 18-monatiges Volontariat bei einer dieser Firmen bekam und zur Fernsehredakteurin ausgebildet wurde. Meine guten Sprachkenntnisse in Englisch und Französisch sowie meine praktische Berufserfahrung können auch Gründe gewesen sein.

Mit 30 Jahren hatte ich meine Berufsausbildung abgeschlossen. Ich bekam eine Festanstellung als Fernsehredakteurin. Heute arbeite ich in der Redaktionsleitung einer großen Fernsehproduktionsfirma. In unserem Redaktionsteam entwickeln wir Konzepte für fiktionale Sendungen, bearbeiten Drehbücher und leiten die Aufnahmen im Studio oder anderen Drehorten sowie die Postproduktion der Sendungen.

In Medienberufen ist kein Tag wie der andere. Man muss extrem flexibel sein und sich immer wieder auf neue Situationen und auch auf neue Menschen einstellen können. Ein gutes Maß an Empathie gehört auch dazu. Wir müssen ja versuchen, uns in die Köpfe des Publikums hineinzuversetzen. Der Beruf erfindet sich sozusagen immer neu. Ich weiß jetzt noch gar nicht, wie die Arbeitsbedingungen in fünf Jahren sein werden. Immer wieder Neues zu wagen, ist für mich das Spannende. Für Leute, die nach Sicherheit streben, mag es unangenehm sein.

Wer sich für einen Medienberuf entscheidet, muss mit harter Konkurrenz um Arbeitsplätze rechnen. Reich wird man damit auch nicht. Die Gehälter werden frei verhandelt.

(Nach einem Gespräch mit dem Autor, Name geändert)

4. Teresa Schnurr, Abitur und duales Studium

Teresa Schnurr entschied sich für ein duales Studium

Ganz entspannt wochenlange Semesterferien genießen, das konnte Teresa Schnurr während ihres Studiums nicht. Sie hatte sich nach dem Abitur für ein duales Studium in Wirtschaftsinformatik bei der AUDI AG in Neckarsulm entschieden. Während des dreijährigen Studiums hieß das für sie: drei Monate Praxisphase im Unternehmen, drei Monate Studium an der Hochschule in Mosbach im Wechsel. Das klingt anspruchsvoll und war es auch. „Ich habe mich für ein duales Studium entschieden, weil ich so einen direkten Einblick in ein Unternehmen bekomme und Theorie und Praxis verbunden sind. Natürlich fand ich es auch toll, dass ich während des Studiums im Unterschied zu anderen Studentinnen Geld verdiente“, berichtet sie.

Von einem dualen Studium profitieren beide Seiten: das Unternehmen, weil es qualifizierten Nachwuchs ausbildet und an sich binden kann, die Studenten, weil sie nach dem Studium in der Regel im Unternehmen weiterbeschäftigt werden und im gleichen Unternehmen Aufstiegschancen haben.

Wer sich für ein duales Studium entscheidet, muss belastbar sein. Der Wechsel zwischen Hochschul- und Praxisphase fordert ein hohes Maß an Motivation und Engagement.

„Besonders gefordert fühlte ich mich während der Theoriephasen, da die Lehrinhalte eines Semesters sehr kompakt und umfangreich sind. Ein hoher zeitlicher Aufwand besteht auch darin, die Praxisphasen zu organisieren.“

Nach ihrem Bachelor-Abschluss arbeitete Teresa zwei Jahre lang als IT Serviceverantwortliche. Der Beruf machte ihr viel Freude, doch sie wollte im Unternehmen weiterkommen. Deshalb entschied sie sich, einen Master of Science in IT Management nebenberuflich zu machen. Die AUDI AG unterstützte sie, indem sie ihr flexible Arbeitszeiten einräumte.

Das nebenberufliche Aufbaustudium forderte von ihr ein hohes Maß an Selbst- und Zeitmanagement.

Nach ihrem erfolgreichen Abschluss hofft sie nun, im Unternehmen neue Verantwortungsbereiche zu übernehmen und demnächst eine Führungsfunktion auszuüben.

(Nach einem Gespräch mit dem Autor)

Abitur
↓
Duales Studium: Wirtschaftsinformatik
↓
Abschluss 1: Bachelor of Science als Wirtschaftsinformatikerin
↓
Berufstätigkeit im Unternehmen
↓
Nebenberufliches Aufbaustudium
↓
Abschluss 2: Master of Science in IT Management

Das könnt ihr in der Gruppe tun:

1. Stellt euch gegenseitig die vier Ausbildungswege und -inhalte vor.
2. Beschreibt die genannten beruflichen Anforderungen und sammelt sie in einer Tabelle.

1. Simon	2. Kevin	3. Sandrine	4. Teresa

3. Vergleicht die Beispiele anhand der Kriterien Ausbildungsdauer und Ausbildungsanforderungen.
4. Überprüft, welche Anforderungen an lebenslanges Lernen, Flexibilität und Mobilität die vier vorgestellten Beispiele stellen.
5. Haben die vier Personen gleich gute Aufstiegs- bzw. Karrierechancen? Analysiert die Beispiele, indem ihr die Zukunftsperspektiven einschätzt.
6. Welcher der vier Wege entspricht am ehesten eurer derzeitigen Interessenlage? Entscheidet individuell und stellt euch eure Überlegungen dazu gegenseitig vor.

B Was sind die Besonderheiten unterschiedlicher Ausbildungswege?

Praktische Berufsausbildung im Dualen System

Der Begriff „Duales System" bedeutet, dass die Auszubildenden ihre Kompetenzen einerseits in einem Ausbildungsbetrieb und andererseits in der Berufsschule erwerben. Schulabgängerinnen und -abgänger haben unabhängig von ihrem Abschluss hierzulande die Wahl zwischen circa 330 Ausbildungsberufen. Ein Ausbildungsberuf gilt dann als staatlich anerkannt, wenn die zuständigen Bundesministerien dafür eine Ausbildungsordnung erlassen haben. Eine solche Ordnung beschreibt den jeweiligen Ausbildungsberuf und legt die Fertigkeiten, Kenntnisse und Fähigkeiten, die während der Ausbildung erworben werden sollen, verbindlich fest.

In der Regel verbringen Auszubildende – kurz Azubis genannt – zwei Tage in der Woche in einer Berufsschule. Alternativ kann der berufsschulische Teil der Ausbildung auch in Unterrichtsblöcken von mehreren Wochen stattfinden. Die überwiegende Zeit arbeiten Azubis im Ausbildungsbetrieb, um dort die praktischen Kenntnisse zu erwerben, die notwendig sind, um die Tätigkeit auszuüben.

Für den Start in eine duale Berufsausbildung gibt es keine gesetzlich vorgegebenen Voraussetzungen. Welche Art von Schulabschluss ein zukünftiger Auszubildender vorweisen muss, entscheiden die Unternehmen selbst. Bewerberinnen und Bewerber mit guten Zeugnissen haben, unabhängig von der Art des Abschlusses, in der Regel bessere Chancen, einen Ausbildungsplatz in ihrem Wunschberuf zu finden. [...] Am Ende der dualen Berufsausbildung steht die Abschlussprüfung – im Handwerk Gesellenprüfung genannt. Dort zeigen die Auszubildenden vor einem Prüfungsausschuss der entsprechenden Kammer, was sie gelernt haben – und dass sie in der Lage sind, ihren Beruf eigenverantwortlich auszuüben.

Ausbildung in Berufsfachschulen

Es gibt verschiedene Arten von Berufsfachschulen. Für Gymnasialschüler können die zwei- bis dreijährigen Berufsfachschulen interessant sein, die nach der Mittleren Reife (oder nach dem Abitur) mit einer Berufsausbildung abschließen. Um diese geht es in dem folgenden Text.

Eine ganze Reihe von Berufen kann man ausschließlich an einer Berufsfachschule erlernen – das betrifft vor allem Tätigkeiten in der Gesundheitsbranche, im Sozialwesen, im künstlerisch-gestalterischen Bereich oder in den Informationstechnologien. Zu den bekanntesten und beliebtesten schulischen Ausbildungen oder Berufen zählen:

- im Gesundheitswesen: Alten- und Krankenpflege, Logopädie, Ergotherapie und Heilerziehungspflege,
- im sozialen Bereich: die Berufe Erzieher/-in oder Assistent/-in im Gesundheits- und Sozialwesen,
- bei den gestalterisch-künstlerischen Berufen: die Bereiche Grafik-, Kommunikations-, Textil- oder Fotodesign,
- im IT-Wesen: Informatiker, Informationstechnischer Assistent oder Mathematisch-technische Assistentin sowie
- Dolmetscher/-in und Fremdsprachenkorrespondent/-in.

In Deutschland gibt es sowohl staatliche als auch private Berufsfachschulen. Während der Besuch einer staatlichen Schule in der Regel kostenfrei ist, werden an privaten Schulen monatliche Gebühren erhoben. Wie hoch das Schulgeld ist, legen die Anbieter selbst fest. Wer eine Ausbildung an einer privaten Lehranstalt anstrebt, sollte sich vorher gründlich über die Kosten informieren. [...] An den öffentlichen Berufsfachschulen erwerben Absolventinnen und Absolventen einen staatlich anerkannten Berufsabschluss. Die Ausbildungsgänge an den Schulen unterliegen den Regelungen des jeweiligen Bundeslandes.

(Beide Texte aus: Bundesministerium für Bildung und Forschung, Ausbildung oder Studium? Berlin 2017, S. 4 und Seite 10)

Studium an einer Universität

Abiturienten in Baden-Württemberg müssen einen sogenannten Studienorientierungstest (OT) online durchführen, bevor sie sich für ein Studium entscheiden. [...] Die Aufnahmebedingungen und Bewerbungsverfahren an den Hochschulen sind sehr komplex und unterschiedlich, sodass sie sich unbedingt frühzeitig intensiv damit beschäftigen sollten. Es ist wichtig, dass sie sich über www.studieren-in-bw.de und www.hochschulstart.de sowie auf den Internetseiten der Hochschulen über die geltenden Zulassungsvoraussetzungen informieren. [...]
Ist ein Studium nach dem Abitur ein Muss? Eindeutig: Nein! Die Frage, ob Ausbildung oder Studium, kann leider nicht pauschal beantwortet werden. Mit Sicherheit kann man aber behaupten, dass höhere Qualifikationen und anspruchsvolle Positionen nicht nur durch ein Studium zu erreichen sind. Auch Auszubildende, die ihr Wissen in einer Lehre erworben haben, können später als hoch qualifizierte Fachkräfte arbeiten. Und: Wer sich für eine Ausbildung entscheidet, kann danach immer noch studieren!

(Aus: Ministerium für Wissenschaft, Forschung und Kunst BW (Hrsg.): Studieren in Baden-Württemberg, Ausgabe 2016/17, S. 5 f.)

Bachelor und Master

Mit einem Bachelor erwerben Studierende einen ersten Hochschulabschluss im Rahmen eines mehrstufigen Studienmodells. Bachelorstudiengänge dauern in der Regel sechs bis acht Semester. Das Studium ist modular aufgebaut: Die einzelnen Module setzen sich aus unterschiedlichen Lehrveranstaltungen und Praxisteilen zusammen, die jeweils mit einer Abschlussprüfung enden. [...] Ein Bachelorabschluss ist die Voraussetzung für ein anschließendes Masterstudium. [...]
Ein Masterstudium dauert in der Regel zwei bis vier Semester. Neben dem Besuch von Lehrveranstaltungen muss am Ende zumeist eine Abschlussarbeit geschrieben werden.

(Aus: Bundesministerium für Bildung und Forschung: Ausbildung oder Studium, Berlin 2017, S. 15)

Duales Studium

Wer die Vorzüge eines Studiums mit integrierter betrieblicher Praxis oder einer praxisnahen Ausbildung kombinieren möchte, ist bei einem der zahlreichen dualen Studiengänge gut aufgehoben. Sie bieten die Möglichkeit, während eines Hochschulstudiums gleichzeitig betriebliche Erfahrungen oder einen Berufsabschluss zu erwerben. Insgesamt werden duale Studiengänge bei Schulabgängerinnen und Schulabgängern immer beliebter. Zur Auswahl stehen in Deutschland mehr als 1000 duale Studiengänge.
Die Studierenden benötigen im Fall von ausbildungsintegrierten dualen Studiengängen zusätzlich zum Studienplatz auch einen betrieblichen Ausbildungsplatz in einem geeigneten Unternehmen. Diesen zu finden ist meist die eigentliche Hürde, denn die Stellen sind heiß begehrt. [...] Ein duales Studium schließt in der Regel mit einem Bachelor ab. Wer diesen Titel an einer Hochschule erwirbt, hat damit einen regulären akademischen Abschluss und kann einen Masterstudiengang anschließen.
Unterschieden werden ausbildungsintegrierende und praxisintegrierende duale Studiengänge. Bei einem ausbildungsintegrierenden dualen Studium absolvieren Studierende parallel zum Bachelorstudium eine vollwertige betriebliche Ausbildung in einem Partnerbetrieb der Hochschule. [...] Bei einem praxisintegrierenden dualen Studium verbringen Studierende längere Praxisphasen in einem Unternehmen, erwerben aber keinen zusätzlichen anerkannten Berufsabschluss.

(Aus: Bundesministerium für Bildung und Forschung: Ausbildung oder Studium, Berlin 2017, S. 18)

In einem vom Bundesministerium für Bildung und Forschung herausgegebenen Heft **„Ausbildung oder Studium?“** werden alle praktischen und theoretischen Ausbildungsgänge vorgestellt. Ihr könnt das Heft downloaden oder bestellen unter www.bmbf.de/pub/Ausbildung_oder_Studium.pdf.

Schüler in Baden-Württemberg erfahren in dieser jährlich neu aufgelegten Broschüre alles, was sie für ein Studium und für das duale Studium im eigenen Bundesland wissen sollten.

1. Was sind die charakteristischen Merkmale der vier unterschiedlichen Ausbildungswege? Nenne sie.

2. Welcher Ausbildungsweg könnte für dich interessant sein: einer, mehrere, keiner? Verfasse dazu eine Stellungnahme und füge sie deinem Portfolio hinzu.

Was auch noch interessant sein kann:

- Wähle einen der Ausbildungswege aus und recherchiere selbst dazu im Internet und in den genannten Broschüren. Stelle deinen Mitschülern die Ergebnisse deiner Recherchen vor.

AKTIV LERNEN

C Was spricht für eine praktische Berufsausbildung, was für ein Studium?

Mit einer praktischen Berufsausbildung kannst du nach dem mittleren Schulabschluss beginnen oder nach dem Abitur und auch sonst zwischendurch.
Für das Studium, egal ob „normal“ in Vollzeit oder als duales Studium, ist das Abitur Voraussetzung.
Hier findest du eine Sammlung der Vorzüge der beiden Wege.

Euer Auftrag:

1. Erstellt mithilfe der Texte in den Kästen eine Tabelle. (Das geht auch zu zweit.)

Vorteile einer praktischen Ausbildung	Vorteile eines Studiums

2. Sucht nach weiteren Gründen, die entweder für den einen oder anderen Weg sprechen.
3. Entscheidet individuell: Was kann für mich der bessere Weg sein?

❶ Bei einer betrieblichen Ausbildung im Dualen System bekommt man eine Ausbildungsvergütung. Je nach Ausbildungsberuf schwankt diese zwischen 300 und 1 000 Euro im ersten Lehrjahr.

❷ Auch wenn ein Studium nicht immer stressfrei ist, bietet die Hochschule nach wie vor viel Raum für persönliche Entfaltung, Kontakte, Wissenserweiterung und neue Denkanstöße.

❸ Du lernst praktische Dinge, die du sofort umsetzen kannst, und trägst unmittelbar zum Erfolg eines Unternehmens bei. Außerdem herrscht Fachkräftemangel in Deutschland. Absolventen mit einer praktischen Berufsausbildung werden in den meisten Betrieben händeringend gesucht.

❹ Für viele Berufe ist ein Studium die unverzichtbare Voraussetzung, zum Beispiel für Ärzte, Juristen, Lehrer, Sozialpädagogen, Betriebs- und Volkswirte und viele andere.

❺ Zwar sind die Einkommen vieler Akademiker in den vergangenen Jahren eher gesunken, dennoch verdienen sie im Durchschnitt mehr als Erwerbstätige ohne Studium und sind auch seltener arbeitslos.

❻ Bei den meisten Ausbildungen hast du spätestens nach drei Jahren den Abschluss in der Tasche. Du wirst früher finanziell auf eigenen Beinen stehen, als es mit einem Studium der Fall ist.

❼ Wer sich bereits in der Schule gerne mit theoretischen Inhalten auseinandersetzt und wem es nichts ausmacht, sich dabei über längere Zeit hinweg in Büchern und Ähnlichem zu „vergraben“, ist für ein Studium geradezu prädestiniert.

❽ Bei einer praktischen Ausbildung hat man fest geregelte Arbeitszeiten. Arbeit und Freizeit lassen sich besser voneinander abgrenzen. Auch sind die Wochenenden in der Regel arbeitsfrei.

❾ Auch mit einer praktischen Berufsausbildung steht dir der Weg in ein Fachhochschul- oder Universitätsstudium weiterhin offen. Mit Abitur ist das selbstverständlich. Mit mittlerem Schulabschluss plus Ausbildung gibt es Wege zur Weiterbildung einschließlich Studium.

❿ Mit einem Studium muss man sich nicht frühzeitig auf einen bestimmten Beruf festlegen. Egal, für welches Studienfach man sich entscheidet, es stehen einem mehrere Berufe offen.

Die WebQuest-Methode

Der Name setzt sich aus zwei Bestandteilen zusammen. „Web“ steht für World Wide Web und „Quest“ für Frage. Der Name bedeutet, dass man mit dieser Methode das Internet gezielt befragt.
Das Besondere an der Methode ist, dass man bei der Recherche nach einem Plan vorgeht und sich verpflichtet, nur eine vorgegebene Zahl von Internetadressen zu benutzen.

Die Durchführung

Bildet Zweier- oder Dreierteams zur gemeinsamen Arbeit am PC und organisiert die Recherchen arbeitsteilig. Die Teams informieren sich selbst und stellen ihre Informationen den anderen zur Verfügung. Die Klasse arbeitet dabei wie ein Großraumbüro in einem Unternehmen, in dem die einzelnen Abteilungen einander zuarbeiten.

- **Die Teams verpflichten sich, nur die vorgegebene Adresse für die Recherche zu benutzen!**
- **Verlinkungen zu anderen Websites werden ebenfalls nicht genutzt.**

Diese Verpflichtung gehört zum Kern der WebQuest-Methode. Sie garantiert, dass zielorientiert und zeitökonomisch gearbeitet wird. Hier konzentrieren wir uns auf vier empfehlenswerte Adressen.

Die Auswertung

Am Ende der Recherche stellen möglichst mehrere Teams ihre Rechercheergebnisse vor. Die Auswahl kann nach dem Zufallsprinzip erfolgen. Alle Mitglieder der Klasse können dann zu Hause ihre Recherchen anhand der vorgestellten Onlineportale fortsetzen.

Alle Teams bewerten am Ende ihrer Recherchen die Qualität des untersuchten Internetauftritts anhand folgender Kriterien und stellen sie vor:

- Übersichtlichkeit
- Informationsgehalt
- Hilfen zur Entscheidungsfindung
- Layout (Gestaltung)

Thema: Zielgenau online recherchieren

WebQuest Berufsorientierung

Team 1: www.planet-beruf.de
Das Portal der Bundesagentur für Arbeit bietet Informationen in geradezu grenzenloser Menge zu allen Themen der Berufswahl vom Einstieg bis zum Studium an. Konzentriert euch bei eurer Recherche ausschließlich auf Inhalte, die für eure jetzige Situation beim Einstieg in die Berufswahl von Bedeutung sind.

- Stellt Aufbau und Inhalte der Rubrik „Mein Fahrplan“ und „Meine Talente“ vor.
- Fasst anhand der Rubrik *planet-beruf.de* regional zusammen, wie man sich in eurer Region über Ausbildungsangebote informieren kann.

Team 2: www.gut-ausgebildet.de
Der Internetauftritt wurde speziell für Schülerinnen und Schüler des Landes Baden-Württemberg vom zuständigen Landesministerium eingerichtet und bietet vielfältige Informationen zum Thema *Was Schüler wissen sollten* an.
Man kann Berufswünsche eingeben und erhält dazu kurze Filmbeiträge, in denen Auszubildende sich und ihren Beruf vorstellen.

- Stellt Aufbau und ausgewählte Inhalte der Rubrik „Was Schüler wissen sollten“ vor.
- Informiert euch über die Tätigkeit von Azubis als Ausbildungsbotschafter und stellt dieses Konzept vor.

Team 3: www.beroobi.de
Das Portal des Vereins „Schulen ans Netz“ in Bonn hat nach eigenen Angaben das Ziel, „interessante und zukunftsorientierte Ausbildungsberufe gezielt in das Blickfeld von Jugendlichen zu rücken“. Ein Markenzeichen ist die interaktive Art der Präsentation. Für die ernsthafte Recherche sollte man nicht nur die spielerischen Elemente nutzen. Beroobi wurde bereits mit mehreren Preisen ausgezeichnet.

- Stellt an einem ausgewählten Beispiel die Art der interaktiven Präsentation von Berufen vor.
- Stellt Informationen zu den Themen Einstellungstests und Bewerbungsmappen zusammen.

Team 4: www.studieren-in-bw.de
Auf dieser Homepage des Bildungs- und Wissenschaftsministeriums sollte euch vor allem die Rubrik „Vor dem Studium“ interessieren.

- Informiert euch und die Klasse über Studienorientierungsverfahren, Tests, Schüler- und Schnupperpraktika und eventuell zusätzlich über das Angebot an Studiengängen.

6 Was erwartet die Wirtschaft von den Schulabgängern?

Ein Einstellungsverfahren im Rollenspiel simulieren

Stellenanzeigen geben auf interessante Weise Auskunft über Erwartungen und Anforderungen in der Arbeitswelt. Ihr findet hier eine kleine Auswahl. Von den Originalanzeigen haben wir nur die Namen der Firmen verändert.

A Angebote für Ausbildungsplätze und duale Studiengänge

ZBA Zentrale Berufsakademie

Du interessierst dich für Medizin? Du gehst gerne mit Menschen um? Du übernimmst gerne Verantwortung? Dann ist ein Pflegeberuf genau das Richtige für dich.

Lerne Pflege bei uns!

Wenn du das Abitur hast: Duales Studium Gesundheits- und Krankenpflege

Wir sind eine gemeinnützige Bildungseinrichtung …

Concept GmbH Der Mediengestalter

Ausbildungsplätze zur Industriekauffrau/zum Industriekaufmann Fachrichtung Druck und Papier

Wenn Sie engagiert, motiviert und teamfähig sind sowie Spaß am Umgang mit Menschen haben, Rechtschreibung für Sie kein Fremdwort ist und Sie Interesse an wirtschaftlichen Zusammenhängen haben, sind Sie bei uns richtig. Sie sind interessiert?

Wenn Sie die allgemeine Hochschulreife anstreben oder besitzen, freuen wir uns auf Ihre Bewerbung.

Geben Sie Ihrer Ausbildung die richtige Perspektive.

Kommen Sie zu einem weltweit führenden Unternehmen der Automobilindustrie. Profitieren Sie von Innovation, Internationalität und Vielfalt.

Bei uns arbeiten Sie mit an der Zukunft der Mobilität – immer in Teams.

Wir bieten in unserer Stellenbörse praktische Ausbildungsgänge und Möglichkeiten des dualen Studiums im technischen und kaufmännischen Bereich.

Wir brauchen Menschen, die wissen, was sie wollen. Eine gute fachliche Eignung setzen wir voraus – ebenso wie Motivation, Engagement und Identifikation mit den Zielen des Unternehmens.

Überzeugen Sie uns mit Ihrer schriftlichen Bewerbung.

Kiefer Kältetechnik

Als europäischer Marktführer liefert die Kiefer Kältetechnik GmbH Kühl- und Tiefkühlmöbel für alle Bereiche des Lebensmittelhandels – weltweit. Wir bieten Schulabgängern an verschiedenen Standorten in Deutschland wieder eine fundierte

Ausbildung zum Kälteanlagenbauer (m/w)

an.

Die Ausbildung dauert 3,5 Jahre.

Ihr Profil: Idealerweise verfügen Sie über einen mittleren Schulabschluss oder Abitur. Gute Kenntnisse in Mathematik und Physik sind von Vorteil.

Handwerkliches Talent, räumliches Vorstellungsvermögen, Selbstständigkeit sowie freundliche Umgangsformen und Freude an der Arbeit machen Sie für uns wertvoll.

1. Sammele die Erwartungen, die in den Anzeigen zum Ausdruck kommen. (Das geht auch zu zweit.)

Was auch noch interessant sein kann:

- Anzeigen ausschneiden – Arbeite die Stellenangebote in der Wochenendausgabe deiner örtlichen Tageszeitung durch. Schneide Ausbildungsplatzangebote aus und dokumentiere sie in deiner Berufswahlmappe.
- Stellenanzeigen entwerfen – Es kann Spaß machen, eine eigene Anzeige zu entwerfen, für die man sich einen Beruf aus „Beruf aktuell“ aussucht und dafür einen Text gestaltet mit den dazu passenden Fähigkeiten und Persönlichkeitsmerkmalen.

B Die Sicht der Unternehmen

Unternehmen erwarten, dass einfache Sachverhalte mündlich und schriftlich klar formuliert und aufgenommen werden können. Im Geschäftsleben muss man sich gut ausdrücken und den richtigen Ton treffen. Das gilt für den persönlichen Umgang ebenso wie für Telefonate und für jede Art von Korrespondenz. Um diesen Anforderungen gerecht zu werden, sind ausreichende Kenntnisse der Rechtschreibung und der Grammatik erforderlich.

In allen Berufen ist präzises Rechnen und die richtige Anwendung mathematischer Formeln Grundvoraussetzung. Egal ob im Verkauf, der Buchhaltung, im IT-Bereich oder bei der Programmierung einer Maschine: Die Beherrschung der Grundrechenarten, das Rechnen mit Dezimalzahlen und Brüchen, der Umgang mit Maßeinheiten, Dreisatz und Prozentrechnen sowie Grundlagen der Geometrie sind notwendig, um den Anforderungen im Unternehmen gerecht zu werden. [...] Die Fähigkeit zu alltäglicher Konversation auf Englisch wird insbesondere in international tätigen Unternehmen erwartet. [...]

Am Arbeitsplatz ist Teamwork gefragt, dazu gehören Offenheit und Toleranz.

Kenntnisse der eigenen Kultur und der Kultur des anderen fördern gegenseitiges Verständnis. Man sollte daher in Grundzügen vertraut sein mit den wichtigen Etappen der Geschichte Europas und der Welt, relevanten sozialen und politischen Konzepten wie Demokratie, Gerechtigkeit, Gleichberechtigung, Staatsbürgerschaft und Bürgerrechten, aber auch den großen Religionen. Die Arbeitswelt befindet sich in ständigem Wandel. Lern- und Leistungsbereitschaft sind Grundbedingung für Erfolg in Ausbildung und Berufsleben. [...]

Wer freundlich ist, hat schneller und leichter Erfolg. Dies gilt für die Beziehungen des Unternehmens nach außen – natürlich genauso wie für ein gutes Betriebsklima im Inneren.

(Aus: Was erwartet die Wirtschaft von den Schulabgängerinnen und Schulabgängern, hg. von der IHK Nordrhein-Westfalen 2011, ohne Autorenangabe, im Internet unter http://www.ihk-nordwestfalen.de/wirtschaft/aus-und-weiterbildung/ausbildung, Zugriff: 10.06.2017)

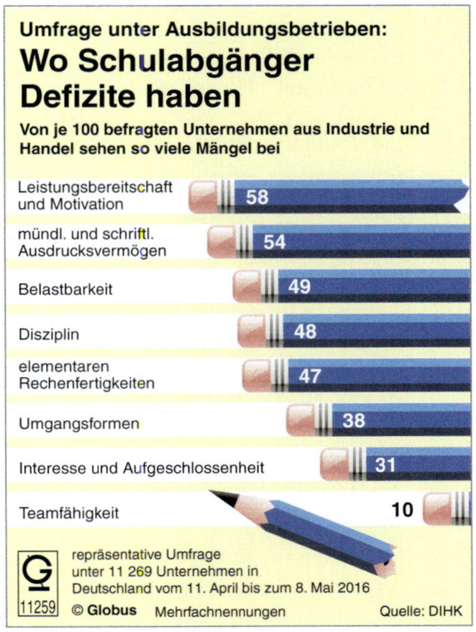

2. Auf welche Kompetenzen legen Unternehmen und Personalchefs Wert? Legt dazu eine Tabelle an und ordnet die im Text genannten Befähigungen ein.

Sprachliche Fähigkeiten (lesen, schreiben, sprechen)	Mathematische Fähigkeiten	Soziale Kompetenzen

3. Vergleiche die im Text und im Schaubild genannten Anforderungen und Erwartungen mit deinen persönlichen beruflichen Interessen und Wünschen. Wo siehst du Übereinstimmungen, wo Probleme?

4. Manche Kritiker halten die Erwartungen der Unternehmen an Berufsanfänger für zu hoch, andere meinen, es seien eher zu niedrige Mindeststandards. Zu hoch, angemessen oder zu niedrig: Wie bewertest du die Erwartungen?

C Rollenspiel: Welche Auszubildenden würdet ihr einstellen?

Cajan Haloumi, 18 Jahre

Schulabschluss	Abitur (Durchschnitt 1,7)
Zeugnisnoten (Punkte); Bemerkungen	Mathematik 14; Deutsch 12; Englisch 7; *„hat mit gutem Erfolg im Schulorchester mitgespielt und war im Bereich des Schulsanitätsdienstes tätig“*
Praktika	zweiwöchiges Praktikum in einer Spedition plus zwei freiwillige Praktika in einer Kita in den Schulferien
Bewerbungsunterlagen	sehr ordentlich und übersichtlich; überzeugende Begründung der Bewerbung
Vorstellungsgespräch	gut über die Firma informiert, freundlich, sehr zurückhaltend; gutes Englisch, Türkisch und Kenntnisse in Spanisch
Testergebnis PC	behob Programmierungsfehler selbstständig, arbeitete konzentriert, erbat zweimal zusätzliche Informationen
Testergebnis Rollenspiel	gutes Benehmen, spricht zu wenig, reagiert eher hilflos auf schwieriges Kundenverhalten

Janosch Kaminsky, 21 Jahre

Schulabschluss	Abitur (Durchschnitt 3,0) plus 2 Semester Jura
Zeugnisnoten (Punkte); Bemerkungen	Mathematik 8; Deutsch 10; Englisch 9; keine
Praktika	1 Monat Praktikum in einem Softwareunternehmen, 1 Monat in einem Anwaltsbüro in Frankreich
Bewerbungsunterlagen	optisch sehr anschauliche Unterlagenmappe, zweiseitige Begründung der Bewerbung (zu ausführlich)
Vorstellungsgespräch	freundliches Auftreten, erklärt den Studienabbruch ehrlich, ist gut über die Firma informiert; spricht Englisch und Französisch
Testergebnis PC	durchschnittliche Computerhandhabung; betont, in Sachen IT-Kompetenz noch vieles lernen zu müssen
Testergebnis Rollenspiel	geht auf die Menschen zu, kann Kunden überzeugen und für sich einnehmen

Ihr spielt ein Auswahlverfahren in einem Unternehmen der IT-Branche durch. Die Firma IT-Power-GmbH hat sich erstmalig dazu entschlossen, zwei Ausbildungsplätze als IT-System-Kauffrau/-Kaufmann zu besetzen. IT-Power hat sich in den zehn Jahren ihres Bestehens von einem Ein-Personen-Betrieb zu einem Unternehmen mit 28 Mitarbeiterinnen und Mitarbeitern entwickelt. Die Firma verkauft Systemlösungen in der Computertechnik und richtet sie ein, berät und betreut Kunden, führt Schulungen und Reparaturen durch. Vier Bewerbungen für die beiden Ausbildungsplätze gingen ein. Vorstellungsgespräche und ein Test wurden bereits durchgeführt. Der Test bestand aus zwei Teilen: Aufgabenlösungen am PC, Durchführung eines Kundenberatungsgesprächs in einem Rollenspiel.

Was wird von einer Kauffrau/einem Kaufmann für IT-Technik erwartet?

IT-Kaufleute planen und verwirklichen kundenspezifische Systemlösungen in der Informationstechnik und stehen ihren Kunden für alle Fragen rund um die eingerichteten Computersysteme zur Verfügung. IT-System-Kauffrau/-Kaufmann ist ein anerkannter Ausbildungsberuf mit dreijähriger Ausbildungsdauer. Rechtlich ist kein bestimmter Schulabschluss vorgeschrieben. Bewerber mit Mittlerem Schulabschluss haben Chancen, wenn sie eine besondere Eignung erkennen lassen. Neben einer Begabung für Mathematik und allem, was mit Technik zu tun hat, benötigen IT-Kaufleute eine Vielzahl überfachlicher Kompetenzen. Der Erfolg ihrer Arbeit hängt ganz wesentlich davon ab, wie kundenfreundlich sie ihre vielfältigen Dienstleistungen gestalten können. Gute Englischkenntnisse sind unverzichtbar.

So könnt ihr vorgehen:

Die Methode für dieses Lernspiel ist ein Gruppenmixverfahren. Dabei werden innerhalb der Unterrichtsstunde die Arbeitsgruppen zweimal neu gebildet.

1. Jeder trifft seine Vorentscheidung
Vergleicht die Anforderungen an IT-System-Kaufleute mit dem, was die Bewerberinnen und Bewerber anzubieten haben. Trefft eure persönliche Vorentscheidung und fertigt Stichworte für die Begründung an.

2. Beratung in der ersten Arbeitsgruppe
Bildet Gruppen, wobei jede Gruppe aus Mitarbeiterinnen und Mitarbeitern der Firma IT-Power-GmbH besteht. Stellt der Reihe nach eure Vorentscheidungen vor. Diskutiert eure Auswahl und trefft nach einer zuvor vereinbarten Zeit eine Entscheidung nach dem Mehrheitsprinzip. Jedes Gruppenmitglied erhält nun einen farbigen Punkt oder eine Zahl.

3. Beratung in der zweiten Arbeitsgruppe
Gruppenmitglieder mit dem gleichen farbigen Punkt (oder mit gleicher Zahl) setzen sich nun in neuen Gruppen zusammen. Zunächst stellen alle Teilnehmer vor, wofür sich die erste Gruppe entschieden hat. Anschließend wird erneut diskutiert und abgestimmt.

4. Entscheidung
Sprecherinnen und Sprecher aus den zweiten Arbeitsgruppen stellen die letzte Mehrheitsentscheidung vor. Eingestellt werden die Bewerberinnen und Bewerber, die die meisten Gruppenentscheidungen in den Zweitgruppen erhalten haben.

5. Auswertung
Sprecht nach dem Spiel gemeinsam darüber, welche Erkenntnisse ihr daraus für eure eigene Berufswegplanung ableiten könnt.

Cedric Flesch, 17 Jahre

Schulabschluss	Abitur (Durchschnitt 2,6)
Zeugnisnoten (Punkte); Bemerkungen	Mathematik 14; Deutsch 11; Englisch 7; *„hat mitunter Leitungsaufgaben in einer Informatik-AG übernommen“*
Praktika	keine Praktikumsnachweise
Bewerbungsunterlagen	wirken nachlässig zusammengestellt, Begründung der Bewerbung fällt sehr kurz aus
Vorstellungsgespräch	ist wenig über die Firma informiert, zeigt hohes Spezialwissen in Informationstechnologie, nachlässige Kleidung (Shorts), Defizite in Englisch
Testergebnis PC	meistert alle Übungen; findet Fehler, kennt zahlreiche Programme
Testergebnis Rollenspiel	selbstbewusstes Auftreten, drückt sich fachlich richtig, aber kompliziert aus, wirkt sehr selbstbewusst

Sarah Markwort, 18 Jahre

Schulabschluss	Gymnasium, bis zur Versetzung in Jahrgangsstufe 11
Zeugnisnoten (Punkte); Bemerkungen	Mathematik 13; Deutsch 6; Englisch 7; *„hat sich als Klassensprecherin engagiert für die Mitgestaltung des Schullebens eingesetzt“*
Praktika	freiwilliges soziales Jahr beim Roten Kreuz
Bewerbungsunterlagen	ordentlich, aber mehrere Rechtschreibfehler, Passfoto musste nachgereicht werden
Vorstellungsgespräch	zeigt sich ausführlich über die Firma informiert, drückt sich mündlich sehr gut aus, Kleidung im Freizeitlook
Testergebnis PC	geschickt und schnell am PC, zeigt, dass sie in ihrem sozialen Jahr viel über IT-Technik gelernt hat
Testergebnis Rollenspiel	sehr natürliches, teilweise forsches Auftreten, freundlich lächelnd, übernimmt schnell die Führung in einem Gespräch

7 Welche Anforderungen gelten in einem Studium?

Kompetenzen beschreiben und sich selbst befragen

Studierende an der Universität Freiburg: Konzentriert an einer Sache arbeiten

Umfangreiche Informationen zu diesem Thema findet ihr unter:
@ SNG-23610-006

Christoph Seemann

A Eine persönliche Erfahrung

Nach meinem Fachabitur habe ich Wirtschaftsinformatik studiert, weil mich Computer schon immer fasziniert haben. Trotzdem empfand ich die ersten Semester als große Herausforderung. Ohne die Fähigkeit, abstrakt zu denken und sich in hoch komplizierte Themen einzuarbeiten, geht im Studium gar nichts. Ich habe es dabei zum ersten Mal geschafft, Durchhaltevermögen zu entwickeln und über viele Stunden konzentriert an einer Sache zu arbeiten. Man darf sich auch von Rückschlägen nicht entmutigen lassen. Mit der Zeit kann man sich eine Menge an Kompetenzen erarbeiten, die man zu Beginn eines Studiums noch nicht hat.
Ich habe im Laufe meines Studienganges bis zum Masterabschluss gelernt, anspruchsvolle Projekte vom Beginn bis zum Ende durchzuführen und bin heute in der Lage, mich immer wieder in neue Themen einzuarbeiten.

Christoph Seemann, IT-Berater, 30 Jahre

B Studierfähigkeit nach Aussagen von Professoren

Das „Centrum für Hochschulentwicklung" in Deutschland veröffentlichte 2016 die Ergebnisse einer Befragung von mehr als 9 000 Professorinnen und Professoren zum Thema: Welche Fähigkeiten und Voraussetzungen sollen Studierende je nach Studienfach mitbringen?
Aufgelistet nach Studiengängen wurde darin deutlich, dass unterschiedliche Studiengänge auch unterschiedliche Kompetenzen erfordern.
Zum Beispiel erfordern die naturwissenschaftlichen und technischen Studiengänge eine hohe Begabung für Mathematik, technisches Verständnis und Interesse an naturwissenschaftlichen Erkenntnissen und Theorien.
In den sozial- und wirtschaftswissenschaftlichen Studiengängen (auch BWL und VWL) kommt es auf ein besonderes Interesse am aktuellen Zeitgeschehen an, an der Lust am Umgang mit Theorien und Modellen und auch an rechtlichen und gesetzlichen Regelungen.
Daneben nannten die Professoren auch die Summe der Kompetenzen, welche die allgemeine Studierfähigkeit ausmachen. Besonders häufig genannt wurden:

- abstraktes/logisches/analytisches Denkvermögen,
- selbstständiges, selbstorganisiertes und diszipliniertes Lernen und Arbeiten,
- Selbstmanagement/Bereitschaft zum Selbststudium,
- Lernbereitschaft/Einsatz und Leistungsbereitschaft.

(Vom Autor zusammengefasst)

1. Fasse die Erfahrungen des IT-Beraters Christoph Seemann über die Studienanforderungen mit eigenen Worten zusammen.
2. Worin bestehen nach den Aussagen von Professoren besondere Anforderungen in naturwissenschaftlichen und in sozial- und wirtschaftswissenschaftlichen Studiengängen? Vergleiche sie.
3. Was kannst du von nun an tun, um die hier genannten allgemeinen Kompetenzen zur Studierfähigkeit in der verbleibenden Schulzeit zu trainieren? Entwickele dazu eigene Ideen. Tauscht euch gemeinsam darüber aus.

AKTIV LERNEN

C „Wie sehr liegt mir das Studieren?"

Unter *Studierfähigkeit* versteht man die Summe aller Fähigkeiten, die notwendig sind, um ein Studium erfolgreich absolvieren zu können. Nach Ansicht von Expertinnen und Experten gehören die in der Liste genannten zu den Studiengängen mit dem Schwerpunkt Gesellschaftswissenschaften. Keine Angst: Es kommt nicht darauf an, alle diese Fähigkeiten jetzt schon zu besitzen. Überlegen solltet ihr, ob es euch Freude machen wird, die genannten Kompetenzen weiterzuentwickeln und dauerhaft anzuwenden.

2 Punkte = Ja, diese Anforderung erfülle ich schon jetzt ganz gut.
1 Punkt = Daran muss ich noch arbeiten.
0 Punkte = Nein, das kann und will ich nicht.

Euer Auftrag:

1. Der Fragebogen soll in Einzelarbeit bearbeitet werden. (Notiere, welche der genannten Anforderungen du bereits erfüllst und an welchen du noch arbeiten möchtest. Überlege, ob ein Studium für dich eine Zukunftsperspektive sein soll, und formuliere dazu einen Text.)

2. Mit einer Partnerin, einem Partner oder einer kleinen Gruppe kann die Auswertung besprochen werden.

Ich glaube, es gelingt mir gut, …	2	1	0
1. Sachtexte zu verstehen, zu analysieren und zu bewerten.			
2. theoretische Bücher und Fachaufsätze mit Interesse zu lesen.			
3. präzise auszudrücken, was ich sagen möchte.			
4. ein theoretisches Thema alleine zu bearbeiten.			
5. selbstständig herauszufinden, was an einem Thema besonders wichtig ist und was nicht.			
6. mich in ein fachliches Problem zu vertiefen und erst dann mit der Beschäftigung aufzuhören, wenn ich glaube, eine Problemlösung gefunden zu haben.			
7. mit Durchhaltevermögen an einer Aufgabe zu arbeiten und erst dann aufzuhören, wenn die Aufgabe gelöst ist.			
8. Referate und andere schriftliche Arbeiten vorzubereiten.			
9. ein Referat vor einer größeren Gruppe von Menschen zu halten.			
10. mich in einer Seminarveranstaltung mit eigenen Beiträgen zu beteiligen.			
11. in einer Diskussion über ein fachliches Thema eine Ansicht zu vertreten und gut zu begründen.			
12. teamorientiert in einer Lerngruppe zusammenzuarbeiten.			
13. Texte in Englisch oder in einer anderen Fremdsprache zu lesen.			
14. in Prüfungssituationen leistungsfähig zu bleiben, um gute Noten zu erzielen.			
15. das Lernen für das Studium ohne Druck von außen selbstständig zu organisieren.			

Tipps zur Berufswegplanung

Aufgabe 1:

Janosch hat keine Lust, sich in seinem Alter von 15 Jahren schon Gedanken um seine Berufswahl zu machen. Er denkt, dass er damit noch Zeit bis zum Abitur hat.

- Nenne ihm einen möglichst überzeugenden Grund, warum es sinnvoll ist, sich schon in seinem Alter mit der eigenen Berufswahl zu beschäftigen.

Aufgabe 2:

„Ich weiß überhaupt nicht, wie ich bei meiner Berufswegplanung vorgehen soll!" Das ist eine Aussage, die man des Öfteren in Internetforen zu lesen bekommt.

- Gib jemandem, der am Anfang seiner Berufswegplanung steht, drei Tipps für eine vernünftige Strategie: Was sollte man als Erstes tun, was als Zweites, als Drittes, Viertes und Fünftes?

Aufgabe 3:

Hanna will ihr Berufswahl-Portfolio übersichtlich gestalten und sucht nach Gliederungspunkten für das Inhaltsverzeichnis.

- Formuliere bis zu fünf Überschriften für die Gliederung der Mappe.

Aufgabe 4:

Einige Fachbegriffe werden dir bei deiner Berufswegplanung immer wieder begegnen. Deshalb solltest du klar definieren können, was jeweils damit gemeint ist.

- Erkläre die folgenden Begriffe möglichst in jeweils einem klaren Satz:

Praktische Berufsausbildung im dualen System

Bachelor und Master

Aufgabe 5:

Erwartungen an Schulabgänger

Jens möchte sich demnächst um einen Ausbildungsplatz bewerben. Was die Erwartungen von Ausbildungsbetrieben an die Qualifikationen von Azubis angeht, da hat Jens so seine ganz eigenen Vorstellungen.

Überzeuge ihn davon, dass seine Denkweise falsch ist.

1. *„Englisch muss man können, wenn man im Ausland arbeiten will. Ich will hier bleiben und hier arbeiten. Da braucht man nicht unbedingt eine Fremdsprache im Berufsleben."*	Wie überzeugst du Jens vom Gegenteil ?
2. *„Locker bleiben bei der Arbeit, das ist heutzutage besonders wichtig. Die Betriebe wollen mittlerweile coole junge Leute haben. Da kann man auch mal einen Tag fehlen oder später kommen, wenn man hinterher wieder fit ist."*	?

Verhalten im Praktikum

Aufgabe 6:

Paula hat sich für ihr Betriebspraktikum bei der örtlichen Sparkasse beworben und einen Praktikumsplatz erhalten. Ihr ist wichtig, dass die Beschäftigten in der Bank von Beginn an einen positiven Eindruck von ihr gewinnen. Sie ist allerdings sehr unsicher.

- Gib ihr drei Verhaltenstipps, die zu einer positiven Einschätzung von Menschen an ihrem Arbeitsplatz führen.

Aufgabe 7:

Paul hat im Internet die Telefonnummer einer Firma gefunden, bei der er gerne sein Betriebspraktikum machen möchte. Seinen Anruf beginnt er mit folgenden Worten:

„Hallo, ich rufe wegen meines Praktikums an. Es findet im Herbst statt. Können Sie mir sagen, was genau für eine Firma Sie sind? Und haben Sie einen Platz für mich?"

Als man ihn am anderen Ende der Leitung auffordert, sein Anliegen präziser zu formulieren, und ihn fragt, warum er am Telefon wissen wolle, um welche Firma es sich handelt, fallen Paul keine Antworten ein.

- Schreibe für Paul einen kurzen Mustertext für eine bessere telefonische Gesprächseröffnung.

Aufgabe 8:

Interessen und Fähigkeiten

Stelle dir vor, du hast die Gelegenheit, andere Jugendliche in deinem Alter über einen längeren Zeitraum hinweg zu begleiten und zu beobachten. Dabei möchtest du herausfinden, über welche besonderen Interessen und Fähigkeiten sie verfügen.

Woran lässt sich erkennen, ob jemand eine besondere Befähigung

a) für den Umgang mit anderen Menschen hat (und damit die Eignung für einen sozialen oder einen Dienstleistungsberuf)?

b) für die Auseinandersetzung mit Theorie und Forschungsfragen hat (und damit für ein wissenschaftliches Studium)?

c) für den Umgang mit Technik und anderen praktischen Dingen hat (und damit für einen handwerklichen Beruf oder einen technischen Studiengang)?

Formuliere für a, b und c jeweils zwei Kriterien.

6 Der Einstieg in die Arbeitswelt

Welche Anforderungen kommen auf uns zu?

1. Allein nachdenken

Das Foto zeigt eine junge Frau in einem Vorstellungsgespräch: Was würdest du tun, um dich in einer solchen Situation gut zu präsentieren?

2. Zu zweit beraten

Worauf würdet ihr achten, wenn ihr zu entscheiden hättet, welcher Bewerberin oder welchem Bewerber ihr in eurem Unternehmen einen Ausbildungsplatz anbieten würdet?

3. Gemeinsam sammeln

Welche Verhaltensweisen fallen euch ein, die zum Erfolg und zur eigenen Zufriedenheit im Berufsleben beitragen können?

Bei der Arbeit an diesem Kapitel könnt ihr ...

- die Folgen des Wandels in der Arbeitswelt an einem Beispiel beschreiben,
- Megatrends zur Zukunft der Arbeitswelt erklären und beurteilen,
- Veränderungen in der Berufswahl von Mädchen und Jungen beschreiben und diskutieren,
- Kriterien für erfolgreiche schriftliche und mündliche Bewerbungen entwickeln und anwenden.

Eigene Schwerpunkte könnt ihr setzen, indem ihr ...

- eure persönliche Vision von der Zukunft der Arbeitswelt gestaltet.

1 Wie sieht die Arbeitswelt von morgen aus?
Merkmale des Wandels untersuchen und beurteilen

Mit den Materialien auf dieser Doppelseite könnt ihr untersuchen, wie Arbeitsplätze in der Zukunft aussehen können und was der Wandel in der Arbeitswelt konkret für einzelne Berufe bedeuten könnte.
Tipp: Die Arbeitsaufträge dazu können auch in Partner- oder Gruppenarbeit bearbeitet werden.

A Arbeiten im Büro der Zukunft

Ein Mitarbeiter arbeitet an digitalen Dokumenten auf einem großformatigen interaktiven Schreibtisch.

Das 2012 eröffnete Gebäude des Fraunhofer Instituts für Arbeitswirtschaft und Organisation in Stuttgart gilt bislang als eines der modernsten Bürogebäude Deutschlands. Mehrere Hundert Wissenschaftlerinnen, Wissenschaftler und Studenten arbeiten hier im sogenannten „Zentrum für Virtuelles Engineering" an unterschiedlichen Forschungsprojekten über die Arbeitswelt der Zukunft. Sie holen sich morgens ihren Rollcontainer und suchen sich einen Arbeitsplatz, meist jeden Tag einen anderen. Im Bürocenter sind die Schreibtische in einem großen Bogen angeordnet, alle mit Blick aus dem Fenster.
Es gibt auch kleine Büros, in die man sich zurückziehen kann. Ohne menschliches Zutun passen sich die Lichtverhältnisse in den Räumen den Bedürfnissen der Menschen an. Alle Räume wirken hell, leicht und freundlich.
Grünes Licht am Schreibtisch bedeutet: „Ich bin ansprechbar!" In die Tische sind Felder eingelassen, die sich als riesige Touch-Pads bedienen lassen. Daten können jederzeit empfangen oder mit einem Wisch versendet werden. Zur Koordinierung der Arbeitsprozesse benutzen die Mitarbeiter ihre Smartwatch. Eine App darauf teilt auch dem hausinternen Coffeeshop mit, wann der frisch aufgebrühte Cappuccino bereitstehen soll. „Urban living lab" nennen die Konstrukteure das neue Zentrum.
Dient das alles nur dem Spaß der Mitarbeiter? Sicherlich auch, betonen die Verantwortlichen, aber letztlich gehe es bei allen Innovationen immer um die Steigerung der Produktivität.

B Ein Beruf im Wandel: Beispiel Bauingenieur

Bauingenieure kontrollieren Baumaßnahmen mithilfe ihrer Planungsvorgaben und …

Bauingenieure gelten als „Manager von Bauvorhaben". Sie begleiten den Bau von Gebäuden, Straßen, Schienennetzen, Brücken, Häfen, Industrieanlagen und anderem mehr von der Planung bis zur Fertigstellung.
Ralf R. hat im Jahr 1987 seinen Abschluss als Bauingenieur gemacht und arbeitet seither in diesem Beruf. In einem Interview äußert er sich über den Wandel seiner Tätigkeit.

Was hat sich in Ihrem Beruf verändert?
Als ich angefangen habe, gab es noch technische Zeichner, die aus meinen handschriftlichen Skizzen technische Zeichnungen erstellt haben. Heute mache ich das am Computer selbst. Die Zeichnungen wurden dann per Post zum Prüfer geschickt. Das dauerte manchmal mehrere Tage, heute geht es per Internet in Sekunden. Heute arbeite ich mit Kolleginnen und Kollegen in anderen Städten gemeinsam an einem Projekt. Der Austausch läuft über E-Mail, Telefon und den Server der Firma, auf den alle Mitarbeiter Zugriff haben. Meine Arbeit ist inzwischen sehr spezialisiert. […]
Empfinden Sie die Digitalisierung* als Erleichterung Ihrer Arbeit?
Ja und nein. Einerseits hilft es viel, wenn man sich das Bauwerk in einem 3D-Modell ansehen kann. Auch nimmt mir der Computer viele Routinearbeiten ab, wie das Erstellen von Stücklisten und die Ermittlung von Flächen. Dadurch werden nur zwei bis drei Kollegen für ein Projekt gebraucht, mit dem vor dem Computereinsatz sieben bis acht Kollegen beschäftigt waren. Andererseits ist der Termindruck gewaltig angestiegen. […]
Haben Sie und Ihre Kollegen dadurch gesundheitliche Probleme?
Ja, die Gefahr besteht natürlich. Aber die Mitarbeitervertretung hat erreicht, dass in der Firma während der Arbeitszeit Betriebssport und Gesundheitschecks angeboten werden. […]
Wie steht es mit Fort- und Weiterbildung?
In meiner Firma finden ständig Weiterbildungen statt. Die Teilnahme ist Pflicht. Wenn man nicht bereit ist, sich auf neue Techniken und Programme einzustellen, verliert man bald den Anschluss und dann den Arbeitsplatz.

(Aus: Stiftung Jugend und Bildung/Bundesministerium für Arbeit und Soziales (Hg.): Schülermagazin Sozialpolitik, Ausgabe 2016/2017, S. 17, gekürzt)

* Zum Begriff Digitalisierung findest du weitere Informationen im Glossar.

… gestalten die weiteren Schritte bis zur Fertigstellung von Gebäuden.

1. Beschreibe die innovativen Elemente im vorgestellten Bürocentrum.
2. Nenne die Veränderungen, von denen Ralf R. berichtet.
3. Worin sieht der Bauingenieur die Vor- und Nachteile der Digitalisierung und die Bedeutung der Fort- und Weiterbildung? Fasse die Aussagen dazu zusammen.
4. Welche angenehmen Seiten und welche Probleme des Wandels in der Arbeitswelt werden für dich in den Materialien A und B deutlich? Bewerte sie aus der Perspektive erwerbstätiger Personen.

C Was sagen Schaubilder über den Wandel in der Arbeitswelt aus?

Zur Interpretation der Schaubilder solltet ihr die Methode der „Vier-Fragen-Deutung“ anwenden, die auf der Seite 85 in diesem Buch vorgestellt wird.
Jede/jeder in der Klasse kann ein Schaubild auswählen, interpretieren und vorstellen.
Ihr könnt auch Dreiergruppen bilden, die Interpretation aufteilen, dann gemeinsam die Arbeitsaufträge bearbeiten und eure Ergebnisse vorstellen.

1

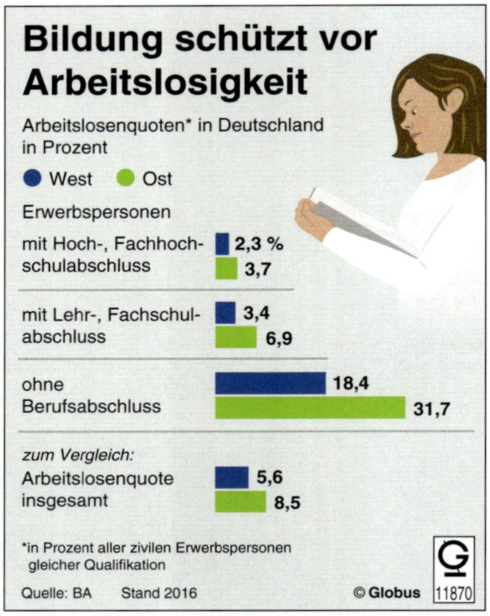

2

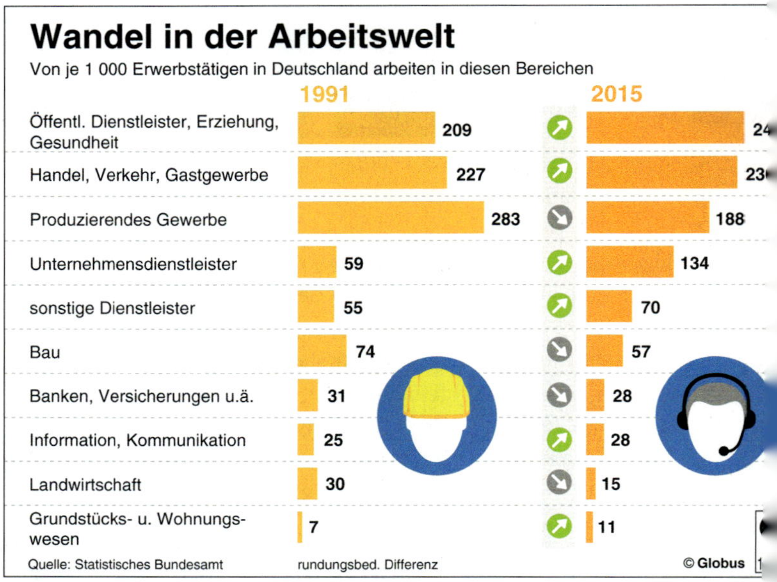

3

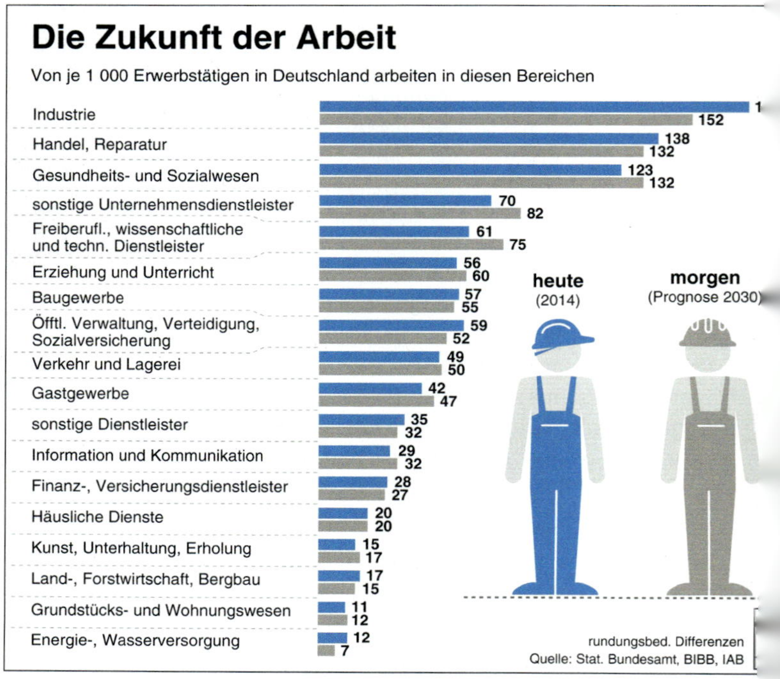

Erläutert die Schaubilddaten anhand der folgenden Fragen:

1. Welche Veränderungen im Bereich der Erwerbstätigkeit im Zeitraum zwischen 1991 und 2015 sind auffällig?
2. Für welche Bereiche werden bis 2030 größere Zuwächse prognostiziert?
3. Wie lässt sich die Aussage „Bildung schützt vor Arbeitslosigkeit“ anhand der Daten begründen?
4. Welche der Schaubildaussagen haben eine Bedeutung für deine bzw. eure eigene berufliche Zukunft? Bewertet sie unter dem Aspekt der Zukunftsbedeutung für Schülerinnen und Schüler.

D Veränderungen in der Arbeitswelt

1. Beschreibe mithilfe des Schaubildes, wie sich die Arbeitswelt durch den Einsatz neuer Technologien verändert hat.
2. Begründe, warum lebenslanges Lernen heute besonders wichtig ist.
3. Manchen Menschen machen Veränderungen Angst, andere sehen sie positiv. Wie siehst du das? Verfasse eine Stellungnahme.

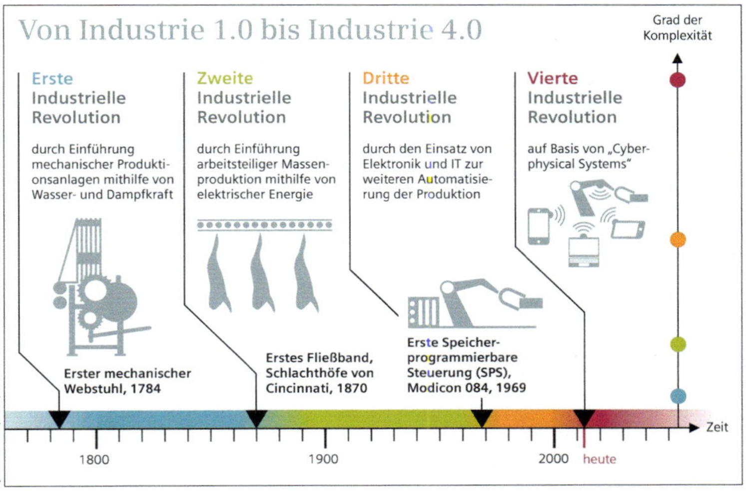

Neue Technologien verändern die Arbeitswelt

Veränderungen durch technische Erfindungen hat es immer gegeben. So brachte zum Beispiel die Entdeckung und Verwendung von elektrischem Strom völlig neue Maschinen hervor: Schwere körperliche Arbeit wurde den Menschen nun von Elektromotoren abgenommen. Elektrisches Licht ermöglichte es, rund um die Uhr zu arbeiten, die Schichtarbeit entstand.

In der Industrie werden heute bei der Produktion von Waren vor allem wenige, sehr gut ausgebildete Fachkräfte benötigt, die die komplizierten Maschinen bedienen können und die Produktion beaufsichtigen.

Der Einsatz neuer Technologien revolutioniert auch die Arbeit in Büros: Büroarbeit ist heute vor allem Bildschirmarbeit am PC oder an mobilen Geräten.

Das Internet und die Vernetzung (= Verbindung) von vielen Computern ermöglichen es Menschen, an ganz verschiedenen Orten der Welt eng zusammenzuarbeiten. Sie können zum Beispiel von zu Hause aus für ihr Unternehmen arbeiten.

Wirtschaft 4.0 – die Arbeitswelt von morgen

Durch das Internet können sich nicht nur Menschen eng vernetzen. Neue technologische Entwicklungen und spezielle Software ermöglichen neuerdings, dass auch Maschinen ohne Zutun des Menschen sich untereinander vernetzen und sich sozusagen „unterhalten" können. So kann zum Beispiel das Fenster der Heizung mitteilen, dass die Außentemperatur gesunken ist und stärker geheizt werden muss. In der Produktion kann eine Maschine ohne menschliches Zutun Kontakt zu einer Zulieferfirma aufnehmen und Nachschub an bestimmten Teilen anfordern, die für die Produktion benötigt werden. Bereits heute gibt es Autos, die keinen Fahrer mehr benötigen, weil die Teile im Auto eigenständig Informationen sammeln, austauschen und das Auto steuern. Die Vernetzung von Maschinen bezeichnet man auch als die vierte industrielle Revolution. Sie steht erst am Anfang und wird die Arbeitswelt tief greifend verändern, zum Beispiel zur Entwicklung ganz neuer Produkte und Dienstleistungen führen. Viele heute beliebte Berufe werden aussterben, neue werden entstehen. Schon heute sind in praktisch jedem Beruf sehr gute IT-Kenntnisse erforderlich.

Neue Herausforderungen in der Arbeitswelt

Weil sich die Arbeitswelt so rasch wandelt, müssen alle Berufstätigen damit rechnen, vielleicht mehrmals im Laufe ihres Berufslebens den Beruf oder den Arbeitsort zu wechseln. Einmal erlerntes Wissen wird noch rascher veralten, gefordert ist lebenslanges Lernen.

Manche Menschen empfinden ihre Arbeit heute daher als stressiger. Andere wiederum halten Veränderungen für positiv, weil ihre Arbeit dadurch abwechslungsreicher wird.

E Megatrends zur Zukunft der Arbeit

Die Materialien auf dieser Doppelseite kann man nutzen, um eine Präsentation über Trends in der Arbeitswelt der Zukunft zu gestalten.
Tipp: Die Arbeit kann von einer Gruppe übernommen und dann in der Klasse präsentiert werden.

1 Neue Freiheiten

Das Internet verändert unsere Arbeitswelt, macht uns flexibler und mobiler. Wir können uns Arbeitszeit und -ort zunehmend freier einteilen und wählen. Ganz neue Arbeits- und Lebensmodelle entstehen: [...] Klassische Dienstleister/-innen finden zunehmend ihren Weg ins Netz: Putzhilfen, Handwerker/-innen, private Taxifahrer/-innen, aber auch Werbetexter/-innen, Designer/-innen oder Programmierer/-innen konkurrieren auf Plattformen wie Amazons Mechanical Turks oder crowdworker.de um Aufträge. Share-Economy, Crowdwork und Cloudwork: Begriffe, die nach Zukunft klingen, sind in vielen Bereichen längst Realität geworden.

(Text 1 und 7 aus: Editorial: Zukunft der Arbeit, Redaktion der Bundeszentrale für politische Bildung. In: www.bpb.de/dialog/netzdebatte; Zugriff: 10.09.2017)

2 Auflösung der Organisation

Feste Firmenhierarchien und starre Betriebszugehörigkeiten werden zunehmend verdrängt. Gefragt sind hoch spezialisierte Fachkräfte, die sich weltweit miteinander vernetzen und von Firmen bei Bedarf gebucht, aber nicht mehr fest eingestellt werden. Die globale Vernetzung bedeutet auch, dass sich bislang geschlossene Unternehmensstrukturen öffnen. Dadurch können zunehmend sogenannte Prosumenten* gewonnen werden: begeisterte Kunden, die freiwillig und kostenlos Leistungen für das Unternehmen erbringen. Dieses Prinzip funktioniert bereits jetzt, wie das Beispiel Wikipedia zeigt: ein offenes System, dass nahezu ausschließlich von Prosumenten befüllt wird.

(Text 2, 4 und 5 aus: Christoph Zalewski: Wie werden wir arbeiten?, in: ARD-Themenwoche zur Zukunft der Arbeit 2016, im Internet unter www.ard.de/home/themenwoche_2016; Zugriff: 10.09.2017)

* Prosument ist eine Wortschöpfung aus den Begriffen „Produzent“ und „Konsument“. „Prosumer“ oder „Prosumenten“ sind Leute, die zugleich Verbraucher bzw. Kunden als auch Produzenten sind.

Falko Honnen

3 Lebenslanges Lernen

Dieser Wandel der Arbeitswelt und somit höhere Anforderungen an jeden Einzelnen verlangen ständige berufliche Flexibilität von den Beschäftigten. Immer häufiger können sie im Laufe ihres Lebens von außen zur beruflichen Neuorientierung herausgefordert werden. Oder sie geben ihrer Berufslaufbahn aus eigenem Antrieb eine neue Richtung. Die Wahl eines Studiums oder einer bestimmten Ausbildung am Ende der Schulzeit beendet also nicht das Thema Berufswahl. Sie ist vielmehr der Einstieg in einen beruflichen Werdegang, in einen Prozess des „lebenslangen Lernens“, Anwendens und Arbeitens, des Entdeckens, Ausprobierens und Veränderns.

(Aus: Studieren in Baden-Württemberg, hg. vom Ministerium für Wissenschaft, Forschung und Kunst in BW, Ausgabe 2016/17, S. 10 f.)

4 Maschinen als Kollegen

In vielen Arbeitsbereichen erbringt nicht mehr der Mensch die produktive Arbeitsleistung, sondern komplexe Maschinen, die sich immer öfter selber steuern und verwalten und nur noch kontrolliert werden müssen. Gerade auch im digitalen Bereich werden Computer in Eigenregie immer größere Datenmengen verarbeiten. Zu den künftigen Aufgaben von Arbeitnehmern gehört zweifelsohne, sinnvolle Schlüsse aus diesen Daten zu ziehen. Die zunehmende Automatisierung lässt mehr Raum für kreative Tätigkeiten. Vor allem personenbezogene Dienstleistungen werden in Hochlohnländern zunehmen – zum Beispiel Pflegeberufe.

5 „Always on"

Arbeiten per Laptop, das ist weltweit und rund um die Uhr möglich. Im Zeitalter der Videokonferenzen ist ein stationärer Arbeitsplatz nicht mehr notwendig – es kann von zu Hause aus gearbeitet werden oder auch am Sandstrand, alles ist möglich. Klassische Büros wird es auch in Zukunft noch geben, in erster Linie jedoch, um Netzwerkpflege zu betreiben. Die zunehmende Individualisierung der Arbeitszeit führt zu einer Verschmelzung von Beruf und Privatsphäre. Das Selbstmanagement des Arbeitnehmers wird künftig zu den Schlüsselqualifikationen gehören, um „alles unter einen Hut" zu bringen – und um stressbedingte Erkrankungen wie Burnout zu vermeiden.

6 Der Arbeitnehmer von morgen

- ist höher qualifiziert und übt anspruchsvollere Tätigkeiten aus, da viele einfache Arbeiten von Maschinen ausgeführt werden.
- verbindet Familien- und Berufsleben durch flexiblere Arbeitsmöglichkeiten.
- ist über Smartphone und Internet erreichbar und kann im Home-Office oder mit dem Notebook unterwegs arbeiten.
- arbeitet vernetzt mit internationalen Unternehmen in unterschiedlichen Projekten.
- muss sich auf immer wieder wechselnde Arbeits- und Lebensumstände einstellen.
- ist ohne qualifizierten Schulabschluss und Ausbildung häufiger arbeitslos.

(Aus: Stiftung Jugend und Bildung/Bundesministerium für Arbeit und Soziales (Hg.): Schülermagazin Sozialpolitik, Ausgabe 2016/2017, S. 7, gekürzt)

7 Die Kehrseite

Viele dieser Trends haben natürlich auch eine Kehrseite: Flexible Arbeitszeiten sind schön, feste Arbeitsverträge aber auch. Zeit- und Leiharbeit, Honorarverträge und befristete Stellen werden immer mehr zur Normalität, eine Festanstellung ist eher die Ausnahme als die Regel. Je mehr Flexibilität möglich ist, desto mehr wird sie auch gefordert. Die zunehmende Vermittlung von Dienstleistungen über das Netz befördert zudem eine teils globale Konkurrenz um Arbeitsaufträge. [...]

Die Bearbeitung der Aufträge kann in Gruppenarbeit geschehen.

1. Fasst die Inhalte der sieben Quellen in jeweils einem Satz zusammen.
2. Beschreibt Aufgaben, welche die Arbeitnehmer in der Zukunft stärker als bisher übernehmen werden.
3. Gestaltet eine Übersicht zu den Vor- und Nachteilen der neuen Arbeitswelt aus der Sicht von Arbeitnehmern.
4. Entwerft eine Gliederung für die Präsentation zur Zukunft der Arbeit.
5. Plant gemeinsam eine Präsentation, in deren Schlussteil ihr eure eigene Bewertung der Vor- und Nachteile vorstellt und die Konsequenzen, die sich dadurch für eure eigene berufliche Zukunft ableiten lassen.

Präsentation
Megatrends zur Zukunft der Arbeit
Gliederung:
-
-

2 Frauenberufe – Männerberufe: Macht diese Unterscheidung noch Sinn?

Veränderungen beschreiben und diskutieren

A Der Fall: Julia ist Zerspanungsmechanikerin

Die 20-Jährige hat vor Kurzem ihre Ausbildung zur Zerspanungsmechanikerin bei einer großen Automobilzulieferer-Firma in Lennestadt erfolgreich abgeschlossen und berichtet uns von ihren Erfahrungen als Frau in einem traditionell typischen Männerberuf.

Hallo Julia, wie kam es dazu, dass du dich für eine Ausbildung zur Zerspanungsmechanikerin entschlossen hast?

Während der Schulzeit habe ich aufgrund von verschiedenen Praktika Einblicke in unterschiedliche Berufe bekommen. Mein erstes Praktikum habe ich in einem Kindergarten gemacht, da ich mir anfänglich auch vorstellen konnte, in diesem Bereich zu arbeiten. Während dieser Zeit habe ich dann aber schnell festgestellt, dass mir diese Arbeit langfristig keinen Spaß machen wird. Deswegen habe ich ein weiteres Praktikum in einer ganz anderen Richtung absolviert, nämlich im Werkzeugbau.

Mädchen im Handwerk: Kein Grund, sich nicht zu trauen …

Und dieses hat dir dann so gut gefallen, dass du dich direkt auf eine Ausbildungsstelle beworben hast?

Vor dem Praktikum hätte ich nicht gedacht, dass ich mich so sehr für technische Prozesse begeistern kann. […]

Bist du also der Meinung, dass viel mehr Mädchen technische Ausbildungsberufe in Erwägung ziehen würden, wenn sie sich vorab intensiver mit deren Berufsbildern auseinandersetzen würden?

Das kann schon gut sein. Viele Mädchen haben vielleicht eine falsche oder auch gar keine Vorstellung von Berufen wie Werkzeugmechaniker, Mechatroniker oder Zerspanungsmechaniker und schließen diese deshalb kategorisch bei der Berufswahl aus.

Aufgrund der hohen körperlichen Belastung und dem vielen Schmutz am Arbeitsplatz meinen viele Menschen, dass der Beruf des Zerspanungsmechanikers eher etwas für Jungen ist. Teilst du diese Meinung?

Dies spricht wieder für die falschen Vorstellungen, die viele Leute von meinem Beruf haben. Eine Krankenschwester, Altenpflegerin oder Physiotherapeutin arbeitet körperlich deutlich härter als ich und in diesen Berufen trifft man ja überwiegend Frauen an. Gerade durch die vielen technischen Hilfsmittel muss man kaum noch schwer heben und ich gehe nach der Arbeit auch nicht komplett ölverschmiert nach Hause. Sicherlich kann die Arbeit, auch wegen der Wechselschicht, anstrengend sein und ab und an muss man sich auch mal die Hände schmutzig machen, aber wenn man hiermit als Mädchen kein Problem hat, weiß ich nicht, warum der Beruf ausschließlich von Männern ausgeübt werden sollte.

(Aus: Philipp Thöne: Frauen in technischen Berufen: gefragt und erfolgreich, in: Karriere in Südwestfalen. Interviews aus der Praxis 2016, in: www.karriere-suedwestfalen.de; Zugriff: 10.09.2017)

1. Was meint Julia, wenn sie im Interview von „falschen Vorstellungen" spricht? Fasse ihre Aussagen dazu zusammen.

B Daten und Trends

2001 war der erste Girl's Day, zehn Jahre später gab es parallel dazu den ersten Boy's Day. Nahezu zwei Millionen Jugendliche haben seitdem an Veranstaltungen teilgenommen und in Berufe geschnuppert, die für ihr Geschlecht traditionell als untypisch gelten. Ziel dieser von mehreren Bundes- und Landesministerien unterstützten Aktionen ist es, geschlechtsspezifische Berufswahlmuster zu verändern und Benachteiligungen im Arbeitsleben – besonders von Frauen – entgegenzuwirken. Seit 2002 wertet die Redaktion von Girl's Day die erhobenen Daten systematisch aus. Hier einige der Ergebnisse:

Der Anteil weiblicher Auszubildender in technischen Berufen in Industrie und Handwerk nimmt ständig zu. […] Positive Trends verzeichnen vor allem die Elektroberufe. Hier ist z.B. der Anteil der auszubildenden Elektronikerinnen in zehn Jahren (2004–2014) um 138 Prozent gestiegen. […]

Immer mehr Frauen studieren. Die Anzahl aller Studentinnen ist in den letzten Jahren stetig angewachsen. Auch entscheiden sich Frauen immer häufiger für ein Studium in einem der MINT-Fächer.* Unter allen weiblichen Studierenden studiert annähernd jede Vierte (23,4 Prozent) ein MINT-Fach. In den MINT-Berufen gelten gute Arbeitsmarktchancen, insbesondere für Frauen. Dies besagen die aktuellen Arbeitsmarktzahlen. In den vergangenen Jahren hat es einen überproportionalen Zuwachs weiblicher Beschäftigter in vielen MINT-Berufsgruppen gegeben. Deutlich voran steht hier die Berufsgruppe Mechatronik und Automatisierungstechnik.

Trotz der besseren Schulabschlüsse entscheiden sich Mädchen im Rahmen ihrer Ausbildungs- und Studienwahl noch immer überproportional häufig für „typisch weibliche" Berufsfelder oder Studienfächer. Mehr als die Hälfte der Mädchen wählt aus nur zehn verschiedenen Ausbildungsberufen im dualen System – kein naturwissenschaftlich-technischer ist darunter.**

(Entnommen aus: www.girls-day.de; Zugriff: 01.09.2017)

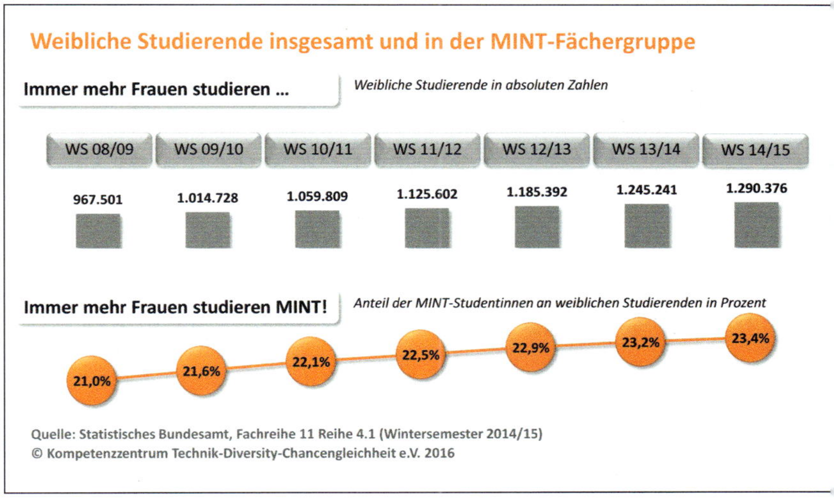

Frauen in akademischen Berufen

Deutlich geringer waren die Unterschiede in akademischen Berufen wie z.B. bei Ärzten, Juristen, Lehrern oder Sozialwissenschaftlern. Hier lag der Frauenanteil 2015 bei 45%. Anders als bei den Führungskräften hat sich der Anteil von Frauen in akademischen Berufen seit 1990 um knapp rund 30% erhöht.

(Quelle: www.destatios.de; Zugriff 01.09.2017)

* MINT ist die zusammenfassende Bezeichnung für Studienfächer aus den Bereichen Mathematik, Informatik, Naturwissenschaft und Technik.

** Die beliebtesten Mädchen- und Jungenberufe könnt ihr unter girls-day und boys-day recherchieren und in euer Portfolio zur Berufswahl übernehmen.

@ SNG-23610-007

Hier stellen mehrere junge Frauen ihre Erfahrungen in einem MINT-Beruf in Filmbeiträgen vor.

1. Welche wichtigen Daten und Trends in der Berufswahl von Mädchen kannst du den Textausschnitten und dem Schaubild entnehmen? Beschreibe sie.
2. Wer in der Klasse kann sich vorstellen, einen MINT-Beruf oder ein MINT-Studium zu wählen? Stimmt darüber ab und ermittelt das Verhältnis zwischen Jungen und Mädchen.
3. Die Frage, ob man Mädchen und Jungen dazu anleiten soll, die Wahl der als typisch männlich und weiblich geltenden Berufe zu überdenken, wird noch immer kontrovers diskutiert. Wie bewertest du diese Initiativen und die ermittelten Trends?

Was auch noch interessant sein kann:

- Zukunftsvision schreiben: „So stelle ich mir die Arbeitswelt von Frauen und Männern in 30 Jahren vor!"

3 Was gehört zu einer erfolgreichen Bewerbung?

Merkmale beschreiben und bewerten

A Eine Partnerübung zum Einstieg

Schritt 1: Stelle dir einen deiner Traumberufe vor. Überlege, wie du eine Gesprächspartnerin oder einen Gesprächspartner davon überzeugen kannst, dass du genau die richtige Person für diesen Beruf bist.
Schritt 2: Bildet Partnerschaften. Stellt den gewählten Beruf vor und versucht im Gespräch, den Partner von eurer Eignung dafür zu überzeugen. Achtet dabei zusätzlich darauf, dass ihr euch von eurer sympathischsten Seite zeigt. Wiederholt die Übung mit getrennten Rollen.
Schritt 3: Gebt euch gegenseitig ein Feedback: Würde ich dich einstellen? Was können wir tun, um noch besser zu werden?

B Können Fotos etwas über die Qualität eines Vorstellungsgesprächs verraten?

1. Vergleiche die beiden Fotos: Welche Details im Auftritt der beiden Bewerber um einen kaufmännischen Ausbildungsplatz fallen dir dabei als positiv auf, welche als negativ?

C Bewerbung

Für sich selbst werben: Was bedeutet das?

Wer sich bewirbt, betreibt Werbung in eigener Sache. Das bedeutet, dass man zeigen möchte, dass man die richtige Person für eine Aufgabe, einen Ausbildungsplatz oder einen Beruf ist. Die richtige Person ist man, wenn einem der Nachweis gelingt, die Einstellungen und Fähigkeiten mitzubringen, auf die es den Adressaten ankommt. In der Regel sind die Anforderungen von Unternehmen transparent. Man kann sie zum Beispiel Stellenanzeigen und Online-Beschreibungen entnehmen und sich während der Vorbereitung darauf einstellen.

Bei nahezu allen Bewerbungen kann man davon ausgehen, dass grundlegende Soft Skills* erwartet werden. Interesse, Engagement, Zuverlässigkeit gehören in der heutigen Arbeitswelt unverzichtbar dazu. Man sollte sich damit auseinandersetzen, wie man diese Einstellungen unter Beweis stellen kann und Fehler vermeidet. Wer freiwillige Praktika nachweisen kann oder ein besonderes soziales Engagement in der Schule oder einem Verein, kann sich unter diesem Aspekt Vorteile verschaffen. Bewerberinnen und Bewerber vermitteln so das Bild vielfältig interessierter und motivierter Personen. Auch über die eigenen Schwächen sollte man sich Klarheit verschaffen und überlegen, wie man gegebenenfalls damit umgeht. „An meinen mathematischen Kompetenzen arbeite ich zurzeit noch!" wird auf Nachfrage in einem Vorstellungsgespräch aller Wahrscheinlichkeit nach besser aufgenommen werden als die klare Ansage, dass man leider nur schlecht rechnen kann.

Bei Bewerbungen genügt es nicht, dass man sich geeignet fühlt. Man muss zeigen, dass man geeignet ist. Darin liegt zum einen die besondere Herausforderung und zugleich der entscheidende Erfolgsfaktor. Man überzeugt ein Gegenüber nicht, indem man seine Fähigkeiten und Talente in falscher Bescheidenheit verschweigt. Besser ist es, sie deutlich zu machen. Das setzt voraus, dass man sich seine Stärken bewusst macht und weiß, welche davon der anderen Seite wichtig sind.

1. Werbung in eigener Sache: Beschreibe, was dazugehört.
2. Wechsele die Perspektive und stelle die Bedeutung des Bewerbungsverfahrens aus der Sicht eines Wirtschaftsunternehmens dar.
3. „Mit meiner Wahl treffen Sie keine Fehlentscheidung!" Entwickelt gemeinsam Ideen, wie man in einem Bewerbungsverfahren Personalchefs davon überzeugt.

Die Sicht der Unternehmen

Für ein Unternehmen kommt es darauf an, die Bewerberinnen und Bewerber zu finden, die am besten zu seinen Erwartungen und zu ihren Zielen passen. Das gilt vor allem, wenn die Zahl der Bewerbungen die Menge der zur Verfügung stehenden Stellen übersteigt. Die größte Sorge von Wirtschaftsunternehmen ist, die falschen Leute auszuwählen, weil solche Fehlentscheidungen teuer sind, Zeit kosten und sich negativ auf die Arbeit auswirken.

Aus diesem Grund betreiben die meisten Unternehmen einen erheblichen organisatorischen Aufwand. Sie möchten sich so eine möglichst sichere Grundlage für ihre Personalentscheidungen verschaffen.

Eine erste Hürde stellt immer die schriftliche Bewerbung dar. Form und Inhalt der Unterlagen vermitteln dabei ein Bild vom Persönlichkeitsprofil des Bewerbers. Über die grundlegende fachliche Eignung geben Zeugnisnoten und Tests Auskunft. Um herauszufinden, ob jemand mit seinen persönlichen und sozialen Kompetenzen zu den Zielen und zum Team des Ausbildungsbetriebes passt, werden bei größeren Organisationen auch Assessments durchgeführt. Das sind Verfahren zum Vergleich und zur Bewertung von Kandidaten. Häufig eingesetzte Methoden sind dabei Gruppendiskussionen, Kurzpräsentationen und Rollenspiele. Den Abschluss eines Bewerbungsverfahrens bildet in der Regel ein Vorstellungsgespräch.

Bewerbungsunterlagen: Spiegel der eigenen Persönlichkeit

*Siehe dazu die Auflistung der Soft Skills auf der Seite 176 in der Einheit 5 dieses Kapitels.

4 Worauf kommt es in den unterschiedlichen Bewerbungsverfahren an?

Anforderungen vergleichen und trainieren

A Die schriftliche Bewerbung: Was ist daran wichtig?

Die schriftliche Bewerbung steht in der Regel am Anfang eines Bewerbungsverfahrens. Wer sich über diesen und die weiteren Schritte informieren möchte, findet im Internet eine geradezu unüberschaubare Fülle an Informationen und Mustervorlagen. Bücher und Broschüren informieren ausführlich darüber. Zunehmend gehen viele Unternehmen dazu über, Online-Bewerbungen den Vorzug vor postalischen Bewerbungen zu geben. Schülerinnen und Schüler schauen sich oft zunächst YouTube-Videos zum Thema an. Sie enthalten oft, aber nicht immer nützliche Tipps aus der Praxis.
Wir konzentrieren uns hier auf die Bedeutung des Bewerbungsschreibens und warum man bereits mit diesem ersten Schritt scheitern kann.
Angesichts eurer aktuellen Situation als Gymnasialschülerinnen und -schüler nehmen wir dazu das Beispiel einer Bewerbung für ein Praktikum.

Welche Fehler du nicht machen darfst

Was gar nicht geht: 60 Prozent der Befragten sortieren Bewerbungen mit Rechtschreibfehlern sofort aus. Etwa jeder Zweite (54 Prozent) nimmt es übel, wenn der Name des Ansprechpartners beim Arbeitgeber falsch geschrieben ist, für 46 Prozent sind Lücken im Lebenslauf ein Problem, bei denen eine Erklärung fehlt.
Netzrecherche: Bewerber sollten sich darauf einstellen, dass Personaler sie im Netz suchen. Fast jeder Dritte (32 Prozent) schaut sich zumindest in Einzelfällen das Facebook-Profil eines Bewerbers an. Mehr als jeder Zweite (55 Prozent) googelt den Jobkandidaten.

(Aus: Meldung der Deutschen Presseagentur auf der Basis von 297 Personalchefs im Herbst 2016 (dpa), zitiert (unter anderem) im Hamburger Abendblatt vom 30.01.2017)

Warum nehmen Personalchefs das Schreiben so wichtig?

Ein Bewerbungsschreiben sehen die Verantwortlichen als Ausdruck der Persönlichkeit des Bewerbers. Enthält das Schreiben Rechtschreibfehler, lässt sich der Schluss daraus ziehen, dass der Verfasser es mit korrektem Arbeiten nicht genau nimmt. Es geht ihnen wahrscheinlich nicht um Bewerber mit perfekter Orthografie. Sie setzen aber voraus, dass man sich der Mühe unterzieht, das Schreiben zu korrigieren und gegebenenfalls von jemandem korrigieren zu lassen. Entspricht die formale Gestaltung des Anschreibens und des beigefügten Lebenslaufes nicht den erwarteten Gestaltungsmerkmalen, lässt sich daraus folgern, dass es sich um eine uninteressierte Person handelt, die das vorhandene Informationsangebot nicht nutzt. Einen negativen Eindruck hinterlässt auch, wer ein Musterbeispiel aus dem Netz einfach für sich übernimmt, weil sich daraus ableiten lässt, dass man sich keine Mühe gegeben hat und auch sonst wahrscheinlich wenig geneigt ist, sich anzustrengen. Umgekehrt gilt ein inhaltlich und formal überzeugendes Bewerbungsschreiben als Ausdruck von Eig-

Internetadressen, die beim Verfassen von Lebensläufen und Bewerbungsschreiben helfen:
www.planet-beruf.de
www.meinpraktikum.info
www.bewerbungs-ratgeber24.de
www.abi.de

nung und Engagement. Darüber hinaus verdeutlicht es den Lesern des Schreibens, dass man sich auf deren Befindlichkeit und Erwartungen einstellen kann.

Erfolgskriterien für das Bewerbungsschreiben

Das folgende Bewerbungsschreiben für ein Schülerpraktikum müsste noch auf ein DIN-A4-Blatt übertragen werden und mit der Firmenanschrift, dem Absender, dem Datum und der Unterschrift mit Vor- und Zunamen an den dafür vorgesehenen Stellen versehen werden. Vervollständigt würde es durch den beigefügten Lebenslauf sowie eine Kopie des letzten Zeugnisses. Ein Foto ist nicht mehr zwingend erforderlich.

Acht wichtige Tipps

1. Du wendest dich an den richtigen Ansprechpartner. Das wirkt besser als „Sehr verehrte Damen und Herren“.
2. Du vermeidest Leerformeln wie „Hiermit bewerbe ich mich um ...“. Ist doch klar, dass du dich bewirbst.
3. Du zeigst, dass du dich im Vorfeld informiert hast.
4. Du weißt, was der Ausbildungsbetrieb von Praktikanten erwartet.
5. Du machst dich für das Unternehmen interessant.
6. Du nennst das genaue Datum für das Praktikum.
7. Du beschreibst kurz deine derzeitige schulische Situation.
8. Du gibst deinem Anschreiben eine ganz persönliche Note.

Beispiel: Bewerbung für Schülerpraktikum

Sehr geehrte Frau Schmidt,

vielen Dank nochmals für das gestrige Telefongespräch, in dem Sie mir erklärten, dass Sie im kommenden Jahr einen Praktikumsplatz anbieten werden. Der Homepage Ihrer Firma habe ich entnommen, dass Sie besonderen Wert auf Mitarbeiter legen, für die Kundenzufriedenheit das wichtigste Ziel ist. Ich denke, dass ich mit meinem großen Interesse an allen Tätigkeitsmerkmalen in einem kaufmännischen Beruf einen positiven Beitrag für Ihr Unternehmen leisten kann. In unserem neuen Pflichtfach Wirtschaft beschäftigen wir uns zurzeit mit der Bedeutung von Unternehmen für die Wirtschaft. Mein Interesse an wirtschaftlichen Fragen wurde dadurch noch zusätzlich verstärkt.

Zurzeit besuche ich die neunte Klasse des Pestalozzi-Gymnasiums hier in Musterstadt. Ich bin mir noch nicht sicher, ob ich nach meinem Schulabschluss ein Studium oder zunächst eine praktische Ausbildung in einem kaufmännischen Beruf anstreben möchte, und hoffe, dass die gezielte Auswahl eines Praktikumsplatzes mir bei der Entscheidung helfen wird.

Der erste und der letzte Tag des durch die Schule vorgegebenen Termins werden der 1. und der 14. Mai des kommenden Jahres sein.

Gerne möchte ich Sie von meiner Eignung als Praktikant für Ihre Firma überzeugen. Über eine Einladung zu einem Vorstellungsgespräch würde ich mich sehr freuen.

Freundliche Grüße

1. Nenne die grundlegenden Mängel in einem Bewerbungsschreiben und füge hinzu, wie du sie vermeiden kannst.
2. Begründe, warum ein Bewerbungsschreiben als Spiegel einer Persönlichkeit gesehen werden kann.
3. Nimm einmal an, du bist im Unternehmen für die Vergabe von Praktikumsplätzen zuständig. Beurteile aus dieser Perspektive heraus die Qualität des Bewerbungsschreibens.
4. Verfasse zu einer von dir gewählten Praktikumsstelle oder zu einem Ausbildungsplatz ein möglichst überzeugendes Bewerbungsschreiben. Füge diesem nach Vorgaben in den angegebenen Internetadressen einen tabellarischen Lebenslauf hinzu.

Es lohnt in vieler Hinsicht, ein Taschenbuch zum Testtraining systematisch durchzuarbeiten.

B Der Einstellungstest: Was kann ich ab heute dazu tun?

Wer sich um einen anspruchsvollen Ausbildungsplatz bewirbt, muss davon ausgehen, dass ein schriftlicher Eignungstest auf sie oder auf ihn zukommt.

Diese Tests können unterschiedlich aufgebaut sein, je nachdem, um welchen Ausbildungsplatz man sich bewirbt. In einem Test für kaufmännische Berufe werden die Arbeitgeber besonderen Wert darauf legen, das Vorwissen und Interesse der Kandidaten an wirtschaftlichen Sachverhalten zu testen – natürlich deshalb, weil diese Fähigkeiten in diesem Bereich im angestrebten Beruf besondere Bedeutung haben. Bei Berufen in den Bereichen Elektronik und Mechatronik muss man vermehrt mit Aufgaben aus den Bereichen Mathematik und Physik rechnen. Neben den spezielleren Kenntnissen werden in fast allen schriftlichen Tests auch Fragen zur Allgemeinbildung gestellt. Viele Unternehmen erwarten von ihren Mitarbeiterinnen und Mitarbeitern, dass sie über das aktuelle Geschehen informiert sind und sich kontinuierlich auf dem Laufenden halten.

Warum veranstalten Betriebe Einstellungstests?

Die Antwort liegt auf der Hand: Sie wollen möglichst zuverlässige Kompetenzprofile der Ausbildungsbewerber gewinnen, um die Ausbildungseignung der Kandidaten objektiv vergleichen zu können. Denn Fehlbesetzungen sind für ein Unternehmen teuer. […] Grundsätzlich lässt sich der Einstellungstest zur Ausbildung als zweite Etappe eines mehrstufigen Auswahlverfahrens verstehen. Wer mit seinen Bewerbungsunterlagen überzeugt hat, darf im Eignungstest sein Wissen sowie seine ausbildungsrelevanten Fähigkeiten unter Beweis stellen.

Hat man auch den Einstellungstest erfolgreich gemeistert, winkt meist die Einladung zu einem persönlichen Vorstellungsgespräch.

(Aus: Judith Bischof – verantwortlich für den Inhalt: Einstellungstest und Eignungstest kostenlos üben, in: www.ausbildungspark.com; Zugriff 10.08.2017)

Gute Vorbereitung zählt

Keine Angst, es ist ganz normal, dass ihr zum jetzigen Zeitpunkt nicht alle Fragen beantworten könnt, die in Eignungstests gestellt werden. Ihr solltet aber ab jetzt darauf achten, dass ihr euer Wissen erweitert. Die Testfragen für Azubis orientieren sich in der Regel an den Inhalten der Schulfächer. Wer in der Schule aufpasst, wird den größten Teil der Fragen beantworten können.

Der Buchhandel bietet eine Reihe von Büchern zum Thema Testtraining an, mit denen ihr euch vorbereiten könnt, und auch im Internet gibt es zahlreiche Tests. Wenn ihr so nach und nach eure Allgemeinbildung erweitert, profitiert ihr natürlich nicht nur in einem schriftlichen Eignungstest davon.

1. Welche Funktion haben Eignungstests aus der Sicht von Unternehmen? Nenne mehrere.

2. Überlegt gemeinsam, was man tun kann, um sich gezielt auf die schriftlichen Tests zur Allgemeinbildung vorzubereiten. Erstellt dazu eine Liste mit Tipps.

Tipp: Vereinbart eine Zeit, die euch zur Beantwortung der Fragen auf der folgenden Seite zur Verfügung steht. So ist es auch in der echten Testsituation.

C Testfragen zur Allgemeinbildung in Politik und Wirtschaft

1 Von wem werden in Deutschland die Gesetze verabschiedet?
a) vom Bundespräsidenten
b) vom Bundestag
c) vom Bundesrat
d) vom Bundeskanzler

2 Bei welchem Amt wird ein neugeborenes Kind angemeldet?
a) Standesamt
b) Ordnungsamt
c) Einwohnermeldeamt
d) Regierungspräsidium

3 Die von einem Kreditnehmer zu zahlenden Kosten für einen Kredit nennt man …
a) Dividende
b) Zinsen
c) Hypothek
d) Prämie

4 Wo befindet sich der Sitz des Bundesverfassungsgerichtes?
a) Bonn
b) Karlsruhe
c) Heidelberg
d) Berlin

5 Wer wählt den Bundespräsidenten?
a) Bundesrat
b) Bundesversammlung
c) Bundestag
d) Bundesverfassungsgericht

6 In der Hochkonjunktur …
a) steigen die Preise in der Regel kräftig an.
b) bleiben die Preise konstant.
c) sinken die Preise.
d) werden die Preise vom Staat festgelegt.

7 Wie viele Bundesländer hat die Bundesrepublik Deutschland?
a) 10
b) 12
c) 16
d) 18

8 Wie bezeichnet man das Bündnis mehrerer Parteien zur Regierungsbildung?
a) Koalition
b) Fraktion
c) Lobby
d) Sektion

9 Welche Kosten existieren eigentlich nicht (außer umgangssprachlich)?
a) Fixkosten
b) Nebenkosten
c) Unkosten
d) Stückkosten

(Die Fragen wurden entnommen aus: J. Hesse, H.C. Schrader, Testtraining Allgemeinwissen Eignungs- und Einstellungstests sicher bestehen, Stark Verlag, München 2016, S. 10 ff.)

Mit den folgenden Fragen testete eine Bank das Allgemeinwissen der Bewerber

Staat/Politik, Wirtschaft, Geschichte, Erdkunde

1. Welche Regierungsform hat die Bundesrepublik Deutschland?
2. Wer ernennt in der Bundesrepublik die Bundesminister?
3. Was versteht man unter dem sogenannten passiven Wahlrecht?
4. Welches deutsche Bundesland hat die höchste Bevölkerungszahl?
5. Wo hat das europäische Parlament seinen Sitz?
6. Wie nennt man den Preis für ver- und entliehenes Geld?
7. Was ist eine „Inflation“?
8. Was versteht man unter einer „Hausse“?
9. In welchem Jahr war die Machtergreifung Hitlers?
10. Wann begann und wann endete der Zweite Weltkrieg?
11. In welchem Jahr begann die Französische Revolution?
12. Welches Meer liegt zwischen Europa und Afrika?
13. In welches Meer mündet der Rhein?

D Das Assessment-Center: Was ist das Besondere daran?

Der Fall: Christofs Erfahrungen

Christof hatte sich dazu entschieden, nach dem Abitur eine Ausbildung zu beginnen. Er bewarb sich um einen Ausbildungsplatz bei einer Versicherungsgesellschaft und wurde eingeladen, an einem eintägigen Auswahlverfahren in einem Assessment-Center* (Assessment = Bewertung, Einschätzung) teilzunehmen. Für TEAM hat er seine Erfahrungen im Auswahlverfahren aufgeschrieben.

Mithilfe eines Assessment-Centers ermitteln Unternehmen die individuellen Fähigkeiten von Bewerberinnen und Bewerbern. Sie nennen das Potenzialermittlung.
Die Barmer Ersatzkasse, bei der ich mich um einen Ausbildungsplatz beworben hatte, setzte zurzeit meiner Bewerbung Assessment-Center (AC) bei der Einstellung von Auszubildenden, aber auch bei der Auswahl von Führungskräften ein. Im Einladungsschreiben wurde ich darüber informiert, dass es vor allem auf meine Sprachkompetenz, mein Einfühlungsvermögen und mein Auftreten ankommen würde. Das AC dauerte einen ganzen Tag.

So verlief der Tag

In der ersten Übung ging es um eine Partnervorstellung. Jeder der acht Teilnehmer bekam die Aufgabe, einen Teilnehmer 15 Minuten lang zu interviewen, um ihn dann in einem etwa fünfminütigen Vortrag der übrigen Gruppe vorzustellen.
Als Nächstes war ein Kurzvortrag gefordert. Im Einladungsschreiben hatte man mich aufgefordert, ein Thema vorzubereiten. Ich entschied mich für das Thema: Vorteile des Nichtrauchens. Der Vortrag wurde vor der Gruppe gehalten und durfte die Zeit von fünf Minuten nicht überschreiten. Im Verlauf der nächsten Übung musste ich ein Gespräch mit einem Mitschüler führen, bei dem es das Ziel war, ihn zur Unterstützung beim nächsten Schulfest zu gewinnen. Die Vorbereitungszeit betrug zehn Minuten.
Es folgte ein Rollenspiel. Die Aufgabe der Teilnehmer bestand darin, eine Haushaltsverhandlung zu führen. Ein Betrag von 1050 Euro aus dem Schuletat sollte auf verschiedene AGs aufgeteilt werden. Ich hatte die Computer-AG zu vertreten und musste mir überzeugende Argumente dafür ausdenken, warum ich Geld für einen zweiten Farbdrucker haben wollte. Für die Vorbereitung standen uns 10 Minuten zur Verfügung, für das Spiel der Haushaltsverhandlung 35 Minuten.

Meine Meinung

Es war ein anstrengender, aber sehr interessanter Tag. Die Partnervorstellung zu Beginn fand ich sehr gut. Man lernte sich gegenseitig kennen und baute Nervosität ab. In meinem Vortrag konnte ich zeigen, dass ich vor Publikum frei sprechen kann. Beim Rollenspiel habe ich mich nicht wohl gefühlt.
Die schwierigste Übung war die Gruppendiskussion während der Haushaltsverhandlung. Trotzdem fand ich diese Übung positiv für uns, weil in diesem Berufsfeld öfter mal solche Situationen auftreten können.

* Zum Assessment-Center findest du weitere Erklärungen im Glossar dieses Buches.

1. Welche der Übungen hättest du am leichtesten und welche am schwierigsten gefunden? Überlege allein und tausche dich mit einer Partnerin, einem Partner darüber aus.
2. Stellt euch vor, ihr hättet Christofs Auftreten und das der anderen Teilnehmer im Assessment-Center zu bewerten. Worauf würdet ihr achten
   - beim Partnerinterview
   - beim Vortrag,
   - beim Gespräch über das Schulfest mit einem Mitschüler,
   - während des Rollenspiels?
3. Benutzt die Qualitätskriterien, die ihr in Aufgabe 2 gefunden habt, zum Nachdenken über euch selbst und notiert: „Ich glaube, dass ich die folgenden der genannten Anforderungen schon gut erfüllen kann …“

Ein Bewerbungsverfahren für anspruchsvolle Ausbildungswege

Die Besonderheit

Das Assessment-Center (AC) ist ein beliebtes Instrument zur Personalauswahl. Früher wurde es fast nur zur Rekrutierung von Führungskräften eingesetzt, heute findet es sich immer häufiger auch in den Auswahlverfahren für Auszubildende. Mithilfe eines Assessment-Centers können die Prüfer mehrere Bewerber gleichzeitig in berufsnahen Situationen beobachten. So erhoffen sie sich besonders stichhaltige Aufschlüsse darüber, welche Kandidaten für die Ausbildung geeignet sind.

Der Ablauf

Der Ablauf eines Assessment-Centers zur Ausbildung variiert von Betrieb zu Betrieb und von Beruf zu Beruf. In der Regel umfasst ein Assessment-Center für Azubis etwa 2 – 3 Aufgaben und dauert – mit Pausen – rund einen halben Tag. Zu Beginn des Assessment-Centers stellen sich in der Regel die Betriebsvertreter vor. Kurz und knapp erläutern die Prüfer, wer sie sind und wie das Verfahren abläuft. Danach sind meist die Bewerber an der Reihe, ihren Werdegang in eigenen Worten zu schildern. Im Anschluss an die Vorstellungsrunde beginnt der Hauptteil des Assessment-Centers. Verschiedene praktische Aufgaben fordern die sozialen und methodischen Kompetenzen der Bewerber heraus, die für die Ausbildung relevant sind. Die Prüfer achten dabei nicht nur auf das nackte Ergebnis einer bestimmten Aufgabe: Sie interessiert auch das „Wie“, also die Herangehensweise und die teaminterne Abstimmung. Wie verhalten sich die Kandidaten untereinander, wie gehen sie bei der Problemlösung vor? Anhand dieser Kriterien entscheiden die Prüfer schließlich, wer für die Ausbildung infrage kommt.

Die Aufgaben

Bei der Konzeption eines Assessment-Centers zur Ausbildung können die Personalverantwortlichen aus einem großen Reservoir verschiedener Aufgaben wählen. Grundsätzlich unterscheidet man zwischen Einzel- und Gruppenaufgaben: Im Kollektiv bewältigt man die Gruppendiskussion und die Gruppenarbeit. Die Präsentation kann – je nach Vorgabe – als Einzel- oder als Gruppenaufgabe absolviert werden, das Rollenspiel wird mit mindestens einem Spielpartner ausgetragen. […]

Möglichkeiten der Vorbereitung

Zur langfristigen Vorbereitung auf das Assessment-Center empfehlen sich vor allem Praxisübungen im Freundes- oder Familienkreis. In vertrauter Runde kann man zum Beispiel vorab schon einmal eine Gruppendiskussion mit Beispielthemen führen, Rollenspiel-Aufgaben wie das Verkaufsgespräch simulieren oder sich musterhafte Lösungswege für Gruppenaufgaben überlegen. Ganz wichtig: Die ehrliche Rückmeldung der Spielpartner – was lief gut, was könnten die Prüfer im Ernstfall kritisieren?

(Aus: Manfred Mey – verantwortlich für den Inhalt: Das Assessment-Center, Ausbildungsparkverlag Offenbach am Main, im Internet unter www.ausbildungspark.com, Zugriff: 01.10.2017)

In einem Assessment-Center in Berlin hält eine Bewerberin einen Vortrag vor Mitbewerbern und dem Personalchef

1. Fasse zusammen, was das Ziel eines Assessment-Centers für Auszubildende ist und was die Prüfenden dabei interessiert.
2. Stelle Besonderheiten, Ablauf, Aufgaben und Möglichkeiten der Vorbereitung in Form einer Tabelle oder einer Mindmap dar.
3. Entwickelt in Partner- oder Gruppenarbeit eigene Ideen für Diskussionen und Rollenspiele als vorbereitende Übung und führt sie in eigener Regie durch.

E Das Vorstellungsgespräch: Wie nimmt man auch die letzte Hürde?

Angenommen, dass …
Du hast dich schriftlich bei einem Unternehmen um einen Ausbildungsplatz beworben, hast ein Testverfahren durchlaufen und wartest nun auf das Ergebnis. 14 Tage vergehen zwischen Hoffen und Bangen. Endlich findest du den Brief in der Post. Du zögerst zunächst, doch dann öffnest du ihn. Geschafft: Man lädt dich zu einem Vorstellungsgespräch ein, Termin: Dienstag, 06.05., vormittags um 8.30 Uhr. Wie reagierst du darauf?
Glücklich? Immerhin hast du es geschafft. Deine schriftliche Bewerbung und dein Einstellungstest waren erfolgreich. Wahrscheinlich wird zu deiner Freude auch eine gehörige Portion Aufregung hinzukommen, vielleicht sogar Panik. Wenn das so ist, reagierst du so wie fast alle Menschen in ähnlicher Situation.
Aufregung entsteht, wenn man nicht weiß, was auf einen zukommt, und wenn man ahnt, dass Gefahren lauern. Genau diese Gefühlslage kann sich einstellen nach dem Lesen des Einladungsschreibens. Dabei spielt es keine Rolle, ob du dich nach dem mittleren Schulabschluss um einen Ausbildungsplatz bewirbst oder nach dem Abitur oder erst nach Beendigung eines Studiums.

Internetadressen, die bei der Vorbereitung auf Vorstellungsgespräche helfen:
www.azubi.de
www.azubi-azubine.de
www.ausbildernetz.de

Auswertungsbogen Vorstellungsgespräch

Ausbildungsgang: ____________________

Kandidat/in: ____________________

Benotung (–2/–1/+1/+2)

Persönlichkeit:
- Äußeres Erscheinungsbild ☐
- Umgangsformen/Benehmen ☐
- Sprechweise ☐
- Kenntnis der Höflichkeitsregeln ☐

Verlauf:
- Darstellung der schulischen Erfahrungen ☐
- Bisherige Praktikumserfahrungen ☐
- Vorwissen über den Ausbildungsberuf ☐
- Vorwissen über die Firma ☐
- Begründung der Stärken und Schwächen ☐

Wirkung:
In welchem Maß zeigt die Kandidatin, der Kandidat
- Motivation, Interesse? ☐
- klare und verständliche Ausdrucksweise? ☐
- Auffassungsgabe (Verständnis der Fragen)? ☐
- fachliche Eignung? ☐
- Anpassungsvermögen (Teamfähigkeit)? ☐

Ergebnis/Eignung insgesamt: ____________________

Worauf es ankommt

Deine Gesprächspartner kennen dich bereits aus dem schriftlichen Teil deiner Bewerbung. Sie möchten sich nun noch einen persönlichen Eindruck von dir als Person gewinnen und sich Klarheit darüber verschaffen, ob du die geeignete Person bist oder ob sie sich doch besser für jemanden anderen entscheiden sollen.
Deine Aufgabe wird sein, sie von dir zu überzeugen. Das kannst du durch die Art deines Auftretens, durch die Qualität deiner Antworten und durch dein Verhalten in allen Phasen des Gesprächs. Herausforderungen lassen sich leichter bewältigen, wenn man darauf vorbereitet ist. So ist es auch mit einem Vorstellungsgespräch. Frühzeitiges Training kann Panik verhindern.
Der Auswertungsbogen links zeigt, worauf Unternehmen Wert legen.

1. Fasse zusammen, worauf es einem einstellenden Unternehmen in einem Vorbereitungsgespräch ankommt.
2. Betrachte die Kriterien im Auswertungsbogen. Beratet gemeinsam, was man tun kann, um eine möglichst hohe Punktzahl bei einzelnen Kriterien zu bekommen.

Zahlreiche Tipps dazu werdet ihr im Internet finden.

AKTIV LERNEN

F Wir trainieren Vorstellungsgespräche in Rollenspielen

Die folgende Übung solltet ihr zu dritt durchführen. Ein Gruppenmitglied übernimmt die Rolle des Personalchefs und eines die Rolle der Bewerberin bzw. des Bewerbers. Das dritte Mitglied beobachtet das Gespräch, macht sich Notizen und bewertet das Gesprächsverhalten. Die Rollen können mehrfach gewechselt werden. Überlegt zu dritt, um welchen Ausbildungsberuf es gehen soll (z. B. anhand von „Beruf aktuell"). Stellt euch ein konkretes Unternehmen vor.
Vereinbart eine Zeit für die Dauer der Gespräche. Spielt sie von der Begrüßung bis zur Verabschiedung durch.

Euer Auftrag:

1. Verteilt die Rollen. Benutzt einen Tisch als Schreibtisch mit einem Stuhl davor und dahinter.
2. Führt das Gespräch von der Begrüßung bis zur Verabschiedung durch. Der Personalchef wählt dabei die Fragen aus, stellt auch eigene Fragen und fragt gegebenenfalls nach.
3. Gestaltet nach dem Rollenspiel eine Feedbackrunde mit folgendem Ablauf:
   - Der Kandidat berichtet, wie er sich während des Gesprächs gefühlt hat, was ihm leicht- und was ihm schwerfiel.
   - Der Beobachter meldet dem Kandidaten zurück, wie klar, angemessen und gut seine Antworten waren und wie überzeugend sein Auftritt.
   - Der Personalchef begründet anhand eigener Kriterien, ob der Kandidat den Ausbildungsplatz bekommen soll.
4. Überlegt gemeinsam, was man besser machen kann. Wiederholt die Übung. Stellt eure Erfahrungen in der Klasse vor.

Ablaufphasen in einem Vorstellungsgespräch

Begrüßung:
Öffnen der Tür, Vorstellung: Personalchef zuerst, dann Kandidat, Hände schütteln, Platz nehmen

Verlauf:
Einstieg:
- Haben Sie unsere Firma leicht gefunden?
- Erzählen Sie uns etwas über Ihre Hobbys, Interessen und Lieblingsfächer in der Schule.
- Was hat Sie in der Schule besonders interessiert?
- Womit haben Sie sich in letzter Zeit intensiv beschäftigt?

Hauptteil:
- Was hat Sie dazu veranlasst, sich für diesen Ausbildungsberuf zu entscheiden?
- Wie und wo haben Sie sich über unsere Firma informiert?
- Was, glauben Sie, muss man können, um in diesem Beruf erfolgreich zu sein?
- Können Sie uns zwei Ihrer besonderen Stärken nennen?
- Jeder Mensch hat Schwächen: Welche haben Sie?
- Welche Voraussetzungen bringen Sie für diesen Beruf mit?
- Warum soll es ausgerechnet unser Unternehmen sein?

Abschluss:
- Welche Fragen gibt es von Ihrer Seite?

Verabschiedung, man erhebt sich, erneutes Händeschütteln, Begleitung bis zur Tür, Abschiedsworte

5 Wie wichtig sind Soft Skills für den Erfolg in der Arbeitswelt?

Die Bedeutung „weicher Kompetenzen" begründen

A Eine Einstiegsübung

Für eine Stelle in einem Ingenieurbüro sind zwei Bewerber in die Endauswahl gekommen. Johannes hat exzellente Noten. Im Vorstellungsgespräch wird deutlich, dass er von Teamarbeit wenig hält. Er zeigt kein sonderlich gepflegtes Erscheinungsbild und redet nur das Notwendigste. Florian hat ebenfalls gute Noten. Im Vorstellungsgespräch wirkt er offen und freundlich. Er macht deutlich, wie sehr er sich darauf freut, mit neuen Kolleginnen und Kollegen zusammenzuarbeiten. Auch bringt er einiges an Vorwissen über den neuen Job mit und zeigt sich hoch motiviert.

- Der Personalchefin fällt die Entscheidung nicht schwer. Erläutere selbst, warum.

12 wichtige Soft Skills

Persönliche Kompetenzen

1. Zuverlässigkeit, Pünktlichkeit
2. Verantwortungsbereitschaft, Selbstständigkeit
3. Ausdauer, Durchhaltevermögen
4. Interesse, Motivation
5. Sorgfalt, Gewissenhaftigkeit
6. Fähigkeit zur Kritik und Selbstkritik
7. Beachtung eines gepflegten Erscheinungsbilds

Soziale Kompetenzen

8. Teamfähigkeit (Bereitschaft, mit anderen zusammenzuarbeiten)
9. Kommunikationsfähigkeit (Bemühung um eine gute Ausdrucksweise)
10. Höflichkeit, Freundlichkeit (gutes Benehmen)
11. Toleranz (Bereitschaft, andere Meinungen zu respektieren)
12. Interkulturelle Kompetenz (Fähigkeit zur Zusammenarbeit mit unterschiedlichen Menschen)

1. Erläutere jemandem, der noch nichts von Soft Skills gehört hat, deren Bedeutung für den beruflichen Erfolg.

2. Warum wird interkulturelle Kompetenz in der Arbeitswelt von morgen eine immer größere Rolle spielen? Beurteile die Bedeutung dieser Aussage (und suche nach Beispielen, wie sie sich in Schule und Freizeit trainieren lässt).

B Soft Skills – Lernen von Kindheit an

Der Begriff bedeutet übersetzt „weiche Kompetenzen". So bezeichnet man zusammengefasst alle persönlichen und sozialen Kompetenzen, die einen befähigen, gut mit anderen Menschen, aber auch mit sich selbst umzugehen. Internationale Studien weisen nach, dass beruflicher Erfolg nur etwa zur Hälfte von den fachlichen Kompetenzen abhängt. Die anderen 50 Prozent gründen auf den Soft Skills. Anders als zum Beispiel Vokabeln kann man sie nicht von einem Tag auf den anderen lernen. Man muss sie über einen langen Zeitraum hinweg trainieren.

Das Lernen von Soft Skills kann schon im Kindesalter beginnen, zum Beispiel, wenn Eltern ihrem Kind kleine Aufgaben im Haushalt zuweisen, die es selbstständig zu erledigen hat. Lernt das Kind, Süßigkeiten oder Spielzeug mit anderen zu teilen, wird der Grundstein für die später so wichtige Kooperations- und Teamfähigkeit gelegt. In der Schule lernt man Soft Skills zum Beispiel, indem man in einer Gruppe mit anderen eine Präsentation gestaltet oder sich sonst wie aktiv am Schulleben beteiligt. Man lernt sie auch, indem man offen auf neue Mitschüler zugeht und sie bei der Aufnahme in die Klassengemeinschaft unterstützt.

Die Fähigkeit zum Umgang mit Menschen unterschiedlicher Herkunft, Sprache und Kultur spielt heute in der modernen Arbeitswelt eine immer größere Rolle. Man nennt sie ***interkulturelle Kompetenz***. An kaum einem anderen Ort lässt sich diese Kompetenz so gut trainieren wie in der eigenen Klasse und Schule. Wer an seinen Soft Skills arbeitet, ebnet für sich selbst den Weg zum beruflichen Erfolg. Das Besondere daran: Von Soft Skills profitiert man auch im Privatleben.

C Wie gut bin ich bereits auf die Arbeitswelt vorbereitet?

Euer Auftrag:

1. Entscheidet allein, was auf euch ganz oder teilweise zutrifft.
2. Tauscht euch dann mit einer Partnerin/einem Partner darüber aus, was man tun kann, um Soft Skills zu lernen, die man noch nicht gut beherrscht.
3. Stellt eure drei besten Ideen in der Klasse vor.

	Das kann ich	Das kann ich teilweise	Das muss ich noch lernen
1. Ich erledige Aufgaben zuverlässig, auch wenn ich nicht kontrolliert werde.			
2. Ich lerne gerne und bin bereit, mich anzustrengen.			
3. Ich übernehme gerne Verantwortung für Aufgaben und stehe für Fehler gerade.			
4. Ich bin ausdauernd und gebe nicht auf, wenn etwas schwierig wird.			
5. Ich bin kreativ und bringe eigene Ideen in eine Aufgabe ein.			
6. Ich arbeite sorgfältig und mache wenig Flüchtigkeitsfehler.			
7. Ich kann mich über einen längeren Zeitraum konzentrieren.			
8. Ich kann mir die Zeit gut einteilen, zum Beispiel beim Lernen für eine Klassenarbeit.			
9. Ich kann Kritik annehmen und daraus lernen.			
10. Ich achte auf ein gepflegtes Äußeres.			
11. Ich arbeite gerne mit anderen in der Gruppe zusammen.			
12. Ich habe gute Umgangsformen und kann freundlich sein, auch wenn ich eine Person nicht mag.			
13. Ich kann bei Streitigkeiten fair und lösungsorientiert diskutieren.			
14. Ich akzeptiere auch andere Meinungen und Verhaltensweisen.			
15. Ich kann gut vor anderen reden und auch schwierige Dinge verständlich darstellen.			

KOMPETENZTEST

Wie verändert sich die Arbeitswelt?

Aufgabe 1:

Wenn von einem Wandel in der Arbeitswelt die Rede ist, fallen immer wieder die Begriffe *Flexibilität* und *lebenslanges Lernen*.

- Erkläre kurz und verständlich, was damit gemeint ist.

Aufgabe 2:

Vorsicht Fehler! Korrigiere die falschen Aussagen und notiere den fehlerbereinigten Text.

Der Einsatz von Computern hat die Arbeit in fast allen Berufen sehr verändert. (?) Trotzdem arbeiten heute noch die meisten Beschäftigten in Berufen, in denen keine Computerkenntnisse erforderlich sind. (?) Die Vernetzung von Computern und das Internet haben dazu geführt, dass Menschen an unterschiedlichen Orten in der Welt eng zusammenarbeiten können. (?) Junge Menschen können davon ausgehen, dass ihr einmal erworbenes Wissen ein Leben lang aktuell bleiben wird. (?) Allerdings müssen sie sich darauf einstellen, vielleicht mehrmals im Leben den Beruf oder Arbeitsort zu wechseln. (?)

Aufgabe 3:

Soft Skills

- Erkläre, was man darunter versteht, und nenne fünf, die aus der Sicht von Unternehmen besonders wichtig sind.
- Erläutere an einem Beispiel, wie man sie in Unterricht und Schule trainieren kann.
- Begründe ihre Bedeutung für den beruflichen Erfolg.

Aufgabe 4:

Erfolge und Fehler im Vorstellungsgespräch

- Formuliere drei Fehler, die man in einem Vorstellungsgespräch unter allen Umständen vermeiden sollte.
- Gib anderen Jugendlichen drei Erfolgstipps für die Bewältigung dieser Hürde.

Christiane Pfohlmann

Aufgabe 5:

Das korrekte Bewerbungsschreiben

Stefanie besucht die neunte Klasse eines Gymnasiums und bereitet sich auf ihr Praktikum vor. Auf den gelben Seiten des Telefonverzeichnisses hat sie die Adresse des Produktionsunternehmens *Wohntrend GmbH* gefunden, in dem Fenster und Türen aller Art industriell gefertigt werden. Sie verfasst ein Bewerbungsschreiben und wundert sich, dass im Antwortschreiben steht: *Leider können wir Ihrem Praktikumswunsch nicht entsprechen.*

- Weise Stefanie anhand von fünf gravierenden Fehlleistungen nach, dass man mit einem solchen Bewerbungsschreiben keine Aussicht auf Erfolg hat.

> Sehr geehrte Damen und Herren,
>
> Hiermit bewerbe ich mich bei ihnen um einen Praktikumsplatz. Mein Berufswunsch ist es, später einmal als Industriekauffrau oder Betriebswirtin in einem Unternehmen wie dem ihren zu arbeiten. In meinem Praktikum möchte ich gerne erfahren, was alles in ihrem Unternehmen hergestellt wird. Auch möchte ich gerne in Erfahrung bringen, ob die Arbeit in einem Unternehmen wie dem ihren zu meinen Stärken und Interessen passt.
>
> Zurzeit besuche ich die neunte Klasse. Das Praktikum wird voraussichtlich im Frühjahr des nächsten Jahres stattfinden.
>
> Über eine Einladung zu einem Vorstellungsgespräch würde ich mich sehr freuen.
>
> Mit freundlichen Grüßen
> Stefanie Muster

Aufgabe 6:

Welcher Trend in der Berufswahl von Frauen wird in diesem Schaubild deutlich?

- Belege deine Interpretation des Trends mit mehreren statistischen Daten.
- Erkläre darüber hinaus, was MINT-Berufe sind und was das Schaubild darüber aussagt.
- Bewerte, worin die Problematik der traditionellen Berufswahlentscheidungen von Frauen und Männern besteht, und begründe, ob du Veränderungen im Berufswahlverhalten für wichtig hältst oder nicht.

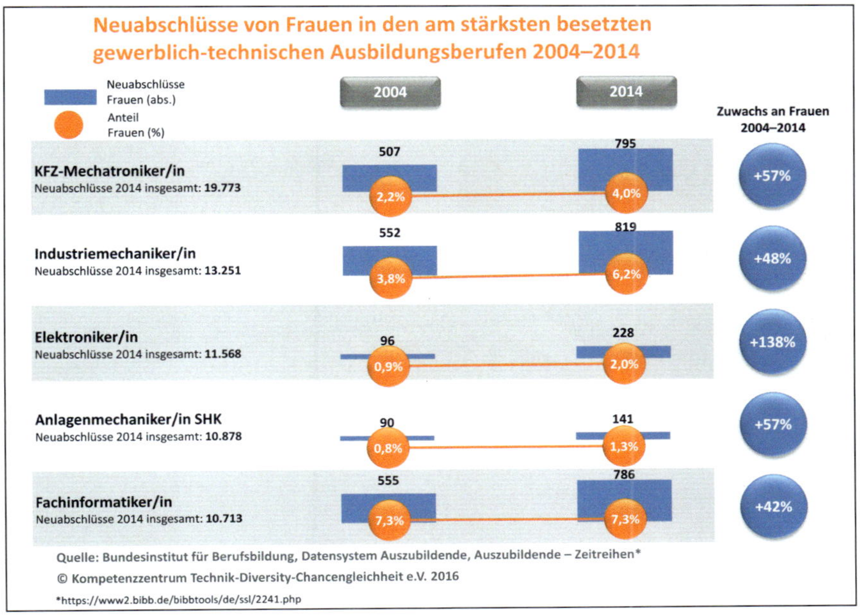

7 Die Welt der Arbeitnehmer

Welche Gestaltungsmöglichkeiten und Rechte haben sie?

1. Allein nachdenken

Einmal angenommen, du könntest die Arbeitnehmer auf dem Foto über ihre Arbeit befragen. Welche Fragen würdest du ihnen stellen?

2. Zu zweit beraten

Warum arbeiten Menschen – auch wenn sie aus finanziellen Gründen gar nicht müssten?

3. Gemeinsam sammeln

„Arbeit ist das halbe Leben", heißt es. Wie denkt ihr über diese Aussage?

Bei der Arbeit an diesem Kapitel könnt ihr …

- Gemeinsamkeiten und Unterschiede von Arbeit vergleichen und die Folgen von Arbeitslosigkeit erläutern,
- die gesetzlichen Regelungen von Mitbestimmung auf ein Fallbeispiel anwenden,
- minderjährige Auszubildende über ihre Rechte beraten,
- Möglichkeiten der Lohnbildung erläutern,
- begründen, warum Frauen immer noch schlechter als Männer bezahlt werden,
- einen Arbeitskampf analysieren und Lösungsmöglichkeiten gestalten.

Eigene Schwerpunkte könnt ihr setzen, indem ihr …

- Berufstätige über ihre Arbeit befragt,
- euch ein Urteil bildet, ob und wann Löhne gerecht sind.

1 Welche Bedeutung hat Arbeit?

Fallorientiert Gemeinsamkeiten und Unterschiede vergleichen

A Fallbeispiele:

Die folgenden Texte stellen euch drei Menschen und ihre Tätigkeit vor. Wo haben sie Gemeinsamkeiten, worin unterscheidet sich ihre Arbeit?

Beispiel 1: Oleg Brüning – Verantwortung für Menschenleben

Blauer Alarm in Zimmer 3! Wenn das blaue Licht im Flur aufleuchtet, eilt der Gesundheits- und Krankenpfleger Oleg Brüning sofort an das Bett des Patienten. Es kann sein, dass ein wichtiges Gerät nicht richtig arbeitet – hier kann es um Leben und Tod gehen. Oleg Brüning arbeitet seit drei Jahren auf der Intensivstation in der Herzchirurgie. Hierher kommen Patienten sofort nach der Operation und werden noch einige Tage besonders betreut, bis sie auf die normale Station kommen. Weil die Arbeit sehr zeitaufwendig ist, hat Oleg nur wenige Patienten zu betreuen.

Sein Beruf ist auch körperlich sehr anstrengend, zum Beispiel, wenn er die bettlägerigen Patienten neu betten muss – den ganzen Tag ist er auf den Beinen. Auf der Intensivstation fühlt er sich sehr wohl in dem jungen Team, in dem er der einzige Mann ist.

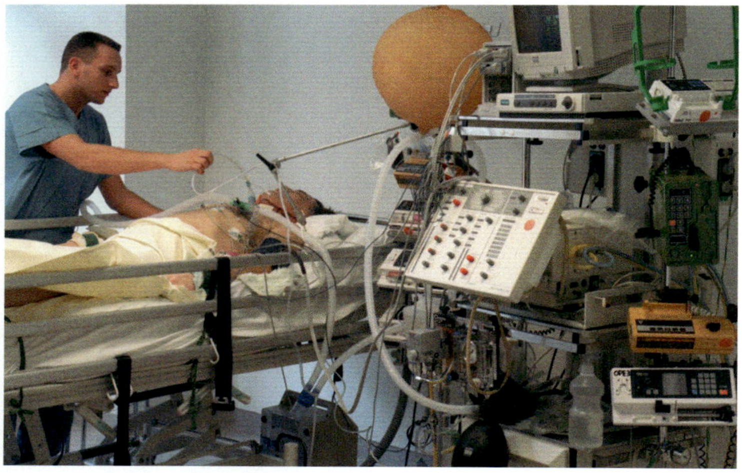

Von seiner Arbeit hängt oft das Überleben eines Menschen ab.

An seiner Arbeit gefällt ihm vor allem das Gefühl, etwas Wichtiges zu tun und Verantwortung für das Wohlergehen seiner Patienten zu tragen. Er ist gern mit Menschen zusammen und empfindet seinen Beruf als besonders abwechslungsreich, denn immer wieder passieren unvorhersehbare Dinge – kein Mensch ist eben gleich. Nicht so sehr gefällt ihm, dass er für diese anstrengende und verantwortungsvolle Tätigkeit seiner Meinung nach zu wenig verdient: Große Sprünge kann er sich damit nicht erlauben. Aber wenigstens ist er sozial abgesichert, wenn er zum Beispiel arbeitslos würde.

(Zusammengestellt nach Informationen aus: www.planet-beruf.de; Zugriff: 08.02.2017)

Beispiel 2: Lara Wohlgemuth – Abwechslung im Kontakt mit Menschen

Gleich wenn sie morgens ihr Büro betritt, fährt die 42-jährige Lara Wohlgemuth ihren PC hoch und liest E-Mails. Ein bisschen müde ist sie heute, denn gestern Abend wurde es wieder einmal spät. Sie musste noch einen Eilauftrag eines Klienten (= Kunden) fertigstellen, der die Unterlagen unbedingt benötigt. Nun muss sie einen Gerichtstermin vorbereiten, bei dem sie ein kleineres Unternehmen vertritt.

Lara Wohlgemuth arbeitet als angestellte Rechtsanwältin in einer kleinen Kanzlei. Sie berät Privatpersonen und Unternehmen in rechtlichen Fragen, verfasst Verträge und vertritt ihre Klienten vor Gericht, zum Beispiel bei Mietstreitigkeiten, Verkehrsunfällen oder Ehescheidungen. Kein Tag ist wie der andere, doch genau das liebt sie an ihrem Beruf. An ihrer Arbeit gefällt ihr besonders die Abwechslung und der häufige Kontakt mit Menschen. „Anders als viele denken, ist die Juristerei keine trockene Materie. Im Gegenteil, ich habe es sehr oft mit berührenden Schicksalen zu tun, die mich oft auch noch nach Feierabend beschäftigen“, erzählt sie.

Eine Anwältin vor Gericht im Gespräch mit einer Klientin. Sie trägt wie alle Rechtsanwälte einen Talar, eine Art Dienstkleidung der Rechtsanwälte.

Das findet sie nach wie vor sehr spannend. Die Anerkennung der Klienten und die Erfolge vor Gericht geben ihr Tag für Tag das Gefühl, gute Arbeit zu leisten. Sie ist dankbar, dass sie als Angestellte sozial abgesichert ist und sich keine Gedanken um die Auftragslage machen muss. Weniger gefällt ihr, dass sie je nach Auftragslage häufig deutlich mehr als vierzig Stunden arbeiten muss. Da kommen Familie und Freizeit oft viel zu kurz.

(Nach Informationen aus einem persönlichen Gespräch erzählt)

Beispiel 3: Katja Schultze – Arbeit als Niedriglöhner

„Büro habe ich mir abgeschminkt", sagt Katja Schultze (Name geändert). Bis vor sechs Jahren arbeitet sie für eine Bank. Dann kam die Unternehmensberatung McKinsey, und ihre Stelle wurde eingespart. Seitdem ist sie Putzfrau. „Mit 50 brauchen Sie sich nirgendwo mehr bewerben", hat sie festgestellt. „Aber HARTZ IV – das wollte ich auf keinen Fall." Heute ist sie 56. Sie wird wahrscheinlich Putzfrau bleiben bis zum Schluss.

Früher gab es Tagelöhner, heute gibt es Niedriglöhner. Monatlich bleiben Katja Schultze netto knapp 1050 Euro zum Leben. „Viele haben Ekzeme vom ständigen Putzen", erzählt Katja Schultze. „Die Hände sind kaputt."

Warum sich kaum einer wehrt? „Weil sie Angst haben", sagt Nicole Simons. „Angst, dass sie rausfliegen oder ganz schlechte Arbeit bekommen." Wer meckert, muss die Klos putzen. Oder im Polizeipräsidium die Arrestzellen voller Blut und Erbrochenem. Katja Schultze meint: „Wir Deutschen haben das Demonstrieren verlernt. Wir müssen es so machen wie die Franzosen, die gehen immer gleich auf die Straße."

Die Schlimmsten, mit denen Katja Schultze jemals zu tun hatte, waren gleichzeitig die Schlauesten: Uni-Dozenten, die sich bei der Vorarbeiterin darüber beschwerten, dass die afrikanischen Putzkräfte so unangenehm riechen würden. Oder unter dem Schreibtisch noch ein Staubknäuel hervorholten und den Schuldigen dafür zur Rede stellten. „Wenn man dann was sagt, ist man ganz schnell weg vom Fenster", weiß Katja Schultze. „Die sind so herablassend zu uns! Dabei kann in der heutigen Zeit jeder ans Putzen kommen."

(Nach: dpa/AFX: Wer meckert, putzt die Klos – die Arbeitswelt der Niedriglöhner, in: http://www.t-online.de/finanzen/jobs/loehne-gehaelter/id_64893074/nie)

Putzfrau – ein Beruf mit geringem Ansehen. Auch Katja Schultze bekommt das im Alltag zu spüren.

1. Bildet Dreiergruppen und teilt die Fälle untereinander auf.
2. Fasse den von dir gewählten Fall in eigenen Worten zusammen und stelle ihn in der Gruppe vor.
3. Vergleicht die Beispiele unter folgenden Aspekten: Bedeutung der Arbeit, Arbeitsbedingungen, positive und/oder negative Seiten der Arbeit.

Was auch noch interessant sein kann:

- Menschen in eurer Umgebung befragen, was Arbeit für sie bedeutet

GRUNDWISSEN

B Arbeit

1. Beschreibe, welche Merkmale Arbeit hat.
2. Die meisten Menschen arbeiten nicht nur des Geldes wegen. Erläutere weitere Gründe.
3. „Hauptsache Arbeit – auch wenn diese prekär ist. Alles ist besser als arbeitslos zu sein.“ So kommentieren manche Ökonomen die Zunahme prekärer Beschäftigung in den letzten Jahren. Erörtere diese Aussage.

Was ist Arbeit?

Nehmen wir als Beispiel die Vorbereitung einer Klassenarbeit: Lernen wirst du als Arbeit empfinden, weil es wichtige Merkmale davon enthält.

- Du hast ein Ziel, nämlich eine gute Note zu schreiben.
- Du folgst einem Plan, denn du gehst schrittweise vor.
- Du setzt dafür geistige und körperliche Fähigkeiten ein.

Ein besonderes Merkmal des Lernens in der Schule ist, dass es sich um unbezahlte Arbeit handelt. Das gilt auch für viele andere Arbeiten, die trotzdem für die Gesellschaft besonders wichtig sind. Soziales Engagement gehört dazu, Mitarbeit in Vereinen und eine Vielzahl ehrenamtlicher Tätigkeiten.

Ökonomen legen den Schwerpunkt auf die Betrachtung von bezahlter Arbeit, auch Erwerbsarbeit genannt. Sie umfasst alle Tätigkeiten, die dazu dienen, die zur Existenzsicherung und Bedarfsdeckung notwendigen finanziellen Mittel zu beschaffen.

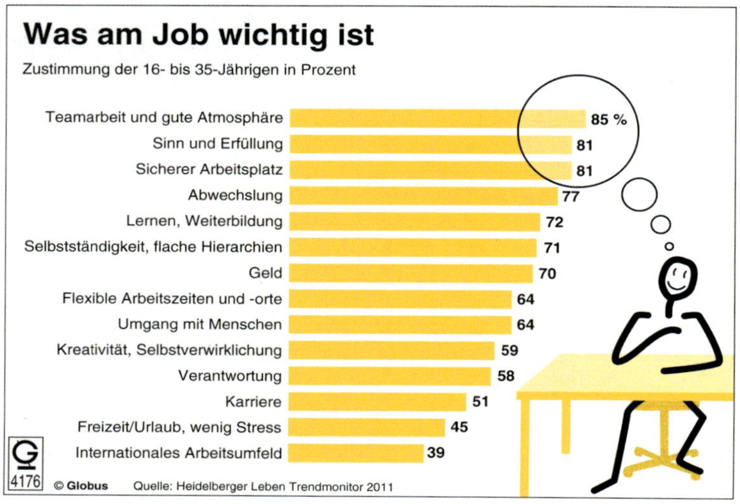

Bedeutung von Arbeit

Einigkeit besteht darin, dass Arbeit wichtig, wertvoll und sinnstiftend ist. Für die meisten Menschen gehört weit mehr dazu als nur ein guter Verdienst. Bei ihrer Arbeit kommen sie mit Menschen zusammen und knüpfen neue Kontakte. Experten haben herausgefunden: Arbeiten gibt dem Leben einen Rhythmus. Wer arbeitet, kann erst so richtig seine Freizeit genießen. Viele Menschen bekommen durch ihre Arbeit das Gefühl vermittelt, etwas wert zu sein und etwas zu leisten.

Prekäre Arbeit

Manche Menschen verdienen so wenig, dass sie – obwohl sie voll arbeiten – von ihrem Lohn nicht leben können. Sie sind armutsgefährdet, oft auf zusätzliche staatliche Unterstützung angewiesen. Hinzu kommen kurzfristige Arbeitsverträge und fehlende soziale Absicherung. Diese Art der Arbeit nennt man prekäre (= unsichere) Beschäftigung. Zur Gruppe der prekär Beschäftigten können auch Teilzeitbeschäftigte, Arbeitnehmer mit Zeitverträgen und Menschen mit Minijobs (Monatslohn: maximal 450 Euro) gehören. Viele Betroffenen stört weniger die Arbeit an sich als die Arbeitsbedingungen und das geringe Ansehen ihrer Arbeit.

Arbeitslosigkeit

Problematisch in der Welt der Wirtschaft ist nicht die Arbeit, sondern die Arbeitslosigkeit. Arbeitslose Menschen empfinden ihren Zustand in der Regel als sehr belastend. Bereits der drohende Verlust von bestehenden Arbeitsplätzen löst bei den Betroffenen große Ängste aus. Für Politik und Wirtschaft gelten der Erhalt und die Schaffung neuer Arbeitsplätze daher als besonders große Herausforderung.

C Arbeitslos trotz guter Ausbildung: Was bedeutet das für Betroffene?

In Baden-Württemberg ist die Arbeitslosigkeit in den letzten Jahren ständig gesunken. Trotzdem gibt es Gruppen, die sich schwertun, eine Stelle zu finden. Dazu gehören sogenannte Langzeitarbeitslose, aber auch manche Berufseinsteiger nach einem Studium.
Wie empfinden die Betroffenen ihre Situation? TEAM hat mit einem arbeitslosen Berufseinsteiger ein Interview geführt. Er hat an der Hochschule Medienmanagement studiert. Auf seinen Wunsch hin haben wir den Namen geändert.

TEAM: Erzähle uns, wie erging es dir in den letzten Monaten?
Felix: Na ja, nicht gerade toll.
TEAM: Warum ist das so?
Felix: Ich suche jetzt schon fast ein Jahr nach einer Stelle und fühle mich langsam wie ein Versager.
TEAM: Wie empfindest du denn deine Situation?
Felix: Zunächst war ich ganz froh, endlich mal nichts tun zu müssen. Ich habe Freunde getroffen, erst mal Urlaub gemacht und einfach so in den Tag hineingelebt. Doch als ich sah, wie meine Freunde einer nach dem anderen tolle Stellen bekommen haben, war mein Selbstwertgefühl am Boden. Ich konnte mich zu nichts mehr aufraffen und habe ganze Tage Computerspiele gespielt. Zunehmend habe ich auch den Kontakt zu meinen Freunden eingeschränkt, auch weil ich kein Geld mehr hatte, etwas zu unternehmen. Auf Druck meiner Eltern habe ich dann begonnen, mich intensiv zu bewerben.
TEAM: Auf welche Stellen hast du dich denn beworben?
Felix: Beim Fernsehen, den Radiosendern, bei Zeitungen, Werbeagenturen und alle Ausschreibungen, die ich sonst noch interessant fand.
TEAM: Mit welchem Ergebnis?
Felix: Meist wurde ich nicht einmal zu einem Vorstellungsgespräch eingeladen. Berufe in den Medien sind sehr beliebt, da haben nur die Besten eine Chance – und ich mit meinen miesen Noten wohl kaum. Zudem habe ich außer dem Pflichtpraktikum keine weiteren Praktika vorzuweisen. Heute bereue ich das sehr. Um meine Berufschancen habe ich mir einfach während des Studiums keine Gedanken gemacht.
TEAM: Gab es denn sonst noch Hindernisse?
Felix: Mein Lebenslauf ist wegen seiner Lücken auch problematisch: Zum Beispiel habe ich nach meinem Realschulabschluss eine Ausbildung zum Elektroniker nach zehn Monaten abgebrochen, ich hatte einfach keinen Bock auf den ständigen Drill durch meinen Meister und ging dann wieder auf die Schule. Nach meinem Abitur habe ich ein ganzes Jahr nur mit Gelegenheitsjobs herumgebummelt. Ich wusste einfach nicht, was ich studieren sollte. Das alles macht sich natürlich bei einer Bewerbung nicht gut. Nach zahlreichen missglückten Bewerbungen war ich sehr frustriert.
TEAM: Wie geht es jetzt weiter?
Felix: Ich habe mich völlig neu orientiert und zunächst mal ein Praktikum in einer Eventagentur absolviert. Das hat mir wieder neuen Mut gemacht, mich bei einer Outdoor-Eventagentur zu bewerben. Nach dem Vorstellungsgespräch habe ich gute Aussichten, die Stelle zu bekommen. Das wäre zumindest mal ein Anfang ...

Der Gang zum Jobcenter fällt vielen Arbeitslosen schwer.

1. Erkläre, warum Felix trotz zahlreicher Bewerbungen keine Arbeit findet.
2. Wie erlebt er seine persönliche Situation? Erläutere die Folgen der Arbeitslosigkeit.
3. Auf der einen Seite kann man sagen, Felix habe Fehler gemacht, auf der anderen Seite kann man die Situation in seiner Branche für seine Probleme verantwortlich machen. Wie beurteilst du die Ursachen?

2 Welchen Einfluss haben Arbeitnehmerinnen und Arbeitnehmer in Unternehmen?

Mitbestimmungsregelungen auf einen Fall anwenden

A Eine Einstiegsübung

Lies den Fall. Wo klebst du deinen Punkt?

„Mit der Urlaubssperre hat sich die Geschäftsleitung richtig verhalten."
Dieser Ansicht stimme ich zu:

voll	☺
teilweise	😐
gar nicht	☹

B Der Fall: Urlaubssperre für alle Beschäftigten?

Die Landschaftsgärtnerei Grünwald hat sich in der Region einen guten Namen gemacht. 35 Mitarbeiterinnen und Mitarbeiter sowie einige Aushilfen sind in dem Unternehmen angestellt. Montagmorgen, 7 Uhr: Fassungslos steht fast die gesamte Belegschaft vor einem Rundschreiben der Geschäftsleitung, das am Schwarzen Brett hängt: „Liebe Beschäftigte, wie Sie alle wissen, war das letzte Geschäftsjahr für unsere Gärtnerei nicht einfach. Auch unser Unternehmen hat die Wirtschaftskrise im letzten Jahr hart getroffen und wir mussten um jeden Auftrag kämpfen. Doch Gott sei Dank konnten Entlassungen vermieden werden. Heute haben wir eine gute Nachricht für Sie: Für August haben wir einen Großauftrag bekommen. Wir können die Neugestaltung der Außenanlagen der Betrix AG übernehmen. Allerdings müssen wir die Arbeiten unbedingt im August während der Betriebsferien durchführen, darauf besteht die Leitung der Betrix AG. Der Auftrag bedeutet für uns eine große Herausforderung und wir sind dabei auf Ihre Unterstützung angewiesen. Bitte stellen Sie sich darauf ein, dass in diesem Zeitraum vermehrt Überstunden anfallen werden. Selbstverständlich kann auch niemand im August Urlaub nehmen: Für alle Mitarbeiterinnen und Mitarbeiter herrscht absolute Urlaubssperre. Wir danken für Ihr Verständnis. Die Geschäftsleitung."

Die Mitarbeiterinnen und Mitarbeiter sind verärgert.

„Also, das können die doch nicht so einfach mit uns machen ... Ich habe unseren Urlaub bereits fest gebucht. Unsere Kinder sind schulpflichtig, wir können nur in den Schulferien reisen", meldet sich erregt Johanna Weber zu Wort. „Das ist ungerecht, so eine Entscheidung einfach über unsere Köpfe hinweg zu treffen", pflichten ihr die anderen bei. „Mal langsam, da hat der Betriebsrat schließlich auch mitzureden. Wozu haben wir ihn sonst im letzten Jahr gewählt?" „Ja ganz richtig, das ist Sache des Betriebsrats. Er soll sofort mit der Geschäftsleitung reden und diese Frage klären", einigen sich die Umstehenden.

C Hintergrundinfo: Welche Rechte hat der Betriebsrat?

Die Zeiten, in denen der Chef alle Entscheidungen im Unternehmen allein treffen konnte, gehören der Vergangenheit an. Beschäftigte dürfen in Unternehmen mitbestimmen. In Betrieben mit mehr als fünf Arbeitnehmern können sie einen Betriebsrat wählen, der ihre Interessen vertritt.

Je größer der Betrieb ist, desto mehr Mitglieder hat der Betriebsrat. Betriebsräte genießen einen besonderen Kündigungsschutz und dürfen wegen ihrer Tätigkeit beruflich nicht benachteiligt werden.

Rechte und Pflichten von Beschäftigten und Arbeitgebern sind im Betriebsverfassungsgesetz geregelt:

Mitbestimmung: Danach darf der Betriebsrat in sozialen und personellen Angelegenheiten mitbestimmen. Das bedeutet, dass er solchen Maßnahmen zustimmen muss, sonst sind sie unwirksam. Zum Beispiel darf der Betrieb nur mit Einverständnis des Betriebsrats Arbeitszeit, Pausen oder Urlaub regeln, neue Arbeitsabläufe einführen oder in Räumen Überwachungskameras installieren. Auch wenn Personal eingestellt werden soll, ist die Zustimmung des Betriebsrats erforderlich.

Mitwirkung bedeutet, dass er über geplante Maßnahmen informiert wird, diese aber nicht verhindern kann. Dazu zählen unter anderem Entscheidungen über neue Produkte, neue Standorte, Schließung von Betrieben oder Verlagerung ins Ausland.

@ SNG-23610-008

Hier findet ihr die Bestimmungen des Betriebsverfassungsgesetzes zur Mitwirkung und Mitbestimmung.

Der Betriebsrat
vertritt die Interessen der
Belegschaft gegenüber Arbeitgebern

Hier bestimmt der Betriebsrat mit:	Hier wirkt der Betriebsrat mit:
tägliche und wöchentliche Arbeitszeit	Schließung von Betrieben
Überstunden, Kurzarbeit	Veränderung von Arbeitsabläufen (z. B. durch neue Technologien)
Urlaubsregelung und Planung	Verlagerung von Standorten ins Ausland
Verhaltensregeln für Beschäftigte am Arbeitsplatz	Zusammenschluss (Fusion) mit anderen Unternehmen
betriebliche Lohngestaltung (z. B. Prämien, Zeitpunkt und Art der Auszahlung der Löhne)	Aufkauf von anderen Unternehmen
Einführung und Anwendung von Technologien zur Überwachung von Leistungen der Beschäftigten	Umstrukturierungen (z. B. Aufbau neuer Abteilungen, Schließung von Abteilungen)
Maßnahmen zur Verhütung von Arbeitsunfällen	neue Produkte oder Dienstleistungen
Einstellungen von Beschäftigten	Sparmaßnahmen oder Entlassungen von Mitarbeitern

1. Arbeite die Position der Geschäftsleitung und der Beschäftigten heraus.
2. Darf die Geschäftsleitung ohne Rücksprache mit dem Betriebsrat eine absolute Urlaubssperre verhängen? Lies dazu die Hintergrundinformation.
3. Erkläre am Beispiel der Urlaubssperre den Unterschied zwischen Mitbestimmungs- und Mitwirkungsrechten.
4. Spielt im Rollenspiel das Gespräch zwischen Geschäftsleitung und Betriebsrat nach und einigt euch auf eine Lösung. Berücksichtigt dabei, dass auch die Geschäftsleitung an einem guten Betriebsklima und motivierten Mitarbeiterinnen und Mitarbeitern interessiert ist.

D Wie arbeiten Betriebsrat und Unternehmensleitung zusammen?

Die folgenden Interviews könnt ihr zusammen mit den Aufgaben arbeitsteilig erarbeiten. Sucht euch anschließend einen Partner, informiert euch gegenseitig und vergleicht eure Ergebnisse.

1. Die Sicht einer Betriebsrätin

Susanne Eckerle ist seit über zehn Jahren Betriebsrätin in einem kleinen Betriebsteil eines großen Medienunternehmens. In einem Interview mit TEAM erläutert sie, welche Rolle der Betriebsrat in ihrem Unternehmen spielt.

Warum engagieren Sie sich als Betriebsrätin?
Ehrlich gesagt bin ich damals mehr oder weniger überredet worden, für den Betriebsrat zu kandidieren. Nach einigen Fortbildungen und mit zunehmender Erfahrung empfinde ich die Betriebsratsarbeit aber als sehr abwechslungsreich und interessant. Ich finde es wichtig, die Arbeitswelt ein Stück weit mitgestalten zu können und mich für faire Arbeitsbedingungen für mich und meine Kolleginnen und Kollegen einzusetzen.
Bei welchen Entscheidungen wirkte Ihr Betriebsrat in letzter Zeit mit?
Im Konzern verhandeln wir z. B. relativ häufig über die Einführung von neuer Software.

Über den Einsatz von EDV-Programmen müssen sich Betriebsrat und Arbeitgeber einigen, um auszuschließen, dass diese dazu genutzt werden könnten, Beschäftigte zu überwachen.
In jüngster Zeit haben wir über eine vom Arbeitgeber geplante Umstrukturierung verhandelt. In einer Betriebsvereinbarung wurden Grundsätze festgeschrieben, um mögliche Nachteile für die Belegschaft auszuschließen, also z. B. auch Kündigungen zu verhindern.
Wie bewerten Sie die Mitwirkungsmöglichkeiten des Betriebsrats?
Das Betriebsverfassungsgesetz sieht relativ weitreichende Mitwirkungsmöglichkeiten vor. Wichtig finde ich, dass sowohl Betriebsrat als auch Arbeitgeber ihre Rechte und Pflichten genau kennen und sich gegenseitig respektieren. Es wäre schon viel damit getan, wenn die vorhandenen Mitwirkungsrechte konsequenter umgesetzt würden.
Als Betriebsrätin dürfen Sie auch bei Personalentscheidungen mitwirken. Welche Rolle spielen Sie bei Entlassungen? Kommt das häufiger vor?
Der Betriebsrat muss im Vorfeld über jede Kündigung informiert werden, sonst ist diese unwirksam. Er hat dann eine Woche Zeit, einen begründeten Widerspruch zu formulieren. Die möglichen Gründe, mit denen man einer Kündigung widersprechen kann, sind aber im Betriebsverfassungsgesetz genau definiert. Mit einem gut begründeten Widerspruch verbessert man die Situation des Betroffenen, der aber selbst Kündigungsschutzklage erheben muss. Verhindern kann ein Betriebsrat eine Kündigung in aller Regel nicht.
In unserem Betrieb kamen Kündigungen bisher Gott sei Dank nicht so häufig vor, konzernweit leider schon eher.
Wie ist die Zusammenarbeit mit der Unternehmensleitung?
Im Großen und Ganzen laufen die Gespräche und Verhandlungen sachlich und konstruktiv ab. Natürlich gibt es z. T. unterschiedliche Auffassungen, schließlich können auch

gesetzliche Grundlagen unterschiedlich ausgelegt werden. Wie in vielen Bereichen des Lebens müssen alle Beteiligten kompromissbereit sein und aufeinander zugehen.

2. Die Sicht eines Geschäftsführers

Über die Fragen der Mitbestimmung führte TEAM ein Interview mit Robert Müller, dem Chef der Jomü Fenster- und Elementebau. Das Unternehmen hat sich in den letzten Jahren stark vergrößert.

Wie werden in Ihrem Betrieb wichtige Entscheidungen getroffen?

Ich berate mich immer mit meinen Führungskräften. Auch treffen sie in ihrem Entscheidungsbereich eine Fülle von Entscheidungen selbst. In Fragen der Verteilung der Arbeitszeit, der Pausen und des Urlaubs bestimmt unser gewählter Betriebsrat als Interessenvertretung unserer Beschäftigten mit. Alle wichtigen unternehmerischen Entscheidungen werden aber letztlich von mir getroffen, denn ich trage ja auch die Verantwortung dafür.

Sie sprachen gerade den Betriebsrat an. Finden Sie es gut, dass die Arbeitnehmer in Ihrem Betrieb mitbestimmen dürfen?

Wenn der Betriebsrat in der Lage ist, sowohl die Interessen der Arbeitnehmer als auch die Interessen der Unternehmensleitung zu verstehen, empfinde ich ihn als Unterstützung, nicht als Konkurrenz. Der Betriebsrat kann häufig zwischen Unternehmensleitung und Belegschaft vermitteln. Er ist mein Ansprechpartner für alle Dinge, welche die Beschäftigten betreffen.

Der Betriebsrat wirkt ja auch bei Personalentscheidungen mit. Können Sie dann überhaupt noch einen Mitarbeiter, der Ihnen nicht passt, loswerden?

Erst muss natürlich der Betriebsrat gehört werden. Auch müssen schwerwiegende Gründe vorliegen, die das Kündigungsschutzgesetz vorschreibt. Wenn ein Arbeitnehmer aber dem Betriebsinteresse offensichtlich entgegenwirkt, widerspricht auch der Betriebsrat in unserem Unternehmen nicht. Das kommt jedoch sehr selten vor.

Wie bewerten Sie die Zusammenarbeit zwischen Ihnen und dem Betriebsrat?

Mit Befehlen und einsamen Beschlüssen kommt man heutzutage nicht sehr weit. Als Unternehmer muss ich daran interessiert sein, dass unsere Arbeitnehmerinnen und Arbeitnehmer mit ihrer Arbeit zufrieden sind. Mir ist es wichtig, dass bei uns ein gutes Betriebsklima herrscht. Nur dann können wir auch sehr gute Leistungen für unsere Kunden erbringen. Deshalb ist mir an einer guten Zusammenarbeit mit dem Betriebsrat gelegen – auch wenn mich das oft viel Zeit und Nerven kostet ... *(Robert Müller lacht dabei).* Gerade in Zeiten des Fachkräftemangels müssen wir Unternehmer zeigen, dass die Interessen der Belegschaft bei der Geschäftsleitung Gehör finden und berücksichtigt werden. Unternehmen mit einer gut funktionierenden Zusammenarbeit zwischen Leitung und Betriebsrat sind bei Bewerbern besonders beliebt.

Wie Robert Müller legen viele Firmenchefs großen Wert auf ein gutes Verhältnis zum Betriebsrat.

1. Beschreibe die Zusammenarbeit von Betriebsrat und Unternehmensleitung.

2. Begründe, warum beide Seiten bei Verhandlungen kompromissbereit sein sollten.

3. Beurteile die Mitwirkungsmöglichkeiten des Betriebsrates bei wichtigen Unternehmensentscheidungen
   a) aus Sicht des Betriebsrates,
   b) aus Sicht eines Unternehmers.

AKTIV LERNEN

E Wo darf der Betriebsrat mitreden?

Euer Auftrag:

1. 5 x Mitbestimmung, 5 x Mitwirkung: Ordnet zunächst allein die Beispiele zu.
2. Vergleicht zu zweit eure Ergebnisse und stellt sie in der Klasse vor.

Beispiele	Mitbestimmungsrechte	Mitwirkungsrechte
1. In dem Unternehmen soll die Mittagspause für alle Beschäftigten auf eine halbe Stunde verkürzt werden.	?	
2. Weil das Unternehmen sehr wenige Aufträge hat, soll zehn Mitarbeitern gekündigt werden.		?
3. Die Geschäftsleitung eines Pharmaunternehmens beschließt, künftig auch Hautpflegeprodukte herzustellen.	?	
4. Weil die Firma so viele Aufträge hat, muss die Belegschaft auch am Samstag eine Schicht einlegen.		?
5. Das Unternehmen möchte künftig seine Produkte auch in Asien verkaufen.	?	
6. Nachdem es in den vergangenen sechs Monaten zu drei Arbeitsunfällen gekommen ist, fordert der Betriebsrat neue Bestimmungen zur Verhütung von Unfällen.		?
7. Um leichter Nachwuchskräfte zu gewinnen, möchte das Unternehmen mehrere Praktikanten beschäftigen.	?	
8. Um zu sparen, kürzt das Unternehmen den Werbeetat um 5 %.		?
9. In einem Unternehmen, in dem mit elektronischen Sägen gearbeitet wird, fordern Mitarbeiter einen besseren Unfallschutz.	?	
10. Weil in einem lebensmittelproduzierenden Unternehmen einige Produkte am Markt nicht mehr erfolgreich sind, soll deren Produktion eingestellt werden.		?

F Brauchen Jugendliche eine eigene Interessenvertretung im Betrieb?

Am Montagmorgen finden die Auszubildenden der Gärtnerei Grünwald folgende E-Mail in ihrem Postfach:

Hallo zusammen,

am 10. Oktober wird bei uns die Jugend- und Auszubildendenvertretung gewählt. Warum braucht ihr uns? Wir vertreten eure Interessen im Betrieb – denn wir kennen eure Situation am besten, weil wir selbst Auszubildende sind. Habt ihr Probleme mit eurem Ausbildungsleiter oder mit euren Arbeitszeiten? Dann sind wir für euch da, führen Gespräche und setzen uns für euch ein.
Alleine hat man oft Angst, sich zu beschweren. Deshalb sind wir die richtigen Ansprechpartner für euch. Wir stärken euch den Rücken und kennen uns genau mit Rechten und Pflichten von Auszubildenden aus.
Geht wählen! Eure Stimme zählt! Je mehr Stimmen wir bekommen, desto stärker können wir auftreten.

Eure
Jugend- und Auszubildendenvertretung

Hintergrund: Was ist die Jugend- und Auszubildendenvertretung (JAV)?

Sich für eigene Interessen einzusetzen fällt Jugendlichen oft schwer, denn sie haben Angst, ihren Ausbildungsplatz zu verlieren. Deshalb gibt es die Jugend- und Auszubildendenvertretung als Organ der betrieblichen Mitbestimmung. Jugendvertretungen können in allen Betrieben mit mindestens fünf Auszubildenden unter 18 Jahren und/oder Auszubildenden unter 25 Jahren gewählt werden. Wahlberechtigt sind nach dem Betriebsverfassungsgesetz alle Jugendlichen unter 18 Jahren sowie alle Auszubildenden unter 25 Jahren. Der Arbeitgeber darf die Wahl nicht verhindern. Gewählt wird alle zwei Jahre im Zeitraum von 1. Oktober bis 30. November. In der JAV müssen Frauen und Männer anteilig vertreten sein. Der Betriebsrat muss die JAV über alle jugend- und ausbildungsrelevanten Fragen informieren und anhören. In diesen Fragen hat die JAV ein Teilnahme- und Stimmrecht bei Sitzungen des Betriebsrats.

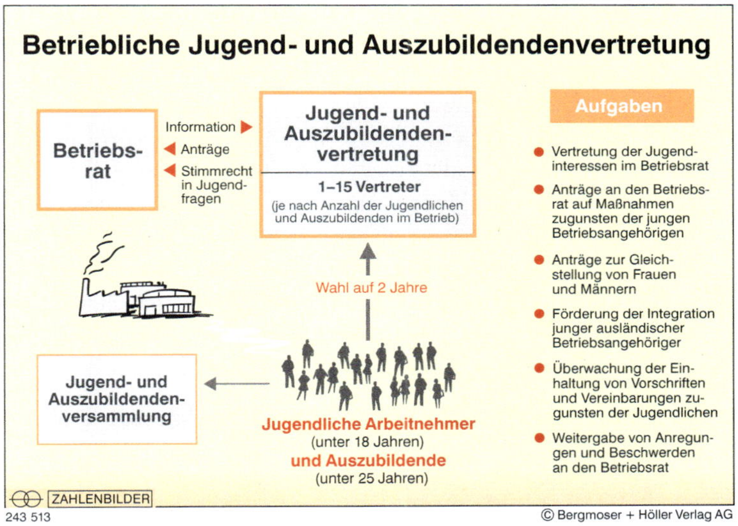

1. Würdest du dem Wahlaufruf der JAV folgen? Begründe deine Antwort.

2. Beschreibe anhand des Textes und des Schaubildes die Aufgaben der Jugend- und Auszubildendenvertretung.

3. „Ich brauche die JAV nicht, ich vertrete meine Interessen allein am besten. Wenn ich Probleme habe, dann gehe ich damit zu meinem Ausbildungsleiter. Argumentieren habe ich schließlich in der Schule gelernt", meint Gabriel. Formuliere eine Erwiderung.

Was auch noch interessant sein kann:
- ein Interview mit einem Mitglied der JAV führen

3 Jugendliche in Unternehmen: Wie wichtig ist der Jugendarbeitsschutz?

Jugendliche in rechtlichen Fragen beraten

A Der Fall: Todmüde ins Bett

Interessiert studiert die 16-jährige Samira die Kleinanzeigen in der Zeitung: „MEGA-EVENT sucht für leichte Arbeiten eine zuverlässige Schülerin oder einen Schüler in den Sommerferien.“ Das wäre doch etwas für sie. Sie sucht dringend einen Ferienjob, denn sie möchte in den Herbstferien in ein Jugendcamp auf Mallorca reisen. Gleich greift sie zum Telefonhörer, bewirbt sich und wird nach einem Vorstellungsgespräch auch eingestellt. Die Arbeit macht ihr viel Spaß, vor allem weil sie sich auch mit den Kolleginnen und Kollegen gut versteht. Doch ist es auch sehr anstrengend, acht Stunden in der Küche zu stehen. Nach wenigen Tagen bittet sie der Chef in sein Zimmer: „Samira, wir richten am Wochenende eine große Hochzeit aus. Das bedeutet für alle Beschäftigten natürlich viel Arbeit. Hast du Lust und Zeit, auch mit dabei zu sein? Bei der Gelegenheit könntest du einen dicken Zusatzverdienst einstreichen.“ Begeistert nickt Samira und überlegt gleich, was sie mit dem zusätzlichen Geld anfangen könnte.

Bei der Hochzeit wird sie vor allem im Service eingesetzt. Angesichts der anspruchsvollen Aufgaben kommt sie sich sehr erwachsen vor, ihr Chef spart nicht mit Lob. Den ganzen Tag über ist sie auf den Beinen, um die Wünsche der Gäste erfüllen. Am Abend fällt sie todmüde, doch sehr zufrieden ins Bett.

Am Donnerstag der folgenden Woche kommt Samiras Mutter nach Hause und findet ihre Tochter schlafend auf dem Sofa. „Nanu, was ist denn mit dir los? Du wirst doch nicht etwa krank?“ „Ach, ich bin so furchtbar müde, ich könnte zwanzig Stunden schlafen.“ „Das ist auch kein Wunder, du arbeitest schließlich seit zehn Tagen durch. Das ist überhaupt nicht erlaubt für Jugendliche in deinem Alter. Samira, du musst unbedingt mit deinem Chef reden. Er darf das gar nicht.“ „Ach Mami, denk doch nur mal an das viele Geld, das ich verdiene. Ich will es mir mit dem Chef nicht verderben, schließlich möchte ich auch in den nächsten Sommerferien dort arbeiten.“ „Also, wenn du nichts unternimmst, rede ich mit ihm.“

Vorbereitung für eine Hochzeitsgesellschaft – schön, aber anstrengend

B Hintergrund: Was regelt das Jugendarbeitsschutzgesetz?

Zu Beginn ihrer Berufsausbildung sind viele Jugendliche noch jünger als 18 Jahre. Sie befinden sich in der Entwicklung und können am Arbeitsplatz nicht denselben Belastungen wie Erwachsene ausgesetzt werden. Ihr ganzes Arbeitsleben liegt noch vor ihnen. Deshalb muss ihre Gesundheit besonders geschützt werden. Dafür wurde das Jugendarbeitsschutzgesetz geschaffen. Es gilt für alle Jugendlichen im Alter von 15 bis 18 Jahren.

Ab welchem Alter darf man arbeiten?

Wer unter 15 Jahren ist, gilt vor dem Gesetz als Kind. In diesem Alter ist Arbeiten grundsätzlich verboten. Doch es gibt Ausnahmen: Ab 13 Jahren können Kinder leichte Arbeiten für zwei Stunden am Tag übernehmen. Dazu gehören zum Beispiel Babysitten, Haus- und leichte Gartenarbeiten oder Zeitungaustragen. Ab 15 Jahren können schulpflichtige Jugendliche in den Ferien für höchstens vier Wochen einen Ferienjob übernehmen.

Arbeitszeiten

- *Arbeitszeiten:* Die Arbeitszeit darf höchstens vierzig Stunden pro Woche und nicht mehr als 8,5 Stunden pro Tag betragen. Grundsätzlich soll die Arbeitszeit zwischen 6 Uhr und 20 Uhr liegen. Ausnahmen gelten für die Gastronomie (bis 22 Uhr) und Bäckereien (ab 5 Uhr). Zwischen Arbeitsende und Arbeitsbeginn am nächsten Tag müssen mindestens zwölf Stunden Freizeit liegen. Für die Zeit der Berufsschule werden Auszubildende von der Arbeit im Betrieb freigestellt.
- *Pausen:* Spätestens nach viereinhalb Stunden haben Jugendliche das Recht auf eine Pause. Bei einer Arbeitszeit von mehr als sechs Stunden muss die Pausenzeit insgesamt 60 Minuten betragen.
- *Samstags- und Sonntagsarbeit:* Grundsätzlich ist das Wochenende arbeitsfrei. Doch gibt es viele Ausnahmen, zum Beispiel für Krankenhäuser oder die Gastronomie. Wenn Jugendliche am Wochenende arbeiten müssen, haben sie Anspruch auf einen freien Tag in der folgenden Woche. Mehr als fünf Tage in der Woche dürfen sie nicht arbeiten.

Verbot von gefährlichen Arbeiten

Jugendliche dürfen nicht für Arbeiten eingesetzt werden, bei denen sie besonders unfallgefährdet sind. Das ist vor allem der Fall, wenn sie noch nicht genügend Kenntnisse haben, um komplizierte Maschinen zu bedienen. Auch sollten sie vor extremer Nässe, Hitze und Lärm geschützt werden. Die Arbeitgeber sind außerdem verpflichtet, Jugendliche regelmäßig über Schutzmaßnahmen zu informieren.

Unternehmen, die die Bestimmungen des Jugendarbeitsschutzgesetzes missachten, müssen mit hohen Geldstrafen rechnen. In der Praxis wird besonders häufig gegen die Bestimmungen der Arbeitszeit verstoßen. Viele Auszubildende wehren sich nicht, weil sie Angst vor dem Verlust ihres Ausbildungsplatzes haben.

Zeitungen auszutragen ist ein beliebter Nebenjob für Schülerinnen und Schüler.

@ SNG-23610-009

Hier findet ihr das Jugendarbeitsschutzgesetz im Original.

1. Samira fühlt sich bei ihrer Arbeit wohl – und trotzdem soll sie sich bei ihrem Chef beschweren. Erkläre, warum.
2. Erläutere, welche Art der Beschäftigung für Jugendliche in Samiras Alter erlaubt und was verboten ist.
3. Hat Samiras Chef gegen die Bestimmungen des Jugendarbeitsschutzgesetzes verstoßen? Begründe deine Antwort mit den Bestimmungen des Jugendarbeitsschutzgesetzes.

Was auch noch interessant sein kann:

- im Rollenspiel Samiras Gespräch mit ihrem Chef nachspielen
- einen Brief an Samiras Chef verfassen
- Auszubildende über ihre Arbeit interviewen

AKTIV LERNEN

C Wir beantworten E-Mails von Auszubildenden

Euer Auftrag:

1. Entscheidet euch für eine Mail, die ihr beantworten möchtet.

2. Verfasst eine Antwortmail, in der ihr eure Auskunft ausführlich begründet. ***Tipp:*** Das geht am besten in Partnerarbeit.

3. Stellt eure Antworten in der Klasse vor.

Vom Gesetz her haben minderjährige Auszubildende viele Sonderrechte – doch die Praxis in den Betrieben sieht manchmal ganz anders aus. Diese Erfahrung machen viele Jugendliche. Deshalb hat der Deutsche Gewerkschaftsbund das Online-Beratungsangebot „Dr. Azubi" eingerichtet, dem die E-Mails auf dieser Seite entnommen sind. Die Fälle wurden etwas verändert, um die Betroffenen zu schützen.

1

Hallo Dr. Azubi,

also mein Problem ist: Meine Chefin lässt mich 6 oder 7 Tage pro Woche arbeiten. Jeder Arbeitstag hat so zwischen 8,5 bis 12 Stunden ... Ich habe ihr schon mehrmals gesagt, dass ich minderjährig bin, aber dann meint sie immer nur: „Wenn du so rumheulst, dann kannst du auch gleich gehen!"

Mein Problem: Ich bin auf diese Ausbildung angewiesen, da das Arbeitsamt mir bestimmt kein Geld gibt, wenn ich abbreche. Ich habe mich immer und immer wieder woanders beworben, aber ich habe nichts anderes bekommen. Meine Frage ist: Was darf meine Chefin wirklich?

Danke im Voraus für eure Hilfe!

Marco

2

Hallo Doc,

ich arbeite seit Kurzem als Azubi in einer Tierklinik. Da ist es üblich, Wochenenddienste bzw. Bereitschaftsdienst in der Nacht zu haben. Für mich heißt das konkret: Ich muss beispielsweise mitten in der Nacht von meinem Wohnort zur Klinik mit dem Rad fahren (ca. 3 km). Nun habe ich aber von Freunden gehört, dass ich das eigentlich noch nicht dürfte, da ich erst 16 Jahre alt bin.

Also, darf ich überhaupt in meinem Alter nachts Bereitschaftsdienst haben?

Viele Grüße von

Clara

3

Hallo Dr. Azubi,

ich habe eine Frage zu meinen Pausenzeiten. Mein Chef besteht darauf, dass ich an jedem Arbeitstag eine Stunde Pause mache. Das ist mir aber viel zu lang. Viel lieber würde ich nur einmal am Tag eine halbe Stunde Mittagspause machen und dafür eine halbe Stunde früher gehen. Ich verstehe nicht, warum er so stur ist. Kann er das von mir verlangen?

Besten Dank und viele Grüße

Charlie

D Zur Diskussion: Soll der Jugendarbeitsschutz gelockert werden?

Viele Unternehmen, vor allem in der Gastronomie und im Tourismus, sind mit den strengen Vorschriften des Jugendarbeitsschutzgesetzes unzufrieden. Deshalb wird immer wieder diskutiert, die gesetzlichen Vorschriften zu lockern. So sollen Auszubildende in allen Branchen bis um 22 Uhr arbeiten dürfen, in Gaststätten bis 23 Uhr. In Bäckereien sollen sie bereits ab 4 Uhr arbeiten dürfen. Was haltet ihr davon?

Ja, das Gesetz muss geändert werden!

Wegen der strengen Auflagen stellen viele Betriebe, zum Beispiel in der Gastronomie, keine minderjährigen Jugendlichen mehr ein. Das benachteiligt interessierte Schülerinnen und Schüler, die trotz Fachkräftemangels keine Ausbildungsstelle finden.

Wenn im Unternehmen besonders viel Arbeit anfällt, muss es auch möglich sein, dass Jugendliche länger arbeiten. Schließlich kostet die Ausbildung die Unternehmen ziemlich viel Geld. Die Freizeitgewohnheiten der Jugendlichen haben sich geändert. Viele gehen an Wochenenden sehr lange aus. Was im privaten Bereich möglich ist, kann auch bei der Arbeit eingefordert werden. In Österreich wurden die Bestimmungen bereits gelockert. Nirgendwo hat sich das nachteilig auf die Gesundheit. der Jugendlichen ausgewirkt.

Nein, Hände weg vom Jugendarbeitsschutzgesetz!

Alle drei Minuten passiert in Deutschland ein Arbeitsunfall, an dem ein Jugendlicher beteiligt ist. Das zeigt, dass Jugendliche gesundheitlich nicht so belastbar wie Erwachsene sind. Die bisherigen Regelungen sorgen dafür, dass die Jugendlichen ausreichend Pausen, Nachtruhe und Freizeit bekommen. Eine Lockerung der Bestimmungen würde die Zahl der Unfälle steigen lassen. Bereits jetzt müssen Auszubildende manchmal länger als erlaubt arbeiten. Wäre es erlaubt, noch länger zu arbeiten, würden viele Unternehmen auch das neue Gesetz missachten und die Gesundheit der Jugendlichen gefährden. Bereits heute hat die Gastronomie große Probleme, Auszubildende zu finden. Eine Ausweitung der erlaubten Arbeitszeiten wirkt abschreckend auf mögliche Bewerber.

1. Sammle die Pro- und Kontra-Argumente und bilde dir ein persönliches Urteil in dieser Frage.
2. Führt in der Klasse eine Pro-Kontra-Diskussion. Am Ende der Diskussion könnt ihr in der Klasse über die Frage in der Überschrift abstimmen.

4 Sollen Angebot und Nachfrage auch für die Löhne auf dem Arbeitsmarkt gelten?

Möglichkeiten der Lohnbildung erläutern

A Zum Einstieg: Welchen Lohn forderst du?

Einmal angenommen, man bietet dir in einem Unternehmen einen zweiwöchigen Ferienjob an. Du sollst beim Verpacken von Warensendungen helfen. Dein künftiger Chef fragt dich nach deinen Lohnvorstellungen. Was antwortest du?

a) 5 Euro, weil …
b) 10 Euro, weil …
c) 15 Euro, weil …

B Welcher Lohn ist angemessen? – Ein Gedankenexperiment

Alle Beschäftigten in den folgenden Beispielen sind 36 Jahre alt. Wer soll am besten verdienen, wer am schlechtesten?

1. Karsten Schildknecht, Erzieher,

leitet in einem Kindergarten eine Gruppe von 20 Kindern. Nach seinem Realschulabschluss absolvierte er eine vierjährige Ausbildung. Spielangebote, Betreuung und ein anspruchsvolles Programm der vorschulischen Förderung gehören zu seinen Aufgaben in der städtischen Einrichtung. Infolge des Ausbaus der Ganztagsbetreuung sind Erzieher auf dem Arbeitsmarkt sehr gefragt.

2. Leonie Bäumer, Maschinenbauingenieurin,

arbeitet in der Forschungsabteilung eines medizintechnischen Unternehmens. Nach ihrem Abitur studierte sie 6 Jahre lang Maschinenbau und spezialisierte sich zuletzt auf Medizintechnik. Sie entwickelt in ihrem Team neue Materialien für Hüft- und Kniegelenksprothesen, die besonders gewebeverträglich sind. Maschinenbauingenieure sind auf dem Arbeitsmarkt sehr gefragt.

3. Cynthia Matthäus, Sachbearbeiterin bei einer Versicherung,

arbeitet in der Schadensabteilung eines großen Konzerns. Dort entscheidet sie, ob die Kunden bei einem Schaden Versicherungsleistungen erhalten. Nach ihrem Realschulabschluss absolvierte sie zunächst eine Ausbildung als Versicherungskauffrau und bildete sich dann neben ihrem Beruf zur Versicherungsfachwirtin weiter. Bei Kaufleuten ist Angebot und Nachfrage auf dem Arbeitsmarkt etwa ausgewogen.

4. Arndt Weschnitz, Maurermeister,

arbeitet als Vorarbeiter bei einer großen Baufirma auf Großbaustellen. Nach seinem Hauptschulabschluss absolvierte er eine dreijährige Ausbildung als Maurer. Fünf Jahre nach seinem Abschluss qualifizierte er sich in Teilzeit zum Maurermeister. Seine Arbeit ist körperlich sehr anstrengend: Bei jedem Wetter arbeitet er im Freien und ist manchmal auch Gefahren ausgesetzt, weil er in großen Höhen arbeitet. Weil in Deutschland so viele Wohnungen fehlen, sind Bauberufe sehr gefragt.

5. Dr. Valeria Leipold, Historikerin,

leitet ein Freilichtmuseum. Nach ihrem fünfjährigen Geschichtsstudium, an das sich eine dreijährige Promotion anschloss, trat sie eine zweijährige Ausbildung (Volontariat) in einem Landesmuseum an. Trotz ihrer hervorragenden Abschlüsse erhielt sie zunächst nur eine befristete Stelle. In ihrem Museum ist sie für die Sammlung und die Konzeption von Ausstellungen zuständig. Sie leitet ein Team aus zwei festangestellten und fünf ehrenamtlichen Mitarbeitern. Bei Historikern besteht ein Überangebot an Bewerbern.

C Hintergrund: Prinzipien der Lohnbildung

Wie in anderen Märkten bestimmen auch auf dem Arbeitsmarkt Nachfrage und Angebot die Höhe der Löhne. IT-Fachkräfte sind auf dem Arbeitsmarkt stark nachgefragt, gleichzeitig mangelt es an gut ausgebildeten Bewerbern. Deshalb sind die Gehälter dieser Berufsgruppe in den letzten Jahren kräftig gestiegen. Auf der anderen Seite werden zum Beispiel Journalisten auf dem Arbeitsmarkt weniger nachgefragt. Auf eine Stelle kommen zahlreiche Bewerber. Deshalb stiegen die Löhne kaum oder sanken sogar.

Wie viel Arbeitnehmerinnen und Arbeitnehmer verdienen, hängt darüber hinaus von weiteren Kriterien ab:

- **Qualifikation**: Je höher der Bildungsabschluss ist, desto höher ist grundsätzlich auch der Lohn. Eine Rolle spielt auch, ob Beschäftigte sich in ihrem Beruf zum Beispiel weitergebildet haben.
- **Berufserfahrung**: Mit steigender Berufserfahrung erhöhen sich auch die Gehälter. Der Arbeitgeber erkennt damit an, dass die Arbeit von erfahrenen Beschäftigten für das Unternehmen wertvoller ist.
- **Verantwortung**: Je höher die Verantwortung, desto höher der Lohn. Führungskräfte erhalten deshalb höhere Löhne als Beschäftigte ohne Personalverantwortung.
- **Belastungen und Gefahren**: Profisportler sind zum Beispiel besonderen körperlichen Belastungen und einem hohen Verletzungsrisiko ausgesetzt, müssen viel Stress aushalten und können ihren Beruf nur wenige Jahre ausüben. Diese Faktoren wirken sich neben dem Marktmechanismus auf ihren Verdienst aus.
- **Branche**: In der pharmazeutischen Industrie und der Finanzwirtschaft verdienen die Beschäftigten durchschnittlich mehr als zum Beispiel in der Hotelbranche oder in kulturellen Einrichtungen.

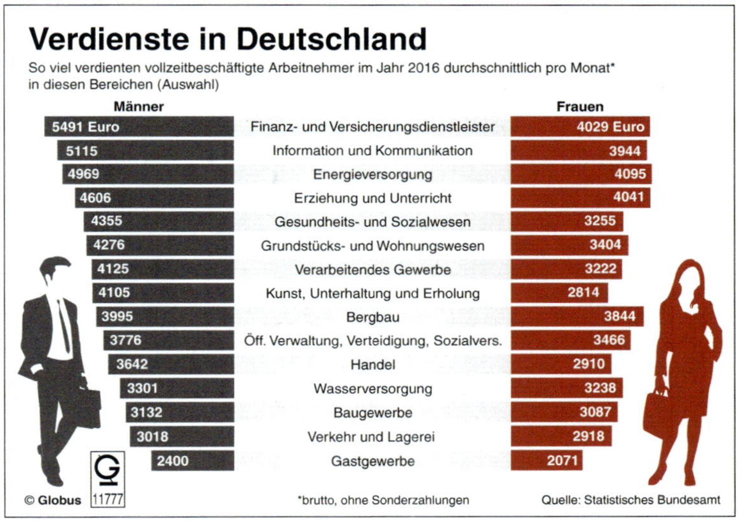

- **Region**: In wirtschaftlich stark wachsenden Regionen werden höhere Löhne gezahlt als in Problemregionen mit hoher Arbeitslosigkeit. In ländlichen Regionen sind die Löhne durchschnittlich niedriger als in großen Städten.
- **Größe des Unternehmens**: In großen und mittelständischen Unternehmen werden höhere Löhne gezahlt als in Kleinunternehmen. Start up-Unternehmen können ebenfalls am Anfang noch nicht so gut bezahlen wie ältere Unternehmen.

1. Fasse in einer Tabelle die wichtigsten Informationen zu den in B genannten Beispielen zusammen: Beruf, Tätigkeit, Ausbildung, Nachfrage, Anforderungen.
2. Erstelle ein Lohnranking: Wer soll am meisten verdienen, wer an zweiter Stelle usw.? Begründe deine Einstufung.
3. Überprüfe deine Einstufung anhand von Text C.
4. Diskutiert in Kleingruppen über eure Ergebnisse und einigt euch auf ein gemeinsames Ranking, das ihr mit den angewandten Kriterien in der Klasse vorstellt.

Was auch noch interessant sein kann:

- die aktuellen Durchschnittsgehälter der in B vorgestellten Berufe recherchieren und danach ein Ranking erstellen, zum Beispiel unter www.gehaltsvergleich.com

D Warum werden Frauen immer noch schlechter bezahlt als Männer?

Die Lohnlücke

Am Equal Pay Day – meist ein Tag im März – machen Frauen in ganz Deutschland darauf aufmerksam, dass der Lohnunterschied zwischen den Geschlechtern 21 Prozent beträgt. Das heißt: Frauen arbeiten mehr als 70 Tage im Jahr umsonst. Betrachtet man nur Männer und Frauen in der gleichen Position, mit der gleichen Erfahrung und Qualifikation, ergibt sich immer noch ein Unterschied von sechs Prozent – ein nicht erklärbarer Unterschied, der offensichtlich auf das Geschlecht zurückzuführen ist.

(Nach: Judith Langowski, Bis heute haben Frauen umsonst gearbeitet, in: www.zeit.de, 18.03.2017, Zugriff: 10.09.2017)

Welche Gründe hat die Lohnlücke?

Der Journalist Bernd Kramer berichtet in der Zeitschrift von einer Beraterin und einem Berater in einer Werbeagentur. Per Zufall stellten beide in einer Mittagspause fest, dass ihre Bezahlung sehr unterschiedlich war. Dabei hatten sie gleichzeitig in der Agentur angefangen. „Es stellte sich in dem Gespräch heraus, dass sie viel weniger verdient als ich", sagt der Werbeberater dem Frauennetzwerk „Business and Professional Women (BPW)". Öffentlich bekennen wollen sich wenige Frauen zu ihrer Benachteiligung. Vor allem zwei Punkte sind nach Angaben des Statistischen Bundesamtes für einen großen Teil der Einkommensunterschiede ausschlaggebend:

- Frauen arbeiten häufiger in Berufen und Branchen, in denen die Löhne niedrig sind. So sind 85 Prozent aller Reinigungskräfte Frauen, außerdem arbeiten Frauen häufiger in Dienstleistungsberufen. Männer sind häufiger in besser bezahlten Industrieberufen zu finden.
- Frauen besetzen seltener Führungspositionen. 13 Prozent der Männer haben eine leitende Funktion, aber nur 7 Prozent der Frauen.

Vergleicht man nur Männer und Frauen in ähnlichen Berufen und Branchen, nähern sich die Verdienste an, aber nicht ganz. Vor allem wenn das erste Kind kommt, geht die Verdienstschere auseinander: Er macht Karriere, verdient mit den Jahren immer besser. Sie setzt aus, vielleicht sogar länger, steigt nur in Teilzeit wieder ein, wird vielleicht bei der nächsten Beförderungsstufe übergangen oder sucht sich nur noch einen Mini-Job. Doch auch wenn man diese Faktoren berücksichtigt: Es bleibt eine Lücke, die die Statistiker mit ihren Daten nicht auflösen können. „Da werden Frauen schlicht schlechter bezahlt, weil sie Frauen sind", sagt Reinhard Bispinck von der gewerkschaftsnahen Hans-Böckler-Stiftung.

Beispiele für Lohndiskriminierung

Wie das aussieht, zeigen Beispiele, die die Antidiskriminierungsstelle des Bundes gesammelt hat.

- Eine Geschäftsführerin etwa berichtet, dass sie weniger Bonus als ihr männlicher Kollege bekommt.
- Eine Schlosserin klagt, dass sie nur 11,50 Euro in der Stunde verdiene, die männlichen Kollegen aber 19 Euro. Der Chef leugne die Diskriminierung noch nicht einmal: Sie sei nun mal eine Frau, das erkläre doch alles.

Was die Schlosserin berichtet, ist verboten. Doch dass eine Mitarbeiterin ein gleiches Gehalt einklagt, kommt nur vereinzelt vor. „Oft verhindert die Angst um den Job, dass man den Missstand vor Gericht bringt", sagt Christine Lüders, Leiterin der Antidiskriminierungsstelle.

(Nach: Bernd Kramer, Warum Frauen weniger verdienen, in: www.spiegel.de, 25.03.2015, Zugriff: 05.09.2017)

Das Lohngerechtigkeitsgesetz: Ist das Problem nun gelöst?

Am 6. Juli 2017 trat das Lohngerechtigkeitsgesetz in Kraft. Danach müssen Arbeitgeber in Betrieben mit über 200 Beschäftigten auf Anfrage die Gehälter offenlegen und erklären, nach welchen Kriterien sie Mitarbeiterinnen und Mitarbeiter entlohnen. Dadurch soll erkennbar werden, ob die Antragsteller im Vergleich zu ihren Kollegen gerecht bezahlt werden. Nach Auskunft der Regierung können rund 14 Millionen Beschäftigte diese Regelungen in Anspruch nehmen.

Wenn im Unternehmen ein Betriebsrat existiert, ist dieser für die Bearbeitung des Antrags zuständig, sonst der Arbeitgeber. Wenn sich aufgrund der Auskunft herausstellt, dass Lohnstrukturen ungerecht und nicht nachvollziehbar sind, muss der Arbeitgeber die Löhne anpassen. In solchen Fällen können die betroffenen Beschäftigten auch vor Gericht klagen.

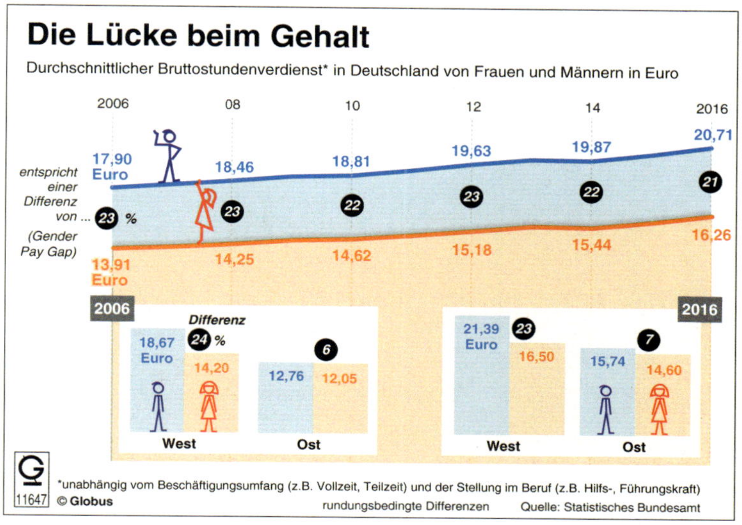

Es gibt keine Diskriminierung mehr! Für den größten Anteil der Lohnlücke sind die Frauen selbst verantwortlich. Dafür können sie niemandem die Schuld geben. Die restlichen 6 Prozent der Lohnlücke werden durch das Gesetz geschlossen. Damit ist das Problem gelöst.

Trotz Gesetz sind Frauen benachteiligt! Aus Angst um ihren Job werden sich Frauen sehr gut überlegen, ob sie von dem Gesetz Gebrauch machen. Zudem müssen sie vor Gericht belegen, dass ihre Tätigkeit wirklich gleichwertig ist. Das ist sehr schwer. Für die anderen Gründe der Lohnlücke können nicht die Frauen verantwortlich gemacht werden.

1. Beschreibe die Ziele des Equal Pay Days.
2. Interpretiere die Grafik zur Lücke beim Gehalt mithilfe der Vier-Fragen-Deutung (Methodenkarte S. 85).
3. Erläutere die Gründe für die schlechtere Bezahlung von Frauen.
4. Welche der in den Sprechblasen geäußerten Ansichten entspricht eher deinem Standpunkt? Nimm dazu Stellung und diskutiert anschließend in der Klasse über die Frage.

E Welcher Lohn ist gerecht?

Nach einer Online-Umfrage der ARD finden drei Viertel aller Deutschen, dass sie nicht gerecht bezahlt werden – vor allem wenn man ihre Gehälter mit denen von Topverdienern vergleicht. In den letzten Jahren ist die Zahl der Niedriglöhner stark gewachsen: Jeder fünfte Deutsche verdient weniger als 10 Euro in der Stunde. Das hat eine Debatte um gerechte Löhne ausgelöst.

Vorstellungen von Lohngerechtigkeit wandeln sich

Zahlreiche Deutsche finden, dass Erzieher nicht gerade fürstlich entlohnt werden. Und deshalb völlig zu Recht für mehr Geld streiken. „Vor 20 Jahren wurde die Arbeit der Kindergärtnerinnen nicht so hoch bewertet wie heute", sagt Reinhard Bispinck vom gewerkschaftsnahen WSI-Institut. Ein typischer Frauenjob, quasi eine Verlängerung der Mutterrolle – „aus damaliger Sicht kein Grund für eine hohe Bezahlung." Dieses Bild hat sich gewandelt, seit die Erziehung in den ersten Lebensjahren als wichtige Voraussetzung dafür gilt, was einer später einmal im Beruf erreichen kann. Und seitdem mehr Mütter arbeiten gehen und darauf angewiesen sind, dass jemand anderes ihr Kind betreut.
Erzieherinnen bieten ein interessantes Anschauungsmaterial, wie sich die Einschätzung von Berufen verändert.

Erzieherinnen und Erzieher demonstrieren in Berlin für höhere Löhne.

Definitionen von Lohngerechtigkeit

1. Die Sicht der Ökonomen
„Gerecht ist in einer Marktwirtschaft erst mal das, was der Markt zahlt", äußert der Bonner Ökonomieprofessor Klaus F. Zimmermann. In der Realität führe das allerdings auch dazu, dass die gleiche Arbeit unterschiedlich entlohnt wird: „Die Sekretärin bei einem Handwerker verdient wesentlich weniger als bei Siemens." Weil sie aber vielleicht nicht umziehen will, um mehr zu verdienen, nimmt sie den niedrigeren Lohn hin. Zimmermann räumt ein, dass sich an den Ergebnissen des Marktes durchaus zweifeln lässt: „Wenn man schmutzige Arbeit verrichtet, sollte man mehr bekommen. Ist aber meistens nicht so. Das ist ungerecht. Der Markt kann ungerecht sein."

(Nach: Alexander Hagelüken: Sympathie für die Erzieher, in: www.sueddeutsche.de, 04.05.2015, Zugriff: 31.08.2017)

2. Die Sicht der Gewerkschaften
„Ein gerechter Lohn muss hoch genug sein, dass Beschäftigte mit einer Vollzeitstelle davon anständig ihren Lebensunterhalt bestreiten und am gesellschaftlichen Leben teilnehmen können. Er muss die Arbeitsbelastung, die Verantwortung und die Qualifikation berücksichtigen. Und zu einem gerechten Lohn gehört ein unbefristeter Arbeitsvertrag in Festanstellung, damit Beschäftigte ihr Leben und ihre Zukunft planen können."
Frank Bsirske, Vorstandsvorsitzender der Gewerkschaft ver.di

3. Die Sicht der Kirche
„Die kirchliche Soziallehre fordert den ‚gerechten Lohn' schon seit Ende des 19. Jahrhunderts. Danach muss der Lohn für seine Arbeit einen Menschen in die Lage versetzen, sich und seine Familie gut und in sozialer Sicherheit zu versorgen wie auch Vorsorge für die Zukunft zu treffen. Ein ‚gerechter Lohn' in diesem Sinne ist Voraussetzung zur Achtung der Menschenwürde und verringert Abhängigkeiten.
Dorothee Klüppel, Afrika-Abteilungsleiterin, Bischöfliches Hilfswerk Misereor e. V.

(2. und 3. aus: Bettina Vestring: Was ist ein gerechter Lohn, in: Frankfurter Rundschau vom 30.04.2017)

F Zur Diskussion: Kann ein bedingungsloses Grundeinkommen das Gerechtigkeitsproblem lösen?

Wer mehr leistet, soll auch mehr verdienen – das Leistungsprinzip bei der Lohngestaltung akzeptieren in Deutschland die meisten Menschen. Doch wie soll man mit Beschäftigten verfahren, die trotz gesetzlichem Mindestlohn zu wenig verdienen, um davon leben zu können? Was passiert, wenn Menschen nach 40 Jahren Arbeit eine lächerlich geringe Rente bekommen? Bisher mussten sie staatliche Unterstützung beantragen – menschenunwürdig und ungerecht, meinen Kritiker. Ein Ausweg aus der Gerechtigkeits- und Armutsfalle könnte ein vom Staat finanziertes Grundeinkommen sein, dass jeder Mensch erhalten soll – unabhängig davon, ob er arbeitet oder nicht. Diskutiert wird ein Betrag zwischen 1000 und 1500 Euro. Dafür würden alle weiteren Sozialleistungen entfallen.

Pro

1. Soziale Ungleichheit und Ungerechtigkeit wird verringert.
2. Der Sozialstaat wird an die Erfordernisse des 21. Jahrhunderts angepasst.
3. Das Grundeinkommen schafft einen Ausgleich für den Wegfall von Arbeitsplätzen infolge des technologischen Wandels.
4. Freisetzung innovativer Kräfte und Aufschwung für unbezahlte Arbeit: zum Beispiel Ehrenämter, Pflege, Kunst etc. Auf das Engagement in diesen Bereichen ist die Gesellschaft dringend angewiesen.
5. Niemand muss eine schlecht bezahlte Arbeit annehmen.
6. Niemand, der bedürftig ist, muss sich mehr als Bittsteller vorkommen. Auf das Grundeinkommen hat jeder ein Anrecht.
7. Unbeliebte und schmutzige Arbeiten müssen deutlich höher bezahlt werden, damit diese jemand übernimmt.

Kontra

1. Ein Grundeinkommen von 1000 Euro bedeuten in Deutschland Kosten von ca. 1 Billion Euro. Die Steuereinnahmen von Bund und Ländern betrugen nach Angaben des Statistischen Bundesamtes 2017 rund 800 Milliarden Euro.
2. Alle anderen Sozialleistungen, zum Beispiel Elternzeit und Wohngeld, müssten entfallen.
3. Steuern für Erwerbstätige müssten drastisch erhöht werden.
4. Menschen verlieren den Anreiz, sich selbst aus der Arbeitslosigkeit zu befreien.
5. Die Spaltung der Gesellschaft zwischen wenigen Leistungsträgern und Privatiers, die nicht arbeiten, würde sich vertiefen.
6. Das Grundeinkommen stellt Menschen ruhig, statt ihnen zu helfen. Sozial Schwächere würden weiter abgehängt.
7. Die Vorstellung, alle würden schöpferische Kräfte freisetzen, wenn sie von den Zwängen der Arbeitswelt befreit würden, ist naiv.

1. Wann ist ein Lohn gerecht? Arbeite aus den drei Definitionen die Kriterien heraus.

2. Entscheide dich für eine Definition und beurteile danach die Forderung der Erzieherinnen und Erzieher nach besserer Bezahlung.

3. Bilde dir anhand der Pro- und Kontra-Argumente ein Urteil zum Vorschlag eines bedingungslosen Grundeinkommens. Diskutiert anschließend in der Klasse über die Frage in der Überschrift dieser Seite.

5 Wie können unterschiedliche Interessen unter einen Hut gebracht werden?

Einen Tarifkonflikt analysieren – Lösungsmöglichkeiten entwickeln

Wenn sich die Vertreter der Arbeitgeber und Arbeitnehmer zu Verhandlungen treffen, kommt es immer wieder zu Konflikten, weil die Verhandlungspartner im Streit über Löhne, Arbeitszeiten und soziale Absicherung unterschiedliche Interessen vertreten. Diese werden in einem neuen Tarifvertrag ausgehandelt. Der folgende Fall steht stellvertretend für die Art, wie in Deutschland zahlreiche ähnlich gelagerte Konflikte gelöst werden. Er führte zu einem der längsten Arbeitskämpfe, die Deutschland je erlebt hat.

A Der Fall: Die Lokführer streiken

Deutschland im Herbst 2014: Bereits am frühen Morgen bekommen es Hunderttausende Fahrgäste der Deutschen Bahn zu spüren: Die Lokführer streiken. Jede dritte Fernverbindung fällt aus. Im Regionalverkehr gibt es enorme Verzögerungen. Die Bahnkunden reagieren auf die wiederholten Streiks zunehmend verärgert.
Was war passiert?

Streikende Lokführer legen den Bahnverkehr lahm.

Die Hintergründe

Die Gewerkschaft der Lokführer (GDL) forderte eine Lohnerhöhung von 8 Prozent sowie eine Verkürzung der wöchentlichen Arbeitszeit von 39 auf 38 Stunden. Sie vertritt rund 20 000 Lokführer bei der Deutschen Bahn und bei einigen privaten Bahnunternehmen. Die Deutsche Bahn bot zu Beginn der Auseinandersetzungen eine rund zweiprozentige Lohnerhöhung an. Das war aber nicht der einzige Konflikt, der diesen langen Arbeitskampf auslöste. Die GDL vertritt neben den Lokführern auch einen Teil des Zugpersonals. Für diese Mitglieder wollte die GDL die gleichen Forderungen durchsetzen. Das lehnte die Deutsche Bahn entschieden ab, weil der größere Teil des Zugpersonals von einer anderen Gewerkschaft vertreten wird, der Eisenbahn- und Verkehrsgewerkschaft (EVG). Die Bahn bestand darauf, nur mit dieser Gewerkschaft über die Verbesserungen der Löhne und Arbeitsbedingungen beim Zugpersonal zu verhandeln. Würde man mit zwei Gewerkschaften über die gleiche Berufsgruppe beraten, wären unterschiedliche Tarifabschlüsse die Folge. Das wollte die Bahn auf jeden Fall verhindern. An diesen gegensätzlichen Vorstellungen scheiterten mehrere Verhandlungsrunden.

Stationen des Konflikts

10. Juli 2014: Beginn der Verhandlungen zwischen der Deutschen Bahn und der GDL über einen neuen Tarifvertrag
31. August – 6. September 2014: Nach dem Scheitern erster Verhandlungen örtlich begrenzte Warnstreiks
2. Oktober 2014: Urabstimmung – 91 Prozent der Mitglieder der GDL stimmen für bundesweite Streiks.

7. Oktober – 21. Mai 2015: Insgesamt 9 bundesweite Streiks, die zu erheblichen Zugausfällen und Verspätungen führen, darunter mit 127 Stunden im Personenverkehr der längste Streik in der Geschichte der Bahn. Vor allem Pendler sind davon betroffen.
27. Mai – 30. Juni 2015: Schlichtungsverfahren. Als Schlichter sind für die GDL der thüringische Ministerpräsident Bodo Ramelow (Linke) und für die Deutsche Bahn der ehemalige brandenburgische Ministerpräsident Matthias Platzek (SPD) tätig. Während der Schlichtung darf nicht gestreikt werden.
2. Juli 2015: Deutsche Bahn und GDL akzeptieren das Ergebnis der Schlichtung.
1. September 2015: Die Mitglieder der GDL stimmen in einer erneuten Urabstimmung mit 94 Prozent dem Verhandlungsergebnis zu.

Die Folgen des Konflikts: das Tarifeinheitsgesetz

Streiks von kleineren Gewerkschaften wie der GDL oder auch der Pilotenvereinigung Cockpit können Auswirkungen haben, unter denen weite Kreise der an diesem Konflikt unbeteiligten Bevölkerung zu leiden haben. Auf dieses Problem hat der Gesetzgeber reagiert, indem er das Tarifeinheitsgesetz verabschiedete, das seit 2015 gilt.
Es sieht vor, dass in einem Betrieb bei mehreren Gewerkschaften für die gleiche Berufsgruppe allein der Abschluss mit der mitgliederstärksten Gewerkschaft zählt. So soll verhindert werden, dass es in einem Betrieb für die gleiche Berufsgruppe mehrere unterschiedliche Tarifabschlüsse gibt. Das bedeutet, dass sich das in der GDL organisierte Zugpersonal an den von der größeren EVG ausgehandelten Abschlüssen orientieren muss.

B Zur Diskussion: Sind Streiks ein berechtigtes Mittel, um Interessen durchzusetzen?

Pro

Wie alle Beschäftigten wollen Streikende angemessen bezahlt werden und bessere Arbeitsbedingungen aushandeln. Das ist ihr gutes Recht – auch wenn Unbeteiligte darunter leiden. Streiks sind zwar bedauerlich, aber unvermeidbar.

Kontra

Bei Streiks setzt eine kleine Gruppe rücksichtslos ihre Interessen auf Kosten der Allgemeinheit durch. Mal streikt das Krankenhauspersonal, mal die Erzieher, mal die Piloten. Das geht zu weit, alle leiden unter diesen Zuständen. Die Gewerkschaften müssen zu anderen Mitteln greifen, um sich für ihre Interessen einzusetzen.

1. Den Konflikt kannst du mithilfe der folgenden Fragen analysieren:
- Wer sind die Beteiligten?
- Welche Interessen vertreten sie?
- Welche Möglichkeiten haben sie, ihre Interessen durchzusetzen?
- Wie verlief der Konflikt?

Tipp: Texte einzeln bearbeiten, Ergebnisse vergleichen und in der Klasse vorstellen.

2. Versetzt euch in die Rolle der Schlichter: Wie könnte ein Kompromiss aussehen? Gestaltet in Kleingruppen einen Lösungsvorschlag, der die Interessen beider Tarifparteien berücksichtigt. Wie die tatsächliche Einigung aussah, könnt ihr auf Seite 209 lesen.

3. Bilde dir anhand der Stellungnahmen (B) ein Urteil und diskutiert über die Frage in der Klasse.

GRUNDWISSEN

C Tarifautonomie

1. Erkläre, was man unter Tarifautonomie versteht und welchem Ziel sie dient.

2. Was geschieht, wenn sich Arbeitgeber und Gewerkschaften in Tarifverhandlungen nicht einigen können? Beschreibe die Regelungen.

3. Erläutere den Ablauf eines Arbeitskampfes anhand des Schaubilds.

Gewerkschaften und Arbeitgeber als Interessenverbände

Bei Tarifverhandlungen stehen sich Arbeitgeberverbände und Gewerkschaften gegenüber. Beide vertreten die Interessen ihrer Mitglieder mit dem Ziel, einen aus ihrer Sicht möglichst vorteilhaften Abschluss zu erzielen. Solche Zusammenschlüsse von Menschen mit denselben Zielen nennt man Interessenverbände. Sie spielen in der Wirtschaft und Politik eine sehr wichtige Rolle.

Arbeitgeber und Gewerkschaften dürfen nach Artikel 9 Absatz 3 des Grundgesetzes die Arbeitsbedingungen und Löhne ohne Einmischung des Staates in eigener Verantwortung aushandeln. Dieses Recht bezeichnet man als Tarifautonomie*. Sie bildet ein grundlegendes Element der Wirtschaftsordnung in der Bundesrepublik Deutschland. Als ein Instrument fairer Konfliktregelung hat sie die Wahrung des sozialen Friedens zum Ziel.

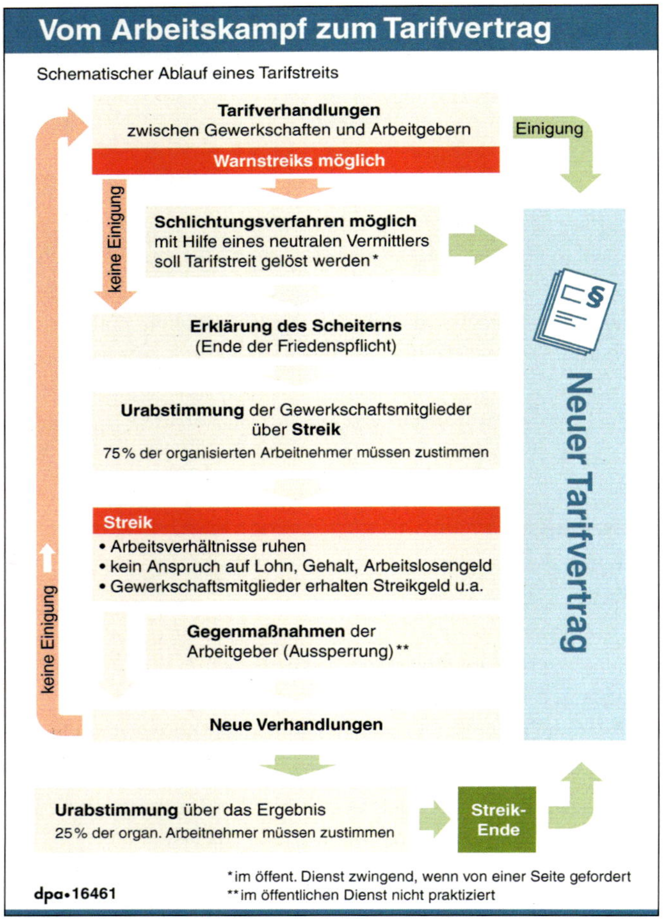

Regeln im Arbeitskampf

Wenn sich Arbeitgeber und Gewerkschaften in Verhandlungen nicht einigen können, steht ein Arbeitskampf vor der Tür, für den es gesetzliche Regelungen gibt. Wenn beide Seiten es wollen, kann zunächst eine Schlichtung versucht werden. Hier versucht eine von beiden Seiten akzeptierte Person, zwischen den Parteien zu vermitteln, indem sie einen Kompromissvorschlag aushandelt, der den Charakter einer Empfehlung hat. Scheitert die Schlichtung, kann die Gewerkschaft nun ihre Mitglieder in einer Urabstimmung zu einem Streik aufrufen. In der Urabstimmung müssen 75 Prozent der Mitglieder dem Streik zustimmen, damit er durchgeführt werden kann. Ein Streik kann Tage, aber auch Wochen dauern. Während dieser Zeit erhalten die Streikenden keinen Lohn, dafür aber eine (geringere) Unterstützung von ihrer Gewerkschaft. Eine mögliche Gegenmaßnahme der Arbeitgeber gegen einen Streik ist die Aussperrung. Das bedeutet, dass für eine bestimmte Zeit die Betriebe im Tarifgebiet geschlossen und die Lohnzahlungen eingestellt werden. Am Ende eines Arbeitskampfes steht der Abschluss eines Tarifvertrages, in dem die Löhne und Arbeitsbedingungen für die Beschäftigten einer Branche festgelegt sind.

* Weitere Erklärungen zur Tarifautonomie findet ihr im Glossar.

D Nach welchen Regeln läuft ein Arbeitskampf ab?

Euer Auftrag:

1. Legt die Reihenfolge der Spielregeln vom Beginn der Tarifverhandlungen bis zum Ende des Arbeitskampfes fest: 1 = K, 2 = …
2. Stellt eure Ergebnisse in der Klasse vor.
3. Ergänzt anschließend den Lückentext und notiert ihn als Merkhilfe in euer Heft.

Tipp: Partnerarbeit

Bei jeder Tarifrunde ist es das gleiche Ritual: Die XXXXXXXX fordern mehr, als sie durchsetzen können; die XXXXXXXX bieten weniger an, als sie schließlich zugestehen müssen. XXXXXXXX sind nur unter ganz bestimmten Voraussetzungen möglich. Nach dem Scheitern der Schlichtung setzt die Gewerkschaft eine XXXXXXXX über einen Streik an, der in der Regel mindestens drei Viertel der XXXXXXXX zustimmen müssen. Auf den Streik können die Arbeitgeber mit XXXXXXXX reagieren.
(Kampfmaßnahmen, Mitglieder, Gewerkschaften, Urabstimmung, Aussperrung, Arbeitgeber)

E Der Kompromissvorschlag des Schlichters findet nicht die Zustimmung beider Tarifparteien.

C Stimmen mindestens 25 % dem Verhandlungsergebnis zu: Ende des Tarifkonflikts.

K Der alte Tarifvertrag läuft aus oder wird gekündigt.

L Ein neutraler Schlichter legt in einem **Schlichtungsverfahren** einen Kompromissvorschlag vor.

H Als Gegenreaktion zum Streik kann die Arbeitgeberseite mit **Aussperrung** reagieren.

A Die Gewerkschaft führt eine **Urabstimmung** über einen Streik durch. Mindestens 75 % stimmen dem Streik zu.

B Die Gewerkschaftsmitglieder stimmen in einer weiteren Urabstimmung über das Verhandlungsergebnis ab.

F Es kommt zum **Streik**.

D Die Verhandlungen scheitern, weil keine Einigung erzielt werden kann.

J In der ersten Runde von Tarifverhandlungen kommt es oft zu Warnstreiks von Gewerkschaftsseite.

I Die Tarifverhandlungen werden wieder aufgenommen. Es gelingt nach Streik oder Aussperrung eine Einigung.

G Gewerkschaft und Arbeitgeber legen Angebote vor und treffen sich zu **Tarifverhandlungen**.

6 Gewerkschaften und Arbeitgeberverbände: eher Partner oder eher Gegner?

Die Rolle der Tarifpartner beurteilen

A Erfolgsstory Sozialpartnerschaft?

Das Verhältnis zwischen Gewerkschaften und Arbeitgebern wird häufig als Sozialpartnerschaft bezeichnet. Man meint damit, dass die Verhandlungspartner bei allen Differenzen versuchen, sich in Verhandlungen sozialverträglich zu einigen. Wie das in der Praxis aussieht, schildert der folgende Text.

Arbeitsbedingungen betreffen viele Menschen

Kaum ein Wirtschaftsthema findet so oft den Weg in die „Tagesschau“ wie Tarifauseinandersetzungen, also der Konflikt um Löhne und Arbeitsbedingungen. Und das nicht nur, weil es da zum Streit kommt, sondern auch, weil dieser Streit viele Menschen betrifft. Denn in den großen Branchen, in der Metall- und Elektroindustrie, im öffentlichen Dienst oder im Einzelhandel, wird immer gleich für ein paar Millionen Beschäftigte der Lohn neu verhandelt.
Verhandelt? Oder erkämpft? Tausende von Gewerkschaften mit Trillerpfeifen und Transparenten vor einem Werkstor machen einen ziemlich kämpferischen Eindruck. Ein Dutzend Gewerkschafter in Anzug und Krawatte an einem Tisch mit den Arbeitgebervertretern – das sieht eher nach einem ganz normalen Arbeitstreffen aus. Und wenn sich beide Seiten gerade eben noch erbittert um 0,5 Prozent mehr oder weniger Lohnerhöhung gestritten haben, die einen auf ihrer Forderung von 3,4 Prozent, die anderen auf ihrem Angebot von 2,9 Prozent beharrten, geben sie eine Nachtsitzung später friedlich vereint eine Pressekonferenz und erläutern, warum 3,2 Prozent mit 14 Monaten Laufzeit plus 170 Euro Einmalzahlung ein Ergebnis ist, bei dem jede Seite das Bestmögliche für ihre Mitglieder herausgeholt hat.

Kampf und gemeinsames Ziel

Tatsächlich ist die Auseinandersetzung zwischen Arbeitgebern und Gewerkschaften sowohl ein Kampf als auch eine Verhandlung. Kampf, weil es ums Verteilen von Geld geht und keiner dem anderen freiwillig etwas von dem überlassen will, was seiner Meinung nach ihm selbst zusteht. Aber eben kein Kampf auf Biegen und Brechen: weil alle wissen, dass sie sich am Ende auf einen Kompromiss einigen werden (oft wissen sie am Anfang sogar schon, wie er ungefähr aussehen könnte). Und weil trotz unterschiedlicher Interessen beide Seiten letztlich ein gemeinsames Ziel haben, nämlich nachhaltig starke Unternehmen, die nicht nur heute, sondern auch morgen noch erfolgreich sind und gute Löhne zahlen können. Außerdem wird man sich im nächsten Jahr, bei der nächsten Tarifrunde wieder gegenübersitzen. Wer heute Tiefschläge austeilt und zu miesen Tricks greift, wird das in der nächsten Runde doppelt zurückbekommen.
Es handelt sich also um eine höchst komplexe, über Generationen gewachsene Beziehung zwischen zwei Verbänden, die Jahr für Jahr miteinander streiten, um dabei am Ende einen möglichst fairen Preis für die Arbeitskraft der in Deutschland beschäftigten Menschen auszuhandeln.

(Aus: Detlef Gürtler, Die Tagesschau erklärt die Wirtschaft, Rowohlt Verlag, Berlin 2008, S. 186 f.)

B Aufgaben der Gewerkschaften …

Die deutschen Arbeitnehmerorganisationen stehen in der Tradition der Vereinigungen, in denen sich die Arbeitenden seit Mitte des 19. Jahrhunderts zusammenschlossen, um ihre Interessen gemeinsam zu vertreten. Als Wortführer eines großen Teils der arbeitenden Bevölkerung machen sie ihren Einfluss auf die Gestaltung der staatlichen Arbeits- und Sozialpolitik geltend. Gleichzeitig vertreten sie die Ansprüche der Arbeitnehmer in der direkten Auseinandersetzung mit den Arbeitgeberverbänden. Sie sehen ihre Aufgabe vor allem darin, in Tarifverträgen bessere Lohn- und Arbeitsbedingungen zu verankern, Arbeitsplätze zu sichern, die Mitbestimmungsrechte der Arbeitnehmer zu wahren und den Arbeitsschutz zu verbessern.

… und der Arbeitgeberverbände

Arbeitgeberverbände vertreten die Interessen der Arbeitgeberseite bzw. der Unternehmer gegenüber den Gewerkschaften und dem Staat. Ihr Hauptbetätigungsfeld sind die Tarifverhandlungen mit den für ihre Branche zuständigen Gewerkschaftsvertretungen. Darüber hinaus beraten und unterstützen sie ihre Mitglieder in Fragen, welche die Gestaltung der Arbeitsbedingungen in den Unternehmen betreffen. Wie auch die Gewerkschaften versuchen sie, regelmäßig Einfluss auf die Politik zu nehmen in allen Fragen, die ihre Interessen und ihren Aufgabenbereich betreffen. Auf den Mitgliederversammlungen wählen sie ihren Vorstand. Arbeitgeberverbände sind nach unterschiedlichen 20 Wirtschaftsbereichen organisiert und gemeinsam im Dachverband der Bundesvereinigung der Arbeitgeberverbände (BDA) zusammengeschlossen.

Tarifverhandlungen zwischen der GDL und der deutschen Bahn

Rainer Schwalme

1. Arbeite aus dem Text A die unterschiedlichen und gemeinsamen Interessen von Arbeitgebern und Gewerkschaften heraus.
2. Welche Aussagen machen das Foto und die Karikatur zum Thema Gegner oder Partner?
3. Erstelle ein Schaubild zu den Aufgaben von Gewerkschaften und Arbeitgebern.
4. Formuliere eine Antwort auf die Frage in der Überschrift der Doppelseite und stelle sie in der Klasse vor.

Aufgabe 1:

Was ist Arbeit? – Ein Schaubild erstellen

Arbeit ist durch mehrere Merkmale gekennzeichnet. Auch verschiedene Arten von Arbeit lassen sich unterscheiden. Warum Menschen arbeiten – dazu gibt es eine Reihe von Gründen.

Hier sind Merkmale, Arten und Gründe wild durcheinandergeraten. Ordne sie so klar und anschaulich wie möglich.

Arbeit hat ein Ziel.	Unbezahlte Arbeit	Arbeit dient der Existenzsicherung/ Befriedigung von Bedürfnissen.	Arbeit ist geplant.
Ehrenamtliche Arbeit	Geld verdienen	Bezahlte Arbeit	Höhere Lebenszufriedenheit
Lebensrhythmus Arbeit – Freizeit	Arbeit erfordert geistige und körperliche Fähigkeiten.	Erwerbsarbeit	Kontakt mit anderen Menschen

Aufgabe 2:

Wie verläuft ein Tarifkonflikt?

Benutze den Cartoon, um den Ablauf eines Tarifkonflikts einschließlich eines Arbeitskampfes vom Beginn der Verhandlungen bis zur Einigung in mindestens sechs Schritten zu erläutern.

Aufgabe 3:

Wie viel Einfluss im Unternehmen hat der Betriebsrat?

Die 22-jährige Karina Meisner arbeitet seit ihrer Ausbildung in einem kleinen Metallbetrieb in Winnenden. Der Betrieb hat 30 Beschäftigte und seit dreieinhalb Jahren einen Betriebsrat. Bald stehen nun neue Wahlen an und ihre Kolleginnen und Kollegen bestürmen sie, sich zu bewerben. „Ich weiß nicht recht, was ich im Betriebsrat soll. Die meisten Dinge entscheidet der Chef ohnehin allein. Das ist doch nur vergeudete Zeit."

a) Erkläre Karina mithilfe der Begriffe „Mitwirkung" und „Mitbestimmung", bei welchen Entscheidungen der Betriebsrat mitreden darf. Nenne für jeden Begriff mindestens zwei selbst gewählte Beispiele.
b) Warum sollte sich Karina für den Betriebsrat bewerben? Formuliere eine kurze Begründung, in der du mindestens zwei Argumente anführst.

Aufgabe 4:

Mark im Dauereinsatz – Ist das rechtens?

Mark ist minderjährig und absolviert eine Ausbildung als Gärtner in einer großen Gärtnerei. Er hat ein Problem mit seiner Arbeitszeit und wendet sich deshalb an ein Internetportal: „Im Advent musste ich praktisch ununterbrochen arbeiten. Freitags hatte ich Berufsschule, meine weiteren Arbeitstage waren Samstag, Sonntag, Montag, Dienstag, Mittwoch, Donnerstag ... und am Freitag hatte ich wieder Berufsschule. Das ging über vier Wochen lang so. Ist das zulässig?“ Auf seine Anfrage erhielt er folgende Antwort:

> Hallo Mark,
> jetzt sei mal nicht so wehleidig! In Ausnahmezeiten ist das rechtlich zulässig, weil du es nach Weihnachten ja ruhiger hast und Urlaub nehmen kannst. Und in der Berufsschule kannst du dich ja erholen. Mein Tipp: Schwänz in solchen Zeiten einfach mal die Schule. Gruß Lily.

a) Erkläre Mark und Lily, wozu das Jugendarbeitsschutzgesetz dient.

b) Überprüfe, ob die Antwort von Lily rechtlich korrekt ist, und korrigiere – falls erforderlich – ihre Auskunft.

Aufgabe 5:

Gleicher Studienabschluss – unterschiedliches Gehalt?

Tina und Juri kommen beide aus einem kleinen Dorf in Hohenlohe und haben vor zehn Jahren zusammen an der Universität Mannheim Betriebswirtschaft studiert. Das Studium haben sie mit der Note „gut“ abgeschlossen. Nach dem Studium haben sie sich aus den Augen verloren. Eines Tages begegnen sie sich zufällig, als Juri seiner Heimatstadt einen Besuch abstattet.

Tina: Mensch, Juri, dich habe ich eine Ewigkeit nicht mehr gesehen. Komm, lass uns zusammen einen Kaffee trinken.

Juri: Gute Idee!

Im Cafe kommen sie ins Erzählen.

Tina: Was machst du denn beruflich? Ich habe nur gehört, dass du weggegangen bist.

Juri: Ja, inzwischen habe ich sogar mehrmals die Stelle gewechselt. Nun arbeite ich bei einem pharmazeutischen Unternehmen in München als Teamleiter und leite Projekte zum Thema Digitalisierung. Darauf habe ich mich gleich spezialisiert, nachdem ich gemerkt habe, wie wichtig das in Unternehmen ist. Vor zwei Jahren habe ich in meiner Freizeit eine mehrmonatige Fortbildung in Projektmanagement gemacht. Aber frag mich nicht nach meinen Arbeitszeiten! Schließlich habe ich die Verantwortung für ein 20-köpfiges Team. Ich komme gerade aus den USA von einer Dienstreise und bin wegen des Jetlags hundemüde. Und nächste Woche geht's gleich weiter nach Indien. Doch erzähle mal, wie erging es dir denn nach dem Studium?

Tina: Tja, ganz so spannend wie bei dir hört sich das nicht an. Ich bin in der Region geblieben. Mir gefällt es einfach hier mit meiner Familie. Seit dem Studium arbeite ich im selben Betrieb im Einkauf – insgesamt ein recht ruhiger Job. Zumindest muss ich sehr selten Überstunden machen. Und mein Vorgesetzter ist auch ganz ok. Ich bin zufrieden.

Im weiteren Verlauf des Gesprächs kommen sie auch auf ihr Gehalt zu sprechen. Es stellt sich heraus, dass Juri fast die Hälfte mehr verdient als Tina.

a) Begründe, warum Tina und Juri unterschiedlich viel verdienen.

b) Ist die unterschiedliche Bezahlung gerecht? Formuliere eine Bewertung.

Einigung im Tarifkonflikt zwischen GDL und Deutscher Bahn (Seite 202 f.)

Die GDL konnte zwar ihre Kernforderung nach Tarifverträgen für das gesamte Zugpersonal durchsetzen, musste jedoch größtenteils die mit der EVG ausgehandelten Regelungen akzeptieren. Die GDL-Mitglieder erhalten in zwei Stufen 5,1 Prozent mehr Lohn, ab 2018 verkürzt sich ihre Arbeitszeit auf 38 Stunden pro Woche.

8 Unternehmen – Motor der Wirtschaft

Wie sind sie aufgebaut? Welche Ziele verfolgen sie?

1. Allein nachdenken
Welche Unternehmen fallen dir spontan ein? Notiere die Namen.

2. Zu zweit beraten
Worin seht ihr die wichtigsten Aufgaben von Unternehmen?

3. Gemeinsam sammeln
Wodurch unterscheidet sich die Tätigkeit eines Unternehmers von anderen Berufen?

Bei der Arbeit an diesem Kapitel könnt ihr …

- erklären, wie man ein Unternehmen gründet,
- das Berufsbild des Unternehmers mit euren eigenen Berufsvorstellungen vergleichen,
- ein Unternehmen eurer Region in einem Kurzvortrag vorstellen,
- Gemeinsamkeiten und Unterschiede von Unternehmen untersuchen,
- Lösungsvorschläge für einen unternehmerischen Zielkonflikt entwickeln,
- Aufbau und Abläufe in Unternehmen erläutern.

Eigene Schwerpunkte könnt ihr setzen, indem ihr …

- einen Experten zum Thema „Chancen und Risiken eines Unternehmers“ befragt,
- ein Unternehmen auswählt, eine Besichtigung plant und durchführt,
- Unternehmensleitbilder vergleicht.

Fast ein eigener Stadtteil: das Mercedes-Werk in Stuttgart-Untertürkheim

1 Können auch Schüler ein erfolgreiches Unternehmen gründen?

Ideen zur Gründung einer Schülerfirma entwickeln

A Zum Einstieg

Allein in Baden-Württemberg gibt es mehrere Hundert Schülerfirmen. Vielleicht gehört ihr ja auch dazu. Stellt euch vor, eure Klasse will ein Unternehmen gründen. Was braucht ihr dazu?

- Denkt zuerst allein nach und tauscht euch dann in der Klasse aus.

B Der Fall: Samurai-Games entwickelt Kartenspiele

Spielen im Schulunterricht: Was Lehrer normalerweise zur Weißglut bringt, ist im Johanna-Geissmar-Gymnasium in Mannheim freitagnachmittags sogar ein Muss. Im IT-Raum treffen sich regelmäßig rund 20 Schüler im Alter zwischen zwölf und 20 Jahren: Die Jugendlichen entwickeln selbst Spiele. Ihr erstes ist seit Kurzem unter dem Firmennamen „Samurai-Games“ sogar in Geschäften oder über das Internet erhältlich.

Ein ganz normales Unternehmen?

Warum die jungen Menschen unter dem Dach des Gymnasiums Geschäfte machen,

Die unternehmerische Idee: Schülerinnen und Schüler entwickeln Spiele.

erklärt Lehrer Christian Mahnke: „Das ist eine Schülerfirma und rechtlich eigentlich wie eine AG.“ Also ein Kleinunternehmen unter der rechtlichen Aufsicht der Schule. Mahnke, der die jungen Spieleautoren anleitet, ist dabei ganz normal als Lehrer tätig, wie wenn er eine AG leiten würde. „Doch der Unterschied ist, dass die Schüler hier Geld verdienen dürfen“, sagt er. Sie dürfen es sogar behalten. Ziel einer Schülerfirma sei es, die jungen Menschen auf unternehmerisches Denken und Handeln vorzubereiten. Das Geldverdienen ist beabsichtigt, „damit sie sich auf dem freien Markt behaupten und echte Erfahrungen machen“, so Mahnke.

Erste Erfolge

Einen Erfolg können die jugendlichen Unternehmer schon verbuchen. Das Kartenspiel „31er“ ist seit geraumer Zeit im Umlauf. Erhältlich ist es beispielsweise in Spielwarengeschäften in Mannheim und Heidelberg, aber auch über eine große Internetverkaufsplattform – und natürlich über den firmeneigenen Internetshop und in der Schule selbst. Das Spiel ist einfach, aber ziemlich spaßig.

Das „Setting“ spielt in der Schule und nimmt Bezug auf den jugendsprachlichen Ausdruck „einen 31er machen“, was so viel bedeutet, wie seine Freunde im Stich zu lassen. „Daher haben wir 16 der 32 Spielkarten mit klassischen Schüler-Typen im Comic-Stil gestaltet“, erzählt Mahnke. Statt Kreuz, Pik, Herz und Karo gibt es also die „Nerds“, die „Sportler“, die „Zicken“ und die „Clowns“.

Wie arbeitet „Samurai-Games“?

Während der Lehrer erzählt, sitzen die Schüler in kleinen Gruppen an mehreren Tischen und stecken die Köpfe zusammen. „Samurai-Games“ hat bereits einen neuen Auftrag an Land gezogen. „Wir sollen für die ‚Mannheimer Adler‘ ein Spiel entwickeln“, sagt Mahnke, der sich sein Wissen über Spieldesign gemeinsam mit den Schülern anhand von Fachliteratur und Gesprächen mit Spieleautoren angeeignet hat. Und damit erklären sich auch die unterschiedlichen Grüppchen. An einem Tisch wird gerade das „Spiel des Lebens“ gespielt, um Ideen zu sammeln. Am Nachbartisch sitzen die drei 17-Jährigen Tobias, Philip und Tim und verfeinern einen ersten Adler-Spiel-Prototyp, bislang ebenfalls ein Kartenspiel. „Der Prototyp ist die schwierigste Phase“, erzählen sie. „Es steckt sehr viel Arbeit dahinter. Man muss viel testen, verbessern und professionalisieren. Danach gehen wir dann ans Design“, sagt Tim. Am dritten Tisch wird kräftig gewürfelt – ebenfalls, um vielleicht auf neue, spannende Ideen zu kommen, die ins Spiel einfließen könnten.

Doch die Schüler erfinden nicht nur Spiele, sie kümmern sich letztendlich auch um alles andere, was so ein Firmenleben mit sich bringt, zum Beispiel Vermarktung und Werbung. Denn genau das ist es, was die jungen Menschen lernen sollen: Wie läuft es in der Geschäftswelt ab?

(Aus: Jan Millenet, Schüler des Mannheimer Johanna-Geissmar-Gymnasiums entwickeln eigene Spiele in ihrer Firma „Samurai-Games“, in: http://www.lampertheimer-zeitung.de/lokales/nachrichten-rhein-neckar/schueler-des-mannheimer-johanna-geissmar-gymnasium-entwickeln-eigene-spiele-in-ihrer-firma-samurai-games_17928270.htm, Zugriff: 07.06.2017)

Wie ist die Schülerfirma aufgebaut?

„Samurai-Games“ beteiligte sich auch an dem bundesweiten Wettbewerb der Schülerfirmen. Für ihre Bewerbung haben sie den Aufbau ihres Unternehmens dargestellt:

Geschäftsführung: Unsere Schülerfirma wird von 2 Geschäftsführern geleitet. Sie werden von einer stellvertretenden Geschäftsführerin und einem sehr jungen stellvertretenden Geschäftsführer unterstützt. Die Geschäftsführung ist für die Organisation der Arbeitsabläufe, das Personalmanagement, die externe Kommunikation, das Budget und die unternehmerischen Entscheidungen zuständig.

Spielproduktion: Das Ressort „Spielproduktion“ ist in die Abteilungen Trendforschung, Spielkonzeption, Analyse und Illustration unterteilt. Dieses Ressort ist unser Kerngeschäft und unsere Ideenschmiede. Während einige sich über Neuerscheinungen auf dem Spielemarkt informieren, sind andere mit der Entwicklung und Gestaltung von Spielen beschäftigt.

Marketing: Das Ressort „Marketing“ ist in die Abteilungen Finanzen, Werbung, Vertrieb, Webseite und Öffentlichkeitsarbeit unterteilt. Die Mitglieder entscheiden hier, welche Werbemaßnahmen wir durchführen, welche Ausgaben wir tätigen können und wie und wo wir unsere Spiele am besten verkaufen können. Sie sind auch für die Pflege unserer Firmen-Webseite und für die Ansprache von Vertriebspartnern zuständig, wie beispielsweise lokale Spielegeschäfte.

(https://www.bundes-schuelerfirmen-contest.de/baden-wuerttemberg/gymnasium/samuraigames/10078#!businessConcept, verf. von Christian Mahnke)

@ SNG-23610-010

Hier findet ihr weitere Beispiele von Schülerfirmen.

1. Beschreibe am Beispiel von „Samurai-Games“, wie eine Schülerfirma arbeitet.
2. Erläutere, welche Aufgaben die einzelnen Abteilungen haben. Wo würdest du gerne mitarbeiten?
3. Wie überzeugend findest du das Konzept von „Samurai-Games“? Bewerte die Arbeit der Schülerfirma anhand der Kriterien Originalität, Organisation, Zeitaufwand und unternehmerischer Erfolg.
4. Vergleiche Schülerfirmen mit „normalen“ Unternehmen. Was haben sie gemeinsam, wodurch unterscheiden sie sich?

C Unternehmensgründung

1. Wie geht man vor, wenn man ein Unternehmen gründen will? Beschreibe die einzelnen Schritte.
2. Welche Kenntnisse und Fähigkeiten brauchen Existenzgründer? Erläutere sie.
3. Existenzgründungen werden staatlich gefördert. Begründe, warum der Staat ein Interesse an möglichst vielen Neugründungen hat.

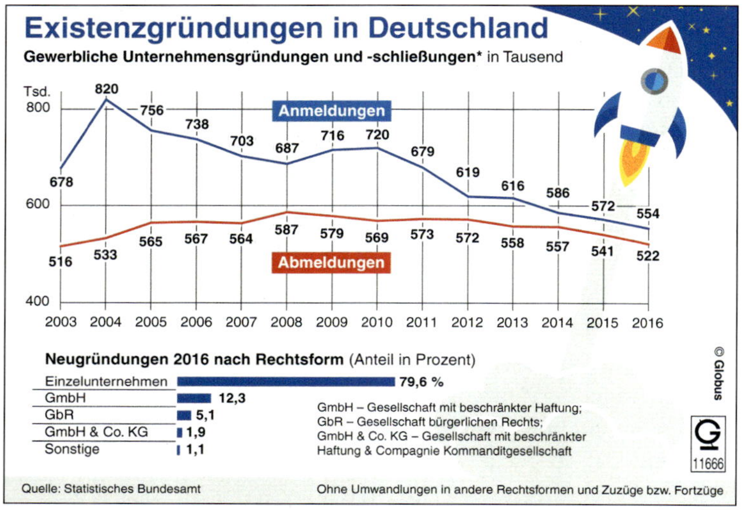

Die Gründung

Grundsätzlich kann jeder, der das 18. Lebensjahr vollendet hat und damit „geschäftsfähig" ist, ein Unternehmen gründen. Zwischen dem 7. und 18. Lebensjahr benötigen Jugendliche die Zustimmung ihrer Eltern. Schülerfirmen müssen von der Schulleitung genehmigt werden. Bei einer Gründung muss vieles organisiert werden. Deswegen lassen sich die meisten künftigen Unternehmer zunächst ausführlich beraten, wie sie dabei vorgehen können. Hilfe und Beratung findet man bei den Industrie- und Handelskammern, bei speziellen Unternehmensberatern oder Rechtsanwälten.
In Gesprächen klären die Berater, ob die künftigen Unternehmer persönlich für ihr Vorhaben geeignet sind. Man muss zum Beispiel bereit sein, Risiken einzugehen, lange Arbeitszeiten in Kauf zu nehmen und in der Anfangszeit wenig zu verdienen. Daneben benötigt er/sie auch kaufmännische Kenntnisse. Er/sie muss zum Beispiel wissen, wie Preise festgelegt werden oder wie Gewinne und Verluste berechnet werden. Anschließend geht es darum, einen ausführlichen Geschäftsplan (Businessplan) zu entwickeln. Darin wird die Idee genau beschrieben, die Konkurrenzsituation dargestellt, der künftige Standort, die Größe und Art des Unternehmens festgelegt.

Produktionsfaktoren

Eine gute Idee allein reicht noch nicht aus, damit ein Unternehmen seine Arbeit aufnehmen kann. Alle Mittel, die benötigt werden, um Leistungen für Kunden zu erbringen, bezeichnet man als Produktionsfaktoren*. Dazu gehören das Grundstück und Ressourcen wie Luft, Wasser und Energie. Besonders wichtig sind natürlich die Arbeitskräfte. Jeder Gründer braucht zudem Geld (= Geldkapital). Die meisten Existenzgründer haben Geld gespart – das reicht jedoch meist nicht. Deswegen brauchen sie einen Kredit. In einem Gespräch mit der Bank müssen sie ausführlich begründen, warum sie glauben, mit ihrer Idee Geld zu verdienen. Wenn die Bank den Kredit genehmigt hat, können sie Maschinen, IT, Einrichtung und Rohstoffe kaufen (= Sachkapital).

Die Bedeutung von Unternehmensgründungen

Menschen mit Unternehmergeist verändern die Welt. Hätten Gottlieb Daimler und Carl Benz nicht das Auto oder Mark Zuckerberg nicht Facebook entwickelt, sähe unser Leben ganz anders aus. Die Bereitschaft, neue Geschäftsideen zu entwickeln und Unternehmen zu gründen, bezeichnet man auch mit dem englischen Begriff „entrepreneurship". Junge Unternehmen fördern mit neuen Produkten und Dienstleistungen den Wettbewerb und bewirken so, dass sich alle Unternehmen anstrengen müssen, um auf einem hart umkämpften Markt international erfolgreich zu sein. Sie schaffen neue Arbeitsplätze. Wenn sie erfolgreich sind, schaffen sie damit auch mehr Wohlstand für alle.

* Zum Begriff Produktionsfaktoren findest du weitere Erklärungen im Glossar dieses Buches.

D Wir entwickeln Ideen zur Gründung einer Schülerfirma

Angenommen, dass …

Wie die Schülerinnen und Schüler des Johanna-Geissmar-Gymnasiums wollt ihr eine Schülerfirma gründen. Ihr wollt attraktive Produkte anbieten, einen großen Kundenkreis gewinnen und damit möglichst viel Geld verdienen. Was braucht ihr alles?

Euer Auftrag:

1. Entwickelt in einem Brainstorming Ideen zur Gründung einer Schülerfirma. Einige Themenvorschläge findet ihr in den Kästen unten.
2. Ordnet in einem zweiten Schritt eure Ideen und stellt sie in der Klasse vor.

Welche Werbemaßnahmen?

?

Welche Geschäftsidee?

?

Woher das Kapital?

?

Welcher Firmenname?

?

Welche Abteilungen?

?

Welche Produktionsmittel? (Rohstoffe, Maschinen, Transportmittel)

?

Fünf wichtige Regeln für das Brainstorming

1. Lasst euch das Thema vor Beginn des Brainstormings einige Zeit durch den Kopf gehen.
2. Nehmt euch vor, mindestens einen Beitrag zum Brainstorming zu leisten.
3. Bringt euren Beitrag auch ein, wenn ihr nicht sicher seid, ob er wirklich wichtig ist.
4. Hört genau zu, was die anderen zum Thema einbringen. Jeder darf Ideen von anderen aufgreifen und weiterentwickeln.
5. Kommentiert die Beiträge eurer Mitschülerinnen und Mitschüler nicht, weder durch besondere Zustimmung noch durch abfällige Bemerkungen.

2 Unternehmer werden: chancenreich oder eher riskant?

Eine Selbstbefragung durchführen

A Der Fall: Für mich kam nur die Selbstständigkeit infrage

Auf der Gründerwebsite junge-gruender.de schildert der 26-jährige Unternehmer Thomas Hoppe Vorteile und Risiken seines Berufs. Er ist Gründer und Teilhaber der beiden Internetportale „Schülerkarriere“ und „abiunity“, die Dienstleistungen für Schüler bei der Suche nach Praktika, Studien- und Ausbildungsplätzen anbieten.

So richtig los ging es bei „Schülerkarriere“ erst im zweiten Anlauf. Was genau ist da passiert und wie kam es dazu, dass die zweite Gründung wesentlich erfolgreicher war?

Meine erste Gründung erfolgte direkt nach meinem Bachelor – damals noch mit zu wenig Branchen- beziehungsweise Unternehmenserfahrung, einer Idee im Kopf, die noch nicht 100 Prozent ausgereift war und keinem wirklichen Kapital. Nach gut einem Jahr habe ich dann die Firma erst einmal komplett eingestellt und bei Absolventa [Jobbörse für Studenten] in Berlin sowie danach noch bei der Personalvermittlung Hays in Hamburg Erfahrung gesammelt, um die Firma neu zu gründen. Diesmal war ich besser vorbereitet, hatte zudem noch knapp 20000 Euro Fördergelder der EU und des Landes Niedersachsen im Rücken und bereits nach gut fünf Monaten den ersten Investor an Bord. Durch meine private Beteiligung am größten Abiturientenportal www.abiunity.de konnten wir schnell große Kunden wie Siemens, TUI und Postbank für uns gewinnen.

Wo war für dich der Punkt, an dem du dir gesagt hast, dass für dich nur selbstständige Arbeit infrage kommt?

Bereits während meines dualen Studiums habe ich zusätzlich nebenbei im Finanzvertrieb auf selbstständiger Basis gearbeitet und fand die Möglichkeit, meinen Erfolg finanziell sowie in Hinblick auf die eigene Zeiteinteilung selbst zu bestimmen, sehr attraktiv. Als Angestellter fühlte ich mich „eingeengt“, konnte neue Ideen nur sehr umständlich einbringen und umsetzen. Außerdem waren mir die starren Konzernstrukturen deutlich zu langsam.

Auf der anderen Seite bin ich es durch meine Zeit als Leistungssportler gewohnt, für meine Ziele zu kämpfen, und dies hilft mir auch jetzt wieder, da die ersten Jahre einer Selbstständigkeit entbehrungsreich und nicht gerade einfach sind.

Ich wurde zu Beginn der zweiten Gründung von vielen Seiten belächelt und mir wurden maximal drei Monate gegeben, bis die Firma pleite sei. Nun bestehen wir rund zwei Jahre, geben rund zehn Kollegen einen Arbeitsplatz und wollen mit unserem neuen Investor weiterwachsen.

(Nach: Anne Schwerin, Wie kann Schülerkarriere Schülern bei der Jobsuche helfen, Thomas Hoppe? In: www.junge-gruender.de, 30.10.2014, Zugriff: 30.06.2017)

Weitere Porträts junger Unternehmerinnen und Unternehmer findet ihr unter:

@ SNG-23610-011

1. Arbeite aus dem Interview Chancen und Risiken eines Unternehmers heraus.

2. Könntest du dir vorstellen, Unternehmer oder Unternehmerin zu werden? Begründe deine Antwort.

Expertenbefragung

Worum geht es?

Mit der Rolle und den Aufgaben von Unternehmerinnen und Unternehmern könnt ihr euch am besten vertraut machen, indem ihr sie befragt. Ihr erhaltet so Informationen aus erster Hand. Wie alle Experten verfügen sie über viele praktische Erfahrungen und ein großes Hintergrundwissen.

Wie könnt ihr vorgehen?

1. Experten auswählen

Unternehmerinnen und Unternehmer gibt es in jeder Stadt. Zunächst solltet ihr überlegen, wen ihr befragen wollt. Ihr könnt einen oder auch mehrere Experten einladen. Mögliche Ansprechpartner zum Thema Unternehmensgründung findet ihr in diesem Fall bei der Industrie- und Handelskammer oder Unternehmerverbänden, wie zum Beispiel den Wirtschaftsjunioren in eurer Region.

2. Fragen sammeln

Sammelt in der Klasse Fragen, die ihr stellen wollt. Legt fest, wer welche Fragen stellen soll.

3. Expertenbefragung vorbereiten

Folgende Checkliste erleichtert die Organisation:

- Schulleitung informieren
- Experten einladen, Termine, Zeitumfang und Themen absprechen
- Raumfrage klären und Raum einrichten
- Diskussionsleiter bestimmen
- Protokollführer (mindestens zwei Schülerinnen oder Schüler) bestimmen
- Fotografen bestimmen

4. Expertenbefragung durchführen

Experten sind Gäste, von denen ihr etwas wollt. Das verpflichtet euch zu gutem Benehmen und aktiver Mitarbeit. Eine Befragung kann folgendermaßen ablaufen:

- Begrüßung der Experten am vereinbarten Treffpunkt durch den Lehrer oder die Klassensprecher
- Vorstellungsrunde der Experten
- Fragerunde: Hier könnt ihr die vorbereiteten Fragen stellen. Denkt auch daran, auf die Antworten einzugehen und – falls erforderlich – nachzufragen.
- Verabschiedung

5. Ergebnisse auswerten und dokumentieren

Haltet eure Informationen fest. Ihr könnt das für euch tun, indem ihr zum Beispiel ein Gedächtnisprotokoll in euer Heft schreibt. Ihr könnt aber auch andere informieren, indem ihr eine Wandzeitung erstellt und im Schulgebäude aufhängt, einen Artikel für eure Schülerzeitung verfasst oder einen Bericht an die örtliche Tageszeitung mit der Bitte um Veröffentlichung schickt.

Thema: Chancen und Risiken eines Unternehmers

Schülerinnen und Schüler befragen einen Experten im Unterricht.

AKTIV LERNEN

B Selbstbefragung: Habe ich das Zeug zur Unternehmerin/zum Unternehmer?

Euer Auftrag:

1. Übertrage die Nummern der Sätze in dein Heft, ordne jeder Aussage eine Punktzahl zu und ermittle die Gesamtpunktzahl.
2. Suche dir eine Partnerin/einen Partner, die/der dich gut kennt, und überprüft gegenseitig eure Selbsteinschätzung. Wo gibt es Abweichungen zwischen Selbst- und Fremdeinschätzung?
3. Könnt ihr euch vorstellen, später einmal Unternehmerin oder Unternehmer zu werden? Tauscht euch zu zweit über diese Frage aus.

Tipp: Die Ergebnisse dieses Tests kannst du in deiner Berufswahlmappe dokumentieren.

Wer als Unternehmer erfolgreich sein will, braucht neben fachlichen und kaufmännischen Kenntnissen auch eine ganze Reihe persönlicher Kompetenzen. Mithilfe dieses Tests kannst du herausfinden, welche persönlichen Voraussetzungen du für diese berufliche Tätigkeit mitbringst. Je höher deine Punktzahl ist, desto besser bist du dafür geeignet.

	trifft voll zu (3 Punkte)	trifft teilweise zu (2 Punkte)	trifft nicht zu (1 Punkt)
1. Ich bin offen und knüpfe gerne neue Kontakte.			
2. Ich habe den Mut, auch finanziell etwas zu riskieren.	?		
3. Ich übernehme gerne Verantwortung und bin bei Gruppenarbeiten oft die treibende Kraft.			
4. Ich bin bereit, hart zu arbeiten und auch auf Freizeit zu verzichten, um meine Ziele zu erreichen.			
5. Ich lasse mich durch Niederlagen nicht entmutigen, sondern verfolge weiter meine Ziele.			
6. Ich glaube an mich und bin von meinen Fähigkeiten überzeugt.			?
7. Ich kann geschickt verhandeln und bei Streit vermitteln.			
8. Ich mag Veränderungen und neue Herausforderungen.			
9. Ich liebe den Wettkampf. Es spornt mich an, mich mit anderen zu messen.	?		
10. Ich bin ehrgeizig und verfolge meine Ziele konsequent.			
11. Ich möchte meine eigenen Ideen verwirklichen, ohne dass mir jemand reinredet.			
12. Ich mache mir gerne Gedanken, wie ich etwas besser und schneller machen kann.			

3 Was haben Uwes Schlemmereck und Apple gemeinsam?

Unternehmensarten unterscheiden – Rechtsformen zuordnen

A Zum Einstieg

Die Fotos zeigen ganz unterschiedliche Unternehmen.

a) Womit verdienen diese jeweils ihr Geld?

b) Suche nach Möglichkeiten, nach welchen Kriterien man Unternehmen unterscheiden kann.

B Unternehmen in Baden-Württemberg: Unterschiede und Gemeinsamkeiten

Daimler, Porsche, Audi, Würth, Bosch ... Zahlreiche große Unternehmen in Baden-Württemberg sind weltbekannt. Das Land ist der wichtigste Industriestandort in Deutschland und einer der wichtigsten in Europa. Doch diese Industriegiganten bilden nur einen kleinen Teil der Unternehmen. Weitaus die meisten Unternehmen sind viel kleiner und auch weniger bekannt. Kleinstunternehmen (bis 9 Beschäftigte), Kleinunternehmen (bis 49 Beschäftigte) sowie mittlere Unternehmen (bis 499 Beschäftigte) sind gerade in Baden-Württemberg besonders stark vertreten und tragen in hohem Maße zur Wirtschaftsleistung und zum Wohlstand unseres Landes bei. Sie werden zusammenfassend als KMU bezeichnet. Jedes fünfte deutsche Unternehmen in Industrie und Handwerk mit 10 bis 249 Beschäftigten ist in Baden-Württemberg beheimatet. Die Stärke der KMU in Baden-Württemberg zeigt sich auch in einer anderen Besonderheit: Mehr als in jedem anderen Flächenland gibt es hier kleinere, hochspezialisierte Unternehmen, die mit ihren Produkten Weltmarktführer und außerhalb der eigenen Branche kaum bekannt sind.

Bei allen Unterschieden eint alle Unternehmen eine Hauptaufgabe: Sie verkaufen etwas und wollen damit Geld verdienen. Dabei dienen sie der Versorgung und der Erfüllung der Wünsche ihrer Kunden. Nur wenn sie genügend Kunden für ihre Produkte oder Dienstleistungen finden, können sie überleben. Jahr für Jahr bringen sie deshalb neue Produkte und Dienstleistungen auf den Markt – doch nicht immer gelingt es, den Geschmack der Kunden zu treffen und ihre Bedürfnisse zu erfüllen. Das ist das Risiko aller Unternehmen.

Unternehmen und Betriebe nach Beschäftigtengrößenklassen im Jahr 2016 (Land Baden-Württemberg)

Beschäftigten-größenklassen	Unternehmen[1]	Beschäftigte in Unternehmen[2]	Umsätze in Unternehmen[3]	Betriebe[4]	Beschäftigte in Betrieben[2]
	Anzahl		1.000 EUR	Anzahl	
insgesamt	**464.279**	**4.301.786**	**1.021.885.173**	**500.928**	**4.257.611**
davon in Unternehmen/Betrieben mit ... Beschäftigten					
0–9	414.821	550.858	133.756.369	439.395	622.802
10–49	38.516	770.819	133.840.199	47.821	969.227
50–249	8.766	889.748	167.758.165	11.586	1.161.364
250 und mehr	2.176	2.090.361	586.530.440	2.126	1.504.218

[1] Unternehmen mit steuerbarem Umsatz und sozialversicherungspflichtig Beschäftigten im jeweiligen Jahr.
[2] Sozialversicherungspflichtig Beschäftigte am 31. 12. des jeweiligen Jahres.
[3] Steuerbarer Umsatz (Lieferungen und Leistungen, bei Organschaft Schätzwert) des jeweiligen Jahres.
[4] Betriebe und Einbetriebsunternehmen mit sozialversicherungspflichtig Beschäftigten und/oder Umsatz im jeweiligen Jahr.
Datenquelle: Unternehmensregister.

Daten: Statistisches Landesamt Baden-Württemberg

1. Nenne mindestens eine Gemeinsamkeit und einen Unterschied zwischen den Unternehmen.
2. Arbeite aus dem Text und der Tabelle die Bedeutung der KMU für die baden-württembergische Wirtschaft heraus.
3. Wähle zwei Beispiele (Spalten) aus der Tabelle, stelle die Zahlen grafisch in einem Tortendiagramm dar und interpretiere anschließend die Schaubilder.

C Recherche: Wie präsentieren sich Unternehmen unserer Region im Internet?

Fast alle Unternehmen sind inzwischen im Internet vertreten. Eine Internetrecherche bietet daher eine gute Möglichkeit, einen ersten Einblick in ein Unternehmen aus eurer Region zu gewinnen.
So könnt ihr vorgehen:

1. Sucht ein Unternehmen aus, das ihr vorstellen wollt.

Für die Recherche eignen sich eher größere Unternehmen, da sie auf ihrer Website meist mehr Informationen bieten als sehr kleine Unternehmen. Hinweise auf Unternehmen in eurer Region findet ihr zum Beispiel im Wirtschaftsteil eurer Tageszeitung oder auch auf den „Gelben Seiten" (www.gelbeseiten.de). An Adressen kommt ihr am einfachsten über eine Suchmaschine (zum Beispiel www.google.de). Einige Vorschläge findet ihr auch auf dieser Seite.

2. Führt die Internetrecherche durch.

An folgenden Fragen könnt ihr euch bei der Recherche orientieren:

- Welche Produkte stellt das Unternehmen her bzw. welche Dienstleistungen bietet es an?
- Seit wann existiert das Unternehmen? Welche Geschichte hat es?
- Wie viele Mitarbeiterinnen und Mitarbeiter hat das Unternehmen?
- Wo befindet sich der Stammsitz des Unternehmens?
- Gibt es weitere Niederlassungen in Deutschland oder im Ausland?
- Sind offene Stellen zu besetzen? Hinweise findet ihr häufig unter dem Stichwort „Karriere".
- Welche Bedeutung hat Nachhaltigkeit und Umweltschutz in dem Unternehmen?
- Wie bewertet ihr die Website des Unternehmens? Wie offen gibt es Auskunft über sich?

Was solltet ihr noch beachten?
Auf ihrer Website wollen sich die Unternehmen natürlich möglichst positiv darstellen, die Präsentation im Internet ist ein Teil der Öffentlichkeitsarbeit der Unternehmen. Ihr werdet also im Allgemeinen keine kritischen oder negativen Informationen finden. Es ist daher sinnvoll, im Internet zusätzlich nach Berichten über das Unternehmen zu recherchieren (zum Beispiel auch bei Wikipedia).

Schülerteams recherchieren zu Unternehmen in Baden-Württemberg.

Baden-württembergische Unternehmen im Internet – einige Vorschläge:

www.bosch.com	www.dm.com
www.daimler.com	www.bilfinger.com
www.wuerth.com	www.ratiopharm.de
www.zf.com	www.lidl.com
www.enbw.com	www.ebmpapst.com
www.wuestenrot.com	

3. Wie könnt ihr eure Ergebnisse präsentieren?

Die Ergebnisse eurer Recherche könnt ihr eurer Klasse auf einer Folie oder mithilfe einer Computerpräsentation vorstellen. Sprecht auch über die Frage: Könntet ihr euch vorstellen, in diesem Unternehmen zu arbeiten? Begründet eure Ansicht.

GRUNDWISSEN

D Unternehmensformen

1. Beschreibe, nach welchen Kriterien man Unternehmen unterscheiden kann.

2. Erkläre den Unterschied zwischen Personen- und Kapitalgesellschaften.

3. Gestalte ein Schaubild, in dem du die Rechtsformen von Unternehmen mit ihren Besonderheiten übersichtlich darstellst.

4. Obwohl das persönliche Risiko für Unternehmer sehr hoch ist, sind die meisten Unternehmen Einzelunternehmen. Suche nach Gründen, warum sich diese Unternehmer nicht einfach für die Rechtsform einer GmbH entscheiden.

Unterscheidung von Unternehmen nach dem Angebot

Betriebe, die etwas herstellen, nennt man Produktionsbetriebe. Andere Betriebe beraten Kunden oder erbringen eine Leistung für sie: Eine Bank gewährt zum Beispiel Kredite oder verwaltet das Geld von Kunden. Sie zählt zu den Dienstleistungsbetrieben. Über 70 % aller Beschäftigten in Deutschland arbeiten in Dienstleistungsbetrieben.

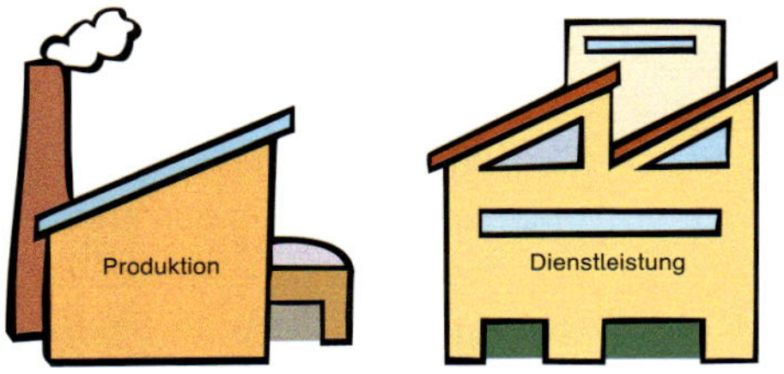

… nach der Größe

Nach einer Definition der Europäischen Kommission unterscheidet man zwischen Kleinstunternehmen (bis 9 Beschäftigte), Kleinunternehmen (bis 49 Beschäftigte) und mittleren Unternehmen (bis 499). Zusammenfassend werden diese Unternehmen als KMU bezeichnet. Über 99 Prozent der Unternehmen fallen in diese Kategorie. Unternehmen mit mehr als 500 Beschäftigten werden als Großunternehmen bezeichnet.

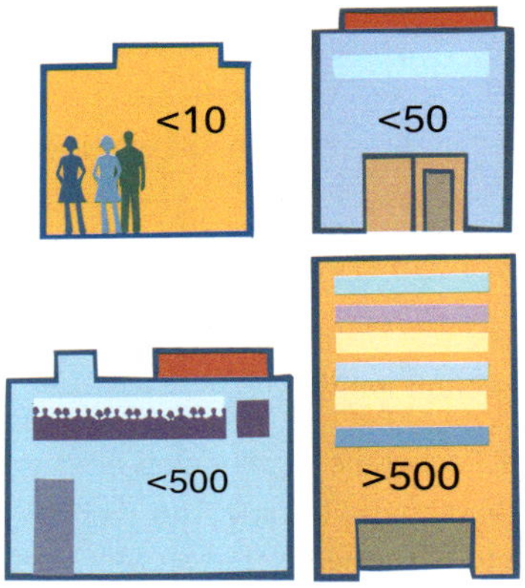

… nach der Organisation

Wenn man von einem *Betrieb* spricht, meint man den Ort bzw. die Räumlichkeiten, in denen etwas produziert oder eine Dienstleistung erbracht wird. Mit der Bezeichnung Betrieb ist also immer ein bestimmter Standort verbunden. Im Unterschied zu Betrieben jedoch können *Unternehmen* mehrere Standorte haben, also zum Beispiel in Stuttgart, Bonn und München. Im alltäglichen Sprachgebrauch werden die Begriffe Betrieb und Unternehmen allerdings häufig gleichbedeutend verwendet.
Eine noch größere Einheit bilden *Konzerne*. Sie untergliedern sich häufig in viele einzelne Unternehmen oder Betriebe, die weitgehend selbstständig und unabhängig voneinander arbeiten. Die meisten Konzerne sind weltweit tätig.

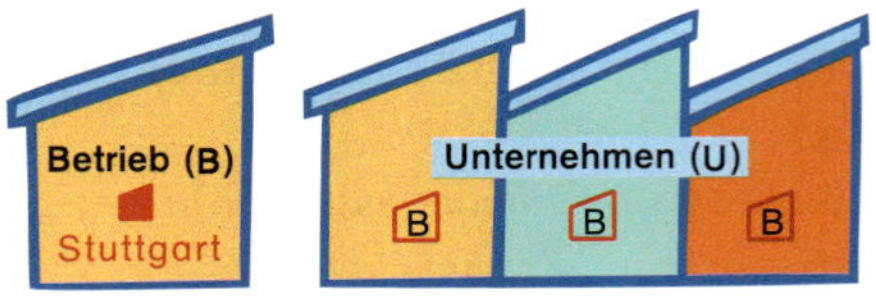

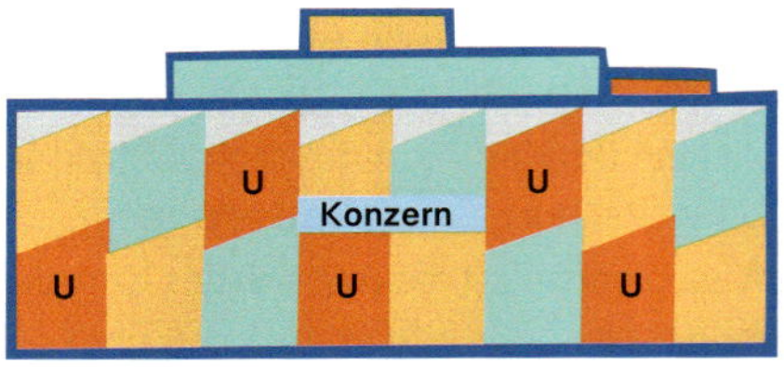

… nach den Besitzverhältnissen

Einzelunternehmen (e. K.)
Weitaus die meisten Unternehmen gehören nur einer Person, sie heißen deshalb Einzelun-

ternehmen. Diese ist häufig gleichzeitig Chef des Unternehmens und trägt die ganze Verantwortung. Das hat manchmal auch Nachteile: Wenn das Unternehmen Schulden macht, muss der Einzelunternehmer diese mit seinem privaten Geld bezahlen und vielleicht sogar sein Haus dafür verkaufen.

Personengesellschaften

Wenn mehrere Personen gemeinsam ein Unternehmen führen, spricht man von einer Personengesellschaft. Sie heißen Gesellschafter, weil sie für die Gründung des Unternehmens Geld, Gebäude oder Maschinen gegeben haben, ihnen also ein Teil der Gesellschaft gehört. Auch sie müssen mit ihrem privaten Geld einspringen, wenn das Unternehmen Schulden macht. Andererseits profitieren sie auch in vollem Maß, wenn das Unternehmen Gewinne erwirtschaftet. Ein Beispiel sind Partnergesellschaften, in denen sich Freiberufler wie Ärzte oder Rechtsanwälte zusammenschließen (PartG).

In einer Kommanditgesellschaft (KG) haftet mindestens eine Person (Vollhafter oder Komplementär) mit dem vollen Privatvermögen und hat daher das alleinige Recht, das Unternehmen zu leiten. Die sogenannten Kommanditisten stellen dem Unternehmen Kapital zur Verfügung und können im Fall einer Unternehmenspleite auch nur diese Summe verlieren.

Personengesellschaften

Kapitalgesellschaften

Bei Kapitalgesellschaften haften die Eigentümer nur mit dem Geld, also dem Kapital, das sie dem Unternehmen zur Verfügung gestellt haben. Wenn das Unternehmen zahlungsunfähig wird und/oder schließen muss, ist ihr privater Besitz gerettet. Ihr persönliches Risiko ist also viel geringer. Deshalb heißt eine solche Gesellschaft auch *„Gesellschaft mit beschränkter Haftung“ (GmbH)*. Für die Gründung eines solchen Unternehmens müssen die Eigentümer zusammen mindestens 25 000 Euro aufbringen.

Auch *Aktiengesellschaften* sind Kapitalgesellschaften. Hier wird das Kapital von sehr vielen Menschen gestellt, die Aktien kaufen und damit einen kleinen Teil des Unternehmens erwerben. Sie heißen Aktionäre. Um eine Aktiengesellschaft zu gründen, braucht man mindestens 50 000 Euro. Aktionäre können auf die Entwicklung des Unternehmens Einfluss nehmen: Auf der jährlichen Hauptversammlung wählen sie den Vorstand (die Geschäftsleitung) und den Aufsichtsrat, der den Vorstand kontrolliert. Je nachdem, ob ein Unternehmen Gewinne oder Verluste macht, schwankt der Wert einer Aktie. Im schlimmsten Fall können Aktionäre das für den Kauf eingesetzte Geld verlieren.

Die Rechtsform einer AG wählt ein Unternehmen dann, wenn es viel Kapital braucht, etwa um neue Maschinen zu kaufen oder neue Standorte aufzubauen. Das erforderliche Geld beschafft es sich über den Verkauf von Aktien.

Eine *Genossenschaft* (e. G. = eingetragene Genossenschaft) ist eine Sonderform der Kapitalgesellschaft. In ihr haben sich mehrere Menschen zu einem Unternehmen zusammengeschlossen, um wirtschaftliche, kulturelle und soziale Ziele zu verfolgen. Einkaufsgenossenschaften, wie zum Beispiel Edeka, verschaffen ihren Genossen (das sind die Lebensmittel-Einzelhändler) wegen der Großabnahme besonders günstige Einkaufspreise.

Um Genosse zu werden und von diesen Vorteilen zu profitieren, muss man Anteile kaufen. Die Generalversammlung ist das oberste Organ der Genossenschaft. Dort hat jeder Genosse – unabhängig von der Höhe seiner Anteile – eine Stimme. Im Verlustfall können Genossen nur den für den Kauf eingesetzten Geldbetrag verlieren.

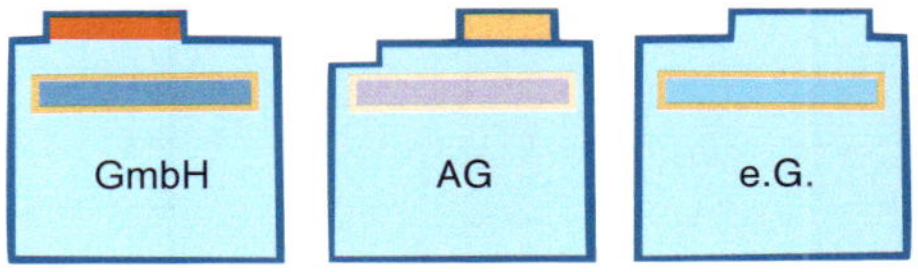

Kapitalgesellschaften

Diese Seite führt tiefer ins Thema.

AKTIV LERNEN

E Zuordnung: Welche Rechtsform passt zu welchem Unternehmen?

Euer Auftrag:

1. Entscheide für jedes Beispiel, welche Rechtsform zu diesem Unternehmen passt.
2. Begründe deine Entscheidung.
3. Vergleiche mit einem Partner die Ergebnisse und stellt sie in der Klasse vor.
4. Einmal angenommen, die Firmeninhaber dieser Unternehmen bitten eine Bank um einen größeren Kredit für eine Investition. Welche hätten wohl große Chancen, welche eher geringere? Redet darüber in der Klasse.

Beispiel 1:

Zusammen mit ihrer Familie betreibt Juliana Jussipowitsch eine Event-Agentur. In ihr Unternehmen hat sie schon häufiger eigenes Geld gesteckt – und nicht immer hat sich diese Investition gelohnt. Die Eventbranche ist sehr kurzlebig und die Nachfrage schwankt stark. Sie macht sich nun Sorgen um ihre Zukunft und möchte sicherstellen, dass sie nicht mit ihrem persönlichen Vermögen haftet, wenn die Firma Verluste einfährt.

Zu diesem Unternehmen passt folgende Rechtsform: …

Beispiel 2:

Marc Osterholz studiert Informatik im neunten Semester. Bereits während des Studiums jobbt er häufig bei einem Freund, der ein IT-Beratungsunternehmen besitzt. Nach dem Ende seines Studiums will er sich unbedingt selbstständig machen und Firmen und Privatpersonen beim Datenschutz beraten. Er benötigt für die Gründung seiner Firma nur wenig Kapital. Die entsprechenden Geräte und die Software hat er bereits angeschafft. Zunächst will er von zu Hause aus arbeiten.

Zu diesem Unternehmen passt folgende Rechtsform: …

Beispiel 3:

Marlene Adam, Jan Breitner und Nico Georgiou kennen sich bereits aus dem Studium. Einige Jahre haben sie als angestellte Rechtsanwälte in verschiedenen Büros gearbeitet. Nun möchten sie ihren Traum verwirklichen: eine eigene Kanzlei. Passende Räume haben sie bereits gefunden. Bald kann's losgehen, sie müssen nur noch die geeignete Rechtsform finden. In einem Gespräch legen sie folgende Kriterien fest: Alle sollen bei der Führung der Kanzlei mitreden dürfen, wichtige Entscheidungen sollen gemeinsam getroffen werden. Sie sind bereit, ihr persönliches Vermögen in die Kanzlei einzubringen.

Zu diesem Unternehmen passt folgende Rechtsform: …

Beispiel 4:

Die Firma Pamira hat ein sehr erfolgreiches Jahr zurückgelegt. Sie produziert Sport- und Outdoorbekleidung und die neue Kollektion war gefragt wie nie. Die Kunden rissen sich geradezu darum. Die Geschäftsleitung hält den Zeitpunkt für günstig, ins Ausland zu expandieren. Sie will im nächsten Jahr zunächst Niederlassungen in Frankreich, den Niederlanden und Dänemark gründen. Dafür braucht sie große Mengen Kapital, denn die neuen Shops einzurichten und ein Vertriebsnetz aufzubauen kostet viel Geld. Außerdem wird sie für die Auslandsfilialen neues Personal einstellen müssen.

Zu diesem Unternehmen passt folgende Rechtsform: …

Geht es Unternehmen nur ums Geldverdienen?

Unternehmensziele analysieren – Leitbilder vergleichen

A Im Zielkonflikt: zwei Fallbeispiele

Unternehmerinnen und Unternehmer müssen manchmal in schwierigen Situationen entscheiden, bei denen unterschiedliche Interessen und Unternehmensziele aufeinandertreffen. Dabei haben sie die Auswirkungen ihrer Entscheidung sorgfältig abzuwägen und – im Zusammenspiel mit der Belegschaft – eine Lösung zu entwickeln, die für das Unternehmen und die Beschäftigten möglichst vorteilhaft ist. Zwei Beispiele schildern einen solchen Zielkonflikt.

Tipp: Ihr könnt sie arbeitsteilig bearbeiten und euch gegenseitig informieren.

1. Soll die Schreinerei Kobler nur noch einheimisches Holz verarbeiten?

Seit der Juniorchef Florian Kobler das elterliche Familienunternehmen mit 20 Beschäftigten übernommen hat, wird Umweltschutz großgeschrieben. Er ist sich sicher, dass nachhaltig arbeitende Unternehmen langfristig einen Wettbewerbsvorteil haben und auf dem Markt erfolgreich sein werden.

Verzicht auf Tropenholz

Erst im letzten Jahr hat er auf dem Dach des Firmengebäudes eine Solaranlage installieren lassen. Diese Investition hat ein großes Loch in die Firmenkasse gerissen und den Jahresgewinn schrumpfen lassen. Nun grübelt er seit Tagen über den nächsten Schritt. Er plant, künftig kein Tropenholz mehr zu verarbeiten. Beliebt bei seinen Kunden sind unter anderem Gartenmöbel aus dem witterungsbeständigen und schädlingsresistenten Teakholz, das in Südostasien in riesigen Plantagen angebaut wird. Dafür werden Regenwälder – oft illegal – abgeholzt. Durch den Abbau von tropischen Hölzern werden weltweit jährlich rund 13 Millionen Hektar Regenwald und damit wertvolle, artenreiche Ökosysteme unwiederbringlich vernichtet. Häufig werden Landrechte missachtet und Arbeiter durch niedrige Löhnen ausgebeutet. Das kann und will Florian Kobler in Zukunft nicht mehr mitverantworten. Stattdessen will er ausschließlich einheimische Hölzer aus nachhaltigem Anbau verwenden.

Wirtschaftlicher Erfolg

Auf der anderen Seite verfolgt er das Ziel, das Unternehmen erfolgreich zu führen und einen möglichst hohen Gewinn zu erwirtschaften. Wie würden seine Kunden reagieren, wenn er ihnen von einem Tag auf den anderen den Wunsch nach Tropenholz verweigert? Auch müsste er möglicherweise seine Preise erhöhen. Würden seine lang-

Traditionelles, qualitätsbewusstes Handwerk in Verbindung mit nachhaltiger Wirtschaftsweise – das Erfolgsrezept für die Zukunft?

jährigen Stammkunden zur Konkurrenz wechseln? Gefährdet er mit seiner Entscheidung Arbeitsplätze oder möglicherweise sogar die Existenz des Unternehmens, das seit Generationen im Besitz seiner Familie ist?

2. Soll sich die Werbeagentur Solvix um einen Großauftrag bewerben?

Innerhalb weniger Jahre hat sich die Werbeagentur Solvix zu einer der erfolgreichsten Agenturen in der Region entwickelt. Sie hat sich auf Werbung in digitalen Medien spezialisiert und von der Digitalisierung in der Unternehmenswelt kräftig profitiert.
Zu Recht ist die Firmengründerin Mara Zimmermann stolz auf die Leistungen ihres jungen Teams, das aus fünf Mitarbeiterinnen und Mitarbeitern besteht.

Aussicht auf einen Großauftrag
Gerade hat sie auf einem Internetportal die Ausschreibung eines Großauftrags entdeckt: Ein bekanntes Unternehmen will seinen Webauftritt neu gestalten. Sie überlegt, ob sie sich für den Auftrag bewerben soll. Die Neugestaltung und die Pflege der Website würde ihrer jungen Agentur viel Geld einbringen, ihr einen Vorteil vor der Konkurrenz verschaffen und Arbeitsplätze sichern. Möglicherweise bekäme ihr Unternehmen bei einer erfolgreichen Umsetzung des Auftrags aufgrund der Mund-zu-Mund-Propaganda weitere Aufträge von anderen Unternehmen.
Mara Zimmermann ist sich bewusst, dass die Zukunft ihres jungen Unternehmens keinesfalls gesichert ist: Noch hat sie keine Stammkunden, die ihr regelmäßige Aufträge sichern. In dieser schnelllebigen Branche kann zum Beispiel eine Wirtschaftskrise sehr rasch den Fortbestand ihres jungen Unternehmens gefährden.

Hohe Arbeitsbelastung des Teams
Für die Erfolge der letzten Zeit hat ihr Team einen hohen Preis gezahlt: zahllose Überstunden verbunden mit dauerhaftem Termin- und Leistungsstress. Selbst die engagiertesten Mitarbeiter wirken inzwischen sehr erschöpft. Die Stimmung droht zu kippen. Wären sie bereit, für den Großauftrag wieder 60-Stunden-Wochen in Kauf zu nehmen? Mara Zimmermann weiß natürlich, wie wichtig die Motivation und Kreativität ihrer Beschäftigten gerade für den Erfolg einer Werbeagentur sind. Nachdenklich studiert sie die Regelungen des Arbeitszeitgesetzes. Darin schreibt der Gesetzgeber vor, dass die werktägliche Arbeitszeit acht Stunden nicht übersteigen darf. Nur in Ausnahmefällen darf sie zehn Stunden betragen, wenn dann an anderen Tagen dafür weniger gearbeitet wird. Im Durchschnitt von sechs Monaten darf sie nicht mehr als acht Stunden betragen. Diese Bestimmungen wurden in den letzten Monaten fast durchgehend missachtet.
Die Regelungen des Arbeitszeitgesetzes sollen vor allem die Gesundheit von Arbeitnehmern schützen. Darf sie als verantwortungsbewusste Unternehmerin die Gesundheit ihres Teams aufs Spiel setzen? Was würde passieren, wenn jemand aufgrund der dauerhaften Überlastung krank würde?

Bei wöchentlichen Teamsitzungen werden Aufgaben verteilt und die Arbeitsabläufe organisiert. Wird das Team die zusätzliche Arbeitsbelastung akzeptieren?

1. Arbeite aus deinem Beispiel die Ziele der Unternehmer heraus.
2. In welchem Zielkonflikt befinden sich jeweils die Unternehmer? Erläutere ihn.
3. Suche dir einen Partner und informiert euch gegenseitig über eure Arbeitsergebnisse.
4. In der Praxis werden Zielkonflikte häufig durch Kompromisse gelöst. Entwickle einen Lösungsvorschlag für eines der beiden Beispiele.

GRUNDWISSEN

B Unternehmensziele

Ökonomische Ziele

Unternehmen werden gegründet, um damit Geld zu verdienen. Gewinn entsteht immer dann, wenn die Einnahmen aus dem Verkauf von Produkten oder Dienstleistungen höher sind als die Kosten für Personal, Arbeitskräfte, Rohstoffe und vieles mehr. Dabei sind Unternehmen stets bestrebt, ihren Gewinn zu steigern. Die Konkurrenz vieler Unternehmen, die Gewinn erwirtschaften wollen, führt in der Marktwirtschaft dazu, dass Verbraucher versorgt werden. Das nennt man das erwerbswirtschaftliche Prinzip. Es ist das Leitprinzip für jedes unternehmerische Handeln.

Ökologische Ziele

Fast alle Unternehmen streben heute eine nachhaltige Wirtschaftsweise an, die die Umwelt so wenig wie möglich schädigt. Deshalb achten sie darauf, wo immer möglich, Energie zu sparen und möglichst wenige Schadstoffe auszustoßen. Die EU und die deutsche Regierung haben eine ganze Reihe von Gesetzen beschlossen, die Grenzwerte für die Umweltbelastung definieren und an die sich Unternehmen halten müssen. Zum Umweltschutz gehören auch Mülleinsparung und -vermeidung, aber auch die Reduzierung von Lärmbelästigung.

Soziale Ziele

Schon aus Eigeninteresse sollte jedes Unternehmen daran interessiert sein, dass sich die Beschäftigten am Arbeitsplatz wohlfühlen. Denn nur mit motivierten Mitarbeitern können sie ihre ökonomischen Ziele erreichen. Dazu gehören zum Beispiel eine gerechte Bezahlung, soziale Leistungen wie Betriebsrenten, ein gutes Betriebsklima sowie Maßnahmen zum Gesundheitsschutz.

1. Beschreibe die drei Ziele von Unternehmen.
2. Erläutere anhand des Schaubildes die Zielbeziehungen in einem Unternehmen.
3. Begründe, warum Unternehmen auch soziale und ökologische Ziele verfolgen. Gewinne könnten sie doch auch ausschließlich mit ökonomischen Zielen erreichen.

Zielbeziehungen

komplementär	konkurrierend	indifferent
Beispiel: Kundenbeziehung Mitarbeitermotivation	**Beispiel:** Qualitätssteigerung Kostensenkung	**Beispiel:** Kreditaufnahme Gesundheit der Beschäftigten

Zielbeziehungen

Jedes Unternehmen verfolgt eine Vielzahl kurzfristiger und langfristiger Ziele. Diese stehen in unterschiedlichen Beziehungen zueinander.

- *Komplementäre Ziele:* Maßnahmen zur Erreichung eines Zieles fördern die Erreichung eines anderen Zieles.
  Beispiel: Beschäftigte bekommen eine Sonderzahlung, wenn sie bei Kundenumfragen gut abschneiden. Das erhöht wiederum ihre Motivation.
- *Konkurrierende Ziele:* Maßnahmen zur Erreichung eines Zieles wirken der Erreichung eines anderen Zieles entgegen.
  Beispiel: Wenn ein Lebensmittelkonzern die Qualität seiner Produkte durch bessere, teurere Rohstoffe verbessern will, wirkt das dem Ziel der Kostensenkung in der Produktion entgegen.
- *Indifferente Ziele:* Maßnahmen zur Erreichung eines Zieles haben keine Auswirkung auf die Erreichung des anderen Zieles.
  Beispiel: Die Aufnahme eines Kredits wirkt sich nicht auf den Gesundheitszustand der Beschäftigten aus.

C Welche Ziele setzen sich Unternehmen in Leitbildern? – Zwei Beispiele

In Leitbildern fassen Unternehmen ihre langfristigen Ziele zusammen. Zwei Beispiele von baden-württembergischen Unternehmen findet ihr auf dieser Seite. Ihr könnt sie analysieren und miteinander vergleichen.
Tipp: Wählt ein Beispiel, das ihr bearbeiten möchtet.

Beispiel 1: Das Familienunternehmen Kärcher – Hauptsitz in Winnenden

KÄRCHER

1. Kundenorientierung
Wir pflegen einen offenen und partnerschaftlichen Dialog mit unseren Kunden. Unsere Produkte und Dienstleistungen bieten optimale Problemlösungen mit hohem Kundennutzen. […]

2. Mitarbeiter
Qualifizierte und motivierte Mitarbeiter, die Freude an der Arbeit haben, sind ein wichtiger Erfolgsfaktor für Kärcher.

3. Zusammenarbeit
Vertrauen, Loyalität, Transparenz, Fairness, Zuverlässigkeit, Achtung und Respekt prägen das Verhältnis von Kärcher gegenüber den Mitmenschen nach innen und außen. Wir nutzen zielgerichtet alle im Unternehmen vorhandenen Erfahrungen und Sachkenntnisse durch Teamarbeit und aktiven Austausch von Informationen.

4. Unser Leistungsprogramm
Wir bieten Reinigungssysteme und Dienstleistungen für Freizeit, Haushalt, Gewerbe und Industrie mit einem optimalen Preisleistungsverhältnis an.

5. Marktstellung
Kärcher ist ein internationales Unternehmen und versteht sich als Benchmark [= führendes Unternehmen der Branche]. Wir wollen führend sein in Marktanteil, Innovation, Qualität und Image. Wir streben in allen unseren Geschäftsfeldern weltweit die Marktführerschaft an.

6. Innovation
Als Innovationsführer setzen wir Standards in Technologie, Service und Design, die sich an optimalem Kundennutzen und Kundenanforderungen orientieren. Unsere Innovationen überzeugen und begeistern unsere Kunden.

7. Marketing
Spitzenleistung, Innovation und Qualität sind mit der Marke Kärcher weltweit verbunden. Wir wollen kontinuierlich unsere Markenkraft stärken.

8. Produktion und Beschaffung
[…] Gemeinsam mit ihnen arbeiten wir kontinuierlich an der […] Prozessgestaltung. Die Wettbewerbsfähigkeit in Qualität und Kosten sichern wir durch Veränderungsbereitschaft, Schnelligkeit und Flexibilität.

9. Gesellschaftliche Verantwortung
[…] Wir achten in allen Ländern die jeweiligen Werte und Normen, die Menschenrechte sowie die rechtlichen und sozialen Ordnungen im Sinne eines Good Citizen.

10. Umgang mit Ressourcen
Unsere Produkte, Dienstleistungen gestalten wir umweltgerecht. Überall, wo wir tätig sind, tragen wir den Umweltanforderungen Rechnung und gehen dabei mit allen vorhandenen Ressourcen verantwortungsvoll um.

11. Wachstum, Finanzierung, Erfolg
Mit profitablem Wachstum stärken wir unsere Ertrags- und Finanzkraft. Wir sichern damit die Existenz und langfristige Weiterentwicklung unseres Unternehmens. Unser unternehmerisches Handeln steht unter dem Primat [= Vorrang], unsere finanzielle Unabhängigkeit und Entscheidungsfreiheit zu wahren. […]

12. Familienunternehmen
Die Gesellschafter identifizieren sich mit dem Unternehmen. Kärcher bleibt ein Familienunternehmen.

Hartmut Jenner, Vorsitzender der Geschäftsführung

(Aus: https://s3.kaercher-media.com/asset/1306/1403070806/kaercher_unternehmensleitbild.pdf, Zugriff: 20.06.2017)

Beispiel 2: Die Theo-Lorch-Werkstätten in Ludwigsburg

Unter dem Motto „Ganz normal anders" bieten die Theo-Lorch-Werkstätten Arbeitsplätze für über 800 Menschen mit Behinderung an. Dienstleistungsangebote und Arbeitsfelder sind zum Beispiel die Garten- und Landschaftspflege, Hauswirtschaft, Malerarbeiten, Lagerarbeiten und Montage. Als gemeinnützige GmbH dürfen die Werkstätten keine Gewinne erwirtschaften. 70 Prozent des Produktionsergebnisses werden an die Beschäftigten als Lohnzuschuss ausgeschüttet, 30 Prozent werden in Maschinen, Ausrüstung, Gebäude usw. investiert.

Unser großes Ziel

- Wir verstehen uns als Dienstleister für Menschen mit Behinderung im Landkreis Ludwigsburg.
- Unsere Kernaufgabe ist, Arbeit für Menschen mit Behinderung anzubieten – und damit Teilhabe am gesellschaftlichen Leben.

Was bedeutet das für uns?

- Das Leitbild bezieht sich auf alle Menschen, die bei den Theo-Lorch-Werkstätten arbeiten.
- Wir handeln nach dem christlichen Menschenbild und nehmen jeden in seiner Einzigartigkeit an.
- Unser Umgang ist geprägt von Respekt, Anerkennung und Wertschätzung gegenüber jedem Einzelnen.
- Im Zentrum stehen der Mensch und das gemeinsame Miteinander unter Wahrung der Individualität.
- Wir richten uns dabei an der UN-Konvention über die Rechte von Menschen mit Behinderung aus und setzen die rechtlichen Vorgaben um.
- Wir bieten Arbeit, Betreuung und Berufliche Bildung für Menschen an, die nicht, nicht mehr oder noch nicht am ersten Arbeitsmarkt teilnehmen können.

GANZ NORMAL ANDƎRS

Theo-Lorch Werkstätten gGmbH

Wie erreichen wir dieses Ziel?

- Wir fördern die Stärken und die Entwicklung der Persönlichkeit jedes Einzelnen unseres Unternehmens.
- Wir setzen uns im Arbeitsalltag und in der Gesellschaft dafür ein, dass Menschen mit Behinderung ihre Rechte wahrnehmen können.
- Wir stellen sicher, dass alle Menschen bei den Theo-Lorch-Werkstätten die für sie wichtigen Informationen erhalten.
- Bei unseren Angeboten stehen die Fähigkeiten und Interessen der Menschen, die ausgebildet, beschäftigt und betreut werden, an erster Stelle.
- In Zusammenarbeit mit unseren Partnern bieten wir Unterstützung für ein selbstbestimmtes Leben.
- Mit Qualität und wirtschaftlichem Handeln bei Produktion und Dienstleistungen stellen wir sicher, dass wir nachhaltig und konkurrenzfähig am Markt bestehen.

(Aus: www.theo-lorch-werkstaetten.de, Zugriff: 03.12.2017)

1. Analysiere das gewählte Leitbild unter den Kriterien Kernziele, Produkte/Dienstleistungen, Stellung der Beschäftigten, Umwelt.
2. Suche dir einen Partner, der das andere Beispiel bearbeitet hat. Vergleicht die beiden Leitbilder nach den in Aufgabe 1 genannten Kriterien und stellt eure Ergebnisse in der Klasse vor.
3. Leitbilder enthalten abstrakt formulierte Ziele und Grundsätze, die in einigen Fällen mit der Realität in Unternehmen noch wenig gemein haben. Haltet ihr sie trotzdem für notwendig oder eher für überflüssig? Begründet eure Ansicht.

5 Wie funktionieren Unternehmen?

Aufbau und Abläufe erläutern – eine Betriebserkundung durchführen

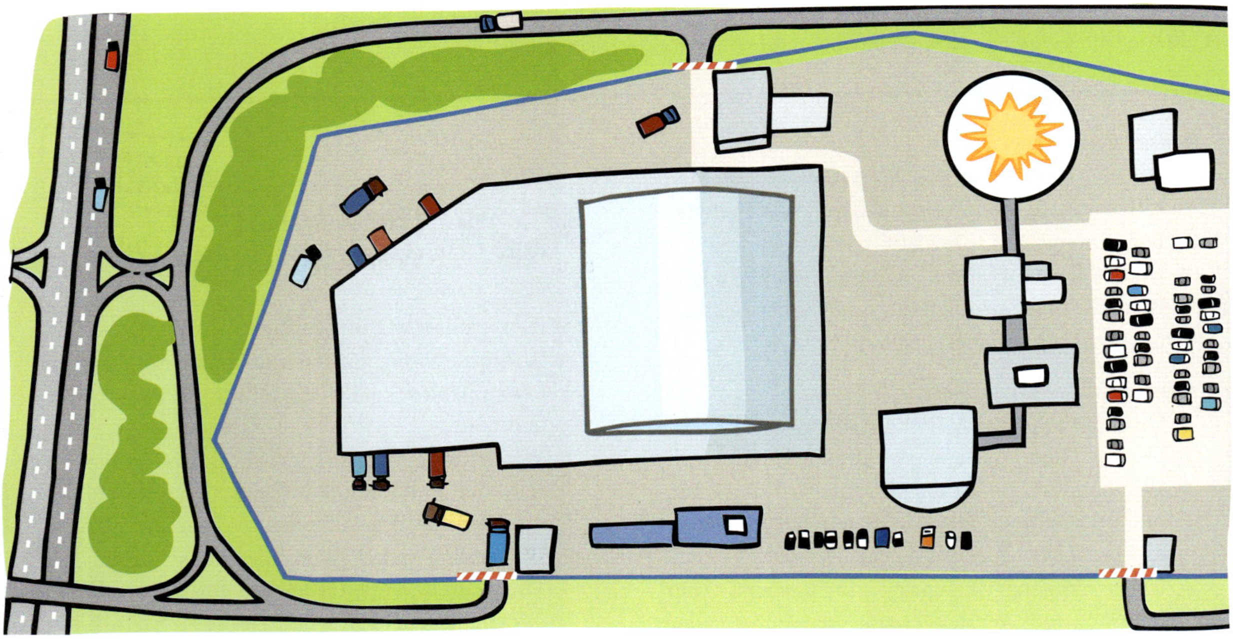

A Wer ist wofür zuständig? Das Beispiel Sonnen-Werke

In jedem Unternehmen fallen immer wiederkehrende grundsätzliche Aufgaben an. Sie werden als betriebliche Grundfunktionen bezeichnet. Im folgenden Beispiel eines fiktiven Industriebetriebs könnt ihr erarbeiten, welche das sind.

Die Sonnen-Werke produzieren natürliche Grundstoffe für die Getränke- und Lebensmittelindustrie und Fruchtsaftgetränke. Gegründet wurden sie in den Siebzigerjahren des letzten Jahrhunderts. Sie sind heute noch ein Familienunternehmen. Am Stammsitz des Unternehmens werden Produkte hergestellt, aber auch viele wichtige Entscheidungen für das Unternehmen getroffen: welche Produkte auf dem Markt angeboten werden sollen, wie und wohin die Produkte verkauft werden, in welchen Ländern man neue Betriebe errichten will. Damit das Unternehmen konkurrenzfähig bleibt, entwickelt die Forschungs- und Entwicklungsabteilung ständig neue Produkte.

Beschaffung

Da in Deutschland keine Südfrüchte wachsen, werden viele Rohstoffe für die Fruchtsäfte aus Nord- und Südamerika und aus dem Mittelmeerraum eingeführt. Einkäufer sorgen dafür, dass die Rohstoffe zu möglichst günstigen Preisen beschafft werden. In der Folge muss der Transport organisiert werden. Täglich passieren Hunderte von Lkws die Pforte der Sonnen-Werke. Wer in dem Bereich Beschaffung arbeitet, muss dafür sorgen, dass einerseits immer genügend Nachschub für die Produktion vorhanden ist, andererseits dürfen auch nicht zu viele Lkws bestellt werden, denn nicht benötigte Rohstoffe zu lagern kostet zusätzlich Geld. Auch genügend Personal muss beschafft

werden. In Spitzenzeiten haben die Sonnen-Werke oft nicht genügend eigenes Personal, sie leihen es von Zeitarbeitsfirmen.
Zusammengefasst hat die Beschaffung die Aufgabe, die Produktionsfaktoren Arbeit, Kapital und Werkstoffe in der richtigen Menge, zur passenden Zeit und zu möglichst günstigen Preisen zu organisieren.

Produktion

In der Produktion werden die Konzentrate gemischt, erhitzt und in große Tanks abgefüllt. Anschließend werden sie entweder an Kunden in der Getränkeindustrie geliefert oder für die eigene Produktion weiterverarbeitet, indem man Wasser, Zucker und Geschmacksstoffe hinzufügt. Das genaue Rezept bleibt allerdings geheim, denn schließlich will man ja nicht, dass die Produkte von anderen Unternehmen nachgeahmt werden. Anschließend werden die Fruchtsaftgetränke abgefüllt. Weil die Maschinen, mit denen die Getränke hergestellt werden, sehr teuer sind und daher gut ausgelastet sein müssen, arbeiten die Mitarbeiter in der Produktion in zwei Schichten, in Spitzenzeiten wird sogar rund um die Uhr gearbeitet.
Zusammengefasst hat dieser Bereich die Aufgabe, den Ablauf der Produktion zu planen, die Qualität der Produkte zu kontrollieren und zu entscheiden, was in welcher Menge wie produziert wird.

Absatz

Mitarbeiterinnen und Mitarbeiter des Vertriebs sorgen dafür, dass die bestellten Produkte an die Kunden geliefert werden. Inzwischen hat das Unternehmen Kunden in über 90 Ländern. Für die Vermarktung sind Kaufleute und Marketingspezialisten zuständig: Sie berechnen unter anderem die Preise, beraten und informieren die Kunden und überlegen auch, wie durch Werbemaßnahmen der Verkauf der Produkte gesteigert werden kann. Zusammengefasst umfasst dieser Aufgabenbereich alle Tätigkeiten, die darauf zielen, die Produkte eines Unternehmens bekannt zu machen, den Vertrieb und Verkauf zu organisieren.

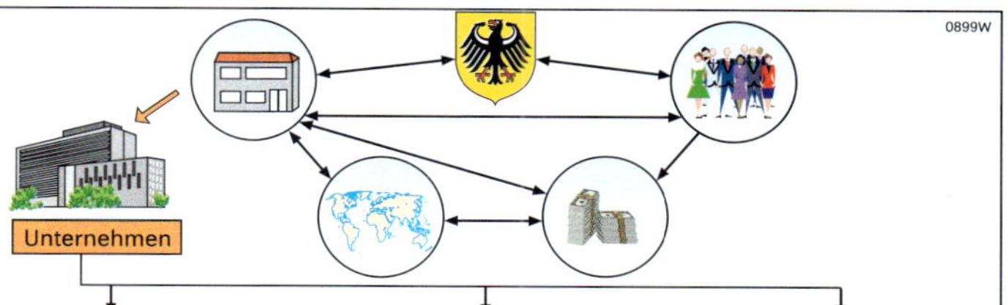

Beschaffung	Produktion	Absatz
von • Arbeitskräften • Betriebsmitteln • Werkstoffen • Finanzmitteln Aufgaben des Betriebs: Sicherstellen, dass 1. das Material (was), 2. in der erforderlichen Menge, 3. von einem Lieferanten (woher), 4. zum richtigen Zeitpunkt (wann) vorhanden ist.	Aufgaben des Betriebes z.B.: • Planung des Produktionsprogramms • Planung des Fertigungsablaufs Es sind Entscheidungen zu treffen, • welche Produkte, • in welchen Mengen, • in welcher Ausstattung, • in welcher Typenvielfalt hergestellt werden sollen.	Aufgaben des Betriebes z.B.: • Welche Lage herrscht am Markt? • Welche Ziele werden angestrebt? • Welche Mittel werden wie, wann eingesetzt? (Produktionspolitik, Preispolitik, Absatzwegepolitik, Kommunikationspolitik)

Ein Blick ins Unternehmen: Wer nimmt welche Aufgaben wahr?

1. Johannes Bartel plant zusammen mit Vertretern von zwei Supermarkt-Ketten eine Sonderverkaufsfläche, um ein neues Fruchtsaftgetränk bei den Konsumenten bekannter zu machen.
2. Serap Karioglu telefoniert mit einem Zulieferer in Südamerika, weil sich eine Rohstofflieferung verzögert.
3. Im großen Konferenzraum tagen zwei Abteilungsleiter mit der Geschäftsführung. Bei der Waren-Endkontrolle wiesen mehrere Getränkekartons Qualitätsmängel auf, die man sofort beheben möchte.
4. Katja Niemeyer berät sich in einer Video-Konferenz mit Kollegen der Niederlassung in Polen. Sie überlegen, dem dortigen Großhändler einen Rabatt anzubieten, um den Absatz in Polen anzukurbeln.
5. Vor dem Werktor schaut Tim Wiseler immer wieder nervös auf seine Uhr. Er erwartet dringend drei Lkws aus den Niederlanden. Wegen eines Hafenstreiks konnten sie in Rotterdam erst verspätet beladen werden.

1. Erläutere anhand des Textes und des Schaubilds die Aufgaben in den Bereichen Beschaffung, Produktion und Absatz.

2. Ordne die Punkte 1 bis 5 den passenden Grundfunktionen zu.

3. Gleich neben den Sonnen-Werken hat eine Software-Firma ihren Sitz. Erläutere mithilfe des Schaubilds, welche Aufgaben in der Beschaffung anfallen.

GRUNDWISSEN

B Organisation von Unternehmen

1. Wie bezeichnet man die verschiedenen Organisationsformen von Unternehmen?

2. Stelle den Ablauf der Auftragsabwicklung in den Sonnen-Werken grafisch dar.

3. Der Neukunde der Sonnen-Werke reklamiert eine Beschädigung der gelieferten Ware. Dafür verlangt er einen Preisnachlass von 20 Prozent. Frau Schultheiß ist neu im Unternehmen und unsicher, ob sie diesen Nachlass gewähren darf. Erkläre ihr, wo sie sich informieren kann.

4. Welche Bedeutung hat die innerbetriebliche Organisation für den Erfolg eines Unternehmens? Erläutere sie.

Aufbauorganisation

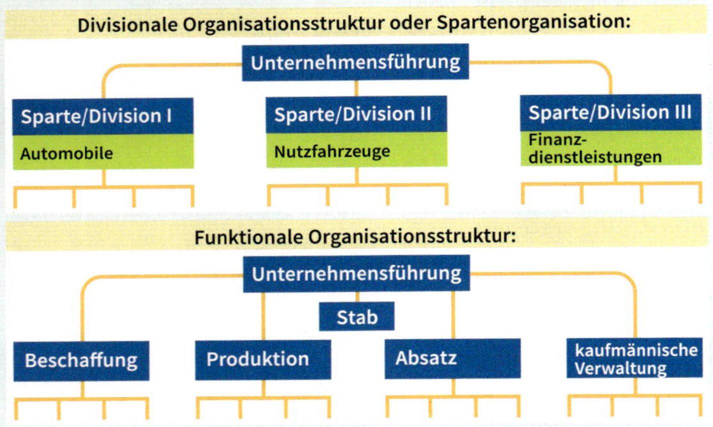

(Aus: Lexikon der Wirtschaft, Hg. Bundeszentrale für politische Bildung, Bonn 2016, S. 257)

Bedeutung der Organisation

In jedem Unternehmen fallen zahlreiche Arbeiten an, die nach dem ökonomischen Prinzip möglichst rasch, mit möglichst geringem Material- und Arbeitskräfteeinsatz und möglichst geringen Kosten erledigt werden sollen. Um diese Ziele zu erreichen, müssen Unternehmen die Zusammenarbeit der Mitarbeiterinnen und Mitarbeiter bei der Bewältigung der Aufgaben organisieren.

Aufbauorganisation

Die Aufbauorganisation regelt, wer in einem Unternehmen welche Aufgaben hat. Sie beantwortet zudem folgende Fragen: Wer darf was entscheiden? Wer ist wem gegenüber weisungsbefugt? Der betriebliche Aufbau eines Unternehmens wird in einem Aufbauplan dargestellt – dem Organigramm des Unternehmens.

Bei der *Spartenorganisation* ist die Aufgliederung der Geschäftsbereiche (auch Divisionen genannt) leitendes Prinzip. Das können zum Beispiel Produktgruppen sein, unterschiedliche Märkte oder geografische Bereiche. Der Vorteil davon ist, dass die Sparten relativ unabhängig voneinander arbeiten und die Leitung der Sparten sehr gut mit den Produkten oder ihrer Region vertraut ist, sodass sie rasch auf Veränderungen und Probleme reagieren können und damit die Unternehmensleitung entlasten.

Bei der *funktionalen Gliederung* organisiert ein Unternehmen den Aufbau nach den Haupttätigkeiten. Dabei entstehen zum Beispiel Teilbereiche wie Beschaffung, Produktion, Absatz und Kaufmännische Verwaltung. Jede Abteilung spezialisiert sich auf bestimmte Aufgaben.

Ein vereinfachtes Beispiel: Die Sonnen-Werke erhalten eine Anfrage eines Neukunden, der einen Auftrag vergeben möchte. Die Verwaltung ermittelt bei der Produktion, ob im gewünschten Zeitraum Kapazitäten frei sind. Sie erstellt nach deren Angaben ein Angebot. Der Kunde nimmt das Angebot an und erhält eine Auftragsbestätigung mit Liefertermin. Die Produktion stellt den Artikel her. Der Vertrieb organisiert die Lieferung. Die Verwaltung verschickt die Rechnung. Der Kunde überweist den Betrag, die Verwaltung verbucht die Einnahmen.

Bei der Organisation der Abläufe geht es darum, Arbeitskräfte und Maschinen möglichst gleichmäßig auszulasten und das zeitliche Zusammenspiel der einzelnen Abteilungen optimal zu gestalten. Reibungslose und schnelle Arbeitsläufe sind für jedes Unternehmen sehr wichtig. Denn die Behebung von Fehlern kann viel Geld kosten, Kunden verprellen und das Image des Unternehmens schädigen. Deswegen werden ständig alle Abläufe überprüft und verbessert.

Eine Betriebserkundung durchführen

Thema: Aufbau und Abläufe in einem Unternehmen

1. Vorbereitung → 2. Durchführung → 3. Auswertung

Einen Einblick in den Aufbau und die Abläufe in einem Unternehmen kann eine Erkundung vermitteln. Dabei könnt ihr zu einer bestimmten Fragestellung Informationen sammeln. Dies kann durch Beobachtung von Arbeitsplätzen und Gesprächen mit Mitarbeitern usw. geschehen.

1. Vorbereitung

Bevor ihr euch auf die Suche nach einem geeigneten Betrieb macht, solltet ihr euch darüber klar werden, was euch besonders interessiert. Es ist sinnvoll, eine Erkundung auf wenige thematische Schwerpunkte einzugrenzen.
Einige Beispiele:

- Wie ist das Unternehmen aufgebaut? Welche Abteilungen gibt es?
- Wie arbeiten die einzelnen Abteilungen zusammen?
- Welche Tätigkeiten werden in dem Unternehmen ausgeübt?
- Wie werden die Abläufe organisiert (Beispiele)?
- Hat das Unternehmen in letzter Zeit umstrukturiert? Aus welchen Gründen?
- Plant der Betrieb in Zukunft eine Erweiterung? Oder sind etwa Arbeitsplätze weggefallen?

2. Durchführung

Welche Branche für euer Vorhaben geeignet ist, hängt von eurem gewählten Schwerpunkt ab. Für eine Erkundung unter den in diesem Kapitel behandelten Schwerpunkten kommen wohl vor allem Produktions- oder Handwerksbetriebe infrage. Ihr könnt einen Betrieb mithilfe des Branchentelefonbuchs finden (Gelbe Seiten). Aber auch auf den Wirtschaftsseiten eurer Zeitung findet ihr Hinweise auf geeignete Betriebe.

- Beschafft euch zunächst Informationen über das Unternehmen. Meist stellen sich Unternehmen im Internet vor.
- Bildet dann Gruppen entsprechend der Anzahl der gewählten Schwerpunkte.
- Jede Gruppe überlegt sich, auf welche Weise sie im Betrieb Informationen zu ihrem Thema erhalten kann. Infrage kommen mehrere Möglichkeiten, z. B. kann man ein Interview mit Mitarbeitern führen und aufnehmen. Ihr könnt eure Eindrücke auch auf Fotos festhalten.
- Überlegt euch dann gemeinsam oder in Gruppen Fragen, die ihr stellen möchtet. Ein geeignetes Verfahren dafür ist das Brainstorming. Bereitet einen Beobachtungsbogen vor.

Eine Erkundung verläuft häufig nach einem festen Ablaufschema: Zunächst stellt euch ein Mitarbeiter in einem einführenden Vortrag das Unternehmen vor. Auf einem Rundgang solltet ihr versuchen, mit den Mitarbeitern ins Gespräch zu kommen. Notiert eure Beobachtungen. Ihr könnt eure Eindrücke auf Fotos festhalten. In einem Abschlussgespräch erhaltet ihr Gelegenheit, noch offene Fragen zu klären und über eure Eindrücke mit einem Ansprechpartner zu diskutieren.

3. Auswertung

Im Anschluss an die Erkundung gilt es, die Ergebnisse in Form einer Dokumentation oder in einem Artikel in der Schülerzeitung auszuwerten.

C Vielfalt im Unternehmen: Wie soll sich das neue Großkunden-Team der Sonnen-Werke zusammensetzen?

Ein Gedankenexperiment

Diversity: Vielfalt in Unternehmen

Die Sonnen-Werke strukturieren ihre Vertriebsabteilung um. Ein neu zu schaffendes Vertriebsteam aus fünf Personen soll die Großkunden in Europa betreuen. Seine Aufgabe besteht darin, die Kunden langfristig zufriedenzustellen und an das Unternehmen zu binden. Das Team wird sich aus bereits im Unternehmen beschäftigten und neu eingestellten Mitarbeitern zusammensetzen. Die Personalabteilung hat bereits die Personalakten und zahlreiche Bewerbungen nach fachlicher Qualifikation gesichtet und schlägt der Teamleiterin Angela Girardelli zehn fachlich geeignete Kandidaten vor. Im Unternehmensleitbild hat das Unternehmen folgendes Ziel formuliert: „Die Sonnen-Werke fördern die Vielfalt der Beschäftigten im Unternehmen." Bei der Zusammensetzung des neuen Teams soll die Teamleiterin mitentscheiden. Ihr sollt sie bei der Auswahl unterstützen und einen Vorschlag entwickeln.

Hinweis: In der Praxis haben Unternehmen – anders als in diesem Gedankenexperiment – angesichts des Fachkräftemangels häufig nicht die Möglichkeit, unter so verschiedenartigen Bewerbern mit ähnlicher Qualifikation zu wählen. Sie streben mit dem Diversity-Management an, das Ziel der Vielfalt nach und nach zu verwirklichen. Zudem liegen Unternehmen aus Datenschutzgründen Informationen über die sexuelle Orientierung, Religion und den Familienstand ihrer Beschäftigten nicht vor.

Diversity-Management: Vielfalt in der Belegschaft zahlt sich aus

Diversity (Vietfalts-)Management wird für Arbeitgeber immer wichtiger: Firmen, die viele Ältere, Frauen, Migranten und Behinderte beschäftigen, erwirtschaften mehr Gewinn.

Unternehmen, die sich um Vielfalt bemühen, geht es keineswegs um einen sozialen Anstrich. Sie verfolgen ökonomische Ziele. Der Trend ist eindeutig: Firmen, die auf Diversity setzen, konnten neue Kundengruppen erobern, die Arbeitsatmosphäre verbessern und sogar Krankheits- und Fehlzeiten reduzieren. Dabei geht das Vielfaltsprinzip weit über ethnische Kategorien hinaus. Zu den klassischen Dimensionen des Diversity-Managements gehören Alter und Geschlecht, religiöse Prägung, Behinderungen sowie sexuelle Orientierungen. Solche Firmen gehen auch gezielter auf die Bedürfnisse ihrer Mitarbeiter ein als klassisch orientierte Firmen: Um Privates, Familie und Arbeit besser vereinbaren zu können, bieten sie möglichst flexible Lösungen an. Work-Life-Balance lautet das Schlagwort. Beim Thema Baby bekommt der Chef keinen Tobsuchtsanfall mehr, Eltern-Auszeiten werden nicht als Karriere-Hindernis, sondern als selbstverständlich angesehen. Firmenkindergärten und Vätergruppen tragen dazu dabei, dass sich das traditionelle Rollenbild ändert – zur Zufriedenheit aller Mitarbeiter.

(Nach: Marion Kraske, Vielfalt in der Belegschaft zahlt sich aus, in: www.zeit.de, 3. Mai 2012, Zugriff: 21.06.2017)

Folgende Kandidatinnen und Kandidaten stehen zur Auswahl:

1.
Name: Oleg Gasparov
Alter: 32 Jahre
Nationalität: Russe
Familienstand: ledig
Religion:
Behinderung: –

2.
Name: Peter Fuhrmann
Alter: 59 Jahre
Nationalität: Deutscher
Familienstand: verheiratet, ein Kind
Religion: katholisch
Behinderung: –

3.
Name: Serap Özgun
Alter: 29 Jahre
Nationalität: Türkin
Familienstand: verheiratet
Religion: Muslimin
Behinderung: –

4.
Name: Carina Fehring
Alter: 46 Jahre
Nationalität: Deutsche
Familienstand: verh. mit einer Frau, ein Kind
Religion: evangelisch
Behinderung: –

5.
Name: Sören Ureland
Alter: 41 Jahre
Nationalität: Schwede
Familienstand: ledig, homosexuell
Religion: –
Behinderung: –

6.
Name: Stefanie Hagmann
Alter: 29 Jahre
Nationalität: Deutsche
Familienstand: ledig
Religion: katholisch
Behinderung: –

7.
Name: Jana Malik
Alter: 23 Jahre
Nationalität: Deutsche
Familienstand: ledig
Religion: –
Behinderung: Rollstuhlfahrerin

8.
Name: Samuel Oppermann
Alter: 42
Nationalität: Deutscher
Familienstand: verheiratet, kein Kind
Religion: jüdisch
Behinderung: –

9.
Name: Henrik Obolungo
Alter: 26 Jahre
Nationalität: Kameruner
Familienstand: ledig
Religion: christliche Freikirche
Behinderung: –

10.
Name: Valerie Lafayette
Alter: 32 Jahre
Nationalität: Französin
Familienstand: geschieden, alleinerziehend, zwei Kinder
Religion: katholisch
Behinderung: –

1. Beschreibe, welche Ziele ein Diversity-Management verfolgt.

2. Entwickle einen Vorschlag für die Zusammensetzung des neuen Teams, der die Prinzipien des Diversity-Managements bestmöglich umsetzt.

3. Erörtert in Kleingruppen eure Vorschläge, entscheidet euch für eine Lösung und stellt diese in der Klasse vor.

4. Begründe, warum Firmen mit Diversity-Management mehr Gewinn erwirtschaften und neue Kundengruppen erobern können.

Aufgabe 1:

Was braucht man, um ein Unternehmen zu gründen?

Olga und Patrick kennen sich sehr gut im Internet aus und wollen ein Unternehmen gründen, das Sportartikel im Internet verkauft. Bei einem Brainstorming haben sie bereits einige Ideen gesammelt, was sie für die Gründung eines Unternehmens brauchen. Doch weit sind sie nicht gekommen. Vervollständige ihre Liste.

1. Büroräume
2. …
3. …
4. …
5. …
6. …
7. …
8. …

Aufgabe 2:

Welche Tätigkeiten gehören zu welchen Bereichen?

Lege in deinem Heft eine Tabelle an und ordne die Tätigkeiten den verschiedenen Unternehmensbereichen zu.

	Beschaffung	Produktion	Absatz
1. neue Kunden gewinnen			
2. mit Lieferanten günstige Preise aushandeln	?		
3. Rohstoffe für die Produktion besorgen		?	
4. Online-Werbekonzept entwickeln			
5. Reklamationen von Kunden bearbeiten			?
6. neuartige Produkte entwickeln und testen	?		
7. Personal einstellen			
8. Arbeitsabläufe in der Herstellung planen			

Aufgabe 3:

Wie kann Alexis Karamanlis sein persönliches Vermögen absichern?

Alexis Karamanlis ist mit Leib und Seele Gastronom und betreibt in drei Städten mehrere griechische Restaurants. Aufmerksam beobachtet er, dass sich die kulinarischen Vorlieben der Deutschen verändern und laufend neue Trends entstehen. Was passiert, wenn seine Restaurants weniger Gewinn oder sogar Verluste erwirtschaften würden? Als Einzelunternehmer haftet er mit seinem persönlichen Vermögen. Im schlimmsten Fall wären seine Ersparnisse fürs Alter gefährdet.

a) Erkläre ihm, welche Vor- und Nachteile er als Einzelunternehmer hat.
b) Welche Rechtsform kommt für Alexis Karamanlis infrage, wenn er sein persönliches Risiko reduzieren will?
c) Welche Voraussetzungen muss er für den Wechsel der Rechtsform mitbringen?

Aufgabe 4:

Soll die Farbenspiel GmbH Diversity-Management einführen?

Die Farbenspiel GmbH entwickelt kreative Raumkonzepte für Privatleute und Firmen und stattet die Innenräume mit Teppichen, Vorhängen und Möbeln aus. Sie beschäftigt zwanzig Mitarbeiter (deutscher Herkunft) im Alter zwischen 40 und 55 Jahren, davon sind 18 Mitarbeiter männlich und zwei weiblich. Der Geschäftsführer Herr Fellner hat sich an eine Unternehmensberatung gewandt, um noch erfolgreicher zu werden. Neben vielen anderen Maßnahmen schlägt diese vor, ein Diversity-Konzept zu entwickeln.

a) Erkläre dem Inhaber Herrn Fellner, was man unter Diversity-Management versteht.
b) Begründe, warum Diversity-Management für das Unternehmen vorteilhaft sein kann.
c) Worauf soll er künftig bei Neueinstellungen achten?

Aufgabe 5:

Die Avanti Catering GmbH strukturiert um

Der Avanti-Catering-Service beliefert Privatleute, Unternehmen, Kindergärten und Schulen mit Mahlzeiten. Er ist in den letzten Jahren stark gewachsen. Deshalb will das Unternehmen seinen Aufbau umstrukturieren.

Das Unternehmen untergliedert sich aktuell in die Abteilungen Beschaffung, Produktion und Absatz. Die Beschaffung ist für den Einkauf von Lebensmitteln zuständig, die Produktion für die Herstellung der Gerichte und die Entwicklung neuer Gerichte, der Absatz für die Belieferung, die Gewinnung neuer Kunden und die Werbung. Seit die Firma auch in Rheinland-Pfalz und Bayern Niederlassungen gegründet hat, häufen sich die Probleme. Einige Beispiele: Die bayerische Niederlassung hat von einer Klinik einen Großauftrag angenommen, doch die Belieferung mit Lebensmitteln für die Herstellung klappte nicht. In der Produktion haben sie neue Rezepte entwickelt, doch diese eignen sich nicht für private Kunden, sodass diese verärgert waren.

a) Erläutere, nach welchem Prinzip das Unternehmen aktuell aufgebaut ist und welche Probleme sich daraus ergeben.
b) Entwickle einen Vorschlag für den künftigen Aufbau des Unternehmens.

Aufgabe 6:

Warum sind Unternehmensgründungen wichtig, Frau Habrecht?

Stella Habrecht ist erfolgreiche Unternehmerin und Sprecherin des Frauen-Unternehmerverbandes. Ein bekanntes Wirtschaftsmagazin hat per E-Mail eine Interview-Anfrage an sie gestellt. Du sollst in der Rolle der Unternehmerin die Fragen beantworten.

1. *Welche Fähigkeiten braucht man, um als Unternehmerin so erfolgreich wie Sie zu werden?*
   ???
2. *Welche Vor- und Nachteile hat die Selbstständigkeit im Vergleich zu einer Tätigkeit als Angestellter?*
   ???
3. *Warum sind Unternehmensgründungen so wichtig für den Wirtschaftsstandort Baden-Württemberg?*
   ???

9 Erfolgsfaktoren unternehmerischen Handelns

Eine Teamleiterin diskutiert mit ihrem Team die aktuellen Verkaufszahlen.

Wie stellt man fest, ob ein Unternehmen erfolgreich ist?

1. Allein nachdenken
In jedem Unternehmen spielen Zahlen eine besonders wichtige Rolle. Suche nach Gründen, warum das so ist.

2. Zu zweit beraten
Welche Zahlen benötigt die Leitung eines Unternehmens, um die wirtschaftliche Situation beurteilen zu können? Sammelt Beispiele.

3. Gemeinsam sammeln
Viele Unternehmen sind wirtschaftlich sehr erfolgreich, andere wiederum nicht. Überlegt, woran das liegen kann.

Bei der Arbeit an diesem Kapitel könnt ihr …

- Ursachen für den Erfolg eines Unternehmens charakterisieren,
- an einem Beispiel das Betriebsergebnis errechnen und grafisch darstellen,
- Grundzüge des betrieblichen Rechnungswesens beschreiben,
- die Ursachen einer Unternehmenskrise erläutern und Lösungsvorschläge entwickeln,
- eine betriebliche Dilemmasituation beschreiben und die Interessen der Stakeholder analysieren,
- in einem Planspiel eine Standortentscheidung treffen.

Eigene Schwerpunkte könnt ihr setzen, indem ihr …

- Geschäftszahlen über die Situation eines baden-württembergischen Unternehmens im Internet oder der Presse recherchiert,
- über eine erweiterte Pflicht zum Umweltschutz in Unternehmen diskutiert.

1 Wie erfolgreich ist die Avanti Catering GmbH?

Das Betriebsergebnis berechnen und grafisch darstellen

Der wirtschaftliche Erfolg eines Unternehmens lässt sich mithilfe von Daten errechnen. Diese Aufgabe könnt ihr anhand des folgenden Falles leisten. Lest zunächst den Fall, informiert euch über das betriebliche Rechnungswesen und bearbeitet dann die Aufgaben. So könnt ihr überprüfen, ob die Avanti Catering ein erfolgreiches Unternehmen ist.

A Der Fall: Auf der Suche nach einem Nachfolger

Die Suche nach einem geeigneten Nachfolger ist für viele Familienunternehmen eine große Herausforderung. Vier von zehn Unternehmen finden nach einer Umfrage der Deutschen Industrie- und Handelskammer keine passenden Interessenten (Stand 2017).

Die 35-jährige Katjana Vladek sitzt gerade beim Frühstück, als ihr Handy klingelt. „Nanu, wer will mich denn so früh am Morgen sprechen?“, wundert sie sich. Es ist Werner Rensch, der Geschäftsführer der Avanti Catering GmbH. Sie hat dort während ihres Betriebswirtschaftsstudiums häufig gejobbt und kennt das Unternehmen seit vielen Jahren. Herr Rensch möchte mit ihr einen Termin vereinbaren, um etwas Wichtiges zu besprechen. Was das wohl sein mag? Neugierig verabredet sie sich mit ihm und trifft sich mit ihm in seinem Büro.

W. Rensch: Schön, dass wir uns wieder einmal sehen, Katjana. Es gibt einen wichtigen Grund für unser Treffen. Vor zwei Monaten bin ich sechzig geworden. Nach und nach möchte mich nun aus dem Unternehmen zurückziehen und meine Nachfolge regeln.

K. Vladek: Sie haben ja das Glück, zwei außerordentlich tüchtige Kinder zu haben – das dürfte ja sicherlich kein Problem sein.

W. Rensch: Doch – das ist es. Meine Kinder haben kein Interesse daran, das Unternehmen zu führen. Sie wissen ja, dass ich Avanti Catering gegründet habe und viele Jahre lang jede freie Minute hier verbracht habe. An dem Unternehmen hänge ich mit jeder Faser. Deshalb ist es für mich außerordentlich wichtig, jemand zu finden, der mein Lebenswerk erfolgreich fortführt. So kam ich auf Sie.

K. Vladek: Wieso auf mich?

W. Rensch: Sie kennen unser Unternehmen sehr gut, sind mit der Branche vertraut, haben eine Ausbildung als Köchin und durch ihr Studium hervorragende kaufmännische Kenntnisse. Zudem sind Sie ehrgeizig und belastbar. Kurz: Ich kann mir niemand Geeigneteren vorstellen. Wie denken Sie darüber?

K. Vladek: Das kommt natürlich sehr überraschend für mich. Ich habe doch gar nicht so viel Geld …

W. Rensch: Meine Kinder und ich bleiben natürlich als Gesellschafter in der GmbH. Über das Finanzielle machen Sie sich mal keine Gedanken – da finden wir sicherlich eine Lösung mit Ihrer Bank. Viel wichtiger ist, ob Sie sich vorstellen können, meine Nachfolge anzutreten.

K. Vladek: Bevor ich mich entscheide, benötige ich noch sehr viele Informationen. Wie steht zum Beispiel das Unternehmen wirtschaftlich da?

W. Rensch: Im letzten Jahr haben wir einen Umsatz von 1,2 Millionen Euro erzielt. Wir sind also sehr erfolgreich gewesen.

K. Vladek *lacht*: Wir wissen doch beide sehr gut, dass Umsatz nicht Gewinn ist.
W. Rensch *schmunzelt ebenfalls*: Deshalb habe ich Ihnen schon eine Übersicht über unsere Zahlen in den letzten drei Jahren vorbereitet. Genaueres über den Wert der Avanti Catering erfahren Sie aus unserem Jahresabschluss. Frau Bauer von der Buchhaltung kennen Sie doch sicherlich noch. Bei ihr bekommen Sie alle weiteren wichtigen Unterlagen.

Avanti Catering beliefert Betriebskantinen, Krankenhäuser, Schulen und Kindergärten mit frisch gekochten Mahlzeiten.

B Was ist das Erfolgsrezept von Avanti Catering?

Nach dem Gespräch lädt Herr Rensch Katjana zum Essen ein. Dabei reden sie über aktuelle Herausforderungen und Chancen für Avanti Catering. Katjana bewundert, dass sich das Unternehmen über so lange Zeit auf diesem schnelllebigen Markt erfolgreich behaupten konnte. Werner Rensch erzählt:
„Unser Erfolgsrezept ist kein Geheimnis – das kennen fast alle Unternehmen. Es besteht aus fünf Zutaten, die wir besonders konsequent umgesetzt haben. Weil Sie das Unternehmen erfolgreich weiterführen sollen, verrate ich sie Ihnen sehr gerne:
1. **Qualifizierte, motivierte Mitarbeiterinnen und Mitarbeiter**: Ich habe stets darauf geachtet, die besten Leute ins Unternehmen zu holen, und habe sie an allen wichtigen Entscheidungen beteiligt – seit zwei Jahren auch am wirtschaftlichen Erfolg des Unternehmens. Jeder kann sich auf den anderen verlassen. Wir sind inzwischen eine eingeschworene Truppe, die schon so manche Krise gemeistert hat.
2. **Kreativität und innovative Produkte**. Wir haben uns nie auf unseren Lorbeeren ausgeruht, sondern uns stets gefragt: Wie können wir noch besser werden? Wie können wir unser Angebot noch attraktiver machen? Welche innovativen Ideen könnten für unsere Kunden interessant sein?
3. **Wettbewerb**: Wir haben aufmerksam die Konkurrenz beobachtet und auf Veränderungen am Markt rasch reagiert. Uns hat immer beschäftigt: Wie können wir uns von der Konkurrenz mit ungewöhnlichen Angeboten positiv abheben? Erst letztes Jahr haben wir spezielle Menüs für Kleinkinder entwickelt – das bietet außer uns niemand an.
4. **Hervorragender Service**: Wir nehmen die Wünsche der Kunden sehr ernst und machen zwischen großen und kleinen Kunden keine Unterschiede in der Behandlung. Wer einmal zufrieden ist, kommt immer wieder. Das beweisen unsere zahlreichen Stammkunden, mit denen wir oft langfristige Verträge haben.
5. **Fortbildung und Weiterqualifizierung**: An Fortbildungen haben wir nie gespart. Alle Beschäftigten bilden sich auf Fachseminaren mehrmals im Jahr weiter. Wir halten uns auch über neue technologische Entwicklungen auf dem neuesten Stand. Da darf man nichts verpassen. Was sich gerade in unserer Branche tut, erfahren wir beim Besuch auf Messen.

1. Warum wünscht sich Herr Rensch Katjana Vladek als Nachfolgerin? Beschreibe die Gründe.
2. Welche Informationen benötigt Katjana, um eine Entscheidung zu treffen? Arbeite die im Text genannten heraus und ergänze diese durch weitere.
3. Stell dir vor, du sollst das Erfolgsrezept der Firma auf einer Pressekonferenz vorstellen. Wie charakterisierst du es?

GRUNDWISSEN

C Betriebliches Rechnungswesen

1. Welche Aufgaben hat das betriebliche Rechnungswesen? Beschreibe sie.
2. Erläutere die Kostenarten eines Unternehmens.
3. Erläutere den Unterschied zwischen Umsatz und Gewinn.
4. Vergleiche die Verwendungsmöglichkeiten von Unternehmensgewinnen unter den Aspekten Folgen für die Zukunftsfähigkeit des Unternehmens und Auswirkungen auf die Beschäftigten.

Aufgaben des Rechnungswesens

In jedem Unternehmen werden sehr viele Daten gesammelt und ausgewertet, zum Beispiel wie viele Produkte hergestellt und verkauft werden, welche Kosten im Unternehmen anfallen, wie viel durch den Verkauf eingenommen wurde usw. Das Rechnungswesen erfasst alle wirtschaftlich relevanten Daten aus den unterschiedlichen Unternehmensbereichen. Diese Daten sind wichtig,

- um Verkaufspreise zu kalkulieren,
- damit die Geschäftsleitung einen Überblick über die wirtschaftliche Situation des Unternehmens hat und planen kann,
- um Gewinn bzw. Verluste zu berechnen,
- um zu ermitteln, wie viele Steuern das Unternehmen zu zahlen hat.

Bereiche

Die **Finanzbuchhaltung** erfasst alle Geldströme zwischen dem Unternehmen und der Außenwelt. Bei Kapitalgesellschaften ist sie zudem gesetzlich verpflichtet, alle geschäftlichen Vorgänge sorgfältig mit Rechnungen, Belegen, Überweisungen nachzuweisen und zu dokumentieren (Buchhaltungspflicht).
Die **Kosten- und Leistungsrechnung** ist ein weiterer wichtiger Bereich des betrieblichen Rechnungswesens. Dort wird die wirtschaftliche Gesamtsituation des Unternehmens ermittelt und berechnet, ob das Unternehmen Gewinn oder Verlust gemacht hat.

Berechnung des Betriebsergebnisses (stark vereinfacht)
Umsatz
– Fixkosten
– Variable Kosten
– Abschreibungen
– Zinsen für Kredite
= Gewinn vor Steuern
– Einkommens- bzw. Körperschaftssteuer
– Gewerbesteuern
= Gewinn

Das Betriebsergebnis gibt Aufschluss darüber, wie ein Betrieb in einem bestimmten Zeitraum gewirtschaftet hat. Dabei werden zunächst die Erträge aus dem Verkauf von Produkten und Dienstleistungen ermittelt. Dieser Posten wird als Umsatzerlöse bezeichnet. Davon werden die Kosten und Aufwendungen abgezogen. Die Differenz zwischen beiden Posten ergibt den Betriebsgewinn.
Einen wesentlichen besseren Einblick über die wirtschaftliche Gesamtsituation und den Wert eines Unternehmens erhält man durch den Jahresabschluss, der für Kapitalgesellschaften gesetzlich vorgeschrieben ist. Dort werden sowohl die Vermögenswerte (Grund- und Boden, Einrichtungen, Lagerbestände), Einkünfte zum Beispiel aus Wertpapiergewinnen als auch Schulden erfasst und einander gegenübergestellt. Die Differenz zwischen Erträgen und Aufwendungen ergibt das Gesamtergebnis eines Unternehmens.

Kostenarten

Dabei wird zunächst zwischen Fixkosten und variablen Kosten unterschieden.
Fixkosten sind alle Kosten, die regelmäßig unabhängig von der Auftragslage anfallen. Das sind zum Beispiel

- Mieten für Produktions- und Büroräume,
- Energiekosten für Büros,
- Telefon, Internet,

- Versicherungen, zum Beispiel Haftpflichtversicherungen,
- Personalkosten für die festangestellten Beschäftigten.

Variable Kosten sind abhängig von der Auftragslage im Unternehmen. Sie schwanken von Monat zu Monat. Das sind zum Beispiel

- Materialkosten (Kosten für Rohstoffe, Verpackungen),
- Kosten für Werbung,
- Energiekosten für die Produktion (diese schwanken, weil die Maschinen ungleichmäßig ausgelastet sind),
- Personalkosten für Aushilfskräfte oder Leiharbeitern,
- Treibstoffkosten, zum Beispiel für Fahrzeuge und Maschinen.

Abschreibungen

Einmal angenommen, ein Unternehmen kauft für 48 000 Euro ein Fahrzeug. Diese Kosten darf ein Unternehmen nicht in einem Jahr als Kosten von seinem Umsatz abziehen, sondern Schritt für Schritt geltend machen. Das bezeichnet man als Abschreibung. Wie die Kosten mindern Abschreibungen den Gewinn eines Unternehmens. Wenn das Unternehmen das Fahrzeug 6 Jahre nutzt, beträgt der rechnerische Wertverlust und damit die Abschreibung pro Jahr 8 000 Euro. Diesen Betrag darf das Unternehmen als Aufwendung von den Umsatzerlösen abziehen. Nach 6 Jahren ist es rechnerisch 0 Euro wert. Tatsächlich kann das Fahrzeug bei einem Verkauf einen höheren Erlös erzielen.

Unternehmenssteuern

Wenn ein Unternehmen Gewinn erwirtschaftet, hat es dafür Steuern zu zahlen. Personengesellschaften zahlen Einkommensteuern. Deren Höhe hängt vom Umsatz* und Gewinn* des Unternehmens ab. Die Steuern, die Kapitalgesellschaften zahlen, bezeichnet man als Körperschaftssteuer. Sie beträgt 15 % des Gewinns. Zusätzlich erheben die Gemeinden Gewerbesteuern, deren Höhe sie selbst festlegen können.

Verwendung von Unternehmensgewinnen

In einer Marktwirtschaft streben alle Unternehmen danach, einen größtmöglichen Gewinn zu erzielen. Unternehmensgewinne sind Ausdruck der wirtschaftlichen Leistungsfähigkeit eines Unternehmens. Beim Betriebsergebnis gilt ein Wert von mindestens fünf Prozent des Umsatzes als wünschenswert. Der Wert schwankt jedoch von Branche zu Branche stark. Erwirtschaftet ein Unternehmen über längere Zeit nur Verluste, ist es nicht überlebensfähig.

Wie Unternehmensgewinne verwendet werden, entscheiden die Eigentümer. Sie können diese an die Anteilseigner ausbezahlen. Das nennt man Ausschüttung. Sie können die Gewinne sparen und damit Rücklagen bilden für Investitionen (Anschaffungen) und Krisenzeiten. Einige Unternehmen beteiligen ihre Beschäftigten am Unternehmensgewinn, z. B. indem sie eine einmalige Prämie zahlen. Das nennt man Bonus. Andere Unternehmen geben an Beschäftigte bei guter Geschäftslage Aktien des Unternehmens aus.

Beispiel: Abschreibung eines Fahrzeuges

	Abschreibung	Rechnerischer Wert des Fahrzeuges
1. Jahr	8 000 Euro	48 000 Euro
2. Jahr	8 000 Euro	40 000 Euro
3. Jahr	8 000 Euro	32 000 Euro
4. Jahr	8 000 Euro	24 000 Euro
5. Jahr	8 000 Euro	16 000 Euro
6. Jahr	8 000 Euro	8 000 Euro
7. Jahr	0 Euro	0 Euro

* Zu den Begriffen Gewinn und Umsatz findest du weitere Erklärungen im Glossar dieses Buches.

D Die Avanti Catering GmbH in Zahlen

Werner Rensch legt Katjana Vladek die folgenden Zahlen zur wirtschaftlichen Situation von Avanti Catering vor. Sie bilden eine wichtige Grundlage für ihre Entscheidung.

	vor 3 Jahren in €	vor 2 Jahren in €	letztes Jahr in €
Umsatz	1 100 000	950 000	1 200 000
Personal	450 000	420 000	470 000
Rohstoffe/Materialien	300 000	250 000	320 000
Miete	48 000	48 000	48 000
Energie	72 000	65 000	75 000
Versicherungen	15 000	15 000	15 000
Verwaltungs-/Bürokosten	5 000	5 000	4 000
Leasing (Küche, Maschinen)	30 000	30 000	30 000
Werbung	15 000	20 000	30 000
Fahrzeuge	32 000	32 000	36 000
Abschreibungen	50 000	50 000	65 000
Gesamtkosten	???	???	???
Gewinn vor Steuern	???	???	???
Körperschaftssteuer	12 450	2 250	14 700
Gewerbesteuern	3 320	600	3 920
Betriebsergebnis/Gewinn bzw. Verlust	???	???	???
Umsatzrendite (Anteil des Gewinns am Umsatz)	???		???

1. Berechne die in der Tabelle fehlenden Zahlen.

2. Stelle folgende Zahlen in einem Schaubild dar. (Hinweise zur Vorgehensweise findest du auf der Methodenkarte auf der folgenden Seite.)
   a) die Entwicklung des Betriebsergebnisses. Ergänzende Zahlen: vor 5 Jahren 50 000 € Gewinn, vor 4 Jahren 55 000 € Gewinn. Ersetze dabei die zeitlichen Angaben durch Jahreszahlen.
   b) die Zusammensetzung der variablen Kosten im letzten Jahr.

3. Beurteile die wirtschaftliche Situation der Avanti Catering GmbH und belege dein Urteil mit Zahlen.

Schaubilder erstellen

Thema: Unternehmenskennzahlen

Worum geht es?

In allen Unternehmen spielen Zahlen eine wichtige Rolle. Sie geben Aufschluss über die wirtschaftliche Situation und bieten der Geschäftsführung wichtige Daten für die Planung.
Um solche Informationen schnell erfassen zu können und anschaulich zu präsentieren, stellt man die Daten gerne in Form von Schaubildern dar. Sie haben den Vorteil, dass sie eine Fülle von Informationen auf begrenztem Raum vermitteln und die dazu notwendigen Zahlenangaben einprägsam visualisieren.

Wie macht man das?

Einfache Schaubilder könnt ihr ganz leicht selbst erstellen. Diagramme sind grafische Darstellungen von Zahlenwerten. Alle gängigen Computerprogramme bieten zu den verschiedenen Diagrammformen die technischen Hilfen an, die man zur Erstellung benötigt. Auch ohne Computer können einfache Diagramme auf kariertem Papier gezeichnet werden.

Vorgehensweise

1. Thema auswählen: Worüber wollen wir informieren?
2. Informationen sammeln: Welche Zahlen sollen verwendet werden?
3. Diagrammform wählen (Kreis-, Säulen-, Kurvendiagramm)
4. Schaubild entwerfen und überarbeiten
5. Schaubild präsentieren

Je nach Thema kommen unterschiedliche Diagrammformen infrage.

Kreisdiagramm

Man verwendet einen Kreis zur Herstellung einer Gesamtmenge = 100 Prozent. Die Teilmengen werden dann in Form von Tortenstücken eingezeichnet. Beachtet werden muss, dass die Größe der Tortenstücke dem prozentualen Anteil entspricht.

Säulen- und Balkendiagramm

Verschiedene Zahlenwerte werden mithilfe unterschiedlich großer Säulen verdeutlicht. So lässt sich zum Beispiel die Umsatz- oder Gewinnentwicklung eines Unternehmens über mehrere Jahre in Form der Säulen veranschaulichen. Ordnet man die Säulen horizontal an, spricht man von einem Balkendiagramm.

Kurvendiagramm

Hierbei zeigt man die Entwicklung mit einer Kurve an. Die Linie kann in einem Koordinatensystem verlaufen. Im Beispiel auf dieser Seite zeigt die X-Achse den Zeitverlauf an und die Y-Achse die Einwohnerzahl in Millionen.

Worauf muss man besonders achten?

Alle Diagramme müssen mit einem Titel versehen sein und die Quelle angeben, aus der die Zahlen stammen. Bei Kurven- und Säulendiagrammen sollte man unterschiedliche Farben verwenden. Achtet bei der Zeichnung der X- und Y-Achse auf die korrekte Beschriftung und Angabe der Maßeinheiten.

Beispiele für Kurven-, Säulen- und Kreisdiagramm

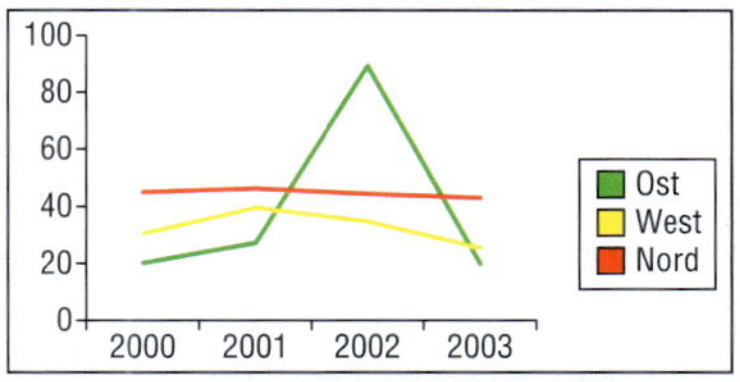

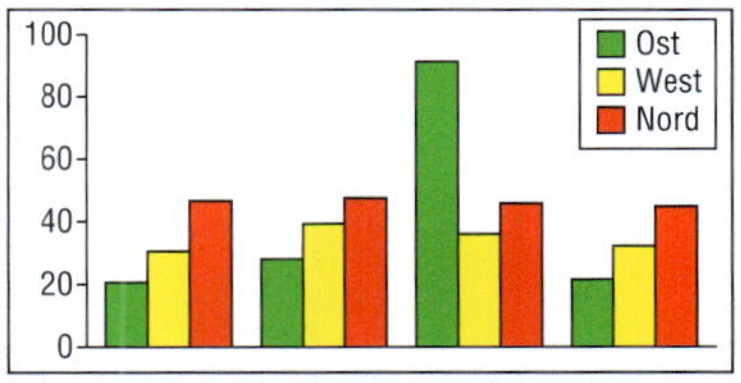

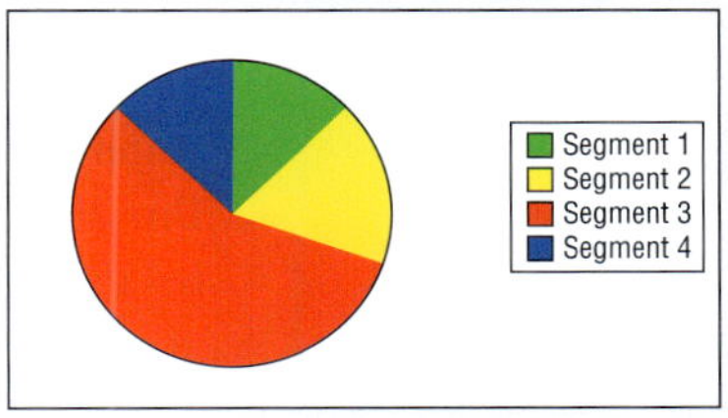

2 Wenn ein Unternehmen in eine Krise gerät

Ursachen für Zahlungsunfähigkeit charakterisieren und Lösungswege entwickeln

A Steht Avanti Catering vor dem Aus?

Seit drei Jahren ist Katjana Vladek Geschäftsführerin von Avanti Catering. In der ersten Zeit liefen die Geschäfte gut. Sie konnte sogar neue Kunden gewinnen, dabei profitierte sie von dem guten Image des Unternehmens. Die zahlreichen Stammkunden äußerten sich sehr zufrieden mit den frisch zubereiteten Gerichten und dem zuverlässigen Service. Weil das Unternehmen so erfolgreich war, hat sie die Küche mit den modernsten Geräten ausgestattet, weitere Lieferwagen gekauft und zusätzliche Mitarbeiterinnen und Mitarbeiter fest eingestellt. Um diese Ausgaben zu finanzieren, hat sie bei ihrer Hausbank einen hohen Kredit aufgenommen. Die Zinsen sind zwar belastend, doch hofft sie auf weiterhin steigende Umsätze.

Sinkende Nachfrage: Geht dem Küchenpersonal bald die Arbeit aus?

Eigentlich könnte sie zu Recht sehr stolz auf ihre Leistungen sein – auf ihren Erfolgen ausruhen kann sie sich jedoch nicht: Seit einem halben Jahr ist die Zahl der bestellten Essen stark zurückgegangen, auch haben zwei Betriebskantinen den Caterer gewechselt. Es könnte daran liegen, dass vor einiger Zeit im Nachbarort ein Konkurrenzunternehmen eröffnet hat.

Kritisch blick Katjana auf ihr Speisenangebot: Es ist wirklich sehr bieder, da haben ihre Köche recht. Den Trend zu mehr vegetarischen oder sogar veganen Gerichten hat sie glatt verschlafen. Zudem wiederholt sich das Speisenangebot häufig. Ist deswegen die Nachfrage so stark eingebrochen? Sorge bereitet Katjana auch, dass die Rohstoffkosten für Lebensmittel und die Energiepreise stark gestiegen sind und sie deshalb immer weniger an einem Essen verdient. Bereits in den letzten beiden Wochen konnte sie einige Rechnungen nicht mehr fristgerecht bezahlen. Nun ist sie als Unternehmerin gefordert, denn schließlich ist sie für den Erfolg ihres Unternehmens und den Erhalt der Arbeitsplätze verantwortlich. Sie muss handeln, und zwar rasch. Sonst ist das Unternehmen in Kürze zahlungsunfähig. Deswegen trifft sie sich zu einer Krisensitzung, zu der sie auch die Mitarbeiterinnen und Mitarbeiter einlädt, um über Auswege aus dieser Krise zu beraten und zu entscheiden, wie es mit Avanti Catering weitergehen soll.

1. Beschreibe die aktuellen Probleme von Avanti Catering.
2. Charakterisiere die Ursachen der Krise. Lies dazu auch den entsprechenden Abschnitt des Grundwissens.
3. Welche Möglichkeiten hat das Unternehmen, die Krise zu überwinden? Entwickelt dazu eigene Ideen.

GRUNDWISSEN

B Insolvenz

1. Was ist ein Insolvenzverfahren? Beschreibe die Gründe und den Ablauf.

2. Wenn ein Start-up-Unternehmen die ersten Jahre überstanden hat, wird das Risiko, zu scheitern, geringer. Überprüfe diese Aussage anhand des Schaubildes.

3. Begründe, warum der Staat das Insolvenzverfahren gesetzlich geregelt hat.

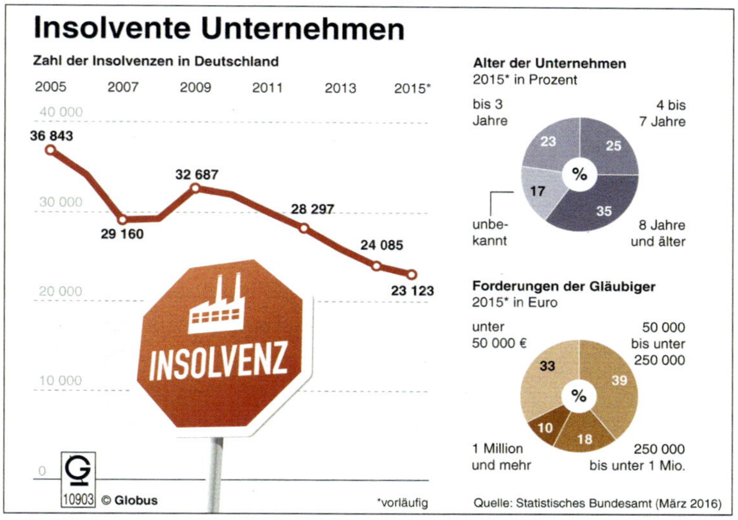

Definition

Als Insolvenz (früher: Konkurs) bezeichnet man die Zahlungsunfähigkeit eines Unternehmens. Gesetzlich festgelegt ist, dass ein Unternehmen das Insolvenzverfahren einleiten muss,

- wenn es fällige Rechnungen nicht mehr bezahlen kann,
- wenn absehbar ist, dass es seine Schulden zum Fälligkeitstermin nicht bezahlen kann (drohende Zahlungsunfähigkeit),
- wenn die Schulden des Unternehmens höher sind als sein Vermögen.

Wenn die Geschäftsleitung auf diese Situationen nicht sofort reagiert, macht sie sich wegen Insolvenzverschleppung strafbar.

Ablauf des Verfahrens

Wenn man vor dem Insolvenzgericht einen Antrag gestellt hat, setzt das Gericht einen Insolvenzverwalter ein. Dieser hat die Aufgabe, einen Ausgleich zwischen den Gläubigern, denen das insolvente Unternehmen Geld schuldet, und dem insolventen Unternehmen herzustellen. Dazu ermittelt er den Schuldenstand und das vorhandene Vermögen. Bei Personengesellschaften wird auch das private Vermögen der Gesellschafter miteinbezogen. Auf der Gläubigerversammlung wird entschieden, ob das Unternehmen aufgelöst wird oder noch saniert werden kann. Insolvenz muss also nicht automatisch das Ende eines Unternehmens bedeuten. Die noch vorhandenen Mittel werden auf die Gläubiger zur Bezahlung der Schulden verteilt. Diese müssen in der Regel auf einen Teil ihrer Forderungen verzichten oder bekommen im schlimmsten Fall sogar gar nichts mehr.

Ursachen für das Scheitern von Unternehmen

Zu den wichtigsten Ursachen zählen:

- **Fehlendes Kapital.** Unternehmen haben zu geringe Rücklagen, um Durststrecken zu überstehen. Wenn Unternehmer unzureichende kaufmännische Kenntnisse haben, können sie leicht den Überblick über die Finanzen verlieren. Fällige Rechnungen und Kreditzinsen können oft nicht bezahlt werden. Wenn dann noch Kunden ebenfalls ihre Rechnungen nicht bezahlen, ergibt sich eine gefährliche Situation, die leicht das Aus bedeuten kann.
- **Zu geringe Nachfrage** der Käufer für die Produkte. Die Leitung hat den Markt falsch eingeschätzt oder die Nachfrage ist wegen einer Wirtschaftskrise eingebrochen.
- **Mangelnde Kundenorientierung:** Das Unternehmen hat Bedürfnisse von Kunden nicht ernst genommen und versäumt, einen festen Kundenstamm aufzubauen.
- **Managementfehler:** Die Leitung hat auf Veränderungen und technologische Entwicklungen nicht rasch genug reagiert.

3 Sind umweltbewusste Unternehmen erfolgreicher?

Über strengere Auflagen zum Umweltschutz diskutieren

A Geschäftsmodell Umweltschutz – zwei Beispiele

1. Die memo AG

Als Versandhandel präsentiert die memo AG ihr Sortiment über verschiedene Printmedien und drei Onlineshops. Mit Bürobedarf und -möbeln, Werbeartikeln sowie Produkten für Schule, Haushalt, Freizeit und Wohnen werden Unternehmen und Organisationen sowie private Konsumenten gleichermaßen angesprochen. Alle rund 20000 Artikel sind gezielt nach ökologischen und sozialen sowie nach ökonomischen und qualitativen Kriterien ausgewählt. Viele davon – vor allem die über 1000 memo Markenprodukte – tragen anerkannte Umweltzeichen und Labels, wie beispielsweise den Blauen Engel. Doch nicht nur beim Sortiment, sondern auch in allen anderen Geschäftsbereichen verfolgt und berücksichtigt die memo AG seit ihrer Gründung konsequent die Kriterien der Nachhaltigkeit.

(Aus: www.memoworld.de, letzter Zugriff: 30.10.2017)

Noch sind die Absatzzahlen von E-Autos bescheiden. Doch in absehbarer Zeit wird nach Ansicht vieler Experten der Verbrennungsmotor Geschichte sein. Welches Unternehmen hat im Wettbewerb um ein umweltfreundliches Auto die Nase vorn?

2. Asgoodasnew

Gebrauchte Elektrogeräte in einen so gut wie neuen Zustand zu versetzen – das ist die Geschäftsidee dieses Unternehmens. Es verfügt über zwei Standorte in Deutschland und beschäftigt über hundert Mitarbeiterinnen und Mitarbeiter. Europaweit werden gebrauchte Handys, Drucker, Tablets etc. aufgekauft, von Spezialisten überprüft und instand gesetzt. Verkauft werden sie zu einem Preis, der deutlich unter dem Neupreis liegt. Man richtet sich an Kunden, die nicht immer das neueste Gerät haben wollen und die mit ihrem Kauf einen Beitrag zum nachhaltigen Wirtschaften leisten wollen. Dafür nehmen diese kleinere Gebrauchsspuren gerne in Kauf.

(Informationen zusammengestellt nach: www.asgoodasnew.com, letzter Zugriff: 30.10.2017)

Sind umweltbewusste Unternehmen erfolgreicher?

Nachhaltigkeit wirkt sich nachweislich positiv auf den Umsatz aus. Die Münchener Managementberater und die Marktforscher von Facit Research haben für ihre Studie mehr als 8000 Deutsche befragt – repräsentativ für die Gesamtbevölkerung. Und die sagen, dass sie bevorzugt Produkte von Marken kaufen, die sie als besonders nachhaltig einschätzen. Kunden würdigen die Anstrengungen zum Beispiel der Supermarktkette Rewe und von Frosta. Beim Tiefkühlkosthersteller sind sogar mehr als 13 Prozent des Umsatzes auf sein Nachhaltigkeitsengagement zurückzuführen. Das beweist: Grün zahlt sich aus.

(Aus: Benjamin Reuter/Martin Roos: anständig verdienen, in: Wirtschaftswoche Green Economy, 23.09.2013)

1. Beschreibe das Geschäftsmodell der beiden Unternehmen.
2. Haben umweltbewusste Unternehmen einen Wettbewerbsvorteil? Begründe deine Antwort mithilfe des Textes.

B Zur Diskussion: Soll es eine gesetzliche Pflicht zum erweiterten Umweltschutz geben?

Die Europäische Union und auch die Bundesregierung haben in den vergangenen Jahren eine Menge für den Umweltschutz getan. Viele Umweltgesetze sind inzwischen in Kraft getreten. So sind zum Beispiel Grenzwerte für die Belastung von Luft und Wasser durch Industriebetriebe gesetzlich geregelt. Doch ob die Unternehmen zum Beispiel Energie oder Ressourcen wie Papier sparen, ob sie mit umweltfreundlichen Materialien bauen oder heizen, bleibt ihnen momentan selbst überlassen. Freiwillig können sie einiges tun, zum Beispiel das EMAS-Siegel erwerben. Dafür müssen sie in einem ausführlichen Bericht ihre Umweltschutzmaßnahmen und ihre Ziele im Umweltschutz veröffentlichen. Allerdings ist die Zahl der teilnehmenden Unternehmen seit Jahren rückläufig. Wenn Unternehmen Umweltschutz vernachlässigen, leiden alle unter den Folgen, besonders die künftigen Generationen. Soll die Regierung Unternehmen deshalb gesetzlich zu Umweltschutzmaßnahmen verpflichten?

Argumentepool

(1) Nur wenn alle Unternehmen nachhaltig wirtschaften, können die Lebensgrundlagen für spätere Generationen bewahrt werden.
(2) Neue Gesetze bedeuten für die Unternehmen höhere Kosten und zusätzlichen Verwaltungsaufwand.
(3) Deutsche Unternehmen wären gegenüber ausländischer Konkurrenz im Nachteil.
(4) Gesetzliche Regelungen bedeuten, dass alle deutschen Unternehmen die gleichen Kosten für Umweltschutz hätten.
(5) Mit einer gesetzlichen Grundlage kann der Staat Umweltsünder besser verfolgen.
(6) Die zusätzlichen Kosten für Umweltschutz bedeuten für Verbraucher höherer Preise.
(7) Kleine Unternehmen können aufwendige Umweltschutzmaßnahmen nicht bezahlen.
(8) Wenn Unternehmen gezwungen werden, sparsam mit Energie, Wasser und Materialien umzugehen, sparen sie auf lange Sicht Kosten.
(9) Beim Umweltschutz ist es besser, auf Freiwilligkeit zu setzen als auf staatlichen Zwang.
(10) Eine gesetzliche Verpflichtung zur Nutzung umweltfreundlicher Materialien würde auch die Qualität der hergestellten Produkte verbessern.

1. Ordne die Argumente nach pro und kontra.
2. Welche Argumente hältst du für besonders überzeugend, welche für weniger überzeugend? Bilde dir ein Urteil.
3. Diskutiert über die Frage in der Überschrift.

4 Ein Konflikt im Betrieb: Profit kontra Qualität – Was hat Vorrang?

Interessen von Stakeholdern analysieren – gesetzliche Regelungen beurteilen

A Der Fall: Minderwertiges Fleisch in den Mehring-Werken

Egal, wie man vorgeht, die Entscheidung hat in jedem Fall negative Konsequenzen. Eine solche Situation bezeichnet man als Dilemma. Der folgende Fall schildert einen betrieblichen Konflikt, der Timo Weißhaupt in ein Dilemma bringt.

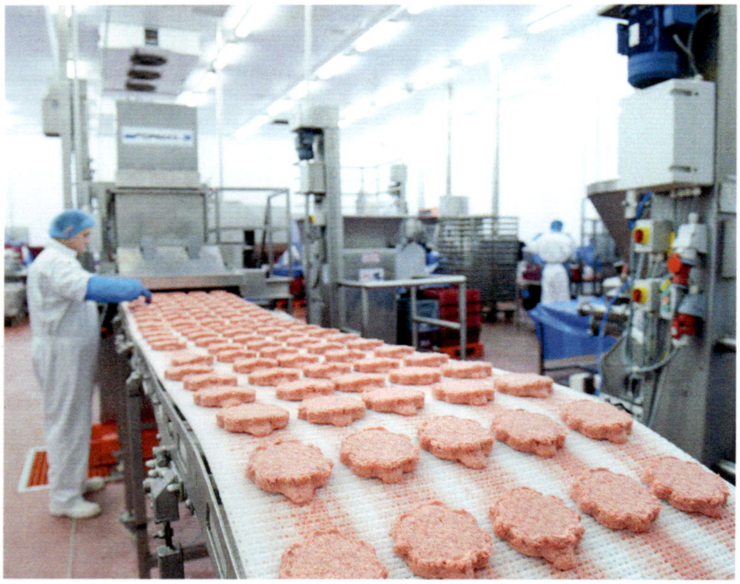

Die Produktion von Hamburgern für Schnellrestaurants

Der 26-jährige Timo Weißhaupt arbeitet als Lebensmitteltechnologe bei den Mehring-Werken, die Fleisch- und Wurstwaren herstellen. Er hat dort bereits während seines Studiums ein Praktikum absolviert und war sehr glücklich, als man ihm einen Job in der Qualitätssicherung anbot. Nach einem halben Probejahr hat er einen unbefristeten Vertrag erhalten. Die Arbeit bei den Mehring-Werken gefällt ihm ausgezeichnet: genau die richtige Mischung zwischen täglichen Herausforderungen und Routinearbeiten. Er ist der Unternehmensleitung für die tolle Chance sehr dankbar, denn Studienkollegen gelang der Berufseinstieg nicht so einfach.

Montagmorgen: Gerade hat er sein Büro im Verwaltungsgebäude betreten, als aus dem Nebenzimmer ein lautstarker Streit dringt. Da die Tür seines Büros nur leicht angelehnt ist, bekommt Timo unbeabsichtigt mit, worüber die Chefin des Einkaufs Adriana Jankowski und der Produktionsleiter Oliver Girardelli so heftig diskutieren:

Girardelli: Wenn wir nicht bald neue Rohstoffe bekommen, drohen uns Anfang nächster Woche Produktionsschwierigkeiten.

Jankowski: Das ist mir bewusst. Doch du weißt sehr wohl, dass unser Lieferant in Norddeutschland uns von einem Tag auf den anderen hängen ließ. Mit solch einer Situation konnte ich doch nicht rechnen … Gib mir noch ein wenig Zeit – ich finde schon eine Lösung.

Girardelli: Dem Vertrieb sitzen die Supermärkte im Nacken. Sie klagen über leere Regale. Wenn wir nicht bald eine Lösung für unsere Großkunden haben, dann springen die ab. Da fackeln die nicht lange. Wir müssen unbedingt auf Hochtouren neue Wurstwaren produzieren.

Jankowski: Was schlägst du denn vor?

Girardelli: Natürlich habe ich einen Plan B. Doch der ist riskant. Im Kühlhaus lagern noch 6 Tonnen Fleisch von unserem polnischen Lieferanten. Diese Lieferung haben wir wegen Qualitätsmängeln nicht akzeptiert und verhandeln seit einer Woche mit dem Produzenten wegen der Rücknahme. Zur Not könnten wir das mit dem guten Fleisch mischen und weiterverarbeiten.

Jankowski: Das meinst du doch nicht ernst! Das wäre unseren Kunden gegenüber äußerst unfair. Wenn das rauskommt, sind wir erledigt. Wir werben mit höchster Qualität

– ein Skandal kann uns alle den Arbeitsplatz kosten. Das wäre nicht das erste Mal, dass ein Unternehmen wegen eines solchen Skandals schließen muss.

Girardelli: Jetzt bleib doch mal auf dem Boden. Ich bin sicher, das merkt niemand. Höchstwahrscheinlich passiert gar nichts. Das ist doch eine einmalige Sondersituation. Aufgrund des Mischungsverhältnisses ist das Fleisch doch nicht gesundheitsgefährdend. Wenn alle hier dichthalten, kannst du dich in Ruhe nach einem neuen Lieferanten umschauen. Wir müssen jetzt einfach Ruhe bewahren.

Jankowski: Ich halte ein solches Vorgehen für unverantwortlich unseren Kunden gegenüber. Du willst doch nicht tatsächlich unseren guten Ruf und unsere Existenz aufs Spiel setzen ... nur damit wir weiter produzieren können.

Girardelli: Wir haben keine Alternative. Ich will doch nur das Beste für das Unternehmen. Wenn unsere Großkunden wegfallen, kommen wir ebenfalls in wirtschaftliche Schwierigkeiten. Außerdem habe ich Rückendeckung vom Chef. Bei dem harten Wettbewerb im Lebensmittelmarkt können wir uns einen Produktionsausfall einfach nicht leisten. Das machen wir jetzt einfach so. Kopf hoch, Adriana! Das wird schon gut gehen.

Jankowski: Also gut, wenn das eine einmalige Ausnahme bleibt, bin ich einverstanden.

Betroffen schließt Timo Weißhaupt seine Tür. Er ist für die Qualitätssicherung zuständig. Wie soll er sich verhalten?

Hintergrund: Fleischskandale in Deutschland

Hersteller von Lebensmitteln verhalten sich fast ausnahmslos gesetzestreu. Doch gibt es immer wieder schwarze Schafe unter ihnen, die den Ruf der gesamten Branche gefährden. Am bekanntesten ist der sog. Gammelfleisch-Skandal, bei dem Supermarktketten verdorbenes Fleisch umetikettierten und mit neuem Haltbarkeitsdatum verkauften. Zudem verkaufte ein Großhändler umetikettierte Schlachtabfälle als Frischfleisch an Lebensmittelproduzenten weiter. Der Händler wurde wegen Betrugs zu dreieinhalb Jahren Haft verurteilt.

2013 beunruhigte der sog. Pferdefleisch-Skandal die Öffentlichkeit: In Fertigprodukten aus Rindfleisch wurde Pferdefleisch entdeckt.

Streit unter Kollegen: Wer setzt sich durch?

Beteiligte	Interessen
Unternehmensleitung/Eigentümer	
Adriana Jankowski/ Oliver Girardelli	
Timo Weißhaupt	
Supermärkte	
Endkunden	

1. Worum geht es in dem Konflikt? Beschreibe das Problem.
2. Welche Interessen vertreten die an dem Konflikt beteiligten Personengruppen? Stelle sie in einer Tabelle dar.
3. In welchem Dilemma befindet sich Timo? Erläutere seine Handlungsmöglichkeiten und die jeweiligen Konsequenzen.
4. Wie würdest du dich an Timos Stelle verhalten? Begründe deine Entscheidung.

GRUNDWISSEN

B Shareholder und Stakeholder

1. Beschreibe die Ziele von Shareholder- und Stakeholder-Management.
2. Erläutere die Interessen der im Schaubild dargestellten Stakeholder an jeweils einem selbst gewählten Beispiel.
3. Beurteile die unternehmerische Entscheidung der Mehring-Werke nach dem Shareholder- bzw. Stakeholder-Ansatz (Material A).
4. Stakeholder-Management ist für Unternehmen oft mit großen Anstrengungen und zusätzlichen Kosten verbunden. Suche nach Gründen, warum Unternehmen trotzdem diesem Ansatz folgen.

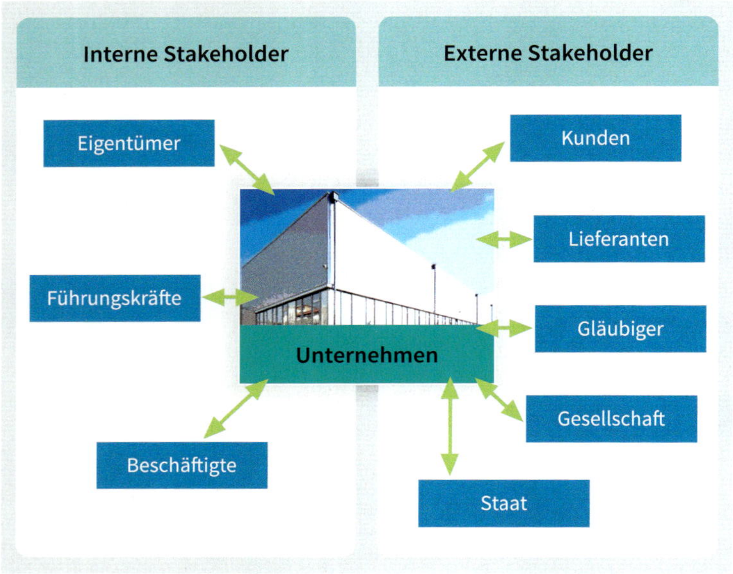

In jedem Unternehmen laufen eine Vielzahl von unternehmerischen Aktivitäten ab, bei denen sehr unterschiedliche Interessen aufeinandertreffen. Das Management steuert diese Aktivitäten und hat die grundlegenden Entscheidungen zu treffen. Dabei kann es sich an zwei gegensätzlichen Prinzipien orientieren.

Shareholder-Management

Aktiengesellschaften wie die Mehring-Werke gehören den Aktionären, die mit den Aktien Unternehmensanteile erworben haben. Sie bezeichnet man in diesem Zusammenhang als Shareholder (= Anteilseigner). Die Eigentümer wollen natürlich einen möglichst hohen Gewinn erzielen, bei dem der Wert des Unternehmens und der Kurs der Aktien überdurchschnittlich steigen. Shareholder-Management zielt in erster Linie darauf ab, die finanziellen Interessen der Anteilseigner oder Eigentümer zu befriedigen. In letzter Zeit geriet diese Form der Unternehmensführung in die Kritik: Wenn sich unternehmerische Entscheidungen allein an der kurzfristigen Wertsteigerung orientieren, werden diese Erfolge oft mit Personalabbau, schlechten Arbeitsbedingungen mit niedrigen Löhnen und Schäden für die Umwelt „erkauft".

Stakeholder-Management

Als Stakeholder werden alle internen und externen Gruppen bezeichnet, die von den Aktivitäten eines Unternehmens direkt oder indirekt betroffen sind. Bei unternehmerischen Entscheidungen wird versucht, die Interessen möglichst vieler dieser Gruppen bei Entscheidungen zu berücksichtigen und miteinander zu vereinbaren. Dabei verfolgt es neben rein wirtschaftlichen auch soziale und ökologische Ziele. Ein Beispiel: Ein Handwerksbetrieb plant einen Neubau. Dabei versucht er, in der Heimatgemeinde ein Grundstück zu finden, damit die Stadt weiterhin Gewerbesteuer erhält und die Beschäftigten keine längeren Anfahrtswege haben. Er beschäftigt vorrangig ortsansässige Lieferanten und achtet auf nachhaltige Produktionsweise. Seinen Mitarbeitern bietet er familienfreundliche Arbeitszeiten und Kinderbetreuung. Seinen Kunden gegenüber achtet er auf guten Service, Verlässlichkeit und Transparenz. Die sehr unterschiedlichen Interessen der Stakeholder im Unternehmensalltag zu berücksichtigen ist ein hoher Anspruch und nicht einfach zu verwirklichen. Vor allem große Unternehmen haben inzwischen Richtlinien für den Umgang mit Stakeholdern erlassen (sog. Codes of Conduct), die die Umsetzung des Ansatzes voranbringen sollen.

C Dürfen die Mehring-Werke Timo Weißhaupt fristlos entlassen?

Die Situation spitzt sich zu

Hier kommen wir nochmals zu dem Fall in Material A zurück. Timo Weißhaupt hat sich ein Herz gefasst und seinem Vorgesetzten Stefan Kurz von dem mitgehörten Gespräch und seinen Bedenken berichtet. Dieser reagiert unerwartet heftig. Er beschuldigt Timo, geheime Informationen auszuplaudern und das Vertrauen seines Arbeitgebers zu missbrauchen. Gleich nach dem Gespräch sucht Stefan Kurz die Personalabteilung auf und verlangt die fristlose Entlassung von Timo wegen des gestörten Vertrauensverhältnisses.

Hintergrundinfo: Wann darf der Arbeitgeber kündigen?

Weil Arbeitnehmer vom Arbeitgeber wirtschaftlich abhängig sind, werden sie durch das Kündigungsschutzgesetz vor ungerechtfertigten Kündigungen geschützt. Es gilt für Unternehmen mit mehr als zehn Beschäftigten, bei denen betroffene Beschäftigte länger als sechs Monate arbeiten. Für einige Personengruppen gilt ein Kündigungsverbot, zum Beispiel für Schwangere, Schwerbehinderte, Beschäftigte während der Elternzeit und Betriebsräte. Ihnen darf nur in Ausnahmefällen gekündigt werden.

Was sind Kündigungsgründe?
Der Gesetzgeber erlaubt eine Kündigung in folgenden Fällen:

- aus *personenbedingten* Gründen, zum Beispiel bei dauerhafter Arbeitsunfähigkeit wegen Krankheit, mangelhafter geistiger oder körperlicher Eignung.
- aus *verhaltensbedingten* Gründen, wenn der Arbeitnehmer Fehlverhalten am Arbeitsplatz zeigt und zuvor schon erfolglos ermahnt wurde. Das ist zum Beispiel der Fall bei Arbeitsverweigerung, dauerndem Zuspätkommen oder bei häufigen Arbeitsfehlern.
- aus *betriebsbedingten* Gründen, wenn zum Beispiel ein Betrieb schließt oder wegen schlechter Auftragslage Personal abbauen muss.

In diesen Fällen darf der Arbeitgeber fristgerecht kündigen. Die Kündigungsfrist ist im Arbeitsvertrag festgelegt.

Fristlose Kündigung
Bei einer fristlosen Kündigung wird der Beschäftigte sofort entlassen. Das ist nur nur in Ausnahmefällen zulässig, zum Beispiel bei Straftaten wie Diebstahl oder Betrug. Anerkannte Gründe sind auch das Vortäuschen einer Krankheit oder schwere Beleidigungen und körperliche Angriffe gegenüber Kollegen oder Kunden.

Dürfen Unternehmen kritische Mitarbeiter entlassen?
Sachliche Kritik und Beschwerden über Missstände im Betrieb sind kein Kündigungsgrund. Diese werden durch das im Grundgesetz gesicherte Grundrecht auf Meinungsfreiheit gedeckt. Nach einem Urteil des Europäischen Gerichtshofs für Menschenrechte haben Mitarbeiter sogar das Recht, unter bestimmten Voraussetzungen an die Öffentlichkeit zu gehen: wenn sie zuvor erfolglos versucht haben, die Missstände intern zu klären, wenn es kein anderes Mittel gibt und wenn es um ein Thema von öffentlichem Interesse geht.
Was gesetzlich garantiert wird und was in der Praxis geschieht, sind oft zweierlei Dinge. Oft müssen sich ungerechtfertigt Gekündigte ihr Recht in Gerichtsprozessen erkämpfen. Häufig einigen sich die Beteiligten dann auf die Zahlung einer Geldsumme an den Gekündigten und die Aufhebung des Arbeitsverhältnisses.

1. Fasse die Kündigungsgründe bei fristgerechten und fristlosen Kündigungen zusammen.
2. Prüfe, ob die Mehring-Werke Timo Weißhaupt fristlos kündigen dürfen.
3. Beurteile die gesetzlichen Regelungen aus Sicht der Arbeitgeber und der Arbeitnehmer.

5 Wo soll das neue Werk der Klimix AG gebaut werden?

In einem Planspiel eine Standortentscheidung treffen

A Ausgangssituation

Bei der Betriebsversammlung der Klimix AG in der Kleinstadt Aumühle herrscht große Aufregung. Alle reden durcheinander und diskutieren. Soeben hat der Vorstand einen Überblick über die Geschäftsentwicklung des letzten Jahres gegeben: Das Unternehmen steht weltweit in hartem Wettbewerb mit der Konkurrenz. Es will seinen Marktanteil vergrößern, um die Zukunft des Unternehmens zu sichern. Deshalb soll ein weiteres Werk gebaut werden, das 800 neue Arbeitsplätze schaffen wird – möglicherweise im Ausland. Ohne Wissen der Beschäftigten hat der Vorstand in den letzten Monaten mehrere Standorte im Ausland besichtigt und mit den Vertretern der Städte verhandelt. Besonders beeindruckt war er von den Standortbedingungen in der rumänischen Stadt *Tebiu* sowie im chinesischen *Hwengwu*. Vor allem aber könnte das Unternehmen Kosten sparen, denn die Löhne betragen nur einen Bruchteil der in Deutschland üblichen.

Die Klimix AG gehört zu den alteingesessenen Familienunternehmen der Kleinstadt Aumühle. Sie wurde 1958 von dem Ingenieur Lutz Peters gegründet, dessen Kinder heute das Unternehmen führen. Zusammen mit weiteren leitenden Angestellten bilden sie den Vorstand.

Die Klimix AG produziert heute vor allem Klimaanlagen. Diese verkauft sie in der ganzen Welt. Im letzten Jahr ist der Forschungsabteilung eine vielversprechende Neuentwicklung gelungen – eine energiesparende Klimaanlage, die einen um 30% reduzierten Energieverbrauch gegenüber herkömmlichen Modellen aufweist. Von diesem neuen Modell verspricht sich die Geschäftsleitung große Absatzchancen in Europa, Amerika und Asien. Es ist damit zu rechnen, dass die Nachfrage nach älteren Modellen bald sinken wird und Arbeitsplätze im alten Werk Aumühle gefährdet sind.

Diese Gefahr sieht auch die Interessenvertretung der Arbeitnehmer, der Betriebsrat. Er will mit allen Mitteln dafür kämpfen, dass das neue Werk in Aumühle gebaut wird und die Arbeitsplätze für die Mitarbeiter gesichert werden.

Auch der Bürgermeister und der Stadtrat reagieren besorgt auf die Neuigkeiten aus der Klimix AG, denn schließlich ist das Unternehmen der größte Steuerzahler der Stadt. Kaum auszudenken, wenn diese Einnahmen wegfallen würden! Gemeinsam wollen Bürgermeister und Stadtrat die Geschäftsleitung überzeugen, dass Aumühle der ideale Standort für das neue Werk sei. Was tun? Diese Frage soll im Planspiel geklärt werden.

Die Klimix AG (Name erfunden) hat insgesamt 3 480 Beschäftige. Der Sitz des Unternehmens befindet sich in Aumühle.

B So verläuft das Planspiel

Die Geschäftsführung hat alle Beteiligten zu einer gemeinsamen Sitzung eingeladen. Euer Klassenraum wird der Sitzungssaal sein. In Gruppen bereitet ihr diese Verhandlung vor und spielt diese bis zu einer Entscheidung durch.

1. Gruppenbildung

Bildet in der Klasse fünf etwa gleich große Gruppen: Geschäftsleitung, Betriebsrat, Stadtrat von Aumühle, Vertreter von Tebiu, Vertreter der Stadt Hwengwu.

2. Lesephase

Lest die Problembeschreibung nochmals aufmerksam durch. Achtet dabei besonders auf Aussagen, die eure Gruppe betreffen. Informiert euch auf den Rollenkarten über die Rolle, die ihr spielen sollt. Alle Gruppen müssen sich an diese Anweisungen halten. Anschließend bearbeitet jedes Gruppenmitglied in Stillarbeit die Spielmaterialien auf Seite 257 f. und notiert wichtige Informationen. Tipp: Ihr könnt euch die Arbeit teilen.

3. Gruppenarbeit

Bereitet euch in Gruppen auf die Verhandlung vor. Diskutiert eure Situation und klärt eure Interessen und Ziele. Sammelt Argumente, die euren Standpunkt begründen. Überlegt auch, wie eine Lösung aussehen könnte und zu welchen Zugeständnissen eure Gruppe bereit ist. Bereitet einen Kurzvortrag vor, in dem ihr zu Beginn der Konferenz euren Standpunkt und eure Forderungen darstellt. Bestimmt einen Gruppensprecher, der den Vortrag hält.

4. Kontakt zu anderen Gruppen

Während der Gruppenarbeitsphase können die Gruppen untereinander Kontakt aufnehmen und – wie im richtigen Leben – Absprachen über das gemeinsame Vorgehen in der Verhandlung treffen.

5. Spiel der Verhandlung

Zu Beginn der Verhandlung tragen die Gruppensprecher in einem 3- bis 5-minütigen Kurzvortrag ihre Standpunkte vor. Dann diskutieren sie mit den Sprechern der anderen Gruppen diese Vorschläge. Das Ziel ist es, die unterschiedlichen Vorstellungen anzunähern und vielleicht eine Kompromisslösung zu erreichen.

6. Entscheidung

Der Vorstand zieht sich zurück und berät, wo das neue Werk gebaut werden soll. Währenddessen bereiten die anderen Gruppen eine Stellungnahme zu verschiedenen möglichen Entscheidungen vor. Anschließend präsentiert der Vorstand seine Entscheidung und begründet sie. Die Vertreter der anderen Gruppen nehmen dazu Stellung.

7. Auswertung des Spiels

Diskutiert nach dem Spiel folgende Fragen:

- Wie wirkungsvoll haben die Gruppen ihre Interessen vertreten?
- Wie sind sie mit den anderen Gruppen umgegangen: Haben sie auch andere Meinungen respektiert? Sind sie auf Vorschläge anderer Gruppen eingegangen?
- Wie bewertet ihr die gefundene Lösung?

C Rollenkarten

Vorstand

Ihr seid für das Unternehmen verantwortlich. Euer Ziel ist es, möglichst viele Klimaanlagen zu verkaufen und dabei einen hohen Gewinn zu erzielen. Ihr seid entschlossen, das neue Werk in Rumänien oder China zu bauen. Allerdings ist euch bewusst, dass die Beschäftigten das nicht ohne Weiteres hinnehmen werden. Ihr werdet den Betriebsrat damit vertrösten, dass auf jeden Fall die 320 Arbeitsplätze in der Verwaltung erhalten bleiben. Allerdings befürchtet ihr, dass durch die Proteste und die Medien das Unternehmen ein schlechtes Bild in der Öffentlichkeit abgeben wird. Deshalb seid ihr bereit, mit dem Betriebsrat zu verhandeln, um den Beschäftigungsabbau möglichst sozialverträglich zu gestalten.

Betriebsrat

Ihr vertretet die Interessen der Beschäftigten der Klimix AG. Setzt alle Hebel in Bewegung, damit das neue Werk in Aumühle gebaut wird. Für dieses Ziel seid ihr bereit, der Geschäftsleitung Zugeständnisse zu machen, zum Beispiel auf Urlaubstage oder Weihnachtsgeld zu verzichten oder auch einem 2-jährigen Lohnstopp zuzustimmen. Eine denkbare Lösung könnte auch sein, Teile der Klimaanlagen im Ausland herzustellen und diese in Aumühle zu montieren. Außerdem verhandelt ihr mit der Stadt und versucht, sie zu überzeugen, wenigstens auf einen Teil der Gewerbesteuer zu verzichten. Mit einem Flugblatt informiert ihr die Öffentlichkeit über die Problematik und begründet, warum das neue Werk in Aumühle gebaut werden soll. Dieses Flugblatt verteilt ihr an den Vorstand und die Vertreter der Städte.

Stadtrat

Als gewählte Volksvertreter setzt ihr euch natürlich dafür ein, dass das neue Werk in Aumühle gebaut wird. Ihr betont bei euren Verhandlungen mit dem Vorstand, dass die Stadt in der Vergangenheit das Unternehmen stets unterstützt hat, zum Beispiel bei der Suche nach einem geeigneten Baugrundstück für die erste Werkserweiterung. Ihr signalisiert, dass die Stadt bereit ist, für fünf Jahre die Gewerbesteuer zu senken. Da Aumühle in einer wirtschaftlich schwachen Region liegt, setzt ihr euch dafür ein, dass das Unternehmen auch vom Land zinsvergünstigte Kredite für den Bau des neuen Werkes bekommen kann.

Vertreter von Tebiu

Ihr seid Abgesandte der Stadt und versucht, mit euren Argumenten den Vorstand zu überzeugen, dass das neue Werk in Tebiu gebaut wird. Ihr betont die positive wirtschaftliche Entwicklung eurer Stadt und dass die Zukunftschancen von Experten sehr positiv beurteilt werden. Ihr präsentiert der Geschäftsleitung eine Folie, auf der ihr übersichtlich die Vorteile Tebius gegenüber anderen Standorten auflistet. Diese Folie kann auch Grundlage für eure Präsentation auf dem Treffen sein.

Vertreter von Hwengwu

Als Vertreter der Stadt setzt ihr alles daran, dass das Unternehmen sein neues Werk in Hwengwu baut. Ihr seid alle Mitglieder in der Kommunistischen Partei Chinas, die in China die Macht hat. Deshalb könnt ihr dem Vorstand auch versprechen, dass er sehr schnell alle notwendigen Genehmigungen bekommen wird. Ihr weist auch darauf hin, dass China für Klimaanlagen einen riesigen Markt bildet und das Unternehmen seine Geräte auch in China sehr gut verkaufen kann. Natürlich wird der Betriebsrat auf der Konferenz die gute Ausbildung, die Qualität und Zuverlässigkeit deutscher Facharbeiter betonen. Ihr bereitet euch auf die Einwände vor, indem ihr auf einer Folie übersichtlich die Vorteile Hwengwus gegenüber dem deutschen Standort auflistet. Diese Folie könnt ihr für euren Kurzvortrag verwenden.

D Materialien zum Planspiel

M 1 Informationen zu den Standorten

a) Standort Aumühle

Viele Beschäftigte der Klimix AG arbeiten seit Jahrzehnten für das Unternehmen und haben das Unternehmen mit aufgebaut. Sie sind hoch motiviert und außerordentlich qualifiziert. Bei besonders hoher Nachfrage waren sie in der Vergangenheit immer wieder bereit, eine Sonderschicht einzulegen. Die Abläufe bei der Produktion von Klimageräten sind ihnen bestens vertraut, der Aufwand für eine Schulung wäre bei der Produktion der neuen Geräte sehr gering. Anders als bei der Produktion in anderen Ländern weisen die in Aumühle produzierten Geräte nur selten Qualitätsmängel auf, nur ein geringer Teil ist Ausschuss. Die Kunden sind mit diesen Geräten überdurchschnittlich zufrieden, nur selten kommt es zu Reklamationen. In Aumühle werden zwar im internationalen Vergleich sehr hohe Löhne gezahlt, doch in den letzten Jahren gab es kaum noch Lohnzuwächse.

Aumühle liegt in einer ländlich geprägten Region in Baden-Württemberg und hat 13 000 Einwohner. Die Infrastruktur ist sehr gut, über die nur 3 km entfernte Autobahn ist der Ort in das europäische Fernstraßennetz eingebunden.

b) Standort Hwengwu

Wie viele Städte in China hat auch Hwengwu in den letzten Jahren einen ungeheuren Wirtschaftsaufschwung erlebt. Hwengwu liegt in einer Freihandelszone. Das bedeutet, dass Unternehmen hier keine Steuern und auch keine Zölle zahlen müssen. Zahlreiche ausländische Firmen haben sich inzwischen niedergelassen. Ihnen steht eine große Anzahl von billigen, motivierten Arbeitskräften zur Verfügung. Menschenrechtsorganisationen kritisieren seit Langem die Ausbeutung chinesischer Arbeitskräfte in den Fabriken.

In Hwengwu gibt es keine Facharbeiter, die eine mit deutschen Kollegen vergleichbare Ausbildung haben. Die Klimix AG müsste also die Arbeitskräfte vor Ort qualifizieren. Allerdings sind chinesische Arbeitnehmer sehr schnell bereit, den Arbeitgeber zu wechseln, wenn sie dadurch Vorteile haben. Ausländische Unternehmen müssen für die Genehmigung ihrer Fabriken den Behörden die Pläne ihrer Anlagen vorlegen. Immer wieder sind Fälle bekannt geworden, wo die Behörden solche Pläne an chinesische Unternehmen weitergereicht haben, die diese Maschinen dann kopierten und wesentlich billiger verkauften (Produktpiraterie).

Die chinesische Regierung unterstützt die Ansiedlung ausländischer Unternehmen sehr, denn sie fördern die wirtschaftliche Entwicklung des Landes. China hat keine demokratisch gewählte Regierung, die wichtigste Macht im Land ist die kommunistische Partei, die alle Bereiche des Lebens kontrolliert. Ohne ihre Zustimmung kann kein Unternehmer tätig werden. Auch die Medien werden staatlich gelenkt. Menschen, die politisch eine andere Meinung als die Partei vertreten, riskieren, verfolgt und inhaftiert zu werden.

Hwengwu hat 2 Millionen Einwohner und liegt im Landesinneren. Die Bevölkerung wächst rasch, weil sehr viele Menschen vom Land zuziehen. Die Stadt liegt in einer erdbebengefährdeten Region: Im letzten Jahr hat es ein großes Erdbeben der Stärke 6 gegeben, bei dem Hunderte Menschen ums Leben gekommen sind. Das Straßennetz rund um Hwengwu ist in schlechtem Zustand, die Regionalverwaltung will aber in den nächsten Jahren sehr viel Geld in den Ausbau des Straßennetzes und des öffentlichen Verkehrs investieren.

c) Standort Tebiu

Tebiu ist bekannt für seine Textilproduktion, in den letzten Jahren wurden jedoch bereits einige Fabriken geschlossen und die Produktion nach Asien verlagert. Sehr erfolgreich hat die Stadt daher neue Industrien angesiedelt und profi-

tierte auch von dem hohen Wirtschaftswachstum des Landes. Die Grundstücke stellt sie den Unternehmen kostenlos zur Verfügung. Noch sind die Löhne überall in Rumänien niedrig, steigen allerdings stark. Es gibt genügend ausgebildete Facharbeiter, doch für die speziellen Anforderungen bei der Produktion von Klimaanlagen müsste die Klimix AG Fachkräfte schulen.
Rumänien hat eine demokratische Regierungsform und ist seit 2007 Mitglied der EU. Die EU unterstützt die wirtschaftliche Entwicklung des Landes mit vielen Milliarden Euro, denn noch gehört der Staat zu den wirtschaftlich am wenigsten entwickelten Ländern der EU. Die Mitgliedschaft in der EU erleichtert auch den Handel mit Deutschland, das seit vielen Jahren zu den wichtigsten Wirtschaftspartnern des Landes gehört. Ein Problem ist allerdings immer noch die Bestechlichkeit (Korruption) und die schlecht funktionierende öffentliche Verwaltung, sie behindert die Tätigkeit der Unternehmer. Doch hat das Land auf diesen Gebieten ebenfalls große Fortschritte erzielt. Tebiu liegt im Landesinneren nahe der ungarischen Grenze und hat 200 000 Einwohner. Das Straßennetz ist in den letzten Jahren mit EU-Fördermitteln ausgebaut worden. Die Infrastruktur ist jedoch immer noch erheblich schlechter als in Deutschland.

M 2 Die Rechte des Betriebsrats

Der Betriebsrat vertritt die Interessen der Arbeitnehmer. Da in Aumühle 880 Beschäftigte arbeiten, gehören ihm 11 Mitglieder an. So regelt es das Betriebsverfassungsgesetz. Wenn in einem Betrieb Arbeitsplätze abgebaut werden, hat der Betriebsrat nur wenige Einflussmöglichkeiten, da es sich in diesem Fall um betriebsbedingte Kündigungen handelt. Natürlich wird er versuchen, in Verhandlungen, mit Demonstrationen und Kundgebungen Druck auf die Geschäftsleitung auszuüben. Doch bleibt ihm in der Praxis häufig nichts anderes übrig, als einen Sozialplan auszuhandeln, der die Beschäftigten für den Verlust des Arbeitsplatzes entschädigt. Sozialpläne berücksichtigen meist die Dauer der Betriebszugehörigkeit und das Alter der Betroffenen. Die Entschädigungen liegen zwischen 12 und 18 Monatsgehältern. Außerdem werden häufig Fortbildungs- und Umschulungsmaßnahmen finanziert, die den Betroffenen helfen sollen, eine neue Arbeitsstelle zu finden.

M 3 Was ist bei der Standortwahl wichtig?

Nähe zum Kunden: Dieses Kriterium spielt eine zunehmend wichtige Rolle bei der Entscheidung. Indem Unternehmen direkt in den Absatzgebieten produzieren, können sie sich besser auf die örtliche Nachfrage und die besonderen Wünsche der Kunden einstellen und direkt den Kontakt pflegen. Auch können sie auf Schwankungen der Nachfrage rasch reagieren. Sie sparen zudem Transportkosten.
Kosten: Dazu zählen vor allem Personalkosten, die Kosten für den Bau des Firmengebäudes, Kosten für Rohstoffe, Energie und Maschinen. Da Steuern von Land zu Land unterschiedlich sind, spielt auch die Höhe der Abgaben bei der Standortwahl eine wichtige Rolle.
Infrastruktur: Hier zählen vor allem die Qualität des Straßennetzes, die Nähe zu Autobahnen, Bahnhöfen und Häfen sowie gut erschlossene, preisgünstige Gewerbegebiete zu den wichtigen Kriterien.
Politische Kriterien: Aus Sicht der Unternehmen zählen vor allem politische Stabilität und eine funktionierende Rechtsordnung, falls es zu Gerichtsprozessen in dem Land kommt. Bestechlichkeit von Beamten und übermäßige Bürokratie können sich negativ auf die Standortentscheidung auswirken.

M4 Gründe für eine Standortwahl im Ausland

M5 Wie viel Arbeit kostet

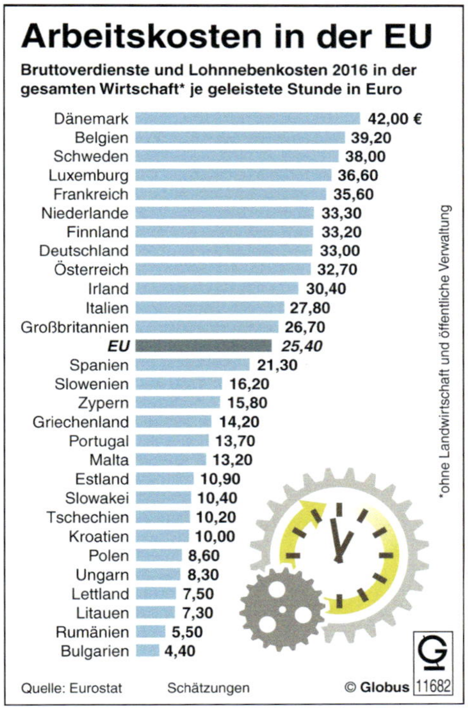

China: 6,19 € (Stand 2015)

M6 Wirtschaftswachstum

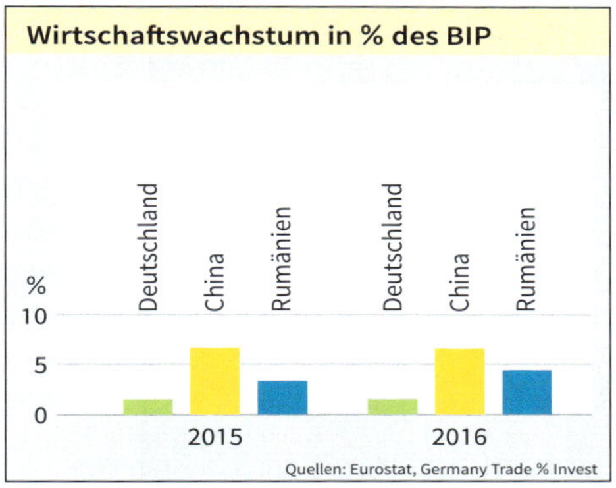

M7 Arbeitslosenquote in % der Erwerbstätigen

	2015	2016
Deutschland	6,4	6,1
China	4,1	4,0
Rumänien	6,8	5,9

Quelle: Statista

Hinweis: Zu beachten ist, dass die Quoten in den verschiedenen Ländern auf unterschiedliche Art berechnet werden, die Zahlen also nicht direkt miteinander vergleichbar sind. Experten schätzen, dass zudem in China die tatsächliche Arbeitslosigkeit höher liegt als offiziell angegeben.

Aufgabe 1:

Wichtige Begriffe des betrieblichen Rechnungswesens definieren

In dem Buchstabenfeld verstecken sich fünf wichtige Begriffe des betrieblichen Rechnungswesens. Finde die Begriffe und definiere sie.

L	A	F	W	L	D	M	A	F	U	B	D	E	U	F	R	Q	N	V
B	B	G	E	W	I	N	N	I	W	O	C	V	M	U	T	T	M	E
A	S	H	D	O	L	O	T	X	X	L	A	F	S	L	B	E	H	R
F	C	O	U	J	W	N	H	K	Y	L	G	G	A	N	C	U	O	W
Z	H	E	X	V	A	U	P	O	B	G	I	P	T	M	X	Y	R	I
E	R	S	S	E	G	Z	S	S	G	F	J	X	Z	G	Z	C	T	R
U	E	R	V	T	D	W	W	T	H	P	L	Z	S	H	S	C	U	R
G	I	T	V	R	U	K	G	E	V	M	R	Y	S	W	B	F	X	U
B	B	U	N	W	N	C	F	N	M	P	T	V	R	T	D	H	B	T
B	U	C	H	H	A	L	T	U	N	G	S	P	F	L	I	C	H	T
X	N	F	M	C	H	R	F	N	N	T	U	W	A	G	D	H	B	O
A	G	I	M	C	N	N	E	O	O	T	A	P	W	O	E	I	Z	X

Aufgabe 2:

Fachbegriffe bezeichnen

Carmen hat gehört, dass das Management in Unternehmen in ihrem Handeln nur auf die Gewinne der Aktionäre achtet. Das wird oft kritisiert. Der Begriff liegt ihr auf der Zunge, doch er fällt ihr gerade nicht ein: Wie bezeichnet man die beiden Fachbegriffe für unterschiedliche Management-Ansätze? Formuliere eine Antwort an Carmen.

Aufgabe 3:

Droht FairBlum zu scheitern?

Jasmin Henster hat vor drei Jahren einen Internetshop eröffnet, über den sie fair gehandelte Blumensträuße vertreibt. Von Anfang an liefen die Geschäfte wesentlich schlechter als erwartet, immer wieder musste sie als Einzelkauffrau auf ihre Ersparnisse zurückgreifen. Diese sind nun weitgehend aufgebraucht. In den letzten Monaten gingen die Umsätze weiter zurück. Sie ist verzweifelt und befürchtet, in den nächsten Wochen die Lieferantenrechnung nicht mehr bezahlen zu können. In dieser Situation wendet sie sich an den Unternehmensberater Haider Ercay.

In einem ersten Gespräch möchte sie von ihm vor allem Antworten auf drei Fragen bekommen. Ergänze die Antworten des Unternehmensberaters.

Jasmin Hensler: Was passiert, wenn ich in wenigen Wochen meine Rechnungen nicht mehr bezahlen kann?
Haider Ercay: Sie befinden sich in einer sehr ernsten Situation und müssen sofort handeln …
Jasmin Hensler: Ich arbeite doch so viel – und trotzdem stellt sich der Erfolg nicht ein. Was habe ich nur falsch gemacht?
Haider Ercay: Für das Scheitern von Unternehmen gibt es mehrere Gründe …
Jasmin Hensler: Sie sprachen vorhin schon einmal von Insolvenz. Wie läuft denn so ein Verfahren ab?
Haider Ercay: Zunächst einmal müssen Sie vor dem Insolvenzgericht einen Antrag stellen …

Aufgabe 4:

Wann darf ein Unternehmen kündigen?

Prüfe bei den folgenden Beispielen, ob ein Grund für eine fristgerechte oder fristlose Kündigung bzw. kein Kündigungsgrund vorliegt.

	fristgerechte Kündigung	fristlose Kündigung	kein Kündigungsgrund
1. Einer Mitarbeiterin unterläuft bei ihrer Arbeit ein folgenschwerer Fehler, der das Unternehmen viel Geld kostet.			
2. Ein Mitarbeiter eines Betriebsrestaurants nimmt sechs übrig gebliebene Frikadellen für seine Familie mit nach Hause.			
3. Ein Arbeitnehmer ist wegen eines Autounfalls seit einem Jahr krankgeschrieben. Er wird aufgrund seiner körperlichen Einschränkungen seine alte Arbeit nicht wiederaufnehmen können.			
4. Ein Unternehmen verlagert einen Teil seiner Produktion ins Ausland und schließt deshalb einen Betrieb in Deutschland.			
5. Während eines Teammeetings kritisiert ein Mitarbeiter einen Teamleiter, weil er mit einer Entscheidung nicht einverstanden ist.			
6. Ein Betriebsrat hat vor den Werkstoren eine Demonstration gegen den geplanten Stellenabbau organisiert.			

Aufgabe 5:

Die Klimix AG zieht um

Die Klimix AG platzt aus allen Nähten. Die Produktion der neuen Klimaanlagen hat dem Unternehmen einen Auftragsboom beschert. Deshalb wurden zahlreiche neue Fachkräfte in der Verwaltung und Produktion eingestellt. Wegen des erhöhten Platzbedarfs hat sich die Firmenleitung bereits an die Gemeindeverwaltung in Aumühle gewandt. Doch die Gemeinde kann ihrem größten Steuerzahler keine zusätzlichen Gewerbeflächen für einen Erweiterungsbau zur Verfügung stellen. Den einzigen Ausweg aus der Platzmisere bietet ein Umzug.

Im 50 km entfernen Schondorf wurde gerade ein neues Gewerbegebiet erschlossen, das sich sehr gut für den neuen Firmensitz eignet. Es ist zudem besser an die Autobahn angeschlossen, was den LKW-Transport der Produkte wesentlich erleichtern würde. Direkt an das neue Gewerbegebiet grenzt ein Neubaugebiet, das wegen der Nähe zu einem Naherholungsgebiet sehr beliebt ist.

a) Benenne interne und externe Stakeholder, die von der Entscheidung des Unternehmens betroffen sind.

b) Wähle zwei Stakeholder aus und erläutere ihre Interessen und die Auswirkungen der Entscheidung für sie.

c) Beschreibe einen Interessenskonflikt zwischen zwei Stakeholdern und entwickle einen Lösungsvorschlag.

10 Miteinander leben in der sozialen Marktwirtschaft

Was sind ihre Besonderheiten, Leistungen und Herausforderungen?

1. Allein nachdenken
Welche Gedanken zum Verhältnis zwischen dem Staat und den Menschen in der sozialen Marktwirtschaft löst die Zeichnung in dir aus?

2. Zu zweit beraten
Was verbindet ihr mit dem Begriff „sozial" im Zusammenhang mit Wirtschaft?

3. Gemeinsam sammeln
Was muss eine Wirtschaftsordnung leisten, damit möglichst viele Menschen mit ihr zufrieden sein können?

Bei der Arbeit an diesem Kapitel könnt ihr …

- in die Rolle von Parlamentsabgeordneten schlüpfen und über eine Wirtschaftsordnung entscheiden,
- Merkmale unterschiedlicher Wirtschaftsordnungen ermitteln und miteinander vergleichen,
- begründen, warum wir in Deutschland keine freie, sondern eine soziale Marktwirtschaft haben,
- über soziale Gerechtigkeit, Freiheit, Gleichheit und Solidarität miteinander diskutieren,
- die Bedeutung des Bruttoinlandsproduktes als Gradmesser für den Reichtum der Gesellschaft ermitteln und bewerten.

Eigene Schwerpunkte könnt ihr setzen, indem ihr …

- andere über ihre Vorstellung von sozial gerechter Politik befragt,
- einen Kurzvortrag über ein Themengebiet der sozialen Marktwirtschaft vorbereitet und vortragt,
- im Internet zu ausgewählten Themen aus dem Bereich der sozialen Marktwirtschaft recherchiert.

1 Für welche Art von Wirtschaftsordnung entscheidest du dich?

Eine Entscheidung in einem Gedankenexperiment treffen

Angenommen, dass: Du gehörst dem Parlament eines Landes an, in dem aufgrund andauernder Krisen die bestehende Wirtschaftsordnung völlig zusammengebrochen ist. Wirtschaftsordnung, das ist die Gesamtheit aller Regeln und Gesetze, die für das Wirtschaftsleben gelten. In deinem Land sind die gewählten Parlamentarier der Überzeugung, dass das Land eine neue Wirtschaftsordnung braucht. Drei Redner melden sich mit Vorschlägen zu Wort.
Welcher davon findet deine Unterstützung?

Halten wir uns raus!

Meine sehr verehrten Damen und Herren!

Am besten für die Menschen in unserem Land wird es sein, wenn die Wirtschaft sich ohne staatliche Regulierung frei entfalten kann. Die Menschen müssen die Freiheit haben, Unternehmen zu gründen oder eine Rolle als Arbeitnehmer anzunehmen, ganz wie es ihren Interessen und Talenten entspricht. Freier Wettbewerb und konkurrierende Unternehmen in privatem Besitz sollen der Motor des wirtschaftlichen Erfolges sein. Freie Bahn den Tüchtigen! Das wird das Leitmotiv unserer Wirtschaftsordnung sein, in der diejenigen belohnt werden, welche die größte Leistung erbringen. Die Wirtschaft wird erfolgreich sein, wenn wir uns als Staat so weit wie möglich heraushalten.

Übernehmen wir das Ruder!

Verehrte Kolleginnen und Kollegen!

Der Zusammenbruch der Wirtschaft im Land ist darauf zurückzuführen, dass wir als Staat bisher das Wirtschaftsgeschehen Unternehmen überließen, denen es nur um ihren möglichst hohen Gewinn ging.
In Zukunft muss der Staat die Planung der wirtschaftlichen Verhältnisse selbst in die Hand nehmen und die Unternehmen in den Besitz des Staates überführen. So können wir sicherstellen, dass alle Menschen in unserem Land auf gerechte Art mit Wirtschaftsgütern versorgt werden. Gleichheit der Lebensbedingungen, keine große Kluft zwischen Arm und Reich – das sollen in Zukunft die Markenzeichen unserer Wirtschaftsordnung sein!

Finden wir den Mittelweg!

Liebe Parlamentarierinnen und Parlamentarier!

Radikale Lösungen weisen keinen guten Weg in die wirtschaftliche Zukunft. Wir setzen uns für eine Mischform ein. Wir wollen, dass das Marktgeschehen sich mit Unternehmen im Privatbesitz frei entfalten kann. Unsere Wirtschaft wird erfolgreich sein, wenn freie Märkte garantiert sind und Preise sich frei bilden können. Wir wollen aber auch, dass der Staat eine Schutzfunktion gegenüber den wirtschaftlich Schwachen übernimmt. Dazu sollten wir Gesetze schaffen, welche die Menschen sowohl am Arbeitsplatz als auch im Privatleben schützen. Freiheit und soziale Gerechtigkeit sollen die Leitlinien unserer zukünftigen Wirtschaftsordnung sein!

1. Welchem Redner stimmst du spontan zu? Stimmt ab und notiert das Ergebnis.
2. Vergleiche die drei Konzeptionen bezüglich der Rolle des Staates, der Unternehmen, der Aussagen über Werte und der Vorstellungen von Erfolg. (Das geht auch zu zweit oder zu dritt.)
3. Begründe dein Abstimmungsverhalten und stelle dies in der Rolle eines Parlamentsmitgliedes in der Klasse vor.
4. Welche Bezüge zur Wirklichkeit könnt ihr in diesem Gedankenexperiment entdecken? Sprecht gemeinsam darüber.

Einen Kurzvortrag überzeugend halten

Thema: Wirtschaftsordnungen im Vergleich

Worum geht es?

Die Themen in dem folgenden Unterkapitel eignen sich für die Planung und Durchführung von Vorträgen in der Klasse. Die Vorträge können sowohl allein als auch zu zweit oder in Gruppen vorbereitet werden. Für die drei Themen erhaltet ihr auf den folgenden Seiten grundlegende Informationen sowie Vorschläge für die Gliederung eines Vortrags. Weitere schülergemäß formulierte Informationen findet ihr hier:

- Duden Ratgeber: Wie Wirtschaft funktioniert, Dudenverlag Berlin 2013
- Bei der Nutzung des Online-Lexikons Wikipedia müsst ihr beachten, dass es sich nicht um sichere Informationen handelt. Sie werden von Personen ohne Nennung des Namens verfasst und vor Veröffentlichung nicht von einer unabhängigen Redaktion überprüft.

Was ist ein Kurzvortrag?

Das ist ein zeitlich begrenzter mündlicher Vortrag auf der Basis einer schriftlichen Ausarbeitung. Als Vortragender übernimmst du die Rolle eines Referenten. Das bedeutet, du bringst einem Publikum einen Fachgegenstand näher, mit dem du dich intensiv auseinandergesetzt hast. Du wendest so das Gelernte praktisch an und trainierst das freie **Sprechen** vor Publikum. Ob ein Kurzvortrag gut beim Publikum ankommt, hängt nicht nur davon ab, was vorgetragen wird, sondern vor allem auch, wie etwas vorgetragen wird.

Worauf kommt es beim Vortrag an? 5 Regeln

1. Bereite dich gut vor.

Das Publikum merkt sehr schnell, ob man sich als Vortragender gut in ein Thema eingearbeitet hat. Dem Vortragenden gibt die gute Vorbereitung die notwendige Sicherheit für ein überzeugendes Auftreten.

2. Sprich möglichst frei.

Ein Vortrag sollte nicht vom Blatt abgelesen werden. Niemand hört dann gerne zu. Als Vortragender benutzt du schriftlich ausgearbeitete Notizen. Damit ausgestattet sprichst du relativ frei. Es stört nicht, wenn du kleinere Teile vorliest, die du schriftlich ausgearbeitet hast.

3. Halte Kontakt zum Publikum.

Man kann Referenten schlecht zuhören, wenn diese nur in ihre Unterlagen versunken sind und nicht zum Publikum hingewendet sprechen. Durch Blickkontakt zeigst du, dass dir das Publikum wichtig ist.

4. Präsentiere dich angemessen.

Für die Wirkung eines Vortrags ist die Art und Weise, wie man sich vor seinem Publikum präsentiert, von großer Bedeutung. Wer gelangweilt und undeutlich spricht, wird auch in der Sache nicht überzeugen können. Auch sollte man – so gut es einem möglich ist – auf ein gepflegtes Erscheinungsbild achten.

5. Lasse Rückfragen zu.

Ein guter Referent ermuntert seine Zuhörerinnen und Zuhörer dazu, Fragen zu stellen. Da niemand allwissend sein kann, kann man durchaus auch einmal zugeben, die Antwort auf eine Frage nicht zu wissen.

Die Interessantmacher
- Verständlichkeit
- Anschaulichkeit
- Lebendigkeit
- Kompetenz

Übe einen Vortrag einmal mit einem Partner, bevor du ihn vor der Klasse hältst.

2 Wie lebt es sich in unterschiedlichen Wirtschaftsordnungen?

Drei Wirtschaftsordnungen in Kurzvorträgen vorstellen

Die Bearbeitung der drei Wirtschaftsordnungen könnt ihr aufteilen. Die einen bereiten Kurzvorträge für die anderen vor. So informiert ihr euch gegenseitig.

Thema 1: Die freie Marktwirtschaft – Markt ohne Staat

Gliederung für ein Kurzreferat

Einstieg:
- Deutschland 1880: Beispiele für die Situation von Kindern, Frauen und Fabrikarbeitern

Hauptteil:
- Theoretische Begründung der freien Marktwirtschaft
- Merkmale

Schluss:
- Bewertung: (k)ein Modell für die Zukunft?

A Ein Blick zurück: Deutschland um 1880 …

„Freie Marktwirtschaft": Das hört sich positiv an. Wie es in Wirklichkeit mit dieser Freiheit aussah, wird bei einem Blick in die Vergangenheit deutlich. Stellt euch einen Tag in Deutschland um 1880 vor. Wir befinden uns in der Zeit der Industrialisierung. Große Fabriken entstehen. Von England ausgehend hat die Wirtschaftsordnung der *freien Marktwirtschaft* auch Deutschland erfasst.

Was bedeutete Freiheit in der Zeit dieser Wirtschaftsordnung?

Eines der frühen Fotos aus der Arbeitswelt zeigt einen sechsjährigen Jungen, der zusammen mit seinem Vater in einer Chemnitzer Weberei arbeitet, täglich von morgens 5 Uhr bis abends 19 Uhr.

Zur Situation der Kinder

Eltern berichten: „Kaum sind die Kinder so weit herangewachsen, dass ihre Kräfte zur Verrichtung einer Arbeit auszureichen scheinen, so werden sie von den Eltern in die Fabriken gesandt, oder sie sitzen neben dem Webstuhl, den ganzen Tag mit Spulen beschäftigt. Die Stunden, welche die Kinder nicht dem Schulunterricht zu widmen haben, sind sie genötigt, in den Wohnungen ihrer Eltern zu verbringen; diese zwingen sie, die Zeit mit Arbeiten jeder Art, die einen Gewinn abwerfen, auszufüllen, und sind leider auch durch den Drang der Umstände darauf angewiesen, streng darauf zu halten, weil es dem Haupt der Familie höchst selten möglich ist, allein den Lebensunterhalt für die ganze Familie zu erwerben …"

(Aus: Ruth Hoppe, Dokumente zur Geschichte der Lage des arbeitenden Kindes in Deutschland von 1700 bis zur Gegenwart, Berlin 1969, S. 57 ff.)

Zur Situation der Fabrikarbeiter

Der Arbeiterführer Julius Wahlsieg berichtet über die Zeit in seinen Lebenserinnerungen: „Es war nur ein sehr kleiner Teil der Arbeiter, welcher die allernotwendigsten Lebensbedürfnisse einigermaßen befriedigen konnte, die ungeheure Mehrzahl war tatsächlich auf das Niveau der Arbeitstiere herabgedrückt. In den Fabriken wurde in der Regel von früh sechs bis abends acht Uhr gearbeitet. Es gab eine Mittagspause von einer halben Stunde und halbstündige Pausen für Frühstück und Vesper. Der Lohn reichte für den geschicktesten, bestbezahlten Arbeiter nicht aus, um, sofern er unverheiratet war, ein eigenes Zimmer zu mieten. […] Die Pflege des Körpers wurde genauso vernachlässigt wie die des Geistes. Die Nahrung war schlecht. Der Genuss von vielem trockenem Brot verursachte außer den anderen Übelständen besonders Sodbrennen, das man durch Kreideessen bekämpfte. Zur Reinlichkeit fehlte jede Gelegenheit; es waren keine 25 Pfennig wöchentlich übrig, um regelmäßig ein Bad zu nehmen.

(Nach: Franz Josef Furtwängler, Die Gewerkschaften, Rowohlt Verlag, Reinbeck 1956)

Zur Situation der Frauen

Die Fabrikarbeiterin Ottilie Baader berichtet:

„Die wirtschaftliche Entwicklung brachte es mit sich, dass immer mehr Frauen aus der Familie gerissen und in die Fabriken, Werkstätten, auf die Bauten, in die Landarbeit, die Kohlengruben gedrängt wurden. [...] Sie arbeiteten für viel geringeren Lohn als die Männer und beeinflussten so die Lebenshaltung der Arbeiterklasse auf das Allerschlimmste. Das Unternehmertum aber begriff sehr schnell, dass trotz der niedrigen Löhne die weibliche Arbeitskraft meist nicht geringer als die der männlichen Arbeiter war, der Profit dadurch also deutlich erhöht wurde.

(Aus: Ottilie Baader, Ein steiniger Weg (1921), zitiert nach: Wolfgang Emmerich (Hg.): Proletarische Lebensläufe, Bd. 1, Reinbeck 1974, S. 268 f.)

B Die Situation in der Zeit der freien Marktwirtschaft

In der Zeit des Wandels von der bäuerlichen Gesellschaft zur Industriegesellschaft im 19. Jahrhundert bildete sich in Deutschland und in anderen europäischen Staaten die Wirtschaftsordnung der freien Marktwirtschaft heraus. Charakteristisches Merkmal der freien Marktwirtschaft ist der freie und nach größtmöglichem Gewinn strebende Unternehmer. Er bestimmt allein darüber, was für wen unter welchen Arbeitsbedingungen produziert wird.

Der Staat sah es nicht als seine Aufgabe an, besondere Schutz- oder gar Mitwirkungsrechte für die lohnabhängig Beschäftigten zu schaffen. Die Folge waren große soziale Ungerechtigkeiten. Ein Fabrikbesitzer konnte in seinem Unternehmen frei schalten und walten. Er bestimmte allein über die Arbeitszeiten und die Höhe der Löhne. Sein Einfluss ging so weit, dass die Arbeiterinnen und Arbeiter seine Erlaubnis einholen mussten, wenn sie heiraten wollten. Freie Marktwirtschaft, das bedeutete in der Zeit der Industrialisierung einseitig die unternehmerische Freiheit.

Eine Arbeiterin bedient mehrere Spinnmaschinen gleichzeitig. Hergestellt wird Asbestgarn; die Schädlichkeit von Asbest war noch nicht bekannt.

C Die theoretische Begründung

Das Grundmodell der freien Marktwirtschaft geht auf den schottischen Nationalökonomen Adam Smith (1723 – 1790) zurück. In seinem Hauptwerk aus dem Jahr 1776 „Der Wohlstand der Nationen" schrieb Smith: „Nicht durch das Wohlwollen des Fleischers, des Brauers oder des Bäckers dürfen wir erwarten, uns zu sättigen, sondern durch die Wahrung ihrer Eigeninteressen." Smith interpretierte die Marktwirtschaft als ein „System der natürlichen Freiheit", in dem – unbeschränkte Konkurrenz vorausgesetzt – die vom Egoismus geleiteten Handlungen jedes Einzelnen zu den gesellschaftlich und wirtschaftlich bestmöglichen Ergebnissen führen. [...]

Im Modell der freien Marktwirtschaft spielt der Staat eine Nachtwächterrolle, d.h., er greift nicht aktiv in das Wirtschaftsgeschehen ein. Er beschränkt sich als Gesetzgeber auf die Ordnungspolitik und schafft die notwendigen Rahmenbedingungen.

(Aus: Duden Ratgeber: Wie Wirtschaft funktioniert, Duden Verlag 2013, S. 26)

1. Beschreibe die Rolle des Unternehmers, der vom Lohn abhängigen Arbeitnehmerschaft und die Rolle des Staates in der geschilderten Zeit.
2. Beurteile, ob die Wirtschaftsordnung des 19. Jahrhunderts ein Modell für die Gegenwart sein kann.

Thema 2: Die Planwirtschaft – Staat statt Markt

Gliederung für ein Kurzreferat
Einstieg:
- Planwirtschaft als Gegenmodell zu freier Marktwirtschaft und Kapitalismus

Hauptteil:
- Entstehung, Idee und Ziele
- Planungsablauf am Beispiel Fahrradproduktion

Schluss:
- Vor- und Nachteile
- Eigene Bewertung

Plakat der Staatsführung der DDR aus dem Jahr 1956

A Entstehung, Idee und Ziele

Die Planwirtschaft ist eine Wirtschaftsordnung, die sich als Gegenmodell zur freien Marktwirtschaft versteht. Sie wurde nach dem Ende des Zweiten Weltkrieges in der ehemaligen DDR und in mehreren anderen Staaten Osteuropas eingeführt.
Die DDR war der zweite deutsche Staat, der 1949 im Ostteil Deutschlands gegründet wurde und der 1990 im Zuge der Wiedervereinigung sein Ende fand.
Die Grundidee der Planwirtschaft besteht zunächst einmal in der völligen Ablehnung marktwirtschaftlicher Vorstellungen. Der Markt als Steuerungselement von Angebot und Nachfrage wird hier durch den alles regelnden Staat ersetzt.
Die Konzeption der Planwirtschaft beruht auf den Lehren des Staatsphilosophen Karl Marx (1818 – 1883), wonach eine privat organisierte kapitalistische Wirtschaft unweigerlich zur Ausbeutung der Masse der Menschen führt und in der Folge zu wirtschaftlichen und politischen Krisen, Zusammenbrüchen und Revolutionen. Als sozial gerecht wird eine sozialistische Wirtschaftsordnung angesehen. Das bedeutet, dass der private Besitz an Produktionsmitteln abgeschafft und sozialisiert, also in staatliches Eigentum überführt wird. Beschrieben wurde diese Wirtschaftsordnung von dem Ökonomen Walter Eucken (1891 – 1950), der dafür den Begriff Zentralverwaltungswirtschaft prägte.
Wenn es keinen Privatbesitz an Landgütern, Fabriken und Handwerksbetrieben mehr gibt, bestimmt der Staat, welche Produkte erzeugt werden und wie die Produktionsbedingungen und auch die Preise zu gestalten sind. Der Staat ist also die zentral die Wirtschaft verwaltende Instanz. Die Planwirtschaft sollte in der ehemaligen DDR und anderen sozialistischen Staaten die Überlegenheit des Sozialismus gegenüber dem Kapitalismus beweisen und ein Höchstmaß an sozialer Gerechtigkeit auf der Basis der Gleichheit aller Menschen garantieren. Die Praxis blieb allerdings weit hinter den theoretischen Überlegungen zurück.

B Zentrale Planung

Planwirtschaft bezeichnet eine Ordnung, in der alle wirtschaftlichen Entscheidungen und Abläufe in einem Land […] auf der Basis gesamtwirtschaftlicher Pläne zentral gesteuert werden.
Die staatliche Führung erstellt einen zentralen Wirtschaftsplan und lenkt den gesamten Ablauf der Wirtschaft nach diesem Plan. Eine zentrale Planungsbehörde bestimmt, was, wie und für wen produziert wird, und legt auch die Güterpreise fest. Darüber hinaus gibt sie den Unternehmen und Haushalten Plansollwerte für Produktion und Arbeitseinsatz vor. Hierin liegt ein wesentlicher Unterschied zu marktwirtschaftlichen Systemen, in denen die Wirtschaftssubjekte ihr Handeln eigenverantwortlich aus ihren persönlichen Zielen ableiten. Der zentrale Wirtschaftsplan wird regional und sektoral zerlegt und von oben nach unten delegiert. Die mittelfristige Wirtschaftsplanung, die sich meist über fünf Jahre erstreckt, ist in der Regel als Ausführung einer längerfristigen Perspektivplanung konzipiert, die zehn Jahre und mehr umfasst.

(Aus: Duden Ratgeber: Wie Wirtschaft funktioniert, Duden Verlag 2013, S. 28)

Zum Beispiel Fahrräder

In den Achtzigerjahren stieg unter Jugendlichen in der DDR die Nachfrage nach Fahrrädern deutlich an. Der folgende Text erklärt in vereinfachter Form den Weg bis zur Steigerung der Fahrradproduktion in der Planwirtschaft der DDR:

- Die Leiter der Centrum-Warenhäuser in verschiedenen Städten teilen der Handelsorganisation (HO), Abt. technische Produkte, mit, dass die Nachfrage nach Fahrrädern ständig steigt.
- Die HO leitet diese Meldungen weiter an das „Ministerium für Handel und Versorgung".
- Von dort gehen die Bedarfsmeldungen an das „Ministerium für bezirksgeleitete Industrie" weiter. Hier werden Produktionsplanungsentwürfe für Fahrräder ausgearbeitet.
- Die Entwürfe werden nun der „Staatlichen Planungskommission" zugeleitet. Im Volkswirtschaftsplan wird ausgewiesen, dass zukünftig aus Gründen der Erhaltung der Volksgesundheit 600000 statt bisher 530000 Fahrräder produziert werden sollen.
- Der von der „Staatlichen Planungskommission" ausgearbeitete Volkswirtschaftsplan kann nur in Kraft treten, wenn er vom Zentralkomitee der Sozialistischen Einheitspartei (SED) genehmigt wird. Das Politbüro der SED stimmt dem Plan zu. Die Volkskammer, das Parlament der DDR, wird aufgefordert, diesem Beschluss der Partei zuzustimmen.
- Die Abgeordneten der Volkskammer stimmen einstimmig für den Plan zur Erhöhung der Fahrradproduktion. Das Kombinat Zekiwa Zeitz erhält den Auftrag, die geplante Anzahl Fahrräder des gleichen Typs FR 174 zu produzieren. Der Preis für die Fahrräder wird nach den Vorschriften des „Amtes für Preise" einheitlich kalkuliert.

(Aus: Lendzian/Mattes (Hg.): Zeiten und Menschen, Bd. 4, Paderborn 2006, S. 214)

C Vorteile und Probleme

Nach dem Ende der DDR und den ehemals kommunistischen Staaten in Osteuropa haben nur noch wenige Länder auf der Welt eine zentral gelenkte Planwirtschaft. In Nordkorea gibt es sie noch und teilweise in China. Insgesamt gelang es diesem System nirgendwo in der Praxis, die wirtschaftlichen Bedürfnisse der Menschen zufriedenzustellen.

Heiß begehrt war der Trabant in der DDR, liebevoll Trabbi genannt; Lieferzeit bis zu 17 Jahren

Als Vorteil der Planwirtschaft wird angeführt, dass der Staat einen direkten Zugriff auf die Gestaltung der wirtschaftlichen Verhältnisse hat. Wegen der Betonung der Gleichheit aller Menschen gab es in der Praxis keine große Kluft zwischen Arm und Reich. Die Menschen wurden versorgt, wenn auch auf wirtschaftlich niedrigem Niveau.

Nachteilig wirkte sich aus, dass die Menschen kaum Einfluss auf das Wirtschaftsgeschehen nehmen konnten. Weil Firmen in privater Hand verboten waren, fehlte es an privater Initiative und fortschrittlichem Unternehmensgeist.

Alle Abläufe dauerten sehr lange und die staatlichen Planungsbehörden reagierten zu unflexibel auf sich verändernde Konsumentenwünsche. Die in der DDR hergestellten Wirtschaftsgüter galten oft als minderwertig, so zum Beispiel auch die produzierten Autos Trabant und Wartburg, die als Luxusprodukte galten und extrem lange Lieferzeiten hatten.

1. Worin besteht die Grundidee der Planwirtschaft? Beschreibe sie.
2. Charakterisiere ihre Ziele, die Gestaltung der Eigentumsverhältnisse und die vorgesehene Rolle des Staates.
3. Stelle die Vor- und Nachteile in einer Tabelle dar.
4. Welche Erklärung hast du dafür, dass die Planwirtschaft heute kaum noch praktiziert wird? Formuliere deine persönliche Bewertung. Beziehe deine Eindrücke von der Art der Fahrradproduktion in deine Bewertung ein.

Thema 3: Die Soziale Marktwirtschaft: Garantie und Begrenzung wirtschaftlicher Freiheit

Gliederung für ein Kurzreferat
Soziale Marktwirtschaft
Einstieg:
- Das Beispiel von der Pferdekutsche

Hauptteil:
- Entstehung der sozialen Marktwirtschaft
- Merkmale und Werte

Schluss:
- Meine Vorstellung von sozialer Gerechtigkeit

Gerechtigkeit ist ein Wert, zu dem es von Mensch zu Mensch unterschiedliche Vorstellungen gibt. Am Ende deines Vortrages kannst du deine Ansicht zu dem, was eine gerechte Wirtschaftsordnung ist, zur Diskussion stellen.

A Eine Pferdekutsche auf ihrem Weg

Zur Beschreibung der sozialen Marktwirtschaft hat einer ihrer Erfinder das Bild einer von Pferden gezogenen Kutsche benutzt. Der Weg der Kutsche wird von den Wünschen der Konsumenten bestimmt. Die Verbraucherinnen und Verbraucher bestimmen also, wo es langgeht. Der Wettbewerb hält die Pferde auf Trab. Der Kutscher, der die Pferde überwacht, ist der Staat. Droht die Gefahr, dass die Pferde den Weg verlassen, greift er ein. Er sichert also den Wettbewerb. Für alle Menschen, die selbst nicht reisen können, werden Sitzplätze in der Kutsche bereitgehalten.

B Entstehung der sozialen Marktwirtschaft

In der Zeit nach dem Zweiten Weltkrieg wurde in der Bundesrepublik Deutschland das System der sozialen Marktwirtschaft eingeführt. Das theoretische Konzept dazu lieferte der deutsche Wirtschaftswissenschaftler Alfred Müller-Armack. Seine Grundthese lautete: „Sinn der sozialen Marktwirtschaft ist es, das Prinzip der Freiheit des Marktes mit dem des sozialen Ausgleichs zu verbinden."
Freiheit muss mit sozialer Gerechtigkeit verbunden werden. Ludwig Erhard, der erste Wirtschaftsminister der neu gegründeten Bundesrepublik, setzte das Konzept in die Praxis um.

C Merkmale

Die soziale Marktwirtschaft ist eine Weiterentwicklung der freien Marktwirtschaft, deren Ursprung in der Zeit der Industrialisierung im 19. Jahrhundert liegt. Sie ist die Wirtschaftsordnung der Bundesrepublik Deutschland. Ihr grundlegendes Wesensmerkmal besteht im Anspruch, die Freiheit des Marktgeschehens mit dem Ziel der sozialen Gerechtigkeit zu verbinden.
In der sozialen Marktwirtschaft bleiben wichtige Elemente der freien Marktwirtschaft erhalten. Dazu zählen das Recht, ein privates Unternehmen zu gründen und zu leiten, Produkte eigener Wahl herzustellen und die Preisbildung dem Wechselspiel von Angebot und Nachfrage zu überlassen. Der Staat setzt aber deutliche Grenzen. Die Preise für Trinkwasser, Gas und Strom dürfen nicht beliebig erhöht werden, damit sich möglichst alle Menschen im Land Heizung und Wasser leisten können. Insbesondere übernimmt der Staat eine Schutzfunktion gegenüber den Bürgern und besonders gegenüber den sozial schwach gestellten Menschen. Die Verwirklichung einer umfangrei-

chen Sozialgesetzgebung gehört untrennbar zur sozialen Marktwirtschaft.
Für die Gestaltung der Arbeitswelt wurde eine Fülle gesetzlicher Regelungen geschaffen mit der Funktion, die Arbeitnehmerinnen und Arbeitnehmer zu schützen und den sozialen Frieden zu bewahren.
Wichtige Regelungen sind zum Beispiel die gesetzlichen Sozialversicherungen, der Kündigungsschutz, die Mitbestimmung der Arbeitnehmer, Mutterschutz, Jugendarbeitsschutz, das Verbot von Kinderarbeit und die gleichberechtigte Integration von Menschen mit einer Behinderung in das Arbeitsleben.

D Grundlegende Werte

1. Soziale Gerechtigkeit
„Sozial" steht für soziale Gerechtigkeit und Sicherheit, „Marktwirtschaft" für wirtschaftliche Freiheit. Die soziale Marktwirtschaft hält grundsätzlich an der Souveränität* des Individuums fest. Diese sollte allerdings dort ihre Grenze finden, wo fundamentale Rechte und Interessen anderer beeinträchtigt werden. Das Grundziel der sozialen Marktwirtschaft heißt entsprechend: „So viel Freiheit wie möglich, so viel staatlicher Zwang wie nötig." Ihre Aufgabe ist es, auf der Grundlage von Markt und Wettbewerb das Prinzip der Freiheit mit dem des sozialen Ausgleichs und der sozialen Gerechtigkeit zu verknüpfen. [...]

2. Freiheit
Wirtschaftliche Freiheit bedeutet, dass die Verbraucher frei entscheiden können, wie sie ihr Einkommen verwenden. [...] Unternehmer haben die Freiheit, Güter nach ihrer Wahl herzustellen und abzusetzen. Käufern und Verkäufern steht es frei, sich neben anderen um das gleiche Ziel zu bemühen (Wettbewerbsfreiheit). [...]
Die wirtschaftliche Freiheit soll durch den Staat dort beschränkt werden, wo sie die soziale Gerechtigkeit und die soziale Sicherheit gefährdet. [...] Die Einkommens- und Vermögensverteilung soll zugunsten der leistungsschwächeren Bevölkerung staatlich korrigiert werden; es findet eine Umverteilung statt. [...] Sozial Schwächere werden durch ein soziales Netz (zum Beispiel durch Arbeitslosenversicherung, Kinder- und Elterngeld, Wohngeld, Sozialhilfe) abgesichert. Der Staat übernimmt Aufgaben, die der Markt nicht oder nur sehr eingeschränkt erfüllen kann ..."

(Aus: Soziale Marktwirtschaft, in: Duden-Ratgeber: Wie Wirtschaft funktioniert, Berlin 2013, S. 30)

3. Soziale Sicherung
Sie hat zum Ziel, im Leben eines Menschen die größten Risiken abzumildern. Dazu zählen vor allem Krankheit, Arbeitslosigkeit, Unfall, Alter und Pflegebedürftigkeit. All dies kann zur Folge haben, dass man nur noch wenig oder gar nicht mehr arbeiten kann und daher auch wenig oder gar nichts mehr verdient. In solchen Notlagen helfen der Staat beziehungsweise die sogenannten Sozialversicherungen. Das Geld, also die Sozialbeiträge, die Menschen einzahlen, die Arbeit und ein bestimmtes Einkommen haben, wird an die Menschen verteilt, die Hilfe brauchen. So erhalten die Betroffenen trotz Arbeitslosigkeit, Unfall, Alter oder Pflegebedürftigkeit die nötige Unterstützung und ein ausreichendes Einkommen.

(Aus: Stiftung Jugend und Bildung/Bundesministerium für Arbeit und Soziales (Hg.): Sozialpolitik, Arbeitsheft Grundwissen Sozialversicherung, Ausgabe 2016/2017, S. 3)

* Souveränität bedeutet hier, dass der Mensch selbst über die Gestaltung seines Lebens bestimmt.

1. Warum ist die soziale Marktwirtschaft eine Weiterentwicklung der freien Marktwirtschaft? Nenne die gemeinsamen Merkmale.
2. Entwirf eine Mindmap mit den Hauptsträngen Entstehung, Definition, Merkmale und Werte in der sozialen Marktwirtschaft. Füge diesen nach und nach die wichtigen Informationen hinzu.
3. Interpretiere die Zeichnung auf dieser Seite vor dem Hintergrund der Aussagen im Text. An welcher Stelle lässt sie sich in den Kurzvortrag „Soziale Marktwirtschaft" einbauen?

Was auch noch interessant sein kann:

- Recherchieren: Gib Begriffe wie „Arbeitslosenversicherungen", „Kindergeld", „Elterngeld", „Wohngeld" in eine Suchmaschine ein und stelle Informationen dazu zusammen.

AKTIV LERNEN

E Drei Wirtschaftsordnungen im Vergleich: Was gehört wozu?

Euer Auftrag:

1. Übernehmt die Tabelle in euer Heft und füllt sie nach und nach aus.
2. Benutzt eure Aufzeichnungen, um ein Publikum über Wesensmerkmale der drei Wirtschaftsordnungen zu informieren.
3. Begründet, warum es in Deutschland weder eine freie Marktwirtschaft noch eine Planwirtschaft, sondern eine soziale Marktwirtschaft gibt. Stellt eure Begründungen dazu in der Klasse vor.

Freie Marktwirtschaft	Soziale Marktwirtschaft	Planwirtschaft
•	•	•
•	•	•

1. Grundlegende Elemente der Marktfreiheit bleiben erhalten. Der Staat setzt aber deutliche Grenzen.
2. Es gibt so gut wie keine Schutz- und Mitwirkungsrechte für die vom Lohn abhängigen Arbeitnehmerinnen und Arbeitnehmer.
3. Preise für Wirtschaftsgüter werden von der staatlichen Planungsbehörde festgelegt.
4. Die Freiheit des Marktgeschehens wird mit dem Prinzip des sozialen Ausgleichs verbunden.
5. Der Staat greift nicht aktiv lenkend in das Wirtschaftsgeschehen ein.
6. Eine staatliche Planungsbehörde lenkt den gesamten Ablauf des Wirtschaftsgeschehens nach einem zuvor erstellten Plan.
7. Ungebremste unternehmerische Freiheit und Konkurrenz sollen zu den besten wirtschaftlichen Ergebnissen führen.
8. Sie ermöglicht allen Bürgerinnen und Bürgern die aktive Teilnahme am Wirtschaftsgeschehen.
9. Der Markt als Steuerungselement von Angebot und Nachfrage wird durch den alles regulierenden Staat ersetzt.
10. Unternehmer bestimmen weitestgehend ohne staatliche Eingriffe, welche Güter zu welchen Arbeitsbedingungen produziert werden.
11. Unternehmen sind verstaatlicht. Privatbesitz an Produktionsmitteln ist verboten.
12. Der Staat sorgt mit einer umfangreichen Sozialgesetzgebung für den sozialen Schutz.

3 Leben heute in der sozialen Marktwirtschaft: Was heißt denn hier „sozial"?

Die Einbindung in das System der sozialen Sicherung begründen

Was das Adjektiv *sozial* in der sozialen Marktwirtschaft bedeutet, könnt ihr an den Kurzberichten Jugendlicher auf dieser Doppelseite herausfinden.

A Jugendliche erzählen

Katja: „Ich hatte Pech!"

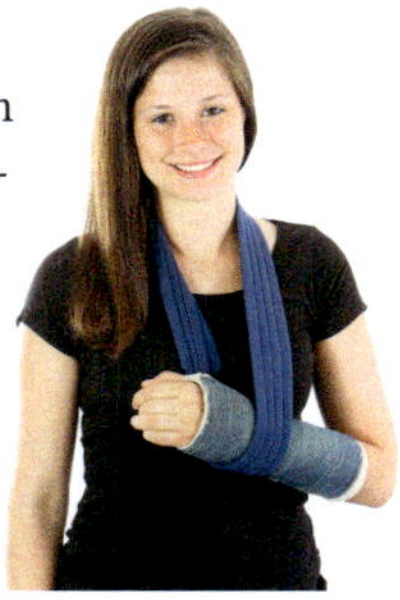

„Ich wollte nur einen kleinen Felsen hinaufklettern und trat ganz vorsichtig von einem Vorsprung zum anderen. Doch dann rutschte ich mit dem rechten Fuß ab. Meine Hände verloren den Halt und ich fiel runter – zwar nur zwei Meter tief, aber das reichte für eine Gehirnerschütterung und den komplizierten Bruch meines linken Handgelenks. Eine Woche lang musste ich im Krankenhaus bleiben!"
Die ärztlichen Behandlungskosten der 14-jährigen Schülerin übernahm die gesetzliche Krankenversicherung vollständig, obwohl die Behandlung mehrere Tausend Euro kostete. Neben der Renten-, der Pflege- und der Unfallversicherung ist das eine der Pflichtversicherungen, in die Katjas Familie eingebunden ist.

Karina: „Ich bin happy!"

„Es hat geklappt. Ich habe den Ausbildungsplatz zur IT-Kauffrau bekommen, den ich mir so sehr gewünscht habe." Karina sagt „Ja" auf die Frage, ob sie das Gefühl hat, in einer guten sozialen Gemeinschaft zu leben. „Ich denke dabei an meine Familie, meine Freunde und auch an meine neuen Arbeitskolleginnen und Kollegen!"
Was Karina kaum bemerkt: Sie ist auch Teil eines „sozialen Netzes". Der Staat kümmert sich um sie. Wie alle anderen Auszubildenden ist sie in der Sozialversicherung pflichtversichert. Alles, was mit der Anmeldung dazu zusammenhängt, hat ihr Arbeitgeber für sie erledigt. Da Karina unter 18 Jahre ist, musste sie vor Beginn der Ausbildung eine ärztliche Bescheinigung vorlegen, dass sie für den Beruf geeignet ist. Die ärztliche Untersuchung dazu war kostenlos.

Joca: „Ich bin ganz schön stolz!"

„Ich mache eine Ausbildung zum Mechatroniker und wurde jetzt bei den Betriebsratswahlen in die Jugend- und Auszubildendenvertretung meines Betriebes gewählt. Meine Aufgabe ist es, die Interessen aller Azubis zu vertreten. Auch kümmere ich mich darum, dass die Bestimmungen des Jugendarbeitsschutzgesetzes von den Ausbildern eingehalten werden. Wenn ich meinen Großeltern erzähle, wie weit die Schutzbestimmungen für die Lehrlinge in meinem Betrieb gehen, können die nur staunen!"

1. In einem der Beispiele ist vom „sozialen Netz" die Rede. Beschreibe, was dieser Begriff für Katjas, Karinas und Jocas aktuelles Leben konkret bedeutet.

B „Was haben wir als Schülerinnen und Schüler damit zu tun?"

Ein wichtiges Ziel der sozialen Marktwirtschaft besteht darin, Freiheit mit sozialem Schutz zu verbinden. Dass dieses Ziel auch im Schulalltag gilt, könnt ihr dem folgenden Fall entnehmen.

Beispiel: Selmas kaputte Brille

Selma erzählt: Ich bin ziemlich gut im Fußball. Leider bin ich auch kurzsichtig. Deswegen trug ich auch meine Sportbrille, als wir in der Turnhalle unter Leitung unserer Sportlehrerin für ein Fußballturnier trainierten. Auch als Brillenträgerin spiele ich natürlich mit. Doch dann ist es passiert. Arnal schießt eine Ecke von rechts, ich springe hoch und will einköpfen und „zack", der Ball knallt mit Wucht mitten auf meine Brille. Das Brillengestell zerbricht und ich kriege einige Schnitte ab, zum Glück nicht im Auge, aber unmittelbar daneben. Hat ganz schön geblutet. Die Schulleitung hat das sofort der gesetzlichen Unfallversicherung gemeldet. Für mich wurde ein Taxi bestellt, das mich zu einem Unfallarzt brachte. Die Arztkosten und das ganze Verbandszeug hat die Schülerunfallversicherung übernommen. Mit dem Ersatz der Brille war es etwas komplizierter. Sie wurde mir ersetzt, „weil sie zum Zeitpunkt der Schädigung als Sehhilfe benutzt wurde". So ist das für alle in der gesetzlichen Unfallversicherung geregelt. Hätte sie nur irgendwo herumgelegen, wäre die Versicherung nicht dafür aufgekommen.

C Die gesetzliche Schülerunfallversicherung als Bestandteil der sozialen Marktwirtschaft

Die soziale Marktwirtschaft ...		Die gesetzliche Unfallversicherung ...
schützt die Menschen vor den Folgen von Krankheit und sozialer Not.	→	schützt alle Schülerinnen und Schüler vor den Folgen eines Schulunfalls.
entlässt die Menschen nicht aus der Pflicht, Verantwortung für sich selbst und andere zu übernehmen.	→	versichert keine Schäden, die Schülerinnen und Schülern anderen zufügen.
ist keine Privatsache, der man sich entziehen kann. Alle Menschen in Deutschland sind Teil dieser Ordnung.	→	ist keine private Versicherung, sondern schließt ausnahmslos alle Schülerinnen und Schüler an der Schule ein.
ermöglicht allen Mitgliedern der Gesellschaft die aktive Teilnahme am Wirtschaftsgeschehen, egal in welcher Rolle sie Teil dieser Ordnung sind.	→	ermöglicht allen die aktive Teilnahme am Schulleben, auch wenn sie auf irgendeine Art gesundheitlich beeinträchtigt sind.
ist eine Solidargemeinschaft, die alle an der Finanzierung des sozialen Schutzes beteiligt, die dazu in der Lage sind.	→	wird für Schülerinnen und Schüler aus dem allgemeinen Steueraufkommen finanziert.

1. Beschreibe, was Selma passiert ist und wie ihr geholfen wurde.
2. Erläutere die gemeinsamen Ziele und Werte zwischen der sozialen Marktwirtschaft und der Schülerunfallversicherung, die in der Gegenüberstellung deutlich werden.
3. Welches der beschriebenen Merkmale der sozialen Marktwirtschaft ist für dich das wichtigste? Wähle aus, begründe deine Entscheidung und vergleiche mit anderen.

D Welche Regelungen zur sozialen Marktwirtschaft enthält das Grundgesetz?

Das Grundgesetz ist die Verfassung der Bundesrepublik Deutschland. Den Begriff „Soziale Marktwirtschaft" sucht man darin vergeblich. Die Mütter und Väter des Grundgesetzes haben bewusst auf eine genaue Beschreibung der Wirtschaftsordnung verzichtet. Sie wollten, dass sich das Wirtschaftsleben möglichst frei und dynamisch entfalten kann. Sie schufen allerdings eine Reihe verbindlicher Regeln, welche einerseits die wirtschaftliche Freiheit garantieren und andererseits den Staat bzw. die Politik dazu verpflichten, für soziale Gerechtigkeit und sozialen Schutz zu sorgen. Eine freie Marktwirtschaft ohne jeglichen sozialen Schutz und eine sozialistische Planwirtschaft ohne Garantie von Privateigentum schließt das Grundgesetz aus.

- Mit der folgenden Übung könnt ihr selbst nach Antworten zur Wirtschaftsordnung im Grundgesetz suchen.

(*Tipp:* Partnerarbeit)

Suchen

In welchem Artikel und mit welcher Aussage ist im Grundgesetz festgelegt, dass ...

1. Deutschland ein Sozialstaat ist? ?
2. du das Recht hast, deinen gewählten Beruf überall in Deutschland ausüben zu können und deinen Wohnort frei zu wählen? ?
3. alle Bürgerinnen und Bürger das Recht haben, Unternehmen zu besitzen und zu vererben? ?
4. du das Recht auf freie Wahl deines Berufes und deines Ausbildungsplatzes hast? ?
5. Arbeitnehmer das Recht haben, Gewerkschaften zu gründen, und Arbeitgeber das Recht, sich in Arbeitgeberverbänden zu organisieren? ?
6. die freie Berufswahl nicht bedeutet, dass die Berufsausübung an keinerlei gesetzliche Regelungen gebunden ist? ?
7. man auch mit Eigentum verantwortungsbewusst gegenüber Mensch und Umwelt handeln muss? ?

Finden

Bestimmungen des Grundgesetzes zur Gestaltung der Wirtschaftsordnung

Artikel 9

(1) Alle Deutschen haben das Recht, Vereine und Gesellschaften zu bilden.

(3) Das Recht, zur Wahrung und Förderung der Arbeits- und Wirtschaftsbedingungen Vereinigungen zu bilden, ist für jedermann und für alle Berufe gewährleistet.

Artikel 11

(1) Alle Deutschen genießen Freizügigkeit im ganzen Bundesgebiet.

Artikel 12

(1) Alle Deutschen haben das Recht, Beruf, Arbeitsplatz und Ausbildungsstätte frei zu wählen. Die Berufsausübung kann durch Gesetz oder aufgrund eines Gesetzes geregelt werden.

Artikel 14

(1) Das Eigentum und das Erbrecht werden gewährleistet. Inhalt und Schranken werden durch die Gesetze bestimmt.

(2) Eigentum verpflichtet. Sein Gebrauch soll zugleich dem Wohle der Allgemeinheit dienen.

Artikel 20

(1) Die Bundesrepublik Deutschland ist ein demokratischer und sozialer Bundesstaat.

4 Wettbewerb: Kernelement der sozialen Marktwirtschaft

Die Bedeutung der Wettbewerbssicherung begründen und am Beispiel veranschaulichen

Warum hast du die Chance, unter mehreren Produkten das beste und preiswerteste auszuwählen? Ganz einfach: weil es Wettbewerb gibt. Er zeigt sich vor allem im Kampf der Unternehmen um die Gunst der Kunden. Aber wie das so ist bei einem Kampf: Er ist nur akzeptabel, wenn er friedlich, geregelt und fair verläuft. Das schaffen die Kämpfenden nicht allein. Sie brauchen Kampfrichter, die auf Regeleinhaltung achten. Diese Rolle übernimmt in der sozialen Marktwirtschaft der Staat. Es gehört zu den wichtigsten Errungenschaften der sozialen Marktwirtschaft, einerseits die Wettbewerbsfreiheit zu garantieren und andererseits Regeln zur Wettbewerbskontrolle aufzustellen und für deren Einhaltung zu sorgen. Diese Aufgabe ist so wichtig, dass die Europäer sie zunehmend als europäische Gemeinschaftsaufgabe ansehen.

A Warum ist Wettbewerb lästig?

Nehmen wir mal einen Wettbewerb im Sport, sagen wir: einen 100-Meter-Lauf. Acht Läufer rennen, kämpfen sich ab – und am Schluss ist zumindest einer glücklich über das Ergebnis, nämlich der Sieger. Stellen wir uns aber vor, an den 100-Meter-Lauf schlösse sich sofort ein zweiter an. Und noch einer und noch einer …

Wer unaufhörlich um seinen Platz kämpfen muss, wird das schnell ziemlich anstrengend finden. Selbst die besten Läufer der Welt hätten vom ständigen Wettrennen wohl bald die Nase voll.

Im Prinzip geht es den Managern in der Wirtschaft genauso: Sie haben keine Lust, ständig mit anderen zu konkurrieren. Weltweit sehen 70 Prozent der Manager Wettbewerb sogar als größte Bedrohung für ihr Geschäft, hat die Unternehmensberatung Accenture erfragt.

Das Schreckgespenst Wettbewerb ist einfach erklärt: „Wenn möglichst viele verschiedene Anbieter um die billigsten Preise konkurrieren, um den besten Service und um die neuesten Erfindungen, so ist das schlicht unbequem. Um dem lästigen Wettbewerb zu entgehen, lassen sich die Unternehmen daher einiges einfallen. Sie kaufen Konkurrenten auf. Sie verschenken ihre Produkte, um die Konkurrenz in die Pleite zu treiben. Und wenn das nicht hilft, sprechen sie die Preise mit anderen Anbietern ab.

Solche Aktionen zu verhindern ist Aufgabe des Staates. Er ist damit gut beschäftigt. In Deutschland gibt es gleich drei Einrichtungen, die den Wettbewerb schützen sollen: das Kartellamt, die Monopolkommission und die Bundesnetzagentur.

Keinesfalls dürfte der Staat den Wettbewerb von den Unternehmen aushebeln lassen. Denn Konkurrenz bringt Fortschritt und Wohlstand in die Wirtschaft.

Wenn der Wettbewerb gut funktioniert, bewirkt dies, dass Autos, Ananas und anderes so billig angeboten werden, wie es nur geht – das hat der österreichische Ökonom Friedrich August von Hayek betont. Er sagt: Wie billig ein Gut sein kann, das lässt sich überhaupt erst durch Wettbewerb ermitteln. […] So merken auch die Verbraucher erst, wie billig sich eine Ananas produzieren und nach Deutschland schaffen lässt, wenn sich mehrere Hersteller gegenseitig um das Geschäft reißen. […]

(Aus: Rainer Hank, Was Sie schon immer über Wirtschaft wissen wollten, Frankfurter Allgemeine Buch, Frankfurt a. M. 2008, S. 155 f.)

B Zwei Beispiele zur Wettbewerbssicherung

Bußgelder für das Badezimmerkartell

Das Bundeskartellamt hat Bußgelder in einer Gesamthöhe von rund 21,3 Mio. Euro wegen wettbewerbsbeschränkender Vereinbarungen gegen neun Großhändler aus der Sanitär- und Heizungsbranche verhängt. Den Unternehmen wird vorgeworfen, sich über mehrere Jahre bei der Kalkulation ihrer Verkaufspreise abgestimmt zu haben.

(Pressemitteilung des Bundeskartellamtes, http://www.bundeskartellamt.de/SharedDocs/Meldung/DE/Pressemitteilungen/2016/22_03_2016_SHK.html)

Dies hatte zur Folge, dass Badezimmereinrichtungen verteuert angeboten wurden. Im Januar 2017 wies der Europäische Gerichtshof in Luxemburg die Klage der betroffenen Firmen gegen die Millionenbußen in letzter Instanz zurück. Die unterlegenen Firmen mussten ihre Niederlage eingestehen. Das EU-Gericht erklärte die Maßnahme der deutschen Kartellbehörde für rechtens.

(Anmerkung des Autors)

Übernahme von Aer Lingus durch Ryanair verhindert

Im Jahr 2006 informierte der Billigfluganbieter Ryanair die Europäische Kommission über sein Vorhaben, die irische Fluggesellschaft Aer Lingus zu übernehmen. Die Kommission prüfte die möglichen Auswirkungen auf den Wettbewerb und die Verbraucher und kam zu dem Ergebnis, die Verbindung nicht zu genehmigen. Durch den Zusammenschluss der beiden Fluggesellschaften wäre ein Unternehmen mit einem Monopol oder einer beherrschenden Stellung auf 35 Strecken von oder nach Irland entstanden, wodurch die Wahlmöglichkeiten der Verbraucher eingeschränkt und Preissteigerungen wahrscheinlich geworden wären.

(Zusammengefasst nach einem Bericht der Europäischen Kommission, www.europa.eu)

C Warum ist Wettbewerb aus Verbrauchersicht wichtig?

Günstige Preise für alle: In einem wettbewerbsorientierten Markt sinken die Preise. Dies hat nicht nur für die Verbraucher Vorteile. Allgemein erschwingliche Produkte erhöhen den Kaufanreiz und stimulieren so die Produktion, was eine generelle Konjunkturverbesserung zur Folge hat.
Höhere Qualität: Der Wettbewerb hält Unternehmen dazu an, die Qualität ihrer Waren und Dienstleistungen zu verbessern, um mehr Kunden zu gewinnen und ihren Marktanteil zu erhöhen. [...]
Größere Auswahl: In einem wettbewerbsorientierten Markt versuchen Unternehmen, Produkte zu entwickeln, die sich vom Rest abheben. Dies erweitert die Auswahl, sodass Verbraucher genau das Produkt finden können, das ihren Preis- und Qualitätsvorstellungen entspricht.
Innovation: Um Auswahl schaffen und bessere Produkte herstellen zu können, müssen Unternehmen innovativ sein – ob bei der Produktkonzeption, dem Design, den Herstellungsmethoden, dem Serviceangebot oder in anderen Bereichen.
Mithalten auf den Weltmärkten: Der Wettbewerb in der EU hilft europäischen Unternehmen, auch außerhalb der Europäischen Union stärker aufzutreten und sich gegen die Konkurrenten auf dem Weltmarkt durchzusetzen.

(Aus einer Veröffentlichung der Europäischen Kommission in: http://ec.europa.eu © Europäische Union, 1995 – 2017, Zugriff: 02.05.2017. Für die Wiedergabe und Anpassung ist allein die Westermanngruppe verantwortlich)

1. Auf welche grundlegenden Probleme des Wettbewerbs weist der Autor des Textes im Material A mit seinem Vergleich zu einem 100-Meter-Lauf hin? Beschreibe sie.
2. Fasse zusammen, was als Aufgabe des Staates im gleichen Text genannt wird und womit sie begründet wird.
3. Erläutere, welche Nachteile die Verbraucher in den beiden Beispielen in Kauf zu nehmen hatten und was die Behörden unternahmen, um den Wettbewerb zu sichern (Material B).
4. Veranschauliche die Vorteile des Wettbewerbs aus Verbrauchersicht in einer Mindmap oder einem Schaubild und stelle sie mithilfe deiner Visualisierung vor (Material C).
5. Warum gilt Wettbewerbssicherung zu Recht als ein Kernelement der sozialen Marktwirtschaft? Nimm Stellung zu dieser Frage in Form deiner persönlichen Bewertung.

Was auch noch interessant sein kann:

- unter www.kartellamt.de; www.monopolkommission.de; www.bundesnetzagentur.de und www.europa.eu arbeitsteilig weitere Informationen zum Thema recherchieren

5 Geht es sozial gerecht zu in der sozialen Marktwirtschaft?

Über soziale Gerechtigkeit und die Höhe der Steuern diskutieren

A Eine Einstiegsübung

Was gehört für dich zu einer Wirtschaftsordnung, in der es sozial gerecht zugeht? Notiere deine Gedanken dazu.

B Zweifel an der sozialen Marktwirtschaft

Frage: Ich nenne Ihnen jetzt einige Ansichten über die soziale Marktwirtschaft in Deutschland und Sie sagen mir bitte, ob sie Ihnen eher zustimmen oder eher nicht zustimmen. Unsere Wirtschaftsordnung …

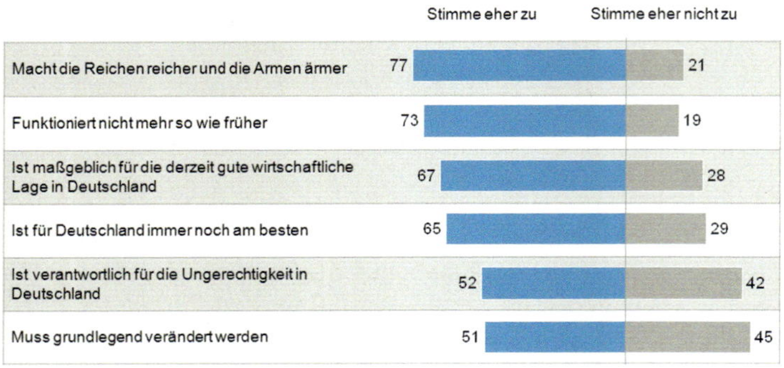

ARD-DeutschlandTREND: 2/2012 – Ansichten über die soziale Marktwirtschaft Infratest dimap

Die soziale Marktwirtschaft soll für soziale Gerechtigkeit sorgen. Ein großer Teil der Deutschen ist einer Umfrage zufolge der Ansicht, dass sie dieses Ziel mehr und mehr verfehlt. Als Grund dafür wird oft die große Kluft zwischen Arm und Reich genannt. Kann eine Wirtschaftsordnung gerecht sein, in der Manager mehrere Millionen Euro pro Jahr verdienen, während gleichzeitig andere, die hart arbeiten, kaum von ihren Löhnen leben können? Vielfach herrscht Unzufriedenheit mit der Wirklichkeit in der sozialen Marktwirtschaft. Allerdings wollten die meisten der Befragten keine andere Wirtschaftsordnung.

Große Kluft zwischen Arm und Reich

Die Kluft zwischen Arm und Reich ist in der westlichen Welt so groß wie seit 30 Jahren nicht mehr. Nach einer neuen Studie der Organisation für wirtschaftliche Zusammenarbeit und Entwicklung (OECD)* nahm die Ungleichheit in den meisten Industriestaaten zu – auch in Deutschland. […]

34 Staaten hat die OECD untersucht, die Bundesrepublik belegt in der Rangliste sozialer Gerechtigkeit Rang 14. Die Kluft zwischen Arm und Reich ist hierzulande größer als in Skandinavien, den Niederlanden oder Belgien. Aber auch zahlreiche ehemalige Ostblock-Staaten schnitten besser ab als die Bundesrepublik. Auf den letzten Plätzen finden sich unter anderem Großbritannien und die USA.

Während die reichsten zehn Prozent im OECD-Schnitt die Hälfte des Vermögens besitzen, gehören in diesen Ländern den unteren 40 Prozent gerade einmal drei Prozent.

(Aus: Alexander Hagelüken: Je ungleicher, desto ärmer, Artikel vom 21.05.2015, In: Süddeutsche Zeitung; www.sueddeutsche.de/wirtschaft; Zugriff: 10.07.2016)

* Die Organisation für wirtschaftliche Zusammenarbeit und Entwicklung (OECD) ist eine Internationale Organisation mit 34 Mitgliedstaaten, die es sich zum Ziel gesetzt hat, Demokratie und wirtschaftlichen Wohlstand zu fördern.

1. Worin besteht der wichtigste Grund für die Unzufriedenheit vieler Deutscher mit der sozialen Marktwirtschaft? Nenne ihn.
2. Fasse zusammen, welche Ergebnisse die Studie der OECD hervorgebracht hat.
3. Wie fallen deine Antworten auf die Fragen in der Umfrage aus? Antworte allein, vergleiche deine Antworten, diskutiert miteinander.

C Zur Diskussion: Worauf kommt es in einer sozial gerechten Wirtschaftsordnung an?

Die Gestaltung der sozialen Marktwirtschaft verpflichtet die Regierungen dazu, für soziale Gerechtigkeit zu sorgen. Gerechtigkeit ist ein hoher Wert, aber ein schwer zu definierender Begriff. Die Erklärung hängt davon ab, was man nach seinen persönlichen Vorstellungen als gut und richtig empfindet. Zur Frage, was eine sozial gerechte Wirtschaftsordnung ausmacht, gibt es sehr unterschiedliche Auffassungen.

Position 1: Sozial gerecht ist Verteilungsgerechtigkeit!

Sozial gerecht geht es in der Wirtschaft zu, wenn die Einkommen und Vermögen relativ gleich verteilt sind. Bei großen Vermögensunterschieden muss der Staat für eine Umverteilung sorgen, indem er zum Beispiel Obergrenzen festsetzt und hohe Vermögen hoch besteuert. Wer als Wohlhabender hohe Steuern zahlt, hat immer noch mehr als genug zum Leben. Zugleich trägt er dazu bei, soziale Leistungen für die vielen hart arbeitenden, aber weniger gut verdienenden Menschen zu finanzieren und denen zu helfen, die sich in einer Notlage befinden. Gerechtigkeit entsteht durch den Abbau von Ungleichheit. Gleichheit und Solidarität* sind die Markenzeichen einer sozial gerechten Gesellschaft und das bedeutet, dass alle füreinander einstehen und den Wohlstand teilen.

Position 2: Leistungsgerechtigkeit ist sozial gerecht!

Sozial gerecht ist, wenn jeder Einzelne in dem Maße vom gesellschaftlichen Wohlstand profitiert, in dem er selbst dazu beigetragen hat. Wer mehr leistet als andere, soll mehr besitzen. Ungerecht ist, wenn der Staat die Leistungswilligen bestraft und ihnen zum Beispiel eine unverhältnismäßig hohe Steuerlast aufbürdet. Gerecht ist eine Politik, die den Bürgerinnen und Bürgern ein Höchstmaß an Freiheit lässt. Freiheit spornt uns an, etwas zu leisten. Daher ist es auch nicht ungerecht, wenn die einen viel haben und die anderen wenig. Gleichheit kann viel ungerechter sein. Sie belohnt diejenigen, die sich auf Kosten anderer ein bequemes Leben machen.

Position 3: Chancengerechtigkeit ist der Schlüssel!

Sozial gerecht geht es zu, wenn der Staat dafür sorgt, dass alle Menschen unabhängig von ihrer Herkunft gleiche Bildungs- und Aufstiegsmöglichkeiten haben. Das muss in der Kita und in der Schule beginnen und sich im Berufsleben fortsetzen. Chancengerechtigkeit verlangt, dass diejenigen in besonderer Weise gefördert werden, die schlechtere Startchancen haben als andere. Wohlhabende müssen stärker zur Finanzierung der Kosten beitragen als die Geringverdiener. Chancengerechtigkeit verlangt, dass der Staat Familien unterstützt und in Bildung für alle investiert. Sie nimmt den Menschen nicht die Verantwortung für das eigene Leben ab, führt aber dazu, dass die Starken und die Schwächeren solidarisch füreinander einstehen.

* Zum Begriff Solidarität findest du weitere Erklärungen im Glossar dieses Buches.

1. Notiere in jeweils einem Satz, wie die drei unterschiedlichen Auffassungen von sozialer Gerechtigkeit definiert werden.
2. Erläutere, worin die Vertreter der einzelnen Personen die Rolle des Staates sehen und welche sozialen Verhältnisse sie für erstrebenswert halten.
3. Verteilungs-, Leistungs- oder Chancengerechtigkeit: Was entspricht deiner Auffassung von sozialer Gerechtigkeit? Bilde dir ein eigenes Urteil. Diskutiert miteinander. Beachtet dazu auch die Methodenkarte zum Thema Urteilsbildung auf der folgenden Seite.

Was auch noch interessant sein kann:

- andere zu ihrer Vorstellung von sozialer Gerechtigkeit befragen und davon berichten

Urteilskompetenz trainieren

Thema: Soziale Gerechtigkeit

Worum geht es?

Über viele Themen aus der Wirtschaft gibt es sehr unterschiedliche Ansichten. Das trifft im Besonderen auf alle Themen zu, die mit sozialer Gerechtigkeit zu tun haben.

Urteilsbildung bedeutet, dass du dir zu einer Frage oder einem Problem einen eigenen begründeten Standpunkt bildest. Je stichhaltiger die Begründung ausfällt, desto überzeugender wirkt dein Urteil auf andere.

Zudem besteht ein wichtiger Schritt auf dem Weg zur Urteilsbildung darin, zwischen Sach- und Werturteilen unterscheiden zu können.

Vier Schritte auf dem Weg zur eigenen Urteilsbildung

1. Du musst wissen, worum es geht.

Ein gewisses Maß an Basisinformationen solltest du dir erarbeiten, bevor du Stellung beziehst.

2. Du urteilst spontan und überprüfst deine erste Reaktion.

Urteilsbildung beginnt oft mit Spontanurteilen, die aus dem Bauch heraus gefällt werden.

Wichtig ist, dass man es nicht dabei belässt, sondern prüft, ob die erste Reaktion wirklich klug war.

3. Du ermittelst unterschiedliche Ansichten und Interessen.

Unterschiedliche Ansichten entstehen aus unterschiedlichen Interessen, Werten und Erfahrungen. Eine Sozialarbeiterin, die sich um arbeitslose Menschen kümmert, bildet sich ihr Urteil über soziale Gerechtigkeit auf der Basis anderer Erfahrungen und Interessen als ein Konzernchef, dem es um den Erfolg seines Unternehmens geht. Finde heraus, welche Gruppen welche Interessen vertreten und warum sie das tun.

4. Du entscheidest dich und beziehst Position.

Position beziehen heißt, dass man einen klaren Standpunkt einnimmt und bereit ist, ihn zu vertreten. Dazu gehört, dass du überlegst, was dein ganz eigenes Interesse am Thema ist. Es muss nicht bedeuten, dass man für alle Zeit auf dieser Position beharrt. Urteile kann man laufend überprüfen und gegebenenfalls verändern.

Werturteile

In einem Werturteil begründet man seine Meinung mit Überlegungen darüber, was man selbst für wertvoll hält oder für richtig oder falsch, gut oder schlecht. Die Frage dazu lautet: Wie schätze ich nach meinen persönlichen Wertvorstellungen den Zustand sozialer Gerechtigkeit in Deutschland ein?

Beispiel: *Meiner Überzeugung nach gehören gleiche Chancen auf Bildung für alle, eine gute soziale Grundversorgung sowie die Möglichkeit zur Teilnahme am gesellschaftlichen Leben zu den unverzichtbaren Merkmalen sozialer Gerechtigkeit. Nach diesen mir wichtigen Wertvorstellungen komme ich zu der Frage, ob es sozial gerecht zugeht in Deutschland, zu folgender Einschätzung: …*

Sachurteile

Bei einem Sachurteil geht es um die Beurteilung von Fakten bzw. Informationen. Man stellt etwas fest und urteilt auf der Basis der Sache. Die Frage dazu lautet: Wie beurteile ich die mir vorliegenden Informationen im Hinblick auf die gestellte Frage?

Ist die Sache zutreffend, dass ein Bundesligaspieler im Durchschnitt 50-mal so viel verdient wie ein Facharbeiter, lässt sich dieses Faktum in die Urteilsbildung einfügen. Ob du eine solche Information als Beweis für soziale Ungerechtigkeit oder Gerechtigkeit deutest, bleibt auch bei einem Sachurteil deiner persönlichen Entscheidung und deinem Grundrecht auf Meinungsfreiheit überlassen.

D Wie viel Gerechtigkeit muss sein? Wie viel Ungerechtigkeit lässt sich ertragen?

Kaum eine Frage beschäftigt die Menschen so sehr, wie die, ob es im Wirtschaftsleben gerecht oder ungerecht zugeht. Einkommensunterschiede, extrem hohe Gehälter für Manager, Niedriglöhne für Ungelernte, geringere Bezahlung für Frauen, Kinder, die im reichen Land Deutschland in Armut leben – all das sind Themen, die im privaten Kreis und in den öffentlichen Medien Gegenstand von Auseinandersetzungen sind. Ein Zustand von sozialer Gerechtigkeit, mit dem alle zufrieden sind, wird sich wohl nie einstellen. Deshalb stellt sich die Frage nach dem Verhältnis zwischen Gerechtigkeit und Ungerechtigkeit immer wieder neu. Alle Wirtschaftsbürger sind aufgerufen, sich dazu ein eigenes Urteil zu bilden.

- Welche Ansicht zum Thema entdeckst du in der Karikatur?

Burkhard Mohr

Gerecht – ungerecht: eine Übung zur Urteilsbildung

Ist es gerecht oder ungerecht, vertretbar, unakzeptabel, dass …	gerecht	ungerecht	soll so bleiben	muss sich ändern
1. ein Topspieler in der Bundesliga mehr als 50-mal so viel verdient wie ein Facharbeiter?	?			
2. Ärzte in Krankenhäusern das Drei- oder Vierfache dessen verdienen, was eine Krankenschwester oder ein Krankenpfleger bekommt?		?		
3. Frauen immer noch seltener in den Chefetagen großer Unternehmen zu finden sind als Männer?				
4. Kinder, die aus ärmeren Familien kommen, seltener Abitur machen und studieren als andere?				?
5. der Staat von den Wohlhabenden mehr Steuern einfordert als von Durchschnittsverdienern?				

Bilde dir dein Urteil zu den Fragen anhand der Schritte zur Methode „Urteilskompetenz trainieren“.

1. Antworte spontan. (Notiere dazu die Zahlen 1 bis 5 und deine Entscheidung im Fragebogen.)
2. Frage andere in Partner- oder Gruppengesprächen, wie sie darüber denken.
3. Wähle einen oder mehrere der Themenbereiche aus und recherchiere dazu im Internet nach weiteren Informationen (zum Beispiel mit den Suchbegriffen „Kinderarmut in Deutschland“, „Chancengerechtigkeit Abitur“, „Frauen und Männer in Führungspositionen“, „Vergleich von Gehältern“ usw.
4. Überprüfe dein erstes spontanes Urteil und urteile erneut.
5. Formuliere zu einer der Problemfragen 1 – 5 dein begründetes Urteil schriftlich und stelle es zur Diskussion.

E Streitthema Steuergerechtigkeit

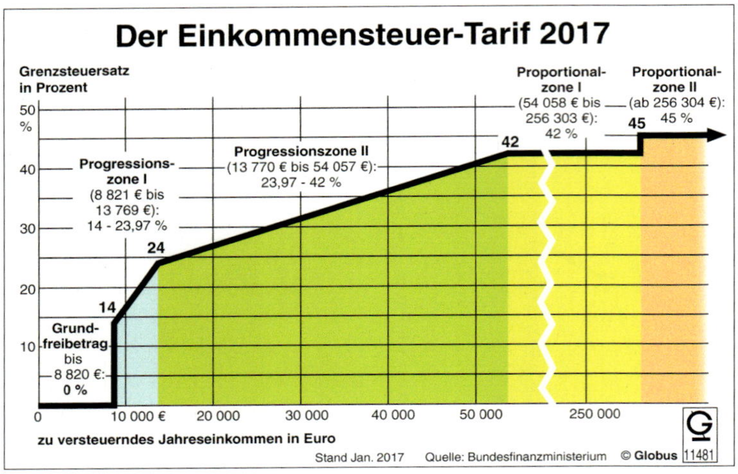

Ab 2018 liegt der jährliche Steuerfreibetrag bei rund 9 000 Euro.

@ SNG-23610-012

Mit dem Einkommensteuerberechner des Bundesfinanzministeriums könnt ihr die Höhe der Einkommensteuer bei unterschiedlichen Jahresgehältern selbst errechnen.

Der **Einkommensteuertarif** ist die durch Gesetz vorgeschriebene Berechnungsgrundlage zur **Einkommensteuer**. Er gibt an, wie viel Steuern auf ein zu versteuerndes Einkommen zu zahlen sind.

Der Durchschnittsverdienst eines Ledigen betrug 2018 36 000 Euro brutto pro Jahr. Zur Berechnung seiner Einkommensteuer wird der Freibetrag von 9 000 Euro von seinem Jahreseinkommen abgezogen. Nur der darüber liegende Anteil des Einkommens wird steuerlich erfasst. Hier steigt die Steuerlast von 14 % bis zu 45 % an. Im angegebenen Beispiel ergibt sich so ein Steueranteil von etwa 21 Prozent und circa 7 800 Euro im Jahr.

1. Steuerpolitik und Grundsätze der Steuergerechtigkeit: Beschreibe, was man darunter versteht.
2. Welche Aussagen über die Höhe der jährlich zu zahlenden Einkommensteuer zwischen Menschen mit geringem, mittlerem und hohem Einkommen kannst du dem Schaubild zur Einkommensteuer entnehmen? Beschreibe den Kurvenverlauf.
3. Wie viel Einkommensteuer pro Jahr muss jemand zahlen, der 8 600, 40 000 oder gar 250 000 Euro pro Jahr verdient? Ermittele die ungefähre Höhe in Prozent und in der Summe anhand der ansteigenden Kurven im Schaubild.

Steuerpolitik

Die Lohn- bzw. Einkommensteuer ist für die Finanzierung der staatlichen Aufgaben von besonderer Wichtigkeit. Sie erbringt fast ein Drittel aller Staatseinnahmen.

Mit der Steuerpolitik hat der Staat als Gesetzgeber die Möglichkeit, die Höhe der zu zahlenden Lohn- und Einkommensteuer zu bestimmen und kann so die Verteilung zwischen Reichtum und Armut in der Gesellschaft direkt beeinflussen.

Er kann die Steuersätze für Wohlhabende erhöhen oder senken, er kann die Geringverdiener von der Lohnsteuer befreien oder auch von ihnen einen Anteil an der Finanzierung des Gemeinwesens erwarten. Wie er mit dieser Möglichkeit umgeht, hängt stets davon ab, welche Vorstellung von Steuergerechtigkeit dahinter steht. Steuerpolitik kann Wahlen entscheiden. Sie gehört daher unter Politikern, Parteien und den Bürgern im Land zu den besonders kontrovers diskutierten politischen Themen.

Grundsätze der Steuergerechtigkeit

Zum Problem der Steuergerechtigkeit hat das Bundesverfassungsgericht zwei Grundsätze verbindlich formuliert:

Erstens: Allen Steuerpflichtigen steht jährlich ein Grundfreibetrag zu. Auf Einkommen bis zu dieser Höhe wird keine Einkommensteuer erhoben. Das entspricht dem sozialstaatlichen Gebot, das Existenzminimum der Bürgerinnen und Bürger steuerfrei zu stellen.

Zweitens: Die Höhe der Lohn- und Einkommensteuer muss die Verhältnisse berücksichtigen, in denen jemand lebt. Diejenigen, die es sich leisten können, müssen mehr bezahlen als diejenigen, die sich finanziell ohnehin schon stark einschränken müssen.

Wie groß die Unterschiede sein dürfen, darüber gibt es keine Festlegung, aber sehr unterschiedliche Ansichten.

F Wer soll wie viel Einkommensteuer bezahlen?

Wie lässt sich die Steuerlast von berufstätigen Menschen mit unterschiedlichem Einkommen sozial gerecht verteilen? Stellt euch folgende Situation vor: In der Rolle des Staates habt ihr zu entscheiden, wie die benötigte Steuer möglichst gerecht auf das Einkommen der sieben ausgewählten Personen verteilt werden soll. Ihr habt die Möglichkeit A, B oder C. *Tipp:* Setzt euch in Gruppen zusammen und bearbeitet die Aufträge 1 bis 3 gemeinsam.

Position A: Gerecht ist, wenn die Steuerlast so bleibt, wie sie ist.

Wer unter der Freigrenze von gut 9 000 Euro Verdienst jährlich bleibt, zahlt überhaupt keine Steuer vom Lohn. Ab dieser Summe steigt die Steuerlast progressiv an von 14 bis 45 Prozent. Niemand zahlt mehr als die Hälfte. Das ist die Regel in Deutschland.

Position B: Gerecht wäre ein fester Prozentsatz für alle.

Kritiker des bestehenden Steuersystems halten es für gerechter, wenn alle einen festen Prozentsatz ihres Jahreseinkommens abführen müssten. Alle zahlen zum Beispiel 25 Prozent. So zahlt die Studentin real wenig und das Topmodel real viel.

Position C: Gerecht ist, wenn alle ein wenig und Topverdiener mehr zahlen.

Alle sollen den Beitrag zum Steueraufkommen leisten, den sie verkraften können. Die Studentin und die Verkäuferin sollten 5 Prozent bezahlen, der Tischlermeister 10, der Rechtsanwalt 20, die Fabrikantin 50, der Fußballer 60 und das Topmodel mindestens zwei Drittel ihres Jahreseinkommens.

Mezut Ferring,
36 Jahre, verheiratet, kein Kind, Rechtsanwalt
Jährliches Bruttoeinkommen etwa 50 000 Euro
Steuerhöhe circa 8 300 Euro*

Nadja Klamm,
25 Jahre, ledig, Topmodel
Jährliches Bruttoeinkommen etwa 12 Millionen Euro
Steuerhöhe circa 5,7 Millionen

Sigrid Jahn,
32 Jahre, ledig, Textilfabrikantin
Jahreseinkommen etwa 250 000 Euro
Steuerhöhe circa 102 000 Euro

Mirco Smiatek,
24 Jahre, ledig, Profifußballer
Jährliches Bruttoeinkommen (geschätzt) etwa 2 Millionen plus Prämien
Steuerhöhe circa 930 000 Euro

Viktor Orloff,
46 Jahre, verheiratet, zwei Kinder, Tischlermeister
Jährliches Bruttoeinkommen etwa 35 000 Euro
Steuerhöhe circa 3 100 Euro

Dunja Salting,
27 Jahre, ledig, Verkäuferin in einem Schuhgeschäft
Jährliches Bruttoeinkommen etwa 20 000 Euro,
Steuerhöhe circa 2 700 Euro

Sandrine Mathieu
23 Jahre, ledig, Studentin, jobbt zur Finanzierung ihres Studiums als Kellnerin und Telefonistin,
Jahreseinkommen, etwa 6 500 Euro,
Steuerhöhe 0,00 Euro

* Die Angaben zur jährlichen Steuerhöhe entsprechen etwa den zurzeit gültigen Steuersätzen in Deutschland.

1. Bei Vorschlag A steht die Einkommensteuer fest. Berechnet, wie sie sich für die genannten Personen verändern würde, wenn die Vorschläge B und C verwirklicht würden. (Teilt die Berechnungen auf.)
2. Soll die Höhe der Einkommensteuer so bleiben, wie sie ist, oder sorgen die Vorschläge B oder C für mehr soziale Gerechtigkeit? Diskutiert in der Gruppe und trefft eine Entscheidung.
3. Stellt eure Gruppenentscheidung samt Begründung in der Klasse vor.

Was auch noch interessant sein kann:

- Planung einer Diskussionsrunde in der Form eines Rollenspiels mit den sieben Personen, Thema: „Ist die Höhe meiner Einkommensteuer sozial gerecht?“

6 Bedeutet Wohlstand, immer reicher zu werden?

Bruttoinlandsprodukt erklären und Wohlstandsfaktoren erörtern

A Eine Übung zum Einstieg: Welche Partei bekommt deine Stimme?

Angenommen, dass: In einem Wahlkampf versprechen mehrere Parteien den Wählerinnen und Wählern mehr Wohlstand für den Fall ihrer Wahl. Welche davon könnte am ehesten mit deiner Stimmer rechnen?
Partei A: „Mehr Wohlstand durch Steuersenkung und höhere Einkommen für alle!“
Partei B: „Mehr Wohlstand durch Unterstützung für Familien, Kinder und Kitas!“
Partei C: „Mit uns in eine Zukunft des Wohlbefindens in einer sauberen Umwelt!“

B „Wohlstand für alle“

So lautet der Titel des Buches, das Ludwig Erhard, der Mitbegründer der sozialen Marktwirtschaft, im Jahr 1957 vorlegte. Den Wohlstand der Menschen zu mehren wurde darin zu einem der wichtigsten Ziele der sozialen Marktwirtschaft erklärt. Wohlstand bedeutete in den Anfangsjahren der Bundesrepublik Deutschland vor allem die Überwindung von Armut und Not nach der Zeit zweier Weltkriege. Die Menschen sollten sich wieder etwas leisten können. Aufgabe der Wirtschaft sollte es sein, ein breites Warenangebot zur Verfügung zu stellen, damit die Konsumwünsche der Menschen in Erfüllung gehen konnten. Stetig steigende Einkommen aller Erwerbstätigen bei gut funktionierendem Wettbewerb galten als Garanten des wirtschaftlichen Fortschritts.
Tatsächlich hat sich dieser rein auf das materielle Denken bezogene Wohlstandsbegriff bis in die heutige Zeit hinein als wirksam erwiesen. Der Reichtum fast aller Staaten mit sozialer Marktwirtschaft nahm kontinuierlich zu. Angesichts dramatisch anwachsender Schädigung der Umwelt und einer ungleichen weltweiten Verteilung des Reichtums wird Wohlstandsentwicklung heute wesentlich differenzierter gesehen.

Zwei Wohlstandsdefinitionen

Bei der Definition des Begriffs „Wohlstand“ gehen die Meinungen weit auseinander. Materieller bzw. wirtschaftlicher Wohlstand ist der Versorgungsgrad einer Person, eines Haushalts, einer Gruppe oder einer Gesellschaft mit Gütern und Dienstleistungen einschließlich der öffentlichen Güter. [...] In dieser Definition wird Wohlstand mit **Lebensstandard** gleichgesetzt.
Einem allgemeineren Verständnis zufolge umfasst Wohlstand auch Eigenschaften wie subjektives Wohlbefinden, allgemeine Lebensbedingungen oder subjektive Zufriedenheit und wird mit den Begriffen **Wohlfahrt** und **Lebensqualität** gleichgesetzt. Lebensqualität ist im Unterschied zum Lebensstandard erheblich schwerer zu erfassen und zu messen.

(Aus: Duden Ratgeber: Wie Wirtschaft funktioniert, Berlin 2013, S. 52)

Konsum, Luxus, Reichtum oder Gesundheit, Lebensfreude, intakte Natur?

1. Wodurch unterscheiden sich die beiden Wohlstandsdefinitionen? Erkläre den Unterschied.
2. Welche Gründe haben dazu geführt, dass ein rein materielles Wohlstandsdenken heute anders gesehen wird als in den Anfangsjahren der sozialen Marktwirtschaft? Nenne die im Text genannten Gründe.

C Bruttoinlandsprodukt

Definition

Als Bruttoinlandsprodukt bezeichnet man den Wert aller in einem Jahr in einer Volkswirtschaft erstellten Waren und Dienstleistungen, abgekürzt BIP. Dieses wird in einer Geldsumme ausgedrückt.

In der errechneten Summe sind die Werte aller im Land produzierten Autos, Computer, Möbel, Lebensmittel usw. enthalten und die Dienstleistungen aller Anwälte, Lehrer, Friseure und vieler anderer. Dabei spielt es keine Rolle, ob die Leistungen von In- oder Ausländern im Land erbracht wurden. Wichtig ist, dass jeder Wert nur einmal ermittelt wird. Bei einem Auto rechnet man also nur den Gesamtwert dazu und nicht noch einmal die zuvor angelieferten Einzelteile. Für die Berechnung des BIP ist das Statistische Bundesamt zuständig.

BIP – Wachstum ist nicht gleich Wohlstand

Die Höhe des BIP gilt als ein Maßstab für die Leistungsfähigkeit einer Volkswirtschaft. Da seine Berechnung nach internationalen Standards erfolgt, ermöglicht es einen Vergleich der Wirtschaftskraft unterschiedlicher Staaten.

Es wird von Jahr zu Jahr neu berechnet. Die Steigerung gegenüber dem Vorjahr lässt sich in einer Prozentzahl ausdrücken. Beträgt sie zum Beispiel zwei Prozent, bedeutet das, dass der Wohlstand in der Gesellschaft insgesamt um diesen Wert zugenommen hat. Man spricht dann von einem zweiprozentigen Wirtschaftswachstum.*

In den vergangenen Jahren hat sich unter den Ökonomen die Erkenntnis durchgesetzt, dass das BIP zwar ein wichtiger Gradmesser ist, aber dennoch für die Wohlstandsmessung in einem Land keine ausreichende Größe. Als Einwände gegen das BIP werden genannt:

- Es sagt nichts über die Verteilung des materiellen Wohlstandes aus. Das BIP kann zum Beispiel wachsen, wenn wenige Reiche ein immer höheres Einkommen erzielen und die Masse der Menschen sich mit wenig begnügen muss.
- Es nimmt keine Rücksicht auf Umweltschäden. Fährt jemand zum Beispiel seinen neuen Motorroller zu Schrott und kauft einen neuen, steigt das BIP, obwohl der Ressourcenverbrauch und damit die Schädigung der Umwelt zunimmt.
- Die Steigerung des BIP sagt wenig über die tatsächliche Zufriedenheit der Menschen aus. Ein Kleinbauer in Indien kann sich durchaus zufriedener und sogar wohlhabender fühlen als ein sehr reicher Star oder Geschäftsmann in einem reicheren Land.

1. Erkläre, was das BIP ist und wie es ermittelt wird.

2. Beschreibe anhand des Schaubildes, wie sich das BIP im Zeitraum zwischen 2006 und 2016 in Milliarden Euro und prozentual entwickelt hat.

3. Begründe, warum das BIP (a) einerseits wichtig ist und (b) andererseits nicht als ausreichender Gradmesser für den Wohlstand in einem Land gilt.

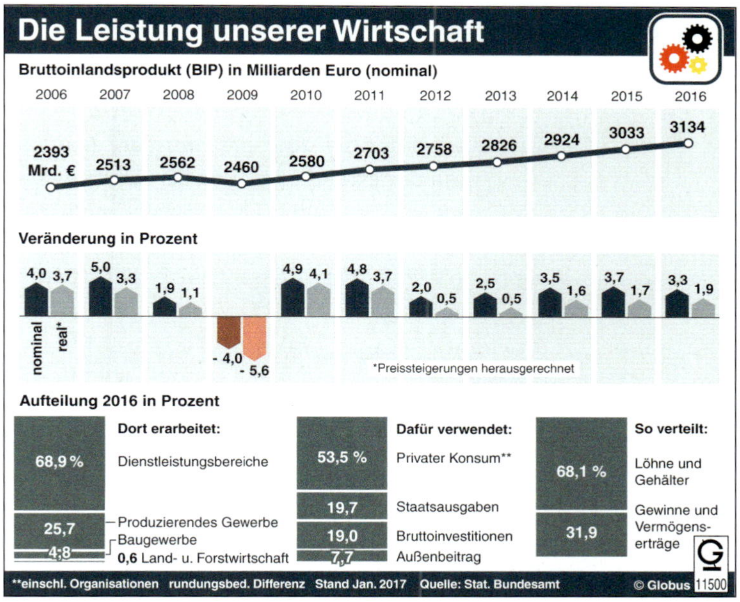

* Das Thema Wirtschaftswachstum wird ausführlicher im Kapitel 10 des Buches behandelt.

AKTIV LERNEN

D Was sind die wichtigsten Wohlstandsindikatoren in der sozialen Marktwirtschaft?

Euer Auftrag:

1. Verteilt und gewichtet die Merkmale in Einzelarbeit.
2. Vergleicht eure Ergebnisse zu zweit oder in einer Gruppe. Nehmt gegebenenfalls Änderungen vor, falls ihr im Gespräch zu einer veränderten Einschätzung kommt.
3. Stellt eure Ranglisten samt Punktzahlen in der Klasse vor. Begründet eure Entscheidungen anhand der Bedeutung der Merkmale für euch selbst und für das Leben anderer in der Gesellschaft.

Im Dezember 2010 beschloss der Deutsche Bundestag die Einsetzung der Enquete-Kommission (= Untersuchungskommission) mit dem Namen: „Wachstum, Wohlstand, Lebensqualität – Wege zu nachhaltigem Wirtschaften und gesellschaftlichem Fortschritt in der Sozialen Marktwirtschaft“.

Die Kommission hatte den Auftrag, zu untersuchen, ob Wirtschaftswachstum, welches sich in einem jährlichen Anstieg des Bruttoinlandsprodukts zeigt, als Indikator* für gesellschaftlichen Wohlstand ausreicht, oder ob man den Wohlstand zukünftig an weiteren Indikatoren messen solle.

Im Mai 2013 legte die Enquete-Kommission einen umfangreichen Endbericht vor. Man empfahl der Politik, zukünftig neben der Wohlstandsmessung durch das Bruttoinlandsprodukt weitere Merkmale mit in die Betrachtung einzubeziehen. Zehn davon findest du in der folgenden Liste.

* Der Fachbegriff Indikator kann mit Merkmal übersetzt werden.

Wie viele von 100 Punkten verteilst du pro Merkmal?

In der folgenden Aufzählung findest du zehn Merkmale für eine umfassende Wohlstandsmessung, die über den Aussagewert des BIP hinausgehen und sich an den von der Enquete-Kommission vorgeschlagenen Kriterien orientieren. Du hast 100 Punkte zu vergeben. Verteile diese so auf die einzelnen Merkmale in der Liste, wie sie deiner Einschätzung nach der Bedeutung der einzelnen Merkmale entsprechen. Du kannst zum Beispiel jedem Merkmal 10 Punkte geben und nach deiner persönlichen Einschätzung völlig andere Gewichtungen vornehmen.

Wohlstandsindikator (Merkmal)	Meine Punkte von 100											
1. Gute Verdienstmöglichkeiten	100	90	80	70	60	50	40	30	20	10	5	0
2. Sozial gerechte Einkommensverteilung	100	90	80	70	60	50	40	30	20	10	5	0
3. Vielfältige soziale Leistungen für Familien	100	90	80	70	60	50	40	30	20	10	5	0
4. Ein gutes staatliches Gesundheitssystem	100	90	80	70	60	50	40	30	20	10	5	0
5. Hohe Lebenserwartung	100	90	80	70	60	50	40	30	20	10	5	0
6. Umfassende Freiheitsrechte	100	90	80	70	60	50	40	30	20	10	5	0
7. Guter Zusammenhalt in der Gesellschaft	100	90	80	70	60	50	40	30	20	10	5	0
8. Umfassender Schutz der Natur	100	90	80	70	60	50	40	30	20	10	5	0
9. Geringe Schadstoffbelastung, Klimaschutz	100	90	80	70	60	50	40	30	20	10	5	0
10. Tier-, Pflanzen- und Gewässerschutz	100	90	80	70	60	50	40	30	20	10	5	0

E Zur Diskussion: Mehr Geld, mehr Wohlstand?

Es gehört zu den Zielen der sozialen Marktwirtschaft, den Wohlstand der Menschen zu verbessern. Immer mehr Menschen fragen sich allerdings, was Wohlstand eigentlich ist. Manche glauben, eine Wirtschaftsordnung sei nur für den materiellen Wohlstand zuständig. Für die private Zufriedenheit sei jeder für sich allein verantwortlich. Andere kritisieren eine Wohlstandsmessung, die sich an Geld und materiellen Gütern orientiert, als zu einseitig und sogar als gefährlich.

- Welche der beiden Ansichten zum Thema Wohlstand überzeugt dich mehr? Darüber könnt ihr hier diskutieren.

Materielles Wohlstandsstreben ist ganz natürlich!

Wir leben in einem Wirtschaftssystem, in dem man sich nur etwas leisten kann, wenn man genügend Geld besitzt. Nur so kann man shoppen, ausgehen und am gesellschaftlichen Leben teilnehmen. Wer kein Geld hat, bleibt außen vor. Klar, dass die Menschen nach höherem materiellem Wohlstand streben. Das ist doch für viele der Anreiz, sich anzustrengen. Wenn man nur ein Fahrrad hat, wünscht man sich als Nächstes ein Motorrad und dann ein eigenes Auto, ein eigenes Haus und immer so weiter. Materielles Wohlstandsstreben steckt irgendwie in der Natur des Menschen, weil damit das gesellschaftliche Ansehen steigt und man sich materielle Ziele setzen muss, um ein glückliches Leben führen zu können.

Wohlstand muss neu definiert werden!

Das einseitige Streben nach Reichtum führt in der Regel nicht zu mehr Glück, sondern zu mehr Unzufriedenheit, weil man sich nie mit dem begnügt, was man gerade hat. Zudem ist das Streben der Menschen nach immer größerem Reichtum die Hauptursache für die Schädigung der Umwelt. Immer schneller wechselnde Moden, immer dickere Autos – all das wird mit der Ausbeutung von Rohstoffen erkauft. Man muss ja nicht ganz auf Geld verzichten, aber man sollte sich ernsthaft überlegen, ob es nicht besser ist, sich materiell mit weniger zufriedenzugeben. Es ist ganz wichtig, dass der Wohlstandsbegriff neu definiert wird: Glück, Gesundheit, gute Bildung und gute Arbeit, das sind viel wichtigere Gradmesser dafür als Reichtum, der auf Kosten der Umwelt und damit der Zukunft geht.

1. Lies die beiden Stellungnahmen und entscheide, welche dich mehr überzeugt.
2. Was bedeutet Wohlstand für dich? Formuliere dazu deine eigene Stellungnahme. Berücksichtige dabei die unterschiedlichen Wohlstandsindikatoren und auch, was das Schaubild darüber aussagt.
3. Eröffnet in der Klasse eine Diskussion zum Thema dieser Seite, indem ihr zunächst mehrere eurer Stellungnahmen vortragt.

Aufgabe 1:

Merkmale der sozialen Marktwirtschaft

Welche der folgenden Merkmale treffen auf die soziale Marktwirtschaft zu?

A Der Staat reguliert die Preisbildung.	?
B Die Freiheit des Marktgeschehens wird mit dem Prinzip des sozialen Ausgleichs verbunden.	?
C Der Staat greift nicht aktiv lenkend in das Wirtschaftsgeschehen ein.	?
D Unternehmerische Freiheit soll ohne staatliche Reglementierungen zu den besten Ergebnissen führen.	?
E Der Staat sorgt mit sozialen Gesetzen für sozialen Schutz.	?
F Sie ermöglicht allen Wirtschaftsbürgern die aktive Teilnahme am Wirtschaftsgeschehen.	?

Aufgabe 2:

Wirtschaftsordnungen im Grundgesetz

Fehlersuche! Bei der Übertragung der folgenden Zitate aus dem Grundgesetz haben sich drei Fehler eingeschlichen. Finde sie und übertrage den Text in korrekter Schreibweise.

Artikel 9 (1) *Alle Deutschen haben das Recht, Vereine und Gesellschaften zu bilden.*

Artikel 11 (1) *Alle Deutschen genießen Freizügigkeit innerhalb ihres Bundeslandes.*

Artikel 12 (1) *Alle Deutschen haben die Pflicht, Beruf, Arbeitsplatz und Ausbildungsstätte frei zu wählen.*

Artikel 20 (1) *Die Bundesrepublik Deutschland ist ein demokratischer und sozialistischer Bundesstaat.*

Aufgabe 3:

Drei Wirtschaftsordnungen

Drei werbende Reden für drei unterschiedliche Wirtschaftsordnungen:

A „Am besten für die Menschen in unserem Land wird es sein, wenn die Wirtschaft sich ohne staatliche Regulierung frei entfalten kann."

C „Wir wollen einerseits, dass das Marktgeschehen sich frei entfalten kann, andererseits aber auch, dass der Staat lenkend eingreift und die Menschen schützt."

B „Der Staat muss die Planung der wirtschaftlichen Verhältnisse selbst in die Hand nehmen und die Unternehmen in den Besitz des Staates überführen."

- Nenne die jeweilige Wirtschaftsordnung, für welche die Sprecher hier werben.
- Begründe deine Wahl in jeweils einem klaren Satz.

Aufgabe 4:

Rede und Gegenrede

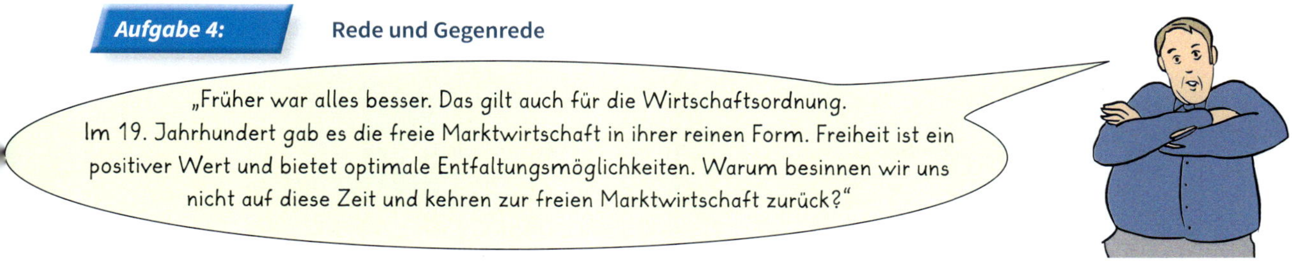

Formuliere deine Antwort auf die gestellte Frage. Begründe darin an einem Beispiel, warum die Freiheit des Marktes zur Unfreiheit vieler führte, und erläutere auch, warum man sich nach der Gründung der Bundesrepublik Deutschland nicht für eine freie Marktwirtschaft entschied.

Aufgabe 5:

Bruttoinlandsprodukt

Aus einer Nachricht im Radio oder Fernsehen:
„Nach Auskunft des Statistischen Bundesamtes hat sich das Bruttoinlandsprodukt gegenüber dem vergangenen Jahr um 2 Prozent erhöht.“

1. Was ist das Bruttoinlandsprodukt? Definiere den Begriff.
2. Warum ist das BIP wichtig für die Darstellung des Wirtschaftsgeschehens? Nenne den Grund.
3. Was drückt die angegebene Steigerungsrate von 2 Prozent aus? Erkläre es.
4. Warum reicht vielen Expertinnen und Experten das BIP zur Beschreibung des Wohlstands in der Gesellschaft nicht aus? Nenne zwei Wohlstandsmerkmale, auf die das BIP keine Antwort gibt.

Aufgabe 6:

Soziale Gerechtigkeit

In einer Umfrage des Instituts für Demoskopie Allensbach aus dem Jahr 2012 wurden die Bürgerinnen und Bürger gefragt, wie wichtig sie die verschiedenen Arten von Gerechtigkeit einschätzen. Ihre Einschätzung konnten die Befragten mit einer Punkteskala von 0 (unwichtig) bis 10 (sehr wichtig) kennzeichnen.

So fielen die Antworten aus:

Chancengerechtigkeit	9,1
Leistungsgerechtigkeit	8,3
Verteilungsgerechtigkeit	7,5

Was bedeuten die unterschiedlichen Gerechtigkeitsbegriffe?

1. Erläutere sie am Beispiel der Einkommensverteilung im Land.
2. Stelle für jede der drei Auffassungen eine Möglichkeit vor, mit welcher der Staat diese Art von Gerechtigkeit fördern kann.
3. Fasse die Vorstellungen der Bürgerinnen und Bürger zum Thema soziale Gerechtigkeit in Form eines Nachrichtentextes zusammen.

Aufgabe 7:

Karikaturen analysieren

Beschreibe: Was ist in dieser Karikatur dargestellt?
Erläutere: Welche Kritik an den sozialen Verhältnissen in Deutschland kannst du der Zeichnung entnehmen?
Bewerte: In welchen Bereichen des sozialen Lebens brauchen wir mehr soziale Gerechtigkeit in Deutschland: in keinem, in einem, in mehreren?

Klaus Stuttmann

11 Wir und die anderen im Zentrum der Wirtschaftspolitik

Bedeutung und Auswirkungen der Wirtschaftspolitik in der sozialen Marktwirtschaft untersuchen und bewerten

1. Allein nachdenken

Die Menschen auf dem Symbolbild verfolgen gespannt die wirtschaftliche Entwicklung im Land.
Was, glaubst du, erwarten sie von einer erfolgreichen Wirtschaftspolitik?

2. Zu zweit beraten

Was erwartest du für deine ganz persönliche Zukunft davon?

3. Gemeinsam sammeln

Welche Erwartungen an eine zukunftsweisende Wirtschaftspolitik im Rahmen der sozialen Marktwirtschaft haben wir Schülerinnen und Schüler?

Bei der Arbeit an diesem Kapitel …

- an Beispielen beschreiben, welchen Einfluss wirtschaftspolitische Entscheidungen auf euer persönliches Leben haben,
- analysieren, was der Staat gegen drohende Krisen im Wirtschaftsverlauf unternehmen kann,
- an Beispielen aus der Wirtschaftspolitik eures Bundeslandes und des Bundes die Auswirkungen auf unterschiedliche Akteure erläutern,
- darüber diskutieren, wie der Staat mit zusätzlichen Steuereinnahmen umgehen soll, und selbst Ideen für die Gestaltung eines Staatshaushaltes entwickeln,
- beschreiben, welche Beteiligungsmöglichkeiten Jugendliche als Wirtschaftsbürger haben, und beurteilen, welche davon für euch infrage kommen.

Darüber hinaus könnt ihr …

- darüber diskutieren, ob die Förderung des Wirtschaftswachstums im Hinblick auf den Schutz der natürlichen Lebensgrundlagen noch politisch vertretbar ist,
- in der Rolle einer Expertenkommission eine Regierung dabei beraten, wie sie aus ihrer Wirtschaftskrise herausfinden kann.

1 Warum ist Wirtschaftspolitik für uns alle so wichtig?

Die Bedeutung aus Beispielen ermitteln

Wirtschaftspolitik – das mag zunächst einmal trocken oder auch kompliziert klingen. Manche Leute denken, mit ihnen habe das gar nichts zu tun. Wie sehr die Wirtschaftspolitik in das Leben jedes einzelnen Wirtschaftsbürgers eingreift, könnt ihr hier an mehreren Beispielen und am Thema Arbeitslosigkeit untersuchen.

A Vier Beispiele

1 ???

Mit der Digitalen Agenda fördert die Bundesregierung den digitalen Wandel. Im Rahmen der Innovationsförderung werden Mittel bereitgestellt, um die Forschungs- und Technologieentwicklung insbesondere von Mikroelektronik, Dienstleistungsforschung, Big Data, High Performance Computing, IT-Sicherheit und Medizininformatik voranzutreiben. Derzeit erarbeitet das Bundesministerium für Bildung und Forschung mit der Strategie „Bildungsoffensive für die digitale Wissensgesellschaft“ einen umfassenden Handlungsrahmen für die digitale Bildung in Deutschland.

2 ???

Ein zentrales, von Bund und Ländern neu beschlossenes Programm ist die Initiative zur Förderung des wissenschaftlichen Nachwuchses. Diese soll die Attraktivität und Wettbewerbsfähigkeit des deutschen Wissenschaftssystems stärken. Die neu beschlossene Förderinitiative „Innovative Hochschule“ richtet sich insbesondere an Fachhochschulen sowie kleinere und mittlere Universitäten. Im Rahmen des Hochschulpaktes wurden für die Finanzierung zusätzlicher Studienplätze im Jahr 2017 rund 2,5 Milliarden Euro an die Länder überwiesen.

(Meldung 1 und 2 zusammengestellt nach Informationen des Bundesministeriums für Bildung und Forschung 2017; weitere Informationen dazu unter www.bmbf.de)

3 ???

Junge Menschen am Anfang ihres beruflichen Lebensweges benötigen Unterstützung beim Übergang in Ausbildung und Beschäftigung. Hierfür halten die Agenturen für Arbeit bzw. die Jobcenter entsprechende Dienstleistungen bereit. Dazu gehören u. a. die kostenlose Inanspruchnahme der Beratungs- und Vermittlungsangebote, aber auch Leistungen zur Förderung der oder bei Aufnahme der Berufsausbildung. […] Junge Menschen ohne Schulabschluss können im Rahmen berufsvorbereitender Bildungsmaßnahmen auf den nachträglichen Erwerb des Hauptschulabschlusses vorbereitet werden.

4 ???

Um eine betriebliche oder außerbetriebliche Berufsausbildung in einem anerkannten Ausbildungsberuf zu ermöglichen, zahlt die Agentur für Arbeit Auszubildenden eine Berufsausbildungsbeihilfe, wenn sie während der Berufsausbildung nicht bei den Eltern wohnen und der Ausbildungsbetrieb vom Elternhaus nicht in angemessener Zeit erreicht werden kann. Bei Auszubildenden, die über 18 Jahre alt sind, verheiratet oder in einer Lebenspartnerschaft verbunden sind, […] spielt die Frage nach der Entfernung des Ausbildungsbetriebes vom Elternhaus keine Rolle.

(Meldung 3 und 4: Pressemitteilung des Bundesministeriums für Arbeit und Soziales vom 15.03.2016, in: http://www.bmas.de/DE/Themen/Aus-und-Weiterbildung/Ausbildungsfoerderung/foerderung-jugendliche.html; Zugriff 02.05.2017)

1. Formuliere die Überschriften für die vier Beispiele. (Das geht auch zu zweit.)
2. Bei welchen der beschriebenen Maßnahmen entdeckst du einen möglichen Bezug zu deinem jetzigen oder zukünftigen Leben? Ermittele sie und beschreibe den möglichen Einfluss.
3. Welche Menschen bzw. Gruppen in der Gesellschaft können sonst noch betroffen sein? Charakterisiere sie.

B Arbeitslosigkeit bekämpfen: Ein Ziel im Interesse vieler Wirtschaftsbürger

Arbeitslosigkeit ist eine schlimme Erfahrung für fast alle der davon betroffenen Menschen. Viele leiden unter dem Gefühl, ausgeschlossen und nicht gebraucht zu werden. Deshalb hat die Arbeitsmarktpolitik als Teil der Wirtschaftspolitik für jede Regierung eine übergeordnete Bedeutung. Die verantwortlichen Politikerinnen und Politiker schauen gespannt auf die neuesten Arbeitslosenzahlen, die einmal im Monat von der Bundesanstalt für Arbeit in Nürnberg veröffentlicht werden. Entwicklungen auf dem Arbeitsmarkt sind stets von größtem öffentlichem Interesse und können über die Wiederwahl oder Abwahl einer Regierung entscheiden.

Hilfen für Arbeitslose

Für Arbeitslose betreibt der Staat eine Arbeitsmarktpolitik, die zum Ziel hat, alle Betroffenen darin zu unterstützen, wieder in ein festes Arbeitsverhältnis zu gelangen. Wer keine Arbeit findet oder entlassen worden ist, kann sich bei seinem zuständigen Jobcenter melden und hat das Anrecht auf Beratung und Unterstützung. Dabei gilt der Grundsatz: „Fördern und Fordern“. Die Hilfen des Staates setzen die Bereitschaft zur Eigeninitiative voraus.

Für alle Arbeitslosen halten die Arbeitsagenturen Maßnahmen zur beruflichen Beratung sowie zur weiteren beruflichen Qualifizierung bereit.

Das zum Teil aus Steuermitteln finanzierte Arbeitslosengeld I und II (besser bekannt als Hartz IV) gehört ebenso zu den wichtigen arbeitsmarktpolitischen Leistungen des Staates.

Der Staat hat selbst kaum Möglichkeiten, neue Arbeitsplätze zu schaffen. Die Hauptverantwortung tragen dazu die privaten Unternehmen. Der Staat kann aber mit gesetzlichen Maßnahmen zur Schaffung von Arbeitsplätzen beitragen. Zum Beispiel kann er Leute mit günstigen Krediten und Steuerentlastungen unterstützen, die bereit sind, ein neues Unternehmen zu gründen.

Wirtschaftspolitik bestimmt unser Leben und unsere Zukunft

Jeder arbeitende Mensch ist mitsamt seinen Angehörigen im privaten Leben davon betroffen, ob es der Wirtschaft insgesamt gut oder schlecht geht, denn nur in einer gut florierenden Wirtschaft kann es sichere Arbeitsplätze und gute Einkommensverhältnisse geben. Die Bedeutung der Wirtschaftspolitik insgesamt fasst die folgende Aussage einer Expertin zusammen:

„Sie diktiert, wie viel Bildung Kinder bekommen. Sie entscheidet, ob es genug Lehrstellen für Jugendliche und Arbeitsplätze für Erwachsene gibt. Sie legt fest, ob vom Lohn genug Geld zum Leben bleibt. Sie ist verantwortlich dafür, dass die Rente für die Älteren ausreicht und die Jüngeren doch nicht zu viel dafür bezahlen müssen. Und letztlich soll Wirtschaftspolitik auch dafür sorgen, dass mutige Menschen sich trauen, ihre eigene Firma zu gründen und etwas zu wagen.

(Aus: Cornelia Schmergal: Wirtschaftspolitik – Was geht mich das an?, dtv-Verlag München 2006, S. 9)

Entscheidung über Erfolg und Misserfolg einer Regierung

Martin Guhl

1. Nenne die Ziele der Arbeitsmarktpolitik bezüglich der Hilfen für Arbeitslose und der Schaffung neuer Arbeitsplätze und ordne ihnen die im Text genannten Maßnahmen zu.
2. Begründe, warum die Wirtschaftspolitik in ihrer Gesamtheit sowohl für viele einzelne Menschen als auch für Regierungen von großer Bedeutung ist.
3. Es gibt kaum einmal eine wirtschaftspolitische Entscheidung, die bei allen Akteuren im Wirtschaftsleben ungeteilte Zustimmung findet. Sucht gemeinsam nach Gründen, warum das so ist.

GRUNDWISSEN

C Wirtschaftspolitik

Die Doppelseite lässt sich zu zweit mit der Methode des Partnerbriefings bearbeiten. Dabei lesen die Partner zunächst einen der Texte und stellen sich dann die Inhalte und die Lösungen zu den Arbeitsanweisungen gegenseitig vor.

1. Gib deinem Partner eine Definition des Begriffes Wirtschaftspolitik.
2. Stelle die wirtschaftspolitischen Ziele mit kurzen Erklärungen vor und begründe, warum aus einem Viereck ein Sechseck wurde.
3. Erläutere, warum das Sechseck „magisch" genannt wird und warum Wachstum ein umstrittenes Ziel ist.

Teil 1: Wirtschaftspolitische Ziele

© Bergmoser + Höller Verlag AG

Unter Wirtschaftspolitik versteht man die Gesamtheit aller Maßnahmen, mit denen der Staat ordnend und gestaltend in die Wirtschaft eingreift. Die allgemeinen Ziele staatlicher Wirtschaftspolitik wurden bereits 1967 im „Gesetz zur Förderung des Wachstums in der Wirtschaft" formuliert, das unter dem Namen „Stabilitätsgesetz" bekannt wurde. Es enthält vier Ziele, die bis heute gelten:

- angemessenes und stetiges Wirtschaftswachstum,
- Vollbeschäftigung,
- Stabilität des Preisniveaus,
- außenwirtschaftliches Gleichgewicht.

Der Staat muss dafür sorgen, dass die Arbeitslosigkeit gering ist. Geldwertstabilität drückt sich in einer möglichst geringen Inflationsrate* aus. Außenwirtschaftliches Gleichgewicht besteht, wenn die Ausgaben für den Import und die Einnahmen für den Export von Waren in einem ausgeglichenen Verhältnis zueinander stehen. Man spricht dann von einer ausgeglichenen *Handelsbilanz*.

Zum Zeitpunkt der Verabschiedung des Stabilitätsgesetzes war die Problematik des Umweltschutzes noch nicht im Bewusstsein der Menschen verankert. Heute gilt der Schutz der natürlichen Lebensgrundlagen ebenfalls als unverzichtbares Ziel staatlicher Wirtschaftspolitik.

Weil auch die Förderung sozialer Gerechtigkeit in Form einer gerechten Einkommens- und Vermögensverteilung an Bedeutung gewinnt, wurden die Ziele von ursprünglich vier auf sechs erweitert.

Zielkonflikte

Bereits von 1970 an geriet das Wachstumsziel in die Kritik. Klar wurde, dass unkontrolliertes Wirtschaftswachstum langfristig zu einem immer größeren Verbrauch von Ressourcen und damit zu einer Zerstörung der Umwelt führen muss. Heute gilt Wirtschaftswachstum nur dann als vertretbar, wenn es nicht auf Kosten von Umweltbelastungen erzielt wird.

Das Schaubild zu den Zielen staatlicher Wirtschaftpolitik ist mit der Überschrift „Magisches Sechseck" versehen. Der Begriff „magisch" soll ausdrücken, dass die Ziele oft miteinander in Konflikt stehen und dass es geradezu der Kunst eines Magiers bedarf, will man sie alle gleichzeitig erreichen. Stets besteht die Gefahr, dass die Verbesserung des einen Zieles mit der Verschlechterung des anderen Ziels erkauft werden muss. Will z. B. die Bundesregierung das Wirtschaftswachstum durch Steuersenkungen ankurbeln, so führt dies leicht zu höheren Inflationsraten und damit zu einer Verringerung der Geldwertstabilität.

* Zum Begriff Inflation findest du weitere Informationen im Glossar.

Teil 2: Akteure und Handlungsfelder

Akteure

Hauptakteur der Wirtschaftspolitik in Deutschland ist die Bundesregierung. Sie ist aber nur eine von vielen Beteiligten. Wirtschaftspolitik wird auf der unteren Ebene vor Ort in den Gemeinden betrieben. Hier wird zum Beispiel entschieden, ob ein neues Industriegebiet ausgewiesen wird oder wie die städtische Energieversorgung organisiert wird usw.

Jede Landesregierung macht eine eigene Wirtschaftspolitik, wobei sie die besonderen Gegebenheiten im Bundesland im Auge hat.

Als Interessenvertretung der Arbeitnehmer und Arbeitgeber üben die Gewerkschaften und die Arbeitgeberverbände direkten Einfluss auf die Wirtschaftspolitik aus. In Tarifverhandlungen verhandeln sie miteinander über die Höhe der Löhne und die Gestaltung der Arbeitsbedingungen.

Zahlreiche weitere Interessengruppen wie Industrieverbände, Umweltschutzgruppen und Bürgerinitiativen nehmen Einfluss, indem sie Lobbyarbeit* betreiben. Sie haben keine direkten Entscheidungsbefugnisse, können aber mit ihren Forderungen auf die Parteien und Politiker einwirken und Druck auf die Politik ausüben.

Ein wichtiger Akteur ist auch die Europäische Union. Die Mitgliedstaaten haben mehrere wirtschaftspolitische Handlungsfelder auf die EU übertragen. Verbraucherschutz und Landwirtschaftspolitik gehören dazu. Für die Länder, die den Euro als gemeinsame Währung haben, ist die Europäische Zentralbank für die Geldpolitik zuständig.

Handlungsfelder der Politik

Direkte Gestaltungsmöglichkeiten hat der Staat in den Bereichen Wettbewerbspolitik Struktur- und Umweltpolitik. In diesen Handlungsfeldern kann er per Gesetz eingreifen, z. B. Monopole verbieten und Kartelle unter Strafe stellen. Er kann strenge Umweltauflagen für den Betrieb von Fabriken und den Bau von Wohnhäusern festlegen und vieles andere mehr.

1. Stelle deinem Partner die im Text genannten Akteure der Wirtschaftspolitik vor.
2. Beschreibe wichtige Handlungsfelder der Politik und verdeutliche an Beispielen den Unterschied zwischen direkten und indirekten Einflussmöglichkeiten des Staates.
3. Erläutere, warum die Ziele der Wirtschaftspolitik oft weniger kontrovers diskutiert werden als die Wege dahin.

Handlungsfelder der Wirtschaftspolitik

Arbeitsmarktpolitik Hilfen und Qualifizierungsmaßnahmen für Arbeitslose Beratung in Jobcentern Arbeitslosengeld	**Finanz- und Steuerpolitik** Erhöhung oder Senkung der Lohn- und Einkommensteuer (und anderer Steuerarten) Auf- oder Abbau von Sozialleistungen Arbeitslosengeld (z. B. Kindergeld, Elterngeld, BAföG)	**Konjunkturpolitik** Programme zur Ankurbelung der Konjunktur in Krisenzeiten Vergabe staatlicher Aufträge an Unternehmen
Strukturpolitik Investitionen in die Infrastruktur (Bau von Straßen, Flug- und Schiffshäfen) Ausbau der Telekommunikation und des digitalen Netzes	**Umweltpolitik** Förderung eines umweltverträglichen Wirtschaftswachstums Schutzmaßnahmen für Boden, Klima, Wasser Verbindung von Ökonomie und Ökologie	**Wettbewerbspolitik** Förderung von Unternehmensgründungen Verhinderung von Monopolen und Kartellen Verbraucherschutz

Bezüglich der grundlegenden Ziele staatlicher Wirtschaftspolitik sind die Möglichkeiten staatlicher Einflussnahme eher indirekter Natur. Politiker können Vollbeschäftigung nicht per Gesetz herstellen. Sie können nicht verordnen, dass der Wert des Geldes stabil bleibt. Sie können auch nicht befehlen, dass die Wirtschaft wachsen soll. Die Politik muss es mit indirekten Maßnahmen versuchen.

Die begrenzten politischen Einflussmöglichkeiten auf die Ziele bzw. den Erfolg der Wirtschaft haben zur Folge, dass mehr über die richtigen Wege gestritten wird als über die Ziele an sich.

Tipp: Nach der Erarbeitung könnt ihr gemeinsam eine Mindmap zu Zielen, Zielkonflikten, Akteuren und Handlungsfeldern gestalten und mit deren Hilfe eure Arbeitsergebnisse präsentieren.

* Zum Begriff Lobbyismus findest du weitere Informationen im Glossar.

2 Wie hilft die Politik der Wirtschaft am besten?

Angebots- und nachfrageorientierte Wirtschaftspolitik in Wirkungsketten darstellen

A Was würdest du als Politiker tun?

Stelle dir vor: Du bist eine Politikerin, ein Politiker in einer verantwortlichen Position und hast dir – zusammen mit deiner Partei – das Ziel gesetzt, die Wirtschaftskraft im Land zu stärken. Du hast zwei Gruppen von Wirtschaftswissenschaftlern eingeladen, die dich und deine Kolleginnen und Kollegen im Vorfeld der Entscheidungen beraten sollen. In einer gemeinsamen Sitzung ergreifen die Sprecher beider Gruppen das Wort.

Sprecher 1:

Wir raten Ihnen zu einer angebotsorientierten Wirtschaftspolitik! Stärken Sie die Unternehmen im Land, also die Angebotsseite. Fördern Sie die Gründung neuer Unternehmen. Machen Sie jungen Leuten Mut, den Schritt in die Selbstständigkeit zu wagen. Wenn sie für unternehmerfreundliche Rahmenbedingungen sorgen, wird die wirtschaftliche Leistung in unserem Land stetig zunehmen. Davon profitieren letztlich alle. Wirtschaftlich erfolgreiche Unternehmen schaffen Arbeitsplätze, zahlen Löhne und sorgen für ein kauffreudiges Konsumklima. Machen Sie unser Land als Wirtschaftsstandort attraktiv. Bringen Sie die Digitalisierung der Wirtschaft voran. Politik muss für wirtschaftsfreundliche Rahmenbedingungen sorgen.

Mit einer angebotsorientierten Wirtschaftspolitik schaffen Sie Wachstum und wirtschaftlichen Erfolg!

Sprecher 2:

Wir raten Ihnen zu einer nachfrageorientierten Wirtschaftspolitik! Stärken Sie die gesamtwirtschaftliche Nachfrage. Verbessern Sie die finanziellen Verhältnisse für die Erwerbstätigen und die sozialen Leistungen für Familien und besonders für die vielen Alleinerziehenden. Legen Sie Mindestlöhne für alle Wirtschaftsbereiche fest, die den Menschen eine aktive Teilnahme am Wirtschaftsleben ermöglichen. Mit solchen Maßnahmen werden Sie dafür sorgen, dass die Menschen mehr Geld zur Verfügung haben. So kann mehr gekauft werden. Wenn die Nachfrage steigt, stärkt das auch die Unternehmen und alle können zufrieden sein. Der Staat muss zwar zunächst Geld investieren. Er bekommt es aber wieder zurück, weil Menschen, die eine gut bezahlte Arbeit haben, auch wieder für sprudelnde Steuereinnahmen sorgen.

Mit einer nachfrageorientierten Wirtschaftspolitik erzeugen Sie Wachstum und wirtschaftlichen Erfolg!

Nach dem Vortrag der beiden Sprecher melden sich drei deiner politischen Freunde mit folgenden Beiträgen zu Wort:

„Am überzeugendsten finde ich die Nachfragetheorie. Mehr Kaufkraft = mehr Wachstum!“

„Mich überzeugen irgendwie beide. Wie wäre es, wenn wir eine Kombination hinkriegen?“

„Mich überzeugt der Vertreter der Angebotstheorie. Starke Unternehmen = starke Wirtschaft!“

1. Nun bist du an der Reihe: Welche Position überzeugt dich: die erste, die zweite oder beide oder keine? Alle anderen Politikerinnen und Politiker erwarten deine Stellungnahme und möchten mit dir diskutieren.

Eine Wirkungskette erstellen

Thema: Wirtschaftspolitik

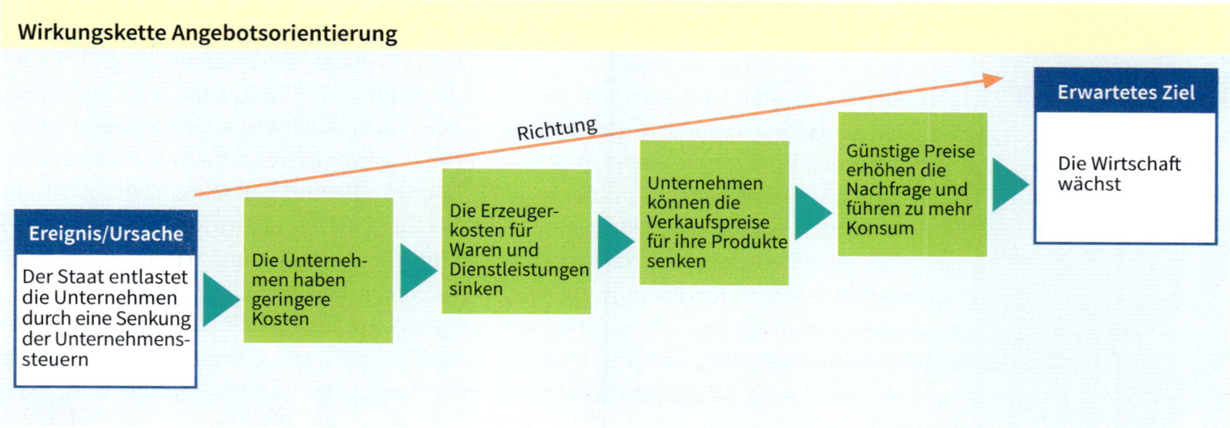

Worum geht es?

In der Wirtschaft verhält es sich oft so, dass ein Ereignis viele Folgen nach sich zieht. Senkt zum Beispiel der Staat die Lohnsteuer, bleibt den Arbeitnehmern mehr Netto vom Brutto, können sie mehr Geld ausgeben, steigt die Nachfrage usw.

Weil das so ist, lassen sich wirtschaftliche Prozesse in einer Wirkungskette darstellen.

Man kann damit die Folgen eines vergangenen Ereignisses rekonstruieren und weiß dann, warum ein Ergebnis zustande gekommen ist. Politiker können zum Beispiel mit einer Wirkungskette nachweisen, warum ein Abbau der Arbeitslosigkeit genau auf die Maßnahme zurückzuführen ist, die sie vor längerer Zeit getroffen haben.

Man kann sie auch benutzen, um eine erwartete Zukunft zu prognostizieren. Das tun zum Beispiel die beiden Sprecher im Beispiel über Angebots- und Nachfrageorientierung.

Wirkungsketten helfen uns, Ursachen, Folgen und Ergebnisse von Prozessen klar zu unterscheiden.

Wie macht man das?

Auf dieser Seite siehst du eine Wirkungskette, mit der der Vertreter der Angebotstheorie seinen Vortrag unterstützen kann. Will man eine zweite Wirkungskette zur Nachfragetheorie erstellen, muss man zunächst einen Ausgangspunkt bestimmen.

1. Du bestimmst das ursächliche Ereignis.

Der Staat befreit Geringverdiener von der Lohnsteuer.

In einem zweiten Schritt klärst du das erwartete Ziel. Zugleich legst du die Richtung fest, wie das Ziel erreicht werden soll.

2. Du definierst das erwartete Ergebnis.

Die Wirtschaft wächst.

3. Du beschreibst die Wirkungsweise des Ereignisses Phase für Phase.

Der dritte Schritt ist der wichtigste und zugleich der schwierigste. Du fügst nun ein Glied der Kette an das andere. Dazu zählst du Schritt für Schritt die Folgen auf, die nun eintreten werden und zum Ergebnis führen.

Was muss man beachten?

Wirtschaftsprozesse ließen sich treffsicher voraussagen, wenn die Folgen immer so einträten, wie man das in seiner Wirkungskette prognostiziert hat. Das ist aber leider nicht der Fall. Es gibt zwar zwingende Wirkungen, zum Beispiel haben Arbeitnehmer mehr Geld zur Verfügung, wenn ihre Steuerbelastung sinkt. Ob sie dieses Mehr an Geld dann tatsächlich auch verwenden, um mehr zu konsumieren und die Wirtschaft anzukurbeln, ist möglich, aber keineswegs garantiert. Sie können es sparen oder auf Auslandsreisen der heimischen Wirtschaft entziehen.

Man muss unterscheiden zwischen zwingenden und möglichen Wirkungen und man muss immer in Betracht ziehen, dass ein Ereignis möglicherweise auch zum Gegenteil dessen führen kann, was man sich davon erhofft hat.

B Angebots- und Nachfrageorientierung: Chancen und Risiken

In der Wirtschaftspolitik unterscheidet man zwischen einer nachfrageorientierten und einer angebotsorientierten Vorgehensweise. Bei der Nachfrageorientierung setzt die Politik beim Konsumenten an mit dem Ziel, die Einkommenssituation zu verbessern – zum Beispiel durch Steuersenkungen. In der angebotsorientierten Wirtschaftspolitik nimmt er sich vor, die Unternehmen zu stärken, zum Beispiel indem er für Neugründungen von Unternehmen Hilfen anbietet und günstige Voraussetzungen schafft. Für beide Möglichkeiten wird hier jeweils ein Beispiel vorgestellt. Ihr könnt sie anhand von Wirkungsketten untersuchen, vergleichen und bewerten.

Beispiel 1: Nachfragesteigerung durch Kindergelderhöhungen

Das Kindergeld ist eine bundesweit garantierte staatliche Leistung, die in Deutschland eine lange Tradition hat. Seit 1975 zahlt der Staat es an Eltern bereits ab der Geburt des ersten Kindes aus. Seit seiner Einführung wurde es in mehreren Schritten erhöht. Zu Beginn des Jahres 2018 betrug es 194 Euro für das erste und zweite Kind, 200 Euro für das dritte und 225 Euro für jedes weitere Kind. Das Kindergeld sorgt dafür, dass Eltern mehr Geld zur Verfügung steht, dass sie mehr ausgeben können und somit die Nachfrage stärken. Zusätzlich zur Förderung der Familien besteht das Ziel darin, Wirtschaftswachstum zu erzielen. Eine Kindergelderhöhung ist ein Beispiel für eine nachfrageorientierte Politik.

Wirkungskette zur Kindergelderhöhung

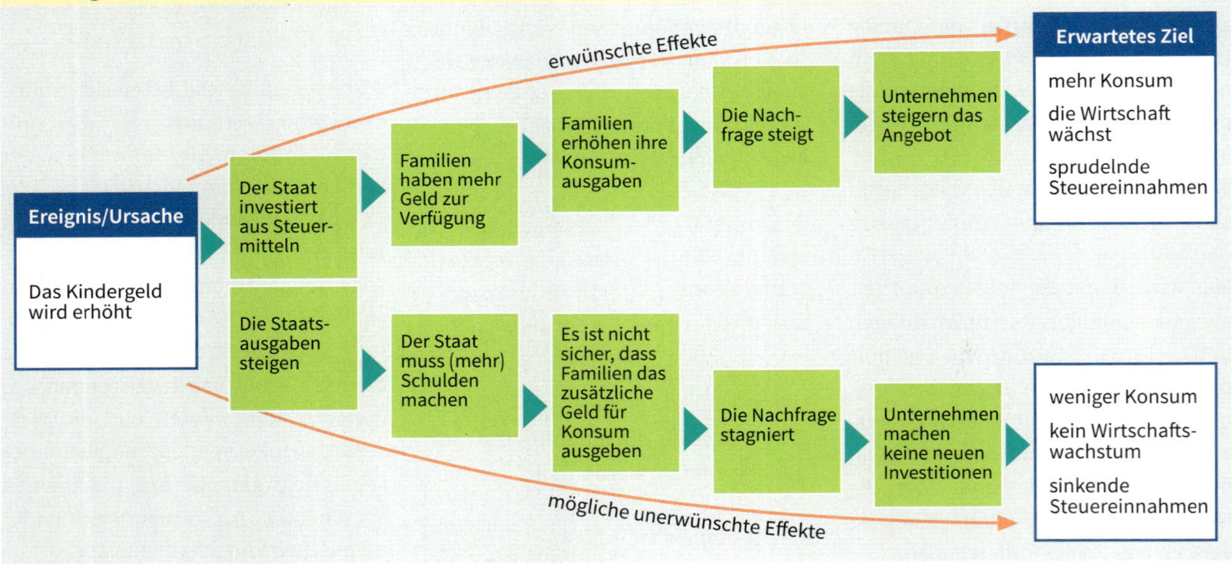

1. Erkläre den grundlegenden Unterschied zwischen einer angebotsorientierten und einer nachfrageorientierten Wirtschaftspolitik.
2. Warum kann eine Kindergelderhöhung auch zu unerwünschten Effekten führen? Erläutere die Zusammenhänge anhand der Wirkungskette.
3. Wie würdest in der Rolle einer verantwortlichen Politikerin oder eines Politikers aktuell über eine weitere Erhöhung des Kindergeldes vor dem Hintergrund dieser Wirkungskette entscheiden? Trefft eure Entscheidungen. Begründet sie und diskutiert miteinander.

Beispiel 2: Angebotsorientierte Wirtschaftspolitik im Bundesland Baden-Württemberg

Auch die Landesregierungen in den 16 Bundesländern machen Wirtschaftspolitik. Sie haben nur wenig Spielraum für eine nachfrageorientierte Politik. Ihnen geht es vornehmlich darum, günstige Rahmenbedingungen für das Land als Wirtschaftsstandort zu schaffen. Sie setzen innerhalb ihrer Zuständigkeiten auf eine angebotsorientierte Wirtschaftspolitik.

Das Land Baden-Württemberg stellt seine Wirtschaftspolitik unter das Motto: „Starke Menschen – starke Wirtschaft“. Damit soll deutlich werden, dass eine starke Wirtschaft dem Wohl aller Wirtschaftsbürger dient, egal, ob in der Rolle von Unternehmern oder Arbeitnehmern.

Industriegebiet Zuffenhausen in Stuttgart: Günstige Rahmenbedingung für Wirtschaftsstandorte schaffen

Ziel und Maßnahme

Baden-Württemberg sieht einen seiner wirtschaftpolitischen Schwerpunkte in der finanziellen Unterstützung kleiner und mittlerer Unternehmen und der Förderung von Unternehmensgründungen. Mit sogenannten Innovationsgutscheinen können diese finanzielle Hilfen und Beratungen beantragen für die Planung und Entwicklung innovativer Produkte. Zwischen 2007 und 2014 stellte das Land dafür 9 Millionen Euro zur Verfügung. 70 Millionen Euro wurden in die Wirtschaftsforschung und die Kooperation von Unternehmen investiert.

Die Maßnahmen haben das Ziel, bis über das Jahr 2025 hinaus Vollbeschäftigung zu sichern und das Wirtschaftswachstum im Land zu fördern.

In einer Broschüre des Ministeriums für Wirtschaft und Finanzen heißt es dazu: „Die industrielle Stärke des Landes ist auch den guten Rahmenbedingungen für Industrieunternehmen in Baden-Württemberg zuzuschreiben. [...] Auch 2025 wird Baden-Württemberg eine Industrieregion von Weltrang mit guten Arbeitsplätzen sein, die ihren Anteil der Industrie an der Wertschöpfung sogar weiter ausgebaut hat.“

(Aus: Ministerium für Finanzen und Wirtschaft Baden-Württemberg (Hg.): Gemeinsam in die Zukunft – Industrieland Baden-Württemberg! Industrieperspektive Baden-Württemberg 2025, erschienen 2015, S. 4 – alle Zahlenangaben in diesem Text ebenda)

Die Wirkungskette

Chancen: Die Wirtschaftspolitik soll die Unternehmen im Land stark und zukunftssicher machen. Wenn das erreicht wird, entstehen in den Betrieben neue Arbeitsplätze. Wenn aus Arbeitslosen wieder Arbeitnehmer werden, spart der Staat die Kosten für das Arbeitslosengeld. Menschen in Arbeit und starke Unternehmen zahlen Steuern. Die Ziele Vollbeschäftigung und Wirtschaftswachstum werden erreicht.

Risiken bestehen darin, dass eine Landesregierung nicht sicher sein kann, ob es im geplanten Maßstab zu neuen Betriebsgründungen kommt und ob die alten nicht auf Standorte außerhalb des Landes ausweichen. Zudem beachtet die angebotsorientierte Wirtschaftspolitik zunächst nicht die Nachfrage. Die Stärkung des Angebots bedeutet nicht automatisch, dass die Nachfrage nach Wirtschaftsgütern steigt.

1. Beschreibe Maßnahmen und Ziele der Landespolitik.
2. Stelle die Informationen im Text in einer Wirkungskette dar, die neben den erwünschten Effekten auch die möglichen Risiken zeigt, und stelle sie vor. (Das geht auch zu zweit.)
3. Hältst du es für sinnvoll, dass die Landespolitik die Rahmenbedingungen für Unternehmen bessert, oder überwiegen für dich die Risiken? Formuliere deine Stellungnahme und stelle sie vor.

3 Welche Art von Wirtschaftswachstum können wir uns noch leisten?

Quantitatives, qualitatives und inklusives Wachstum unterscheiden

A Wirtschaftswachstum als Chance und Problem

Gerhard Mester

Die Politiker streben nach einem stetig ansteigenden Wirtschaftswachstum, weil das Arbeitsplätze schafft, den Wohlstand mehrt und die Wählerinnen und Wähler zufrieden stellt. Wirtschaftswachstum gilt als Schlüssel zur Lösung vieler Probleme. Was aber ist der Preis für das Wachstumsstreben? Ökonomisches Handeln hat immer Auswirkungen auf das Ökosystem*. Das gilt für die Gewinnung von Rohstoffen wie für jede Art wirtschaftlicher Produktion. Ein gewisses Maß an Eingriffen verkraftet das ökologische System. Werden diese immer massiver, sind die Selbstheilungskräfte der Erde überfordert. Es drohen irreparable Schädigungen bis zum Kollaps. Diesen kritischen Zustand hat die Erde nach Ansicht fast aller Wissenschaftler erreicht. Verantwortlich gemacht dafür wird der Lebensstil der Menschen in den Industrieländern mit ihrem Streben nach immer größerem materiellem Wohlstand. Ebenso kritisiert wird eine Wirtschaftspolitik, die ausschließlich auf eine Steigerung des Bruttoinlandsprodukts und auf jährliche Wachstumsraten setzt.

* Zum Begriff Ökologie findest du weitere Informationen im Glossar.

B Braucht die soziale Marktwirtschaft Wachstum?

Dazu lesen wir in einer Information des Bundesministeriums für Wirtschaft und Energie:

Man könnte ja durchaus fragen: Warum brauchen wir noch weiteres Wirtschaftswachstum, wenn wir doch schon ein hohes Wohlstandsniveau erreicht haben? Tatsächlich lässt sich aber der jetzige Zustand nicht einfach „einfrieren". So führt zum Beispiel die zunehmende Automatisierung der Industrie dazu, dass immer mehr von immer weniger Menschen produziert wird – die Produktivität steigt. Gleichzeitig gehen dadurch aber auch Arbeitsplätze verloren. Wir brauchen Wirtschaftswachstum, damit diese Arbeitsplätze an anderer Stelle neu entstehen. […] Schließlich schafft Wirtschaftswachstum finanzielle Spielräume für Investitionen in Bildung, Kultur und soziale Projekte.

(Aus: Soziale Marktwirtschaft, Zeitbild, Jahrgang 57, hg. vom Bundesministerium für Wirtschaft und Energie 2015, S. 3)

C Drei Vorstellungen von Wirtschaftswachstum

Das „Gesetz zur Förderung der Stabilität und des Wachstums in der Wirtschaft" verpflichtet die Bundesregierung zu einer Politik, die ein *angemessenes Wirtschaftswachstum* zum Ziel hat. Dieses Gesetz stammt aus dem Jahr 1967. Damals galt die Vorstellung, die Wirtschaft müsse quantitativ wachsen. Heute besteht weitgehend Konsens darin, dass nur ein qualitatives Wirtschaftswachstum als angemessen gilt. Als neue Definition wurde der Begriff des inklusiven Wirtschaftswachstums in die Diskussion eingeführt. Was sind die Unterschiede?

Quantitatives und qualitatives Wachstum

Quantitatives Wirtschaftswachstum zielt auf die rein mengenmäßige Zunahme der gesamtwirtschaftlichen Produktion im Sinne der Zunahme des Bruttoinlandsproduktes. Die jährliche Wachstumsrate wird in einer Prozentzahl ausgedrückt. Beträgt sie zum Beispiel zwei Prozent, bedeutet das, dass der Wert aller im Land produzierten Güter und Dienstleistungen um diesen Wert zugenommen hat.

Qualitatives Wachstum beinhaltet neben der reinen Steigerung der gesamtwirtschaftlichen Produktionsmenge die Schonung der Umwelt und der Lebensqualität der Menschen. Wirtschaftspolitische Entscheidungen sind immer so zu treffen, dass wirtschaftliche Leistungsfähigkeit, Umweltschutz und die Gestaltung sozial verträglicher Lebensverhältnisse eine Einheit bilden. Nachhaltigkeit gilt als Leitbegriff. Die Wirtschaftsweise muss den Bedürfnissen aller Wirtschaftsbürger entsprechen und gleichzeitig die Handlungsspielräume und Lebensgrundlagen zukünftiger Generationen erhalten.

Ein Problem ist, dass die Steigerung der Qualität schwieriger messbar ist als quantitative Steigerungsraten.

Inklusives Wachstum

Dieser Wachstumsbegriff wurde erst in jüngster Zeit in die Diskussion eingebracht. Inklusion bedeutet in diesem Zusammenhang, dass sich das Wachstum in seiner Wirkung nicht auf wenige beschränkt, sondern bei möglichst allen Bevölkerungsschichten ankommt. Inklusives Wachstum drückt sich darin aus, dass mehr Menschen aktiv am Wirtschaftsleben teilnehmen können, dass bestehende Benachteiligungen abgebaut werden, dass es bessere Bildungschancen gibt und dass die globalen Handelsbeziehungen fairer und gerechter als bisher gestaltet werden.

Ein Produktionsunternehmen als Beispiel

Wenn es einem Unternehmen gelingt, vom gleichen Produkt in einem Jahr zum gleichen Preis zehn Prozent mehr zu verkaufen als im Vorjahr, hat sie ein quantitatives Wirtschaftswachstum von 10 Prozent erzielt. Bei diesem Wachstum geht es nur um die Zunahme der verkauften Menge und um die Steigerung des Gewinns.

Keine Rolle spielt, ob die Firma zur Produktions- und Gewinnsteigerung mehr Schadstoffe in die Luft geblasen, mehr Abwässer in den Fluss geleitet und insgesamt zu mehr Umweltzerstörung beigetragen hat.

Um ein qualitatives Wirtschaftswachstum zu erreichen, müssen zwei weitere Voraussetzungen erfüllt sein: (1) Die Firma bringt ein neu entwickeltes Produkt heraus, das ein anderes, umweltschädlicheres Produkt vom Markt verdrängt. (2) Das neue Produkt wird aufgrund einer Modernisierung der Produktion umweltentlastender erzeugt, als es jemals zuvor der Fall war. Beim qualitativen Wachstum verbessern sich nicht nur die Qualität des Produkts, sondern auch die der Umwelt und die der Arbeitsbedingungen.

@ SNG-23610-015

Zum inklusiven Wachstum findest du hier einen 10-Punkte-Plan, der im Jahr 2017 von der damaligen Bundesregierung aus CDU und SPD vorgelegt wurde.

1. Beschreibe die im Material A genannten Chancen und Probleme wirtschaftlichen Wachstums.
2. Mit welchem Argument wird in der Stellungnahme des Bundesministeriums für Wirtschaft und Energie die Notwendigkeit des Wachstums begründet? Erkläre es.
3. Worin bestehen die Unterschiede zwischen den drei genannten Wachstumsbegriffen? Erläutere sie und benutze dazu auch das Beispiel einer Firma.
4. Welche Zusammenhänge entdeckst du zwischen den Aussagen der beiden Karikaturen und den Aussagen in den Texten auf dieser Seite? Stelle deine Deutung vor.

Was auch noch interessant sein kann:

- Öko-Tipps für die Klasse zusammenstellen – Im Internet findet man dazu viele Vorschläge. Geeignete Adressen sind: www.umweltbundesamt.de; www.das-macht-schule.net; www.wwf.de; www.umweltschutz-tipps.de.

4 Was kann Wirtschaftspolitik gegen drohende Krisen unternehmen?

Konjunkturelle Phasen vergleichen und Handlungsmöglichkeiten prüfen

A Eine Einstiegsübung zum Thema gute Jahre, schlechte Jahre

Stelle dir folgende Situation vor: Du bist Besitzerin oder Besitzer eines landwirtschaftlichen Betriebes. Du baust Spargel, Erdbeeren und Getreide an. Manchmal gibt es sehr gute Jahre, manchmal aber – zu deinem Bedauern – auch eher schlechte.

- Welche Gründe kann es dafür geben, dass der wirtschaftliche Erfolg deines Betriebes immer wieder Schwankungen unterliegt?

Überlege mögliche Gründe und stelle sie vor. (Das geht gut zu zweit.)

B Der Fall: Deutschlands Wirtschaft vor dem Absturz?

Wie in einem einzelnen Betrieb gibt es auch im gesamten wirtschaftlichen Geschehen ein ständiges Auf und Ab. Einer der schwersten Abschwünge drohte der Wirtschaft in Deutschland im Jahr 2009.

Auslöser war eine Krise der Banken, die von den USA ausging und dann auch Europa und Deutschland erfasste. Die Banken hatten sich in der Hoffnung auf hohe Gewinne auf unsichere Geschäfte eingelassen und dabei hohe Verluste eingefahren. „Verspielt" eine Bank ihre Geldeinlagen, kann sie ihren Kunden weder deren Sparguthaben zurückzahlen, noch Geld an Unternehmen verleihen, welches diese für Investitionen benötigen.

Die Mitgliedstaaten der Europäischen Union sahen sich gezwungen, die Banken zu retten, indem sie ihnen gewaltige Summen an Geld zur Verfügung stellten. Nun nahm auch noch die Staatsverschuldung zu.

Für die Politiker zeigte der Blick auf die wirtschaftliche Lage folgende Problematik: Es drohte ein Einbruch der Nachfrage. Unternehmen würden auf notwendige Investitionen verzichten und weniger produzieren. Die Steuern würden einbrechen, sodass der Staat handlungsunfähig werden könnte. In Deutschland entschloss man sich dazu, nicht zu sparen, sondern zu investieren.

Zwischen 2008 und 2009 verabschiedete die Bundesregierung aus CDU, CSU und SPD mit Zustimmung des Parlaments das größte Programm zur Ankurbelung der Konjunktur seit dem Bestehen der Bundesrepublik Deutschland. Die beiden Programme erhielten die Namen Konjunkturpaket I und II und hatten die Aufgabe, die drohende Krise abzuwenden.

Familien erhielten pro Kind einen einmaligen Familienbonus von 100 Euro. Die Lohnsteuer wurde gesenkt. Arbeitslose erhielten höhere staatliche Unterstützungsleistungen. Wer sich zum Kauf eines neuen Autos entschloss, erhielt für sein umweltschädlicheres Altauto eine sogenannte „Umweltprämie" in Höhe von 2500 Euro. 17,5 Milliarden aus Steuergeldern investierte der Staat in den Bau und die Instandsetzung von Straßen, Brücken, Schienen. Insgesamt investierte die Politik über 50 Milliarden Euro, um den drohenden Absturz der Wirtschaft zu verhindern und die Konjunktur aus dem Tal herauszuführen.

1. Beschreibe, was der Auslöser für die Krise war und wie sich die Problematik aus der Sicht der Politik darstellte.
2. Nenne die unterschiedlichen Maßnahmen in den Konjunkturpaketen I und II und deute die Auswirkungen auf die wirtschaftliche Lage, die man sich davon seitens der Politik erhoffte.
3. Erkläre jemandem das Foto aus dem Jahr 2009, der die Zusammenhänge nicht kennt.

Was auch noch interessant sein kann:

- Ziel und erwünschte Effekte der Konjunkturprogramme I und II in einer Wirkungskette darstellen

GRUNDWISSEN

C Konjunktur

Mal gut, mal weniger gut

Der Begriff *Konjunktur* wird zur Kennzeichnung der aktuellen wirtschaftlichen Lage im Staat verwendet. Darin steckt das lateinische Verb *conjungere* (= zusammenfügen). Die jeweils aktuelle konjunkturelle Lage fügt sich aus mehreren Bausteinen zusammen. Sie ist ein Dauerthema für Politiker, Unternehmer und Konsumenten. Zum Wesen der Konjunktur gehört, dass sie Schwankungen unterliegt. Diese erkennt man, wenn man den Konjunkturverlauf über mehrere Jahre hinweg in einer Kurve darstellt. In der Regel zeigt sich ein wellenartiger Verlauf mit Auf- und Abwärtsbewegungen. Der Hauptgrund für die Schwankungen liegt darin, dass die Gesamtheit des wirtschaftlichen Geschehens sich aus vielen Millionen Einzelentscheidungen zusammensetzt, die natürlich immer wieder anders ausfallen können.

1. Definiere die Begriffe Konjunktur und Konjunkturzyklus.
2. Beschreibe die vier Phasen in einem typischen Konjunkturverlauf inklusive der sie kennzeichnenden Indikatoren.
3. Welche Phasen, gemessen am Bruttoinlandsprodukt, zwischen 2000 und 2016 kannst du der Grafik entnehmen?
4. Welche politischen Maßnahmen zur Ankurbelung der Konjunktur könntest du mit deinem aktuellen Kenntnisstand den Politikern und Parteien empfehlen? (Überlegt auch gemeinsam.)

Die Konjunktur in Deutschland von 2000 bis 2016

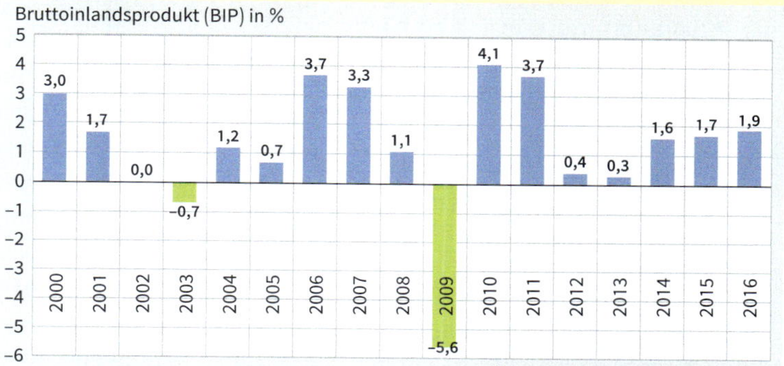

Datenquelle: © Statistisches Bundesamt (Destatis), 2017
„Vervielfältigung und Verbreitung, auch auszugsweise, mit Quellenangabe gestattet“

Phasen und Zyklen

Ökonomen konnten durch die Beobachtung konjunktureller Verläufe feststellen, dass in den Wellenbewegungen eine gewisse Regelmäßigkeit zu erkennen ist. Beständige Wiederholungen bilden einen Zyklus. Der *Konjunkturzyklus* besteht modellhaft aus vier Konjunkturphasen. Jede der vier Phasen lässt sich anhand mehrerer Merkmale (= Indikatoren) beschreiben.

In der Phase des Aufschwungs (= Expansion) geht es der Wirtschaft zunehmend besser. Die Merkmale sind Wirtschaftswachstum, zunehmende Nachfrage, steigende Gewinne der Unternehmen, sinkende Arbeitslosigkeit. Es folgt die Boomphase, in der die Wirtschaft voll ausgelastet ist. Ansteigende Preise und steigende Inflationsraten deuten allerdings an, dass die Phase der Hochkonjunktur eine vorübergehende Erscheinung ist. Steigende Preise führen bekanntlich zu einer sinkenden Nachfrage und zu sinkender Produktion. Und so folgt auf die Boomphase eine Phase des Abschwungs, die auch als Rezession bezeichnet wird (lat. recessio = das Zurückgehen).

Die vierte Phase wäre eine Depression. Das ist ein gesamtwirtschaftlicher Tiefpunkt, der durch hohe Arbeitslosigkeit, geringe Nachfrage und Produktion und dramatisch sinkende Steuereinnahmen gekennzeichnet ist.

Aufgabe der Konjunkturpolitik

Die Aufgabe der Konjunkturpolitik besteht darin, ausgleichend auf größere Schwankungen im Konjunkturverlauf einzuwirken und drohende Rezessionen abzufedern. Dazu steht ein Bündel von Maßnahmen zur Verfügung, an dem fast alle Politikbereiche beteiligt sein können. Die Politik des Gegensteuerns gegen eine Rezession oder gar Depression wird als *antizyklische Konjunkturpolitik* bezeichnet. *Prozyklisch* handelt eine Regierung, wenn sie einem sanften Aufschwung noch mehr Kraft verleihen will.

D Welche Folgen hat das Auf und Ab der Konjunktur für Verbraucher,

Für die Bearbeitung dieser Doppelseite wird Gruppenarbeit zu viert empfohlen. Jedes Gruppenmitglied betrachtet die Folgen in besonderer Weise aus der Perspektive einer der beteiligten Akteure. Gemeinsam können dann die möglichen positiven und negativen Auswirkungen diskutiert werden. Zu beachten: Bei den Angaben handelt es sich um mögliche, nicht um sicher eintretende Folgen.

Verbraucher:
- Konsumausgaben werden eingeschränkt
- legt Ersparnisse möglichst wertbeständig an (Immobilien, Gold)
- Aktienkäufe können jetzt lohnend sein

Arbeitnehmer (Auszubildende):
- Sorge um den Arbeitsplatz nimmt zu
- kaum Hoffnung auf Lohnsteigerungen
- Kredite und andere Schulden können nicht mehr getilgt werden
- Ausbildungsplätze werden knapp
- geringe Chancen auf Festanstellungen nach Ausbildungsabschluss

Unternehmer:
- schlechte Auftragslage
- Geld für Investitionen fehlt
- Aktienkurse sinken
- Firmenpleiten nehmen zu
- Betriebsverkleinerungen, Entlassungen
- Chancen für Angebote von Billigprodukten

Politiker:
- Chancen für eine Wiederwahl sinken rapide
- sinkende Steuereinnahmen, ansteigende Staatsverschuldung
- Parteienstreit über Wege aus der Krise
- Diskussion über angebots- oder nachfrageorientierte Maßnahmen
- und über die Wirksamkeit weiterer konjunkturpolitischer Maßnahmen

Verbraucher:
- Kauflust steigt wieder
- Sparguthaben werden aufgelöst
- zurückgestellte Wünsche werden jetzt verwirklicht
- neue Produkte am Markt verführen zum Kauf
- Bereitschaft zum Schuldenmachen nimmt zu

Arbeitnehmer (Auszubildende):
- das Ausbildungsplatzangebot steigt langsam an
- ebenso die Zahl offener Stellen
- Arbeitslosigkeit geht zurück
- zeitlich verzögert sind Lohnsteigerungen möglich

Unternehmer:
- Auftragseingänge nehmen zu
- aufgeschobene Investitionen werden nachgeholt
- Aktienkurse steigen langsam an
- Bereitschaft für Unternehmensgründungen steigt
- verschärfter Wettbewerb produziert Gewinner und Verlierer
- Preise ziehen an

Politiker:
- Chancen für eine Wiederwahl steigen
- Regierung sieht den Aufschwung als Folge ihrer Politik
- Steuereinnahmen nehmen verzögert zu
- der Spielraum für wirtschaftspolitische Maßnahmen wird größer (sowohl angebots- als auch nachfrageorientiert)

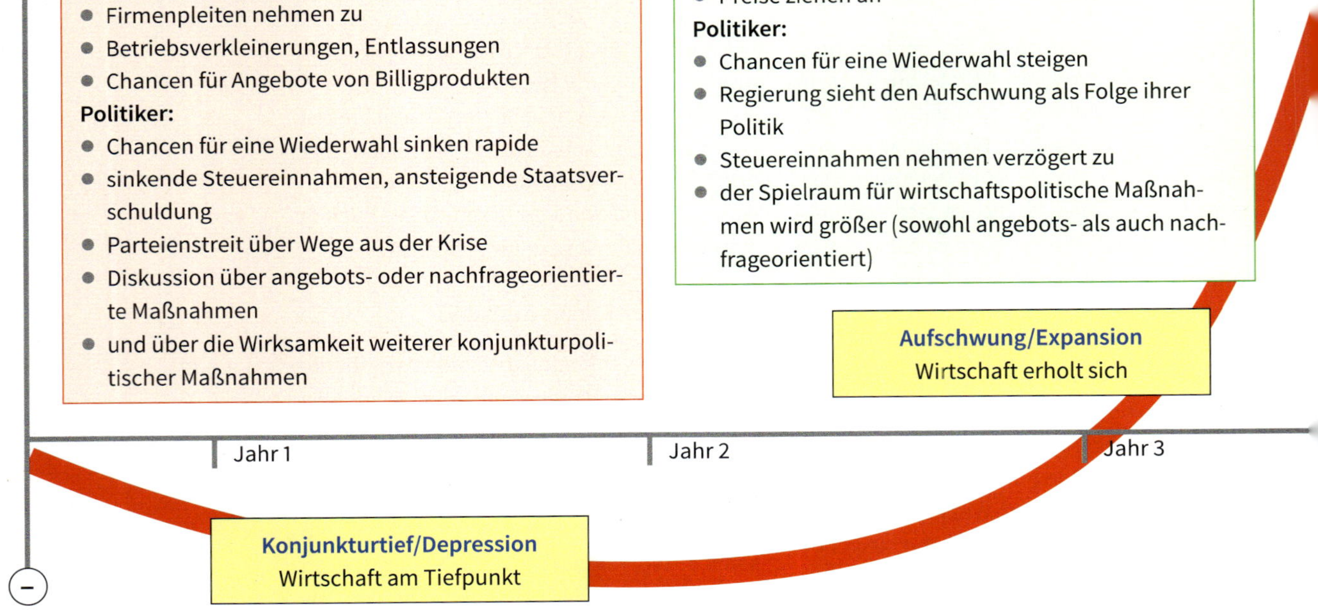

1. Entscheide dich für einen der Akteure und benenne die positiven und negativen Folgen der konjunkturellen Lage in den vier Phasen.

2. Stellt euch gegenseitig Auswirkungen des Konjunkturzyklus auf die Situation der Beteiligten vor.

Arbeitnehmer, Unternehmer und für die Politik?

Hochkonjunktur (Boom)
„Wirtschaftsmotor brummt"
Bester Zustand

Abschwung (Rezession)
Abklingen der Nachfrage

Verbraucher:
- kauffreudiges Konsumklima
- Nachfrage wächst schneller als das Angebot
- Kritik an ständig steigenden Preisen
- Inflation (Teuerungsrate) nimmt zu
- Tendenz zur wachsenden sozialen Ungleichheit

Arbeitnehmer (Auszubildende):
- hohe Arbeitsplatzsicherheit
- Ausbildungsplatzangebot übersteigt die Nachfrage
- Vollbeschäftigung liegt im Bereich des Möglichen
- gute Chancen für Lohnerhöhungen

Unternehmer:
- volle Auslastung der Produktion
- Angebotsmenge ist geringer als die Nachfrage
- Preise steigen
- Möglichkeit der Auslagerung von Betrieben in Niedriglohnländer

Politiker:
- steigende Steuereinnahmen
- Chance zum Abbau von Staatsschulden
- Gefahr für das Ziel Geldwertstabilität
- Chance zur Vorsorge für schlechtere Zeiten und Zukunftssicherung
- vermehrte Investitionen in Bildung Umweltschutz Armutsbekämpfung
- Wirtschaftspolitik kann Maßnahmen zur Dämpfung der Nachfrage erwägen (zum Beispiel durch Steuerhöhungen und Leistungskürzungen)

Verbraucher:
- Konsumwünsche sind weitgehend befriedigt
- hohes Preisniveau führt zu nachlassender Nachfrage
- Aktien werden mit Kursverlusten verkauft

Arbeitnehmer (Auszubildende):
- Optimismus weicht einer neuerlichen Verunsicherung
- Zahl der offenen Stellen geht zurück
- Angebot an Ausbildungsplätzen wird geringer
- Löhne steigen nicht mehr an

Unternehmer:
- Auftragseingänge gehen zurück
- Investitionstätigkeit nimmt ab
- Ausbildungsbereitschaft der Betriebe sinkt
- Aktien verlieren an Wert
- sinkende Preise schmälern die Gewinne

Politiker:
- Zielsetzungen für das Wirtschaftswachstum und Vollbeschäftigung werden verfehlt
- Regierung kann dagegensteuern mit antizyklischer Wirtschaftspolitik
- Staat kann investieren, Aufträge vergeben Unternehmen entlasten, um das Abgleiten in eine Depression zu verhindern
- Nachfrage kann durch Steuersenkungen gefördert werden
- Schuldenabbau wird gebremst, Gefahr weiterer Staatsverschuldung,
- staatliche Maßnahmen sollen die Abwärtsbewegung frühzeitig abbremsen und umkehren

Zeit

Jahr 4 | Jahr 5 | Jahr 6

3. Überlegt in der Gruppe, wie sich die Stimmungslage der unterschiedlichen Akteure im Verlauf eines solchen Konjunkturzyklus verändert.

4. Welche wirtschaftspolitischen Maßnahmen würdet ihr den verantwortlichen Politikerinnen und Politikern empfehlen, um eine Rezession umzukehren und eine wirtschaftliche Depression gänzlich zu vermeiden? Sammelt dazu Vorschläge und stellt sie in der Klasse zur Diskussion.

Was auch noch interessant sein kann:
- Befragungen durchführen: Suche dir eine oder zwei erwachsene Personen aus und befrage sie nach ihrer Einschätzung der aktuellen konjunkturellen Lage und wie sie selbst ihre Situation darin sehen.

E Wie kann der Niedergang der Konjunktur in Montego überwunden werden?

Wir entwickeln Lösungsvorschläge in der Rolle einer Regierungskommission

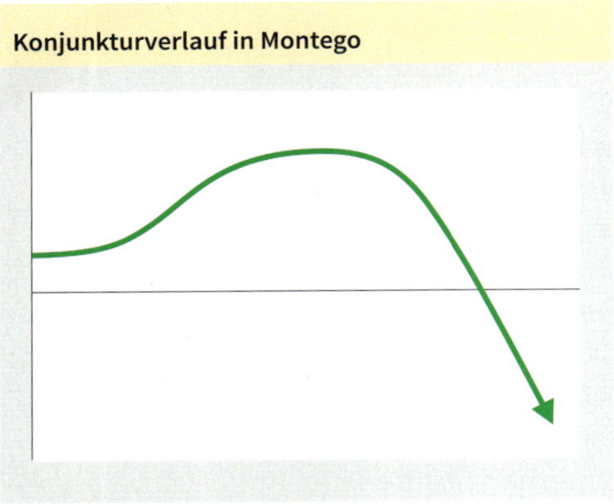

Konjunkturverlauf in Montego

Montego ist ein erfundener Staat. Stellt ihn euch wie ein europäisches Land vor mit Demokratie und sozialer Marktwirtschaft.
Seine Wirtschaftsprobleme sind ganz realer Natur. Montegos Wirtschaft befindet sich in einer Talfahrt in eine immer tiefere konjunkturelle Depression. Ihr sollt überlegen, was getan werden muss, um Montego aus der Krise herauszuführen. Stellt euch dazu vor, ihr seid Mitglieder von Kommissionen, die von der neu gewählten Regierung im Land den Auftrag erhalten haben, möglichst gute Problemlösungsvorschläge zu erarbeiten. Die Klasse besteht aus mehreren Kommissionen. Die überzeugendsten Vorschläge wird die Regierung von Montego dem Parlament zur Abstimmung stellen.
Bei der Suche nach Lösungen solltet ihr kreativ und mutig sein. Risikobereitschaft gehört immer zur Lösung von Zukunftsproblemen. So ist es im Spiel, aber auch in der Wirklichkeit.

Der Fall: Die aktuelle Lage

Montego ist ein Inselstaat mit circa 10 Millionen Einwohnern. Das Land verfügt über Bodenschätze, fruchtbare Böden und milde klimatische Bedingungen. Die Hauptstadt Moncavri besitzt einen Seehafen, der früher einmal sehr bedeutend für den Im- und Export von Gütern war. Mittlerweile werden kaum noch Güter exportiert.
Montego war einmal weltweit führend in der Herstellung landwirtschaftlicher Maschinen. Mittlerweile sind die Industrieanlagen veraltet und die hergestellten Maschinen auf dem Weltmarkt nicht mehr konkurrenzfähig. Man hat sich offensichtlich zu lange auf den Erfolg verlassen und der Staat hat nur wenig in Forschung und Innovation investiert. Der Prozess der Digitalisierung wurde bisher völlig ignoriert. Es gibt kaum leistungsfähige Computer in der Arbeitswelt und der staatlichen Verwaltung. Das Internet funktioniert im Inselstaat mehr schlecht als recht.
Viele traditionsreiche Unternehmen mussten ihre Pforten schließen und die stetig ansteigende Arbeitslosenquote hat ein erschreckendes Ausmaß erreicht. Die sich daraus ergebenden Einkommensverluste in zahlreichen Familien haben zu einem Einbruch der Nachfrage nach heimischen Produkten geführt. Das hängt auch damit zusammen, dass der Staat Familien mit Kindern bisher nur in geringem Maße finanziell unterstützt.
Es gibt immer weniger Unternehmensgründungen. Junge Unternehmerinnen und Unternehmer mit innovativen Firmenkonzepten schrecken vor einer unüberschaubar großen Zahl unnötiger Vorschriften zurück.

Ausländische Unternehmen würden zwar gerne in Montego investieren, Firmen gründen und Arbeitsplätze schaffen. Es dauert ihnen aber zu lange, bis alle staatlichen Stellen die erforderlichen Genehmigungen erteilen.
Auch die Steuereinnahmen gehen Jahr für Jahr zurück. Montego kann seine Staatsausgaben zu einem großen Teil nur noch über Kredite finanzieren und so hat sich eine gewaltige Last von Staatsschulden aufgetürmt, welche die Höhe der jährlichen Steuereinnahmen übertrifft. Wohlhabenden Bürgern gelingt es häufig, sich ihrer Steuerpflicht zu entziehen – besonders häufig, indem sie ihre Einkünfte gegenüber den Finanzbehörden verschweigen.
In Montego findet bisher keine zukunftsweisende Umweltpolitik statt. Wegen der landschaftlichen Schönheiten zählte der Tourismus bis vor einiger Zeit zu den bedeutenden Wirtschaftssektoren. Seit mehreren Jahren geht die Zahl der Hotelbuchungen zurück. Zunehmend gab es Klagen über verschmutzte Strände, schmutziges Wasser und wilde Müllhalden, die an vielen Stellen auf der Insel die Landschaft verschandeln und das Grundwasser bedrohen. Die Abwässer der Ufergemeinden fließen meist ungeklärt ins Meer, weil es an Kläranlagen fehlt.
Auch fehlt es an staatlichen Investitionen in ein zukunftsweisendes Verkehrssystem. Touristen, die per Schiff oder per Flugzeug ins Land kommen, können die Orte an den Küsten nur per Bus oder Taxi erreichen.
Zur Stromversorgung wird vornehmlich die heimische Kohle in der Gegend um Metallstadt abgebaut und in Kohlekraftwerken verbrannt. Auf der sonnenverwöhnten und windreichen Insel ist bisher kaum etwas von einer notwendigen Energiewende zu hören.
Schließlich die Bildung: Ein Teil der Arbeitslosen ist nicht hinreichend qualifiziert, um den Anforderungen einer modernen Arbeitswelt gerecht zu werden. Das Bildungssystem in Montego gilt als veraltet. Wohlhabende Bürger schicken ihre Kinder häufig in Schulen auf dem Festland.

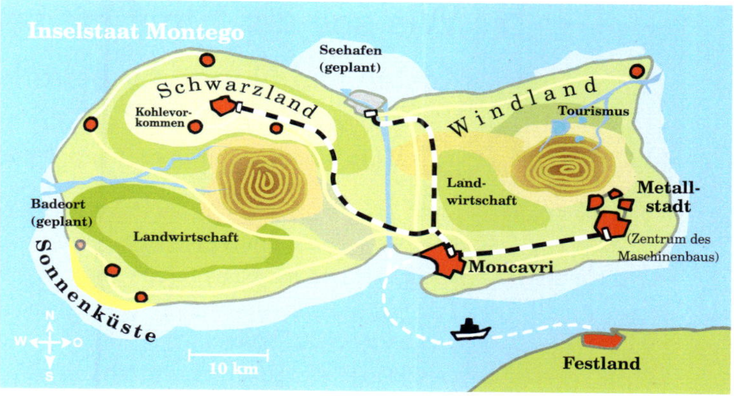

Wirtschaftsdaten in Montego		
Berechnungsjahr	vor 20 Jahren	aktuelles Jahr
Wirtschaftswachstum (Entwicklung des BIP)	+ 3,5 %	– 4 %
Arbeitslosigkeit	2 %	16 %
Anteil der Staatsverschuldung, gemessen am BIP	20 %	130 %
Zahl der Firmenschließungen	1338	15 218
Zahl der Neugründungen	14 260	1600

So könnt ihr in den Gruppen vorgehen:

1. Sammelt möglichst vollständig alle Probleme, die in der Lagebeschreibung deutlich werden.
2. Führt innerhalb eurer Gruppe ein Brainstorming durch. Darin äußern alle Gruppenmitglieder spontan alle Ideen und Vorschläge, die ihnen zur Lösung der Probleme in Montego einfallen. Setzt euch dafür eine bestimmte Zeit (z. B. fünf Minuten). Haltet eure Ideen stichwortartig fest.
3. Ordnet nun eure Vorschlagsliste.
   - Welche Vorschläge habt ihr für eine angebotsorientierte Wirtschaftspolitik, welche die heimischen Unternehmen wieder konkurrenzfähig macht?
   - Welche habt ihr für eine nachfrageorientierte Strategie, welche die Situation der Verbraucher und Arbeitnehmer stärkt?
   - Was können unterschiedliche Politikbereiche (zum Beispiel Bildungs- und Umweltpolitik) in Montego zur wirtschaftlichen Erholung beitragen?
   - Wie kann Montego – langfristig gesehen – seine Steuereinnahmen verbessern und seine Staatsschulden abbauen?
4. Bereitet abschließend eine Ergebnispräsentation vor. Dabei wird es darauf ankommen, Regierung und Parlament von Montego möglichst von der Qualität eurer Problemlösungsvorschläge zu überzeugen.

5 Wie soll der Staat mit seinem Einnahmen umgehen?

Kosten und Nutzen für betroffene Akteure bewerten

A Was wirst du mit dem zusätzlichen Geld machen?

Stelle dir dein Leben in 15 Jahren vor. Vielleicht lebst du mit einer Lebenspartnerin, einem Lebenspartner zusammen in einer Eigentumswohnung oder einem Haus, das ihr gemeinsam gekauft habt und mit einem Kredit finanziert. Da ihr beide ein festes Einkommen habt, können Schulden in Form eines Bankkredites durchaus sinnvoll sein. Die Bauwirtschaft profitiert davon und ohne Kredite könnte sich kaum eine junge Familie Wohnungseigentum leisten. Allerdings verschlingen die monatlichen Raten von mehr als 1 000 Euro bei einer Schuldenlast von 200 000 Euro auf lange Zeit einen erheblichen Teil eures monatlichen Einkommens. Nun erbst du – völlig überraschend – die stolze Summe von 30 000 Euro. Du kannst das Geld verwenden, um dir schöne Dinge zu leisten. Du kannst es aber auch benutzen, um deine Schulden abzubauen.

- Für welche der beiden Möglichkeiten wirst du dich entscheiden? Antworte möglichst spontan. Tauscht euch gemeinsam zu den Vor- und Nachteilen aus.

B Deutschland erzielt Rekordeinnahmen

In der Politik kann es manchmal ähnlich zugehen wie im privaten Leben. Das zeigt in diesem Fall der Auszug aus einer Pressemitteilung der Bundesregierung über eine besondere Situation 2016.

Staat erwirtschaftet Milliardenüberschuss

Im ersten Halbjahr 2016 haben die öffentlichen Haushalte in Deutschland einen Überschuss in Milliardenhöhe erzielt. Nach Angaben des Bundesamts für Statistik nahmen Bund, Länder, Kommunen und Sozialversicherungen zusammen 18,5 Milliarden Euro mehr ein, als sie ausgaben. [...]

(Pressemeldung der Bundesregierung vom 24.08.2016 in www.bundesregierung.de; Zugriff: 01.06.2017)

Bereits kurz nach der Veröffentlichung dieser Nachricht meldeten sich zahlreiche Interessengruppen zu Wort. Der Bund der Steuerzahler forderte, die Mehreinnahmen müssten den Verbrauchern zugutekommen, entweder durch eine Verbesserung der sozialen Leistungen für Familien oder durch die Senkung der Lohn- und Einkommensteuer. Unternehmerverbände forderten eine Entlastung bei den Unternehmenssteuern. Vertreter der Automobilindustrie argumentierten, der Staat müsse nun endlich für eine Modernisierung der zum Teil maroden Bundesstraßen und Autobahnen sorgen. Der zuständige Finanzminister selbst (damals Wolfgang Schäuble, CDU) sah vor, das Geld zum Abbau der Staatsschulden zu verwenden. Davon hätte auch die nachfolgende Generation der Steuerzahler einen Vorteil.

Problem Staatsverschuldung

Weißt du, dass du Schulden in Höhe von 27 594,00 Euro hast? Das ist die Höhe zum Zeitpunkt, als dieser Text geschrieben wurde.* Aber keine Angst! Das ist nur eine statistische Größe. Sie drückt die Höhe der Staatsschulden in Deutschland aus, wenn man die Summe auf alle circa 82 Millionen Einwohner Deutschlands verteilt.

Staatsschulden sind nicht generell schlecht. Große Investitionen wie zum Beispiel der Ausbau des digitalen Netzes lassen sich nicht mit den Steuereinahmen eines Jahres finanzieren. Also nimmt der Staat Kredite auf, die er nach und nach zurückzahlen muss. Solche Investitionen nützen späteren Generationen. Die Banken verdienen an den Zinsen, die sie auf die Kredite erheben.

* Zum Ablesen des aktuellen Staatsschuldenstandes in Deutschland gibt es im Internet eine Schuldenuhr. Am 24. April 2017 betrug die Höhe 1.977.882.844 .174 Euro. Du findest den aktuellen Stand unter www.staatsschuldenuhr.de.

Problematisch werden Staatsschulden, wenn die Schuldenlast Jahr für Jahr steigt, weil der Staat seine Aufgaben mit immer wieder neuen Kreditaufnahmen finanziert. Das hat zur Folge, dass die Banken die Zinsen erhöhen. Der Staat kann so in eine Schuldenfalle geraten. Wenn die Zinsen für Kredite steigen, investieren auch die Unternehmen weniger und die Verbraucher leisten sich weniger teure Anschaffungen. Hat der Staat immer höhere Kreditlasten zu tilgen, muss er möglicherweise soziale Leistungen kürzen. Schlimmstenfalls führen anwachsende Staatsschulden dazu, dass der Staat handlungsunfähig wird.
Um der Staatsverschuldung einen Riegel vorzuschieben, beschloss der Bundestag 2011 mit der für Grundgesetzänderungen erforderlichen Mehrheit von zwei Dritteln der Abgeordneten die Aufnahme einer Schuldenbremse in das Grundgesetz.

Grundgesetz, Artikel 109 (3)

Die Haushalte von Bund und Ländern sind grundsätzlich ohne Einnahmen aus Krediten auszugleichen.

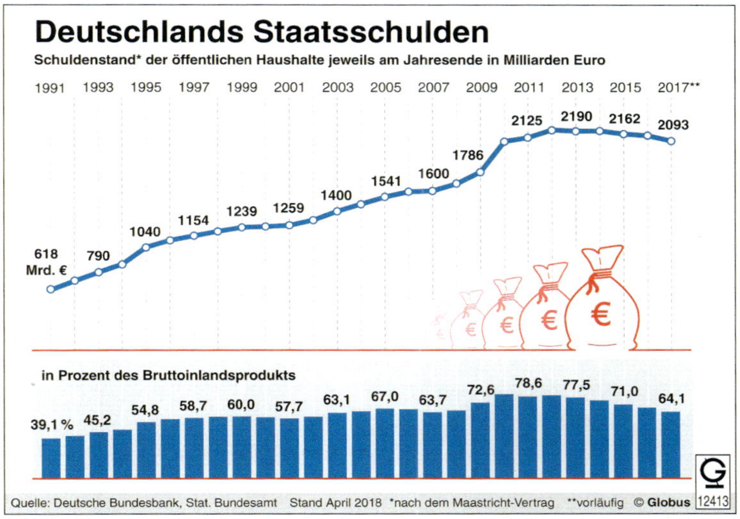

C Zur Diskussion: Soll der Staat überschüssige Einnahmen ausgeben oder seine Staatsschulden abbauen?

Die wichtigste Aufgabe für die Finanzpolitik des Staates besteht darin, für einen soliden Umgang mit dem staatlichen Einnahmen und Ausgaben zu sorgen. Einige der für das Pro und Kontra eingebrachten Argumente für den Umgang mit zusätzlichen Einnahmen findet ihr hier.

Der Staat soll das Geld zum Schuldenabbau verwenden.

Wenn der Staat überschüssige Einnahmen nicht zum Schuldenabbau verwendet, wird er es nie tun.
Damit vertagt er den Abbau und mutet die Schuldenlast zukünftigen Generationen zu.
Schuldenabbau fördert das Vertrauen in die Wirtschaft.
Unternehmen investieren bevorzugt in Ländern mit gesunden Staatsfinanzen.

Der Staat soll das Geld investieren.

Vermehrte Ausgaben für den Ausbau des digitalen Netzes, die Sanierung kaputter Straßen, die Renovierung von Schulen usw. verschaffen Unternehmen Aufträge und kurbeln die Wirtschaft an.
Wird das Geld für Steuererleichterungen und bessere soziale Leistungen verwendet, profitieren die Verbraucher sofort davon und nicht erst die späteren Generationen.
Mit dem Ausgeben zusätzlicher Einnahmen erhöht eine Regierung ihre Chancen, bei kommenden Wahlen wiedergewählt zu werden.

1. Fasse zusammen, welche Reaktionen die Nachricht über unerwartet höhere Steuereinnahmen auf der Seite der Verbraucher und der Unternehmen auslöste.
2. Beschreibe anhand des Schaubildes die Entwicklung der Staatschulden in Deutschland zwischen 1991 und 2017 in der Geldsumme und anhand des prozentualen Anteils am Bruttoinlandsprodukt.
3. Wie soll der Staat mit überschüssigen Einnahmen umgehen? Erörtere die Frage, indem du die Vor- und Nachteile des Sparens und des Ausgebens einander gegenüberstellst und dein persönliches Urteil formulierst.

AKTIV LERNEN

D Unsere Vorschläge für den Bundeshaushalt: Wem sollen die Mehreinnahmen zugutekommen?

Euer Auftrag:

1. Beratet und entscheidet gemeinsam, welche Ministerien Teile der Summe oder welches Ministerium die Gesamtsumme erhalten soll.
2. Erklärt, welche Akteure von euren Vorschlägen in besonderer Weise profitieren.
3. Formuliert dazu gemeinsam eine Begründung.
4. Stellt euren überarbeiteten Haushaltsplan mitsamt der Begründung vor.

Stellt euch folgende Situation vor:

Nachdem die Ausgaben für den Bundeshaushalt geplant sind, meldet das Statistische Bundesamt der Bundesregierung, dass die Steuereinnahmen um 12 Milliarden Euro höher ausfallen, als man ursprünglich für den Bundeshaushalt eingeplant hat.
Was soll mit dem unerwarteten Geldsegen geschehen? Dazu könnt ihr hier eure eigenen Vorschläge entwickeln und eine neue Planungsvorgabe für den Bundeshaushalt vorlegen.
Ihr könnt die Summe auf verschiedene Haushaltsposten aufteilen. Ihr könnt sie auch für nur einen Posten verwenden. Wichtig ist, wie überzeugend eure Begründung ausfällt.

Nr.	Bundeshaushalt* – Ausgewählte Ausgabenposten	Vorgesehene Ausgaben in Mrd. Euro	Änderung ja/nein
1	**Bundesministerium Justiz und Verbraucherschutz** Verbesserung der Informationsangebote für Verbraucher; Finanzierung der Verbraucherschutzzentrale und der Stiftung Warentest	0,84	?
2	**Bundesministerium für Arbeit und Soziales** Finanzierung aller erforderlichen Maßnahmen zur sozialen Sicherung von Erwerbstätigen und Arbeitslosen (Arbeitslosengeld I und II, „Hartz IV", Arbeitslosenhilfe für nicht erwerbsfähige Personen, Maßnahmen für die Berufsbildung Jugendlicher, berufliche Integration von Flüchtlingen)	137,58	?
3	**Bundesministerium für Verkehr und digitale Infrastruktur** Ausbau einer leistungsfähigen Verkehrsinfrastruktur, Schwerpunkt: Finanzierung des digitalen Netzes	28,00	?
4	**Bundesministerium für Familie, Senioren, Frauen und Jugend** Anpassung und Verbesserung der Leistungen für Familien und Kinder, Förderung der Vereinbarkeit von Beruf und Familie, Maßnahmen zur Gleichstellung von Frauen und Männern	9,52	?
5	**Bundesministerium für Umwelt, Naturschutz, Bau und Reaktorsicherheit** Ausgaben für Klima- und Naturschutz (Immissionsschutz und Chemikaliensicherheit, Wasser- und Abfallwirtschaft); Investitionen in den Naturschutz zur Bewahrung der Lebensgrundlagen auch für zukünftige Generationen	5,6	?
6	**Bundesministerium für Bildung und Forschung** Unterstützung der Bundesländer bei der Verbesserung des Bildungssystems, Maßnahmen zur frühkindlichen Förderung bis zur beruflichen Bildung	17,65	?
7	**Bundesministerium für Finanzen** Mehr Geld für die Tilgung der Staatsschulden zur Entlastung zukünftiger Generationen und Sicherung der Handlungsfähigkeit des Staates	20,00	?

*Die Angaben in diesem Beispiel beziehen sich auf den Bundeshaushalt 2017. Die Gesamtausgaben betrugen in diesem Haushaltsjahr 329 Milliarden Euro. Die jeweils aktuellen Daten zum Bundeshaushalt findet ihr unter www.bundeshaushalt-info.de.

6 Welche Beteiligungsmöglichkeiten haben wir als Wirtschaftsbürger?

Beispiele wirtschaftspolitischer Aktivitäten beurteilen

A „Als Jugendliche haben wir noch keine Möglichkeit, im öffentlichen Leben über Wirtschaft mitzureden oder gar Einfluss zu nehmen auf wirtschaftspolitische Entscheidungen. Das ist immer noch eine Sache nur für Erwachsene."

Nach dem Lesen dieser Doppelseite solltet ihr den Jugendlichen davon überzeugen können, dass sein pauschales Urteil so nicht zutrifft.

B Beispiele aus Baden-Württemberg

1. Jugendgemeinderäte

In keinem anderen Bundesland gibt es so viele Jugendgemeinderäte wie in Baden-Württemberg. Meist sind die Jugendlichen zwischen 14 und 18 Jahren, die sich für zweijährige Wahlperioden in die Parlamente wählen lassen. Sie mischen kräftig mit und das betrifft auch die wirtschaftlichen Entscheidungen, die vor Ort in den Kommunen getroffen werden.

So setzt sich der Stuttgarter Jugendrat für ein Jugendticket zur Benutzung im öffentlichen Nahverkehr ein, damit Jugendliche beim Kauf von Einzelfahrscheinen nicht mehr den vollen Erwachsenenpreis zahlen müssen.

In Lahr arbeitete der Jugendgemeinderat mit Gestaltungsideen an der Vorbereitung der Landesgartenschau 2018 mit.

In Bretten im Landkreis Karlsruhe engagierte sich der Jugendrat für bessere Verbindungen im öffentlichen Nahverkehr – besonders an den Wochenenden. In Tübingen erreichte die Jugendvertretung, dass 2017 ein Jugendcafé eröffnet werden konnte.

2. Kommunalwahlrecht ab 16

Seit 2014 haben die rund 200 000 16- und 17-Jährigen das aktive Wahlrecht bei den Kommunalwahlen in Baden-Württemberg. Das Wahlrecht schließt die Beteiligung an Bürgerbegehren und Bürgerentscheiden ein. Damit haben Jugendliche ab 16 die Möglichkeit, auf die Politik in den Gemeinden direkt Einfluss zu nehmen. In den meisten Fällen geht es dabei auch um Fragen, die unter wirtschaftlichen Gesichtspunkten von Bedeutung sind.

(Mehr Informationen dazu unter http://www.lpb-bw.de/waehlen-ab-16.html)

3. Jugendlandtag: „Was uns bewegt"

Unter dem Motto „Was uns bewegt" findet regelmäßig alle zwei Jahre der Jugendlandtag im Stuttgarter Landtag statt. Circa 120 Jugendliche aus ganz Baden-Württemberg diskutieren mit Abgeordneten des Landtages und der Landesregierung ihre Themen und bringen ihre Sicht der Dinge zum Ausdruck. Die jugendlichen Delegierten für den Jugendlandtag werden vorab auf regionalen Jugendkonferenzen bestimmt.

2016 forderten die jugendlichen Parlamentarier zum Beispiel gesetzliche Regelungen für umweltfreundliche und ressourcenschonende Verpackungen von Industrieprodukten, eine weitere Verbesserung der Hilfen bei der Berufswegplanung, Maßnahmen zur Integration

Jugend BeWegt
Baden-Württemberg

Mit dem Programm „Jugend BeWegt" lädt die Jugendstiftung Baden-Württemberg Jugendliche zum Mitmachen und Mitgestalten ein. Mehr dazu unter www.jugendbewegt-bw.de und www.jugendbeteiligung-bw.de.

Beteiligungsportal
Baden-Württemberg

was uns bewegt
Landtag von Baden-Württemberg

von Flüchtlingen in den Arbeitsmarkt und die Bereitstellung finanzieller Mittel für Informationen zum Thema Inklusion in der Schule. Wie die Beispiele zeigen, sind die Themen auch in wirtschaftspolitischer Hinsicht bedeutsam.

(Mehr Informationen unter www.wasunsbewegt-bw.de/jugendlandtag und in www.facebook.com/JugendlandtagBW)

4. Bürgerbeteiligungsportal online

Jugendliche im Landtag im Gespräch mit Politikern

In Baden-Württemberg gibt es ein Online-Bürgerbeteiligungsportal, mit dem die Landesregierung das Ziel anstrebt, möglichst alle Bürgerinnen und Bürger im Land erreichen zu können. Das Beteiligungsportal besteht aus den drei Säulen „Informieren", „Vorschlagen", „Mitmachen". Die Bürgerinnen und Bürger können sich hier über alle im Land aktuellen Themen von politischer und auch wirtschaftspolitischer Bedeutung informieren, eigene Ansichten dazu einbringen und Vorschläge zu Problemlösungen machen. Das Portal steht natürlich auch Jugendlichen offen.
Speziell für Themen mit wirtschaftspolitischer Bedeutung hat das Land sich in einer Politik des „Dialogs zur Zukunft der Industrie" das Ziel gesetzt, möglichst alle Akteure an einer zukunftsweisenden Wirtschaftspolitik zu beteiligen. Dazu heißt es seitens der Landesregierung: „Die Bewältigung der bevorstehenden Herausforderungen können nur gemeinsam in einem starken Team aus Industrie und Bevölkerung gelingen."

(Mehr Informationen unter www.beteiligungsportal-bw.de; Zitat aus: Gemeinsam in die Zukunft – Industrieland Baden-Württemberg, hrsg. vom Ministerium für Finanzen und Wirtschaft, 2015, S. 10)

Beteiligung deutschlandweit

5. Die DGB-Jugend

Junge Leute können auch Mitglied in einer Gewerkschaft* werden – und zwar nicht nur als Auszubildende oder junge Arbeitnehmer, sondern auch als Studierende, Praktikantinnen und Praktikanten und auch als Schüler. Der größte gewerkschaftlich organisierte Jugendverband für junge Leute bis 27 Jahre ist mit circa 500 000 Mitgliedern die DGB-Jugend (= Jugendverband des Deutschen Gewerkschaftsbundes). Auf ihrer Homepage informiert der Verband über die Ziele ihrer Arbeit.
„Als Interessenvertretung junger Arbeitnehmerinnen und Arbeitnehmer machen wir auch Druck auf Politik und Unternehmen. Wir setzen uns zum Beispiel dafür ein, dass es genügend Ausbildungsplätze und Jobs für junge Menschen gibt und dass diese unter fairen Bedingungen ablaufen und angemessen entlohnt werden. [...]"
Sie engagiert sich insbesondere für das Recht auf gebührenfreie Bildung und die Chancengleichheit im gesamten Bildungssystem, um jungen Menschen eine qualifizierte und nachhaltige Bildung zu ermöglichen.
Sie kämpft für eine gerechte und demokratische Welt- und Weltwirtschaftsordnung und für die Aufhebung jeglicher Form von Ausbeutung und Unterdrückung.
Sie setzt sich für die Gleichberechtigung aller Menschen ein und kämpft gegen Diskriminierung und soziale Ausgrenzung jeglicher Art.

(Zitat aus: http://jugend.dgb.de/dgb_jugend/ueber-uns/wer-wir-sind; Zugriff 01.09.2018)

* Zu Gewerkschaften findest du weitere Informationen im Glossar.

1. Sammele aus den Abschnitten 1 bis 4 Themen mit wirtschaftlicher Bedeutung, auf die Jugendliche in Baden-Württemberg Einfluss nehmen können.
2. Welche der genannten Ziele der DGB-Jugend (Beispiel 5) hältst du für besonders wichtig? Erstelle eine Rangfolge, die deutlich macht, welche drei Zielsetzungen du auf die Plätze 1, 2 und 3 setzt.
3. Stelle die Beteiligungsmöglichkeiten unter dem Aspekt „Möglichkeiten Jugendlicher als Wirtschaftsbürger" in Form einer Mindmap dar und erläutere sie.
4. Verfasse deinen Kommentar zur Ansicht des Jugendlichen im Material A. Bewerte darin auch, für wie sinnvoll du die unterschiedlichen Aktivitäten der Jugendlichen in Baden-Württemberg hältst.

Tipp: Anhand der Internetadressen unterhalb der Materialien könnt ihr euch detaillierter über die einzelnen Möglichkeiten informieren.

AKTIV LERNEN

C Welche Beteiligungsmöglichkeiten kommen für mich und andere infrage?

Zu den wichtigen Zielen des Faches Wirtschaft gehört, dass Jugendliche sich für Themen mit wirtschaftspolitischer Bedeutung interessieren und auch die Bereitschaft entwickeln, über das Lernen in der Schule hinaus mitzureden und mitzumachen, wenn es um Wirtschaft geht. Dazu heißt es zum Beispiel in einer Veröffentlichung des Ministeriums für Finanzen und Wirtschaft in Baden-Württemberg: „Die Landesregierung setzt sich intensiv für die Belange von Jugendlichen ein und möchte sie noch stärker an der Gestaltung unseres Landes beteiligen.“ Mitgestaltung kann viele Formen annehmen. Eine Auswahl davon findest du auf dieser Seite. Welche davon kommen für dich infrage?

Euer Auftrag:

1. Geht die Liste einzeln durch. Notiert die Nummer des Beitrags und dazu die Wahrscheinlichkeit eures Mitmachens in Form einer Punktzahl zwischen 10 und 1.
2. Stellt euch in Gruppen gegenseitig eure Auswahl vor.
3. Einigt euch in der Gruppe auf die Aktivitäten, denen alle in der Gruppe mindestens 6 Punkte zuordnen können.
4. Stellt eure Liste und die Begründungen dazu in der Klasse vor.

Ich möchte gerne …	10: Das mache ich mit höchster Wahrscheinlichkeit. 1: Das kommt keinesfalls infrage.
1. mich mit Fernseh-, Radio- und Zeitungsnachrichten regelmäßig über aktuelle Wirtschaftsthemen informieren.	
2. auch längere aktuelle Zeitungsartikel lesen, in denen es um wirtschaftspolitisch bedeutsame Themen geht.	?
3. mir des Öfteren YouTube-Videos anschauen, in denen wichtige, aber komplizierte wirtschaftliche Zusammenhänge erklärt werden.	
4. selbst bei der Produktion eines Videos mitarbeiten, mit dem anderen Schülerinnen und Schülern ein wirtschaftliches Thema auf gut verständliche Art vermittelt wird.	?
5. das Bürgerbeteiligungsportal in meinem Bundesland Baden-Württemberg nutzen, um mich online über wirtschaftpolitische Themen im Land zu informieren und an Online-Befragungen der Landesregierung teilzunehmen.	?
6. an einem von meiner Stadt durchgeführten Jugendforum teilnehmen, in dem Jugendliche die Chance haben, ihre Ansichten und Wünsche in einer ein- oder zweitägigen Veranstaltung einzubringen.	
7. Jobmessen besuchen und an Tagen der offenen Tür teilnehmen, die von Unternehmen angeboten werden.	?
8. bei den Wahlen zu einem örtlichen Jugendgemeinderat oder Jugendrat meine Stimme abgeben.	
9. für den örtlichen Jugendgemeinderat kandidieren mit der Bereitschaft, dort regelmäßig in Angelegenheiten meiner Heimatgemeinde mitzuarbeiten und mitzuentscheiden.	?
10. später einmal als Arbeitnehmer/in oder Arbeitgeber/in einer Organisation beitreten, die meine wirtschaftlichen Interessen vertritt, zum Beispiel einer Gewerkschaft oder einem anderen Verband.	

Aufgabe 1:

Einen Satz fachlich richtig zu Ende führen

Vier allgemeine Ziele staatlicher Wirtschaftspolitik wurden bereits 1967 im „Gesetz zur Förderung des Wachstums in der Wirtschaft" formuliert. Sie lauten: …

Aufgabe 2:

Grundlegende Wirtschaftsbegriffe definieren

Die folgenden Begriffe tauchen regelmäßig in Texten und Nachrichten zu Wirtschaftsthemen auf. Du solltest sie in jeweils einem klaren Satz definieren können.

Konjunktur | **ausgeglichene Handelsbilanz** | **Wirtschaftswachstum** | **Preisstabilität**

Besonders schlaue Köpfe unterscheiden auch zwischen quantitativem, qualitativem und inklusivem Wirtschaftswachstum.

Aufgabe 3:

Maßnahmen zu zwei Arten von Wirtschaftspolitik vergleichen

Zwei Arten von Wirtschaftspolitik	
Angebotsorientierung	**Nachfrageorientierung**

1. Die Politik sorgt für unternehmerfreundliche Rahmenbedingungen – 2. Senkung der Lohn- und Einkommensteuer – 3. Erhöhung des Kinder- und des Elterngeldes – 4. Förderung von Unternehmensgründungen durch finanzielle staatliche Hilfen – 5. Erhöhung des Mindestlohnes für Erwerbstätige im Niedriglohnbereich – 6. Einsatz von Steuergeldern für den Ausbau des digitalen Netzes – 7. Finanzielle Hilfen des Staates für junge Familien beim Erwerb von Wohnungseigentum – 8. Staatliche Investitionen in die Verkehrsinfrastruktur

Aufgabe 4:

Eine Verlaufskurve vervollständigen

Im Schaubild zum Konjunkturverlauf wurde „vergessen", die Bezeichnungen für die unterschiedlichen Konjunkturphasen an den dazu passenden Stellen vorzunehmen. Übernimm die Zeichnung und vervollständige sie mit Bezeichnungen und kurzen Erklärungen dazu:

- Expansion
- Boom
- Rezession
- Depression

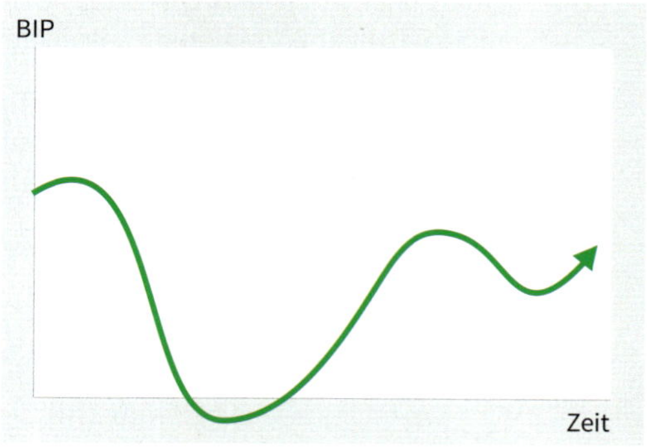

Aufgabe 5:

Eine Wirkungskette erstellen

Familie Morus besteht aus Mutter, Vater und den beiden Kindern Sascha und Alma. Das Brutto-Monatseinkommen der Familie beträgt 3 400 Euro. Netto hat die Familie etwa 2 820 Euro zur Verfügung (Abzug der Lohnsteuer von circa 300 Euro und der Sozialversicherungsbeiträge von circa 680 Euro; Hinzufügung des Kindergeldes von knapp unter 400 Euro).

Angenommen, dass: Der Bundestag beschließt eine Senkung der Lohnsteuer für Familien mit Kindern. Familie Morus muss statt 300 nur noch 200 Euro monatlich abführen. Ein Ziel dieser Maßnahmen besteht (auch) darin, ein höheres Wirtschaftswachstum in Deutschland zu erreichen.

→ Wie kann diese Maßnahme zu einem solchen Ziel führen?

Lege eine Wirkungskette mit mindestens vier weiteren Gliedern an, mit deren Hilfe du in der Rolle eines Regierungsmitgliedes deutlich machen kannst, dass die Maßnahme „Steuersenkungen“ zum Ziel „Wirtschaftswachstum“ führt.

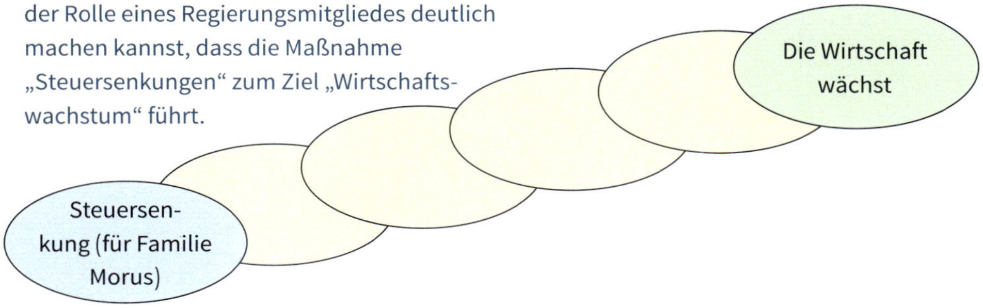

Aufgabe 6:

Ein Zitat deuten

Erkläre dieses Zitat einer Person, der die beiden Fachbegriffe im Zusammenhang mit Wirtschaft nicht bekannt sind.

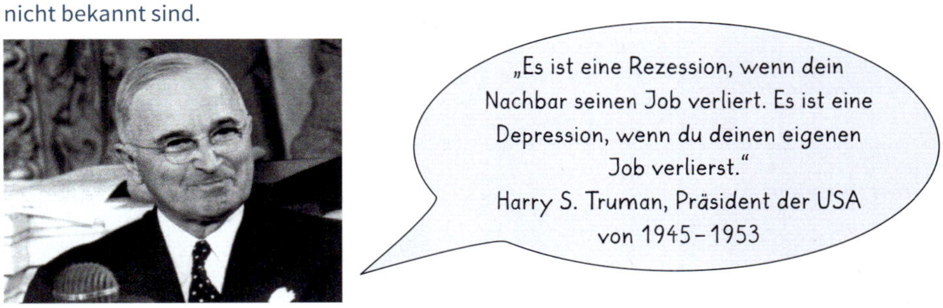

Aufgabe 7:

Eine Regierung beraten

Die letzte Hoffnung der Regierung bist du! Berate die Regierung von Montego, indem du ihr zwei, besser drei Vorschläge für eine Wirtschaftspolitik erläuterst, mit denen Montego auf längere Sicht aus der Krise herausgeführt werden kann.

> Im Staat Montego liegt die Wirtschaft am Boden. Die Konjunkturkurve weist stark nach unten. Das BIP schrumpft von Jahr zu Jahr. Die Arbeitslosigkeit liegt bei über 25 Prozent und steigt weiter. Die Industrie ist veraltet. Die Produkte sind auf dem Weltmarkt nicht mehr konkurrenzfähig. Die Unternehmen haben bisher kaum in technologische Innovationen investiert. Die Steuerlast ist enorm hoch, bringt aber wenig ein, weil immer weniger Menschen bezahlte Arbeit haben und Geld verdienen. Die Umwelt leidet, weil schmutziges Abwasser die Flüsse belastet und die veralteten Fabriken zu viele Schadstoffemissionen verursachen.
> Die Lehrpläne für die Schulen sind fast alle über 30 Jahre alt.

12 Wirtschaftsbeziehungen in Europa und weltweit

Weltweite Handelsbeziehungen analysieren und beurteilen

1. Allein nachdenken

Das Foto zeigt eines der größten Containerschiffe der Welt bei der Einfahrt in den Hamburger Hafen: Welche Waren aus fernen Ländern sind dir bekannt, die Deutschland importiert?

2. Zu zweit beraten

Welche Produkte würdet ihr besonders vermissen?

3. Gemeinsam sammeln

Welche Vorteile haben wir als Verbraucher in Deutschland vom weltweiten Handel?

Im Verlauf dieses Kapitels könnt ihr …

- die Bedeutung des Welthandels an den Beispielen Arbeitsteilung und Automobilindustrie analysieren,
- an einem Fall die Chancen und Gefahren einer protektionistischen Wirtschaftspolitik beurteilen,
- wirtschaftliche Maßnahmen der Europäischen Union aus der Sicht von Wirtschaftsbürgern bewerten,
- die Bedeutung des europäischen Binnenmarktes und der Währungsunion erläutern,
- Möglichkeiten der Bekämpfung der Jugendarbeitslosigkeit in der EU untersuchen und bewerten.

Darüber hinaus könnt ihr …

- herausfinden, wer die Kleidung herstellt, die wir gerade tragen,
- eigene Schaubilder zu Themen des Welthandels gestalten.

1 Welthandel im Alltag: Was haben wir damit zu tun?

Bedingungen des Welthandels am Beispiel von Jeans beschreiben

A Beispiel Jeans: Wir tragen die Welt an uns

Wer verdient wie viel an einer Jeans?

Wenn deine Jeans erzählen könnte, dann würde sie vielleicht sagen, dass sie bereits 60 000 Kilometer zurückgelegt hat, bevor du sie im Laden kaufen konntest.
Begonnen hat ihr Leben wahrscheinlich in Indien oder in Kasachstan, denn da kommt die Baumwolle her, aus der sie gemacht wurde. Von Indien aus ging ihre Reise in die Türkei. In einer Spinnerei wurde die Baumwolle zu Garn verarbeitet. Dann ging es weiter nach Taiwan, wo aus dem Garn der Jeansstoff gewebt wurde. Der fertige Stoff wurde in Tunesien eingefärbt. Die Farbe dazu wurde aus einer Fabrik in Polen geliefert. Weiter ging die Reise nach Bulgarien. Dort wurde sie veredelt, weich und knitterarm gemacht. Zusammengenäht wurde sie auf den Philippinen. Das Schnittmuster dazu kam per Mail aus Deutschland, die Waschanleitung aus Frankreich. Nieten und Knöpfe trafen aus Italien auf den Philippinen ein. Weiter ging es nach Griechenland. Dort erhielt sie den letzen Schliff. Mit Bimsstein aus der Türkei wurde sie gewaschen, um den bei Kunden beliebten „Stone-washed-Effekt“ zu bekommen. Ungefähr anderthalb mal war sie um die Welt gereist, bevor sie in der Auslage eines Ladens in Deutschland lag. Wenn sie dann nach durchschnittlich drei Jahren in Deutschland in die Altkleidersammlung wandert, wird ihre Reise weitergehen. Vielleicht wird sie von Deutschland mittels Schiff nach Afrika transportiert und landet auf einem Markt in Dakar im Senegal. Schätzungen gehen davon aus, dass sie jetzt noch 60 Prozent ihrer Lebenszeit vor sich hat.

Schattenseiten

Die Mode- und Textilwirtschaft ist eine der größten Industrien weltweit. Oft ist sie Motor für die wirtschaftliche Entwicklung eines Landes. Zu ihren Schattenseiten gehören katastrophale Arbeitsbedingungen von Frauen vor allem in asiatischen Ländern und Osteuropa mit Löhnen weit unter dem Existenzminimum, zahlreichen – oft unbezahlten – Überstunden, Frauendiskriminierung und Verhinderung von gewerkschaftlicher Organisierung.

(Dr. Gisela Burckhardt (Hrsg.), Fair Fashion Guide, Femnet e. V., gefördert vom Bundesministerium für wirtschaftliche Zusammenarbeit und Entwicklung, im Internet unter www.fairfashionguide.de; Zugriff: 11.06.2017)

1. Was geschieht wo bei der Produktion einer Jeans? Nenne die Stationen und beschreibe den jeweiligen Arbeitsschritt.

2. Das Schaubild zeigt durchschnittliche Verdienstanteile in Prozent. Wandele die Prozentzahlen in Euro um bei einem angenommenen Preis einer Jeans von 65 Euro.

Was auch noch interessant sein kann:
- eine Weltkarte zur Hand nehmen und darin die Reisewege und Stationen einer Jeans nachvollziehen
- eine eigene Zeichnung über die Reise einer Jeans anfertigen

B Wer sind die Menschen am anderen Ende der Handelskette?

Die Kampagne Clean Clothes hat Frauen porträtiert, die in Bangladesch und Kambodscha unter härtesten Bedingungen in der Textilindustrie arbeiten. Die Porträts öffnen uns den Blick darauf, dass internationale Wirtschaftsbeziehungen nicht abstrakt sind, sondern von Menschen gemacht. Zwei von vielen Frauen werden hier vorgestellt.

„Ich mache deine Kleidung!"

Mim Salma Akter (23 J.) aus Bangladesch
„Wenn ich wählen könnte, würde ich gerne anderen Menschen helfen, z. B. als Ärztin", erzählt Salma. Seit ungefähr fünf Jahren arbeitet sie in der Bekleidungsfabrik. „Ich würde lieber was anderes machen. Irgendwas, wo ich Tageslicht sehe." Sie näht Reißverschlüsse in Kleidung. „Wenn der Druck hoch ist und eine Lieferung fertig werden muss, arbeite ich manchmal zehn oder elf Stunden am Tag." Als Gewerkschaftsmitglied setzt Salma sich dafür ein, Missstände aufzuzeigen wie viel zu viele Überstunden, kein Krankengeld, beleidigende Beschimpfungen. „Letztens gab es im Lager meiner Fabrik einen Brand. Niemand wurde verletzt, aber viel wurde schwer beschädigt. Statt der Kleider hätten auch wir verbrennen können. Wir hatten Glück."

Daliya Shikdur (20 J.) aus Bangladesch
Daliya näht die Innennähte von ungefähr 130 Jeanshosen pro Stunde – für sechzig Euro im Monat. Wenn sie viele Überstunden macht, bekommt sie fünf Euro mehr. Als zum wiederholten Male ihr Bonus nicht bezahlt wurde, gründete sie ihre eigene Gewerkschaft. „Wir wollen eine jährliche Lohnerhöhung, sonntags frei, eine Begrenzung der Überstundenzahl und eine Kinderbetreuung." Dass eine junge Frau eine Gewerkschaft gründet, ist nicht selbstverständlich. „Ich musste alles nach getaner Arbeit organisieren. Die anderen dachten, dass ich seltsame Dinge tue – Dinge, mit denen sie nicht einverstanden sind. Es wurde über mich gelästert. [...] Ich mache das nicht für mich selber: Ich mache das für die anderen."

(Beide Beispiele aus: www.femnet-ev.de; Zugriff: 10.07.2017)

@ SNG-23610-013

Hier kommt ihr zur Fotoausstellung: Ich mache Deine Kleidung! Die starken Frauen aus Süd-Ost Asien

3. Die Autorinnen und Autoren der Kampagne „Ich mache deine Kleidung" wollten zeigen, dass die Frauen in der Textilproduktion sich nicht mit einer Opferrolle abfinden möchten. Wird das in ihren Beschreibungen deutlich? Beschreibe deine Eindrücke.

4. Welche Vor- und Nachteile des Welthandels kannst du dieser Doppelseite entnehmen? Welche sind dir darüber hinaus bekannt? Nimm Stellung dazu.

GRUNDWISSEN

C Globalisierung

1. Erkläre, was man aus wirtschaftlicher Sicht unter Globalisierung versteht, und beschreibe die Ursachen.
2. Stelle die genannten Vorteile und Kritikpunkte einander gegenüber.
3. Interpretiere eine oder beide Karikaturen unter der Fragestellung, welche Kritik an der Globalisierung darin deutlich wird.
4. Globalisierung beenden, fortsetzen, anders gestalten? Wie stellst du dir die Zukunft dieses Prozesses vor? Nimm Stellung zu dieser Frage und stelle deine Überlegungen vor.

Tipp: Definition, Ursachen, Vorteile, Nachteile, Ausblick lassen sich in einer Mindmap darstellen und als Grundlage für einen Ergebnisvortrag benutzen.

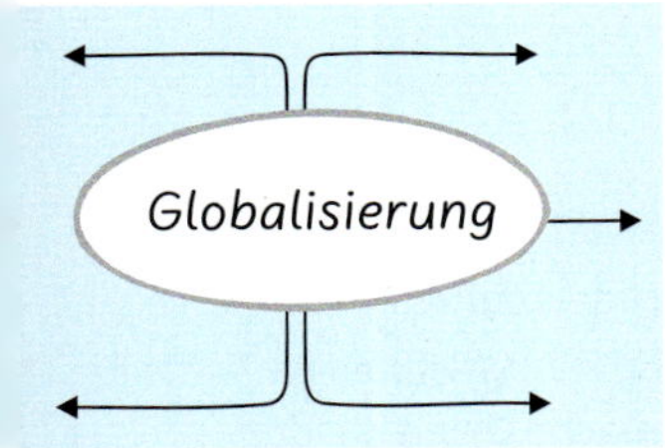

Definition

Seit Anfang der Neunzigerjahre des vergangenen Jahrhunderts spricht man von Globalisierung. Darin steckt das Wort „global" und bedeutet weltumspannend. Ökonomisch gesehen bezeichnet Globalisierung den weltweiten Prozess des wirtschaftlichen Zusammenwachsens, bei dem Produktion und Handel in den verschiedenen Ländern immer stärker miteinander verschmelzen und voneinander abhängig werden.
Weltweiten Handel gibt es schon seit vielen Hundert Jahren. Das Neue an der Globalisierung ist, dass Waren und Dienstleistungen in bis dahin unbekanntem Ausmaß produziert und verkauft werden können. Transportwege und -kosten spielen dabei eine immer geringere Rolle. Nicht nur Waren, auch Geldströme fließen weitgehend frei von allen Beschränkungen dahin, wo sie den höchsten Profit versprechen. Die Welt ist näher zusammengerückt und wirtschaftlich zu einem globalen Markt geworden.

Ursachen

Ermöglicht wurde diese Entwicklung durch eine Reihe technischer Neuerungen. Vor allem hat die Entwicklung des Internets den weltweiten Handel erheblich vereinfacht. Per E-Mail und in firmeneigenen Computernetzen (Intranet) können heute auch weit entfernte Gesprächspartner schnell und unkompliziert miteinander kommunizieren. Rund um den Globus können Menschen an verschiedenen Orten eng zusammenarbeiten, weil der Daten- bzw. Informationsaustausch ohne zeitliche Verzögerungen erfolgt. Immer mehr Menschen sind in der vernetzten Welt rund um die Uhr erreichbar. Neuerungen auf dem Gebiet des Transport- und Verkehrswesens erleichtern den Warentransport und senken die Transportkosten. Dabei ist unter anderem der Bau riesiger Containerschiffe von Bedeutung. Wie immer, wenn die Lebensbedingungen vieler Menschen sich grundlegend verändern, erzeugen solche Prozesse Gewinner und Verlierer.

Vorteile

Zu Beginn löste die Globalisierung eine weltweite Aufbruchstimmung aus. Viele sahen ein neues Zeitalter heraufziehen, das für viele Menschen neue Arbeitschancen und Wohlstand bringen könne. Globalisierung wurde zunehmend nicht mehr nur wirtschaftlich, sondern auch politisch verstanden. Man sah ein, dass die Gefahren der Umweltzerstörung und im Besonderen der Klimaerwärmung nur dann abgewendet werden können, wenn die Staaten auch ihre politische Zusammenarbeit intensivieren. Der Begriff von der Welt als *Risikogemeinschaft* machte die Runde.
Für die Verbraucherinnen und Verbraucher in Deutschland, Europa und in anderen hochentwickelten Staaten sind die Vorteile der Globalisierung offensichtlich. Auf dem Gütermarkt führt der weltweite Handel in vielen Bereichen zu einem deutlich größeren Angebot und in der Folge zu geringeren Preisen. Das gilt zum Beispiel für die weltumspannende Textilindustrie und auch für Lebensmittel, für technische Geräte.
Für den Handel mit Autos und Maschinen bietet der globale Markt größere Absatzmöglichkeiten. Höhere Stückzahlen senken die Pro-

duktionskosten, wovon besonders auch viele Unternehmen in Deutschland profitieren.
Die Befürworter der Globalisierung weisen auch darauf hin, dass in der Folge dieser Entwicklung immer mehr Länder die Chance haben, am Welthandel teilzunehmen, und dass weltweite Handelsbeziehungen Konflikte zwischen Staaten entschärfen und den Frieden in der Welt fördern.

Probleme

Groß ist die Zahl der Kritiker der Globalisierung. Sie kritisieren oft nicht die Globalisierung an sich, sondern die Form, in der sich der freie Handel in der Welt aktuell abspielt. Ihrer Ansicht nach profitieren die reichen Industriestaaten einseitig auf Kosten der Armutsländer. Belegt wird diese These auch mit dem Konsumverhalten in den westlichen Industrieländern, wo sich die Konsumenten an der Billigkleidung aus asiatischen Fabriken erfreuen, ohne daran zu denken, dass diese Vorteile den ausbeuterischen Arbeitsbedingungen in den Armutsländern zu verdanken sind.
Kritisiert wird auch, dass die Länder in Afrika noch immer weitgehend von den weltweiten Handelsvorteilen ausgeschlossen bleiben. Nach Ansicht der Kritiker zwingen große Wirtschaftskonzerne armen Ländern ihre Produkte auf und verhindern dabei gleichzeitig, dass diese Staaten eine funktionstüchtige Wirtschaft entwickeln können.

Ausblick

Bei den Auseinandersetzungen um die Entwicklung des Welthandels steht die Frage der sozial gerechten Gestaltung der Globalisierung immer wieder im Zentrum. Manche Ökonomen sprechen in diesem Zusammenhang bereits von einem Ende der Globalisierung. Als Grund wird genannt, dass vielen Menschen und politischen Parteien die globalisierte Welt als zu kompliziert erscheint. Sie möchten das Rad zurückdrehen, sich abschotten vom Rest der Welt und nur ihre eigene Wirtschaft schützen. Protektionismus soll so an die Stelle des weltweiten Freihandels treten. Demgegenüber betont die große Mehrheit der Befürworter weltweiter Handelsbeziehungen, dass der Prozess der Globalisierung nicht umkehrbar ist. Vielmehr komme es in der Zukunft darauf an, die Armutsländer stärker zu beteiligen, die Arbeitsbedingungen der Menschen zu verbessern und die Probleme des Umwelt- und Naturschutzes gemeinsam zu lösen.

Gerhard Mester

Klaus Stuttmann

2 Warum gibt es weltweiten Handel?
Ökonomische Theorien beschreiben, Schaubilder gestalten

Noch nie war die Weltwirtschaft so eng verflochten wie heute. „Wäre es nicht besser, wir würden die Güter, die wir benötigen, selbst produzieren?", mag sich manch einer fragen. Hier lernt ihr mehrere theoretische Begründungen für Welthandel kennen, welche die Beantwortung dieser Frage erleichtern.

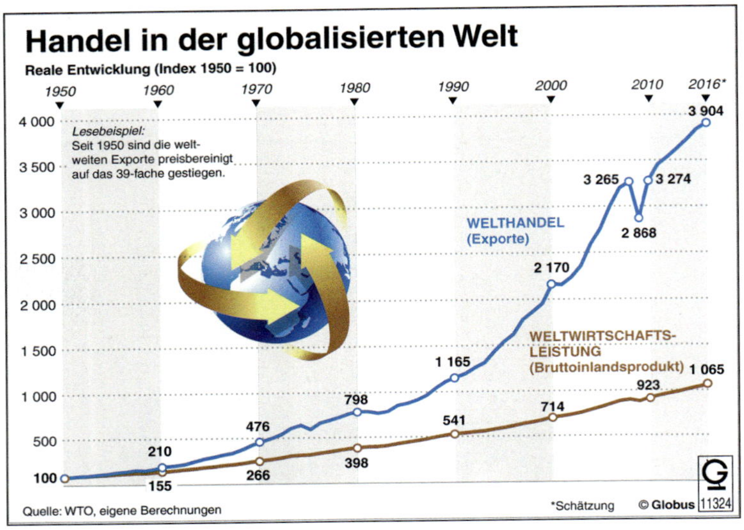

A Mangelnde Verfügbarkeit

Die Vorteile des internationalen Handels entdeckten Kaufleute schon vor vielen Hundert Jahren. Von Europa ausgehend entstand in der Folge der „Entdeckung" Amerikas durch Kolumbus (1492) nach und nach ein weltweites Geflecht von Handelsbeziehungen. Den Europäern ging es dabei vor allem darum, sich mit den Dingen zu versorgen, über die man selbst gar nicht oder nur in geringem Maße verfügte: Metalle und Edelhölzer gehörten dazu und zunehmend auch Stoffe, Tuche, exotische Gewürze und anderes mehr.

Auch heute noch liegen die Vorteile des internationalen Warenaustauschs auf der Hand, wenn es sich um Güter handelt, die im eigenen Land nicht oder zu wenig vorkommen. Den Grund nennt man *Mangel an Verfügbarkeit*. Beispiele sind Erdöl oder tropische Früchte. Wie benötigen sie, verfügen aber nicht darüber.

B Spezialisierung und Arbeitsteilung

Adam Smith: Schon vor über 200 Jahren beschrieb der schottische Begründer der Nationalökonomie Adam Smith (1723 – 1790) die Vorteile einer internationalen Arbeitsteilung. Er veranschaulichte das am Beispiel eines weitsichtig handelnden Familienvaters. Dieser würde niemals etwas selbst herstellen, was er woanders billiger erwerben kann. Als Schneider versucht er nicht, auch Schuhe zu machen. Er kauft sie beim Schuhmacher. Dieser wiederum wird seine Kleidung nicht eigenhändig nähen. Er bestellt sie beim Schneider. Was vernünftig im Verhalten einer einzelnen Familie ist, könne, so Smith, im internationalen Handel nicht falsch sein. Smiths Annahme gilt nach wie vor. Kann uns China wegen der vergleichsweise geringen Arbeitskosten Fernsehgeräte oder Teile davon günstig liefern, ist es wirtschaftlich von Vorteil, sie von dort zu beziehen.

David Ricardo: Die grundlegenden Überlegungen Adam Smiths entwickelte der englische Ökonom David Ricardo (1772 – 1823) weiter mit der *Theorie des komparativen Vorteils* (= Theorie des relativen Vorteils). Demnach haben alle Länder den größten Vorteil, wenn sie sich spezialisieren und die Güter produzieren, mit denen sie ihren Konkurrenten am weitesten überlegen sind. Die Käufer profitieren, weil diese ausländischen Waren oft günstiger angeboten werden als im Inland erzeugte. Die Unternehmen haben die Chance, sich zu spezialisieren. Nach Ricardos Theorie sind Spezialisierung und internationale Arbeitsteilung unverzichtbare Quellen steigenden wirtschaftlichen Wohlstandes.

1. Welche Bedeutung haben Mangel an Verfügbarkeit, Spezialisierung und Arbeitsteilung für den Welthandel? Erkläre sie.

C Die neue Sichtweise: Schaffung weltweiter Absatzmärkte

Paul Krugman: Die Zunahme des weltweiten Handels hat in jüngster Vergangenheit dazu geführt, dass die Länder nicht mehr überwiegend mit unterschiedlichen Waren Handel treiben. Vielmehr findet heute oft ein Austausch gleicher Produkte statt. Diese neue Art der Handelsbeziehungen hat der amerikanische Ökonom Paul Krugman modellhaft erklärt. Dafür wurde ihm 2008 der Nobelpreis für Wirtschaft verliehen. Die neuen Ideen lassen sich an der Automobilindustrie erläutern, die weltweit eine der wichtigsten Industrien ist.

Beispiel Automobilindustrie: Autos werden aus- und eingeführt, obwohl Länder wie Deutschland, Frankreich, Italien, Japan und einige andere selbst über eine umfangreiche Automobilindustrie verfügen.
Die Produktion eines neuen Autotyps von der Entwicklung bis zur Fertigstellung ist eine sehr teure Angelegenheit. Würde man nur wenige davon produzieren, müsste der Preis für jeden normalen Käufer unerschwinglich hoch sein. Je größer die produzierte Menge ist, desto breiter lassen sich die Produktionskosten auf die einzelnen Fahrzeuge verteilen. Man braucht also einen möglichst großen Absatzmarkt, um das Auto zu einem vertretbaren Preis anbieten zu können. Also ist es gut, wenn die Welt als Markt zur Verfügung steht. Nach Ansicht von Paul Krugman profitieren sowohl die Käufer als auch die Unternehmer als auch die Länder insgesamt vom Handel mit gleichen oder ähnlichen Produkten. Den Käufern gefällt es, wenn sie zwischen Autos (oder anderen Waren) aus verschiedenen Ländern wählen können. Für die Unternehmen erhöhen sich mit der Vergrößerung der Märkte die Gewinnchancen. In den Ländern führt diese Art des Warenaustauschs zu Wirtschaftswachstum und damit zur Steigerung des allgemeinen Wohlstands.
Diese Theorie vom Welthandel funktioniert nur zum Vorteil aller Handeltreibenden, wenn die Bedingungen für alle gleich sind. Das ist aber in der Weltwirtschaft nicht immer der Fall. Kritiker führen an, dass die Entwicklungsländer, vor allem die Armutsländer in Afrika, durch die Bedingungen des Freihandels benachteiligt sind. Erstens verfügen sie nicht über die Möglichkeiten, hoch technisierte Produkte herzustellen, zweitens erheben manche Länder einseitig Importzölle für Produkte aus diesen Ländern. In der EU gibt es solche Zölle* zum Beispiel für landwirtschaftliche Produkte aus Entwicklungsländern mit dem Ziel, die einheimische Landwirtschaft vor billigeren Importen zu schützen.

* Zum Begriff Zölle findest du weitere Informationen im Glossar.

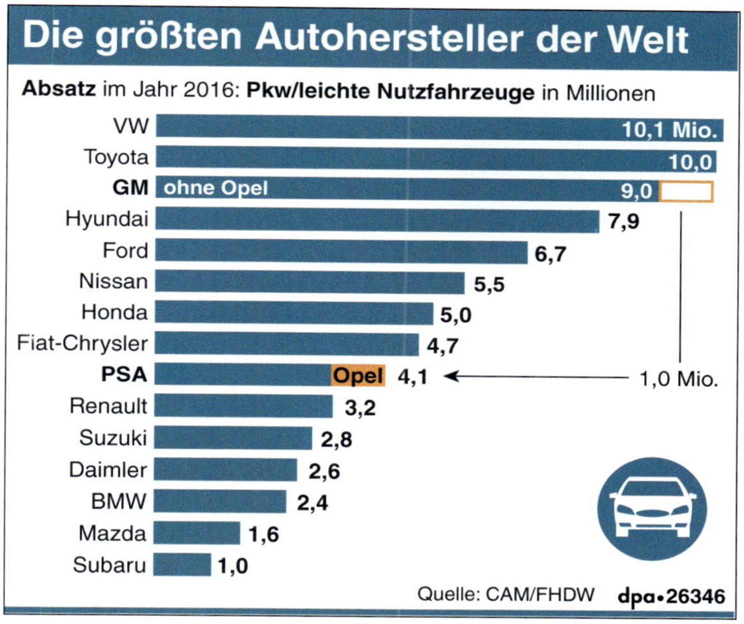

2. Erkläre die Bedeutung weltweiter Absatzmärkte nach den Ideen Paul Krugmans. Nutze dazu das Beispiel der Automobilindustrie.

3. Am Beginn dieser Doppelseite stand die Frage, ob es nicht besser wäre, wir würden selbst die Güter produzieren, die wir brauchen. Wie lautet deine begründete Antwort darauf?

4. Wer sind möglicherweise die Verlierer der neuen Handelsbeziehungen? Nenne sie und begründe, warum.

5. Welche Informationen über die Bedeutung des Welthandels kannst du den beiden Schaubildern auf dieser Doppelseite entnehmen? Bezeichne mindestens zwei mit genauen Angaben, die man sich langfristig merken sollte.

D Was sagen Schaubilder über die Bedeutung des internationalen Handels für Deutschland aus?

Deutschland gilt als eine der wichtigsten Exportnationen in der Welt. Den Schaubildern auf dieser Seite lassen sich präzise Angaben darüber entnehmen, warum das so ist.
Tipp: Das geht gut in Dreiergruppen. Jedes Gruppenmitglied bearbeitet eines der Schaubilder und stellt seine Interpretation in der Gruppe vor.

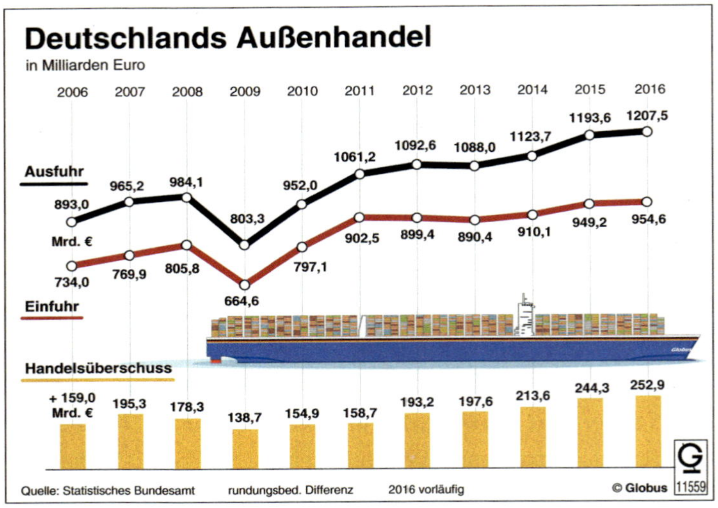

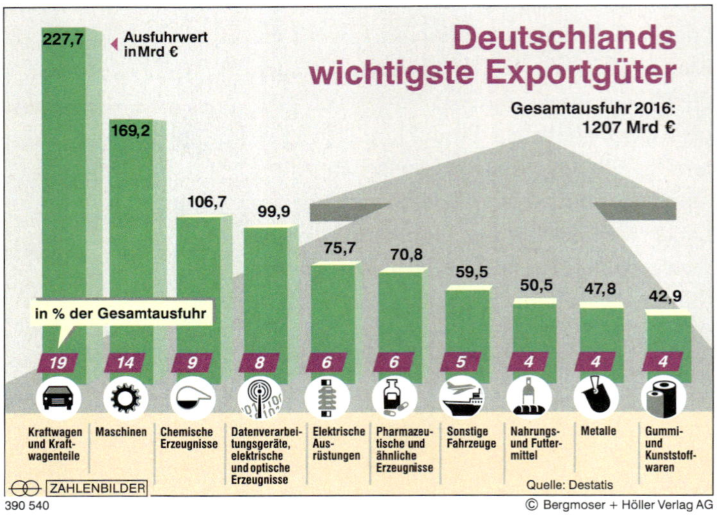

1. Interpretiere die Schaubilder mithilfe der „Vier-Fragen-Deutung“. Die Methode dazu findet ihr auf der Seite 85 in diesem Buch.

2. Gestaltet eine Übersicht, in der ihr wichtige Daten visualisiert (siehe Beispiel „Exportnation Deutschland“).

3. Benutzt das Plakat zur Darstellung eurer Arbeitsergebnisse.

Was auch noch interessant sein kann:
- die Schaubilder für ein Quiz benutzen und sich gegenseitig befragen, z. B.: Welche Produktgruppe macht 8 Prozent des Wertes aller deutschen Exportgüter aus?

AKTIV LERNEN

E Wie lassen sich wichtigste Welthandelsdaten mit Schaubildern gestalten?

Hier erhaltet ihr vier Informationstexte vollgespickt mit Daten zum Welthandel. Die Informationen daraus sollen in Form von Schaubildern anschaulich visualisiert werden. Ihr könnt zunächst Entwürfe anfertigen, die ihr zu einem späteren Zeitpunkt mithilfe eines Computerprogramms in eine abschließende Form bringen könnt.

Tipp: Beachtet zu dieser Seite die Methode zum Thema „Schaubilder erstellen“ auf der Seite 245 dieses Buches.

Euer Auftrag:

1. Wählt pro Team einen oder zwei Texte zur Bearbeitung aus.
2. Entscheidet euch für eine Diagrammform.
3. Gestaltet einen Entwurf und dann eine Endfassung.
3. Überlegt mündliche Erklärungen, mit denen ihr eure Diagramme vorstellen werdet.

Tipp: Das geht sehr gut in Partnerarbeit.

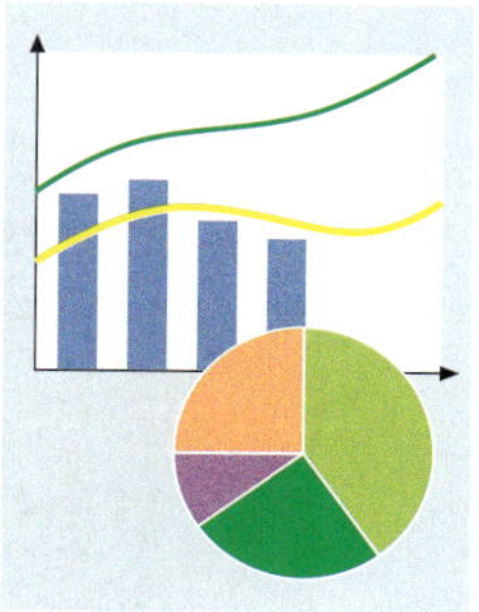

❶ Deutschland als Kunde auf dem Weltmarkt

Deutschland ist offen für Waren aus aller Welt. Insgesamt importierte die Bundesrepublik im Jahr 2015* Produkte im Wert von 949 Milliarden Euro. Davon entfielen auf elektronische Geräte 102 Mrd. Euro, Autos und Zubehör 98 Mrd., Metalle und Metallerzeugnisse 80 Mrd., chemische Erzeugnisse 76 Mrd., Maschinen 74 Mrd., Erdöl, Erdgas 61 Mrd., elektrische Ausrüstungen 52 Mrd., Pharma-Produkte 46 Mrd., Nahrungs- und Futtermittel 43 Mrd. und Bekleidung 41 Mrd. Die verbleibenden 144 Mrd. verteilen sich auf kleinere Posten.

Quelle: Statistisches Bundesamt

❷ Baden-Württembergs Exporte in die Welt

2014 exportierte Baden-Württemberg Waren im Wert von 181 Milliarden Euro. 66 Prozent der Ausfuhren gingen in andere europäische Länder, 20 Prozent nach Asien, 15 Prozent nach Amerika. Die restlichen 9 Prozent verteilten sich auf Afrika und Australien.

Die fünf wichtigsten Exportwaren des Bundeslandes sind: Kraftwagen und Kraftwagenteile (25,1%), Maschinen (20,7%), pharmazeutische Erzeugnisse (9,1%), Elektronik und optische Erzeugnisse (6,9%), elektrische Ausrüstungen (6,6%), restliche Waren (31,6).

Quelle: Jahreswirtschaftsbericht BW 2015

❸ Weltweiter Anstieg der Exporte

Seit 1950 sind die weltweiten Exporte um das 39-Fache angestiegen. Nimmt man für 1950 für den Wert aller Exporte die Kennziffer 100 an, so steigerte sich der Welthandel im Abstand von jeweils 10 Jahren auf die Kennziffer 210 (1960), 476 (1970), 798 (1980), 1165 (1990), 2170 (2000), 3265 (2010) und 3904 (2016). Einen Rückgang in der Entwicklung gab es nur zwischen 2007 und 2009, als der Wert aufgrund einer Weltwirtschaftskrise von 3265 Punkten auf 2868 sank und dann wieder anstieg.

Quelle: Welthandelsorganisation

❹ Kraftzentren der Weltwirtschaft

China, die Europäische Union und die USA sind die Kraftzentren der Weltwirtschaft. Zusammen stehen sie für knapp 50 Prozent des Welthandels, berechnet in Prozent des Welthandelsprodukts (= Wert aller in einem Jahr weltweit produzierten Waren und Dienstleistungen). Der Anteil Chinas betrug demnach 2017 17,2%, der EU 16,9% und der USA 15,8%. Die andere Hälfte teilen sich alle übrigen Länder auf der Welt.

Quelle: Welthandelsorganisation

* Aufgrund des großen Aufwandes bei der Ermittlung weltweiter Wirtschaftsdaten erscheinen Statistiken darüber in der Regel mit einer Verzögerung von bis zu zwei Jahren.

3 Freihandel kontra Protektionismus

Chancen und Grenzen des Freihandels an Beispielen bewerten

A Der Fall: B-Land schränkt Importe aus A-Land ein

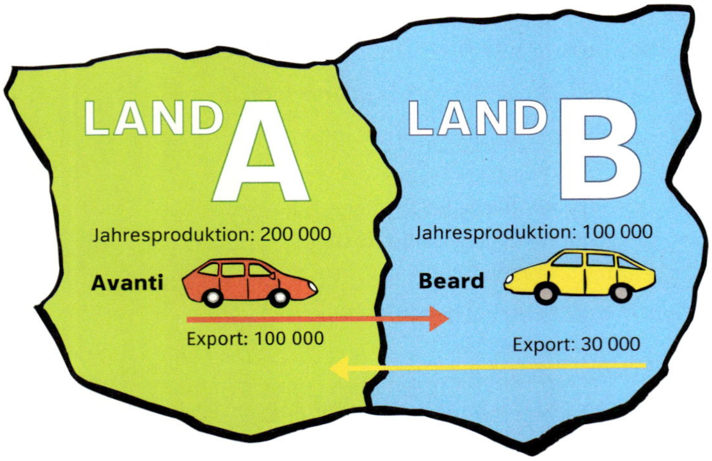

Stelle dir folgende Situation vor:

A-Land und B-Land sind zwei vergleichbar große Staaten. In beiden Ländern gibt es jeweils ein großes Automobilunternehmen. In A-Land die Firma Avanti, in B-Land die Firma Beard. Avanti konnte im letzten Jahr 200 000 Autos verkaufen, davon die Hälfte im Inland. Die andere Hälfte ging in den Export nach B-Land.

Das Unternehmen Beard in B-Land hat im gleichen Zeitraum 100 000 Autos verkauft: 70 Prozent davon im eigenen Land und 30 Prozent durch den Export nach A-Land. Beard würde auch gerne 200 000 Autos verkaufen, verfehlt aber das Unternehmensziel. Der Avanti ist offensichtlich wesentlich beliebter bei den Kunden – und zwar in beiden Ländern. Das erklärt auch die höhere Exportquote.

In der Firma Beard stehen die Zeichen auf Sturm. Die mangelnde Auslastung führt zu einem massiven Gewinneinbruch. Das Management reagiert mit Entlassungen in großer Zahl. Viele Menschen sind verzweifelt und werfen sowohl der Unternehmensleitung als auch der Politik im Land Versagen vor. Als der Druck immer stärker wird, entschließt sich die Regierung des Landes zu einer drastischen Maßnahme unter dem Slogan: „B-Land nach vorn!"

Jeder Avanti aus A-Land wird ab sofort beim Import mit einem Einfuhrzoll von 35 Prozent pro Auto belegt. Der Avanti, der zuvor etwa zum gleichen Preis wie der Beard angeboten wurde, verteuert sich in B-Land nun um mehr als ein Drittel.

Welches der folgenden Szenarien tritt nun deiner Ansicht nach ein?

1. B-Land gewinnt, A-Land verliert

Die durch den Zoll erreichte Verteuerung des Avanti aus A-Land wird die Nachfrage nach dem nun billigeren Beard ankurbeln. Zudem wird B-Land mit den neuen Einfuhrzöllen seine Staatseinnahmen erhöhen.

2. A-Land gewinnt, B-Land verliert

Die Leute in B-Land werden trotzdem den Avanti kaufen, weil er das attraktivere Auto ist. Dafür wird die Nachfrage nach dem Beard in A-Land noch weiter zurückgehen. Wenn die Regierung in A-Land nun ebenfalls mit Einfuhrzöllen auf die Maßnahme antwortet, steht B-Land noch schlechter da als vorher.

3. A-Land und B-Land verlieren beide

Die Regierung in A-Land wird auf den Einfuhrzoll nach B-Land ebenfalls mit einer Importbeschränkung für den Beard reagieren. Die zunächst einseitige Maßnahme wird dazu führen, dass sich beide Länder gegen Auto-Importe abschotten. Die Folge wird ein sogenannter Handelskrieg sein. Autos werden in beiden Ländern teurer. Die politischen Beziehungen zwischen A- und B-Land leiden.

1. Entscheidet spontan und diskutiert miteinander.

B Protektionismus

Protektionismus* ist eine besondere Form von Wirtschaftspolitik. Der Staat ergreift dabei Maßnahmen, die den Import ausländischer Waren und Dienstleistungen verhindern sollen. Er schränkt den über Landesgrenzen hinausgehenden Wettbewerb ein. Er tut dies in der Regel, um die heimische Wirtschaft vor ausländischer Konkurrenz zu schützen und inländische Arbeitsplätze zu sichern. Einschränkende Maßnahmen können Einfuhrzölle sein. Das sind Steuern, die ein Land bei der Einfuhr ausländischer Produkte erhebt. Daneben gibt es die Möglichkeit der Kontingentierung. Das bedeutet, dass ein Staat die Einfuhr eines ausländischen Erzeugnisses nur in einer bestimmten Menge zulässt. Zum Wesen einer protektionistischen Wirtschaftspolitik gehört, dass die Maßnahmen einseitig getroffen werden. Staaten, die eine protektionistische Wirtschaftspolitik betreiben, setzen einseitig auf den eigenen Vorteil und nehmen dafür Benachteiligungen anderer Volkswirtschaften in Kauf.

Trotz der allgemein akzeptierten Erkenntnis, dass Freihandel* Wohlfahrtsgewinne für alle Beteiligten bringt, gibt es immer noch Länder, die zu protektionistischen Maßnahmen greifen. Zu deren Rechtfertigung gibt es eine Reihe von Argumenten. Zum einen kann die vorübergehende Protektion einer jungen, neu entstehenden Branche mit noch kleinen, international noch nicht wettbewerbsfähigen Unternehmen angebracht sein. Ebenso kann es theoretisch sinnvoll sein, alle Industrien, die sich nicht mehr gegen ausländische Konkurrenz behaupten können, noch für begrenzte Zeit zu schützen, um eine abrupte und damit sozial nicht erwünschte Form des Umbaus zu vermeiden. [...] Handelsbarrieren* können die Arbeitslosigkeit im Land verringern, wenn sich die Nachfrage von den verteuerten Produkten hin zu inländischen Produkten verschiebt. Ein weiterer positiver Effekt ist, dass die Zölle* eine Einnahmequelle für den Staat darstellen.

(Aus: Duden Ratgeber: Wie Wirtschaft funktioniert, Duden-Verlag Berlin 2013, S. 248)

C Freihandel

Freihandel bedeutet den Verzicht auf staatliche Eingriffe durch Zölle und andere Handelshemmnisse. Der Verkehr mit Waren und Dienstleistungen soll sich weltweit frei zum Wohle aller entfalten. Die wichtigste internationale Organisation zur Regelung der Welthandelsbeziehungen ist die Welthandelsorganisation (WTO). Die Förderung des freien Welthandels gehört zu ihren wichtigsten Zielen. 2018 hat die WTO 164 Mitgliedstaaten.

Die Welthandelsorganisation (Englisch: World Trade Organization: WTO) ist die internationale Organisation, die sich mit der Regelung der weltweiten Handels- und Wirtschaftsbeziehungen beschäftigt. [...] Sie ist eine eigenständige Organisation im System der Vereinten Nationen. [...]

Die Aufgaben der WTO konzentrieren sich auf den Abbau von Handelshemmnissen aller Art, um so den internationalen Handel zu fördern. Die WTO umfasst auch Dienstleistungen, geistiges Eigentum und landwirtschaftliche Produkte.

Die Liberalisierung des Welthandels bedeutet jedoch nicht, dass es generell keine Handelsschranken mehr geben darf. So dürfen Maßnahmen zum Schutz vor Krankheiten und Seuchen ergriffen werden. Die Mitglieder der WTO haben sich auf mehrere Grundsätze verständigt, die im Welthandel gelten sollen. [...]

Der Grundsatz der Meistbegünstigung legt fest, dass ein WTO-Mitglied alle Partner im Handel gleich behandeln muss. Wer einem anderen Land bestimmte Vorteile einräumt, muss dies grundsätzlich gegenüber allen Ländern tun.

Das Inländerprinzip schreibt vor, dass ausländische Waren und Dienstleistungen nicht anders behandelt werden dürfen als solche aus dem Inland [...]

(Aus: Europalexikon, hg. vom Presse- und Informationsamt der Bundesregierung, im Internet unter www.bundesregierung.de; Zugriff: 18.01.2017)

* Zu den Begriffen Protektionismus, Freihandel, Handelsbarrieren und Zölle findest du weitere Informationen im Glossar.

1. Definiere die Begriffe Protektionismus und Freihandel.
2. Analysiere die Textquellen in den Materialien A und B im Hinblick auf Argumente für Protektionismus und für Freihandel.
3. Erkläre, was die WTO ist und worin ihre wichtigsten Grundsätze bestehen.
4. Wem können protektionistische Maßnahmen nutzen, wem nützt der Freihandel? Beurteile die Argumente aus der Sicht unterschiedlicher Akteure in unterschiedlichen Ländern.

D Freihandel in der Europäischen Union: „Keine Festung des Protektionismus"

Kein Handel mit Präparaten geschützter Tierarten oder lebenden seltenen Tieren – Zollbehörden überwachen die Einhaltung des Handelsverbots.

Einfuhr verboten: Freihandel mit Kleidung ja, aber nicht mit gefälschten Markenprodukten!

Offenheit einerseits ...

Die Mitgliedstaaten der Europäischen Union betreiben eine gemeinsame Handelspolitik. Im Inneren bilden sie eine Zollunion. Das bedeutet, dass Güter und Dienstleistungen zwischen den Mitgliedstaaten zollfrei gehandelt werden. Für den Welthandel haben sich die EU-Staaten ebenfalls auf gemeinsame Ziele verständigt.

Das Ziel besteht darin, „zur schrittweisen Beseitigung der Beschränkungen im internationalen Handelsverkehr und zum Abbau der Zollschranken beizutragen". So schreibt es der Vertrag vor, der die grundlegenden Gemeinschaftsregeln enthält (Artikel 131 des EG-Vertrages). Für den überwiegenden Teil der weltweit gehandelten Produkte gilt der freie Handel nach den Regeln der Welthandelsorganisation (WTO). Im eigenen Interesse möchte die Gemeinschaft keine Festung des Protektionismus sein, sondern ein starker und im globalen Wettbewerb offener Akteur.

Einschränkungen andererseits

Dennoch gibt es auch im Regelwerk der EU eine Reihe von Handelsbeschränkungen. Einfuhrzölle erhebt die EU auf ausländische Waren, die so billig angeboten werden, dass dadurch die Existenz einheimischer Betriebe gefährdet wird.
Einfuhrverbote gibt es für Lebensmittel, die nicht den strengen europäischen Schutzbestimmungen entsprechen. Es gibt sie auch für den Handel mit Tieren, seltenen Pflanzen und für eine Reihe weiterer Produkte, welche die Verbraucher gefährden und der Natur schaden.
Im eigentlich freien Warenverkehr in der Textilindustrie gilt ein Verbot für den Handel mit gefälschter Markenkleidung. Wer nachgemachte Markenkleidung zu Billigpreisen auf einer Urlaubsreise einkauft, muss bei einer Grenzkontrolle mit der Beschlagnahme seiner Ware und mit Strafgebühren rechnen. So regelt es das europaweit geltende Markengesetz im Artikel 146. Ein Streitpunkt in der EU sind die Subventionen*, mit denen die EU Exporte für die eigenen landwirtschaftlichen Produkte fördert. Das sind Zahlungen an landwirtschaftliche Betriebe, die es diesen ermöglichen, ihre Produkte auf dem Weltmarkt konkurrenzlos billig anzubieten.

* Zum Begriff Subventionen findest du weitere Informationen im Glossar.

1. Was ist das grundlegende Ziel der gemeinsamen EU-Handelspolitik? Nenne es.
2. Beschreibe die Einschränkungen des Freihandels, die im Text genannt werden.
3. Wie bewertest du die Begründungen für die Handelsbeschränkungen anhand der Kriterien Verbraucherschutz, Naturschutz, Schutz der EU-Landwirtschaft?

E Worin bestehen die Vorteile und Probleme weltweiten Freihandels?

Ungeordnet findet ihr auf dieser Seite Argumente, welche die Vorteile des freien Welthandels betonen, und solche, welche auf die Probleme hinweisen. Ihr sollt sie ordnen und diese Ordnung für eure eigene Urteilsbildung zum Thema benutzen.

Dabei ist auch zu beachten, dass die Suche nach Vor- und Nachteilen immer auch eine Frage der Perspektive ist. Überlegt also auch, für wen der Welthandel vorteilhaft ist und für wen unter den aktuellen Bedingungen problematisch.

Euer Auftrag:

1. Legt eine Tabelle an, in die ihr die Argumente stichwortartig einordnet.
2. Fallen euch weitere Vorteile oder Probleme ein? Überlegt gemeinsam.
3. Wie können die weltweiten Handelsbeziehungen so gestaltet werden, dass möglichst alle Akteure weltweit davon einen Vorteil haben? Formuliert dazu euer persönliches Urteil im gemeinsamen Gespräch.
4. Bereitet eine gemeinsame Stellungnahme zum Thema vor.

1 Große Unternehmen können nur bestehen, wenn ihnen die Welt als Markt offen steht. Offene Märkte sichern Arbeitsplätze und unternehmerischen Erfolg.

2 Arme Länder können keine teuren Produkte importieren, weil sie kein Geld haben, und sie können keine Produkte exportieren, mit denen sich viel Geld verdienen lässt. So werden die Schwachen schwächer.

3 Länder, die viel exportieren, geraten in Abhängigkeiten, auf die sie selbst keinen Einfluss haben. Schwindet die Nachfrage im Ausland, kann das exportierende Land in eine Krise geraten.

4 Weltweit freie Handelsbeziehungen machen es möglich, dass hoch komplizierte technische Maschinen kostengünstig produziert und verkauft werden können, weil die großen Absatzzahlen die Produktionskosten verringern.

5 Beim freien Handel geht es immer nur um Gewinne und Wachstum. Probleme wie Kinderarbeit, Benachteiligung von Frauen, Herstellung fairer und sozial gerechter Lebensverhältnisse sowie Umwelt- und Naturschutz finden zu wenig Beachtung.

6 Ein Land, das vornehmlich mit hochwertigen Produkten Handel treibt, braucht auch hoch qualifizierte Arbeitskräfte. Menschen mit geringer Qualifikation haben zunehmend geringe berufliche Chancen.

7 Die weltweite Konkurrenzsituation führt dazu, dass immer wieder auch große Firmen schließen müssen oder ins billigere Ausland abwandern.

8 Welthandel intensiviert den Wettbewerb, sorgt für die ständige Verbesserung der Qualität der Produkte und hat zudem den Vorteil, dass die Anbieter sich in der Preisgestaltung unterbieten.

9 Welthandel trägt zum internationalen Frieden bei. Länder, die miteinander Handel treiben, geraten weniger oft in Konflikt als Länder, die keine Handelsbeziehungen pflegen.

10 Welthandel bietet armen Ländern Entwicklungschancen, wenn diese Produkte exportieren, die sie am besten herstellen können, und wenn internationale Regeln für gleichberechtigte und faire Bedingungen sorgen.

4 Welche wirtschaftlichen Vorteile haben wir durch die Europäische Union?

Leistungen ermitteln und aus persönlicher Sicht bewerten

Politisch gesehen hat der Prozess der europäischen Integration dafür gesorgt, dass aus ehemaligen Feinden befreundete Staaten wurden, in denen die Menschen in Frieden und Freiheit miteinander leben.

Bei wirtschaftlichen Aktivitäten ist vielen oft nicht bewusst, wie sehr Entscheidungen der EU in das Alltagsleben hineinwirken. An ausgewählten Beispielen könnt ihr für mehr Klarheit sorgen.

A Der Fall: Mareike, Patricia und die EU

EU-Regelungen, nicht ganz unbedeutend in Mareikes Sommerurlaub

Mareike, 15 Jahre alt, fährt in diesem Sommer zum ersten Mal ohne Eltern in Urlaub. Zusammen mit Jugendlichen aus mehreren Ländern Europas geht es in ein Sommercamp auf der Insel Korfu in Griechenland. Mareikes alleinerziehende Mutter sorgt sich ein wenig und will, dass ihre Tochter regelmäßig zu Hause anruft. Was die Kosten betrifft, ist das kein größeres Problem mehr. Die EU hat dafür gesorgt, dass 2017 die sogenannten Roaming-Gebühren wegfallen, sodass Telefonieren aus Griechenland kaum noch teurer ist als innerhalb von Baden-Württemberg. Sollte Mareike im Urlaub krank werden, ist es beruhigend, zu wissen, dass sie am Urlaubsort ärztliche Hilfe in Anspruch nehmen kann. Die EU-Staaten haben sich vertraglich dazu verpflichtet, ihren Bürgern gegenseitig ihre Krankenversicherungssysteme zur Verfügung zu stellen.

Mareikes Mutter Patricia arbeitet als Betriebsleitern in einer Firma in Stuttgart, die offene Kamine und Kaminöfen herstellt. Seit der Einführung des europäischen Binnenmarktes konnte die ehemals nur regional agierende Firma ihren Umsatz beständig steigern. Ohne Handelsbeschränkungen verkauft sie ihre modern gestylten Produkte auch an Kunden in anderen EU-Ländern. Das sichert den Arbeitsplatz von Mareikes Mutter und die Arbeitsplätze ihrer Kolleginnen und Kollegen.

Patricia bleibt wenig Zeit zum Shoppen. Kleidung, Bücher und andere Sachen bestellt sie regelmäßig online. Zuletzt war Mareike gar nicht begeistert von der Bluse, die ihre Mutter für sie bestellt hat. So wurde sie zurückgeschickt. Eine EU-Richtlinie sorgt dafür, dass es ein 14-tägiges Rückgaberecht mit voller Preiserstattung bei Online-Geschäften gibt. Patricias online bestellte Espressomaschine gab nach anderthalb Jahren ihren Geist auf. Auch dabei half die EU bei der Schadensregulierung. Für elektronische Geräte und Konsumgüter gilt europaweit eine Gewährleistungsfrist von zwei Jahren. Da die Herstellerfirma die Espressomaschine nicht reparieren konnte, musste sie Patricia den vollen Kaufpreis erstatten. Sollte Patricia sich selbst noch für eine Urlaubsreise per Bahn, Bus oder Flieger entscheiden, kann sie sicher sein, bei Verspätungen Anspruch auf Rückerstattung eines Teiles der Fahrkosten zu erhalten. Auch das ist – wie so vieles andere im Alltag von Patricia und Mareike – ein Ergebnis europäischen Rechts.

1. Von welchen Leistungen der EU profitieren Mareike und Patricia? Nenne sie.

B Regelungen der EU für die Bürgerinnen und Bürger in Europa – eine Auswahl

Regel: Vorteile und …	… mögliche Nachteile
Arbeiten und lernen	
1. Das EU-Programm Erasmusplus für Bildung, Jugend und Sport ermöglicht Studierenden Studienaufenthalte an Gasthochschulen im europäischen Ausland. Auszubildende können damit ein Praktikum in einem ausländischen Unternehmen absolvieren. Die monatliche Förderung kann beim Studium bis zu 500 Euro und beim Praktikum 700 Euro betragen (Stand 2018). Mehrere Millionen junge Leute haben bereits davon profitiert.	Die Hörsäle in Universitäten sind manchmal auch deshalb überfüllt, weil Lernende aus anderen Ländern zusätzliche Plätze beanspruchen.
2. Unionsbürgerinnen und -bürger können sich jederzeit um eine Stelle in einem anderen EU-Land bewerben und ein Arbeitsverhältnis aufnehmen. Die gegenseitige Anerkennung von Berufsabschlüssen regelt die von der EU verabschiedete Europäische EU-Berufsanerkennungsrichtlinie. Sie umfasst mittlerweile eine Reihe von Berufen, bei denen die gegenseitige Anerkennung automatisch erfolgt.	Die vermehrte Anerkennung von Berufen befördert die Konkurrenz um Arbeitsplätze.
3. Unternehmen können sich überall in den Mitgliedstaaten der EU niederlassen und produzieren, ganz so, als wenn es sich um inländische Betriebe handeln würde. Das führt europaweit zu Wettbewerbserweiterungen, von denen die Verbraucher in besonderer Weise profitieren.	Die Stärkung des Wettbewerbs kann die Zahl der Firmenpleiten erhöhen.
Reisen	
4. Für die meisten Menschen ist der freie Personenverkehr eine der wichtigsten Errungenschaften der EU. Freies Reisen ohne Grenzkontrollen ist dabei nur ein Aspekt. Das europäische Grundrecht auf Niederlassungsfreiheit im gesamten Gebiet der EU ermöglicht es den Bürgerinnen und Bürgern der Union, überall in Europa dauerhaft zu leben und zu arbeiten.	Vermehrte Reisetätigkeit führt zu einer Zunahme des Verkehrs und der damit verbundenen Belastungen. Die freie Wahl des Arbeitsplatzes hat zur Folge, dass Familien nicht mehr an gleichen Orten leben können.
Verbraucherschutz	
5. Der Verbraucherschutz gehört insgesamt zu einem der wichtigsten Politikfelder in der EU. Einer der Schwerpunkte ist die Lebensmittelsicherheit. Die EU hat sich zum Ziel gesetzt, die höchsten Sicherheitsstandards weltweit zu garantieren. Zwar kommt es immer wieder zu Verstößen, zum Beispiel bei der Einhaltung von Mindeststandards in der Tierhaltung. EU-Recht ermöglicht es aber, dass gegen solche Verstöße beim Europäischen Gerichtshof in Luxemburg geklagt werden kann.	Lebensmittelindustrie und landwirtschaftliche Betriebe beklagen oft die Fülle der gesetzlichen Vorschriften, die mit den strengen Verbraucherschutzbestimmungen verbunden sind.

1. Nenne für jede dieser Maßnahmen die Gruppen in der Bevölkerung, die besonders davon profitieren.
2. Entscheide und begründe, bei welchen dieser Maßnahmen die Vorteile größer sind als die genannten Nachteile: bei allen, einem Teil, bei keiner?
3. Wähle eine oder mehrere Maßnahmen aus, von denen du annimmst, dass sie jetzt oder in der Zukunft für dich selbst von Bedeutung sein werden, und begründe, warum.
4. Formuliere abschließend deine Stellungnahme zur Themenfrage dieser Doppelseite.

GRUNDWISSEN

C Europäische Union

1. Nenne die grundlegende Idee, die am Anfang des europäischen Einigungsprozesses stand.
2. Fasse die Textaussagen zu den Themen Binnenmarkt, europäische Währung und Grenzkontrollen in jeweils einem Satz zusammen.
3. Beschreibe wichtige europäische Politikfelder und Errungenschaften.
4. Erstelle eine Liste aller Mitgliedstaaten der EU. Recherchiere selbstständig die Zeitpunkte des Beginns ihrer Mitgliedschaft.

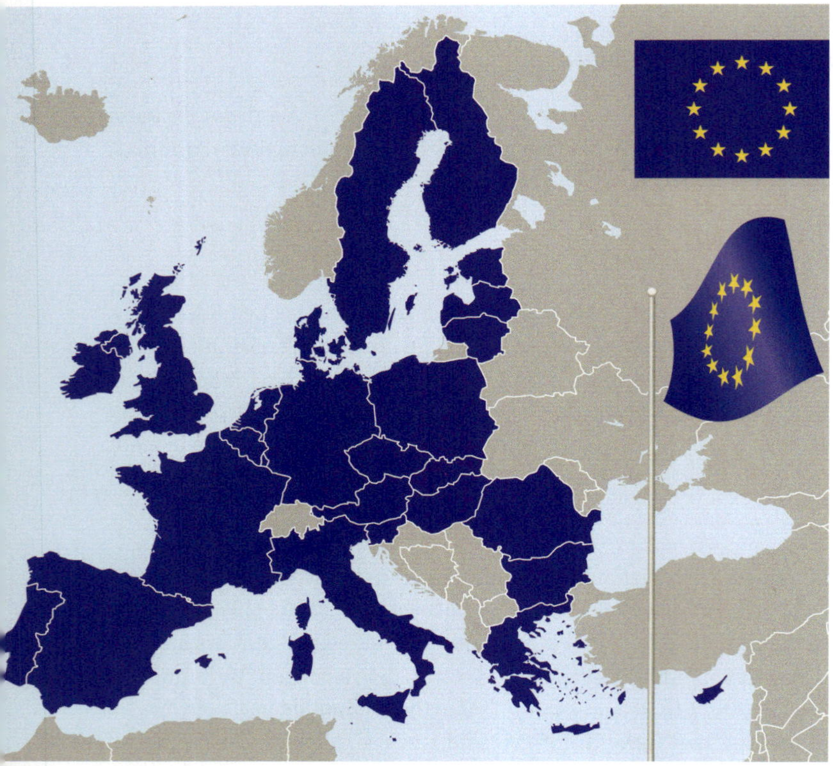

Es begann mit der Wirtschaft

Die Europäische Union ist eine einzigartige wirtschaftliche und politische Vereinigung von 28 europäischen Ländern*, die zusammen einen großen Teil des europäischen Kontinents ausmachen. Die EU hat ihren Ursprung in der Zeit nach dem Zweiten Weltkrieg. Alles begann mit der Förderung der wirtschaftlichen Zusammenarbeit.

Dahinter stand die Idee, dass Länder, die Handel miteinander treiben, sich wirtschaftlich verflechten und daher kriegerische Auseinandersetzungen eher vermeiden.

Das Ergebnis war 1958 die Gründung der Europäischen Wirtschaftsgemeinschaft (EWG) und eine wachsende wirtschaftliche Zusammenarbeit, ursprünglich zwischen sechs Ländern, nämlich Belgien, Deutschland, Frankreich, Italien, Luxemburg und den Niederlanden. Seither wurde ein riesiger Binnenmarkt geschaffen, dessen Weiterentwicklung hin zur Entfaltung seines vollen Potenzials anhält.

Was als reine Wirtschaftsgemeinschaft begonnen hatte, ist nun zu einer Organisation geworden, die vom Klimawandel über Umweltschutz und Gesundheit bis hin zu Außenbeziehungen und Sicherheit, Justiz und Migration zahlreiche Politikfelder abdeckt. [...]

Errungenschaften

Zu den Errungenschaften der EU gehören mehr als ein halbes Jahrhundert Frieden, Stabilität und Wohlstand, ihr Beitrag zur Steigerung des Lebensstandards und die Einführung einer einheitlichen europäischen Währung – des Euro. [...] Da die Grenzkontrollen zwischen EU-Ländern abgeschafft wurden, genießen die Menschen im größten Teil des Kontinents Reisefreiheit. Gleichzeitig ist das Leben, Arbeiten und Reisen im europäischen Ausland viel einfacher geworden. Der gemeinsame Markt oder „Binnenmarkt" ist der wichtigste Wirtschaftsmotor der EU, der den weitgehend freien Verkehr von Waren, Dienstleistungen und Kapital sowie die Freizügigkeit der Bürgerinnen und Bürger ermöglicht. Ein weiteres zentrales Ziel besteht darin, dieses wertvolle Gut weiterzuentwickeln, um sicherzustellen, dass alle Europäerinnen und Europäer den größten Nutzen daraus ziehen können.

(Aus: Die EU – kurz gefasst, in: http://ec.europa.eu © Europäische Union 1995 – 2017, letzter Zugriff: 10.07.2017. Für die Wiedergabe und Anpassung ist allein die Westermanngruppe verantwortlich.)

* Die Zahl 28 bezieht sich auf die Zeit vor dem Austritt Großbritanniens aus der EU. Nach dem Brexit wird die EU ein Mitgliedsland weniger haben.

5 Welche Bedeutung haben der europäische Binnenmarkt und die Währungsunion?

Die Bedeutung erläutern und darstellen

Die Europäische Union wurde als Wirtschaftsgemeinschaft gegründet. Die soziale Marktwirtschaft ist die Wirtschaftsordnung aller Mitgliedstaaten. Binnenmarkt und die Einführung des Euro als gemeinsame Währung der Europäer sind Meilensteine auf dem Weg zur wirtschaftlichen und politischen Integration. Mit diesen beiden Bestandteilen der EU könnt ihr euch auf den folgenden Seiten näher beschäftigen.
Tipp: Es wird eine arbeitsteilige Vorgehensweise empfohlen, in der ihr euch gegenseitig über die Themen Binnenmarkt und Währungsunion informiert.

A Wegmarken der wirtschaftlichen Zusammenarbeit in Europa

Paris 1951

Die sechs Staaten Belgien, Bundesrepublik Deutschland, Frankreich, Italien, Luxemburg und die Niederlande gründen die Europäische Gemeinschaft für Kohle und Stahl (EGKS). Damit wird ein erster wichtiger Schritt zur wirtschaftlichen Zusammenarbeit vollzogen.

Rom 1957

Am 25. März 1957 werden in Rom die Verträge zur Gründung der Europäischen Wirtschaftsgemeinschaft unterzeichnet. Das Datum gilt als Geburtsstunde der heutigen EU.

Schengen 1985

In dem kleinen luxemburgischen Grenzort wird die Schengener Übereinkunft über den schrittweisen Abbau der Personenkontrollen an den Grenzen zwischen den Mitgliedstaaten der EU vereinbart. Die Zeit der offenen Grenzen beginnt.

1992 Maastricht

In der belgischen Stadt wird der Vertrag von Maastricht unterzeichnet, der unter anderem die Einführung des Euro in mehreren Stufen vorsieht. Kurze Zeit später, am 1. Januar 1993, beginnt der europäische Binnenmarkt.

Kopenhagen 1993

In Kopenhagen legen die Mitgliedstaaten die Kriterien zur Aufnahme neuer Mitgliedstaaten in die erweiterte EU fest. Demnach müssen die EU-Mitgliedstaaten über eine funktionierende Marktwirtschaft verfügen und darüber hinaus demokratisch sein und die Menschenrechte achten.

Deutschland plus 11 2002

In Deutschland und zunächst elf weiteren Mitgliedstaaten wird der Euro als Bargeld eingeführt. Großbritannien, Dänemark und Schweden schließen sich der Währungsunion nicht an.

1. Nenne die Orte und füge die Informationen hinzu. (Schließe das Buch und wiederhole zusammenhängend die Wegmarken im Prozess der wirtschaftlichen Integration.)

Was auch noch interessant sein kann:
- jeweils einen der Orte übernehmen, im Internet weitere Informationen dazu recherchieren und präsentieren

Thema 1: Was ermöglicht der europäische Binnenmarkt?

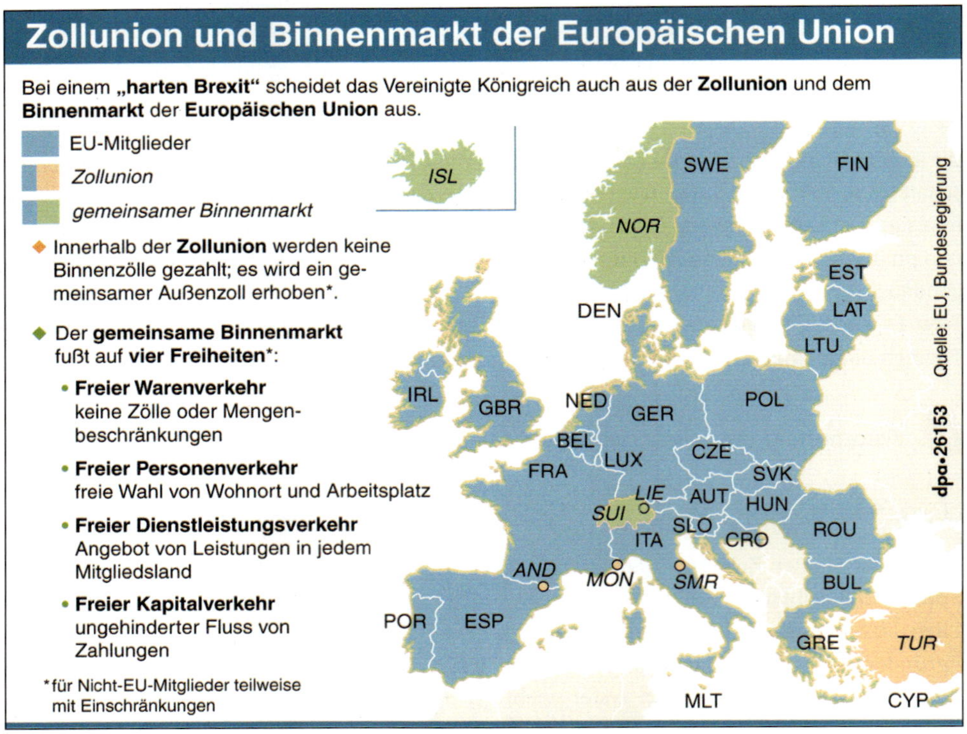

A Dimensionen

Der europäische Binnenmarkt ist – bezogen auf seine Wirtschaftsleistung – der größte Binnenmarkt der Welt. Er gilt als Europas ehrgeizigstes Projekt und als Kernstück der wirtschaftlichen Integration der Staaten Europas. Im Binnenmarkt leben über 500 Millionen Menschen in über 30 Staaten: den 28 EU-Staaten sowie Island, Norwegen und Liechtenstein, die auch dazugehören und mit der EU den Europäischen Wirtschaftsraum (EWR) bilden. Die Basis des Binnenmarktes bildet der freie Verkehr von Waren, Personen, Dienstleistungen und Kapital zwischen den Mitgliedstaaten. Auch seine geografische Ausdehnung ist bemerkenswert. Von Nord nach Süd beträgt sie 4000 Kilometer von Lappland am Polarkreis bis zur Insel Kreta im Mittelmeer. Von West nach Ost sind es 3000 Kilometer von der Atlantikküste Portugals bis an das Schwarze Meer.

Ein langjähriges Mitglied hat der Binnenmarkt allerdings verloren. Großbritannien wird nach dem 2016 beschlossenen „Brexit“, also dem Austritt aus der EU, nicht mehr Mitglied im Binnenmarkt sein.

B Vier Freiheiten

Grundlage des europäischen Binnenmarktes sind die vier Grundfreiheiten:

Freier Personenverkehr: Arbeitskräfte der Mitgliedsländer haben in der Europäischen Union ein weitgehendes Aufenthaltsrecht zur Berufsausübung oder auch zu Stellensuche. Das Gleiche gilt auch für Studierende und Personen im Ruhestand. Unternehmen haben ein generelles Niederlassungsrecht in allen EU-Staaten.

Freier Warenverkehr: Zölle ebenso wie mengenmäßige Einfuhrbeschränkungen sind innerhalb der EU untersagt. Allerdings gibt es Ausnahmen: So können Im- und Exporte immer noch aus Gründen etwa der öffentlichen Sicherheit untersagt werden.

Freier Dienstleistungsverkehr: Dienstleistungsunternehmen ist es erlaubt, grenzüberschreitend tätig zu werden. Richtlinien

regeln die gegenseitige Anerkennung von Berufsabschlüssen.
Freier Kapitalverkehr: Bürgerinnen und Bürger sowie Unternehmen der EU dürfen unbeschränkt Kredite im europäischen Ausland aufnehmen oder Geld in anderen EU-Ländern investieren. Dabei sind aber nationale Vorschriften etwa im Steuerrecht zu berücksichtigen. Deutsche dürfen so viel Geld in Luxemburg anlegen wie sie wollen, müssen aber die dort erzielten Zinsen und Dividenden in der deutschen Steuererklärung angeben.

(Aus: Friedrich Heinemann; Binnenmarkt, in: Bundeszentrale für pol. Bildung (Hrsg.) Europäische Union, Informationen zur politischen Bildung, Nr. 279, 2012, S. 34 f.)

C Erweiterte Möglichkeiten

Der europäische Binnenmarkt ist 1993 in Kraft getreten. Das Warenangebot ist seitdem bunter und vielfältiger geworden, Wettbewerb und das Ende nationaler Monopole haben die Preise vieler Güter und Dienstleistungen gesenkt, beispielsweise bei Telekommunikation, Energie oder Flugreisen. Auch die Möglichkeit für Studierende, innerhalb der EU ohne aufenthaltsrechtliche Probleme den Studienort wechseln zu können, ist dem Binnenmarkt zu verdanken.
Ein wesentliches Prinzip des Binnenmarktes ist, dass alle EU-Bürger innerhalb der gesamten EU wie Inländer behandelt werden müssen; jede Diskriminierung aus Gründen der Staatsangehörigkeit ist also EU-weit verboten. [...] Jeder Unionsbürger muss als Arbeitssuchender, Hauskäufer oder Unternehmer in jedem Staat des Binnenmarktes behandelt werden, als sei er ein Einheimischer.

(Aus: Europa ohne Grenzen: Binnenmarkt und Verbraucherschutz, Hrg. Europäisches Parlament Informationsbüro für Deutschland, www.europarl.europa.eu © Europäische Union 1995 – 2017, letzter Zugriff: 15.07.2017. Für die Wiedergabe und Anpassung ist allein die Westermanngruppe verantwortlich.)

D Verschärfter Wettbewerb

Eine Marktöffnung, wie sie durch den europäischen Binnenmarkt geschaffen wurde, hat natürlich zur Folge, dass der Wettbewerb und die Konkurrenzsituation zunehmen. Das hat Vorteile für die Verbraucher, weil sie zu günstigen Preisen einkaufen können und ihnen eine große Auswahl an in- und ausländischen Produkten zur Verfügung steht. Für die Unternehmen bestehen die Vorteile in der Vergrößerung des Absatzmarktes. Sie können mehr und damit günstiger produzieren und so ihre Gewinne erhöhen. Nicht wettbewerbsfähige Firmen bleiben allerdings auf der Strecke. Auch gibt es eine spürbare Tendenz zu einer verstärkten Unternehmenskonzentration in Europa. Wenn Arbeitssuchende überall in der EU tätig werden können, nimmt auch die Konkurrenz an den Arbeitsmärkten zu.

@ SNG-23610-016

Ein Kurzfilm auf der Homepage des Europäischen Parlaments erklärt die Vorzüge des Binnenmarktes für die Verbraucher in englischer Sprache.

So kannst du deine Ergebnisse präsentieren:

1. Beschreibe die wirtschaftliche und geografische Größe des Binnenmarktes und nenne dabei auch die Länder, die zusätzlich zu den EU-Mitgliedstaaten den europäischen Wirtschaftsraum (EWR) bilden.
2. Erkläre, was die vier Freiheiten im Binnenmarkt bedeuten und wer davon profitiert.
3. Erläutere die Vorteile und mögliche Risiken für Verbraucher, Arbeitnehmer und Unternehmer.
4. Stelle unter Abwägung der Vorteile und der Risiken deine persönliche Wertung des Binnenmarktes vor: Wie schätzt du seine Bedeutung ein?

Tipp: Anhand der Gliederung der Materialien A, B, C und D lässt sich ein Ergebnisvorschlag anschaulich in Form einer Mindmap visualisieren.

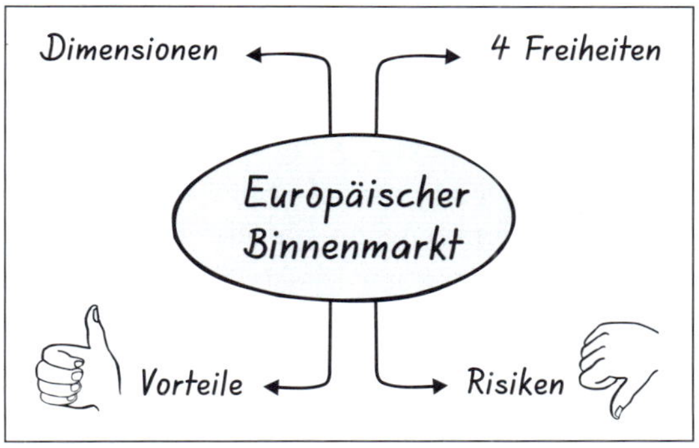

Thema 2: Die Europäische Währungsunion: Vorteile und Kritik

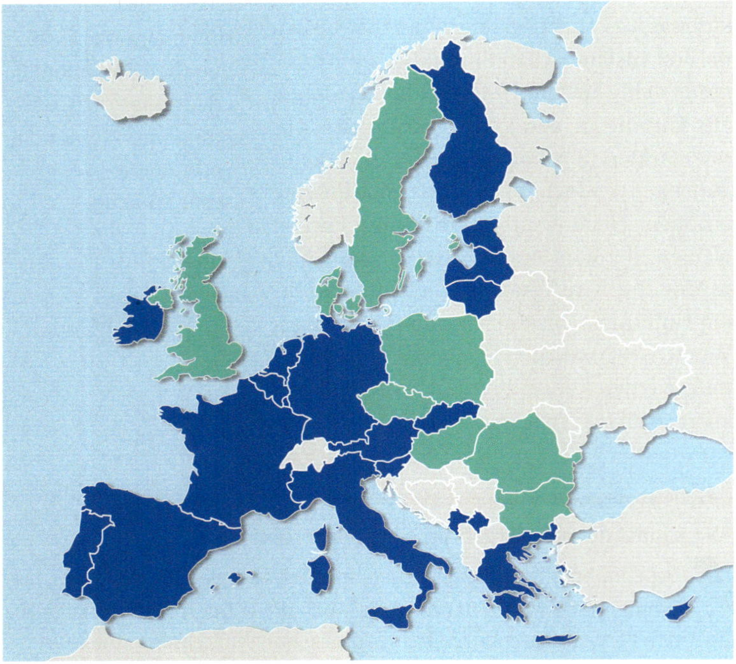

Die Karte zeigt blau eingefärbt die Zahl der Euroländer Ende 2015 (inklusive Malta und Zypern). 19 gehörten dazu. Großbritannien und Dänemark möchten den Euro nicht einführen. Schweden hat in einer Volksabstimmung den Beitritt abgelehnt. Bulgarien, Kroatien, Polen, Rumänien, Tschechien und Ungarn werden ihn einführen, sobald sie die Kriterien erfüllen.

@ SNG-23610-014

Ein Video der europäischen Kommission erklärt die Aufnahmebedingungen in die Euro-Zone.

A Der Weg zur gemeinsamen Währung

Es ist noch gar nicht lange her, da hatte fast jedes Land in der EU seine eigene Währung: die Franzosen den Franc, die Italiener die Lira, die Spanier die Peseta und die Deutschen ihre Mark usw. Fuhr man in Urlaub in eines dieser Länder, musste man erst einmal Geld umtauschen. Das war kompliziert und kostete Gebühren.

Die Idee zu einer Währungsunion hatten viele Europäer schon vor über 50 Jahren. Eine Währungsunion ist der freiwillige Zusammenschluss mehrerer Staaten mit dem Ziel, ihre unterschiedlichen Währungen abzuschaffen und einen gemeinsamen Währungsraum zu bilden. Man sah darin einen Weg, die Beziehungen der europäischen Staatengemeinschaft noch besser zu gestalten und das Wirtschaftsgeschehen zu vereinfachen. Mit den ersten Überlegungen zur Verwirklichung begann man um 1970. 1992 beschlossen die Mitgliedstaaten im Vertag von Maastricht ihre schrittweise Einführung. Der Start zum Euro fiel 1999. Zunächst gab es ihn nur als sogenanntes Buchgeld. 2002 wurden die Euro-Scheine und Münzen im Umlauf gebracht. Zunächst wurde die neue Währung gesetzliches Zahlungsmittel in 11 EU-Staaten. Zu Beginn des Jahres 2018 bestand die Euro-Familie aus 19 Staaten. Mehr als 333 Millionen EU-Bürger verwenden ihn als gemeinsames Geld.

B Die Konvergenzkriterien

Nicht alle Mitgliedstaaten der EU gehören automatisch der Währungsunion an. Voraussetzung ist die Erfüllung der sogenannten Konvergenzkriterien (Konvergenz = Übereinstimmung). Nach den geltenden Vereinbarungen sind die Mitgliedstaaten (mit Ausnahme von Großbritannien und Dänemark) zum Beitritt verpflichtet, sobald sie die folgenden Kriterien erfüllen:

- Die Staatsverschuldung darf die Grenze von 60 Prozent des Bruttoinlandsproduktes nicht überschreiten. Beispiel: Erwirtschaftet ein Land im Laufe eines Jahres Güter und Dienstleistungen im Wert von 200 Milliarden Euro, so liegt demnach die Obergrenze für die Staatsverschuldung bei 120 Milliarden.
- Das Land darf sich jährlich nur um höchstens 3 Prozent seines Bruttoinlandsproduktes neu verschulden. Beispiel: Im oben genannten Beispiel dürfte die Neuverschuldung also höchstens sechs Milliarden Euro betragen.
- Die Geldentwertung darf nur zwei Prozent im Jahr betragen und die Zinsen müssen stabil sein.

C Krise in der Währungsunion

Seit dem Jahr 2010 befinden sich mehrere Mitgliedstaaten der Währungsunion in einer Wirtschaftskrise, die häufig auch als Euro-Krise bezeichnet wird. Expertinnen und Experten sehen eine der wichtigsten Ursachen dieser Krise darin, dass die Konvergenzkriterien von der Mehrzahl der Euro-Staaten nicht strikt genug eingehalten wurden. Das gilt besonders für die Höhe der Staatsverschuldung. 2015 lag die Staatsverschuldung in den meisten Euro-Staaten weit über der vereinbarten 60-Prozent-Grenze (außer in der Slowakei, Slowenien, Finnland, Luxemburg und Estland). Spitzenreiter war Griechenland mit über 170 Prozent Staatsverschuldung. In Deutschland lag sie 2015 bei knapp 82 Prozent.

D Die häufig genannte Kritik

Die bisherige Konstruktion der Währungsunion wird häufig kritisiert. Als Hauptfehler gilt, dass man eine gemeinsame Währung eingeführt hat, aber darauf verzichtete, die Wirtschaftspolitik in den Mitgliedstaaten gemeinsam zu gestalten. Vorgeschlagen wird unter anderem das Amt eines europäischen Wirtschaftsministers, der unter anderem die Geldausgaben der Staaten überwacht. Das geht aber nur, wenn die Mitgliedstaaten bereit sind, weitere Befugnisse an die EU abzutreten. Einige Kritiker wollen den Euro am liebsten ganz wieder abschaffen und zu den früheren nationalen Währungen zurückkehren. Ihrer Ansicht nach hat der Euro zu mehr Problemen als zu Vorteilen geführt. In der Mehrheit der im Bundestag vertretenen Parteien und in der Mehrheit der Bevölkerung gibt es für diese Position keine Zustimmung.

E Vorteile des Euro

Als Vorteile der gemeinsamen Währung führen die Bundesregierung und die Europäische Kommission unter anderem folgende Gründe an:

- Der Euro ist das sichtbarste Zeichen für die gelungene europäische Integration.
- Der Handel über Europas Grenzen hinweg wird erleichtert.
- Es gibt mehr Preistransparenz und eine bessere Vergleichbarkeit der Preise von Land zu Land.
- Mit der gemeinsamen Währung bekommt die EU eine stärkere Stellung in der Weltwirtschaft.
- Für die Jugend ist die gemeinsame Währung zu einer Selbstverständlichkeit geworden.

F Die Europäische Zentralbank

Alle Staaten, die der Europäischen Währungsunion angehören, haben gemeinsam eine zentrale Bank. Diese Europäische Zentralbank, kurz EZB genannt, wurde 1998 gegründet und hat ihren Sitz in Frankfurt am Main. Ihre wichtigste Aufgabe ist es, dafür zu sorgen, dass der Euro seinen Wert behält, also stabil bleibt. Nach der gültigen Definition der EZB besteht Preisstabilität, wenn die Teuerungsrate gegenüber den Preisen im Vorjahr unter 2 Prozent liegt (= Inflationsrate). Die EZB allein kann darüber bestimmen, wie viele Euro-Geldscheine gedruckt werden dürfen und wie groß die Geldmenge insgesamt sein darf, die sich im Umlauf befindet. Sie ist völlig unabhängig in dem, was sie tut. Keine Regierung darf ihr Vorschriften machen. Darauf haben sich die Europäer vor der Einführung des Euro verständigt.

Das Gebäude der Europäischen Zentralbank in Frankfurt a. M.

1. Erläutere, was man unter einer Währungsunion versteht und warum man sich in der EU dafür entschieden hat.
2. Welche Bedingungen müssen Länder erfüllen, um Mitglied der Währungsunion zu werden? Stelle sie vor.
3. Was ist die Europäische Zentralbank, was ist ihre wichtigste Aufgabe und worüber bestimmt sie?
4. Viele sehen überwiegend die Vorteile der Währungsunion und des Euro, manche Kritiker möchten beides am liebsten wieder abschaffen. Wie urteilst du? Formuliere deine Stellungnahme.

6 Jugendarbeitslosigkeit in Europa: Was kann die EU dagegen tun?

Möglichkeiten der Bekämpfung von Arbeitslosigkeit in der EU analysieren

Deutschland gilt für Auszubildende als eine „Insel der Seligen". Junge Leute mit einem qualifizierten Schulabschluss können häufig unter mehreren Ausbildungsangeboten wählen. In vielen anderen Ländern der Europäischen Union sieht es ganz anders aus. Insgesamt hat in der EU jeder fünfte Jugendliche zwischen 16 und 25 Jahren keinen Arbeitsplatz, in einigen Krisenländern sogar fast jeder zweite. Warum ist das so? Was unternimmt die EU zur Lösung des Problems? Anhand dieser Fragen könnt ihr hier das Problem untersuchen. Am Ende könnt ihr auch darüber diskutieren, ob es sinnvoll ist oder nicht, Jugendlichen aus anderen Ländern in Deutschland eine Berufsausbildung anzubieten.

A Ursachen

Jugendliche während einer Demonstration in Madrid: mehr als die Hälfte ohne Job

Aus einem Interview mit dem belgischen Wirtschaftsprofessor Bart Cockx:

Bart Cockx: Die Jugendarbeitslosigkeit ist in der Tat erschreckend hoch. Das ist aber selbst in diesem Ausmaß kein gänzlich neues Phänomen. Schon 1984, 1994 und 2004 konnten wir in Teilen Europas ähnlich hohe Quoten beobachten.

Junge Menschen sind stets die Hauptleidtragenden von Rezessionen. Wenn Arbeitgeber in Krisenzeiten Personal abbauen müssen, sind davon in der Regel zuerst die jüngeren, weniger erfahrenen Mitarbeiter betroffen. Und wenn die Unternehmen mit Neueinstellungen zurückhaltend sind, bleiben die Berufseinsteiger auf der Strecke. Generell trifft es geringqualifizierte Jugendliche am härtesten [...]

(Quelle: Das Interview wurde am 12.06.2015 vom Forschungsinstitut zur Zukunft der Arbeit (IZA) geführt unter http://newsroom.iza.org/de; Zugriff: 01.07.2017)

B Was unternimmt die EU?

Im April 2013 trafen sich die Staats- und Regierungschefs der EU zu einem sogenannten Krisengipfel, bei dem es ausschließlich um Möglichkeiten zur Bekämpfung der Jugendarbeitslosigkeit in Europa ging. Sie verabschiedeten die **europäische Jugendgarantie**. Darin wurden zunächst sechs Milliarden Euro für Maßnahmen zur Verfügung gestellt. Auf dieses Geld können Staaten zurückgreifen, um Menschen unter 25 Jahren innerhalb von vier Monaten zu einer Arbeit, einer Ausbildungsstelle oder einem Praktikum zu verhelfen.

Zur Jugendgarantie sagte die zu diesem Zeitpunkt für die Sozialpolitik zuständige EU-Kommissarin Marianne Thyssen: „Unsere Jugend braucht Jobs und sie braucht sie jetzt. Es ist inakzeptabel, dass über 20 Prozent der jungen Menschen auf dem Arbeitsmarkt derzeit keine Stelle finden. Dadurch, dass wir mehr Mittel zu einem früheren Zeitpunkt bereitstellen, können wir mehr jungen Menschen zu einem Arbeitsplatz verhelfen. Ich bin entschlossen, dafür zu sorgen, dass das klappt."

(Zitat Thyssen aus: Juncker-Kommission beschleunigt Abruf der EU Gelder gegen Jugendarbeitslosigkeit, Artikel vom 04.02.2015, Quelle: http://ec.europa.eu © Europäische Union 1995–2017, Zugriff: 19.06.2017. Für die Wiedergabe und Anpassung ist allein die Westermanngruppe verantwortlich.)

C Die europäische Jugendgarantie

Sinn und Zweck

Die Jugendgarantie ist die Zusage aller EU-Mitgliedstaaten, zu gewährleisten, dass alle jungen Menschen unter 25 Jahren innerhalb von vier Monaten, nachdem sie arbeitslos geworden sind oder ihre Ausbildung abgeschlossen haben, ein qualitativ hochwertiges Beschäftigungsangebot, Fortbildung, einen Ausbildungsplatz oder ein Praktikum erhalten.

Erste Erfolge

- Seit Januar 2014 haben 14 Millionen Jugendliche von den Jugendgarantie-Programmen profitiert.
- Rund 9 Millionen junge Menschen haben ein Angebot im Rahmen der Jugendgarantie angenommen, meist Stellenangebote.
- Nahezu zwei Drittel der jungen Menschen, die 2015 die Jugendgarantie in Anspruch genommen hatten, nahmen anschließend ein Beschäftigungs-, Bildungs-, Lehrstellen- oder Praktikumsangebot an. […]
- Die Jugendarbeitslosigkeit ist von einem Höchststand von 24,4 % im ersten Quartal 2013 auf 18,9 % im zweiten Quartal 2016 zurückgegangen. […]

Vorteile und Kosten

Neueren Untersuchungen zufolge sind die Vorteile der Einrichtung eines nationalen Jugendgarantie-Programms viel höher als die Kosten. Die geschätzten Gesamtkosten der Einrichtung von Jugendgarantie-Programmen im Euroraum belaufen sich auf 21 Milliarden Euro pro Jahr. Passives Abwarten käme allerdings noch viel teurer. Junge Menschen, die sich nicht in Beschäftigung, schulischer oder beruflicher Ausbildung befinden, verursachen Schätzungen zufolge jährliche Kosten in Höhe von 153 Milliarden Euro. […]
Damit die Jugendgarantie umgesetzt werden kann, muss Jugendbeschäftigung in den Staatshaushalten stärker berücksichtigt werden. Nur so können höhere Kosten in der Zukunft vermieden werden […] Angesichts der Tatsache, dass die Arbeitslosigkeit nach wie vor sehr hoch ist, hat die Kommission am 14. September 2016 eine Aufstockung der Mittelausstattung der Beschäftigungsinitiative für junge Menschen von 6,4 auf 8,4 Milliarden Euro vorgeschlagen.

(Aus: Jugendgarantie, Information der Europäischen Kommission in: http://ec.europa.eu © Europäische Union 1995–2017, Zugriff: 10.06.2107. Für die Wiedergabe und Anpassung ist allein die Westermanngruppe verantwortlich.)

Kritiker bemängeln, dass die von der EU zur Verfügung gestellten finanziellen Mittel in den Ländern manchmal falsch verwendet werden. Sprecher der EU weisen demgegenüber darauf hin, dass die Behörden in den Mitgliedstaaten selbst für die sinnvolle Verwendung der Hilfen verantwortlich sind.

(Anmerkung des Autors)

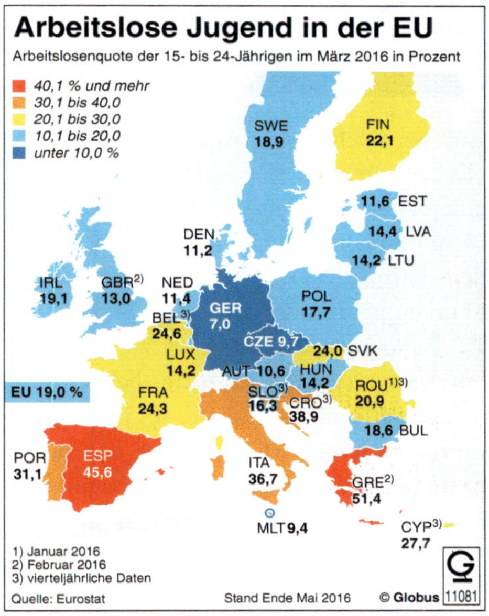

1. Fasse die Aussagen des Wirtschaftsprofessors Bart Cockx zu den Ursachen der Jugendarbeitslosigkeit mit eigenen Worten zusammen.
2. Erstelle mithilfe der Landkarte eine Liste der Länder mit der höchsten Jugendarbeitslosigkeit in der EU.
3. Verfasse einen informierenden Text, in dem du das Problem anhand folgender Kriterien analysierst: Ausmaß der Jugendarbeitslosigkeit, Ursachen, Maßnahmen der EU, Erfolge und Kritik.

Tipp: Mithilfe der folgenden Doppelseite könnt ihr tiefer in die Thematik einsteigen.

EU fördert Berufsausbildung ausländischer Jugendlicher in Deutschland

A Der Fall: ¡Hola! Deutschland, bilde mich aus!

Spanische Auszubildende in Baden-Württemberg

Auf der Suche nach Auszubildenden ging das Unternehmen Bosch (Heilbronn) zuletzt einen ungewöhnlichen Weg – und schaltete in spanischen Zeitungen eine Anzeige mit dem Aufruf: „Erfolg kommt nicht von allein. Man muss ihn suchen."

150 Jugendliche schafften es zum Vorstellungsgespräch, jeder Dritte bekam eine Lehrstelle in Deutschland. [...] Fernando Cardona Gómez ist einer von denen, die nach Deutschland kommen. Er beginnt im Herbst eine Ausbildung zum Mechatroniker. „In Deutschland gibt es mehr Chancen für junge Leute", sagt der 18-Jährige. Eigentlich wohnt er in Barcelona, jetzt sucht er eine Wohnung im schwäbischen Heilbronn. Warum er die katalanische Sonne verlassen hat? „Ich wollte mein eigenes Geld verdienen." In Spanien habe ihn die Familie finanzieren müssen. Hier unterstützt ihn sein Arbeitgeber bei der Wohnungssuche. [...]

Zurück in die Heimat will Fernando vorerst nicht. „Ich möchte hier irgendwann Ingenieur werden", sagt er. Eine Freundin, die in Barcelona auf ihn warte, habe er nicht.

Andere spanische Azubis hat allerdings nicht viel in Deutschland gehalten. Das gilt beispielsweise für neun Spanier in Ulm, die die Handwerkskammer im vergangenen Sommer an Betriebe vermittelt hat. Nur vier von ihnen sind geblieben.

(Aus: Antonia Lange: Junge Spanier als Azubis, Artikel vom 15.06.2014, in: www.spiegel.de/lebenundlernen/schule/; Zugriff: 10.07.2017)

B Unterstützung mit Mitteln der EU

Das Grundrecht auf Freizügigkeit für alle Wirtschaftsbürger in der EU gibt Jugendlichen aus anderen Ländern der EU das Recht, in Deutschland eine berufliche Ausbildung zu absolvieren. Die EU fördert die berufliche Arbeitsmarktmobilität von Jugendlichen, indem sie die Unternehmen und die Jugendlichen finanziell mit EU-Geldern unterstützt. Dazu gibt es einmal die Mittel aus der europäischen Jugendgarantie. Zum anderen ist der Europäische Sozialfonds eine besonders wichtige Finanzierungsquelle für die Schaffung von Arbeitsplätzen in Europa. Ziel dieses Fonds ist es, vor allem die Menschen in Arbeit zu bringen, die aufgrund ihres Migrationshintergrundes oder einer geringen beruflichen Qualifikation schlechte Startchancen haben.

Zwischen 2010 und 2014 stellte die EU dafür insgesamt 80 Milliarden Euro zur Verfügung. Verantwortlich für die Verwendung der Gelder sind in Deutschland die Regierungen in den Bundesländern. In Baden-Württemberg und in anderen Bundesländern unterstützen die Landesregierungen die Bemühungen der EU. Das Baden-Württembergische Ministerium für Finanzen und Wirtschaft hat dazu eine Informationsbroschüre herausgegeben, in der man sich direkt an die Unternehmen bzw. Unternehmer im Land wendet.

Sehr geehrte Unternehmerin, sehr geehrter Unternehmer, verehrte Damen und Herren,

angesichts der hohen Jugendarbeitslosigkeit in vielen Ländern Europas und vieler unbesetzter Ausbildungsplätze in Baden-Württemberg gewinnt die Möglichkeit, Auszubildende aus dem Ausland zu gewinnen, für Unternehmen, Kammern und Verbände an Bedeutung. Auch die Partner des Ausbildungsbündnisses in Baden-Württemberg haben sich deshalb intensiv mit diesem Thema befasst. Wir begrüßen solche Aktivitäten, halten es aber auch für wichtig, nicht zu vergessen, dass es auch in Baden-Württemberg eine große Zahl von Jugendlichen gibt, die noch einen Ausbildungsplatz suchen. Auf jeden Fall kann die Ausbildung von Jugendlichen aus anderen Ländern nur gelingen, wenn wichtige Voraussetzungen erfüllt sind.

Vor Abschluss eines Ausbildungsvertrags sollten die Jugendlichen stets den Betrieb sowie Lebensweise und Kultur in Deutschland im Rahmen eines Praktikums kennengelernt haben. Erste Erfahrungen zeigen auch: Ohne entsprechende Deutschkenntnisse geht es nicht, denn die Auszubildenden müssen dem Unterricht an der Berufsschule folgen können. Außerdem sollten die Jugendlichen volljährig sein.

Jugendliche aus Europa – zur Ausbildung nach Baden-Württemberg Informationen für Unternehmen und Wirtschaftsorganisationen

(Aus: Jugendliche aus Europa – zur Ausbildung nach Baden-Württemberg? Informationen für Unternehmen und Wirtschaftsorganisationen, hg. vom Ministerium für Finanzen und Wirtschaft Baden-Württemberg, Referat Ausbildung, Stand: 01.09.2016, S. 2)

C Zur Diskussion: Ist es sinnvoll, Jugendliche aus anderen Ländern der EU in Deutschland auszubilden?

Nein, ist es nicht!

Besser ist es, wenn diese Jugendlichen eine Ausbildung in ihrem Heimatland machen können. Verlassen sie ihr Land, sind sie für die Entwicklung der heimischen Wirtschaft verloren. Außerdem ist man als Auszubildende(r) noch zu jung, um fern von der Familie dauerhaft im fremden Land Deutschland zu arbeiten und zu leben.

Ja, das ist sinnvoll!

Vor dem Hintergrund der hohen Jugendarbeitslosigkeit in den Heimatländern haben Jugendliche dort oft kaum Aussichten auf eine gute Zukunft. Das ist gefährlich für sie und für ihr Land. Unternehmen und Verbraucher in Deutschland profitieren davon, wenn sie hierherkommen können und Ausbildungsplätze besetzen, für die es sonst keine Bewerbungen gibt.

1. Welche Hoffnungen und Probleme ausländischer Auszubildender in Deutschland werden im Fall A deutlich? Beschreibe sie.
2. Viele Menschen in Deutschland haben von den Maßnahmen der EU gegen Jugendarbeitslosigkeit noch nichts gehört: Mit welchen Worten kannst du ihnen die Aktivitäten der EU erläutern?
3. Bewerte die beiden Positionen zum Thema „Ausbildung in Deutschland“. Begründe deine Ansicht mit weiteren Argumenten. Tausche dich mit anderen darüber aus und diskutiert miteinander.

KOMPETENZTEST

Aufgabe 1:

Richtig oder falsch einschätzen und erklären

Das Ehepaar Marit und Mezut kommt von einer Urlaubsreise aus China zurück. In ihren Koffern befinden sich viele schöne Sachen, die sie dort für wenig Geld eingekauft haben: Sneaker, die genau so aussehen wie die vom Originalhersteller, Polohemden und Blusen, die den teuren Markenprodukten täuschend echt nachgemacht sind, und für Marit eine sehr schöne Handtasche als Kopie eines sündhaft teuren Luxusproduktes aus Europa.

Dürfen sie ihren schönen Sachen bedenkenlos nach Deutschland einführen?
A Ja, weil … B Nein, weil …

Aufgabe 2:

Füge die folgenden Aussagen sachlich richtig zusammen.

1. Protektionismus bedeutet, dass der Staat …	→	A hinausgehenden Wettbewerb ein.
2. Er schränkt den über Landesgrenzen …		B Verzicht auf staatliche Eingriffe durch Zölle und andere Handelshemmnisse.
3. Er handelt protektionistisch, um die heimische Wirtschaft vor …		C Maßnahmen ergreift, die den Import ausländischer Waren und Dienstleistungen verhindern sollen.
4. Freihandel bedeutet den …		D Güterverkehr weltweit frei zum Wohle aller entfalten.
5. Bei freiem Welthandel soll sich der …		E ausländischer Konkurrenz zu schützen.

Aufgabe 3:

Regelungen der Europäischen Union beschreiben

Erkläre in jeweils einem Satz für jeden der folgenden drei Bereiche je eine Maßnahme der EU.

Arbeiten und Lernen	Reisen innerhalb der EU	Verbraucherschutz

Aufgabe 4:

Die Bedeutung des internationalen Handels begründen

Begründe mithilfe des Schaubildes die große Bedeutung des freien Welthandels aus deutscher Sicht.
Wende zur Schaubildinterpretation die „Vier-Fragen-Deutung" an:

- Wovon handelt das Schaubild?
- Welche Bedeutung haben die Zahlen?
- Welche Daten sind für die Begründung des Welthandels besonders wichtig?
- Welche Informationen daraus sollte man sich langfristig merken?

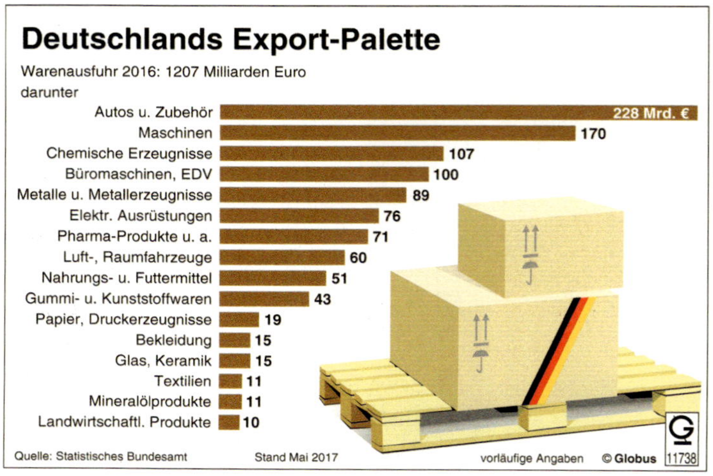

Aufgabe 5: **Teilaussagen zusammenfügen**

Welche Theorie und welche Aussage passen zu welchem Autor?

A Begründung der Theorie des komparativen Vorteils

B Begründung der Notwendigkeit weltweiten Handels für Hersteller von Produkten gleicher Art

C Begründung der Theorie der internationalen Arbeitsteilung und Spezialisierung

1

Adam Smith
1723–1790

2

David Ricardo
1772–1823

3

Paul Krugman
geb. 1953

a) Unternehmen, die mit gleichen Produkten handeln, brauchen weltweit große Absatzmärkte für eine kostengünstige Produktion.

b) Kein Land sollte Produkte herstellen, die es aus einem anderen Land billiger beziehen kann.

c) Den größten Handelsvorteil haben die Länder, die das produzieren und exportieren, was sie am besten können.

Aufgabe 6: **Vor- und Nachteile erläutern**

Erläutere am Beispiel der Automobilindustrie …

a) die Notwendigkeit und die Vorteile weltweiten Handels.
b) mögliche Gefahren, die für die Unternehmen, die Arbeitsplätze und die Kunden entstehen können, wenn einzelne Länder die Einfuhr ausländischer Autos verbieten.

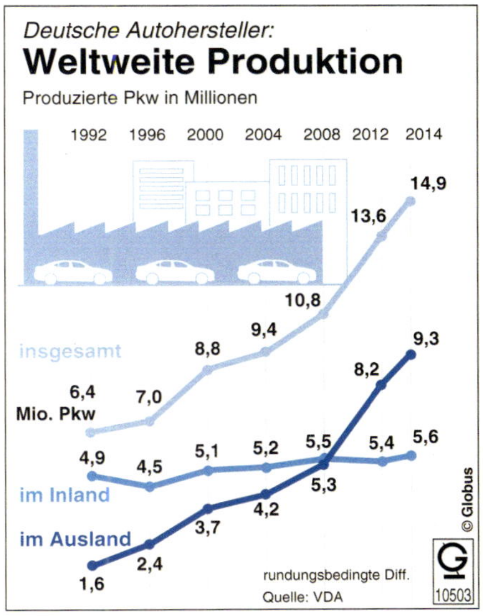

Aufgabe 7: **Ideen zur Problemlösung entwickeln**

„Unsere Jugend braucht Jobs und sie braucht sie jetzt. Es ist inakzeptabel, dass über 20 Prozent der jungen Menschen auf dem Arbeitsmarkt (in der EU) derzeit keine Stelle finden.“
Marianne Thyssen, Kommissarin für Soziales in der EU[1]

- Was können die Europäische Union und ihre Mitgliedstaaten gemeinsam zur Bekämpfung der Jugendarbeitslosigkeit in der EU tun?
  Stelle zwei Ideen für wirkungsvolle Maßnahmen vor.

[1] Quelle: http://ec.europa.eu © Europäische Union 1995–2017. Für die Wiedergabe und Anpassung ist allein die Westermanngruppe verantwortlich.

Glossar

Aktie

Aktie bedeutet Urkunde oder Wertpapier. Mit dem Kauf einer Aktie erwirbt der Käufer einen bestimmten Anteil an einem Unternehmen in der Form einer Aktiengesellschaft und hat damit einen Anspruch auf einen Anteil am Unternehmensgewinn (Dividende). Aktien werden vornehmlich an der Börse gehandelt. Aktiengesellschaften verschaffen sich durch die Aktienverkäufe Kapital für Investitionen.

Arbeitsteilung

ist ein Prinzip, das der modernen spezialisierten Wirtschaft zugrunde liegt. Der Begriff wurde von dem schottischen Nationalökonomen Adam Smith geprägt. Er wollte damit deutlich machen, dass die Wirtschaft am besten funktioniert, wenn jeder die Tätigkeiten ausübt, die er am besten kann. Arbeitsteilung gibt es innerhalb von Betrieben, zum Beispiel indem die Produktion in verschiedene Teilprozesse zerlegt und von verschiedenen Menschen ausgeübt wird. Es gibt sie in der Untergliederung von Unternehmen in verschiedene Abteilungen wie zum Beispiel Einkauf, Verkauf, Forschung, Marketing, Verwaltung, Service. Sie existiert auch im globalen Rahmen, indem zum Beispiel Länder Produkte auf den Märkten anbieten, für deren Erzeugung sie bessere Voraussetzungen mitbringen als andere.

Assessment-Center

„To assess“ bedeutet bewerten, einschätzen und „Center“ heißt Zentrum, Mittelpunkt. Ein Assessment-Center (AC) ist ein Auswahlverfahren, das Unternehmen einsetzen, um die Eignung mehrerer Bewerberinnen und Bewerber für angebotene Berufe oder Ausbildungsplätze gleichzeitig zu testen. Zu den eingesetzten Übungen gehören Präsentationen (Kurzvorträge), Interviews, Gruppendiskussionen und berufsorientierte Rollenspiele. Getestet werden in der Regel überfachliche Kompetenzen, sogenannte „Soft Skills“ wie zum Beispiel Präsentationskompetenz (gutes Auftreten), Motivation, Kommunikations- und Teamfähigkeit.

Bedürfnisse

entstehen aus dem Wunsch heraus, einen Mangel zu beseitigen. Wer Hunger hat, entwickelt das Bedürfnis, zu essen, und möglicherweise auch das Bedürfnis, Lebensmittel einkaufen zu gehen. Verschiedene Bedürfnisarten lassen sich unterscheiden, zum Beispiel Grundbedürfnisse, Luxusbedürfnisse, Sicherheitsbedürfnisse, soziale Bedürfnisse und das Bedürfnis nach Selbstverwirklichung.

Bedarf

entsteht in der Folge aus einem Bedürfnis, wenn man bereit ist, ein Wirtschaftsgut zu erwerben und dafür zu bezahlen. In der Marktwirtschaft wird der Bedarf zur Nachfrage. Eine wesentliche Aufgabe der Werbung besteht zum Beispiel darin, bei den Konsumenten den Bedarf nach neuen Produkten zu wecken und die Bereitschaft zu erzeugen, dafür Geld auszugeben.

Betriebsrat

Er ist die gewählte Interessenvertretung der Arbeitnehmerinnen und Arbeitnehmer in einem Wirtschaftsbetrieb. Er kann in Betrieben mit einer Mindestzahl von fünf Personen alle vier Jahre gewählt werden. Die wichtigste Aufgabe des Betriebsrates besteht darin, alle Belange der Belegschaft gegenüber der Leitung des Betriebes zu vertreten. Seine Rechte sind im Betriebsverfassungsgesetz geregelt.

Bruttoinlandsprodukt

Den Wert aller in einer Volkswirtschaft erstellten Waren und Dienstleistungen in einem Jahr bezeichnet man als Bruttoinlandsprodukt. Dies wird in einer Geldsumme ausgedrückt. Die Höhe des BIP gilt als Maßstab für den Wohlstand und die wirtschaftliche Leistungsfähigkeit einer Gesellschaft. Nach wie vor ist eines der wichtigsten Ziele der Wirtschaftspolitik, ein hohes und gleichmäßiges Wachstum des Bruttoinlandsproduktes zu erreichen.

Börse

Eine Börse ist ein Markt, an dem vornehmlich mit Aktien und anderen Wertpapieren, aber auch mit internationalen Währungen (= Devisen) und mit Rohstoffen gehandelt wird. Der Begriff Börse wird sowohl für das Marktgeschehen verwendet als auch für das Gebäude, in dem sich das Geschehen abspielt. Das Marktgeschehen an der Börse unterliegt besonderen gesetzlichen Regelungen, die auf anderen Märkten nicht gelten. Zum Beispiel stehen sich Käufer und Verkäufer hier nicht direkt gegenüber, sondern werden durch Banken und Börsenmakler vertreten. Aller Wahrscheinlichkeit nach stammt der Begriff aus dem Mittelalter als Bezeichnung für einen Geldbeutel. Auch heute noch verwendet man den Begriff Geldbörse synonym für das eigene Portemonnaie.

Dividende

bedeutet „Anteil am Gesamten“. Sie ist der Teil eines Unternehmensgewinns, den eine Aktiengesellschaft an ihre

Aktionäre ausschüttet. Die Höhe der Dividende wird auf der Hauptversammlung der AG festgelegt. Für die Aktionäre ist die Dividende neben den Kursgewinnen der Aktien eine Form der Rendite. Dividenden müssen ab einer bestimmten Höhe versteuert werden.

Digitalisierung

Vereinfacht ausgedrückt bedeutet Digitalisierung die Umwandlung aller Informationen in eine Sprache, die alle Computer in gleicher Weise verstehen. Wörtlich übersetzt heißt der lateinische Begriff *digitus* Finger oder auch Zahl. Um den Computer zu füttern, werden alle Daten in Zahlenkombinationen, bestehend aus der 0 und der 1, umgewandelt. Die Erfindung der Digitalisierung war die Voraussetzung für die Entwicklung von Computern.

Diversity-Management

Diversität bedeutet Vielfalt. Diversity-Management verfolgt das Ziel, Menschen aus unterschiedlichen Herkunftsländern und Kulturen mit unterschiedlichen Talenten und Kompetenzen möglichst so in einen Arbeitsprozess einzubinden, dass alle davon profitieren und aufgrund der Vielfalt der Beteiligung verbesserte Arbeitsergebnisse erzielen.

Europäischer Binnenmarkt

Ein Binnenmarkt ist ein Gebiet ohne Grenzen für alles, was sich im wirtschaftlichen Geschehen von einem Ort zum anderen bewegen soll. Das gesamte wirtschaftliche Geschehen spielt sich im Binnenmarkt nach einheitlichen Regeln und gleichen Bedingungen ab. Der europäische Binnenmarkt umfasst die Mitgliedstaaten der Europäischen Union (EU). Durch besondere Verträge sind auch die Nicht-Mitgliedstaaten Island, Liechtenstein, Norwegen und die Schweiz mit ihm verbunden. Grundlegend gelten vier Freiheiten: 1. Waren können ungehindert in allen Mitgliedstaaten verkauft werden. 2. Personen eines Mitgliedslandes der EU können in jedem anderen EU-Land leben, arbeiten oder eine Ausbildung absolvieren. 3. Dienstleistungen können von jedem EU-Bürger über die nationalen Grenzen hinweg erbracht werden. 4. Geld und Kapital können von jedem Mitgliedsland in ein anderes frei bewegt werden. Zwischen den Mitgliedstaaten des europäischen Binnenmarktes gibt es nur noch Innenhandel und keinen Außenhandel mehr.

Freihandel

Dieser Grundsatz bedeutet, dass die Länder auf der Erde miteinander Handel treiben können, ohne dass die Ein- und Ausfuhr von Waren mit Zöllen oder anderen Handelsbarrieren (siehe dort) eingeschränkt wird. Nach Auffassung der Befürworter des Freihandels ist es für alle Länder von Vorteil, wenn sie ihre eigenen Produkte weltweit verkaufen können und ungehindert die Güter einführen, die sie selbst nicht produzieren. Auch dienen demnach weltweite Handelsbeziehungen der Sicherung des Friedens auf der Welt. Zur Sicherung des Freihandels schließen Staaten Freihandelsabkommen untereinander ab. Kritiker wenden ein, dass Freihandel eher den reichen Industriestaaten nützt und den Armutsländern schadet. Diese seien mit ihren Produkten nicht konkurrenzfähig und erzielten für ihre Angebote oft nur geringe Preise. Die Gegenposition zum Freihandel ist Protektionismus (siehe dort).

Gewerkschaften

sind Vereinigungen von Arbeitnehmern, um deren Interessen gegenüber den Arbeitgebern und dem Staat zu vertreten. Sie haben viele Aufgaben, vor allem kümmern sie sich um die Verbesserung der Arbeitsbedingungen, die Sicherung und Erhöhung der Löhne, den Schutz bestehender und die Schaffung neuer Arbeitsplätze und um die Mitbestimmung der Arbeitnehmer in den Betrieben. Die ersten Gewerkschaften entstanden als Arbeitervereine zu Beginn des 19. Jahrhunderts. Über ein Drittel aller Arbeitnehmer sind in den 16 Einzelgewerkschaften des Deutschen Gewerkschaftsbundes (DGB) organisiert.

Gewinn

Allgemein ist der Gewinn das, was man bei einem Geschäft nach dem Abzug aller Kosten verdient. In einem Unternehmen ist er das unternehmerische Einkommen. Die Höhe des Gewinns lässt sich errechnen, indem man alle Kosten, die bei der Produktion anfallen vom der Summe abzieht, die der Verkauf der Produkte eingebracht hat (siehe auch Umsatz).

Geschäftsfähigkeit

ist ein Begriff aus dem Bürgerlichen Gesetzbuch (BGB) und bedeutet das Recht, nach eigenem Willen und in eigener Verantwortung Rechtsgeschäfte bzw. Kaufverträge abzuschließen. Die Geschäftsfähigkeit hängt vom Lebensalter ab. Kinder sind bis zur Vollendung des siebten Lebensjahres geschäftsunfähig. Minderjährige gelten als beschränkt geschäftsfähig. Sie können zum Beispiel Kaufverträge abschließen, wenn die Erziehungsberechtigten dazu ausdrücklich ihre Genehmigung erteilt haben. Die volle Geschäftsfähigkeit beginnt mit der Volljährigkeit ab 18 Jahren.

Girokonto

Das ist ein sogenanntes „laufendes Konto“ bei einer Bank oder einer Sparkasse, über das man alle Bankgeschäfte abwickeln kann. Giro ist italienisch und bedeutet „Runde" oder „Kreis". Arbeitgeber überweisen die Gehälter auf die Girokonten ihrer Mitarbeiter. Die monatlichen Mieten und andere regelmäßig wiederkehrenden Zahlungen werden vom eigenen Girokonto abgebucht usw. Wenn man Bargeld auf das Girokonto überweist, verwandelt es sich in Buchgeld. Zur Führung eines Girokontos benötigt man die internationale Kontonummer IBAN und die Bankleitzahl BIC. Sie zeigt, bei welchem Geldinstitut man das Konto hat.

Globalisierung

Sie ist ein Prozess der weltweiten Vernetzung der wirtschaftlichen Abläufe und Abhängigkeiten, der technischen Möglichkeiten, der wissenschaftlichen Forschung, der kulturellen Angleichung der Lebensumstände, der Auswirkungen des Lebens auf die Umwelt, der politischen Möglichkeiten, Chancen und Probleme. Der vielschichtige Begriff wird einmal zur Charakterisierung eines neuen Zeitalters nach dem Ende des Ost-West-Konfliktes verwendet und andererseits als Sammelbegriff für alle Megatrends, die in einem weltweiten Zusammenhang gesehen werden müssen.

Handelsbarrieren

auch Handelshemmnisse genannt, sind Maßnahmen eines oder mehrerer Staaten, welche den Austausch von Waren und Dienstleistungen über die nationalen Grenzen hinweg einschränken oder ganz unterbinden. Ihr Ziel besteht in der Regel darin, die einheimische Wirtschaft vor ausländischer Konkurrenz zu schützen. Daher werden Handelsbarrieren auch als Protektionismus (siehe dort) bezeichnet. Handelsbarrieren können aus Einfuhrverboten bestehen, aus Zöllen auf ausländische Waren und aus Quoten für bestimmte Produkte. Die Einfuhr ist dann nur in einer begrenzten Menge erlaubt. Auch finanzielle Hilfen des Staates für die eigenen Industrien können Handelsbarrieren sein, weil sie die heimischen Produkte verbilligen und so vor ausländischer Konkurrenz schützen (siehe auch Subventionen).

Inflation

heißt Geldentwertung. Von einer Inflation spricht man, wenn die Verbraucherinnen und Verbraucher für die gleiche Menge Geld weniger kaufen können, weil die Waren teurer geworden sind. Die Inflationsrate wird in der Regel mit einer Prozentzahl ausgedrückt. Diese Zahl drückt aus, wie sich die Waren im Vergleich zum Vorjahr durchschnittlich verteuert haben.

Interessenverbände

Sie spielen in der parlamentarischen Demokratie eine große Rolle und sind auf die unterschiedlichsten Arten organisiert. Gemeinsam ist ihnen, dass sich Menschen zusammenschließen, um sich so wirkungsvoller gegenüber der Regierung oder gegenüber anderen Interessengruppen durchsetzen zu können. Interessengruppen versuchen, Druck auf die Politik auszuüben, um die Entscheidungen der Politiker in ihrem Sinne zu beeinflussen. Das ist rechtlich geregelt und legitim. Allerdings wird der Einfluss mächtiger Interessenverbände auf die politischen Entscheidungen auch häufig als zu groß kritisiert.

Kartell

bedeutet Vereinbarung. In der Wirtschaft wird das Wort oft zur Bezeichnung geheimer Preisabsprachen benutzt, die zwei oder mehr Unternehmen treffen, um die Preise ihrer Produkte untereinander abzusprechen. Solche Preiskartelle haben das Ziel, den Wettbewerb auszuschalten und den Unternehmensgewinn zu sichern. Kartelle sind grundsätzlich verboten und werden mit hohen Geldbußen bestraft.

Kaufvertrag

Bei jedem Kauf kommt es zwischen dem Käufer und dem Verkäufer zum Abschluss eines Kaufvertrages, auch dann, wenn dieser Vertrag nicht schriftlich vereinbart wird. Der Vertrag kommt durch den Kaufantrag und die Antragsannahme zustande. Der Verkäufer verpflichtet sich darin, dem Käufer eine bestimmte Ware oder eine Dienstleistung zu einem bestimmten Preis zu übergeben. Der Käufer verpflichtet sich, den vereinbarten Preis zu zahlen und die gekaufte Sache anzunehmen.

Knappheit

ist der Hauptgrund dafür, dass der Mensch wirtschaften muss. Knappheit bedeutet, dass die Menge der zur Befriedigung aller wirtschaftlichen Bedürfnisse stets geringer ist als die Zahl der Wünsche. Je knapper die Güter sind, desto höher der Preis.

Konjunktur

Der lateinische Begriff bedeutet Verbindung und bezeichnet die sich aus einer Verbindung verschiedener Ereignisse ergebende zeitliche Entwicklung in einer Volkswirtschaft. Der Verlauf einer konjunkturellen Entwicklung lässt sich in Form einer wellenförmigen Verlaufskurve darstellen, welche die Schwankungen im Wirtschaftsverlauf zwischen erfolgreichen und nicht erfolgreichen Phasen zeigt. Im Konjunkturverlauf gibt es wiederkehrende Phasen, die man als Konjunkturzyklus bezeichnet. Die vier Phasen dieses Zyklus sind Aufschwung, Hochkonjunktur, Abschwung (= Rezession) und Tiefpunkt (= Depression).

Kredit

Wer einer anderen Person einen Kredit gewährt, leiht dieser in der Regel eine größere Geldsumme, die diese dann zurückzahlen muss. Man spricht von einem Darlehen. Eine häufige Form ist der Ratenkredit. Nimmt zum Beispiel eine Familie einen Bankkredit auf, um ein Auto oder ein Haus zu finanzieren, so zahlt sie die Summe nicht auf einmal, sondern in vereinbarten Raten zurück. Bei großen Anschaffungen kann sich die Rückzahlung über viele Jahre hinweg hinziehen. Kredit bekommt in der Regel nur, wer sich als kreditwürdig erweist. Das Wort bedeutet *glauben* und *vertrauen*. Der Kreditgeber muss darauf vertrauen können, dass der Kreditnehmer zur Rückzahlung in der Lage ist. Banken und Sparkassen vergeben Kredite nicht umsonst. Sie verlangen vom Kreditnehmer Zinsen, die der Höhe des Darlehens hinzugerechnet werden.

Liquidität

Das Adjektiv liquide bedeutet „flüssig". Wer liquide ist, verfügt über das nötige Geld, um das von ihm nachgefragte Wirtschaftsgut käuflich zu erwerben. In der Sprache der Wirtschaft ist Liquidität die Fähigkeit eines Wirtschaftssubjektes, fällige Verbindlichkeiten jederzeit fristgerecht und uneingeschränkt begleichen zu können. Banken führen zum Beispiel Liquiditätsprüfungen durch, bevor sie ihren Kunden Kredite gewähren.

Markt

Ein Markt ist ein Ort des Zusammentreffens von Angebot und Nachfrage nach einem Wirtschaftsgut, auf dem der Preis für eine Ware im Zusammenspiel zwischen den unterschiedlichen Interessen von Anbietern und Käufern gebildet wird. In der modernen Wirtschaft müssen Märkte keine konkreten Orte mehr sein. Im Online-Warenverkehr spielt sich das Marktgeschehen zunehmend in der digitalisierten Computerwelt ab. Gütermarkt, Geldmarkt, Arbeitsmarkt und andere stellen unterschiedliche Marktarten dar. Märkte werden auch nach Marktformen eingeteilt. Marktformen sind das Monopol, Oligopol und Polypol.

Maximalprinzip

ist eines der Grundprinzipien rationalen wirtschaftlichen Handelns. Es bedeutet, dass man mit einem vorgegebenen Mitteleinsatz ein bestmögliches (= maximales Ziel) erreichen will. Nach dem Maximalprinzip handelt zum Beispiel, wer mit einen Budget von 30 Euro einen möglichst schönen Tagesausflug in eine fremde Stadt plant.

Minimalprinzip

ist zusammen mit dem Maximalprinzip ein zweites Grundprinzip wirtschaftlichen Handelns. Ein vorgegebenes Ziel soll dabei mit einem möglichst geringen (= minimalen) Mitteleinsatz erreicht werden. Man plant zum Beispiel eine Reise über ein Wochenende in einer Stadt und will für die Übernachtungen möglichst wenig Geld ausgeben.

Mitbestimmung

Für größere Wirtschaftsbetriebe bedeutet dieser Begriff, dass die Arbeitnehmerinnen und Arbeitnehmer an der Leitung des Betriebes mitbestimmend teilnehmen. Die Unternehmer können zum Beispiel nicht allein darüber entscheiden, wer eingestellt und wer entlassen wird, wie der Betrieb gestaltet wird usw.

Nachhaltigkeit

Der Begriff wurde aus der Forstwirtschaft übernommen und bedeutete ursprünglich, dass man nicht mehr Holz schlagen darf, als nachwachsen kann. Heute gilt „nachhaltige Entwicklung" (sustainable development) in der Umweltpolitik als international eingeführtes Prinzip. Es bedeutet, dass Eingriffe des Menschen in die Natur die Lebensbedingungen künftiger Generationen nicht gefährden dürfen. Indirekt ist das Prinzip der Nachhaltigkeit unter der Überschrift „Schutz der natürlichen Lebensgrundlagen" in dem neu formulierten Artikel 20a des Grundgesetzes aufgenommen worden.

Ökologie

Das Wort stammt aus dem Griechischen. Es bezeichnet die Lehre von den Wechselbeziehungen zwischen Mensch und Umwelt. Wichtigstes Ziel der Ökologie ist es, die Zerstörung der Umwelt zu verhindern und das Gleichgewicht der verschiedenen Kräfte in der Natur zu erhalten. Damit leistet diese Wissenschaft einen wichtigen Beitrag zur Bewahrung der Lebensgrundlagen für die Menschheit.

Ökonomie

wird oft gleichbedeutend mit Wirtschaft verwendet. Wenn von der ökonomischen Situation in einem Land gesprochen wird, ist in der Regel die allgemeine wirtschaftliche Lage gemeint. In einem engeren Sinn wird der Begriff für Wirtschaftswissenschaft verwendet, wobei zwischen Volkswirtschaftslehre (VWL) und Betriebswirtschaftslehre (BWL) unterschieden wird. Wörtlich übersetzt bedeutet der Begriff aus dem Griechischen „Haushalten". Ökonomie ist demnach die Lehre vom wirtschaftlichen Haushalten.

Opportunitätskosten

Jeder wirtschaftende Mensch ist gezwungen, Entscheidungen zu treffen. Man kann zum Beispiel zur Verfügung stehendes Geld nur einmal ausgeben. Wer sich für den Kauf eines neuen Kleidungsstückes entscheidet, kann das Geld nicht für einen Kinobesuch verwenden und verzichtet damit auf ein Vergnügen und ein Gemeinschaftserlebnis mit anderen. Der Verzicht auf die Verwendung der zur Verfügung stehenden Mittel wegen der Entscheidung für eine andere Sache wird als Opportunitätskosten bezeichnet. Opportunität bedeutet „Zweckmäßigkeit". Die Berechnung der Opportunitätskosten sagt aus, auf welche Zweckmäßigkeit bzw. auf welchen Nutzen man verzichtet, wenn man sich für die eine statt für eine andere mögliche Lösung entscheidet. Zum klugen wirtschaftlichen Handeln gehört es, im Vorfeld von Entscheidungen die Opportunitätskosten der verschiedenen Möglichkeiten abzuschätzen und auf der Basis dieser Analyse zu entscheiden.

Produktionsfaktoren

Darunter versteht man alle Mittel und alle Leistungen, die zur Erzeugung von Wirtschaftsgütern benötigt werden. Im klassischen Sinne sind das die drei Faktoren Boden, Kapital und Arbeit. In neuerer Zeit gelten auch Energie und Wissen (= „Know how") als wichtige Produktionsfaktoren. Der Faktor Boden umfasst alle Rohstoffe unterhalb und oberhalb der Erdoberfläche sowie die genutzten Betriebsflächen und -einrichtungen. Man verwendet dafür heute auch die Begriffe Natur und Umwelt. Für die Mittel, die zur Produktion von Wirtschaftsgütern benötigt werden, wird auch der Begriff Ressourcen verwendet (von lateinisch Mittel, Quelle).

Protektionismus

ist das Gegenteil von Freihandel. Man versteht darunter alle Maßnahmen, mit denen ein Staat die inländischen Unternehmen vor ausländischer Konkurrenz schützt. Ein häufig eingesetztes Mittel dazu ist die Erhebung von Einfuhrzöllen auf ausländische Waren. Dadurch werden diese teurer und verlieren ihre Konkurrenzfähigkeit gegenüber einheimischen Erzeugnissen. Verhängt ein Staat einseitig protektionistische Maßnahmen, führt das oft zu Gegenmaßnahmen betroffener Staaten.

Rendite

bedeutet Gewinn oder Einkünfte. Wer Aktien oder andere Wertpapiere kauft, möchte, dass seine Geldanlage einen Ertrag erbringt. Dieser Gewinn bei Geldanlagen wird als Rendite bezeichnet. Man sagt daher auch, dass eine Investition sich rentieren soll. Je nach Art der Geldanlage gibt es unterschiedliche Arten von Renditen. Bei Aktienkäufen gibt es die Kursgewinne und Dividenden. Bei anderen Geldanlagen kann die Rendite aus Zinsgewinnen bestehen.

Soft Skills (und Hard Skills)

Darunter fasst man alle persönlichen und sozialen Kompetenzen zusammen, die für den Erfolg im Berufsleben unerlässlich sind – und zwar weitgehend unabhängig davon, um welchen Beruf es sich handelt. Man bezeichnet sie auch als „Schlüsselqualifikationen", weil sie einem wie ein Schlüssel die Tür zu einem erfolgreichen Berufsleben öffnen. Zu den wichtigsten Soft Skills für Auszubildende gehören Leistungsbereitschaft, Lerninteresse, Durchhaltevermögen, Disziplin, Höflichkeit und Teamfähigkeit. Hard Skills bezeichnen im Unterschied dazu Kompetenzen, die man für ganz bestimmte Berufe braucht.

Solidarität

Das Wort stammt aus dem Lateinischen. Man versteht darunter den engen Zusammenhalt einzelner Personen oder Gruppen. In der sozialen Marktwirtschaft gilt das Solidaritätsprinzip als grundlegendes Prinzip der Sozialpolitik. Es bedeutet, dass alle Bürgerinnen und Bürger nicht nur für sich selbst verantwortlich sind, sondern auch für die anderen Mitglieder in der Gesellschaft – vor allem für diejenigen, die sich in einer sozial schwierigen Lage befinden. Das Wesen einer Solidargemeinschaft wird in dem Motto „Einer für alle, alle für einen" deutlich.

Soziale Marktwirtschaft

Nach dem Zweiten Weltkrieg wurde in der Bundesrepublik die soziale Marktwirtschaft eingeführt. In dieser Wirtschaftsordnung ist das Privateigentum auch an Produktionsmitteln garantiert. Die Preise bilden sich auf dem Markt nach Angebot und Nachfrage. Garantiert werden Produktions- und Berufsfreiheit sowie ein freier Kapitalverkehr. Neben diesen marktwirtschaftlichen Elementen erhält die soziale Marktwirtschaft auch sozialpolitische Elemente. Der Staat darf in das Wirtschaftsgeschehen eingreifen, um den Wettbewerb zu sichern. Er übernimmt aber auch eine Schutzfunktion gegenüber seinen Bürgern. Mit einer umfangreichen Sozialgesetzgebung schützt er die Arbeitnehmer und bewahrt den sozialen Frieden.

Sozialstaat

Einen Staat, der in seiner Verfassung das Ziel soziale Gerechtigkeit anstrebt, bezeichnet man als Sozialstaat. Der Sozialstaat hat eine Fürsorgepflicht gegenüber den Schwachen in der Gesellschaft. Er setzt sich das Ziel, allen Bürgerinnen und Bürgern ein Leben zu ermöglichen, das mit der Würde des Menschen vereinbar ist. In der deutschen Geschichte wurde das Sozialstaatsprinzip erstmals im Grundgesetz für die Bundesrepublik Deutschland verankert. Nach Artikel 20 des Grundgesetzes ist die Bundesrepublik ein Sozialstaat. Erstmals haben damit die Bürger einen Rechtsanspruch auf eine soziale Mindestsicherung. Umgekehrt wird von den leistungsstarken Bürgern erwartet, dass sie durch das Bezahlen von Steuern und Sozialabgaben dazu beitragen, dass der Staat diese Aufgabe erfüllen kann.

Staatsverschuldung

Schulden entstehen, wenn die Ausgaben die Einnahmen dauerhaft übersteigen. Bei Staaten ist das der Fall, wenn die eingenommenen Steuern und Abgaben nicht ausreichen, um die staatlichen Ausgaben zu decken. Die Regierungen sehen sich dann gezwungen, Kredite aufzunehmen. Als Staatsschulden werden die Verbindlichkeiten gegenüber den Kreditgebern bezeichnet. Das Problem der Staatsverschuldung zeigt sich aktuell in vielen Staaten auf der Welt. Eine gewisse Schuldenlast kann zwar sinnvoll sein, zum Beispiel wenn damit langfristige Investitionen finanziert werden. Übersteigt die Schuldenlast eine bestimmte Höhe, verliert ein Staat seine Leistungsfähigkeit und seine Handlungsmöglichkeiten.

Steuern

Steuern sind Abgaben, die die Bürger an den Staat zahlen. Es besteht Steuerpflicht. Wer sie nicht bezahlt, macht sich strafbar. Mit den Steuern bestreitet der Staat seine Aufgaben. Man unterscheidet direkte und indirekte Steuern. Direkte Steuern werden vom Lohn und Einkommen und dem Besitz der Bürger bezahlt. Indirekte Steuern werden auf Waren und Dienstleistungen aufgeschlagen. Von der Summe, die die Bürger für diese Produkte zahlen, wird ein Teil als Steuer an die Staatskasse abgeführt.

Subventionen

sind Zahlungen, mit denen der Staat Unternehmen oder einzelne Wirtschaftszweige unterstützt. Sie können auch in Form von Steuervergünstigungen gewährt werden und dürfen nur für einen zuvor festgelegten Zweck verwendet werden.

Tarifautonomie

Darunter versteht man das Recht der Vertretungen der Arbeitgeber (Arbeitgeberverbände) und der Vertretungen der Arbeitnehmer (Gewerkschaften), die Löhne, Arbeitszeiten und die übrigen Arbeitsbedingungen selbst, also autonom, auszuhandeln und in einem Tarifvertrag für eine bestimmte Zeit festzulegen (Tarifvereinbarung). Die Regierung darf sich grundsätzlich nicht in Tarifverhandlungen einmischen. Die Tarifpartner sind frei in ihren Entscheidungen und selbst dafür verantwortlich.

Umsatz

Das ist die Summe an Geld, die ein Wirtschaftsunternehmen mit dem Verkauf seiner Produkte in einem bestimmten Zeitraum (Monat oder Jahr) eingenommen hat. Der Umsatz gilt als wichtiges Kriterium für den Erfolg eines Unternehmens. Er darf aber nicht mit dem Gewinn verwechselt werden (siehe dort). Im ungünstigsten Fall kann ein Wirtschaftsunternehmen einen hohen Umsatz verbuchen und trotzdem mit Verlust statt mit Gewinn arbeiten. Das ist der Fall, wenn die laufenden Kosten die Höhe des Umsatzes übersteigen.

Verbraucherschutz

bezeichnet die Gesamtheit der gesetzlichen Vorschriften, welche die Verbraucher vor Benachteiligungen im Wirtschaftsleben schützen sollen. Es gibt rechtliche Vorschriften, die der Information dienen. Dazu gehört zum Beispiel die Lebensmittelkennzeichnungsverordnung, die unter anderem vorschreibt, dass Inhaltsstoffe eines Lebensmittels auf der Verpackung aufgedruckt sein müssen. Andere Vorschriften sollen die Gesundheit der Verbraucher schützen. Wieder andere sollen verhindern, dass Unternehmen eine marktbeherrschende Stellung einnehmen, die Konkurrenz ausschalten und so die Preise in die Höhe treiben.

Werbung

Darunter versteht man alle Maßnahmen, die ein Unternehmen einsetzt, um den Verkauf eines Wirtschaftsgutes zu fördern. Erst wenn es gelingt, ein Produkt bekannt zu machen und bei den Käufern das Bedürfnis zu wecken, das Produkt unbedingt haben zu wollen, hat sich für ein Unternehmen die Herstellung eines neuen Produktes gelohnt. Werbung bedient sich vieler Mittel. Dazu gehört auch die Beeinflussung des Käuferverhaltens, ohne dass diese sich dessen bewusst sind. Werbung für Modeartikel kann zum Beispiel die Befriedigung immaterieller Bedürfnisse wie Glück, Anerkennung, Erfolg versprechen. Der Konsument soll glauben, dass er diese Bedürfnisse mit dem Kauf des Produktes befriedigt. Ziel aller wirtschaftlichen Werbung ist es, den Umsatz, Gewinn und die Marktstellung der Unternehmen zu verbessern. Positiv für die Verbraucher ist, dass Produkte durch Werbung bekannt werden und dass die Auswahlmöglichkeiten gesteigert werden.

Widerrufsrecht

Darunter versteht man das jedem Verbraucher zustehende Recht, von einem bereits abgeschlossenen Kaufvertrag einseitig – also ohne Einwilligung des Vertragspartners – zurückzutreten. Das Widerrufsrecht ist ein besonderes Merkmal des Verbraucherschutzes, weil der Käufer einer Ware keinen Grund für den Rücktritt vom Vertrag angeben muss und so eine Kaufverpflichtung zurücknehmen kann, die sich im Nachhinein als vorschnell und unvernünftig erweist. Das Recht zum Widerruf eines Kaufvertrages ist an eine Frist gebunden, die im Bürgerlichen Gesetzbuch steht. Sie beträgt in Deutschland (und weiteren EU-Mitgliedstaaten) 14 Tage nach Vertragsabschluss.

Wirtschaftskreislauf

Dabei handelt es sich um eine modellhafte Darstellung der Abläufe in der Wirtschaft zwischen den unterscheidbaren Wirtschaftssubjekten. Der einfache Wirtschaftskreislauf beschränkt sich auf die Darstellung der Geld- und Güterströme zwischen den Haushalten und den Unternehmen. Der erweiterte Wirtschaftskreislauf bezieht den Staat, die Banken und das Ausland mit ein. Geld und Güterströme werden dabei in Form von Pfeilen veranschaulicht. Die grafische Darstellung der Geld- und Güterströme soll dabei helfen, komplizierte wirtschaftliche Zusammenhänge und Abläufe modellhaft zu verdeutlichen, um sie so besser zu verstehen.

Wirtschaftswachstum

Das „Gesetz zur Förderung der Stabilität und des Wachstums in der Wirtschaft“ verpflichtet die Bundesregierung zu einer Wirtschaftspolitik, die angemessenes Wirtschaftswachstum zum Ziel hat. Die Vorzüge wirtschaftlichen Wachstums bestehen vor allem in der Schaffung von Arbeitsplätzen und der Verbesserung des gesellschaftlichen Wohlstands. Allerdings wird Wirtschaftswachstum heute kritisch gesehen und dabei wird zwischen dem problematischen quantitativen und dem wünschenswerten qualitativen Wachstum unterschieden. Quantitatives Wachstum ist berechenbar und wird in einer Prozentzahl ausgedrückt. Beträgt das Wachstum der Wirtschaft zwei Prozent, so bedeutet dies, dass der Wert aller Waren und Dienstleistungen in diesem Jahr im Vergleich zum vorherigen Jahr um zwei Prozent gestiegen ist. Diese Zahl sagt jedoch nichts über eine sozial gerechte Verteilung des Wohlstands und erst recht nichts über die Umweltschäden aus. Deshalb ist das Ziel heute ein qualitatives Wirtschaftswachstum. Damit ist gemeint, dass Wachstum mit den Erfordernissen des Schutzes der Umwelt vereinbar sein muss und darüber hinaus der sozial gerechten Verteilung des Wohlstands dient.

Wirtschaftsordnung

In einem großen Staatsgebilde muss es für den Bereich der Wirtschaft einen Ordnungsrahmen geben. Er hat die Aufgabe, die wirtschaftliche Versorgung der Menschen möglichst reibungslos zu garantieren. Dazu greift der Staat mithilfe von Gesetzen ordnend und gestaltend in das Wirtschaftsgeschehen ein. Die Wirtschaftsordnung in der Bundesrepublik Deutschland trägt die Bezeichnung soziale Marktwirtschaft.

Zinsen

sind der Preis, den man bezahlen muss, wenn man sich Geld leiht. Banken erheben zum Beispiel Zinsen beim Verkauf von Krediten. Die Zinshöhe wird in der Regel in einer Prozentzahl ausgedrückt. Beträgt der Jahreszins auf einen Kredit von 10 000 Euro zum Beispiel vier Prozent, so bezeichnet das die Geldsumme, die man im ersten Jahr der Kreditlaufzeit zusätzlich zum geliehenen Kapital an die Bank zurückzahlen muss, in dem Fall also 4 000 Euro im ersten Jahr und jeweils immer weitere vier Prozent auf die Kreditsumme, die nach den Tilgungen jährlich noch besteht.

Zölle

sind die Abgaben, die auf eine Ware beim Übergang über die Grenze eines Staates oder eines gemeinsamen Wirtschaftsraumes (wie es zum Beispiel der europäische Binnenmarkt darstellt) zu entrichten sind. Zollfreiheit bzw. der stufenweise Abbau noch bestehender Zölle wird häufig als Ziel einer offenen, weltweiten Handelspolitik genannt.

Register

Abschreibungen 243
Aktien 112 f.
Aktienmarkt 113
Allgemeine Geschäftsbedingungen 39
Angebot 101 f.
Angebotskurve 105
Angebotsorientierung 269 ff.
Angebotsüberhang 105
Anlageziele 81 ff.
Arbeit 182 ff.
Arbeitgeber 204, 206 f.
Arbeitnehmer 180 ff.
Arbeitsbedingungen 54 f., 318 f.
Arbeitskampf 204 f.
Arbeitslosigkeit 184 f., 293, 338 f.
Arbeitsteilige Gruppenarbeit 27
Arbeitsteilung 26 ff.
Arbeitswelt 156 ff.
Assessment-Center 172
Ausbeutung 54 f.
Ausbildungswege 144 f.
Ausgaben 78

Bachelor 145
Banken 92
Bargeld 72
Bedarf 22
Bedürfnisse 21 f.
Berufsfachschulen 144
Berufswahl 124 f.
Berufswahlmappe 126 ff.
Berufswegplanung 122 ff.
Beteiligungsmöglichkeiten 311 ff.
Betriebliches Rechnungswesen 242
Betriebserkundung 233
Betriebspraktikum 134 ff.
Betriebsrat 186 ff.
Bewerbung 166 ff.
Bewerbungsverfahren 168 ff.
BIC 75
BOGY 126, 133
Börse 112 ff.
Bruttoinlandsprodukt 284 f.
Buchgeld 72
Bürgerbeteiligungsportal 312

Chancengerechtigkeit 279

Dax 114
Devisen 113
Dienstleistungen 25
Diversity-Management 234
Duales Studium 145
Duales System 144

Einkaufen 44 ff.
Einkommensteuer 282 f.
Einnahmen 78
Einstellungstest 170
Erfolgsfaktoren 240 ff.
Erwerbsbiografien 140 ff.
Euro 72, 336 f.
Europäische Union 330 ff.
Europäische Zentralbank 337
Europäischer Binnenmarkt 333 ff.
Europäischer Verbraucherschutz 63
Expertenbefragung 217

Finanzbuchhaltung 242
Frauenberufe 164 f.
Freie Güter 25
Freie Marktwirtschaft 266 f.
Freihandel 326 ff.

Garantie 39
Gebrauchsgüter 25
Geld 68 ff.
Geldanlagen 82
Geldstrom 90 f.
Geschäftsfähigkeit 34 f.
Gesetzestexte 36
Gewährleistung 39
Gewerkschaften 204, 206 f.
Girokonto 74
Gleichgewichtspreis 105
Globalisierung 320 f.
Güter 25, 113
Güterstrom 90 f.

Handelsbeziehungen 316 ff.
Haushaltsplan 76 ff.
Homo Oeconomicus 109

IBAN 75
Inklusives Wirtschaftswachstum 301
Insolvenz 267
Interessenverbände 204
Interneteinkauf 48 f.

Jugend- und Auszubildendenvertretung 191
Jugendarbeitslosigkeit 338 f.
Jugendarbeitsschutz 192 ff.
Jugendgemeinderat 311
Jugendlandtag 312

Kartell 116
Kaufvertrag 38 f.
Kommunalwahlrecht 311
Kompetenzen 149, 176 f.
Konjunktur 303
Konjunkturphasen 302 ff.
Konjunkturpolitik 303
Konkurrenz 101
Konsum 32 ff., 50 ff.
Konsumgüter 25, 90
Kontoauszug 75
Kosten- und Leistungsrechnung 242
Kostenarten 242
Kredit 88
Kündigung 253
Kurzvortrag 265

Leistungsgerechtigkeit 279
Lohnbildung 196 ff.
Lohndiskriminierung 199
Lohngerechtigkeit 199 ff.
Lohngerechtigkeitsgesetz 199
Lohnlücke 198 f.

Männerberufe 164 f.
Marken 60 ff.
Markenwerbung 60
Markt 98 ff., 103 f.
Markt-Preis-Mechanismus 106
Marktwirtschaft 103, 262 ff.
Master 145
Maximalprinzip 18 f.
Megatrends 162 f.
Mindmap 40

Minimalprinzip 18 f.
Mitbestimmung 186 ff.
Modell 93, 100 f., 108 f.
Monopol 106, 116 f., 119

Nachfrage 101 f.
Nachfragekurve 105
Nachfrageorientierung 269 ff.
Nachfrageüberhang 105
Nachhaltigkeit 50 ff.
Nutzwertanalyse 46

Oligopol 118 f.
Online-Shopping 48 f.

Planspiel 254 ff.
Planwirtschaft 268 f.
Polypol 106, 118
Praktikum 134 ff.
Preisbildung 101, 102 ff., 106, 108 ff., 113
Preise 98 ff., 102 ff.
Preiskalkulation 101
Preis-Mengen-Diagramm 105
Private Haushalte 90 f.
Produktionsfaktoren 90, 214
Produktionsgüter 25
Protektionismus 326 ff.

Qualitatives Wirtschaftswachstum 301
Quantitatives Wirtschaftswachstum 301

Rechnungswesen 242

Sachgüter 24 f.
Schaubildanalyse 85
Schaubilderstellung 245
Schuldenkrise 94 f.
Schuldnerberatung 87
Schülerfirma 212 ff.
Selbstständigkeit 216 ff.
SEPA 75
Shareholder 252
Soft Skills 176 f.
Soziale Gerechtigkeit 271, 278 ff.
Soziale Marktwirtschaft 262 ff., 270 f., 273 ff.
Soziale Sicherung 271, 273 f.
Sozialpartnerschaft 206 f.
Sparen 81 ff.
Staatsverschuldung 308 f.
Stakeholder 252
Steuergerechtigkeit 282 f.
Steuern 110 f., 276 ff.
Streik 202 ff.
Studium 145

Tarifautonomie 204
Tarifeinheitsgesetz 203
Tarifkonflikt 202 ff.
Tarifpartner 206 f.
Tarifvertrag 204
Textilindustrie 54 f.

Überweisung 75
Umsatzsteuer 111
Umtausch 39, 43
Umweltschutz 248 f.
Unternehmen 90 f., 148 f., 167, 186 ff., 210 ff., 238 ff.
Unternehmenformen 222 ff.
Unternehmensarten 219 ff.
Unternehmensgewinne 243
Unternehmensgründung 214
Unternehmensleitbild 225 ff.
Unternehmensorganisation 230 ff.
Unternehmenssteuern 243
Unternehmensziele 225 ff.
Unternehmer 216 ff.
Urteilskompetenz 280

Verbraucher 32 ff., 56 f., 62 ff., 116 ff.
Verbraucherpolitik 63
Verbraucherportale 47
Verbraucherrecht 37 ff., 62 ff.
Verbraucherzentralen 47
Verbrauchsgüter 25
Vermögensanlagen 82
Verschuldung 86 ff., 94 ff.
Verteilungsgerechtigkeit 279
Vorstellungsgespräch 174

Währungsunion 336 f.
Wandel in der Arbeitswelt 158 ff.
Warenangebot 100 f.
Welthandel 318 ff., 322 ff.
Werbetricks 57 f.
Werbeversprechen 59
Werbung 56 ff.
Wettbewerb 276 f.
Widerrufsrecht 38
Wirkungskette 296 ff.
Wirtschaft 4.0 161
Wirtschaften 14 ff.
Wirtschaftsbeziehungen 316 ff.
Wirtschaftsgüter 24
Wirtschaftskreislauf 90 ff., 94 f.
Wirtschaftsordnungen 264 ff.
Wirtschaftspolitik 290 ff.
Wirtschaftswachstum 300 f.
Wohlstand 284 ff.
Wohlstandsindikatoren 284 ff.

Zahlungsarten 70 ff.
Zahlungsunfähigkeit 246 f.
Zuckersteuer 62 f.

Lösungshinweise für die Kompetenztests

Kapitel 1: Wirtschaft im Alltag

Aufgabe 1: 1 Knappheit, 2 Ökonomie, 3 Minimalprinzip, 4 Bedarf, 5 Aristoteles

Aufgabe 2: Verzehr der Brote = Grundbedürfnisse; Zeltaufbau plus Feuer = Sicherheitsbedürfnis; Telefonieren mit Handy = soziales Bedürfnis; Bericht vom Tag plus Rückmeldung der Ehefrau = Bedürfnis nach Wertschätzung; Musik hören und Gedicht schreiben = Bedürfnis nach Selbstverwirklichung

Aufgabe 3: Wirtschaften beginnt mit der Feststellung eines Mangels. Mangelerscheinungen erzeugen Bedürfnisse (zum Beispiel nach Essen). Daraus entsteht ein konkreter Wunsch (einen Apfel, ein Sandwich essen etc.). Bedarf entsteht, wenn die Bedürfnisse und Wünsche zur Nachfrage werden. Die Wirtschaft reagiert auf die Nachfrage, indem sie ein passendes Angebot auf den Markt bringt.

Aufgabe 4: Das Eichhörnchen

- verzichtet auf übertriebenen Konsum,
- trifft Vorsorge für schlechte Zeiten,
- löst das Knappheitsproblem an Lebensmitteln im Winter,
- vermeidet Schädigungen der Umwelt.

Aufgabe 5: Redakteur 1 wendet das Minimalprinzip an. Mit möglichst wenigen Kosten bzw. Mitteln soll das feste Ziel (= drei Millionen Zuschauer) erreicht werden.

Redakteur 2 will mit feststehenden Mitteln (= 110 000 Euro pro Sendung) maximalen Erfolg, also maximale Zuschauerzahlen: Er wendet das Maximalprinzip an.

Kapitel 2: Jugendliche in der Welt des Konsums

Aufgabe 1: Jugendliche werden am 18. Geburtstag geschäftsfähig. Wenn sie älter als 7 Jahre sind und jünger als 18 Jahre sind, sind sie beschränkt geschäftsfähig. Das bedeutet für sie, dass sie beim Abschluss von Kaufverträgen die Zustimmung ihrer Eltern brauchen. Wenn die Eltern dem Vertrag, den der Minderjährige schließen möchten, zustimmen, ist dieser beim Abschluss wirksam. Sind die Eltern dagegen nicht einverstanden, ist der Vertrag ungültig. Eine Ausnahme bildet der Taschengeldparagraf in § 110 des Bürgerlichen Gesetzbuches. Er besagt, dass Kaufverträge von Anfang wirksam sind, wenn der Minderjährige sie aus dem Taschengeld oder mit Mitteln finanziert, die ihm von den Eltern zu diesem Zweck oder mit deren Zustimmung von einem Dritten überlassen werden.

Aufgabe 2: 1. Der Kaufvertrag ist ungültig. Der Verkäufer muss die Ware zum vereinbarten Preis liefern und darf den Preis nicht nachträglich erhöhen. Der Käufer muss die Ware nicht annehmen und den höheren Preis zahlen. 2. Der Kaufvertrag ist ungültig. Tim hat Alexej beim Verkauf bewusst getäuscht. Er muss die Kopfhörer zurücknehmen und das Geld erstatten. 3. Der Kaufvertrag ist gültig. Katja kann den Kauf nicht rückgängig machen, weil das Auto keinen Mangel aufweist.

Aufgabe 3: Vorschlag, auch andere Lösungen sind möglich: Kartoffeln aus Baden-Württemberg sind im ersten Fall die klügere Entscheidung wegen des längeren, umweltbelastenden Transportwegs der Bio-Kartoffeln. Im zweiten Fall sind Gurken aus Deutschland trotz des teureren Preises vorzuziehen, weil Gurken in Spanien häufig stark gespritzt sind, dort das Wasser knapp ist und der Transportweg länger ist. Im dritten Fall kann man unbesorgt die reduzierten Joghurts kaufen, sie sind trotz des abgelaufenen Mindesthaltbarkeitsdatums noch einwandfrei.

Aufgabe 4: Er sollte nicht bei diesem Anbieter kaufen. Seriöse Unternehmen verlangen keine Vorauskasse, haben ihren Firmensitz nicht in karibischen Steuerparadiesen. Internet-Anbieter sind zudem verpflichtet, ihre Allgemeinen Geschäftsbedingungen auf ihrer Website auszuweisen.

Aufgabe 5: Beispiel

		Modell 1		Modell 2		Modell 3	
Kriterien	**Gewichtung**	**Punkte**	**gewichtet**	**Punkte**	**gewichtet**	**Punkte**	**gewichtet**
Preis	40 %	1	0,4	3	1,2	5	2,0
Marke	20 %	5	1,0	4	0,8	1	0,2
Design/ Farbe	30 %	5	1,5	2	0,6	2	0,6
Platzangebot	10 %	4	0,4	4	0,4	2	0,2
Summe	100	15	3,3	16	3,0	10	3,0

Aufgabe 6: c) Da der Staat bzw. auch die EU für den Gesundheitsschutz seiner Bürgerinnen und Bürger verantwortlich ist, ist die Lebensmittelkennzeichnung ein Thema der Politik. Übergewicht ist ein gesundheitliches Risiko, vor dem der Staat seine Bürgerinnen und Bürger schützen und ihnen einen gesundheitsbewussten Einkauf von Lebensmitteln ermöglichen muss.

Kapitel 3: Jugendliche und Geld

Aufgabe 1: 1. Wertaufbewahrungsmittel; 2. Tauschmittel; 3. Recheneinheit

Aufgabe 2: 1. Da Jugendliche beschränkt geschäftsfähig sind, benötigen sie, bis sie 18 Jahre alt sind, die Zustimmung ihrer Eltern. 2. Ja, das ist möglich – zum Beispiel mit einer Überweisung, die man online oder direkt am Bankschalter vornehmen kann. 3. Indem man sorgfältig seinen Kontoauszug studiert. Darauf sind alle Zahlungseingänge (Haben) und Abbuchungen (Soll) erfasst.

Aufgabe 3: Vivian muss im Juni und Juli jeweils 15 Euro einsparen. Beispiel: Kino 0 Euro, Süßigkeiten/Fastfood 4 Euro, Schwimmbad 4 Euro, Geschenke 5 Euro, Kosmetika 2 Euro, Sparen 5 Euro. Die Gesamtausgaben betragen 20 Euro, damit kann sie pro Monat 15 Euro sparen.

Aufgabe 4: a) Tarik kann den Betrag monatlich überweisen, einen Dauerauftrag schalten oder den Monatsbeitrag per Lastschrift von seinem Konto abbuchen lassen. b) Da der Betrag jeden Monat gleich ist, ist ein Dauerauftrag am vorteilhaftesten. Er muss dann nicht mehr daran denken, den Betrag zu überweisen.

Aufgabe 5: a) *Sicherheit:* Aktien sind keine sichere Geldanlage, man kann im schlimmsten Fall das gesamte eingesetzte Geld verlieren; *Liquidität:* Paula kann ihre Aktien jederzeit verkaufen, allerdings möglicherweise mit Verlust; *Rendite:* Aktien können eine sehr hohe Rendite erzielen, vor allem wenn man längere Zeiträume betrachtet. Eine Garantie dafür hat man jedoch nicht. b) Als Alternative kommen ein Sparbuch (sehr niedrige Zinsen), Festgeld oder Prämiensparen infrage. c) Der Kauf der

Aktien ist nicht empfehlenswert, da Paula das Geld sehr kurzfristig zur Verfügung haben möchte. Aktienkurse können stark schwanken. Aktien eignen sich daher als Geldanlage nur für längerfristige Zeiträume. Paula kann nicht sicher sein, ob sich der Kurs der Aktie im folgenden Jahr ebenfalls positiv entwickelt.

Aufgabe 6: (Beispiele) *Senkung der Lohnsteuern:* Private Haushalte haben mehr Geld zur Verfügung, weil sie weniger Steuern zahlen. Unternehmen können mehr Produkte verkaufen, weil die Nachfrage privater Haushalte steigt. Banken erhalten mehr Einlagen, weil die Kunden mehr sparen. Sie können deshalb mehr Kredite, auch an die Wirtschaft, vergeben. Der Staat hat geringere Einnahmen und muss sparen, zum Beispiel beim Bau von Straßen oder bei Personalkosten.

Steigende Zinsen: Private Haushalte erhalten höhere Zinsen für Geldeinlagen, ihre Ersparnisse steigen, sie konsumieren eventuell mehr. Unternehmen können wegen der höheren Nachfrage mehr Produkte verkaufen, der Umsatz steigt. Banken haben wegen der höheren Zinsen zwar geringere Einnahmen, können jedoch damit rechnen, dass ihre Kunden mehr Geld sparen, weil es wegen der höheren Zinsen attraktiver ist. Der Staat erhält mehr Steuern, weil die Einnahmen der Bürgerinnen und Bürger aus Zinsen steigen.

Kapitel 4: Märkte und Preise

Aufgabe 1: Beispiel Apfelsaft: Die steigende Nachfrage nach Apfelsaft führt zur Preissteigerung. Daraufhin wird das Angebot an Apfelsaft erhöht. Es kommt zu weiteren Preissteigerungen bis zu einer Preisgrenze, an der das Interesse an Apfelsaft nachlässt. So fällt die Nachfrage, was wiederum die Preise fallen lässt.

Aufgabe 2:

2.1: a) Zum Gleichgewichtspreis von 1,50 Euro werden alle 1000 Ein-Liter-Flaschen Apfelsaft verkauft. b) Die Nachricht führt zu einer Steigerung der Nachfrage. Der Gleichgewichtspreis liegt jetzt bei 2,00 Euro. Dabei werden 2 000 Flaschen komplett verkauft. c) Die Ausweitung der Produktion führt zu einem Überangebot und dieses wiederum zu einer sinkenden Nachfrage. Der Gleichgewichtspreis, zu dem die gesamte Produktion von 3 000 Flaschen verkauft werden kann, sinkt auf 0,75 Euro.

2.2: Umsätze: September = 1 500 Euro, Oktober = 4 000 Euro, Dezember 2 250 Euro

2.3: Die Firma hat die Qualitätsminderung ihres Produktes offensichtlich unterschätzt. Der Markt reagiert auf das Missverhältnis zwischen Preis und Qualität.

Aufgabe 3: a) 1 Euro, b) 1,60 Euro, c) 2,20 Euro

Aufgabe 4: 1 Aktie, 2 Rendite, 3 Dividende, 4 Hausse, 5 Dax

Aufgabe 5: Es handelt es sich hierbei um ein Kartell, eine heimliche Preisabsprache. Diese sind in Deutschland (und anderswo) gesetzlich verboten (Gesetz gegen Wettbewerbsbeschränkungen).

Der Schaden wiegt schwer, da die Konkurrenz ausgeschaltet werden würde und die Käufer nicht mehr zwischen billigen und teuren Brötchen wählen könnten.

Kartelle setzen den Markt-Preis-Mechanismus außer Kraft und zerstören so den Grundsatz der Preisbildung im Wechselspiel zwischen Angebot und Nachfrage.

Kapitel 5: Auf dem Weg in die berufliche Zukunft

Aufgabe 1: Selbsterforschung, sich so früh wie möglich Klarheit verschaffen über eigene Interessen, Fähigkeiten und Talente. Frühes Nachdenken hilft, Fehlplanungen zu vermeiden.

Aufgabe 2: Schritt 1 kann sein: BOGY-Kompass besorgen, Schritt 2: Portfolio anlegen, Schritt 3: Selbsterforschung (Reihenfolge kann auch anders sein.), Schritt 4: Praktikumsplatz mit Sorgfalt wählen, Schritt 5: Berufe kennenlernen und erkunden (weitere Schritte: Ziele festlegen, Besuche im BIZ, Lektüre, schulische Leistungen verbessern)

Aufgabe 3: Meine Interessen, Fähigkeiten, Talente; Ziele und Wünsche; Liste interessanter Berufe; Meine bisherigen Aktivitäten; To-do-Liste; Praktika

Aufgabe 4: Das duale System der Berufsausbildung bedeutet, dass die Ausbildung an zwei unterschiedlichen Orten stattfindet: die praktische Ausbildung in einem Betrieb und die theoretische Ausbildung in der Berufsschule. Bachelor und Master bezeichnen zwei unterschiedliche aufeinander aufbauende Studienabschlüsse. Mit dem Bachelor-Abschluss erwirbt man nach 6 bis 8 Semestern einen Bachelor-Titel. Er ist die Voraussetzung für ein anschließendes Masterstudium mit der Dauer von 2 bis 4 Semestern.

Aufgabe 5: Englischkenntnisse: Englisch ist die wichtigste Sprache in der globalisierten Arbeitswelt. Englischkenntnisse werden heute in nahezu allen Ausbildungsberufen als selbstverständlich vorausgesetzt. Locker bleiben: Pflichttugenden wie Pünktlichkeit, Verlässlichkeit, Fleiß und Engagement zählen zu den grundlegenden Erwartungen, welche die Ausbildungsbetriebe an Auszubildende stellen.

Aufgabe 6: Freundliches Auftreten (auf die Menschen zugehen), höfliches Benehmen, Interesse und Engagement zeigen, Fragen stellen, Einsatzfreude, Arbeiten bereitwillig übernehmen

Aufgabe 7: Paul vergisst, sich mit vollständigem Namen vorzustellen, kennt nicht die genauen Daten seines Praktikums, hat sich nicht im Vorfeld über die Firma informiert, fällt mit der Tür ins Haus. Achte in deinem Text auf eine höfliche Art der Anfrage.

Aufgabe 8: Einige Beispiele:

a) Aktive Mitarbeit im Unterricht, Mitarbeitet in der SV, besondere Hilfsbereitschaft, soziales Engagement, Probleme anderer erkennen, Freude am Präsentieren, Referieren u. a.
b) Hohes Durchhaltevermögen, Analyse- und Konzentrationsfähigkeit, Lust an Theorie, Lesekompetenz, Interesse an forschendem Lernen u. a.
c) Handwerkliches Geschick, überdurchschnittliche Computerkenntnisse, Lust am Zusammenbauen, Zusammenschrauben etc. Präzision und Sorgfalt im Umgang mit Materialien, Laborgeräten, Maschinen etc., Befähigung zur Lösung praktischer Probleme u. a.

Kapitel 6: Der Einstieg in die Arbeitswelt

Aufgabe 1: Flexibilität bedeutet Beweglichkeit, Anpassungsfähigkeit. Man wird in Zukunft mehrere berufliche Tätigkeiten im Laufe eines Berufslebens ausüben und sowohl die Arbeitsart als auch den Arbeitsort öfter wechseln. Lebenslanges Lernen bedeutet, dass man sich immer wieder auf neue Arbeitsbedingungen einstellen und stets dazu bereit sein muss, Neues zu lernen.

Aufgabe 2: Der Einsatz von Computern hat die Arbeit in fast allen Berufen sehr verändert. Deshalb arbeiten heute die meisten Beschäftigten in Berufen, in denen sie Computerkenntnisse benötigen. Die Vernetzung von Computern und das Internet haben dazu geführt, dass Menschen an unterschiedlichen Orten in der Welt eng zusammenarbeiten können. Junge Menschen dürfen sich nicht darauf verlassen, dass ihr einmal erworbenes Wissen ein Leben lang aktuell bleiben wird. Allerdings müssen sie sich darauf einstellen, vielleicht mehrmals im Leben den Beruf oder den Arbeitsort zu wechseln.

Aufgabe 3: Soft Skills = weiche Kompetenzen; Sammelbegriff für alle persönlichen und sozialen Kompetenzen, die dazu befähigen, im Arbeitsleben gut mit sich selbst und anderen umzugehen

Besonders wichtige Soft Skills aus der Sicht der Arbeitgeber sind: Zuverlässigkeit, Verantwortungsbewusstsein, Motivation/Engagement, Durchhaltevermögen, Sorgfalt, Teamfähigkeit, Kommunikationsfähigkeit.

Trainingsfelder für Soft Skills in der Schule können sein: Gruppenarbeit, Präsentationen, Offenheit gegenüber neuen Mitschülern, Mitarbeit in der SMV.

Aufgabe 4: Fehler im Vorstellungsgespräch: die Erwartungen des Unternehmens nicht kennen, fehlende Vorkenntnisse, schlechte Vorbereitung. Sich vorbereiten, indem man die Situation durchspielt, so gut es geht über das Unternehmen informiert sein, mögliche Fragen durchgehen und überlegen, wie man überzeugend darauf antworten kann, prüfen, wie man sich von seiner starken Seite präsentiert.

Aufgabe 5:

- Der Brief enthält mehrere Rechtschreibfehler (Großschreibung nach dem Komma, Kleinschreibung des Pronomens in der Höflichkeitsformel.
- Sie kann keinen persönlichen Ansprechpartner nennen, verwendet die allgemeine Formulierung „Sehr geehrte Damen und Herren".
- Die Formulierung „Hiermit bewerbe ich mich …" gilt als Leerformel, die zeigt, dass man sich keine Mühe gibt.
- Es kann nicht darum gehen, dass das Unternehmen Stefanie überzeugt. Es muss ihr gelingen, das Unternehmen von sich zu überzeugen.
- Die Schule wird nicht konkret benannt.
- Sie macht keine präzisen Angaben über den Praktikumsbeginn.

Aufgabe 6: Trend: Im Untersuchungszeitraum von 2004 bis 2014 zeigt sich, dass der Anteil der Frauen, die sich für einen gewerblich-technischen Ausbildungsplatz entscheiden, in allen dargestellten Berufen zunimmt. Am stärksten ist die Zunahme bei Elektronikerinnen (138 %), bei KFZ-Mechatronikerinnen und Anlagemechanikerinnen (jeweils +57 %). Das Schaubild zeigt auch, dass der Anteil der Frauen in diesen MINT-Berufen immer noch sehr gering ist und dass sich Veränderungen nur langsam vollziehen. Zum Beispiel waren von den insgesamt 10713 neu besetzten Ausbildungsplätzen für Fachinformatik nur 786 von Frauen besetzt.

MINT ist die zusammenfassende Bezeichnung für Studienfächer und Berufe in den Bereichen Mathematik, Informatik, Naturwissenschaft und Technik.

Teil 3 der Frage: Antwort offen

Kapitel 7: Die Welt der Arbeitnehmer

Aufgabe 1: *Merkmale von Arbeit:* Arbeit hat ein Ziel – Arbeit erfordert geistige und körperliche Fähigkeiten – Arbeit dient der Existenzsicherung/Befriedigung von Bedürfnissen – Arbeit ist geplant. Gründe: Lebensrhythmus Arbeit – Freizeit – höhere Lebenszufriedenheit – Kontakt mit anderen Menschen – Geld verdienen. *Arten von Arbeit:* ehrenamtliche Arbeit (unbezahlte Arbeit) – Erwerbsarbeit (bezahlte Arbeit)

Aufgabe 2: Tarifverhandlungen – Erklärung des Scheiterns, Schlichtungsverfahren möglich – Erklärung des Scheiterns der – Schlichtung – Urabstimmung der Gewerkschaftsmitglieder über Streik – Streik – Aussperrung – neue Verhandlungen – Urabstimmung über Ergebnis, Streikende – neuer Tarifvertrag

Aufgabe 3: a) Mitbestimmung bedeutet, dass Betriebsrat Maßnahmen zustimmen muss. Beispiele sind Urlaubs- und Pausenregelung sowie die Festlegung der Arbeitszeit. Mitwirkung heißt, dass der Betriebsrat informiert werden muss. Beispiele sind Standortverlagerungen, Fusionen oder Schließung von Betrieben. b) Sie sollte sich bewerben, weil es wichtig ist, dass junge Beschäftigte wie Karina im Betriebsrat die Interessen ihrer Altersgruppe vertreten. Die Mitarbeit im Betriebsrat ist keineswegs vergeudete Zeit, weil er als Sprachrohr der Belegschaft die Arbeitsbedingungen mitgestalten kann.

Aufgabe 4: a) Das Jugendarbeitsschutzgesetz soll Jugendliche vor übermäßigen Belastungen und Ausbeutung am Arbeitsplatz schützen. Der Gesetzgeber geht davon aus, dass jugendliche Arbeitnehmerinnen und Arbeitnehmer besonders schutzbedürftig sind.

b) Die Auskunft war falsch. Richtig müsste es heißen: Jugendliche unter 18 Jahren dürfen nicht mehr als 40 Stunden in der Woche arbeiten. Grundsätzlich ist das Wochenende arbeitsfrei. Wenn sie in Ausnahmefällen am Samstag oder Sonntag arbeiten müssen, haben sie Anspruch auf freie Tage in der Woche. Mehr als fünf Tage in der Woche dürfen sie nicht arbeiten.

Aufgabe 5: a) Tina und Juri haben zwar den gleichen Abschluss mit der gleichen Note – doch bringen sie unterschiedliche Voraussetzungen für ihre Stelle mit. Juri hat nach mehreren Stellenwechseln vielfältigere Berufserfahrung; er hat sich auf ein sehr stark nachgefragtes und zukunftsträchtiges Gebiet spezialisiert und eine Fortbildung in Projektmanagement aufzuweisen. Zudem hat er als Projektleiter eine stressige Führungsposition mit Personalverantwortung. Tina arbeitet in demselben Betrieb seit ihrem Studium, hat eine weniger anspruchsvolle Stelle und insgesamt einen eher ruhigen Job. b) Kriterien für eine persönliche Bewertung könnten sein: fachliche Anforderung, Spezialisierung, Nachfrage nach den erforderlichen Qualifikationen, Berufserfahrung, Führungsverantwortung, Fortbildungen.

Lösung zu Unterkapitel 5, Tarifeinigung:

Die GDL konnte zwar ihre Kernforderung nach Tarifverträgen für das gesamte Zugpersonal durchsetzen, musste jedoch größtenteils die mit der EVG ausgehandelten Regelungen akzeptieren. Die GDL-Mitglieder erhielten in zwei Stufen 5,1 Prozent mehr Gehalt, ab 2018 verkürzte sich ihre Arbeitszeit auf 38 Stunden pro Woche. Wenn künftig Verhandlungen mit der GDL scheitern und Streiks drohen, ist ein Schlichtungsverfahren verpflichtend.

Kapitel 8: Unternehmen – Motor der Wirtschaft

Aufgabe 1: zum Beispiel Firmenname, Firmenlogo, Website, Lieferanten, Personal, Businessplan, Firmenwagen, Werbung
Aufgabe 2: 1. Absatz; 2. Beschaffung; 3. Beschaffung; 4. Absatz; 5. Absatz; 6. Produktion; 7. Beschaffung; 8. Produktion
Aufgabe 3: a) Vorteile: alleinige Verantwortung für das Unternehmen, Gestaltungsspielräume; Nachteile: hohes Risiko im Falle eines Scheiterns. b) Er könnte eine GmbH gründen, bei der er nur mit dem eingesetzten Kapital haftet. c) Für die Gründung einer GmbH benötigt man mindestens 25 000 Euro Eigenkapital.
Aufgabe 4: a) Diversity Management bedeutet übersetzt „Vielfalts-Management". Dabei achtet man auf eine möglichst vielfältige Zusammensetzung des Personals hinsichtlich des Alters, des Geschlechts, der Herkunft und der Religion. b) Unternehmen, die Diversity Management betreiben, sind wirtschaftlich erfolgreicher als andere Unternehmen. In der Zusammensetzung des Personals spiegelt sich die Vielfalt der Kunden wider. c) Frauen, junge Beschäftigte und Menschen mit Migrationshintergrund sind in der Belegschaft unterrepräsentiert. Diese Gruppen sollten bei Neueinstellungen bevorzugt zum Zuge kommen.
Aufgabe 5: a) Das Unternehmen hat bisher einen Aufbau nach den betrieblichen Grundfunktionen. Problematisch ist, dass seit der Gründung der neuen Niederlassungen die Kommunikation und die Zusammenarbeit zwischen den einzelnen Abteilungen nicht mehr reibungslos funktioniert – u. a. aufgrund der größeren räumlichen Entfernungen. b) (Beispiel) Möglich wäre eine Spartenorganisation nach dem Regionalprinzip. Die einzelnen Niederlassungen wären voneinander unabhängig. Sie könnten Beschaffung, Produktion und Absatz eigenständiger organisieren.
Aufgabe 6: 1. Beispiele: Sehr gute Fachkenntnisse und Kenntnisse der Branche, kaufmännisches Wissen, eine überzeugende Geschäftsidee sowie Soft Skills wie Ehrgeiz, Durchhaltevermögen, hohe Belastbarkeit, Verhandlungsgeschick und Geschick im Umgang mit Beschäftigten. 2. Als Angestellte/r hat man eher regelmäßige Arbeitszeiten mit Freizeit, geringe finanzielle Risiken, aber besonders in Großunternehmen wenig eigene Handlungsspielräume. Als Unternehmer/in kann man eigene Ideen entwickeln und das Unternehmen nach eigenen Vorstellungen gestalten und kann möglicherweise viel Geld verdienen. Allerdings trägt man auch eine große Verantwortung und ein hohes Risiko und muss einen hohen zeitlichen Einsatz für das Unternehmen leisten. 3. Gründungen von Unternehmen schaffen neue Arbeitsplätze, bringen neue Ideen in die Wirtschaft, machen die einheimische Wirtschaft auch international wettbewerbsfähiger, erleichtern das Leben der Kunden und schaffen in der Gesamtheit Wohlstand.

Kapitel 9: Erfolgsfaktoren unternehmerischen Handelns

Aufgabe 1: Waagrecht: Als **Gewinn** bezeichnet man die Differenz zwischen dem Umsatz und den Kosten bzw. Aufwendungen des Unternehmens. **Buchhaltungspflicht:** Kapitalgesellschaften müssen alle geschäftlichen Vorgänge mit Belegen und Rechnungen dokumentieren und nachweisen. Senkrecht: Als **Abschreibung** bezeichnet man den rechnerischen Wertverlust einer Anschaffung, die in der Berechnung des Betriebsergebnisses als Aufwendung vom Umsatz subtrahiert wird. **Fixkosten** sind Kosten, die unveränderlich sind, z. B. Mieten oder Versicherungen. Als **Umsatz** werden die Erträge aus dem Verkauf von Produkten und Dienstleistungen bezeichnet.
Aufgabe 2: Shareholder-Management orientiert sich in erster Linie an den Interessen der Anteilseigner und hat zum Ziel, den Wert der Aktien bzw. des Unternehmens zu steigern. Stakeholder-Management bezieht bei unternehmerischen Entscheidungen die Interessen aller daran Beteiligten mit ein und strebt Lösungen an, die möglichst viele Interessen berücksichtigen.
Aufgabe 3: *Sie befinden sich in einer ernsten Situation und müssen sofort handeln.* Wenn Zahlungsunfähigkeit droht, muss ein Unternehmen das Insolvenzverfahren einleiten. Sonst macht es sich strafbar. *Für das Scheitern von Unternehmen gibt es mehrere Gründe:* zu geringes Kapital, um eine finanzielle Durststrecke zu überstehen, zu geringe Nachfrage für das angebotene Produkt, mangelnde Kundenorientierung des Unternehmens sowie Managementfehler. *Zunächst einmal müssen Sie vor dem Insolvenzgericht einen Antrag stellen.* Das Gericht bestimmt dann einen Insolvenzverwalter. Dieser ermittelt die genauen Forderungen der Gläubiger, den Schuldenstand und das Vermögen des Unternehmens. Auf der Gläubigerversammlung wird entschieden, ob das Unternehmen saniert oder aufgelöst wird. Die Gläubiger müssen mindestens auf einen Teil ihrer Forderungen verzichten.
Aufgabe 4: Fristgerechte Kündigung: 3., 4.; fristlose Kündigung: 2; kein Kündigungsgrund: 1, 5, 6
Aufgabe 5: a) interne Stakeholder: Geschäftsleitung, Beschäftigte; externe Stakeholder: Lieferanten, ehemalige und neue Gemeinde, Anwohner, Naturschutzverband. b) Beschäftigte: Sie haben möglicherweise einen längeren Anfahrtsweg mit höheren Kosten vor sich; damit verlängern sich Abwesenheitszeiten von der Familie, eventuell Probleme bei der Betreuung der Kinder. Anwohner: Sie müssen mit erhöhter Lärm- und Abgasbelastung infolge des erhöhten Verkehrsaufkommens rechnen. Eventuell können Grundstückspreise und Mieten steigen, weil viele Beschäftigte in die Nähe des Unternehmens ziehen wollen. c) Beispiel: Geschäftsleitung will durch den Umzug Kosten sparen und Platz für die Unternehmenserweiterung gewinnen, während die Beschäftigten möglichst nahe beim Unternehmen wohnen wollen und nicht bereit sind, höhere Kosten für die Fahrt zur Arbeit in Kauf zu nehmen. Möglicher Kompromiss: Unternehmen zahlt Fahrtkostenzuschuss und unterstützt Umzugswillige bei der Wohnungssuche.

Kapitel 10: Miteinander leben in der sozialen Marktwirtschaft

Aufgabe 1: Richtig sind B, E und F.
Aufgabe 2: Richtig muss es heißen: Alle Deutschen genießen Freizügigkeit **im ganzen Bundesgebiet**.
Alle Deutschen haben **das Recht**, Beruf, Arbeitsplatz und Ausbildungsstätte frei zu wählen.
Die Bunderepublik Deutschland ist ein demokratischer und **sozialer** Bundesstaat.
Aufgabe 3: Sprecher A spricht für die freie Marktwirtschaft. Sie ist eine Wirtschaftsordnung, in der die unternehmerische Freiheit gilt und der Staat nicht aktiv in das Wirtschaftsgeschehen

eingreift („Nachtwächterrolle"). Sprecher B plädiert für die Planwirtschaft bzw. Zentralverwaltungswirtschaft. Der Markt als Steuerungselement von Angebot und Nachfrage wird hier durch den alles regelnden Staat ersetzt. Sprecher C spricht für die soziale Marktwirtschaft, wie es sie in der Bundesrepublik Deutschland gibt. Deren Wesensmerkmal besteht darin, die Freiheit des Marktgeschehens mit einem sozialen Ausgleich zu verbinden. Die Aufgabe des Ausgleichs übernimmt der Staat.

Aufgabe 4: Hier begründest du, dass mit der Einführung der freien Marktwirtschaft zur Zeit der Industrialisierung für die lohnabhängig beschäftigen Menschen keineswegs alles gut war. Sie lebten in totaler Abhängigkeit von den Unternehmern, die allein vom Wert der Freiheit profitieren konnten. Als Beispiel kannst du auf die Lebensverhältnisse von Fabrikarbeiterinnen und -arbeitern hinweisen und auf das Schicksal der vielen arbeitenden Kindern

Aufgabe 5: 1) Das Bruttoinlandsprodukt ist der in einer Geldsumme errechnete Wert aller in einem Jahr erzeugten Waren und Dienstleistungen in einer Volkswirtschaft. 2) Das BIP ist ein wichtiger Gradmesser für die Leistungsfähigkeit einer Wirtschaft (und ermöglicht einen Vergleich der Wirtschaftskraft zwischen verschiedenen Staaten). 3) Eine Steigerung von 2 Prozent drückt aus, wie sehr der Wohlstand insgesamt im Vergleich zum Vorjahr angestiegen ist. Die Prozentzahl steht für das Wirtschaftswachstum. 4) Das BIP sagt nichts aus über die Art der Verteilung des Wohlstands, nichts über die Zufriedenheit der Menschen mit den wirtschaftlichen Verhältnissen und ignoriert Wachstumssteigerungen, die auf Kosten der Umwelt gehen.

Aufgabe 6: 1) Chancengerechtigkeit bedeutet, dass alle Menschen gleiche Teilhabe-, Bildungs- und Aufstiegschancen haben. Der Staat fördert sie, indem er in Bildung und Ausbildung investiert. In der Einkommensverteilung gelten die Grundsätze, dass die Wohlhabenden stärker mit Abgaben belastet werden als andere. (Wer seine Chancen besser nutzt, kann ein höheres Einkommen erzielen als andere.) 2) Leistungsgerechtigkeit: Jeder profitiert in dem Maße vom gesellschaftlichen Wohlstand, mit dem er selbst dazu beigetragen hat. Der Staat darf den Leistungsträgern keine höheren Belastungen zumuten als anderen. Einkommensunterschiede gelten nicht als sozial ungerecht. 3) Verteilungsgerechtigkeit bedeutet, dass es keine größeren Einkommensunterschiede gibt. Der Staat sorgt bei größeren Einkommen für eine Umverteilung, indem er den Reichen nimmt und den Armen gibt.

Aufgabe 7: Beschreibe: Eine Mutter mit einem Kind beobachtet einen Mann, der mit der Hand in einen Müllbehälter greift und dort offensichtlich nach Verwertbarem sucht. Er wird von einem Kind begleitet, das seine Hand zum Schutz nach ihm ausstreckt. Das Kind der Frau wirkt erstaunt und stellt die Frage: „Was tun die da?!" Die Frau antwortet mit unbeteiligtem Gesichtsausdruck: „Ein bisschen mehr soziale Gerechtigkeit." Die Szene spielt sich offensichtlich in Berlin ab. Das erkennt man am Fernsehturm im Zentrum der Stadt. Erläutere: Hier ist die Antwort offen. Der Karikaturist Klaus Suttmann kritisiert offensichtlich die ungleiche Verteilung von Reichtum und Armut in der sozialen Marktwirtschaft und/oder dass in einem reichen Land wie Deutschland trotzdem viele Menschen in Armutsverhältnissen leben müssen.

Kapitel 11: Wir und die anderen im Zentrum der Wirtschaftspolitik

Aufgabe 1: (angemessenes und stetiges) Wirtschaftswachstum, Vollbeschäftigung, stabile Preise, außenwirtschaftliches Gleichgewicht.

Aufgabe 2: Konjunktur = Bezeichnung für die aktuelle wirtschaftliche Lage im Staat
Wirtschaftswachstum = Bezeichnung für die Steigerung des Bruttoinlandsproduktes, wird in einer Prozentzahl ausgedrückt, welche die Steigerung im BIP im Vergleich zum Vorjahr angibt.
ausgeglichene Handelsbilanz = liegt vor, wenn die Kosten für den Import von Waren und die Einnahmen für den Warenexport sich die Waage halten
Preisstabilität = Ein stabiles Preisniveau bedeutet, dass die Inflationsrate (Geldentwertung) gering ist.

Aufgabe 3:
Angebotsorientierung: 1, 4, 6, 8
Nachfrageorientierung: 2, 3, 5, 7

Aufgabe 4:
1 = Expansion, Phase des Aufschwungs
2 = Boom, Hochkonjunktur, Auslastung (fast) aller Kapazitäten
3 = Rezession, Abschwungphase
4 = Depression (gesamtwirtschaftlicher Tiefpunkt)

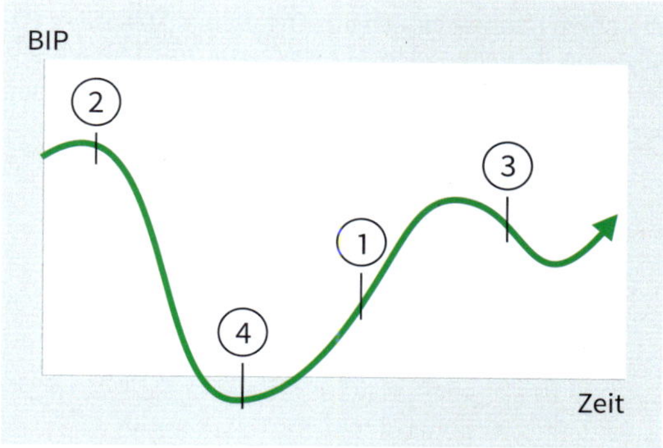

Aufgabe 5: Eine Wirkungskette kann so aussehen:
1. Alle vergleichbaren Familien können mehr Geld ausgeben. 2. Nachfrage nach Wirtschaftsgütern steigt. 3. Unternehmen erhöhen das Angebot. 4. Güterproduktion steigt an. 5. Wirtschaftsaufschwung folgt. (Steuereinnahmen steigen.) 6. Wirtschaft wächst.

Aufgabe 6: Rezession und Depression sind beides Bezeichnungen für einen wirtschaftlichen Niedergang. Das Zitat drückt aus, dass eine Depression wesentlich dramatischer verläuft mit deutlich negativeren Folgen. Bei einer Depression kommt es zur Massenarbeitslosigkeit, die alle betreffen kann. Eine Rezession kann leichter wieder in eine Aufschwungphase übergehen.

Aufgabe 7: Hier ist die Antwort offen. Du kannst auf den Wert der Bildung für den wirtschaftlichen Erfolg hinweisen und zu einer Verbesserung der Bildungsangebote raten. Du kannst für eine antizyklische Wirtschaftspolitik plädieren, bei der der Staat jetzt investiert, um später seine Einnahmenseite zu verbessern. Er sollte in die Forschung investieren und innovative Unternehmen fördern, um die veraltete Wirtschaft wieder konkurrenzfähig zu machen. Auch Steuersenkungen können ratsam sein, um die wirtschaftliche Nachfrage anzukurbeln. Vor allem sollte der Staat die Arbeitslosigkeit bekämpfen, zum Beispiel, indem er Betriebe entlastet, wenn sie zusätzliche Mitarbeiter einstellen.

Kapitel 12: Wirtschaftsbeziehungen in Europa und weltweit

Aufgabe 1: Nein. EU-weit gilt ein Verbot für nachgemachte Markenkleidung zu Billigpreisen (§ 146 Markengsetz).
Aufgabe 2: Folgende Teilsätze passen zusammen: 1C, 2A, 3E, 4B, 5D.
Aufgabe 3: *Arbeiten und Lernen:* Alle EU-Bürger können innerhalb aller Mitgliedstaaten der EU eine Arbeitsstelle annehmen und in dem Land ihrer Wahl leben. Das Erasmus-Programm der EU ermöglicht Studienaufenthalte in allen Mitgliedstaaten.
Reisen: In der EU gilt der freie Personenverkehr ohne Grenzkontrollen.
Verbraucherschutz: In der EU dürfen nur sichere Produkte verkauft werden. Für Lebensmittel gibt es strenge Kontrollen.
Aufgabe 4: Deutschland ist ein Exportland. Der Wert der von Deutschland aus exportierten Güter übersteigt den Wert der importierten Güter.
1) Das Schaubild behandelt die Güter, welche den größten Anteil an den deutschen Exporten haben.
2) Bei den Zahlen handelt es sich um Angaben in Milliarden Euro. Die Angaben beziehen sich auf das Jahr 2016. Insgesamt wurden in diesem Jahr Güter im Wert von mehr als 1,2 Billionen Euro exportiert.
3) Besonders wichtig für die Bedeutung des Welthandels sind die Angaben über die Art der wichtigsten Produkte, die Deutschland exportiert. Auf den ersten Plätzen stehen ausschließlich hochwertige Maschinen sowie chemische Erzeugnisse und elektrische Ausrüstungen.
4) Merken sollte man sich die drei wichtigsten Exportgüter Deutschlands: Autos, Maschinen und chemische Erzeugnisse.
Aufgabe 5: Es passen zusammen: A/2/c; B/3/a; C/1/b.
Aufgabe 6: Das Schaubild zeigt die Zunahme der in Deutschland produzierten Autos in Millionen Stückzahlen. 2014 wurden fast 15 Millionen Autos in Deutschland produziert. Damit hat sich die Produktion im dargestellten Zeitraum von 1992 an mehr als verdoppelt. Der größte Anteil der Autos wurde im Ausland verkauft. Allein 2014 waren das 9,3 Millionen im Ausland gegenüber 5,6 Millionen im Inland. Gefahren können entstehen, wenn andere Länder Importzölle oder Strafzölle oder gar Einfuhrverbote für in Deutschland produzierte Autos erheben. Das würde die Absatzmenge erheblich verkleinern, die Unternehmensgewinne schmälern und damit auch Arbeitsplätze gefährden. Zudem führt eine Verringerung der Produktion zu einer Kostensteigerung pro hergestelltes Fahrzeug. Opfer der Verteuerung wären dann auch die Konsumenten im Inland.
Aufgabe 7: Die EU stellt im Rahmen der europäischen Jugendgarantie und des Europäischen Sozialfonds erhebliche finanzielle Mittel zur Förderung von Ausbildung und Beschäftigung zur Verfügung. Die Mitgliedstaaten können diese Mittel auf Antrag abrufen und so ihre gezielten Maßnahmen besser finanzieren. Staaten mit geringer Jugendarbeitslosigkeit können Jugendliche aus anderen Ländern der EU aufnehmen und Ausbildungsplätze anbieten.

Bildquellenverzeichnis

|akg-images GmbH, Berlin: 343. |alamy images, Abingdon/Oxfordshire: age fotostock 226; Ammentorp Photography 80; Anton Gvozdikov 183; Cultura RM 225; David Clynch 250; Hoxton 240; Nick Gregory 274; Shirley Kilpatrick 328; Tony Tallec 183; © Katharine Andriotis 18. |Alfred Kärcher Vertriebs-GmbH, Winnenden: 228. |Ausbildungspark Verlag, Offenbach: Kurt Guth, Testtrainer für alle Arten von Einstellungstests, Eignungstests und Berufeignungstests 170. |Baaske Cartoons, Müllheim: Burkhard Mohr 281. |Berghahn, Matthias, Bielefeld: 257, 257, 257. |Bergmoser + Höller Verlag AG, Aachen: 39, 191, 294, 324. |bildfolio, Frankfurt: Bert Bostelmann 343. |Brandt, Renke, Bielefeld: 62. |Buck, Andreas, Dortmund: 189. |Campus Verlag GmbH, Frankfurt/Main: Gulder, Angelika: Finde den Job, der dich glücklich macht, 3. Auflage 2013 127. |Ciao.de Community Support, München: 47. |Clean Clothes Kampagne Österreich - Südwind Agentur, Wien: Mit freundlicher Genehmigung der Kampagne für saubere Kleidung 318. |Das Bundesarchiv, Koblenz: Plak 100-029-053 / Grafiker: ohne Angabe, 1956 268. |ddp images GmbH, Hamburg: Maksym Yemelyanov 50. |Deutscher Genossenschafts-Verlag eG, Wiesbaden: 75. |DJH Jugendherberge Mannheim International, Mannheim: 23. |Domke, Franz-Josef, Hannover: 19, 22, 30, 83, 90, 91, 92, 101, 103, 104, 105, 105, 107, 109, 118, 118, 119, 120, 120, 120, 120, 222, 232, 245, 245, 245, 252, 297, 298, 306, 314, 325, 336, 357. |Eurostat - Statistiche Amt der Europäischen Union, Luxemburg: 259. |Filser, Wolfgang, Hiltenfingen: 72. |foodwatch e.V., Berlin: 58. |fotolia.com, New York: .shock 16; Agence DER 273; Arcurs, Yuri 283; contrastwerkstatt 273; Deminos 72, 88; ehrenberg-bilder 164; jarrycz 31; klickerminth 16; Marcito 275, 288; Miklo, Jiri 283; Race, Dan 193; Robert Kneschke 170; Thomas Vogt 49, 67; WoGi 190; © Monkey Business 76. |fotosearch.com, Waukesha: (c) barsik 133; (c) michey 133. |Fotostudio Henke, Paderborn: 3, 32, 37, 45, 116, 128, 131, 150, 150, 151, 151, 166, 166, 177, 177, 188, 221, 283, 283, 283, 283, 283, 287, 287, 311. |Frankfurter Allgemeine Zeitung GmbH, Frankfurt/Main: Alard von Kittlitz 71; Sven Astheimer 158. |Fraunhofer-Institut für Arbeitswirtschaft und Organisation Human Factors Engineering IAO, Stuttgart: Jörg Bakschas Headroom Consult 158. |Herzig, Karin, Nußloch: 143, 152. |Honnen, Falko, Wesseling: 162, 163. |Hoppe, Thomas - Schülerkarriere GmbH, Hannover: © Thomas Hoppe 216. |infratest dimap - Gesellschaft für Trend- und Wahlforschung mbH, Berlin: 278. |INNOVA-Agentur - Graphik & Design, Borchen: nach: Schneider, Zindel, Münscher: Wirtschaftlich denken und handeln, Winklers Verlag 2001, S. 135 106. |iStockphoto.com, Calgary: © Kaligraf 332; © Portra 234. |jobfactory e.V., Rostock: www.jobfactory.de/© Foto: Duerst, Andreas 5, 122. |Jugendstiftung Baden-Württemberg, Sersheim: www.jugendbewegt-bw.de 311. |Kassing, Reinhild, Kassel: 3, 7, 11, 11, 14, 20, 23, 27, 28, 29, 38, 38, 40, 40, 40, 41, 42, 49, 53, 55, 57, 60, 61, 70, 73, 80, 81, 83, 89, 93, 97, 102, 104, 104, 104, 104, 104, 104, 106, 107, 115, 124, 126, 127, 127, 127, 127, 127, 127, 127, 129, 134, 134, 134, 134, 136, 136, 137, 137, 137, 137, 138, 138, 144, 146, 153, 175, 175, 175, 175, 177, 178, 186, 190, 194, 195, 201, 203, 205, 205, 205, 208, 215, 215, 218, 222, 222, 223, 223, 224, 225, 230, 233, 233, 233, 237, 241, 249, 254, 255, 256, 256, 256, 256, 256, 261, 262, 264, 264, 264, 265, 270, 271, 272, 279, 280, 283, 286, 287, 289, 289, 294, 296, 296, 300, 306, 307, 309, 310, 313, 320, 320, 325, 326, 329, 333, 333, 333, 333, 333, 333, 335, 341. |Kompetenzzentrum Technik-Diversity-Chancengleichheit e.V., Bielefeld: 165, 179. |Landtag Baden-Württemberg, Stuttgart: 311, 312. |Mattes, Wolfgang, Trier: 110, 142. |Meramo Verlag GmbH - Willmy MediaGroup, Nürnberg: Bundesagentur für Arbeit (Hg.): Studien- & Berufswahl 2017/2018 127. |Mester, Gerhard, Wiesbaden: 300, 321. |Ministerium für Wissenschaft, Forschung und Kunst Baden-Württemberg, Stuttgart: 145. |Pfohlmann, Christiane, Landsberg am Lech: 178. |Picture-Alliance GmbH, Frankfurt/M.: AP Photo/The Oregonian, Paul Kitagaki Jr 54; Arco Images 21; Bildagentur-online/Schoening 185; Christoph Schmidt/dpa-tmn 141; Dabkowski, Wiktor 343; Daniel Reinhardt 8, 316; dieKLEINERT.de/Martin Guhl 293; dieKLEINERT.de/Rainer M. Osinger 301; dieKLEINERT.de/Schiebel, Andreas 248; dieKLEINERT.de/Thomas Kuhlenbeck 8, 290; dpa 114, 152, 200, 302, 315, 340; dpa Themendienst 36, 173; dpa-infografik 48, 65, 65, 65, 75, 78, 84, 84, 84, 85, 87, 149, 149, 160, 160, 160, 184, 197, 199, 204, 214, 247, 259, 259, 282, 285, 287, 309, 322, 323, 324, 324, 334, 339, 342, 343; dpa/Breloer, Gero 100, 219; dpa/epa/Azubel, Diego 219; dpa/epa/Nietfeld, Kay 276; dpa/Gambarini, Maurizio 198, 202, 207; dpa/Hase, Tobias 219; dpa/Lizon, Javier 338; EB-Stock 131; Gilbert Novy / KURIER / picturedesk.com 328; imageBROKER/Tack, Jochen 117; JOKER 116; JOKER/Bugnaski, Mark 64; Keystone 284; Lehtikuva Oy/Markku Ulander 16; M.i.S.-Sportpressefoto 28; Pacific Press 94; prisma 60; Sven Simon 219; SZ Photo 26; Timm Schamberger/dpa 130; Ulrich Baumgarten 43, 159; Westend61 113, 130, 130, 284; Westend61/Moxter, Martin 337; Westend61/Sass, Achim 148; ZB 52; ZB/Büttner, Jens 219; ZB/euroluftbild.de 6, 210, 299; ZB/Link, Hubert 182; ZB/Wiedl, Hans 219. |Samurai-Games, Mannheim: 212, 213. |Shutterstock.com, New York: © Vorm in Beeld 269. |Siemens AG, München: 161. |Staatsministerium Baden-Württemberg, Stuttgart: 311. |STARK Verlag GmbH, Hallbergmoos: Hesse, Jürgen/Schrader, Hans Christian: Testtraining 2000plus. Einstellungs- und Eignungstests erfolgreich bestehen. Hallbergmoos: STARK 2015 170; Verse-Herrmann, Angela/Herrmann, Dieter: 1000 Wege nach dem Abitur. So entscheide ich mich richtig. Hallbergmoos: STARK Verlag 2016 127. |Statis-

tisches Bundesamt (Destatis), Wiesbaden: "Vervielfältigung und Verbreitung, auch auszugsweise, mit Quellenangabe gestattet" 303. |Stiftung Warentest, Berlin: 47. |stock.adobe.com, Dublin: Laura Jeanne 24; Ministerium für Wirtschaft, Arbeit und Wohnungsbau 341; Rido 172; WavebreakMediaMicro 53; © Gerhard Seybert 5, 156; © Robert Kneschke 15; © abimagestudio 121; © Africa Studio 140; © ArTo 159; © barmalini 107; © cherryandbees 4, 68, 155; © contrastwerkstatt 6, 180; © Dan Race 29; © Drobot Dean 7, 238; © ferkelraggae 253; © gemphotography 34; © Guy Shapira 192; © highwaystarz 195; © JackF 44; © Kadmy 130; © karelnoppe 15; © Karin & Uwe Annas 168; © kasto 4, 98; © Klaus Eppele 15; © micromonkey 330; © Monkey Business 246; © Petrus Bodenstaff 114; © photo 5000 130; © Photographee.eu 125; © Picture-Factory 74, 167; © pikselstock 109; © pipnk candy 15; © pressmaster 10; © Rzoog 148; © Syda Productions 130; © travelview 15; © UsedomCards.de 24; © utah778 15; © VRD 249; © WavebreakMediaMicro 3, 12; © YakobchukOlena 251. |Stuttmann, Klaus, Berlin: 289, 321. |Süddeutsche Zeitung - Photo, München: 267. |Theo-Lorch Werkstätten, Ludwigsburg: 229. |toonpool.com, Berlin, Castrop-Rauxel: © Reiner Schwalme 207. |ullstein bild, Berlin: 266, 343; Becker & Bredel 284; Bildquelle 308. |van der Velden, Marieke, Amsterdam: 319, 319. |Verbraucherzentrale Baden-Württemberg e.V., Stuttgart: 47. |Verbraucherzentrale Hamburg e.V., Hamburg: 67. |Verbraucherzentrale Nordrhein-Westfalen e.V., Düsseldorf: Foto: Ben Isselstein 86, 86, 86. |Vogdt, Michael, Salzkotten: 217. |wolterfoto.de, Bonn: Wolter, Joern 273.

Wir arbeiten sehr sorgfältig daran, für alle verwendeten Abbildungen die Rechteinhaberinnen und Rechteinhaber zu ermitteln. Sollte uns dies im Einzelfall nicht vollständig gelungen sein, werden berechtigte Ansprüche selbstverständlich im Rahmen der üblichen Vereinbarungen abgegolten.